AF533831

Bibliografische Information der Deutschen Nationalbibliothek
Die Deutsche Nationalbibliothek verzeichnet diese Publikation in der Deutschen Nationalbibliografie; detaillierte bibliografische Daten sind im Internet über http://dnb.ddb.de abrufbar.

Elisa Pollack
Getrennte Medienwelten.
Mediennutzung in Ost- und Westberlin nach der Wende
Köln: Halem 2024

Dissertation, Freie Universität Berlin, 2023

Alle Rechte, insbesondere das Recht der Vervielfältigung und Verbreitung sowie der Übersetzung, vorbehalten. Kein Teil des Werkes darf in irgendeiner Form (durch Fotokopie, Mikrofilm oder ein anderes Verfahren) ohne schriftliche Genehmigung des Verlages reproduziert oder unter Verwendung elektronischer Systeme (inkl. Online-Netzwerken) gespeichert, verarbeitet, vervielfältigt oder verbreitet werden.

© 2024 by Herbert von Halem Verlag, Köln

ISBN (Print): 978-3-86962-681-9
ISBN (PDF): 978-3-86962-682-6

Den Herbert von Halem Verlag erreichen Sie auch im Internet unter http://www.halem-verlag.de
E-Mail: info@halem-verlag.de

SATZ: Herbert von Halem Verlag
LEKTORAT: Rüdiger Steiner
DRUCK: docupoint GmbH, Magdeburg
GESTALTUNG: Claudia Ott Grafischer Entwurf, Düsseldorf
Copyright Lexicon ©1992 by The Enschedé Font Foundry.
Lexicon® is a Registered Trademark of The Enschedé Font Foundry.

Elisa Pollack

Getrennte Medienwelten

Mediennutzung in Ost- und Westberlin nach der Wende

HERBERT VON HALEM VERLAG

Inhalt

Abbildungsverzeichnis

Tabellenverzeichnis

Abkürzungen

ABM	Arbeitsbeschaffungsmaßnahme
AfD	Alternative für Deutschland
AFN	American Forces Network
AG	Aktiengesellschaft
AiF	Amt für industrielle Formgestaltung
ARD	Arbeitsgemeinschaft der öffentlich-rechtlichen Rundfunkanstalten der Bundesrepublik Deutschland
BBC	British Broadcasting Corporation
BRD	Bundesrepublik Deutschland
CDU	Christlich Demokratische Union Deutschlands
CSU	Christlich-Soziale Union in Bayern
DA	Demokratischer Aufbruch
DAG	Deutsche Angestellten-Gewerkschaft
DDR	Deutsche Demokratische Republik
DEFA	Deutsche Film AG
DFF	Deutscher Fernsehfunk
DIAS	Drahtfunk im amerikanischen Sektor
DM	Deutsche Mark
DRA	Deutsches Rundfunkarchiv
DSF	Gesellschaft für Deutsch-Sowjetische Freundschaft
DSU	Deutsche Soziale Union
FAZ	*Frankfurter Allgemeine Zeitung*
FDGB	Freier Deutscher Gewerkschaftsbund
FDJ	Freie Deutsche Jugend
G + J	Gruner & Jahr
GfK	Gesellschaft für Konsumforschung
GmbH	Gesellschaft mit beschränkter Haftung
KPD	Kommunistische Partei Deutschlands
LDPD	Liberal-Demokratische Partei Deutschlands

MDR	Mitteldeutscher Rundfunk
ND	*Neues Deutschland*
NDPD	National-Demokratische Partei Deutschlands
NVA	Nationale Volksarmee
NWDR	Nordwestdeutscher Rundfunk
NZZ	*Neue Zürcher Zeitung*
ORB	Ostdeutscher Rundfunk Brandenburg
POS	Polytechnische Oberschule
RBB	Rundfunk Berlin-Brandenburg
RIAS	Rundfunk im amerikanischen Sektor
SED	Sozialistische Einheitspartei Deutschlands
SFB	Sender Freies Berlin
SPD	Sozialdemokratische Partei Deutschlands
SU	Sowjetunion
USA	United States of America
VEB	Volkseigener Betrieb
ZDF	Zweites Deutsches Fernsehen
Zentrag	Zentrale Druckerei-, Einkaufs- und Revisionsgesellschaft mbH

1. GETRENNTE MEDIENWELTEN – EINLEITUNG

»Die ossis sind entweder Kommunisten oder faschisten [sic]« (GILBERT/STARK 2023: 2), so soll sich Mathias Döpfner, Vorsitzender des Axel-Springer-Verlags, laut einer Recherche der *Zeit* in Mails und Chatnachrichten an die Führungsriege seines Medienkonzerns geäußert haben. Aus der ehemaligen DDR solle man »eine Agrar und Produktions Zone [sic] mit Einheitslohn machen« (ebd.), wird er weiter zitiert. Der Bericht der Hamburger Wochenzeitung kippte erneut Öl ins Feuer einer seit mehr als 30 Jahren andauernden Ost-West-Debatte, in der es zuletzt auch um die »kommunikative Asymmetrie zwischen Ost und West« (OSCHMANN 2023: 33) ging. Wenngleich die Äußerungen Döpfners, als Mann an der Spitze eines international agierenden Medienunternehmens, deutschlandweit ein großes Medienecho auslösten, dürften sie ein ostdeutsches Publikum wenig überrascht haben. Sie stellten wohl lediglich ein eindrucksvolles Beispiel dar für das, was man ohnehin zu wissen glaubte: Dass die massenmediale Darstellung Ostdeutschlands zuvorderst aus westdeutscher Perspektive erfolgt (vgl. MDR 2023). Ist es dieser vermeintliche West-Blick in den Massenmedien, der dazu führt, dass Ostdeutsche gut drei Jahrzehnte nach der Wende noch immer anders mit Medien umgehen als Westdeutsche? Wird so eine »mediale Mauer« (STAMM 1992: 18) zwischen Ost und West aufrechterhalten?

Trotz der offiziellen staatlichen Vereinigung im Jahr 1990 stellten Ost und West weiterhin »gespaltene Kommunikationsräume« (KAPITZA 1997a: 187) dar. Medienforscher sprachen von »getrennte[n] Wahrnehmungswelten«, die darauf zurückgeführt wurden, dass die Medienstrukturen in Ost und West »kein gesamtdeutsches Forum« (JARREN 1997: 45) bildeten. Deutschland sei »allenfalls ganz oberflächlich betrachtet ein einig

Medienland« (STÜRZEBECHER 2005: 58) gewesen. In jüngster Vergangenheit diagnostizierte der Journalismusforscher Lutz Mükke (2021) eine 30 Jahre währende »mediale Spaltung« Deutschlands. Tatsächlich herrschen in Ost und West Unterschiede, was den Umgang mit und die Bewertung von Medien angeht. Im Osten wird etwa die überregionale (westdeutsche) ›Qualitätspresse‹ kaum gelesen (vgl. ebd.: 27f.). In der Bewertung öffentlich-rechtlicher Medienangebote zeigen sich Ostdeutsche im Durchschnitt kritischer als Westdeutsche, aber auch bei Zeitungen und Zeitschriften ist das der Fall (vgl. FREY-VOR/KESSLER/MOHR 2021). Seit den frühen 1990er-Jahren haben sich diese Unterschiede in der Mediennutzung und -bewertung nachweisen lassen. Können diese »kommunikationsräumliche[n] Kontinuitäten« (KAPITZA 1998: 257) damit erklärt werden, dass die Berichterstattung »primär an den Problemen und Fragestellungen des Westens orientiert« (STAMM 1992: 18) war, oder sind sie eher als Relikt der Teilung zu begreifen? Daran anschließend stellt sich die Frage, ob die viel diskutierte ›Mauer in den Köpfen‹ lediglich eine Erfindung der Medien ist, oder doch vielmehr »Ausdruck und Resultat ihres publizistischen Wirkens« (STÜRZEBECHER 2005: 58).

Diese Arbeit untersucht das Phänomen der in Ost und West getrennten Medienwelten. Sie geht dabei von der These aus, dass Mediennutzung und -bewertung mit kollektiver Identität verknüpft sind (vgl. MARES/CANTOR 1992; HARWOOD 1999; ABRAMS/GILES 2007; STIEHLER 2009: 74). Dass also unterschiedliche Mediennutzungs- und Bewertungsmuster unter anderem damit zusammenhängen, wie Menschen die ihnen zugeschriebene soziale Ost-/West-Identität wahrnehmen und wem sie sich zugehörig fühlen. Es wird somit angenommen, dass der Umgang mit Medien immer auch von massenmedialen Diskursen beeinflusst wird, die wiederum auf Prozesse kollektiver Identitätskonstruktion wirken. Mediennutzung entwickelt sich allerdings nicht ausschließlich in Abhängigkeit vorhandener Medienangebote, sie ist überdies als Ergebnis von Alltagsstrukturen zu begreifen und biografisch bedingt (vgl. KÜBLER 1987; SANDER/LANGE 2017). Will man gegenwärtige Nutzungsmuster verstehen, hilft also der Blick zurück auf vergangene (Medien-)Erfahrungen.

Die publizistische Spaltung und in deren Folge das Fortbestehen eines »geteilte[n] Bewusstsein[s]« (POLLACK 2000: 281) zwischen Ost und West ist unter Berücksichtigung dieser Annahmen zunächst als Resultat identitätsbezogener Mediennutzungsmotive und Bewertungskriterien sowie der Restrukturierung des Mediensystems nach 1989 zu verstehen. Denn die

Vermutung liegt nahe, dass in der (Nach-)Wendezeit, als Phase sich rasch wandelnder Bedürfnis- und Medienstrukturen, der Grundstein für noch heute beobachtbare Mediennutzungsgewohnheiten gelegt wurde. Daher fokussiert sich die Untersuchung auf die 1990er-Jahre als formative Phase. Um Veränderungen im Zeitverlauf nachzuvollziehen, deckt sie aber auch gegenwärtige Nutzungs- und Bewertungsmuster ab.

Die Arbeit knüpft an den bisherigen Forschungsstand zur Mediennutzung Ostdeutscher an und geht über diesen hinaus, indem sie eine vergleichende Perspektive einnimmt. So ist ein tiefergehendes Verständnis ost- und westdeutscher Medienwelten möglich – nicht nur Unterschiede, sondern auch potenzielle Gemeinsamkeiten können so offengelegt werden. Es wird damit dem Ansatz einer »asymmetrisch verflochtene[n] Beziehungsgeschichte« (KLESSMANN 1999: 12; vgl. KLESSMANN 1993, 2005; BÖICK/GOSCHLER/JESSEN 2020: 15ff.) gefolgt, der dafür plädiert, die Entwicklungen in BRD und DDR (hier auch in Ost- und Westdeutschland) nicht losgelöst voneinander zu betrachten. Schließlich hatte die Vereinigung der beiden deutschen Staaten nicht nur weitreichende Konsequenzen für die Identität der ›neuen Bundesländer‹, sie erforderte auch von der alten Bundesrepublik den Entwurf eines neuen Selbstbildes (vgl. MÜNKLER/HACKE 2009: 7). Um also die Existenz einer »doppelten Öffentlichkeit« (STOLTE/ROSENBAUER 1995: 358) zu verstehen, so die Annahme, müssen Deutungen, Lebensumstände und Bedürfnisse in Ost *und* West untersucht werden. Die Arbeit wendet sich damit explizit gegen die ›Exotisierung‹ ostdeutscher Mediennutzung und -bewertung. Der Osten wurde stetig als das von der (westdeutschen) Norm Abweichende markiert – nicht nur in Medien, Politik und Wirtschaft, sondern zuweilen auch durch die Forschung selbst. So wurden soziale wie symbolische Ungleichheiten, etwa der Ausschluss der Ostdeutschen aus bundesdeutschen Eliten, der Vermögensbildung und gesellschaftlicher Gleichstellung produziert und legitimiert (vgl. MILEV 2020a: 35; BÖICK/LORKE 2022: 99).

Im Fokus dieser Arbeit steht die einstige Mauerstadt Berlin, denn hier war die publizistische Spaltung besonders gut zu beobachten (vgl. BÖSCH/CLASSEN 2015a: 478f.). Anhand der Verbreitung der regionalen Tagespresse lässt sich der ehemalige Mauerverlauf bis heute nachvollziehen. Ausgehend von Berlin lassen sich aber auch Aussagen über Gesamtdeutschland treffen. Denn den Berlinern und Berlinerinnen aus Ost und West kann ein grundsätzlich engeres Verhältnis zueinander unterstellt werden. Vor dem Mauerbau bestanden familiäre und freundschaftliche Beziehungen, die nicht selten über die Mauer hinweg aufrechterhalten wurden. Aufgrund der geografischen Nähe wäre zu erwarten gewesen, dass Ost und West nach Grenzöffnung besonders schnell zusammenwachsen. Wenn also selbst hier eine (mediale) Ost-West-Spaltung nachweisbar ist, so muss dieser Befund für die restliche Bundesrepublik umso mehr gelten, wo der Kontakt weniger intensiv war. Zudem war Berlin der Ort, an dem Medienangebote aus Ost wie West verfügbar waren. Aus welchen Gründen ein Medium genutzt wurde, ein anderes wiederum nicht, und welcher Stellenwert den Kategorien Ost und West im Rahmen der Mediennutzung und -bewertung beigemessen wurde, lässt sich hier folglich besonders gut untersuchen.

Die Entscheidung für Berlin bringt allerdings einige Besonderheiten mit sich, die es zu beachten gilt. So ist zu vermuten, dass Ost- und West-Identitäten in Berlin, wo die liberale Demokratie und der Staatssozialismus direkt aufeinandertrafen und wo sowohl Teilung als auch Einheit unmittelbar spürbar waren, eine gewichtigere Rolle zukam – auch im Umgang mit Medien. Nach 1989 entwickelte Berlin sich zum »herausgehobenen Schauplatz der neuen deutsch-deutschen Unsicherheiten und Irritationen, in die der Vereinigungsprozess die Deutschen« (RUDOLPH 2014: 191) stürzte. In der einst geteilten Stadt liefen all die Prozesse, die die Herstellung der deutschen Einheit nach sich zog, verdichtet ab. Beide Stadthälften erlebten einen wirtschaftlichen Abschwung – im Osten aufgrund der Währungsunion, im Westen wegen des Wegfalls der bundesrepublikanischen Subventionen. Der Historiker Philipp Ther (2014) diagnostizierte diesbezüglich eine »doppelte Transformation« (ebd.: 176). Nicht nur war die Stadt in besonderer Weise von der Nachwendeproblematik betroffen, Berlin kann auch als Hauptschauplatz der Aufarbeitung der Zeit der Teilung gelten. Hier häufen sich Museen und Gedenkstätten – als Berliner oder Berlinerin war und ist man mit der deutsch-deutschen Geschichte viel stärker konfrontiert als andernorts. Die Bedeutung von Medien zur Auseinandersetzung mit Ost-/West-Zugehörigkeiten könnte aufgrund vorhandener alternativer Kulturangebote noch einmal eine andere sein als im Rest der Bundesrepublik. Nicht zuletzt dürfte der Alltag in einer Großstadt wie Berlin sich vom Leben in Klein- und Mittelstädten sowie dörflichen Regionen doch zumindest graduell unterscheiden.

Vor dem Hintergrund der bisher dargelegten Überlegungen zum gesellschaftlichen Ost-West-Diskurs, zur Rolle der Medien sowie zu den Spezifika Berlins, lassen sich nun konkrete Forschungsfragen formulieren:

1. Wie haben sich Mediennutzung und Medienbewertung in Abhängigkeit von kollektiver (Ost-/West-)Identität im Berlin der Nachwendezeit entwickelt?
2. Was lässt sich daraus über die Rolle der Medien im Prozess der kollektiven Identitätsbildung in Deutschland seit 1989 ableiten?

Zur Beantwortung dieser Fragen werden (medien-)biografische Interviews mit Menschen aus Ost- und Westberlin geführt, die die Zeit der Teilung selbst aktiv miterlebten. Dabei fungieren die strukturations- und identitätstheoretischen Ausführungen Anthony Giddens' (1991, 1992, 1996) sowie die kommunikationswissenschaftliche Uses-and-Gratifications-Forschung (vgl. BLUMLER/KATZ 1974; WEIBULL 1985) als theoretische Basis und leiten den Forschungsprozess an (vgl. LÖBLICH 2008, 2016).

Relevant sind die aufgeworfenen Forschungsfragen gleich aus mehreren Gründen. Aus kommunikationswissenschaftlicher Perspektive leistet die Arbeit einen Beitrag zur Erforschung der Transformationszeit, die als Thema in der Mediennutzungs- und Rezeptionsgeschichte bisher »kaum angekommen« (Frey-Vor 2020: 252) ist. Zwar wurden Medieninhalte und Kommunikatoren sowie Mediensysteme im postsozialistischen Raum untersucht (vgl. BOHN/MÜLLER 1992; HALLER/PUDER/SCHLEVOIGT 1995; VON LOJEWSKI/ZERDICK 2000; VOLTMER 2000; THOMAS/TZANKOFF 2001; STEINMETZ/VIEHOFF 2008; HALLER/MÜKKE 2010; TRÖGER 2019; DIETL 2022), die Nutzerperspektive wurde dabei jedoch weitgehend ausgeklammert. Aufgrund dessen wissen wir nur wenig über die Rolle der Medien innerhalb der Verarbeitung biografischer Brüche im Nachgang der Wende (vgl. MIHELJ 2017: 237). Die vorliegende Untersuchung vermag diese Leerstelle zu füllen.

Weiterhin verspricht die Perspektive der kollektiven Identität, die im Rahmen der Erforschung ost-/westdeutscher Mediennutzung bisher nur am Rande behandelt wurde, Ergänzung und Differenzierung, zuweilen auch Relativierung, bestehender Befunde. Mit ihrer gesellschaftstheoretischen Fundierung und ihrer biografischen Herangehensweise geht die Arbeit zudem über vorhandene Rezeptionsstudien hinaus, die häufig nur auf Individualebene angesiedelt sind und kurzfristige Medienwirkungen im Blick haben (vgl. BÖSCH et al. 2012: 100). Dabei werden die Nutzungs- und Bewertungsmuster der Berliner und Berlinerinnen in ihren (medien-)historischen Kontext eingebettet – worauf Forschende aus Medien- und Kommunikationswissenschaft häufig verzichten (vgl. HODENBERG 2012: 27). Damit ist die Studie an der Schnittstelle zwischen Kommunikationswissenschaft, Geschichtswissenschaft und Soziologie angesiedelt. Sie denkt

Mediennutzung in ihrer gesellschaftlichen Bedingtheit und wird hierdurch dem Anspruch gerecht, Mediennutzungsgeschichte als Sozialgeschichte zu schreiben (vgl. AVERBECK-LIETZ 2014: 418). Die Arbeit zeichnet die Veränderung und (langfristige) Wirkung von Medienstrukturen und Diskursen auf individuelle Mediennutzung und Medienbewertungen sowie auf Prozesse der kollektiven Identitätsbildung nach und leistet damit zugleich einen Beitrag zu einer geforderten Medienstrukturgeschichte (vgl. STÖBER 2014: 56; LÖBLICH/VENEMA 2018: 25f.). Indem sie nach den gesellschaftlichen Wirkungen von Medien im historischen Zeitverlauf fragt, füllt sie ein Forschungsdesiderat (vgl. AVERBECK-LIETZ 2014: 411). Hierin besteht dann auch die hohe gesellschaftliche Relevanz der Studie – sie erlaubt es, Aussagen über die Rolle der Medien im Prozess des ›Zusammenwachsens‹ von Ost und West zu tätigen.

Die Frage nach dem Zusammenwachsen wurde häufig im Sinne einer Integration von Ost und West behandelt, die implizit oder explizit eine Anpassung des Ostens an den Westen meinte. Das Integrationsparadigma bestimmte vor allem in der ersten Zeit nach der Wende die Ostdeutschlandforschung. Dabei ging es im Sinne einer nachholenden Modernisierung, um die Angleichung des Ostens an die westdeutsche Gesellschaft (vgl. LEISTNER 2021: 12). Diese Perspektive wird hier explizit abgelehnt. Vielmehr soll analysiert werden, ob und wie Medien kollektive Ost-/West-Identitäten verstetigt oder gar neu entstehen lassen haben. Wurde eine Ost-West-Spaltung durch Medien (re-)produziert oder haben sie zu ihrer Überwindung beigetragen? Dabei wird nicht die normative Sichtweise vertreten, dass eine ›gesamtdeutsche Identität‹, im Sinne eines identischen Selbstverständnisses, erstrebenswert wäre.

In dieser Arbeit wird immer wieder von dem ›Osten‹ und ›dem Westen‹ gesprochen, ebenso wie von den Ostberlinern und Ostberlinerinnen sowie den Westberlinern und Westberlinerinnen. Die Rede von Ost- und West-Identitäten mag manch einem nicht mehr zeitgemäß erscheinen und als zu vereinfachend und pauschalisierend daherkommen. Man laufe bei der Bezugnahme auf kollektive Identitäten immer Gefahr, überkommene Kategorien zu perpetuieren und gesellschaftliche Spaltungen aufrechtzuerhalten, meinen Kritiker des Konzepts (vgl. NIETHAMMER 2000). Es soll hier allerdings nicht zur »Wiederkehr simplifizierender Ost-West-Differenzen« (vgl. LEISTNER 2021: 50) beigetragen werden. Die Bezugnahme auf Ost und West ist vielmehr als eine Form der »strategischen Essentialisierung« (FOROUTAN/HENSEL 2020: 112f.) zu verstehen (vgl. SPIVAK 1988).

Der Rückgriff auf die Kategorien Ost und West stellt in diesem Sinne ein theoretisches Hilfsmittel dar, um die deutsche (Nachwende-)Gesellschaft analysierbar zu machen. Zwar mag es soziologisch gesehen problematisch sein, von ›den Ostdeutschen‹ zu sprechen, da Biografien und Erfahrungen durchaus heterogen sind. Die Empirie aber zeigt, dass die Selbstidentifikation mit einem ›Ost-Kollektiv‹ vorhanden ist (AHBE 2020: 183). Und schließlich gilt, auch wenn es sich bei ›den Ostdeutschen‹ (und ›den Westdeutschen‹) lediglich um eine Konstruktion handelt, »die Diskurse über sie sind in der Welt und haben reale Konsequenzen« (SCHÜRER ET AL. 2013: 231).

Die Ereignisse ab Herbst 1989 bilden einen diffusen und mehrdeutigen Erinnerungsort (vgl. SABROW 2019: 25). Sie waren schon immer Gegenstand geschichtspolitischer Deutungskämpfe, weswegen auch die Begriffe zur Beschreibung dieser Vorgänge reflektiert werden müssen. Der Ausdruck ›Wende‹ entwickelte sich dahingehend zur gebräuchlichsten Bezeichnung (vgl. ebd.: 27). Der Begriff hat den größeren Alltagsbezug und ist wesentlich populärer als die staatlich protegierten Meistererzählungen von ›friedlicher Revolution‹ und ›deutscher Einheit‹. Jene Erzählungen präsentieren die nationale Einheit als positiven Fluchtpunkt der deutschen Geschichte und blenden den Selbstdemokratisierungsprozess der Ostdeutschen aus (vgl. GANZENMÜLLER 2021: 17ff.). Auf die Verwendung der Begrifflichkeit ›friedliche Revolution‹ wird innerhalb dieser Arbeit daher verzichtet. Stattdessen wird die Rede von ›Wende‹ sein, da so die »doppelte Ebene von Systemwechsel und Lebenswelt« (BRÜCKWEH 2020) erfasst werden kann. Ebenfalls ausgeklammert wird der eher technische Begriff der ›Transformation‹, da dort die Deutung vom Einheitsprozess als eine nachholende Modernisierung eingeschrieben ist (vgl. BÖICK/GOSCHLER/JESSEN 2020: 13f.) und auch er nur begrenzt in der Lage ist, die alltagsweltlichen Veränderungen angemessen zu erfassen.

Entstanden ist die vorliegende Studie im Rahmen des vom Bundesministerium für Bildung und Forschung (BMBF) geförderten, interdisziplinären Forschungsverbundes *Das mediale Erbe der DDR*.[1] Inwiefern die Ost-West-Spaltung im Umgang mit Medien und die differente Identitätskonstruktionen tatsächlich als ein ›mediales Erbe‹ der DDR gelten können,

1 Im Verbund kooperierten Forscher und Forscherinnen der Geschichtswissenschaft, Geschichtsdidaktik und Kommunikationswissenschaft der LMU München, des ZZF Potsdam und der FU Berlin.

oder ob diese nicht vielmehr in der Nachwendezeit wurzeln, wird noch zu beantworten sein.

Ebenso wie die institutionelle Anbindung prägen Sozialisation und persönliche Erfahrungen den Blick auf den Untersuchungsgegenstand und damit schließlich die eigene Forschung. Geboren im Jahr 1991 zähle ich zu den Nachwendekindern (vgl. NICHELMANN 2019), die zwar selbst die DDR nie erlebt haben, deren Blick auf den sozialistischen Staat aber aufgrund familiärer Bezüge ein anderer sein dürfte als der westdeutscher Altersgenossen und Altersgenossinnen. Aufgewachsen bin ich in der Oberlausitz, einer Region, die zu DDR-Zeiten von Maschinenbau und Textilindustrie lebte und im Nachgang des Systemwechsels Zeuge von Deindustrialisierung, Beschäftigungsabbau und Abwanderung wurde (vgl. KOWALKE/KALLIS 1995). Nach dem Abitur führte mich der Weg über Leipzig nach Berlin. Die ostdeutsche Herkunft hat für mich nie eine große Rolle gespielt. Das wäre vermutlich anders gewesen, hätte ich mich entschlossen, in einer westdeutschen Stadt zu studieren. Vielleicht hätte ich dort eine ›Veranderung‹ erfahren, wie sie etwa Valerie Schönian (2020) oder Johannes Nichelmann (2019) beschrieben haben und wäre so auf mein Ostdeutsch-Sein zurückgeworfen worden. Wenn auch meine Herkunft das Interesse am Forschungsgegenstand (mehr oder weniger bewusst) begründet haben mag, so wuchs mein Bewusstsein für die noch immer vorhandene Relevanz der Kategorien Ost und West letztlich erst im Zuge der wissenschaftlichen Auseinandersetzung mit der Einheit und ihren Folgen.

Nachdem nun der Untersuchungsgegenstand umrissen, die Forschungsfragen dargelegt sowie die Anlage der Studie in ihren Grundzügen erläutert wurde, wird im folgenden Kapitel (Kapitel 2) das Vorwissen zu Ost-West-Unterschieden in der Mediennutzung und -bewertung beschrieben. Weiterhin werden Ost-/West-Identitäten thematisiert und Befunde zu massenmedialen Diskursen über DDR und Ostdeutschland dargelegt. Anschließend (Kapitel 3) werden die dieser Arbeit zugrundeliegenden theoretischen Annahmen diskutiert. Davon ausgehend wird ein Kategoriensystem abgeleitet, das den weiteren Forschungsprozess strukturiert. Kapitel 4 widmet sich der methodischen Anlage der Studie. Diskutiert werden Vor- und Nachteile biografischer Interviews. Zudem wird auf Auswahl und Rekrutierung sowie die Interviewführung eingegangen. Auf diesen ersten, konzeptionellen Teil folgt die Ergebnispräsentation. Diese umfasst zunächst einen Abriss der Wendeerfahrungen und Lebensbedingungen im vereinigten Berlin (Kapitel 5.1). Darauf aufbauend werden Mediennutzungsmuster im Ost-

und Westberlin der Nachwendezeit geschildert, wobei eine Einordnung in den medienhistorischen Kontext vorgenommen wird (Kapitel 5.2). Das Kapitel mündet in die Ableitung identitätsbezogener Mediennutzungsmotive und Bewertungskriterien (Kapitel 5.3). Schließlich wird eine Typologie der Ost- und Westberliner Mediennutzer und Mediennutzerinnen die Befunde noch einmal differenzieren sowie stärker an die Biografien der Befragten rückbinden (Kapitel 6). Dabei werden neben Unterschieden zwischen Ost und West auch Gemeinsamkeiten analysiert.

2. DER OSTEN ALS DAS ANDERE

Die vorliegende Arbeit widmet sich der in Ost und West »gespaltene[n] Medienwirklichkeit« (KAPITZA 1997b: 53), die – so wurde oft in den Raum gestellt – ein vollständiges ›Zusammenwachsen‹ der Deutschen nach 1989 verhindert hat. Dabei wurden Probleme bei der Herstellung der deutschen Einheit durch Wissenschaft und Politik meist exklusiv im Osten gesucht. Dort machte man Besonderheiten aus, die es zu erklären galt – das Andere war immer der Osten.

In diesem einführenden Kapitel werden nun eben jene (vermeintlichen) Spezifika des Ostens und deren bisherige Erforschung dargestellt. Dabei wird zunächst ein Überblick über Ost-West-Unterschiede in der Mediennutzung und Medienbewertung vermittelt. Worin liegen Unterschiede, die es erlauben, von getrennten Medienwelten zu sprechen? Besonderes Augenmerk liegt dabei auf den verschiedenen Ansätzen, die zur Erklärung eines von der westdeutschen Norm abweichenden ostdeutschen Umgangs mit Medien entwickelt wurden. Gesondert behandelt wird die viel diskutierte ›Ost-Identität‹, der in dieser Arbeit ein zentraler Stellenwert zugeschrieben wird, wobei eine ›West-Identität‹ nicht ausgeklammert wird. Schließlich wird auf die diskursive Konstruktion des Ostens (und damit auch des Westens) in den Massenmedien seit 1989 eingegangen.

2.1 Mediennutzungsunterschiede in Ost und West(-berlin)

Da Nutzungsstudien, die sich gesondert dem Raum Berlin widmen, nur vereinzelt vorliegen, beziehen sich die folgenden Ausführungen in der Regel auf Ost- und Westdeutschland insgesamt. Die Übertragung ost- und westdeutscher Mediennutzungsmuster auf Ost- und Westberlin ist hier aber durchaus legitim, da sich die Ost-West-Nutzungsunterschiede auch für die Hauptstadt nachweisen lassen. Die entsprechenden Studien stammen dabei ausschließlich aus der kommerziellen beziehungsweise akademischen Mediennutzungsforschung, da sich die sozialwissenschaftliche Transformationsforschung bisher nur selten explizit mit Massenmedien beschäftigt hat. Auch wenn einige Untersuchungen den Prozess der Medientransformation nach dem Ende der Sowjetunion in verschiedenen Ländern nachvollziehen (vgl. GUNTHER/MUGHAN 2000; VOLTMER 2000; THOMASS/TZANKOFF 2001), führt die Erforschung der postsozialistischen Reorganisation von Mediensystemen ebenso wie die zur Bedeutung von und gesellschaftlichen Wirkungen der Mediennutzung in Transformationsprozessen noch immer ein »wissenschaftliches Schattendasein« (DIETL 2022: 25).

Integration in die westdeutsche Nutzungsforschung

Bereits kurze Zeit nach der Wende wurden die Länder der Noch-DDR in die bundesdeutsche Nutzungsforschung integriert. So begann die Informationsgemeinschaft zur Feststellung der Verbreitung von Werbeträgern (IVW) – die seit 1949 in der BRD im Auftrag von Medienunternehmen und Werbetreibenden unter anderem die Auflagenhöhe von Zeitungen und Zeitschriften dokumentiert – schon im ersten Quartal 1990, noch vor der offiziellen Wiedervereinigung, die Auflagen der Zeitschriften und Zeitungen auf DDR-Gebiet zu erfassen. Im selben Jahr gab G + J eine Studie zu ostdeutscher Mediennutzung beim Institut für Demoskopie Allensbach (IfD) in Auftrag (vgl. WIEDEMANN 1995: 22ff.), das seit 1959 die Mediennutzungsroutinen in Westdeutschland erhebt (vgl. STARK/KIST 2020: 1146). So wurde schon 1991 die erste repräsentative Allensbacher Werbeträger-Analyse für Ostdeutschland veröffentlicht (IfD 1991).

Um die tägliche Bewegtbildnutzung der neuen Bundesbürger und Bundesbürgerinnen in Erfahrung zu bringen, wurden die Gebiete der ehemaligen DDR im Juli 1991 in das Panel der Gesellschaft für Konsumforschung (GfK) aufgenommen (vgl. SIMEON 1991). Die GfK übernimmt die technische Messung der Fernsehnutzung im Auftrag der Arbeitsgemeinschaft Media-Analyse (AGMA), in der öffentlich-rechtliche und private TV- und Rundfunkanbieter, Verlage und verschiedene Werbegesellschaften organisiert sind (vgl. NOELLE-NEUMANN/SCHULZ/WILKE 2009: 204). Die erste gesamtdeutsche Untersuchung der AGMA wurde 1993 vorgelegt (vgl. WIEDEMANN 1995: 25).

Bereits in der Erhebungswelle von 1990 wurde eine Stichprobe der fünf ostdeutschen Länder in die, seit 1964 durchgeführte, *ARD/ZDF-Langzeitstudie Massenkommunikation* einbezogen (vgl. BERG/KIEFER 1992). Seitdem wurden auf dieser Grundlage regelmäßig die unterschiedlichen Nutzungsgewohnheiten in Ost und West sowie Spezifika der ostdeutschen Mediennutzung ausgewertet (vgl. SCHNEIDER/MÖHRING/STÜRZEBECHER 1997; DARSCHIN/ZUBAYR 2000; FREY-VOR/GERHARD/MENDE 2002; FREY-VOR/MOHR 2015; FREY-VOR/MOHR 2016). Dabei wurde das bisherige, in der BRD angewandte, Untersuchungsdesign nahezu unverändert auf die neuen Bundesländer übertragen (vgl. BERG/KIEFER 1992: 16).

Die ersten Studien zu ostdeutscher Mediennutzung entstanden also im Auftrag westdeutscher Medienanbieter und Werbetreibender, deren generelles Interesse vielmehr in der Deskription als in der Erklärung von Mediennutzung zu finden ist (vgl. MARR/BONFADELLI 2010: 551). Die universitäre Nutzungsforschung befasste sich nur vereinzelt mit ostdeutscher Mediennutzung (vgl. FREY-VOR 2020: 264). Angetrieben durch kommerzielle Interessen, war das Ziel der Untersuchungen eine rasche Vermessung der ostdeutschen Nutzungsgewohnheiten – denn für die Medienunternehmen stellten die neuen Bundesländer in erster Linie einen Markt dar, den es zu erobern galt.

Ost-West-Unterschiede in der Mediennutzung und -bewertung

Ist hier die Rede von ›medialen Mauern‹ und ›getrennten Medienwelten‹, so soll damit nicht suggeriert werden, dass es – was die Mediennutzung betrifft – keine Gemeinsamkeiten zwischen Ost und West gegeben hätte. Trotz der häufig betonten Andersartigkeit der politischen Systeme von BRD und DDR, ließ der Umgang mit Medien durchaus Parallelen erkennen. So wissen wir etwa, dass das Fernsehen gegen Ende der 1960er-Jahre in Ost wie West die wichtigste Freizeitbeschäftigung darstellte (vgl. MEYEN 2001: 265). Außerdem war die tägliche Mediennutzung in BRD und DDR gleichermaßen vom Wunsch nach Unterhaltung dominiert (vgl. MEYEN/SCHEU 2011: 126). Die Menschen erwarteten im Großen und Ganzen Ähnliches, wenn sie sich Medien zuwandten. Denn Erwartungen an Medien werden weit weniger durch Politik, Beschaffenheit des Mediensystems oder konkrete Medienangebote beeinflusst als durch Arbeitsbedingungen, das familiäre Umfeld und den Grad der Komplexität, den eine Gesellschaft aufweist (vgl. MEYEN/NAWRATIL 2004: 362). Mediennutzung ist immer von einer Vielzahl an strukturellen, positionellen und individuellen Merkmalen abhängig – darunter Alter, Geschlecht, Einkommen, Tagesablauf, Zeitbudget, Bildung, aber auch Klima oder etwa Freizeitalternativen (vgl. MEYEN 2003: 47). Wenn diesbezüglich auch Unterschiede zwischen den Gesellschaften der Bundesrepublik und der DDR bestanden – die Bürger und Bürgerinnen verfügten im Realsozialismus etwa über weniger Freizeit, standen früher auf und gingen dementsprechend eher ins Bett – so wiesen die beiden Staaten doch grundsätzliche Ähnlichkeiten auf. Sowohl BRD als auch DDR stellten Industriegesellschaften dar, die sich auf dem Weg zur Dienstleistungsgesellschaft befanden – wenn auch in unterschiedlicher Geschwindigkeit. Außerdem verfügten beide Staaten über eine gleichartige Siedlungs- und Sozialstruktur. In Ost wie West fand man sich überwiegend in abhängigen Beschäftigungsmodellen wieder und nicht zuletzt schöpfte man aus den gleichen kulturellen Traditionen, die auch die Medienzuwendung betreffen (vgl. MEYEN 2003: 73).

Was die Spezifika des Kommunikationsraums Berlin betrifft, so ist die Studienlage dürftig. Immerhin für Westberlin liegen einige Daten zur Situation vor 1989 vor (vgl. STORLL 1988; BENTELE/JARREN/KRATZSCH 1990). Die tägliche Fernsehnutzungsdauer etwa lag in Westberlin 40 Minuten über dem Bundesdurchschnitt. Auch die Nutzung von Fernsehprogrammen aus der DDR und privaten Kanälen war hier am höchsten. ARD und ZDF wurden in Westberlin deutlich weniger häufig eingeschaltet als in den anderen Ländern. Dabei bevorzugten jüngere Altersgruppen die privaten Fernsehsender RTL PLUS und SAT.1 (vorausgesetzt, man lebte in einem verkabelten Haushalt), ältere die öffentlich-rechtlichen Programme. Nicht anders als im Bundesgebiet entwickelte sich die Fernsehnutzung in Westberlin in Abhängigkeit vom Alter und formalen Bildungsgrad (vgl. BENTELE/JARREN/KRATZSCH 1990: 440ff.). Menschen in Westberlin lasen generell etwas häufiger Zeitschriften beziehungsweise Illustrierte. Tageszeitungen wurden dagegen weniger häufig gelesen. Wie in der Bundesrepublik wurde das Tageszeitungsressort Lokales/Regionales am meisten genutzt. Anders aber als im Bundesdurchschnitt wurde die Bindung zur Tageszeitung vorrangig über den Politikteil hergestellt (vgl. STORLL 1988: 124). Die Reichweite der Abonnement- und Straßenverkaufszeitungen variierte vor allem hinsichtlich des Bildungsgrades (vgl. BENTELE/JARREN/KRATZSCH 1990: 422). Die vergleichsweise längere Fernsehdauer führte man auf das hohe Programmangebot – sowohl die Programme der DDR als auch der Alliierten waren hier empfangbar – wie auch den hohen Grad der Verkabelung in Westberlin zurück. Das größere Medienangebot oder auch die vergleichsweise begrenzten Alternativen der Freizeitgestaltung in Westberlin, so wurde gemutmaßt, könnten ursächlich für die insgesamt höhere Mediennutzungsdauer gewesen sein (vgl. ebd.: 420).

Seit der Ausdehnung der Erhebungen zur Mediennutzung auf das Gebiet der Noch-DDR im Jahr 1990 wurden kontinuierlich Ost-West-Unterschiede in Nutzungsroutinen und Einstellungen gegenüber Medien ermittelt. So ließ ewa die Langzeitstudie Massenkommunikation (vgl. BERG/KIEFER 1992) in der Erhebungswelle von 1990 erkennen, dass Ostdeutsche etwas häufiger in Kontakt mit tagesaktuellen Medien kamen (ebd.: 73). Mit 385 Minuten lag die Nutzungsdauer ebendieser im Osten 51 Minuten über der in Westdeutschland. Dieser Abstand verringerte sich auf 19 Minuten im Jahr 2010 (vgl. REITZE/RIDDER 2011: 208). In Ost wie West stieg die Nutzungsdauer tagesaktueller Medien in den 1990er-Jahren insgesamt an. Im Jahr der Wiedervereinigung lasen die Ostdeutschen noch länger Zeitung als Westdeutsche (Ost: 33 Minuten; West: 28 Minuten). Seitdem hat eine Angleichung stattgefunden, wobei der Trend zu einer verringerten Zeitungsnutzung Ost wie West gleichermaßen betraf. Berlin, wo die Zeitungsnutzung 1995 noch weit über dem ost- und westdeutschen Durchschnitt lag, war besonders vom Nutzungsrückgang betroffen (vgl. ebd.: 210). Bekannt ist außerdem, dass sich die überregionalen westdeutschen Tageszeitungen und Nachrichtentitel nur mäßig in den ostdeutschen Bundesländern verkauften – daran hat sich bis heute nichts geändert (vgl. FREY-VOR/GERHARD/MENDE 2002: 66). Ostdeutsche nutzten auch Zeitschriften selektiver und wiesen andere Gattungs- und Titelpräferenzen auf als Westdeutsche (vgl. KÖCHER 2004: 49ff.).

Die Messungen der GfK ergaben, dass die ehemaligen DDR-Bürger und DDR-Bürgerinnen außerdem rund eine halbe Stunde länger fernsahen als die Westdeutschen (vgl. FREY-VOR/GERHARD/MENDE 2002: 54). Zudem bevorzugten sie die privaten Kanäle und die Dritten Programme der Öffentlich-Rechtlichen gegenüber ARD und ZDF (vgl. FREY-VOR/MOHR 2015: 453). Im Osten wurde außerdem häufiger und deutlich länger Radio gehört als im Westen Deutschlands (vgl. MOHR/FREY-VOR 2016: 392). 1990 noch befand sich die Radionutzung in beiden Landesteilen auf ähnlichem Niveau. Zwischen 1990 und 2005 stieg die Radionutzung in den ostdeutschen Bundesländern stärker als im Westen, bevor diese 2010 wieder auf das Westniveau zurückging (vgl. REITZE/RIDDER 2011: 208f.).

Unterschiede zeigten sich zudem hinsichtlich Medienbewertungen. Noch heute sind die Ostdeutschen in ihrer Bewertung der privaten wie auch der öffentlich-rechtlichen Programme deutlich kritischer als die Westdeutschen (vgl. BREUNIG/HOLTMANNSPÖTTER 2019: 340f.; FREY-VOR/KESSLER/MOHR 2021). So schreiben sie beispielsweise den Öffentlich-Rechtlichen eine geringere Nachrichtenkompetenz zu (vgl. ZUBAYR/GEESE 2009: 164). Den Westdeutschen wurde eine bessere Bewertung der und eine stärkere Bindung an die Tageszeitung bescheinigt, wohingegen die Ostdeutschen dem Radio positivere Eigenschaften zuschrieben (vgl. MOHR/FREY-VOR 2016: 400).

Tatsächlich also scheint so etwas wie eine mediale Mauer zwischen Ost und West vorhanden zu sein. In Berlin gelang es vor allem den Tageszeitungen nicht, sich im Ost- und Westteil der Stadt gleichermaßen zu etablieren. Für die frühen 1990er-Jahre wurde dort ein »publizistisch gespaltener Markt [festgestellt], der zwar gewisse Berührungspunkte aufweist, aber scharf nach Stadthälften getrennt ist« (HELD/SIMEON 1994: 285). Diese mediale Ost-West-Spaltung Berlins ließ sich auch in jüngerer Vergangenheit noch nachweisen. Aus Auszügen der *Leseranalyse 2013* etwa geht hervor, dass die Leserschaft der Westberliner Blätter *Tagesspiegel* und *Morgenpost* zu diesem Zeitpunkt noch immer zu gut drei Viertel aus Westberlinern und Westberlinerinnen bestand, während die ursprünglich in der DDR erschienene *Berliner Zeitung* den Großteil ihrer Leser und Leserinnen noch immer im Osten der Stadt fand (vgl. TAGESSPIEGEL 2013). Auch im Bereich des Regionalfernsehens konnten unterschiedliche Sehpräferenzen des Berliner Publikums ermittelt werden. Laut einer Befragung anlässlich der Senderfusion von SFB und ORB im Jahr 2003 (vgl. MIKOS/PROMMER 2003) wurde der 1991 gegründete ORB eher im Osten eingeschaltet, wohingegen die Westberliner und Westberlinerinnen ausschließlich den früheren Westberliner Sender SFB wählten. Die Zuschauer des ORB bevorzugten außerdem hauptsächlich die Privaten, die des SFB haben eindeutig die öffentlich-rechtlichen Sender präferiert (vgl. ebd.: 4). Ähnlich wie für den Bereich der Tageszeitungen sind auch im Berliner Hörfunkmarkt noch heute Anzeichen einer Ost-West-Spaltung erkennbar. Aus den Daten der Media-Analyse 2019 Audio II geht hervor, dass der aus dem Westberliner lokalen Radioprogramm SFB 1 hervorgegangene Sender RBB 88,8 im Westteil der Stadt von doppelt so vielen Hörern und Hörerinnen eingeschaltet wird wie im Osten. Auch der aus RIAS 2 entstandene Sender 94,3 RS2 verzeichnet im Westen Berlins noch heute höhere Reichweiten als im Ostteil (vgl. ARD WERBUNG SALES & SERVICE 2019).

Obwohl die Medienforschung 25 Jahre nach der Wiedervereinigung von einer »allmähliche[n] Angleichun[g]« (FREY-VOR/MOHR 2015: 468) der

Nutzungsmuster gesprochen hat, haben sich einige dieser teilweise bereits in den 1990er-Jahren festgestellten Nutzungsunterschiede als relativ stabil erwiesen. Zur Klärung dieses Phänomens haben sich Medienforscher und Medienforscherinnen bisher vor allem auf die vermeintlichen Spezifika ostdeutscher Mediennutzung konzentriert. Auch, wenn von einer »intensiven Ursachensuche« (STIEHLER 2002: 73) kaum die Rede sein kann, wie der Kommunikationsforscher Hans-Jörg Stiehler bemerkt, wurden verschiedene Erklärungsansätze entwickelt, die das Mediennutzungsverhalten der Ostdeutschen erklären sollten.

Ansatz 1: DDR-(Medien-)Sozialisation

Die öffentlich-rechtliche Mediaforschung war es, die schon früh Ost-West-Differenzen in der Mediennutzung thematisierte. Aus heutiger Perspektive fällt auf, dass es dort vor allem darum ging, möglichst einfache Lösungen für die geringere Resonanz der westdeutschen Medienangebote beim ostdeutschen Publikum zu liefern. Der ARD/ZDF-Medienforschung gelang es, für den Bereich des Fernsehens rasch die nachhaltige Wirkung einer DDR-Sozialisation als zentrales Erklärungsmuster zu etablieren. Dieser Ansatz wurde auch auf andere Mediengattungen übertragen und beeinflusst stellenweise noch heute die Wahrnehmung des ostdeutschen Mediennutzers und der ostdeutschen Mediennutzerin.

In den Jahren 1994/1995 wurde vor dem Hintergrund rückläufiger Akzeptanz- und Imagewerte im Osten die von der ARD/ZDF-Medienkommission beauftragte Ost-Studie durchgeführt. Ihr Ziel war es, Gründe für die unterschiedliche Fernsehnutzung in Ost und West zu identifizieren (vgl. SPIELHAGEN 1995). Als entscheidenden Faktor gab man dort unter anderem die Mediensozialisation in der DDR an, auf die sich seitdem wiederholt bezogen wurde, um ostdeutsche Nutzungsweisen zu erklären. Das Argument lautete, dass die Ostdeutschen aufgrund des Aufwachsens in einer staatlich kontrollierten Medienumgebung nicht mit den differenzierenden Informationssendungen der öffentlich-rechtlichen Sendeanstalten umgehen könnten. Die Ostdeutschen wüssten nicht, wie man die Vielfalt politischer Information handhaben könne, da man in der DDR eher versucht hätte, den politischen Inhalten auszuweichen. Das hohe Informationsangebot hätten viele Ostdeutsche als kognitive oder emotionale Überforderung empfunden (vgl. FREY-VOR/GERHARD/MENDE 2002: 72). Einem Meinungsjournalismus und politischen Diskussionen würde man aus Furcht vor Beeinflussung durch ›Strippenzieher‹ aus Politik und Wirtschaft grundsätzlich skeptisch gegenüberstehen. Die Ostdeutschen hätten zudem eine größere Distanz zum politischen »Prozessdiskurs« (ebd.: 73) und wären eher an einer knappen Faktenvermittlung interessiert (vgl. DARSCHIN/ZUBAYR 2000: 256). Die westdeutsche Mediensozialisation dagegen hätte dazu geführt, dass politische Diskurse in ihrem Verlauf verfolgt würden. Ostdeutsche würden weniger ARD und ZDF einschalten, da sie den Wunsch hätten, die »Nachrichten- und Informationswelt in einfacheren Mustern dargestellt zu bekommen« (STOLTE/ROSENBAUER 1995: 360). Eine boulevardmäßige Informationsaufbereitung, wie sie die privaten Programme lieferten, entspräche daher eher den Informationskompetenzen der Ostdeutschen und erkläre deren bessere Resonanz (ebd.).

Insgesamt wurde der Einfluss einer DDR-Mediensozialisation durch die öffentlich-rechtliche Medienforschung doch vergleichsweise undifferenziert ausgelegt. Auch wenn die zentrale Lenkung der DDR-Massenmedien einen Glaubwürdigkeitsverlust der politischen Informationen bedingte (vgl. MEYEN/NAWRATIL 2004: 359), so wäre es doch verkürzt zu behaupten, dass daraus eine generelle Distanz zum politischen Geschehen und eine Überforderung durch politische Informationsangebote resultierten. Ein solcher Ansatz unterstellt, dass die Bürger und Bürgerinnen der Bundesrepublik der politischen Information generell einen höheren Stellenwert zugemessen haben, als es die Bevölkerung der DDR tat. Dabei wird ausgeklammert, dass die Mediennutzung in der BRD und der DDR von ganz ähnlichen Motiven geprägt war. Denn wie in allen modernen Industriestaaten wurde auf beiden Seiten der Mauer von den Medien zuvorderst Unterhaltung und Überblickswissen erwartet (vgl. MEYEN 2002: 207). Es wird außerdem vernachlässigt, dass es in der DDR durchaus Gelegenheiten gab, sich in politische Aushandlungsprozesse einzubringen. Auch wenn die Massenmedien der DDR die »normativen Ansprüche an Öffentlichkeit keinesfalls so wie in demokratischen Gesellschaften« (MEYEN 2011: 16) erfüllten, so gab es in der Form von Veranstaltungs- und Nischenöffentlichkeiten – durch öffentliche Proteste, über Briefe an Medienredaktionen oder auch in den Betrieben und Massenorganisationen – die Möglichkeit, sich am politischen Diskurs zu beteiligen (ebd.). Die geringe Popularität von ARD und ZDF auf eine generelle Distanz oder gar ein Unverständnis politischer Diskurse zurückführen, scheint daher etwas zu simpel. Dagegen spricht auch die hohe Akzeptanz von Sendungen des DEUTSCHEN FERNSEHFUNKS (DFF) nach dem Mauerfall, als sich der Rundfunk von den staatlichen Vorgaben gelöst hatte und explizit politische Inhalte thematisierte. Politische Informationssendungen wie das seit 1963 ausgestrahlte Magazin *Prisma* sowie in der Wendezeit entwickelte Formate wie *Klartext* und das *Donnerstag-Gespräch* erfreuten sich großer Beliebtheit beim ostdeutschen Publikum (vgl. HEPPERLE 1998: 228). Angesichts der demokratischen Aufbruchstimmung nach 1989, in der sich in den Kommunen hunderte Runde Tische bildeten und die Bürger und Bürgerinnen sich selbstbestimmt und selbstorganisiert am politischen Geschehen beteiligten (vgl. WOLFRAM 2020: 3), wenig erstaunlich. Eine medienbiografische Studie (vgl. MEYEN 2003) zeichnete nach, dass von einer Überforderung der Bevölkerung der ehemaligen DDR durch das öffentlich-rechtliche Informationsangebot in der Tat nicht die Rede sein kann (ebd.: 221).

Die Existenz einer publizistischen Spaltung kann auch deshalb nicht ausschließlich als ein Relikt der Deutschen Teilung abgetan werden, da die Nutzungsunterschiede sich als relativ stabil erwiesen haben und auch bei jüngeren Generationen auftreten, die nicht unter dem gelenkten Mediensystem der DDR aufwuchsen (vgl. FREY-VOR/MOHR 2015: 457). Die Annahme verliert zusätzlich an Aussagekraft, wenn man berücksichtigt, dass für fast alle Ostdeutschen die »westliche[n] Funkmedien genauso zur Sozialisation [gehörten] wie die SED-Presse« (MEYEN 2003: 221; vgl. STIEHLER 1990). Gerade für Ostberlin, wo sowohl die Radio- als auch die Fernsehprogramme des Westens problemlos empfangen werden konnten und auch genutzt wurden, ergibt diese Argumentation nur wenig Sinn (vgl. BLANKENNAGEL 2015).

In der DDR gemachte Medienerfahrungen sollten dennoch nicht gänzlich vernachlässigt werden. So könnte die offensichtliche staatliche Einflussnahme auf die DDR-Medien bei den Ostdeutschen ein generelles Bewusstsein für hinter der Berichterstattung stehende Eigeninteressen geweckt haben. Indiz dafür ist, dass – entgegen der öffentlichen Wahrnehmung – auch die Westmedien in der DDR keine unbegrenzte Glaubwürdigkeit genossen. Vielmehr hörte man sich beide Seiten an und suchte die Wahrheit in der Mitte. Man vertraute also weder den DDR- noch den BRD-Medien vollkommen, sondern bildete sich auch im Gespräch mit Bekannten eine eigene Meinung (vgl. MEYEN 2002: 217). Dass sowohl die öffentlich-rechtlichen als auch die privaten Programme in den Augen der Ostdeutschen etwas weniger unabhängig, kritisch und glaubwürdig sind als in denen der Westdeutschen (vgl. FREY-VOR/MOHR 2015: 463), könnte demnach durchaus als Sozialisationseffekt verstanden werden. In der DDR wurde außerdem die wertbeladene

Diskussion um die Einführung des Privatfernsehens nicht so intensiv geführt wie in der BRD. Es scheint plausibel anzunehmen, dass die ehemaligen DDR-Bürger und DDR-Bürgerinnen deutlich seltener eine Unterscheidung in ›gute‹ Informationsprogramme und ›schlechte‹ Unterhaltungsprogramme vornehmen. So wurde etwa die – im Vergleich zum Westen – stärkere Hinwendung zu privaten Programmen erklärt (vgl. DOLFF et al. 2000: 31). Der Hinweis auf eine DDR-Sozialisation mag außerdem relevant sein, zieht man in Betracht, dass das Freizeitverhalten in der DDR habitualisiert wurde. Dort bestanden weniger Alternativen zur Freizeitgestaltung und insgesamt war das Freizeitbudget knapper, so dass der Mediennutzung in den eigenen vier Wänden generell ein anderer Stellenwert zukam (vgl. JANDURA/MEYEN 2010: 211; MEYEN 2003: 37ff.).

Die Erklärung der geringeren Akzeptanz der öffentlich-rechtlichen Hauptprogramme in Ostdeutschland über eine generelle Distanz zum politischen Geschehen und eine Überforderung durch das Informationsangebot (vgl. DARSCHIN/ZUBAYR 2000: 256) ist als zu pauschalisierend abzulehnen und folgt in erster Linie den Eigeninteressen der Rundfunkanstalten. Indem die zentralistische Organisation des DDR-Mediensystems und dessen nachhaltige Wirkung auf die DDR-Bürger und DDR-Bürgerinnen als ursächlich angesehen wird, legitimiert man die Organisationsweise des öffentlich-rechtlichen Rundfunks. Zugleich wird das Bild eines Ostdeutschen konstruiert, der noch immer mit der demokratischen Kultur des Westens fremdelt und der in der Folge weniger geeignet ist, Positionen in der gesellschaftlichen Elite zu bekleiden. Der Verweis auf langfristige Wirkungen der DDR-Sozialisation ist so schließlich auch als funktional für den Erhalt der gesellschaftlichen Vormachtstellung der Westdeutschen zu betrachten. Dass sich bestimmte Nutzungsweisen erst in Reaktion auf diesen Wegfall spezifisch ostdeutscher Identitätsangebote entwickelt haben könnten, wird nicht reflektiert und lässt so auch keine Zweifel an den damals getroffenen medienpolitischen Entscheidungen aufkommen.

Warum man den Einfluss einer DDR-Sozialisation in dieser Art interpretierte, wird auch mit Blick auf deren Entstehungszeitraum deutlich. Bis zum Ende der 1990er-Jahre war der politische Diskurs über die Einheit und Ostdeutschland vor allem durch liberal-konservative Positionen geprägt. Dominierend war die Delegitimierung alter DDR-Eliten und das Ausschließen politischer Alternativen zur Bundesrepublik (vgl. KOLLMORGEN 2010: 8). Analog dazu entwickelte sich ein massenmedialer Diskurs, der die Ostdeutschen als eine durch das DDR-Regime gezeichnete Bevölkerungsgruppe thematisierte und sich durch die Betonung der vermeintlichen Besonderheiten und Abweichungen gegenüber Westdeutschland auszeichnete (vgl. ebd.: 11). Dieser Differenzgedanke bestimmte ganz offensichtlich auch die Erforschung der ostdeutschen Mediennutzung im Laufe der 1990er-Jahre. Was auch dadurch zu erklären ist, dass sowohl der politische, der massenmediale als auch der wissenschaftliche Diskurs zu dieser Zeit überwiegend durch westdeutsche Sprecher und Sprecherinnen geprägt wurde (vgl. ebd.: 8).

Ansatz 2: Soziostrukturelle Merkmale

Die von Westdeutschland abweichenden Nutzungsintensitäten und -vorlieben wurden nicht ausschließlich als Effekt der Erfahrungen mit DDR-Medien und der Sozialisation im sozialistischen System interpretiert. Der Tatsache entsprechend, dass Mediennutzung ganz entscheidend von positionellen und strukturellen Merkmalen abhängig ist, wurden außerdem soziodemografische und -ökonomische Faktoren herangezogen, deren Verteilung sich auch heute noch von der im Westen unterscheidet (vgl. STOLTE/ROSENBAUER 1995; SPIELHAGEN 1995; DARSCHIN/ZUBAYR 2000; DÖBLER 2012; FREY-VOR/MOHR 2015). Verwiesen wurde auf die niedrigeren Durchschnittseinkommen der Ostdeutschen, mit denen ein begrenztes Budget für Freizeitaktivitäten außer Haus einhergeht. Überdies ist der Osten stärker durch ländliche Gebiete und damit einem generell geringeren Angebot an Freizeitalternativen zur Mediennutzung geprägt (vgl. FREY-VOR/MOHR 2015: 455). Da es in Ostdeutschland mehr Rentner und Rentnerinnen sowie Arbeitslose gibt, haben die Menschen dort ein größeres Zeitbudget für Mediennutzung (vgl. FREY-VOR/GERHARD/MENDE 2002: 69; DARSCHIN/ZUBAYR 2000: 253).

Für Berlin muss hier differenziert werden. Die Arbeitslosenquote lag ab 1994 in Westberlin teilweise sogar über der in Ostberlin (vgl. HÄUSSERMANN/KAPPHAN 2002: 109). Aktuell gibt es dahingehend kaum noch Unterschiede (vgl. BAYER/DONATH 2019). Auch die Einkommensdifferenzen sind in Ost- und Westberlin geringer als die zwischen Ost- und Westdeutschland (vgl. DRÄBING 2019). Was die Freizeitalternativen angeht, dürften auch hier keine allzu großen Unterschiede angenommen werden. Um die Mediennutzung der Berliner und Berlinerinnen zu erklären, eignet sich dieser Ansatz folglich nur bedingt.

Auch wenn in einer Sekundäranalyse der Daten der Media-Analyse (vgl. STIEHLER 2012) bestätigt werden konnte, dass soziodemografische Faktoren aussagekräftiger sind als die Frage nach einer Ost-/West-Sozialisation, so reichen die sozialstrukturellen Differenzen nicht aus, um die festgestellten Unterschiede in der Mediennutzung vollständig zu erklären (vgl. DARSCHIN/ZUBAYR 2000: 254; FREY-VOR/MOHR 2015: 469; FREY-VOR 2020: 257) – »beim Vergleich relativ identischer sozialer Milieus« bleibt ein »Basisunterschied« (STIEHLER 2009: 73) zwischen Ost und West bestehen.

Ansatz 3: Ostdeutsche Identität und Medieninhalte

Auch eine ostdeutsche Identität wurde zur Erklärung ostdeutscher Mediennutzungsroutinen herangezogen (was unter Ost-Identität zu verstehen ist, wird in Kapitel 2.2 noch erläutert). So wurde etwa das schlechtere Abschneiden der Hauptprogramme von ARD und ZDF und die Popularität regionaler beziehungsweise für den ostdeutschen Markt konzipierter Medienangebote mit der Existenz einer ›Ost-Identität‹ begründet. Es wurde gemutmaßt, Ostdeutsche würden die Berichterstattung »vor dem Hintergrund des ›Ostdeutsch-Seins‹ als gemeinsamer kultureller Herkunft« (FREY-VOR/GERHARD/MENDE 2002: 73) interpretieren, woraus sich hohe Erwartungen an die mediale Darstellung von Ost-/West-Themen ergeben würden. Außerdem gehe das Vorhandensein eines ostdeutschen Selbstverständnisses mit einer starken regionalen Verwurzelung und einer Forderung nach regionalen Inhalten einher. Dass die Dritten Programme »ganz bewusst an die Erfahrungen und Gewohnheiten« (ebd.: 75) der Ostdeutschen angeknüpft hätten, würde auch deren starke Position begründen. Stiehler (2009) dagegen meint, dass die krisenzentrierte Berichterstattung über Ostdeutschland »›ostalgische‹ Selbstbehauptungsstrategien« (ebd.: 74) befördert habe, die sich in der verringerten Nutzung der primär als westdeutsch wahrgenommenen öffentlich-rechtlichen Medienangebote äußern würden.

Ähnlich wurde auch in Bezug auf die Printmediennutzung argumentiert (vgl. KOLLMORGEN/HANS 2011). In einer diskursanalytischen Untersuchung west- und ostdeutscher überregionaler Tageszeitungen wurde für den Zeitraum von 1993 bis 2008 der Trend einer zurückgehenden Beschäftigung mit Ostdeutschland innerhalb der nationalen, vor allem aber der westdeutschen Presse festgestellt (vgl. ebd.: 132). Die Autoren sprechen dort außerdem von einem »massenmediale[n] Subalternisierungsdiskurs« (ebd.: 156) Ostdeutschlands und seiner Bewohner. Der Westen würde dagegen als »Normal-Null« (ROTH 2008: 69) beziehungsweise »Normalfall« (QUENT 2016: 101) inszeniert.

Da die »Ausprägung und Dominanz des Subalternisierungsdiskurses« (KOLLMORGEN/HANS 2011: 141f.) in den ostdeutschen Printangeboten ebenso wie bei den privaten Fernsehprogrammen schwächer sei, würden sich die Ostdeutschen eher diesen zuwenden. Die Präferenz für private und regionale Angebote seitens der Ostdeutschen wurde dementsprechend als Reaktion auf die medial erfahrene »diskursive Abwertung« (KUBIAK 2018: 29) in den westdeutschen Leitmedien interpretiert.

Ostdeutsche Identitätsbildungsprozesse wurden als Faktor im Prozess der Mediennutzung und Medienbewertung durchaus in Betracht gezogen. Hierbei blieb es jedoch häufig bei Schlussfolgerungen von Medieninhalten auf das Publikum – eigenständige empirische Nutzungsforschung stellte die Ausnahme dar.

Identitätsbezogene Mediennutzung und -bewertung in Ost und West

Nur einige wenige Studien haben Mediennutzung und -bewertung in ihrer Relation zu kollektiver Identität analysiert. Abermals war es vor allem eine Ost-Identität, die hierbei im Fokus stand – westdeutsche Identitätskonstruktionen wurden gemeinhin vernachlässigt und blieben eine Leerstelle.

Enigk und Steinmetz (1994) allerdings untersuchten die Relevanz der Kategorien Ost *und* West innerhalb des Rezeptionsprozesses anhand des westdeutschen Polit-Magazins *Report Baden-Baden* und des seit 1992 ausgestrahlten ostdeutschen Magazins *Fakt*. Sie stellten fest, dass die Betroffenheit durch Themen in Ost wie West gleichermaßen wesentlich für die Akzeptanz der Sendung war (vgl. ebd.: 518f.). Auf besondere Resonanz stießen demnach Beiträge, »die einen engen Bezug zur bisherigen Lebenserfahrung bzw. der momentanen Lebenssituation aufwiesen« (ebd.: 519). Die Westdeutschen hätten ein »freundlich distanziertes Verhalten« (ebd.) gegenüber ostdeutschen Problemen gezeigt. Hinsichtlich der Frage nach der Bedeutung von Ost-/West-Identität im Prozess der Mediennutzung, besteht ein zentraler Befund der Studie darin, dass Menschen mit DDR-Herkunft die »Ost-West-Spezifika« (ebd.: 521) in der Bewertung der untersuchten Sendungen stärker reflektieren würden als Westdeutsche.

Auch aus der Ost-Studie der ARD/ZDF-Medienkommission (vgl. SPIELHAGEN 1995) lassen sich einige Rückschlüsse zur Bedeutung von kollektiver Identität unter ostdeutschen Fernsehnutzern und Fernsehnutzerinnen ziehen. So hatten mehr als 70 Prozent der Befragten den Eindruck, dass ARD und ZDF auch 1994 noch immer Westsender waren. Auch die Zustimmung zu der Aussage, dass es sich bei den Machern und Macherinnen von ARD und ZDF um Westdeutsche handele, die sich nur schwer in die Erfahrungen, das Denken und Fühlen Ostdeutscher hineinversetzen könnten, fiel mit 63 Prozent recht hoch aus (vgl. ebd.: 364). Die Studie ließ weiterhin erkennen, dass unter Ostdeutschen der Wunsch bestand, in den Fernsehprogrammen – egal, ob öffentlich-rechtlich oder privat – würde nicht mehr ständig zwischen Ost und West unterschieden (vgl. ebd.: 365). MDR und ORB sind von den Befragten als Programme von Ostdeutschen für Ostdeutsche identifiziert worden. Den Einfluss westdeutscher Akteure schätzten sie dort geringer ein als bei den Hauptprogrammen von ARD und ZDF (vgl. ebd.: 389). Im Urteil der Zuschauer und Zuschauerinnen bedienten ORB und MDR das »Bedürfnis nach ostdeutschen Sichtweisen, regionalem Bezug und Bekenntnis zur ostdeutschen Fernsehvergangenheit« (ebd.: 391). Die beiden regionalen Programme seien daher »wichtige ›Identitätsanker‹ für die ostdeutschen Fernsehzuschauer« (ebd.: 389), schlussfolgerte die Autorin. Ostdeutsche seien außerdem sehr sensibel, wenn es »um die Art und Weise der Darstellung ihnen bekannter Milieus geht, auch wie Prominente aus DDR-Film und -Fernsehen behandelt werden, wo sie zum Einsatz kommen und wo nicht« (ebd.: 391). Programminhalte sind dann auf Ablehnung gestoßen, wo das Gefühl bestand, Ostdeutsche würden klischeebeladen, als mitleiderregend oder nicht handlungsfähig dargestellt werden (vgl. ebd.: 391). Die Ergebnisse der Ost-Studie legen nahe, dass kollektive Ost-Identität eine ganz bewusste Kategorie bildete, auch wenn die quantitative Herangehensweise diesbezüglich nur vage Aussagen erlaubt.

Unter der Hypothese, dass Ostdeutsche ein »intensiv ausgeprägtes Separatbewusstsein« (FRÜH/STIEHLER 2002: 20) aufweisen, mit dem besondere Erwartungen an Medien verbunden sind, untersuchten Früh und Stiehler den Zusammenhang zwischen der Darstellung Ostdeutschlands im Fernsehen und der Rezeption ausgewählter Programme. Sie stellten fest, dass Ostdeutschland im Unterhaltungs- und Kulturprogramm der Sender ARD, ZDF, MDR, RTL und SAT.1 kaum auftauchte (vgl. ebd.: 88). Die Bewältigung des Alltags und die Herausforderungen des Transformationsprozesses seien dort nur randständig thematisiert worden. Außerdem wurde über Ostdeutschland im Vergleich zu Westdeutschland stärker monothematisch als ökonomische und politische Problemzone berichtet (vgl. FRÜH et al. 1999; FRÜH/STIEHLER 2002). Unter Hinzunahme von Daten der MDR-Zuschauerforschung ermittelten die Autoren schließlich, dass die Darstellungsweise des Ostens einer von vielen Faktoren sei, der die Mediennutzung beeinflusse. Menschen im Osten präferierten demnach Fernsehbeiträge, »die ihnen durch ostdeutsche Akteure, Schauplätze und Themen eine Identifikationsmöglichkeit« (FRÜH et al. 1999: 137) bieten (vgl. FREY-VOR et al. 2002). Es wurde geschlussfolgert, dass die Beachtung Ostdeutschlands gerade im Programm von ARD und ZDF ein Kriterium für die (Nicht-)Nutzung sei – nicht jedoch bei den Privaten – da eine angemessene Darstellung Ostdeutschlands nur von den Öffentlich-Rechtlichen erwartet würde (vgl. FRÜH/STIEHLER 2002: 137f.). Aussagen zu Nutzungsmotiven und Erwartungen an Medien, gerade in Bezug auf Identitätsbedürfnisse, konnten aus den Daten der MDR-Zuschauerforschung allerdings nicht abgeleitet werden.

Die Kommunikationswissenschaftler Olaf Jandura und Michael Meyen (2010) begreifen Mediennutzung als Form des Identitätsmanagements. Ostdeutsche Mediennutzung würde sich von westdeutscher Mediennutzung unterscheiden, da Ostdeutsche ihren sozialen Status und ihre Aufstiegschancen schlechter einschätzen würden. Unter Rückgriff auf die Soziologie Pierre Bourdieus nahmen sie an, dass Menschen mit einer niedrigeren sozialen Position und einer damit einhergehenden pessimistischeren Einschätzung der Zukunftsaussichten Medien seltener zur Distinktion und Kapitalakkumulation nutzen. Sie konnten zeigen, dass die prestigeträchtigen überregionalen Tageszeitungen und Fachzeitschriften von Ostdeutschen vor allem deshalb weniger gelesen werden, weil ihnen eine Verbesserung ihrer sozialen Position weniger realistisch erscheint. Die Studie ließ außerdem erkennen, dass sich die Ostdeutschen in der DDR-Berichterstattung der gesamtdeutschen Leitmedien nicht wiederfinden und deswegen auf andere Medienangebote ausweichen, um diesen Teil ihrer Identität zu bearbeiten (vgl. JANDURA/MEYEN 2010: 223). Die verstärkte Hinwendung zu regionalen TV- und Hörfunkprogrammen und der Erfolg der ehemaligen SED-Bezirkszeitungen läge demnach darin begründet, dass jene ein DDR-Bild zeichnen, in dem sich die ostdeutsche Bevölkerung besser wiederfindet.

Die Annahme, dass sich im Zuge der Deutschen Einheit im Osten Identitätsbedürfnisse ergaben, die durch eine Kapitalakkumulation über die Rezeption vermeintlicher Qualitätsmedien nicht befriedigt werden konnten oder sie nicht notwendig machten, erscheint nachvollziehbar. Jedoch geht die Studie von Jandura und Meyen (2010) in ihrer Erfassung ostdeutscher identitätsbezogener Nutzungsmotive nicht weit genug. Sie konnte nicht bestimmen, welche Bedürfnisse sich im Zuge der Vereinigung ergeben haben und, welche Nutzungsweisen sowie Einstellungen gegenüber Medien als Überbleibsel der 40-jährigen Teilung zu betrachten sind.

Insgesamt, kann resümiert werden, zeichnet sich der Großteil des bisherigen Forschungsstandes zur Mediennutzung Ostdeutschlands durch eine selektive und teilweise undifferenzierte Bezugnahme auf verschiedene, wenn auch relevante Einflussgrößen aus. Bedingt durch ihren zeitlichen und institutionellen Entstehungskontext verfolgten die Studien je unterschiedliche Erkenntnisinteressen und nahmen so jeweils spezifische Faktoren in den Blick. Während die dominanten Erklärungsansätze der öffentlichen-rechtlichen Medienforscher und Medienforscherinnen die sozialisatorische Wirkung des sozialistischen Systems überbetonten und so die Ostdeutschen als ›nachhaltig geschädigt‹ inszenierten, kann als Ziel später entstandener Ansätze überwiegend ostdeutscher Forscher eine Differenzierung der bisherigen Befunde gelten. Gemeinsam ist den verschiedenen Erklärungsmustern, dass sie nur unzureichend auf die im Zuge der Einheit veränderten strukturellen Bedingungen der Medienangebote eingehen, die nach dem Verständnis dieser Arbeit zwingend einbezogen werden müssen. Die Bedeutung einer potenziellen ost-, vielleicht auch einer westdeutschen »Identitätskrise«, die mit der Vereinigung einherging (vgl. WOLFF-POWĘSKA 1998: 161), konnte durch die unzureichende Erfassung entsprechender Motive der Mediennutzung nicht hinreichend geklärt werden. Schlussfolgerungen dazu verblieben auf theoretischer Ebene. Dass der Wegfall gewohnter, ostdeutscher TV-Programme und Presseerzeugnisse, die Menschen von ihrer Vergangenheit loslösen würde und sich daraus »sozialpsychologisch schwer verkraftbare Folgen« (SPIELHAGEN 1991: 7), auch hinsichtlich der mentalen Einheit der Deutschen ergeben könnten, wurde nur randständig thematisiert. Ebenso ist durch die einseitige Fokussierung auf den Osten grundsätzlich aus dem Blick geraten, in welchem Zusammenhang westdeutsche Identitäten und Medien(-nutzung) stehen.

2.2 Das ›hartnäckige Problem‹ der Ost-Identität

Im Zuge der Erforschung »deutsch-deutsche[r] Kultur- und Identitätskonflikte« (KOLLMORGEN 2003: 4) fand zu Beginn und Mitte der 1990er-Jahre eine verstärkte Auseinandersetzung mit ›Ost-Identität‹ statt. Seitdem wurde ebenjene wiederholt als ein »problematisch erscheinendes Faktum« (KOCH 1998: 19) im Prozess der Vollendung der ›inneren Einheit‹ wie auch als Instrument politischer Einflussnahme kritisch diskutiert (vgl. WESTLE 1997; POLLACK/PICKEL 1998; BISKY 2004; LÜHMANN 2021). Im Kontext der AfD-Wahlerfolge in den ostdeutschen Bundesländern erfuhr das »hartnäckige Problem ostdeutscher Identität« (KOLLMORGEN 2022) in den letzten Jahren erneut verstärkt öffentliche Aufmerksamkeit.

Es kursieren verschiedene Konzeptionen von und Erklärungsansätze zum Ursprung ostdeutscher Identität. So sah man ostdeutsche Identität zu Beginn und Mitte der 1990er-Jahre zunächst in spezifischen Einstellungen und Werthaltungen der Ostdeutschen begründet, die sich aufgrund der DDR-Sozialisation ergeben hätten (Sozialisationshypothese) (vgl. LEPSIUS 1995; KAASE/BAUER-KAASE 1998; WESTLE 1999). Tatsächlich aber unterschieden sich Ost- und Westdeutsche in ihren Einstellungen und Werten – zumindest zur Wendezeit – nicht so fundamental wie angenommen (vgl. KLAGES/GENSICKE 1993). Ost-Identität wurde auch als Reaktion auf Mauerfall und Wiedervereinigung interpretiert (Situationshypothese) (vgl. POLLACK/PICKEL 1998). Sie sei damit Resultat ökonomischer Unterschiede zwischen Ost und West ebenso wie Folge der Entwertung ostdeutscher Biografien nach der Wende. Pollack und Pickel konstatieren dahingehend eine ökonomische wie auch kulturelle »Unterprivilegierung« (ebd.: 22) der Ostdeutschen. Ost-Identität wurde schließlich im Sinne einer Selbstidentifikation mit einem ostdeutschen Kollektiv verstanden. Ein solches erstarktes Wir-Gefühl der Ostdeutschen sei als eine »Abgrenzungsidentität«, als ein »Akt der Selbstbehauptung gegenüber dem Westen« zu betrachten (POLLACK 1998: 311). Diese Abgrenzungsidentität hätte sich, unter anderem, als Reaktion auf die strukturelle Übermacht des Westens herausgebildet, die sich, laut dem Soziologen Pollack, »zwangsläufig« in Folge der »materiellen und kulturellen Überlegenheit des Westens« einstellte (ebd.). Er zieht an dieser Stelle aber auch die Medien in Betracht, die schon kurz nach der Wende »das Bild des arbeitsungewohnten, unproduktiven, obrigkeitshörigen Ossis« verbreitet hätten sowie eine »asymmetrische Kommunikationssituation« (ebd.), die dadurch entstanden sei, dass das westliche Institutionensystem auf den Osten übertragen wurde. Ostdeutsche Identität sei demnach ein »multidimensionales Gebilde«, das auch als »Bemühen um biografische Konsistenzgewinnung« begriffen werden muss (POLLACK 1998: 314f.). Für Gensicke (1998) lässt sich Ost-Identität am besten über die »Verkopplung einer sozialpsychologisch-situativen Analyse des Vereinigungsprozesses mit einigen richtig interpretierten Elementen der Sozialisationshypothese« (ebd.: 193) erklären. Koch (1998) betrachtet die Entstehung eines ostdeutschen Wir-Bewusstseins ebenfalls als »unausweichliche Antwort auf die Herausforderungen von Wende und Umbruch« (ebd.: 20). Kollmorgen (2005) beschreibt ostdeutsche Identität als »Reaktion auf die multiplen Anerkennungsdefizite Ostdeutscher« (ebd.: 176). Ganz ähnlich macht Kubiak (2020) Abwertungserfahrungen als »Katalysator der Identifikation« (ebd.: 37) aus. Im Anschluss an die postkoloniale Theorie spricht er diesbezüglich von einem »Othering« Ostdeutscher: Ostdeutsche werden kontinuierlich als ›die Anderen‹ benannt, während Westdeutsche als hegemoniale Norm gelten (ebd.: 38). Die Negativ- und Abwertungserfahrungen seit der Wende hätten nicht nur die Selbstidentifikation als Ostdeutsche bedingt, sondern auch zu Stereotypenbildungen gegenüber Westdeutschen geführt (›Besserwessi‹) (vgl. NELLER 2006b).

Repräsentative Bevölkerungsumfragen legen nahe, dass Ost-Identität tatsächlich als eine Begleiterscheinung der Wiedervereinigung zu betrachten ist. Eine ostdeutsche Identität, im Sinne eines subjektiv empfundenen Zugehörigkeitsgefühls zu einem ostdeutschen Kollektiv, ist laut empirischer Erhebungen seit den frühen 1990er-Jahren gewachsen. Lag die Verbundenheit der Ostdeutschen mit der DDR 1991 noch bei 43,1 Prozent, betrug sie im Jahr 2016 63,4 Prozent. Dagegen sank die Verbundenheit der Westdeutschen mit der alten BRD im Zeitverlauf von 71,9 Prozent 1991 auf 62 Prozent im Jahr 2016 (vgl. BAUMANN/THIESEN 2021: 327ff.). Die Verbundenheit mit Deutschland als Ganzem war in Ost wie West allerdings stets stärker ausgeprägt (vgl. ebd.: 331f.). Das heißt, dass ost- oder westdeutsche Teilidentitäten einer gesamtdeutschen Identität nicht zwangsläufig zuwiderlaufen.

Eine Ost-Identität hat ihre Wurzeln also in der Wende- und Nachwendezeit, kann geschlussfolgert werden. Das erscheint insofern plausibel, als dass sich Formen kollektiven Bewusstseins insbesondere dann herausbilden, wenn bisherige Ordnungen erschüttert werden, wenn »vorbewußte Gewißheiten durch radikale gesellschaftliche Einschnitte in den Lebensbedingungen, den politischen und wirtschaftlichen Ordnungen problematisch geworden sind und/oder durch Fremdgruppen (von außen) delegitimiert werden« (WODERICH 1999: 59; vgl. HAHN 1988: 102). Damit soll die Existenz einer DDR-Identität allerdings nicht negiert werden. Es wurde oft unterstellt, dass Bürger und Bürgerinnen der DDR vor 1989 nicht über eine Identität verfügten, dass sie damit »nie als eigene Werte- und Mentalitätsgemeinschaften existierten, kein progressives kulturelles Erbe aus ihrer Herkunft« einzubringen hatten, kritisiert die Soziologin Yana

Milev (2020b: 149). Auch Kollmorgen (2005) geht davon aus, dass eine Ost-Identität sehr wohl auf einer DDR-Identität beruht, die er als »staatsgesellschaftliche Identität« (ebd.: 171) fasst. Eine solche bilde sich zwangsläufig dort heraus, »wo Institutionenordnungen gemeinsam erfahren, staatlich regulierte Soziokulturen und Geschichte(n) gemeinsam aufgeschichtet, ge- und erlebt werden« (ebd.). Insofern muss davon ausgegangen werden, dass Ost-Identität zwar an eine DDR-Identität anknüpft, sie aber nicht mit ihr gleichzusetzen ist (vgl. NELLER 2006a: 23).

Im Rahmen dieser Arbeit wird ostdeutsche Identität sowohl auf DDR-Erfahrung als auch auf Erlebnisse der Nachwendezeit zurückgeführt, insofern sie als »erinnerungsgemeinschaftlicher Zusammenhang« (MAU 2019: 212) aufgefasst wird. Sie meint in erster Linie einen Akt der Selbstidentifikation, innerhalb dessen aber auch Fremdidentifikationen von Bedeutung ist. Ostdeutsche Identität wird hier also nicht an Wohn- oder Geburtsort geknüpft, sondern an die subjektiv empfundene emotionale Zugehörigkeit, die auf einem ostdeutschen Sozialisationshintergrund basiert (vgl. FOROUTAN/SIMON/ZAJAK 2023).

Die Ost-West-Differenz, so der Sozialwissenschaftler Daniel Kubiak (2020), stellt auch bei der Nachwendegeneration eine »Strukturkategorie« (ebd.: 36) dar. Laut einer quantitativen Studie der Otto-Brenner-Stiftung (vgl. FAUS/STORKS 2019) weisen jüngere Ostdeutsche eine etwas höhere und intensivere Verbundenheit mit Ostdeutschland auf (68 %) als Gleichaltrige aus dem Westen mit Westdeutschland (59 %). Die Autoren schlussfolgern: »Ostdeutschland wird von jungen Ostdeutschen als relevantes Identifikationsobjekt wahrgenommen, Westdeutschland von jungen Westdeutschen nicht« (ebd.: 28). Konträr dazu haben Rippl et al. (2019) in einer qualitativen Interviewstudie mit zehn Personen ostdeutscher Herkunft herausgefunden, dass der Kategorie ›ostdeutsch‹ innerhalb der Identitätskonstruktion keine gesonderte Relevanz zukommt (ebd.: 52f.). Sie gehen davon aus, dass die Kategorisierung Ost versus West insbesondere durch die Massenmedien emotional und symbolisch aufgeladen wird und eine ostdeutsche Identität so äußerlich (medial) erzeugt wird (ebd.: 44ff.). Flack (2016) untersucht ostdeutsche Identitätskonstruktionen von zwischen 1975 und 1985 Geborenen in Relation zu massenmedialen Konstruktionen der Ostdeutschen. Ihre narrativen Interviews zeigen, dass die medialen Deutungen zwar abgelehnt werden, sie jedoch insofern relevant sind, als sie »als negative Kontrastfolie im Kontext individueller Identitätsentwürfe« (ebd.: 67) fungieren. In Anbetracht dessen, ist Kollmorgen (2022) zuzustimmen, wenn er mutmaßt, dass ostdeutsche Identität nur noch »unter besonderen Bedingungen und in spezifischen Situationen Orientierungs- und Handlungswirksamkeit entfaltet«.

Gibt es eine West-Identität?

Kubiak (2018) will in seiner Studie herausgefunden haben, dass bei Westdeutschen keine Selbstidentifikation als westdeutsch stattfindet, wichtiger seien dort regionale Identitäten (ebd.: 36). Westdeutschland sei also – anders als Ostdeutschland – keine Bezugskategorie für die Identitätskonstruktion.[2] Auch Faus und Kollegen (2020) sprechen bezüglich einer ostdeutschen Identität von einer »zusätzliche[n] Schicht«, die »keine Entsprechung bei den Westdeutschen« kenne (ebd.: 33).

Es kann an dieser Stelle nur gemutmaßt werden, ob denn das Westdeutsche vielleicht nur deshalb eine untergeordnete Rolle spielt, weil mit dem Westdeutschen immer schon das Bundesrepublikanische, das Gesamtdeutsche gemeint war. Dass also eine Identifikation mit Deutschland einer Identifikation mit Westdeutschland gleichkommt, ohne diese explizit so benennen zu müssen. Denn folgt man der Argumentation, nach der Wir-Identitäten vor allem dann an Bedeutung gewinnen, wenn alte Gewissheiten infrage gestellt werden (vgl. HAHN 1998: 102), muss davon ausgegangen werden, dass auch eine West-Identität nach 1989 an Relevanz gewann. Die westdeutsche Gesellschaft erlebte in den Nachwendejahren ebenfalls einen Wandel. Der Historiker Edgar Wolfrum (2020) etwa beschreibt die 1990er- und frühen 2000er-Jahre als Phase des »doppelten Umbruchs« und hält fest: »Der neoliberale Umbau der sozialistischen Gesellschaften führte mit Verzögerungen zu analogen ›Ko-Transformationen‹ im Westen« (ebd.: 20).

Der Sozialwissenschaftler Thomas Ahbe (2004) argumentiert anders, zieht aber dieselben Schlüsse. Auch er meint, dass westdeutsche Identität im Zuge der Wende eine Re-Konstruktion erfuhr. Das Selbstbild der Westdeutschen sei immer eng mit dem »wirtschaftlichen und politischen Erfolgssystem« (ebd.: 20) der alten Bundesrepublik verknüpft gewesen. Durch den ausbleibenden Erfolg und die fehlende Anerkennung dieses

2 Kubiak (2018) hat in seiner Studie allerdings ausschließlich Menschen untersucht, die nach 1990 geboren wurden. Es ist zu vermuten, dass bei Personen, die die Zeit der Teilung aktiv miterlebten, andere Identitätslagen vorzufinden sind.

Systems in den ›neuen Ländern‹, »waren die Westdeutschen in diesem wichtigen Teil ihrer Wir-Identität nachhaltig infrage gestellt worden« (ebd.). In diesem Sinne – so der Forscher – seien die Westdeutschen auf »einer symbolischen Ebene [...] Opfer der Ostdeutschen« (ebd.) geworden. Schließlich hätten Westdeutsche nach 1989 Alteritätserfahrungen mit dem Osten gemacht, westdeutsche und ostdeutsche »Normalitätsvorstellungen« (AHBE 2009b: 86) seien aufeinandergeprallt. Dieser Moment der Konfrontation mit ›dem Anderen‹, dürfte nicht folgenlos für die westdeutsche Wir-Identität geblieben sein.

Auch Ganzenmüller (2020) bestreitet die Existenz einer westdeutschen Identität nicht. Er versteht West-Identität allerdings vielmehr als »eine Fortschreibung jenes Selbstbildes, das sich während der deutschen Teilung« (ebd.: 14) herausgebildet hat. Die ursprüngliche politische Abgrenzung vom Sozialismus – so Ganzenmüller – wurde auf Ostdeutschland übertragen und diente der »Stabilisierung des westdeutschen Selbstbildes einer Wirtschaftswundernation« (ebd.: 13). Nach der Wende habe man das positive Selbstbild der alten Bundesrepublik ins Negative gewendet und den Ostdeutschen entsprechende (negative) Eigenschaften zugeschrieben. Diese Beobachtung macht offenbar auch Detlef Pollack (2020). Er stellt die These auf, dass die Westdeutschen unter Zuschreibung negativ konnotierter Merkmale eine ostdeutsche Identität konstruierten, die es erlaubt, sich von den Ostdeutschen normativ abzugrenzen und somit die Eigengruppe aufzuwerten (vgl. ebd.: 170). Eine westdeutsche Identität basiert demnach wesentlich auf der Abgrenzung zum Osten. So gesehen handelt es sich auch bei West-Identität um eine Abgrenzungsidentität, deren Existenz im Hinblick auf das Erreichen einer ›inneren Einheit‹ – im Gegensatz zu einer Ost-Identität – allerdings nie problematisiert wurde.

›Ostalgie‹ und ›Westalgie‹

In den Debatten um Ost-Identität taucht immer wieder der Begriff der ›Ostalgie‹ auf. Bergem (2005) konstatiert, dass Ostalgie sich innerhalb der Formation einer ostdeutschen kollektiven Identität herausgebildet habe. Ost-Identität hätte sich dahingehend entwickelt, dass sie nicht mehr auf der Abgrenzung vom (westdeutschen) Anderen, sondern auf der positiven Bezugnahme auf eigene (selektive) lebensgeschichtliche Erinnerung basiere (vgl. ebd.: 316). Ostalgie wäre demnach als eine »im Modus der Erinnerung salvierende Rekonstruktion der eigenen Biographie« (ebd.) zu verstehen.

Ost-Identität und Ostalgie werden meist »als *ein* (hemmendes) Teilelement des Prozesses der inneren Vereinigung« (NELLER 2006a: 26, Herv. i. O.) begriffen. Ostalgie (und Westalgie) seien »mental trennende Begleiterscheinungen der staatlichen Vereinigung« (ebd.: 329). Bisky (2004) etwa betrachtet Ost-Identität als »neue Gestalt provinzieller Borniertheit« und versteht Ostalgie als »Zonensucht« (ebd.: 117). Eine »gesamtdeutsche Nostalgie« sei eine »Vergangenheitssucht aus Furcht vor der Freiheit« (ebd.: 127). Diesem regressiven Verständnis steht eine Deutung gegenüber, die Ostalgie als Selbstermächtigungsstrategie begreift und in diesem Sinne die Basis »für eine wirkliche Vereinigung als nur für einen Beitritt« (AHBE 1997: 618) bildet. Ostalgie ist dann als Rückerlangung von »Deutungshoheit über die eigene Biographie« und als »Rücknahme der symbolischen Brandrodung«, die die ostdeutsche Kulturlandschaft nach der Wende erfuhr, zu verstehen (ebd.). Ahbe (2016) unterscheidet weiterhin zwei Gebrauchsweisen des Begriffs ›Ostalgie‹. So werde er als »stigmatisierendes Etikett« (ebd.: 92) genutzt, wenn es darum gehe, alternative Deutungen der DDR und Vereinigung in der Öffentlichkeit zu etablieren. Demgegenüber stehe eine »unpolitische Nostalgie« (ebd.), die es auch in der Bundesrepublik gebe. Diese Ostalgie werde durch die »Ampelmännchenindustrie« (ebd.: 93) bedient, etwa durch Ostalgie-Shows im Fernsehen.

Auch in den ›alten Ländern‹ ist zu beobachten, dass sich mithilfe von Retro-Shows sowie Erinnerungsbüchern und -filmen in die alte Bundesrepublik zurückversetzt wird. Wirklich durchgesetzt hat sich der Begriff der ›Westalgie‹ trotz seiner Parallelen zur Ostalgie nicht (vgl. ARZHEIMER 2006: 215). Nostalgie wurde vorrangig als rein ostdeutsches Phänomen diskutiert. Wenn über ›Westalgie‹ gesprochen wurde, dann unkritisch, befindet der Historiker Tobias Becker (2018). Während Ostalgie als Akt der Regression und Gegenwartsflucht problematisiert wurde, brauchte man sich für Westalgie nicht zu schämen, denn sie »war ein verkapptes Bekenntnis zu Demokratie, Westbindung und Kapitalismus« (ebd.: 73). Westalgie meint eine »im Rückblick zunehmend positive Bewertung der Verhältnisse in der früheren Bundesrepublik« (NELLER 2006a: 22). Bergem (2005) bezeichnet mit Westalgie eine Gefühlslage, die auf den Verlust der Bonner Republik zurückgeht. Westalgie hätte sich besonders bei denjenigen eingestellt, die sich im westdeutschen Staat eingerichtet hatten und mit der Einheit einen Rückschritt für die »an Liberalität und Emanzipation orientierte zivile politische Kultur« (ebd.: 321) der Bundesrepublik fürchteten. Das Entstehen »westalgische[r] Gefühle« (ebd.: 323) erklärt er zudem über den Eindruck des Verlustes an sozialen Sicherheiten (ebd.: 322). Auch Meier (1994) konstatiert eine »BRD-Nostalgie« (ebd.: 561). Die alte Bundesrepublik sei eine »wohlhabende, relativ freundliche Gesellschaft, mit florierender Wirtschaft« gewesen, es galt die »eherne Erwartung ständiger Verbesserung« (ebd.: 562). Obwohl doch im Westen, anders als in der DDR, vieles beim Alten blieb, wurde mit 1989 die westdeutsche Ruhe gestört. Das habe dazu geführt, dass sich nach den »scheinbar gesunden Verhältnissen der BRD« (ebd.) zurückgesehnt wurde. Aufgrund einer »politisch-strukturelle[n] und »politisch-kulturelle[n] Asymmetrie« im Vereinigungsprozess – so Bergem (2005) – wurden die Ostdeutschen allerdings weitaus härter getroffen, Westalgie sei daher »weniger virulent« ausgeprägt als Ostalgie (ebd.: 323).

Immer wieder wurden die Massenmedien als intervenierende Faktoren im Prozess der Ausbildung von kollektiver Ost-Identität und im Zusammenhang mit Ostalgie diskutiert (vgl. BÖSCH 2020b; RIPPL et al. 2019; FLACK 2016; MEYEN 2013; AHBE 2004, 2008, 2009a). Wie wurden Ost und West seit 1989 in den Medien konstruiert? Unter welchen Bedingungen also sind eben jene Identitätskonstruktionen zustande gekommen?

2.3 Westdeutsche Selbstgespräche über den Osten

Den Massenmedien kommt eine zentrale Rolle im Prozess der kollektiven Identitätsformation zu – darauf wird im Theorieteil dieser Arbeit noch genauer einzugehen sein. Diesem Gedanken folgend hat Thomas Ahbe (2013), unter anderem, eine »symbolische Schlechterstellung« (ebd.: 28) der Ostdeutschen als Ursache ostdeutscher Identität ausgemacht. Das Wir-Gefühl der Ostdeutschen speise sich aus verschiedenen Quellen, darunter aus der Art der diskursiven Konstruktion der Ostdeutschen in der westzentrierten Medienlandschaft nach 1990, so der Forscher. Was aber wissen wir über die massenmediale Konstruktion der Ostdeutschen nach der Wende? Eine Reihe von Studien legt nahe, dass zurecht von einer symbolischen Schlechterstellung gesprochen werden kann.

Früh et al. (1999) etwa haben festgestellt, dass Westdeutschland in Informations- und Unterhaltungsangeboten öffentlich-rechtlicher wie privater Fernsehprogramme häufiger auftaucht als Ostdeutschland (vgl. ebd.: 219f.). Die Jubiläumsberichterstattung rund um den 3. Oktober erfolge aus Westperspektive. Die Öffentlich-Rechtlichen würden außerdem in der Behandlung ostdeutscher Themen westdeutsche Maßstäbe anlegen (vgl. ebd.: 365). Eine Folgestudie (vgl. FRÜH/STIEHLER 2002) kam zu ähnlichen Ergebnissen. In den untersuchten Programmen (RTL, SAT.1, ARD, ZDF und MDR) sei Ostdeutschland fast nicht vorgekommen – mit Ausnahme der ARD-Angebote (vgl. ebd.: 22). Auch Kollmorgen (2010) konstatierte eine Event-Orientierung und Ritualisierung bezüglich der Berichterstattung über die deutsche Einheit. Im Fokus würden lediglich die Gedenk- und Feiertage wie etwa der Mauerfall vom 9. November oder der Tag der Deutschen Einheit am 3. Oktober stehen. Diesen Befund haben jüngere quantitative Erhebungen bestätigen können (vgl. MEDIA TENOR 2014, 2016).

Pappert und Schröter (2008) untersuchten den Vereinigungsdiskurs im *Spiegel* zwischen 1990 und 2000 und erklärten diesen zum »Spaltungsdiskurs« (ebd.: 157). Sie machten eine durchgängige »West-Perspektivierung« in den analysierten Beiträgen aus, die sich darin äußerte, dass die wirtschaftlichen Folgen der Einheit vorrangig unter der Befürchtung eines Wohlstandsverlustes für die alte BRD thematisiert wurden sowie darin, dass »Westdeutschland ganz selbstverständlich in jeder Hinsicht als Modell für Ostdeutschland« betrachtet wurde (ebd.: 160). Ost und West seien einander gegenübergestellt und voneinander abgegrenzt worden, wodurch Vorurteile und Stereotype perpetuiert oder neu konstituiert wurden (ebd.: 166). Die Kommunikationswissenschaftlerin Julia Belke (2009) hat das ARD-Politmagazin *Kontraste* diskursanalytisch untersucht. Sie fand heraus, dass sich die Konstruktion der Ostdeutschen im Untersuchungszeitraum von 1987 bis 2005 immer wieder wandelte, dass aber insbesondere von 1997 bis 2005 eine (negative) Stereotypisierung der Ostdeutschen stattgefunden hat (ebd.: 174f.). Die Ostdeutschen seien überwiegend als defizitär konstruiert worden (ebd.: 165). Kolmer (2009) untersuchte die Berichterstattung ausgewählter Leitmedien im Zeitraum von 1994 bis 2007 und ermittelte, dass diese in geringerem Umfang über den Osten berichten würden, sie thematisch eingeengt wären und negative Aspekte betonen würden (ebd.: 209). So würden bestehende Vorurteile reproduziert, schlussfolgert der Autor. Im selben Band analysiert Ahbe (2009a) die Ost-Diskurse von vier überregionalen Presse-Organen zwischen 1990 und 1995. Er spricht von einem »breite[n] Ensemble« (ebd.: 108) von ostdeutschen Figuren, die in der Berichterstattung vorkämen. Sie würden als »Helden der friedlichen Revolution«, als »konsumfixierte und autoritätsabhängige Konformisten«, als »SED-Apparatschiks und Stasi-Spitzel« oder als »nationalistisch aufgeheizter Mob« auftreten (ebd.). Die »Uniformierung und Verhärtung der Deutungsmuster« (ebd.) bezüglich der Ostdeutschen – resümiert er – hätte erst mit dem Ende der 1990er-Jahre eingesetzt. Zentrale Schlussfolgerung seiner Studie ist, dass es sich bei den Ost-Diskursen der meinungsführenden überregionalen Presse um Konstruktionen handelt, die westdeutsche Identitätsbedürfnisse bedienen – die also vielmehr die Wir-Identität der westdeutschen Diskurs-Produzenten stärken, als dass hilfreiche Identitätsangebote für Ostdeutsche gemacht werden (vgl. ebd.: 108f.).

Kollmorgen und Hans (2011) stellen in einer diskurslinguistischen Analyse fest, dass sich in den frühen 1990er-Jahren eine »Logik der diskursiven Subalternisierung der Ostdeutschen und Ostdeutschlands« (ebd.: 136) etablierte. Diese hegemoniale Diskurslogik der Subalternisierung war vor allem in überregionalen Printmedien und öffentlich-rechtlichen Fernsehanstalten rekonstruierbar. Ostdeutsche seien als besonders, fremd oder exotisch konstruiert worden – immer in Abgrenzung zur westdeutschen Norm (vgl. ebd.). Die Subalternisierung geschehe über eine Devianzkonstruktion, die ihren Ursprung in der DDR-Vergangenheit habe (vgl. ebd.: 137). Die Autoren betonen allerdings, dass »trotz erheblicher Uniformisierungstendenzen« (ebd.: 141) nicht von einem einheitlichen massenmedialen Diskurs gesprochen werden kann – jedenfalls im Untersuchungszeitraum von 1995 bis 2005. Die Modi der Subalternisierung würden je nach Medium variieren. Sie identifizierten darüber hinaus explizite Gegendiskurse, in der *SuperIllu*, im *Neuen Deutschland*, aber auch in der *Taz*. Dort würden zentrale Topoi, die eine selbstverschuldete Subalternität des Ostens markieren, abgelehnt. Darüber hinaus würden die Ostdeutschen darin nicht in ihrem antagonistischen Verhältnis zu den Westdeutschen konstruiert (ebd.: 146). Auch Ahbe (2013) identifizierte die *SuperIllu* als Medium, das sich der »ostdeutschen Selbstverständigung« widmete (ebd.: 37). Dennoch, konstatiert er, habe sich kein adäquater professioneller Gegendiskurs herausbilden können (ebd.: 34).

Der Kommunikationswissenschaftler Michael Meyen (2013) analysiert ausgewählte Leitmedien auf ihre Darstellung der DDR hin. Ergebnis seiner Studie: Im öffentlichen Erinnern an die DDR dominiert das Diktaturgedächtnis, wobei Elemente des Arrangement- und Fortschrittsgedächtnisses (vgl. SABROW 2009) systematisch ausgeschlossen werden. Der Fokus der DDR-Berichterstattung liege auf dem Unterdrückungsapparat der SED und dessen Überwindung 1989/1990 – hierfür würden opportune Zeugen in Stellung gebracht (vgl. ebd.: 86ff.), Gegenstimmen seien delegitimiert worden (vgl. ebd.: 90ff.). Zur diskursiven Praxis DDR gehöre die »Warnung vor dem Vergessen der Diktaturerfahrung, vor Relativierern und vor Ostalgie« (ebd.: 109). Er unterstellt thematische Einseitigkeit. Selbst bei »auf den ersten Blick unpolitischen Beiträgen mit DDR-Bezug« (ebd.: 109) nehme man Bezug auf Staatssicherheit und Mauer. Ähnlich kritisiert auch Stiehler in einem Interview mit Lutz Mükke (2010), dass die Ostdeutschland-Diskurse der westdeutsch dominierten Presse sich auf die Themen »Stasi, Doping, DDR-Misswirtschaft, Unrechtsregime, Umweltkatastrophe und Mauertote« (ebd.: 254) beschränkt hätten. Innerhalb dieser »Delegitimierungsdiskurs[e]« werde die DDR aus westdeutscher Perspektive bewertet und »immer auch ein wenig das Leben und die Leistungen von DDR-Bürgern« herabgewürdigt (ebd.). Jüngst beklagte der DDR-Oppositionelle Klaus Wolfram (2020), dass das Stasi-Thema die »konkrete Erinnerung der Ostdeutschen« (ebd.: 5) verdränge. Die Übermacht westdeutscher Perspektiven sei Ergebnis der »institutionellen Zerstörung der ostdeutschen Öffentlichkeit« (ebd.) nach der Wende. Der Westen spinne sein Selbstgespräch über den Osten kontinuierlich fort (ebd.: 3).

Ahbe (2008) resümiert, die verbreiteten Ost-Diskurse, unter denen die Ostdeutschen ihre Identitätsarbeit verrichteten, seien die »Alteritäts-Diskurse der westdeutschen Mehrheit« (ebd.: 49) gewesen. Auch Kubiak (2020) diagnostiziert eine »westdeutsche Dominanz im Diskurs über Differenz« (ebd.: 38). Der Westen werde stets als das Normale und der Osten als das Andere konstruiert (vgl. ROTH 2008) – die Kulturwissenschaftlerin Kathleen Heft (2020) führte dafür den Begriff der »Ossifizierung« (ebd.: 244ff.) ein.

Die massenmediale Konstruktion der Ostdeutschen wurde von Westdeutschen dirigiert, da im Zuge der Vereinigung die bundesdeutschen Medienstrukturen auf den Osten übertragen wurden (vgl. AHBE 2008: 49). Diese ›Strukturen‹ kümmerten sich wenig um die ostdeutschen Länder. So konstatiert der Medienforscher Lutz Mükke (2021), es sei überhaupt nicht das Anliegen der überregionalen Presse gewesen, Ostdeutschland zu repräsentieren (ebd.: 27). Die »westdeutschen Meinungs- und Debattenführer [hätten] weiter exklusiv für die gebildeten Mittel- und Oberschichtmilieus Westdeutschlands geschrieben« und dadurch »kräftig zur Verstetigung von ›Ost‹ und ›West‹« beigetragen (ebd.).

Ähnlich wurde in Bezug auf Presseangebote ostdeutscher Herkunft argumentiert (vgl. PÖTTKER 1995). Während die westdeutsche Presse häufiger gesamtdeutsche Themen behandelt hätte, hätten die Zeitungen und Zeitschriften des Ostens vorrangig aus ostdeutscher Perspektive berichtet und so zur Fortschreibung alter Identitäten beigetragen und ein Zusammenwachsen behindert (vgl. PÖTTKER 1995: 241; SCHNEIDER 1992: 88).

Zu bedenken ist allerdings, dass die westdeutsche Presse möglicherweise nur deshalb eine gesamtdeutsche Perspektive einnimmt, weil die gesamtdeutschen Themen und Institutionen bis auf wenige Ausnahmen die westdeutschen sind (vgl. PÖTTKER 1995: 241). Eine inhaltsanalytische Studie (vgl. U. SCHÖNBACH 2010) kam in dieser Hinsicht zu anderen Ergebnissen. Dort heißt es, dass sich die Gesellschaftswahrnehmung der Ostdeutschen auch in den regionalen ostdeutschen Zeitungsangeboten nicht widerspiegeln würde. Ankerpunkte ostdeutscher Identität seien dort zumindest im Zeitraum von 1990 bis 2000 nicht nachweisbar gewesen (vgl. ebd.: 55).

Die Befunde der Studien lassen Kontinuität in der massenmedialen Darstellung der Ostdeutschen und ihrer Geschichte erkennen. Erst in den letzten Jahren ist eine Öffnung des Diskursraums beobachtbar. Zunehmend gerät der Alltag in den Blick, was auch positive Erinnerungen an die eigene Vergangenheit erlaubt.

Die oben zitierten Forscher und Forscherinnen unterstellen zuweilen einen Zusammenhang zwischen der Beschaffenheit der Medienlandschaft und den massenmedialen Identitätskonstruktionen der Ost- und Westdeutschen und somit auch den zirkulierenden kollektiven Identitäten. Angesichts dessen sei in aller Kürze auf zentrale Entwicklungen auf dem Gebiet der Medien in den 1990er-Jahren eingegangen.

Die Medienlandschaft der 1990er-Jahre

Die deutsche Einheit hatte für die Medienlandschaft Ost weitaus schwerwiegendere Konsequenzen als für die westdeutschen Medien. Schließlich wurden die bundesdeutschen Medienstrukturen auf das Gebiet der ehemaligen DDR übertragen – Bemühungen, eigene Wege zu gehen, scheiterten.

Nach dem Fall der Mauer wurde im Osten der Aufbau basisdemokratischer Medienstrukturen erprobt. Diese Vorhaben wurden allerdings durch die Interventionen westdeutscher Verlagskonzerne und die Privatisierungspolitik der Treuhand, die westdeutsche Verlage bevorteilte, torpediert (vgl. TRÖGER 2019). Die zur Wendezeit im Kreis der Bürgerbewegung neu gegründeten Zeitungs- und Zeitschriftenprojekte überlebten nicht – in Berlin etwa *Die Andere* oder *Das Blatt* (vgl. KÜBLER 2010: 77ff.). Sie verfügten kaum über Eigenkapital, waren so der aggressiven Preispolitik der westdeutschen Verlage und dem »westdeutschen Know-how« (MÜKKE 2021: 12) auf dem bundesrepublikanischen Medienmarkt nicht gewachsen. Auch der Versuch, ostdeutsche überregionale Zeitungen in Westberlin und in den alten Bundesländern zu etablieren, scheiterte (vgl. KAPITZA 1997a: 192). Die rund 350 westdeutschen Pressetitel, die bereits im Sommer 1990 in der DDR angeboten wurden, stießen dort aber ebenso wenig auf langfristige Nachfrage (vgl. KÜBLER 2010: 81).

Pürer (2015) hat für die Zeit zwischen 1990 und 1993 einen »Zeitungsboom« in den Ländern der ehemaligen DDR konstatiert, der aber schon bald von einem weit um sich greifenden »Pressekonzentrationsprozess und Auflagenrückgang« (ebd.: 66) abgelöst wurde. Die massive Pressekonzentration des Ostens überstieg die des Westens, die Auflagenrückgange waren dramatisch. Wurden 1989 in der DDR noch 9.641.700 Exemplare verkauft, sank die Zahl um 61,1 Prozent auf 3.747.900 Stück im Jahr 2001 (vgl. SCHÜTZ 2001: 616). Zeitungen wie *Junge Welt* und *Neues Deutschland* verloren bis Juni 1990 mehr als die Hälfte ihrer Leser und Leserinnen (vgl. KÜBLER 2010: 80). Die ehemaligen 14 SED-Bezirkszeitungen konnten sich dagegen vergleichsweise gut am Markt behaupten (vgl. PÜRER 2015: 64). Der Presseforscher Walter J. Schütz (1992) konstatierte dahingehend eine »monopolisierte Einfalt« (ebd.: 80) in den ostdeutschen Bundesländern. In Berlin sank die Zahl der publizistischen Einheiten von 14 im Jahr 1991 auf 9 im Jahr 2001 (vgl. SCHÜTZ 2001: 603).

Auflagenverluste bei Kauf- wie auch bei Abonnementzeitungen ließen sich allerdings im gesamten Bundesgebiet beobachten. Schütz (2001) erklärt sich die Auflagenrückgänge unter anderem mit den Modernisierungsbestrebungen (Layoutreformen, vermehrter Einsatz von Grafiken und Bildern) vieler Zeitungen, die auf Kosten der publizistischen Qualität gegangen seien. Die »ausufernd[e] farbig[e] Bebilderung zu Lasten eines reduzierten und dazu noch leserunfreundlich gestalteten Textteils« (ebd.: 619) hätte sich nachteilig auf die Auflagenentwicklung ausgewirkt.

Im Segment der Zeitschriften waren die 1990er-Jahre geprägt von Diversifikation. Publikums- und Fachzeitschriften erlebten eine Titelvermehrung, die Ausdruck einer »Differenzierung der Konsum- und Leseinteressen« (KÜBLER 2010: 100) war. Kübler fasst diese Entwicklung wie folgt zusammen: »Immer mehr Titel mussten daher um Geld, Aufmerksamkeit und Lesezeit der Publika buhlen, die sich immer mehr fragmentierten und pluralisierten« (ebd.: 100). Dabei waren die vier westdeutschen Verlagskonzerne G + J, Burda, Bauer und Springer marktdominierend (ebd.: 94f.).

Die frühen 1990er-Jahre waren besonders in Berlin eine »Zeit der publizistischen Aufrüstung« (HACHMEISTER/KRAMP/WEICHERT 2017: 706), denn mit der Wiedervereinigung wurde Berlin zur »zeitungsreichsten Stadt Deutschlands« (PÜRER/RAABE 2007: 230). *Morgenpost* und *Tagesspiegel* erhöhten ihre Erscheinungsweise auf sieben Tage. 1993 zog Springers *Welt* von Hamburg nach Berlin und erhöhte die Konkurrenz auf dem Berliner Zeitungsmarkt zusätzlich (vgl. HACHMEISTER/KRAMP/WEICHERT 2017: 707). Die Verlage schmiedeten Expansionspläne, führten Blattreformen durch und strebten an, die Leser und Leserinnen aus dem jeweils anderen Stadtteil zu erobern. Schon bald aber waren die Berliner Zeitungen mit einem Auflageneinbruch konfrontiert. Nach einer Phase der Konsolidierung, geriet der Pressemarkt um die Jahrtausendwende in eine ökonomische Krise. Budget- und Personalkürzungen in den Zeitungshäusern waren die Folge (ebd.: 715).

Die deutsche Rundfunklandschaft wandelte sich mit der Vereinigung ebenso – auch hier waren die ostdeutschen Länder wesentlich stärker betroffen. In der Wendezeit kursierten verschiedene Vorschläge zur Restrukturierung des Rundfunks der DDR. So wurde etwa diskutiert, die DFF-Länderkette, zu der die Programme DFF 1 und DFF 2 zusammengeschlossen wurden, zu einer eigenständigen dritten Anstalt neben ARD und ZDF auszubauen. Diese Option wurde allerdings ebenso wenig verwirklicht wie das Rundfunküberleitungsgesetz der Volkskammer, das unter anderem die sofortige Zulassung privater Anbieter vorsah (vgl. KAPITZA 1997b: 37). Schließlich war in Artikel 36 des Einigungsvertrags vom 31. August 1990 geregelt, dass die Einrichtungen des DDR-Rundfunks bis Ende des Jahres in Anstalten des öffentlichen Rechts einzelner oder mehrerer Länder zu überführen oder aufzulösen seien. So stellte das Fernsehen der DDR zum 1. Januar 1992 seinen Sendebetrieb ein, die Programme der neu gegründeten Landesrundfunkanstalten ORB und MDR gingen an den Start. Erst nach dem Aufbau der öffentlich-rechtlichen Rundfunkanstalten verabschiedeten die ostdeutschen Länder ihre Landesmediengesetze, um die Einführung des privaten Rundfunks zu organisieren (vgl. PÜRER 2015: 120). Radiosender wurden privatisiert, eine Reihe regionaler Privatradios gründete sich. Die Reorganisation des Rundfunks fand ebenso wie die Ausgestaltung des Pressewesens nach 1989 unter dem maßgeblichen Einfluss westdeutscher Akteure und nach westdeutschem Modell statt (vgl. DIETL 2022).

Nicht nur die Presse- sondern auch die Rundfunklandschaft der 1990er-Jahre war durch Konkurrenzverhältnisse geprägt – und zwar in Ost wie West. Die Digitalisierung und das rasante Wachstum des Internets beförderten die Entstehung neuer Formate. Das kommerzielle Fernsehen trat seinen Siegeszug an. Die Folge war eine Diversifizierung und Ausdifferenzierung des Programmangebots. Sowohl die Sendedauer als auch die Anzahl der verfügbaren Programme erhöhte sich. Waren in Berlin im Jahr 1990 insgesamt 28 Programme mit 409,9 Sendestunden pro Tag verfügbar, wuchs die Programmanzahl zwei Jahre später auf 34 Programme mit 439 Sendestunden an (vgl. HICKETHIER/HOFF 1998: 432). Hickethier (2010) spricht von der Ausbreitung einer »neuen kommerziellen Konsumkultur« (ebd.: 254) in den 1990er-Jahren und beobachtete eine »Diversifizierung der Themen, Entertainisierung der Inhalte und Individualisierung der Zugangsweisen« (ebd.: 260). Es seien vermehrt private und lebensgeschichtliche Themen in den Fokus der Öffentlichkeit gerückt. Konflikte seien dramatisiert und emotionalisiert worden. Außerdem hätte eine verstärkte Personalisierung politischer Themen stattgefunden (vgl. ebd.: 260). Krüger (1998) konstatierte in diesem Zusammenhang eine Boulevardisierung von Informationssendungen und eine »zunehmende Homogenität des Programms in bestimmten Zeitphasen« (ebd.: 326), die deutlicher bei den privaten Sendern auftrat, aber auch vor den Öffentlich-Rechtlichen nicht Halt machte.

Die Konstruktion ost- wie westdeutscher Identitäten seit der Wende erfolgte in einem Mediensystem, das nach westdeutschem Vorbild gestaltet war, vor dem Hintergrund einer fortschreitenden Kommerzialisierung und einem sich intensivierenden Wettbewerb verschiedener Medienangebote in der Presse wie im Rundfunk. Diese Entwicklungen prägten Medieninhalte und beeinflussten so letztlich auch die Ausbildung spezifischer Mediennutzungsweisen und Medienbewertungen in Ost und West.

3. THEORETISCHE VORANNAHMEN: MASSENMEDIEN UND (KOLLEKTIVE) IDENTITÄTEN

Im Sinne theoriegeleiteter Forschung (vgl. LÖBLICH 2016) soll zunächst Klarheit in die, der Fragestellung zugrundeliegenden theoretischen Zusammenhänge zwischen Mediennutzung und kollektiver Identität gebracht werden, um daraus im Anschluss Konsequenzen für die Untersuchungsanlage abzuleiten. Als breiter theoretischer Rahmen fungiert die Strukturations- und Identitätstherorie Giddens' (1991, 1992). Giddens' theoretische Überlegungen sind der Kommunikationswissenschaft nicht fremd. Verschiedene Beiträge diskutieren etwa, wie die Strukturationstheorie als Basistheorie für die Kommunikationswissenschft fruchtbar gemacht werden kann (vgl. WITMER 2006; WEDER 2008; FALKHEIMER 2018). Zudem existiert eine ganze Reihe empirischer Studien zu Kommunikationsformen und Handlungspraxen von Organisationen und Medienunternehmen – vorzugsweise in den Bereichen Journalismus und PR (vgl. QUANDT 2002; ALTMEPPEN 2007; THIESSEN 2011; BRACKER 2017; LÖBLICH 2017). In der Mediennutzungsforschung spielt sie bisher hingegen keine nennenswerte Rolle.

3.1 Giddens' Strukturations- und Identitätstheorie

Für den britischen Soziologen Anthony Giddens[3] stellen Identitäten eine der zentralen Problematiken des Lebens in modernen Gesellschaften dar.

3 Anthony Giddens wurde 1938 in Edmonton bei London geboren. Nach einem Studium der Psychologie und Soziologie war er als Dozent unter anderem an der University of Leicester

Sein Theoriegebäude erlaubt es, individuelles Handeln (wie Mediennutzung) und Identitäten in ihrer gesellschaftlichen Bedingtheit zu analysieren.

Identität in Giddens’ reflexiver Moderne

Giddens (1992, 1991) schließt an die Ausführungen des Psychoanalytikers Erik Erikson (1973) an, der das Konzept der Identität wesentlich geprägt hat. Personale oder individuelle Identität betrifft demnach die Selbstkonzeption eines Menschen. Sie steht in enger Verbindung mit erlebter Kontinuität und entwickelt sich somit stets in Relation zu Vergangenheit, Gegenwart und Zukunft. Sie ergibt sich zudem immer aus der Abgrenzung des Eigenen vom Anderen (vgl. ANTWEILER 2017: 443).

Laut Giddens (1996) leben wir in einer »radikalisierten Moderne« (ebd.: 185). Trotz einer nicht zu leugnenden konzeptionellen Nähe grenzt er sich damit von Vertretern und Vertreterinnen der Postmoderne ab und folgt zugleich der modernisierungstheoretischen Trennung von traditionalen und modernen Gesellschaftsformationen (vgl. GIDDENS 2014: 113ff.). Diese Charakterisierung sozialen Wandels ist nicht unumstritten. Durch die Übernahme dieser Unterscheidung kann der Eindruck entstehen, dass »historische und gegenwärtige alternative Modernisierungen jenseits der westlichen Norm« (KOLLMORGEN 2015b: 86), wie sie etwa die DDR darstellte, als Fehlentwicklungen betrachtet werden. Kritiker und Kritikerinnen der modernisierungstheoretischen Perspektive begreifen die DDR dementsprechend als »variety of modernity« (MIHELJ/ HUXTABLE 2018: 94) oder eine »alternative modernity« (PENCE/BETTS 2008: 11). Giddens bietet innerhalb dieser Arbeit dennoch einen geeigneten Rahmen, denn die eher zentralistisch organisierte DDR war trotz stellenweise ablaufender Prozesse der »Modernisierung, Emanzipierung und Rationalisierung« allenfalls eine »semimoderne Gesellschaft« (POLLACK 2001: 27f.). Mit Giddens kann die DDR also als eine (partiell traditionale) Gesellschaft begriffen werden, die derart organisiert war, dass sie für die Mehrheit ihrer Bürger und Bürgerinnen »Kontexte des Vertrauens« (GIDDENS 1996: 129) produziert hat (vgl. MEYEN

und der University of Cambridge tätig. Von 1997 bis 2003 war er Leiter der London School of Economics and Political Science. Sein Werk umfasst neben zahlreichen Fachartikeln über 40 Buch-Publikationen.

2013: 189f.). Die Erzählung über das Selbst fand innerhalb abgesteckter Rahmen statt. Der Übergang von DDR zu BRD, von traditionaler zu moderner Gesellschaft, bedeutete eine Herauslösung aus gemeinschaftlichen Strukturen, die zuvor Sicherheit gewährleisteten.[4] Mit Mauerfall und deutscher Einheit intensivierten sich für die DDR-Bevölkerung all jene Prozesse, die laut Giddens charakteristisch für das Leben in (spät-)modernen Gesellschaften sind: Globalisierung, Individualisierung und Enttraditionalisierung. Die sozialistische Ideologie, etablierte Familienmodelle und Traditionen verloren an Gültigkeit und Bindungskraft, soziale Beziehungen und lokale Gemeinschaften wurden brüchig und reorganisiert (vgl. GIDDENS 1996: 128). Die Adaption des westlichen Gesellschaftsmodells bedeutete zwar einerseits ein Mehr an individueller Freiheit, andererseits aber auch einen Zwang zur Selbstbestimmung (vgl. MEYEN 2013: 190). Denn der Wegfall traditionaler Bindungen (Entbettungsprozesse) meinte eine Pluralisierung der Möglichkeiten der Lebensführung und ging mit der Notwendigkeit zur Reflexion einher (vgl. BECK/GIDDENS/LASH 2014: 9). Die Reflexivität ist konstitutiver Bestandteil des Lebens in der modernen Gesellschaft und meint die reflexive Aneignung von Wissen, sodass »soziale Praktiken ständig im Hinblick auf einlaufende Informationen über ebendiese Praktiken überprüft und verbessert werden« (GIDDENS 1996: 54). Das bedeutet, dass keine Erkenntnis und keine Handlung endgültigen Charakter haben kann. Unter diesen Umständen wird auch die Identität des Einzelnen zum »reflexive project« (GIDDENS 1991: 32) – zur Lebensaufgabe, die das Individuum eigenverantwortlich bewältigen muss.[5] Giddens versteht unter »self-identity« demnach keine Eigenschaft, die ein Mensch besitzen kann. Identität besteht vielmehr in der Fähigkeit von Subjekten, eine bestimmte Lebenserzählung aufrechtzuerhalten (vgl. ebd.: 54). Die Akteure müssen im Sinne einer »reflexive[n] Steuerung des Handelns« (ebd.: 53) bestimmte Lebensereignisse und sich verändernde Lebensumstände – unter Bezugnahme auf sich permanent aktualisierende Wissensbestände – sinnvoll in die eigene Selbsterzählung integrieren (vgl. ebd.: 52ff.).

4 Ähnliche Charakterisierungen der Moderne finden sich in den Ausführungen des Münchener Soziologen Ulrich Beck und seiner Theorie einer »zweiten« beziehungsweise »reflexiven« Moderne (vgl. BECK 1986; BECK 2014) wie auch in dem von Zygmunt Bauman vertretenen Konzept der »flüchtigen Moderne« (vgl. BAUMAN 1999).

5 Ein gleichartiges Identitätsverständnis findet sich in den Konzepten einer »Patchwork-Identität« (vgl. KEUPP et al. 1999) und einer »Bastelexistenz« (vgl. HITZLER/HONER 1994).

An dieser Stelle werden zwei zentrale Aspekte von Giddens' Identitätsverständnis deutlich. Einerseits muss Identität durch Umwelt- und Selbstreflexion aktiv hergestellt und aufrechterhalten werden. Sie ist damit Produkt »aktive[r], psychische[r] Synthetisierungs- oder Integrationsleistungen« (STRAUB 1998: 75). Andererseits erfordert eine stabile Identität das Gefühl einer gewissen Kontinuität der eigenen Biografie über verschiedene Raum- und Zeitkonstellationen hinweg (vgl. GIDDENS 1991: 53).

> »The existential question of self-identity is bound up with the fragile nature of the biography which the individual ›supplies‹ about herself. A person's identity is not to be found in behaviour, nor – important though this is – in the reactions of others, but in the capacity *to keep a particular narrative going*. The individual's biography, if she is to maintain regular interaction with others in the day-to-day world, cannot be wholly fictive. It must continually integrate events which occur in the external world, and sort them into the ongoing story about the self« (ebd.: 54, Herv. i. O.).

Die Identitätsproblematik ist bei Giddens so zentral, weil sie unter anderem die Voraussetzung für das ist, was er als »ontologische Sicherheit« (1991: 38) oder »Seinsgewissheit« (1992: 37) bezeichnet. Dieses Konzept ist R.D. Laings Existentialpsychologie (1971) entlehnt und bezieht sich »auf das Zutrauen der meisten Menschen zur Kontinuität ihrer Selbstidentität und zur Konstanz der sie umgebenden sozialen und materialen Handlungsumwelt« (GIDDENS 1996: 118). Das Erlangen von Seinsgewissheit ist notwendige Voraussetzung jeglicher menschlichen Existenz. Ohne sie verharrt das Individuum in einem Zustand existenzieller Angst, ist ausschließlich auf potenziell lebensbedrohende Szenarien fokussiert und bleibt handlungsunfähig (vgl. GIDDENS 1991: 53).

Der postsozialistische Strukturwandel als Auslöser von Identitätskrisen

Mit Giddens wird deutlich, dass Änderungen der materiellen oder ideellen Lebenswelt nicht ohne Auswirkungen auf die Identität eines Menschen bleiben. Der Zusammenbruch der DDR und der Beitritt zur Bundesrepublik ging für die Bürger und Bürgerinnen der DDR mit einer fortschreitenden Individualisierung und einer Herauslösung aus gesellschaftlichen Bindungen einher. Dabei soll nicht unterstellt werden, dass in der DDR keine Tendenzen der für die Moderne so charakteristischen Individualisierung vorhanden waren. Der Soziologe Wolfgang Engler (1995) schildert ausführlich, dass es auch in den staatssozialistischen Gesellschaften Individualisierungsschübe gab und konstatiert eine »ungewollte Moderne« (vgl. ebd.: 31ff.). Allerdings konnte Individualität eher im privaten Raum entfaltet werden, während das öffentliche Leben zum großen Teil Anpassung erforderte. Auch wenn »im Wimmelbild des DDR-Alltags nicht alles grau war« (MAU 2019: 103), so resultierte der Alleinführungsanspruch der Partei doch in einer dirigistischen Politik, die eine »Normierung und Ritualisierung des Lebens« (THOMAS 1992: 113) zur Folge hatte. »Ob der schulische Alltag, die Einbindung in Jugendorganisationen, die Freizeit, der Armeedienst, die betriebliche Existenz oder der Ernteeinsatz zu Beginn des Studiums – für all das hatte die DDR eine einheitliche Form gefunden«, hält der Soziologe Steffen Mau (2019) fest (ebd.: 103).

Folgt man der Theorie von Giddens, so bedeutete der DDR-Alltag, den manch einer zwar als bevormundend empfunden haben mag, für den Großteil der Bürger und Bürgerinnen zugleich auch ein hohes Maß an Kontinuität, Sicherheit und damit eine stabile Identität. Verlief das Leben in der DDR in weitgehend gelenkten Bahnen, so erforderte der Systemwechsel von 1989/90 ein hohes Ausmaß an Flexibilität und Mobilität. Die neuen Bundesbürger und Bundesbürgerinnen sahen sich einem bis dato eher unbekannten Zwang ausgesetzt, zu entscheiden, wer sie sein und wie sie handeln wollen. Es ergab sich der Zugang zu neuem Wissen und alternativen Möglichkeiten der eigenen Lebensführung. Bisherige Biografien und Lebensentwürfe wurden so radikal infrage gestellt. Durch das Obsoletwerden individuell und gesellschaftlich gültiger Wertorientierungen und routinemäßig ausgeführter Praktiken, geriet die Integrität des Selbst – zumindest theoretisch – unter Beschuss.

Der Mauerfall bedeutete allerdings nicht nur für die Ostberliner und Ostberlinerinnen eine potenzielle Bedrohung der eigenen Identität, die auf die Erosion von Traditionen und einen irgendwie gearteten Modernisierungsprozess zurückzuführen wäre. Mit der Perspektive Giddens' muss angenommen werden, dass der 9. November 1989 und der anschließende Prozess der Vereinigung auch Konsequenzen für die Identität der Bewohner und Bewohnerinnen Westberlins hatte. Auch dort kam es, zumindest theoretisch, zu einer Störung der bei Giddens zentralen ›Alltagsroutinen‹ und einem Wegfall bis dato vorhandener Identitätsanker.

Routinehandlungen sind eng mit dem Gefühl ontologischer Sicherheit und der eigenen Identität verknüpft, da sie Ausdruck von Normalität, einer Kontinuität von Verhalten und materialer Umwelt sind. Kommt es nun wie 1989 und in den Folgejahren zu einer Unterbrechung der Routinen, können Angstgefühle entstehen (vgl. GIDDENS 1996: 125). Die Auflösung von Alltagsroutinen hat somit negative Effekte auf Identität und Seinsgewissheit, »die sich auf die Möglichkeit der autonomen Kontrolle des eigenen Körpers innerhalb vorhersehbarer Routinen und Begegnungen gründet« (GIDDENS 1992: 116). Giddens bezeichnet solche Phasen, in denen es zum Zusammenbruch von gewohnten Alltagsroutinen kommt, auch als »kritische Situationen« (ebd.: 112). Wende und Nachwendezeit können als eben solch eine kritische Situation oder anders ausgedrückt als »fateful moment« (GIDDENS 1991: 112) beziehungsweise als Abfolge solch schicksalhafter Momente betrachtet werden. In jenen Momenten wird man mit neuen Möglichkeiten und Risiken konfrontiert und gezwungen, alte Routinen hinsichtlich neuer Handlungskontexte zu überdenken (vgl. ebd.: 131).

Struktur als Handlungsbedingung und -ergebnis

Giddens zeichnet einen Strukturwandel verantwortlich für das, was sich als eine mehr oder weniger dauerhafte Krise der Identität des modernen Subjekts bezeichnen lässt. Wie aber genau machen sich laut Giddens makrostrukturelle Entwicklungen im Alltag der Individuen bemerkbar? Was muss also erforscht werden, wenn Mediennutzung und Medienbewertungen letztlich als das Produkt gesellschaftlicher Strukturen verstanden werden?

Spricht Giddens (1992) von »Struktur« (ebd.: 67ff.), so meint er Handlungsbedingungen, die das Handeln der Akteure zugleich beschränken und ermöglichen (vgl. ebd.: 77f.). Giddens konzeptualisiert seine Akteure als kompetent, indem er sie mit dem Vermögen ausstattet, ihr Handeln auf Grundlage eines »praktischen Bewusstseins« (ebd.: 36) reflexiv zu steuern. Gleichzeitig erkennt er die strukturellen Zwänge an, die auf das Handeln wirken. Hier kommt zum Tragen, dass Giddens seine Theorie in Reaktion auf die Schwachstellen vorheriger struktur- und handlungstheoretischer Konzepte entwickelt, denen er entweder eine Vernachlässigung der Gestaltungsmacht individueller Akteure oder des Einflusses struktureller Faktoren vorwirft (vgl. ebd.: 51ff.). Um diesem Problem entgegenzuwirken, führt Giddens das Konzept der »Dualität von Struktur« (ebd.: 77) ein. Gemeint ist damit, dass sich Akteure in ihrem Alltagshandeln »immer und notwendig auf die strukturellen Momente sozialer Systeme« (GIDDENS 1996: 76) beziehen und sie dabei zugleich wieder reproduzieren. Struktur ist damit »sowohl Medium wie Ergebnis der Praktiken, die sie rekursiv organisieren« (ebd.: 77). Sie existiert nur insofern, als sie in sozialen Praktiken realisiert wird und in Form von Erinnerungsspuren das Verhalten der bewusst handelnden Subjekte anleitet (vgl. ebd.: 69). Den Handelnden wird dabei durch ihre Reflexivität prinzipiell die Möglichkeit zugesprochen, steuernden Einfluss auszuüben und so auch zur Neuformierung von Struktur beizutragen.

Konkret versteht Giddens (1992) unter ›Struktur‹ einen Komplex von »Regeln und Ressourcen« (ebd.: 69ff.), die ähnlich Bourdieus (1982) ›Habitus‹ in das Handeln der Akteure eingeschrieben sind. Dabei beziehen sich Regeln zum einen auf die Konstitution von Sinn, worunter gesellschaftliche Deutungsschemata zu verstehen sind. Andererseits beziehen sie sich auf die Sanktionierung sozialer Verhaltensweisen, womit beispielsweise Gesetze gemeint sind (vgl. GIDDENS 1992: 70). Ressourcen dagegen sind eng mit dem Begriff der Macht verknüpft und meinen entweder den Besitz materieller Güter oder aber die Fähigkeit von Akteuren, über andere Akteure zu verfügen (vgl. ebd.: 429). Struktur meint Regeln der ›Signifikation‹, Regeln der ›Legitimation‹ und Ressourcen der ›Herrschaft‹. Diesen Strukturen begegnet der Akteur alltäglich in Form symbolischer Ordnungen beziehungsweise Diskursweisen sowie politischen, ökonomischen und rechtlichen Institutionen (vgl. ebd.: 84). Giddens' Verständnis von Signifikationsstrukturen ist an den Foucaultschen Diskursbegriff angelehnt. In diesem Sinne soll der in dieser Arbeit zentrale Begriff des Diskurses als institutionalisierte Form der Signifikationsstrukturen verstanden werden. (Massenmediale) Diskurse sind somit in das Handeln der Subjekte eingeschrieben – das betrifft den Umgang mit Medien ebenso wie Prozesse der Identitätsbildung.

Aus den obigen theoretischen Überlegungen lässt sich ableiten, dass diejenigen Ressourcen und Regeln erhoben werden müssen, die das Individuum innerhalb der Identitätsarbeit und Mediennutzung beeinflussen. Zu diesen Regel-Ressourcen-Komplexen zählen die berufliche und familiäre Position, der Bildungsgrad, die Möglichkeiten der Freizeitgestaltung und der Zugang zu Medienangeboten. Ebenso all jene Faktoren, die die Ausbildung spezifischer Deutungsmuster erklären, wie die Herkunft (Ost-/Westberlin), der Jahrgang und biografische Schlüsselereignisse sowie Sozialisationsinstanzen. Um die Interdependenz von Makro- und Mikroebene nachzuvollziehen, müssen die Regeln und Ressourcen auch auf gesamtgesellschaftlicher Ebene – in Form der Strukturprinzipien – untersucht werden.

3.2 Konstruktion kollektiver Identitäten in massenmedialen Diskursen

Gegenstand der Arbeit ist nicht nur, wie sich das Mediennutzungsverhalten der Berliner und Berlinerinnen mit vermeintlichen Ost-/West-Identitäten in Verbindung bringen lässt, sondern auch, wie Medienangebot und eine resultierende Mediennutzung auf das Verhältnis der Menschen in Ost und West zueinander eingewirkt haben. Hinter dieser Formulierung verbirgt sich letztlich nichts anderes als die Frage nach dem Zusammenhang von Mediennutzung und kollektiver Identität. Dabei wird hier keine normative Perspektive eingenommen, in der eine gemeinsame, gesamtdeutsche kollektive Identität und in diesem Zuge eine Homogenisierung gesellschaftlicher Gruppen als erstrebenswert erachtet wird. Die Konstruktion kollektiver Identitäten findet jedoch unweigerlich statt, sobald Aussagen über die deutsche Gesellschaft oder ›den Osten‹ und ›den Westen‹ getroffen werden. Kollektive Identität ist »ein Tatbestand der sozialen Wirklichkeit, der als Ergebnis sozialer Bedingungen entsteht« (GIESEN 1999: 390) und bedarf deshalb der wissenschaftlichen Betrachtung.

Kollektive Identität

Personale Identität bezieht sich auf das Selbstkonzept beziehungsweise das ›Selbstverstehen‹ eines Menschen. Das ›Ich‹ liegt dabei im Fokus der Betrachtung. Das Konzept der kollektiven Identität dagegen trägt der Bedeutung der »sozialen Umwelt in Form von sozialen Rollen, Gruppen oder kollektiven Vorstellungswelten« (SCHILDBERG 2010: 51) Rechnung. Personale und kollektive Identität mögen zwar auf unterschiedlichen Analyseebenen angesiedelt sein, sie sind aber immer sozial konstituiert (vgl. STRAUB et al. 2016: 129). Kollektive Identitäten werden als Teil der personalen Identität aufgefasst. Sie sind dabei einerseits Ergebnis von Zuschreibungsprozessen auf der Grundlage sozialer Rollen, andererseits ergeben sie sich aufgrund von individuell empfundenen Zugehörigkeiten. Schließlich wird kollektive Identität auch als Identität eines Kollektivs verstanden (vgl. SCHILDBERG 2010: 51). Jede dieser Deutungsarten ist im Kontext dieser Arbeit von Relevanz.

Konzepte wie soziale Identität, Gruppen-Identität und kulturelle Identität werden häufig als Synonyme für kollektive Identität verwendet (vgl. ANTWEILER 2017: 444). So spricht auch Giddens (1992) nicht von kollektiver, sondern in Anlehnung an Mead (1934) von sozialer Identität. So spricht auch Giddens (1992) nicht von kollektiver Identität, sondern von sozialer »Positionierung« (ebd.: 137). Individuen sind laut Giddens mit je verschiedenartigen Regel-Ressourcen-Komplexen ausgestattet, wodurch sie unterschiedlich in Raum und Zeit positioniert sind (vgl. ebd.). Diese »sozialen Positionen« konstituieren sich »als spezifische Beziehungsgeflechte von Signifikation, Herrschaft und Legitimation« (ebd.). Mit sozialer Position meint Giddens (1979) eine »soziale Identität«, die sich aus der Interaktion mit ›den Anderen‹ ergibt und mit der verschiedene Rechte und Pflichten verbunden sind (ebd.: 117). »A social identity is essentially a category, or a typification, made on the basis of some definite social criterion or criteria [...]« (ebd.: 118). Der Mensch erhält seine soziale Identität in einem Akt der Zuschreibung durch Andere. Sie ist letztlich in Anbindung an spezifische Rollen zu denken. Die soziale Identität kann sich dabei auf Merkmale wie Geschlecht, Hautfarbe, Beruf oder eben Herkunft beziehen (vgl. ebd.). Unter sozialer Identität wird hier aber außerdem das individuelle Zugehörigkeitsbewusstsein und -gefühl zu einer bestimmten Gruppe verstanden (vgl. Tajfel/Turner 1979). Auch im Zeitalter der Individualisierung findet die Konstruktion der eigenen Biografie über soziale und kollektive Zugehörigkeiten oder Abgrenzung von diesen statt (vgl. Kraus 2000: 54). So schreibt auch Giddens (2014): »In allen Gesellschaften sind die Aufrechterhaltung persönlicher Identität und ihre Anbindung an die Identität größerer sozialer Gruppen zentral für die ontologische Sicherheit des einzelnen« (ebd.: 150). Identität enthält also immer auch eine kollektive Komponente (vgl. Süss 2004: 39). Selbstbeschreibungen von Kollektiven sind dann relevant für die Selbst-Identität, wenn sich Individuen mit den entsprechenden Narrativen identifizieren und sich deren Handeln an solchen Kollektivbeschreibungen orientiert (vgl. Henrich 1993: 23). Innerhalb dieser Untersuchung werden auch die Kategorien ›ostdeutsch‹ und ›westdeutsch‹ als soziale beziehungsweise kollektive Identitäten gefasst, mit denen eine bestimmte Stellung innerhalb der Gesellschaft einhergeht. Sie *kann* als eine mögliche von einer Vielzahl sozialer Identitäten Einzug in die Selbsterzählung finden.

Der Begriff der ›kollektiven Identität‹ ist in der Sozialwissenschaft nicht unumstritten, sein analytischer Mehrwert wurde kritisch diskutiert (vgl. Brubaker/Cooper 2000; Niethammer 2000). Beklagt wurde nicht nur sein inflationärer und unreflektierter Gebrauch, sondern auch seine Instrumentalisierung für politisch-ideologische Zwecke. Bei kollektiver

Identität handele es sich immer um eine Zuschreibung von außen, mit der zwangsläufig eine Essentialisierung bestimmter ethnischer oder kultureller Merkmale und eine Naturalisierung von Differenz einhergehe (vgl. NIETHAMMER 2000: 43ff.).

> »Kurzerhand subsumieren wir die unterschiedlichsten Menschen unter derselben Vokabel, kurzerhand schreiben wir ihnen Verbrechen, kollektive Taten und Ansichten zu [...]. Leichtfertig fällen wir Urteile über dieses oder jenes Volk, nennen es ›fleißig‹, ›geschickt‹ oder ›faul‹ [...] und nicht selten endet dergleichen in Blutvergießen« (MAALOUF 2000: 24).

Brubaker und Cooper (2000) schlagen daher vor, den vagen Begriff der ›(kollektiven) Identität‹ ad acta zu legen und stattdessen von »commonality, connectedness and groupness« (ebd.: 20) oder in Anlehnung an Max Weber von einem Zusammengehörigkeitsgefühl zu sprechen. Allerdings treffen auch diese Begriffe nur teilweise den Kern des hier verfolgten Erkenntnisinteresses. Es wurde daher entschieden, trotz aller Kritik (die sich oft nur auf eine spezifische Gebrauchsweise und Auslegung des Begriffs bezieht) mit dem Konzept der kollektiven Identität zu arbeiten.

Um eine essenzialisierende Verwendung zu vermeiden, wird die von Straub (1998) eingeführte Unterscheidung eines »normierenden« und eines »rekonstruktiven« (ebd.: 98) Typs kollektiver Identität übernommen. Ersterer unterstellt und suggeriert den angeblichen Angehörigen eines Kollektivs lediglich eine verbindliche geschichtliche Kontinuität und eine praktische Kohärenz. Hier hat man es mit »Pseudo-Identitäten« (STRAUB 2011: 299) zu tun, also jenen, die Niethammer (2000) heftig kritisiert. Sie erschöpfen sich in äußerlichen Etikettierungen, entbehren jeglicher Erfahrungsgrundlage und dienen nicht selten ideologisch-manipulativen Zwecken (vgl. STRAUB 1998: 98f.). Davon abgegrenzt werden kann ein rekonstruktives Verständnis kollektiver Identität, das sich mit dem Ansatz Jan Assmanns (1992) vereinbaren lässt. Demnach existieren Kollektive überhaupt nur insofern, als sich daran beteiligte Individuen mit ihnen identifizieren.

> »Unter einer *kollektiven* oder *Wir-Identität* verstehen wir das Bild, das eine Gruppe von sich aufbaut und mit dem sich deren Mitglieder identifizieren. [...] Sie ist so stark oder so schwach, wie sie im Denken und Handeln der Gruppenmitglieder lebendig ist und deren Denken und Handeln zu motivieren vermag« (ASSMANN 1992: 132, Herv. i. O.).

Kollektive Identitäten, ob im normierenden oder rekonstruktiven Sinne, werden verstanden als »kommunikative Konstrukte« (STRAUB 1998: 104). »[...] Konstrukte, die nichts anderes bezeichnen als eine näher zu spezifizierende Gemeinsamkeit im praktischen Selbst- und Weltverhältnis sowie im

Selbst- und Weltverständnis einzelner« (ebd.: 103, Herv. i. O.). Sie finden »im übereinstimmenden praktischen Verhalten sowie in qualitativen Selbst- und Weltbeschreibungen Ausdruck, in denen Menschen übereinkommen« (ebd.).

Die Erforschung kollektiver Identitäten ist also nur dann legitim, wenn sie an den Individuen ansetzt, die eben jene Kollektive konstituieren. Im Sinne einer »rekonstruierenden Nachschrift« (ebd.: 99) werden im Rahmen dieser Untersuchung die Individualbiografien der Berliner und Berlinerinnen aus Ost und West nebeneinandergelegt, um aus entsprechenden Übereinstimmungen im Selbst- und Weltverständnis Aussagen über eine kollektive Identität abzuleiten und diese wiederum ins Verhältnis zu Mediennutzungs- und Bewertungsmustern zu setzen.

Vor dem Hintergrund dieser analytischen Trennung müssen mediale Identitätskonstruktionen als normierende, immer interessengeleitete Zuschreibungen verstanden werden, die »ohne den Rückhalt kommunikativer Verständigung auf Wirksamkeit« (ebd.: 102) setzen. Dennoch können die medial offerierten Gruppenbeschreibungen unter Umständen Einzug in die Selbstbeschreibungen der Kollektive beziehungsweise in das Selbstverständnis ihrer Mitglieder finden.

Selbst- und Fremdverortung durch Medien

Theoretische Anknüpfungspunkte, um sich dem Verhältnis von Massenmedien und kollektiver Identität zu nähern, liefert abermals Giddens (1996). In modernen Gesellschaften sind Medien an der Reorganisation der Raum-Zeit-Verhältnisse beteiligt. Medien lösen Ereignisse aus ihrem lokalen Kontext heraus und lassen sie so zum Teil des Alltagsbewusstseins in (kulturell oder geografisch) weit entfernten Orten werden. In diesem Sinne konstruieren sie Realität. Versteht man Medien als eines der von Giddens beschriebenen ›Expertensysteme‹, so wird deren Bedeutung im Prozess der Lebensführung und für die Positionierung des Selbst offensichtlich. Mit Expertensystemen sind »Systeme technischer Leistungsfähigkeit oder professioneller Sachkenntnis« gemeint, in die die Wissensbestände von Experten, wie beispielsweise die von Ärzten, Ökonomen, Juristen oder auch Handwerkern integriert sind (vgl. GIDDENS 1996: 40f.). Auf diese Expertensysteme nehmen Individuen notwendigerweise Bezug, um sich in der unübersichtlich gewordenen Welt orientieren zu können. Massenmedien sind also zugleich Instanzen der Entbettung wie auch der Rückbettung.

Medien helfen letztlich dabei, Seinsgewissheit aufrechtzuerhalten. Herausgestellt wurde in diesem Zusammenhang die Rolle des Fernsehens (vgl. SILVERSTONE 1993, 1994). Das Fernsehen vermag es, den Menschen, aller globalisierender Entwicklungen zum Trotz, in einem räumlich-zeitlichen Kontext zu verorten und sorgt so für Orientierung. Zugleich wird der Alltag durch TV-Rituale strukturiert. Der Mensch kann sich darauf verlassen, dass jeden Tag pünktlich um 20 Uhr die *Tagesschau* läuft. Diese Vorhersagbarkeit ist es, die dem Individuum ein Gefühl der Kontinuität der Lebenswelt vermittelt und damit zur ontologischen Sicherheit beiträgt (vgl. SILVERSTONE 1993: 591f.).

In den ausdifferenzierten, reflexiven Gesellschaften, in denen der Mensch eigenverantwortlich aus einer Reihe verfügbarer Lebensmodelle wählen muss, fungieren Medien als Vermittler von Wissen bezüglich möglicher Lebenswege und Lebensstile (vgl. MIKOS 2009: 104). Medien, nicht nur dokumentarische, gerade auch fiktionale und populärkulturelle Angebote, sind Ressourcen, die Individuen nutzen, »to think through their sense of self and modes of expression« (GAUNTLETT 2008: 288). »[D]er einzelne muss sich unter den von abstrakten Systemen gebotenen Strategien und Alternativen umsehen, um die eigene Identität ausfindig zu machen« (GIDDENS 1996: 155). Medien wirken also auf die Selbstwahrnehmung und -kategorisierung der Menschen, weil sie genutzt werden, um sich selbst und andere in der Gesellschaft zu verorten.

Dass Menschen sich in unseren individualisierten und mediatisierten modernen Lebenswelten zusehends an Medien orientieren, ist bekannt (vgl. PAUS-HASEBRINK 2010: 196; NEUMANN-BRAUN/SCHNEIDER 1993: 194f.). Medien können insofern auch als Sozialisationsinstanzen verstanden werden, die im Prozess der Modernisierung im Gegensatz zu Familie, Schule, Kirche und Arbeit an Bedeutung gewonnen haben (vgl. SCHORB 2009: 84f.). Die fortschreitende Modernisierung der Gesellschaft, die – wie beschrieben – durch eine Auflösung traditionaler Bindungen gekennzeichnet ist, ging mit einer flächendeckenden Verbreitung der elektronischen Massenmedien einher, »die zum großen Teil an die Stelle der traditionalen Identitätsagenturen getreten sind« (DÖRNER 2000: 160). Lebenswelten müssen somit auch als Medienwelten begriffen werden (vgl. BAACKE/SANDER/VOLLBRECHT 1990). Dieser Umstand hat einige Medienforscher und Medienforscherinnen dazu veranlasst, Identität generell als »Medienidentität« zu konzeptualisieren (vgl. WINTER/THOMAS/HEPP 2003). Auch wenn diese Schlussfolgerung wohl zu kurz greift, da Identität so nicht mehr als diskursiv, sondern in erster Linie als medial produziert begriffen wird (vgl. DORER 2002: 74f.), offenbart sie den hohen Stellenwert, der Massenmedien im Prozess der Identitätsbildung zukommt.

Medien präsentieren nicht nur verschiedene mögliche Lebensstile, sie legen dabei auch fest, welche als legitim gelten und welche nicht. »The mass media routinely present modes of life to which, it is implied, everyone should aspire; the lifestyles of the affluent are, in one form or another, made open to view and portrayed as worthy of emulation« (GIDDENS 1991: 199). Mit Ulrich Beck (2017) lässt sich von »Definitionsmachtverhältnisse[n]« (ebd.: 129) sprechen, die in den Medien beobachtet werden können und an denen wir unser Verhalten ausrichten. Wenn in den Medien bestimmte Lebensformen als erstrebenswert präsentiert werden, so müssen diese allerdings lediglich als Angebote verstanden werden, die nicht zwangsläufig durch die Rezipienten und Rezipientinnen übernommen werden (vgl. GAUNTLETT 2008: 286f.). Die Identitätsbildung muss vielmehr als wechselseitiger Prozess zwischen Medien und sozialer Wirklichkeit verstanden werden. Vorhandene Erfahrungen werden dabei permanent mit neuen sozialen Erlebnissen und Medienerfahrungen abgeglichen (vgl. BARTHELMES/SANDER 2011: 288ff.). Die Angebote der Massenmedien sind also nicht als Vorgabe, sondern vielmehr als Vorlage für die eigene Identität zu verstehen. Sie bieten lediglich Material, auf dessen Grundlage eigene Verhaltens- und Handlungsweisen ausgebildet werden (vgl. SCHORB 2006: 158).

Das Selbstbild wird also unter Rückgriff auf das durch die Medien bereitgestellte symbolische Material entworfen (vgl. KROTZ 2003: 28; MIKOS 2009: 108). Sie konfrontieren den Menschen mit möglichen Rollenmodellen, die gegebenenfalls für die eigene Person übernommen werden. Medientexte bieten darüber hinaus die Möglichkeit, eigene biografische Erfahrungen zu reflektieren und zu reorganisieren – im Sinne Giddens' also die Möglichkeit zur Herstellung von Kohärenz und Kontinuität der Person (vgl. MIKOS 2006: 3361). Dahingehend kommt den Medien eine Schlüsselrolle in der Strukturierung zeitgenössischer Identität und Biografien sowie in der Formierung von Gedanken und Verhalten zu (vgl. KELLNER 1995: 237). Das hat eine Vielzahl empirischer Studien mit unterschiedlichen Schwerpunkten belegen können (vgl. MCKEE 2000; FUJIOKA 2005; TREBBE 2009; LÜNENBORG/FRITSCHE/BACH 2011; GEISSLER/PÖTTKER 2015).

Die Erforschung des Einflusses von Mediennutzung auf die Selbst- und Fremdwahrnehmung von Gruppen oder Kollektiven fand selten unter Anwendung einheitlicher Theoriegebäude statt. Neben der bereits erwähnten

Theorie der sozialen Identität (vgl. TAJFEL/TURNER 1979) wurde stellenweise auf Albert Banduras Theorie des sozialen Lernens (1977) zurückgegriffen. Auch auf die aus der Medienwirkungsforschung stammende Kultivierungshypothese (vgl. GERBNER/GROSS 1976) wurde Bezug genommen.

Diskurse kollektiver Identität als Ausdruck gesellschaftlicher Machtverhältnisse

Theoretisch wurde der Zusammenhang von Medien(-nutzung) und der Wahrnehmung des Selbst und Anderer nicht nur mit Bezug auf Minderheiten diskutiert. Nationale Identitäten rückten dabei früh in den Fokus. Schon Karl W. Deutsch (1953) sah in der Verbreitung der modernen Massenmedien die Grundlage für die Formierung einer Nation. Benedict Anderson (1983) und Elizabeth Eisenstein (1979) schlossen sich dieser Argumentation an und postulierten eine enge Verbindung zwischen den modernen Formen der Massenkommunikation und dem Anstieg nationalistischer Tendenzen beziehungsweise dem Aufkommen eines Nationalgefühls. Susan Douglas (1999) hat beispielsweise das Radiohören als treibenden Faktor für die Ausbildung eines Gefühls nationaler Zusammengehörigkeit ausgemacht.

Massenmedien sind für die Ausformung nationaler (also kollektiver) Identitäten so relevant, weil sie in ihrer Funktion als Erinnerungsmedien von zentraler Bedeutung für deren »kollektives Gedächtnis« sind (vgl. HALBWACHS 1991). Kollektive Identitäten können mit Verweis auf verschiedenste Dimensionen konstruiert werden, etwa »Religion, Körper, Geschlecht, Institutionen, Ikonographien« (SCHMALE 2008: 41). Speziell nationale Identitäten werden oft mit Bezug auf eine gemeinsam geteilte Geschichte, auf bestimmte historische Narrative konstruiert (vgl. DECILLIA/REISSIG/WODAK 1999: 154). Das kollektive Gedächtnis enthält Bilder dieser gemeinsamen Vergangenheit und trägt so zur Identitätsbildung von sozialen Klassen, Nationen oder anderen Kollektiven bei (vgl. ERLL 2008: 12f.). Wenn also nach der kollektiven Identität der Menschen aus Ost- und Westberlin in ihrem Zusammenhang mit Mediennutzung gefragt wird, so sind nicht nur Darstellungen der gegenwärtigen Gesellschaft als prägend zu betrachten, sondern auch die Art und Weise der Inszenierung von Vergangenheit. Für die Untersuchung bedeutet dies unter anderem, dass nicht nur danach gefragt werden muss, ob die Mediennutzer und Mediennutzerinnen sich gegenwärtig adäquat repräsentiert fühlen, sondern auch wie sie die Darstellung der Vergangenheit beurteilen.

Die Kulturwissenschaftler Aleida und Jan Assmann (1994) griffen die Überlegungen von Halbwachs (1991) auf und spezifizierten die Rolle der Medien im Prozess der kollektiven Erinnerung. Sie unterschieden dabei das »kommunikative« vom »kulturellen« Gedächtnis (ASSMANN/ASSMANN 1994: 119). Dabei meint das kommunikative Gedächtnis die Erinnerungen, die der Mensch in Situationen des Alltags mit seinen Zeitgenossen teilt (vgl. ebd.: 119ff.). Mittels Medien werden Inhalte des zeitlich begrenzten kommunikativen Gedächtnisses wiederum zu Teilen des kulturellen Gedächtnisses, das beispielsweise in Museen, Filmen, Büchern oder Gedenkstätten aufbewahrt und so an spätere Generationen weitergegeben wird (vgl. MEYEN 2013: 38). Die Assmann'sche Theorie thematisiert weniger die Angebote publizistischer Medien, die innerhalb der kommunikationswissenschaftlichen Forschung und im Rahmen der hier verfolgten Fragestellung von Relevanz sind. Dennoch kann deren Ansatz zur Untersuchung massenmedialer Einflüsse auf das kollektive Gedächtnis und damit auf die Identität von Kollektiven herangezogen werden, wie Michael Meyen (2013) gezeigt hat. Meyen versteht die modernen Massenmedien nicht nur als Träger des kulturellen Gedächtnisses insofern sie als Speichermedien fungieren, sondern zugleich als dessen Produzenten (vgl. ebd.: 40). Journalisten und Journalistinnen wie Filmemacher und Filmemacherinnen bestimmen, welche Bilder der Vergangenheit in den Medien konstruiert werden, was also Teil des kollektiven Gedächtnisses und damit zur Grundlage kollektiver Identität werden kann.

Auf diesen von Meyen (2013) postulierten Zusammenhang zwischen Medienakteuren und kollektiver Identität, hat auch die Kommunikationswissenschaftlerin Sabina Mihelj (2011) hingewiesen. Sie hat sich den Themen kollektiver (in Form nationaler) Identität, Massenmedien und deren Nutzung sowohl aus theoretischer als auch empirischer Perspektive genähert. In einer interdisziplinären Herangehensweise zieht sie Verbindungslinien zwischen Repräsentationen, (Medien-)Institutionen und Macht. Mihelj (2011) geht mit Bourdieu (1989) davon aus, dass Repräsentationslogiken nie im sozialen Vakuum, sondern in Abhängigkeit jeweiliger gesellschaftlicher Positionen und Strukturen formuliert werden. Sie entwickelt ein theoretisches Modell, dessen Kernaussage darin besteht, dass verschiedene Gesellschaftstypen und politische Ideologien unterschiedliche Mediensysteme hervorbringen, die jeweils spezifisch auf die Gesellschaft wirken. Sie betont somit den instrumentellen Charakter der Massenmedien.

> »[F]acilities of mass communication are able to accomodate a range of different kinds of imagined communities, and can simultaneously cut both ways: serve as instru-

ments of integration, while also being used as tools of exclusion and fragmentation, and often simultaneously so« (MIHELJ 2011: 25).

Mediale Wirklichkeitskonstruktionen tragen laut Mihelj zum Erhalt oder zur Etablierung institutioneller Strukturen sowie zur Verfestigung gesellschaftlicher Machtverhältnisse bei. Dabei sind erstere zugleich als Ergebnis letzterer zu verstehen. Verschiedene konkurrierende Wirklichkeitskonstruktionen müssen demnach als Kämpfe um Deutungsmacht betrachtet werden (vgl. ebd.: 17ff.).

Die von Meyen (2013) und Mihelj (2011) postulierten Zusammenhänge, die grundsätzlich auch von Vertretern und Vertreterinnen der Cultural Studies geteilt werden (vgl. MORLEY/ROBINS 1995; HALL 1996, 2004) können abermals mit Giddens auf ein breiteres theoretisches Fundament gestellt werden. Wie bereits dargelegt, unterscheidet Giddens drei strukturelle Dimensionen sozialer Systeme (Signifikation, Herrschaft und Legitimation). Die strukturellen Komplexe existieren allerdings nicht unabhängig voneinander. Sie stehen in einem Verhältnis wechselseitiger Abhängigkeit. Der Logik Foucaults (1973) folgend hält Giddens fest: »Signifikationsstrukturen müssen immer als in Verbindung mit Herrschaft und Legitimation stehend konzeptualisiert werden« (GIDDENS 1992: 84). Er konstatiert weiterhin, dass Signifikationsstrukturen durch hegemoniale Gruppen mobilisiert werden, um deren partikulare Interessen zu legitimieren (vgl. GIDDENS 1979: 188). Ein universelles Interesse hegemonialer Gruppen macht er in der Aufrechterhaltung der bestehenden Herrschaftsordnung aus, denn diese basiere auf einer asymmetrischen Ressourcenverteilung zugunsten der dominanten Gruppen. Jene Signifikationsstrukturen, die von hegemonialen Gruppen instrumentalisiert werden, um ihre Interessen voranzutreiben, treten in Form von ideologischen Diskursen auf (vgl. ebd.: 190ff.). Dabei geht Herrschaft nicht auf »›systematisch verzerrte‹ Signifikationsstrukturen« zurück, vielmehr begreift er Herrschaft als Existenzbedingung für spezifische »Signifikationscodes« (GIDDENS 1992: 84).

So erscheint es nur logisch, dass das kollektive Gedächtnis von Gesellschaften auch weniger den realen historischen Begebenheiten entspricht (vgl. HALBWACHS 1991: 55), sondern sich vielmehr an gegenwärtigen Bedürfnissen der Gruppen orientiert und »daher stark selektiv und rekonstruktiv« (ERLL 2017: 14) operiert. Eindrucksvolles Beispiel dafür ist wohl die Art und Weise wie Ostdeutsche in den Medien dargestellt werden und wie massenmedial an die DDR erinnert wird (siehe Kapitel 2.3). Das öffentliche Gedenken wurde lange Zeit von einem Diktaturgedächtnis dominiert (vgl. SABROW 2009: 18) und diente so der Legitimation der bundesrepublikanischen Gegenwartsgesellschaft.

Medieninhalte, ob fiktionale oder dokumentarische, sind also stets durch gesellschaftliche Hierarchien und Machtverhältnisse gekennzeichnet. Eine Untersuchung der Mediennutzung und -bewertung darf deshalb nicht auf eine Analyse gesellschaftlicher Rahmenbedingungen verzichten. Mediale Wirklichkeitskonstruktionen sind das Ergebnis real existierender politischer, wirtschaftlicher und rechtlicher Verhältnisse. Menschen nutzen TV, Radio und Zeitung in Abhängigkeit von Diskursen. Geht es darum, spezifische Mediennutzungsweisen zu verstehen und zu erklären, müssen jene gesellschaftlichen Strukturen und dabei insbesondere die des Mediensystems berücksichtigt werden.

3.3 Uses-and-Gratifications: (Kollektive) Identität als Mediennutzungsmotiv

Medienangebote prägen die Vorstellungen, die Menschen von sich selbst und von den Gruppen haben, denen sie angehören, weil sie Instrumente sind, um sich selbst und andere zu verorten. Sie fungieren in diesem Sinne als eine Ressource der Identitätsarbeit. In diesem Verständnis ist Mediennutzung funktional und geht nicht nur auf Informations- und Unterhaltungsbedürfnisse zurück, sondern auch auf Identitätsbedürfnisse. Die Arbeit knüpft damit an das handlungstheoretische Modell des Uses-and-Gratifications-Approach an und geht von folgenden zentralen Annahmen aus: Die Nutzung von Medien ist zielorientiert sowie absichtsvoll und dient der Bedürfnisbefriedigung oder erfolgt in Reaktion auf Erwartungen. Dabei sind die Erwartungen an Medieninhalte und die jeweiligen Bedürfnisse abhängig von persönlichen Eigenschaften der Nutzer und Nutzerinnen, deren sozialen Kontexten sowie interpersonalen Interaktionen (vgl. KATZ/BLUMLER/GUREVITCH 1974; RUBIN 2000). Medienangebote konkurrieren zudem untereinander sowie mit funktionalen Alternativen der Bedürfnisbefriedigung (vgl. RUBIN 2000: 139). Der Motivbegriff, mittels welchem über Medien gesuchte Gratifikationen erfasst werden können (vgl. HUBER 2006: 15), wurde für die vorliegende Untersuchung übernommen.

Der Uses-and-Gratifications-Approach ist seit jeher jedoch auch Gegenstand kritischer Betrachtung. Bemängelt wurde unter anderem eine fehlende theoretische Fundierung menschlicher Bedürfnisse, die Konzeption des Publikums als aktiv und rational sowie die Fokussierung auf die Rezipientenperspektive und die damit einhergehende Vernachlässigung der Gesellschafts- und Medienstrukturen (vgl. MERTEN 1984: 66f.; WEIBULL 1985: 124). Diesen theoretischen Schwachstellen kann mit dem Ansatz von Giddens begegnet werden, der das Erreichen von Seinsgewissheit als menschliches Grundbedürfnis und damit als basale Handlungsmotivation beschreibt (vgl. GIDDENS 1992: 101). Dem aktiven Publikumsbegriff wird Giddens' Konzeption von Alltagshandeln als Routinehandeln gegenübergestellt, welches sich in Abhängigkeit von den Regeln und Ressourcen des Alltags vollzieht. So finden auch strukturelle Aspekte Berücksichtigung.

Mediennutzung kann hier mit Giddens und dem Uses-and-Gratifications-Ansatz also als ein – zumindest auf der Ebene des praktischen Bewusstseins – bewusstes und funktionales Handeln beschrieben werden, das sich in Abhängigkeit der oben beschriebenen gesellschaftlichen Strukturen vollzieht. Denn Medienhandeln ist nichts anderes als Handeln in Strukturen, das oft in Form von Routinen und Ritualen abläuft (vgl. MIKOS 1992a: 541). Die Nutzung bestimmter Medien wird damit als Ergebnis eines individuellen Auswahlprozesses begriffen, der im Kontext alltagsweltlicher Strukturen und auf Grundlage identitätsbezogener Motive stattfindet.

Die Verknüpfung der Uses-and-Gratifications-Forschung mit der Gesellschaftstheorie Giddens', der Anleihen bei verschiedenen soziologischen Theoretikern macht, bildet hier einen geeigneteren theoretischen Rahmen als beispielsweise das Lebensstil-Konzept nach Rosengren (1996) oder Meyens (2004b) Determinanten der Mediennutzung. Jene Ansätze zeichnen sich zwar durch eine differenzierte Herangehensweise an Mediennutzung aus, die eine Vielzahl von Faktoren berücksichtigt – sie sind allerdings nur bedingt imstande, die Wechselwirkung zwischen Massenkommunikation und Gesellschaft adäquat zu konzeptualisieren.

Seit den Anfängen der Uses-and-Gratifications-Forschung wurden verschiedene Motivkataloge erarbeitet, die illustrieren, dass Mediennutzung mit ganz unterschiedlichen Bedürfnissen verbunden sein kann. Der Motivkatalog des Kommunikationswissenschaftlers Denis McQuail (1983) etwa enthält vier Kategorien von Bedürfnissen, die Menschen über Medien zu befriedigen suchen. Identitätsbedürfnisse finden dort bereits Berücksichtigung.

Der Uses-and-Gratifications-Ansatz bildet in zahlreichen Mediennutzungsstudien die zentrale theoretische Basis, die wiederum mit erregungs- (Mood-Management, Sensation Seeking) und einstellungstheoretischen (kognitive Dissonanz) wie auch identitätstheoretischen Annahmen ergänzt

TABELLE 1
Funktionen der Massenmedien

Information	Integration und soziale Interaktion
• Orientierung in der Umwelt • Ratsuche • Neugier • Lernen • Sicherheit durch Wissen	• In Lebensumstände anderer versetzen • Zugehörigkeitsgefühl • Gesprächsgrundlage • Geselligkeitsersatz, Partnerersatz • Rollenhilfe
Persönliche Identität	**Unterhaltung**
• Bestärkung persönlicher Werte • Suche von Verhaltensmodellen • Identifikation mit anderen • Selbstfindung	• Wirklichkeitsflucht, Ablenkung • Entspannung • Kulturelle und ästhetische Erbauung • Zeit füllen • Emotionale Entlastung • Sexuelle Stimulation

Vgl. McQuail 1983: 82f., zitiert nach Meyen 2004b: 23

wird. So wird auf das Konzept der parasozialen Interaktion (vgl. HORTON/WOHL 1956) oder die Theorie des sozialen Vergleichens (vgl. FESTINGER 1954) Bezug genommen, um die Rezeption von Medien zu erklären. Aufmerksamkeit hat in diesem Zusammenhang auch die bereits erwähnte Theorie der sozialen Identität (vgl. TAJFEL/TURNER 1979) erfahren (vgl. HARWOOD 1997, 1999; EDWARDS 2001; TREPTE 2004; ABRAMS/GILES 2007; TREPTE/KRÄMER 2007). Ebenso gewinnbringend wurde die Habitus-Kapital-Theorie Bourdieus mit dem Nutzen-und-Belohnungsansatz verknüpft (vgl. JEWKES 2002; MEYEN 2007; MEYEN/PAFF-RÜDIGER2009; SCHERER et al. 2009).

Unter Zuhilfenahme dieser und anderer Ansätze konnten die Motivkataloge der frühen Uses-and-Gratifications-Forschung auch hinsichtlich identitätstheoretischer Motive weiter ausdifferenziert werden (vgl. HUBER/MEYEN 2006).

Medienbewertungen

Medienbewertungen können als Bestandteil der Mediennutzung begriffen werden. Nutzungs- und Bewertungsmuster beeinflussen sich wechselseitig (vgl. SCHWEIGER 2007: 30f.). Bei Bewertungen, ob von Medien oder anderen Objekten, handelt es sich immer um persönliche und subjektive Zuschreibungen. Sie sind immer kontextabhängig und daher variabel (vgl. MEYEN 2004b: 221f.). Wenn hier von Medienbewertungen die Rede ist, dann sind in erster Linie Einstellungen gegenüber Medien gemeint, die zunächst keine Rückschlüsse auf die vermeintliche Qualität der Medieninhalte erlauben. Diese Einstellungen werden überwiegend mit Bezug auf Konstrukte wie ›Medienvertrauen‹ und ›Medienskepsis‹ (vgl. KOHRING 2019) oder hinsichtlich ›media performance‹ (vgl. MAGIN/STARK 2020) verhandelt. Dabei interessiert man sich vor allem für mikro- und makrostrukturelle Faktoren, die Medienvertrauen beeinflussen (vgl. TSFATI/ARIELY 2014; HANITZSCH/VAN DALEN/STEINDL 2018; SCHRANZ/SCHNEIDER/EISENEGGER 2018; FAWZI/MOTHES 2020).

Die kommerzielle Medienforschung begnügt sich mit einer Abfrage vermeintlicher Eigenschaften von Medien. Im Fokus steht dabei meist für wie ›glaubwürdig‹ und ›objektiv‹ die Medien gehalten werden (vgl. BERG/KIEFER 1992; BREUNIG/VAN EIMEREN 2015). Der Faktor Identität wird in der Interpretation in der Regel nicht berücksichtigt. In jenen Studien wird meist eine funktionale Perspektive eingenommen, in welcher die Bewertung von Medienangeboten an die Erwartung der Erfüllung ihres demokratietheoretisch begründeten gesellschaftlichen Auftrags geknüpft ist (Informationsfunktion, Kritik- und Kontrollfunktion, Artikulationsfunktion, Orientierungsfunktion, etc.) (vgl. FAWZI 2020: 189ff.). Erwartungen, die Menschen an Medien haben, orientieren sich an diesen Normen, die von Funktionseliten definiert und den Rezipienten und Rezipientinnen durch verschiedene Sozialisationsinstanzen (Elternhaus, Schule u. a.) vermittelt werden. Dass Publika Medien durchaus anhand von Kriterien beurteilen, die sich aus ihrem demokratischen Auftrag (und damit aus dem politischen System) ergeben, konnte empirisch nachgewiesen werden (vgl. LIESKE 2008; NEUBERGER 2014; VAN DER WURFF/SCHÖNBACH 2014). Gerade Nachrichtenmedien werden hinsichtlich dieser Funktionen immer wieder überprüft. Auf sie hat sich auch die Forschung konzentriert. Sie sind es, die bei Diskussionen um die Frage nach den Leistungen der Medien üblicherweise im Zentrum stehen (vgl. HASEBRINK/HÖLIG 2020: 293).

Meyen und Schwer (2007) allerdings haben Mediennutzung in der DDR untersucht und herausgefunden, dass Erwartungen an Medien eben nicht primär an das politische System geknüpft sind. Auch nicht das Mediensystem oder konkrete Inhalte sind demnach ausschlaggebend. Es seien vor allem die Arbeits- und Lebensbedingungen und der Grad an Komplexität, den eine Gesellschaft aufweist, von denen die Erwartungen, die Menschen an Medien stellen, abhängig sind (ebd.: 298). Daran anknüpfend kann davon ausgegangen werden, dass Erwartungen an Medien und deren daraus resultierende Bewertung immer auch in Relation zu (sozialen) Identitäten ausgeformt werden. Verstehe ich mich als Teil eines Ost- bzw. West-Kollektivs, gehe ich mit entsprechenden Bedürfnissen und Erwartungen an bestimmte Medien heran. Werden diese nicht erfüllt – kommt etwa mein Bezirk im lokalen Nachrichtenmagazin nie vor, obwohl ich doch darauf angewiesen bin und das von einer solchen Sendung erwarte – wird das entsprechende Angebot in meiner Gunst sinken.

Eine Bewertung findet allerdings auch statt, ohne dass Menschen überhaupt direkt mit einem Medienangebot interagieren. Diese Urteile basieren dann nicht auf individuellen Nutzungserfahrungen, sondern beispielsweise auf Medienjournalismus oder interpersonaler Kommunikation über jene Medien (vgl. SCHWEIGER 2007: 252f.). Gesellschaftliche Diskurse (Signifikationsstrukturen) über Medien beeinflussen also auch deren Bewertung. Hier kommt das Image von Medien zum Tragen. Das Medienimage, also die Vorstellungen, die Rezipienten und Rezipientinnen von Medien haben, sind ein bedeutender Faktor im Prozess der Medienzuwendung und auch -bewertung, da sie die Erwartungen an Medien prägen. Dabei scheinen Medienimages »über längere Zeiträume stabil zu sein und tiefer als manche kurzfristige Bewertung von Medieninhalten im Bewußtsein der Rezipienten verankert zu sein« (BENTELE/JARREN/KRATSCH 1990: 456) – zumindest, sofern sie eine gewisse Kontinuität hinsichtlich ihrer Inhalte und Präsentationsformen aufweisen.

Mit Schweiger (2007) umfasst jede Medienbewertung drei Elemente: ein »Bewertungsobjekt«, ein »Bewertungskriterium« und ein »Bewertungsergebnis« (ebd.: 249). Um Bewertungen untersuchen zu können, hat Schweiger (1999) wiederum eine Systematik medialer Bewertungsobjekte entwickelt. Demnach können sich Bewertungen ganz allgemein auf das gesamte Mediensystem beziehen. Auf der darunterliegenden Ebene können verschiedene Mediengattungen (Fernsehen, Hörfunk, Tageszeitung) bewertet werden. Hierunter fällt etwa auch die Unterscheidung zwischen Boulevard- und Qualitätspresse oder die zwischen Öffentlich-Rechtlichen und Privaten. Medienprodukte wie die *Bild*-Zeitung oder das ZDF bilden die nächste Stufe. Wirth (1999) spricht diesbezüglich konkreter von Medieninhalten und meint damit nicht nur Zeitungen und Sendereihen, sondern auch spezifische Sendungen sowie einzelne Beiträge und Aussagen. Schließlich können weiterhin Personen im Fokus stehen, einzelne Journalisten und Journalistinnen, Schauspieler und Schauspielerinnen oder Moderatoren und Moderatorinnen (vgl. ebd.: 91). Diffuser wird es bei Bewertungskriterien. Auch hierfür wurden verschiedene Systematiken entwickelt. Urban und Schweiger (2014) etwa haben sechs zentrale Qualitätskriterien identifiziert, die zur Bewertung von Journalismus üblicherweise herangezogen werden: Vielfalt, Relevanz, Ethik, Unparteilichkeit, Verständlichkeit und Sachgerechtigkeit (vgl. ebd.: 823). Indikatoren dieser Art werden in Studien oft einfach abgefragt und so reproduziert (vgl. MEYEN 2004b: 224). Auf fiktionale Inhalte lassen sie sich nicht anwenden und auch bei der Frage nach identitätsbezogenen Bewertungen helfen sie nicht weiter. Um sich jenen anzunähern, gilt es konkrete Begründungen für Bewertungen in Erfahrung zu bringen und zu analysieren, inwiefern sich dabei ein Zusammenhang zu einer Ost- bzw. West-Identität herstellen lässt.

Mediennutzung und damit der Prozess der Medienbewertung läuft, wie bereits geschildert, zu großen Teilen in Form von Routinen ab. In den seltensten Fällen wird gänzlich bewusst reflektiert und eine Leistungsbewertung vorgenommen (vgl. MEYEN 2004b: 225). Erst, wenn gewohnte Routinen nicht mehr funktionieren, setzt ein Reflexionsprozess ein. Dann also, wenn Medien nicht mehr den Erwartungen entsprechen und bestimmte Bedürfnisse erfüllen. Am Ende dieses Reflexionsprozesses steht eine Medienkritik. Menschen, die sich besonders kritisch gegenüber Medien äußern, haben also Medienerfahrungen gemacht, die dazu geführt haben, internalisiertes (Medien-)Wissen (oder anders: gültige Regeln) zu hinterfragen. Bei der Frage, wann Menschen anfangen, gewohnte Routinen zu durchbrechen – also die im Handeln immer präsenten Strukturmomente einer Gesellschaft zu transzendieren – und wann Reflexion beginnt, bleibt Giddens allerdings vage. Seine Theorie der Strukturierung wurde dementsprechend auch kritisiert, weil sie lediglich die Reproduktion von Strukturen erklären könne, aber »theoretisch zu schwach« (GERSTENBERGER 1988: 150) sei, um die Ursprünge sozialen Wandels nachzuvollziehen. Hier hilft ein Blick in die Sozialpsychologie weiter. Dort heißt es, dass etablierte Denk- und Handlungsmuster dann infrage gestellt werden, wenn Wünsche und Bedürfnisse nicht mehr zu bestehenden Bedingungen passen. Dann nämlich erlebt der Mensch eine Krise, die grundlegend für einen Reflexionsprozess ist. Die Krisenerfahrung allein jedoch reicht nicht aus, um Reflexion, also kritisches Denken, und letztlich eine Handlungsänderung herbeizuführen (vgl. OHME-REINICKE/WEINGARTEN 2012: 92f.). Denn die Fähigkeit zur Kritik ist verknüpft mit »Prozessen der Sozialisation sowie der Schulkarriere und -bildung« und »dem Verhältnis von Bildung und Erziehung in den Sozialisationsprozessen« (ebd.: 104). Wenn Giddens (1991) also »reflexive awareness« als »characteristic of all human action« (ebd.: 35) beschreibt, dann sei dem einschränkend hinzugefügt, dass zumindest für die Reflexion auf der Ebene eines »diskursiven Bewusstsein[s]« (GIDDENS 1992: 57) entsprechende Ressourcen vorhanden sein müssen.

Zur Wahrnehmung journalistischer Fehlleistungen – denn um Journalismus geht es üblicherweise, wenn von Medienkritik die Rede ist – existiert bisher nur wenig systematische Forschung (vgl. MEDE/BRUCKLACHNER/HEIM 2020: 88) – der identitätstheoretische Ansatz dieser Studie verspricht diesbezüglich neue Erkenntnisse.

3.4 Ein theoretisches Modell: Struktur – Identität – Mediennutzung

Ich gehe davon aus, dass der sozialen Identität, in Form einer Ost- beziehungsweise West-Identität, eine Schlüsselposition im Verständnis der Mediennutzung sowie Medienbewertung der Berliner und Berlinerinnen zukommt. Wie von Harindranath (2005) angemerkt, darf allerdings nicht nur eine ethnische oder eine spezifische soziale Identität als erklärender Faktor für ein bestimmtes Mediennutzungsverhalten herangezogen werden. Den Annahmen des Uses-and-Gratifications-Approach folgend – nach dem Mediennutzung von den Bedürfnissen abhängt, die sich aus der jeweiligen sozialen und psychologischen Situation sowie aus den Alltagsanforderungen ergeben (vgl. RUBIN 2002: 419ff.) – müssen sowohl historische als auch soziale Verhältnisse berücksichtig werden. Mediennutzung wird also nicht als durch die soziale Identität determiniert verstanden. Sie ist lediglich einer von vielen Faktoren, die die Auswahl und Rezeption von Medien beeinflussen.

Es wird angenommen, dass Menschen solche Medienangebote nutzen, die im Kontext der Bewältigung individueller Entwicklungsaufgaben, insbesondere bezüglich der eigenen Identität und des persönlichen Alltags als funktional erscheinen. Dahingehend schließe ich mich Vertretern und Vertreterinnen einer medienbiografischen Perspektive an. Diese gehen davon aus, dass zum Verständnis der Rezeption bestimmter Medienangebote sowohl der lebensweltliche Kontext der Mediennutzer und Mediennutzerinnen »ihr Alltag, ihre biographischen Erfahrungen, ihre Identität und Subjektivität, ihre Norm- und Wertvorstellungen, ihre Moral und ihre ethischen Grundhaltungen« von Bedeutung sind (MIKOS 2006: 3361). Medienbiografische Studien (vgl. MIKOS 1994; HACKL 2001; MEYEN 2003) haben offengelegt, dass Mediennutzung oft erst in Verbindung mit individuellen Lebensgeschichten und früheren Medienerfahrungen verständlich wird.

Zusammenfassend lässt sich Mediennutzung vor dem Hintergrund des Giddenschen Postulats der Dualität von Struktur (vgl. 1992: 77ff.) als von Identitätsbedürfnissen geleitetes Handeln in Strukturen verstehen, das zugleich an deren Reproduktion beteiligt ist. Unter Anwendung verschiedenerer theoretischer Ansätze ist die Forschung imstande zu zeigen, dass Identitätsarbeit über Mediennutzung vor allem über Prozesse der Distinktion und Identifikation stattfindet. Diese Erkenntnisse fließen ebenso in die Untersuchung ein, wie Giddens' (1991) Ausführungen zur Identitätsarbeit unter Bedingungen einer radikalisierten Moderne. Wenn sich die Identität der Berliner und Berlinerinnen in Abhängigkeit gesellschaftlicher Rahmenbedingungen entwickelt und Mediennutzung von Identitätsbedürfnissen gelenkt wird, so kann ein bestimmtes Mediennutzungsverhalten der Bevölkerung Berlins aus Ost und West nicht ohne Bezug auf eine Neuordnung der gesellschaftlichen Strukturprinzipien (vgl.GIDDENS 1992: 235ff.) im Nachgang der Wende verstanden werden.

Ein Modell bringt nun die zentralen theoretischen Annahmen auf den Punkt und illustriert deren Zusammenhänge. Dabei müssen die über Massenmedien vermittelten Konstruktionen kollektiver Identität als Produkt gesellschaftlicher Strukturen visualisiert werden. Diese – in Legitimations-, Herrschafts- und Signifikationsstrukturen (vgl. ebd.: 83ff.) unterschiedenen Strukturprinzipien – stehen in einem wechselseitigen Verhältnis und beeinflussen sich gegenseitig. So sind die Signifikationsstrukturen – hier also die Medienangebote, die Träger von Diskursen sind – als Ergebnis einer spezifischen Organisationsweise des Mediensystems zu verstehen, die zugleich auf dieses zurückwirken.

Die medialen Weltbeschreibungen und Identitätskonstruktionen sind immer auch interessengeleitet und müssen dahingehend als normierende Konstruktionen kollektiver Identität verstanden werden, in denen sozialen Gruppen bestimmte Eigenschaften nur zugeschrieben werden. Demgegenüber sind die Individuen positioniert, die sich in ihrem Streben nach Seinsgewissheit und Identität den Medien zuwenden. In Abhängigkeit persönlicher Erfahrungen, Lebensbedingungen und Alltagsanforderungen (Regeln und Ressourcen) bilden die Menschen identitätsbezogene Motive aus, die letztlich auf den Prozess der Mediennutzung wie auch Medienbewertung wirken. Struktur ist in Form von Ressourcen und Regeln in das Handeln der Individuen eingeschrieben. Gleichzeitig wirken die Akteure über ihr

Handeln, also eine spezifische Mediennutzungs- und Bewertungspraxis auf das vorhandene Medienangebot zurück (etwa durch Nichtnutzung und daraus resultierende sinkende Verkaufserlöse). Diese Wechselseitigkeit ist, was Giddens als Dualität von Struktur beschreibt.

Die Individuen handeln ihre Identität mit Rückgriff auf vorhandene Ressourcen und gültige Regeln aus, wie auch in Reaktion auf die in Massenmedien repräsentierten Gruppenbeschreibungen. Daraus ergeben sich bestimmte Selbst- und Weltverständnisse. Von kollektiven Identitäten im rekonstruktiven Sinne kann dann gesprochen werden, wo die Individuen in ihren Selbst- und Weltverständnissen übereinstimmen. Signifikationsstrukturen können in diesem Sinne einerseits gesellschaftlichen Wandel initiieren oder aber andererseits zu einer Verstetigung bestehender Ordnungen beitragen.

ABBILDUNG 1
Theoretische Zusammenhänge von kollektiver Identität, Mediennutzung und Medienstruktur

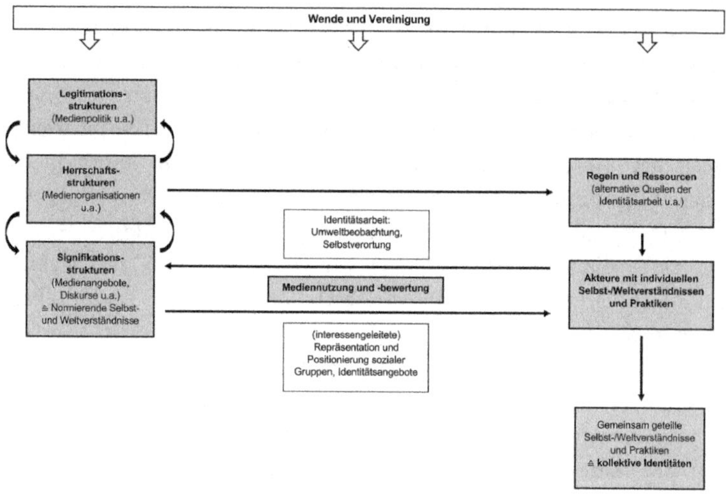

3.5 Kategoriensystem

Die Untersuchung zu Ost- und Westberliner Mediennutzung baut auf dem dargelegten Vorwissen und den geschilderten theoretischen Vorannahmen auf. Letztere bilden die Grundlage für das Kategoriensystem, das sowohl die Konzeption des Interviewleitfadens als auch die Auswertung der Interviews anleitet. Die Kategorienbildung sorgt einerseits für Nachvollziehbarkeit und hilft andererseits, den Untersuchungsgegenstand in analysierbare Teilaspekte zu zerlegen (vgl. MEYEN et al. 2019: 29).

Um herauszufinden, ob und wie die Mediennutzungsroutinen (4.) der Berliner und Berlinerinnen in einem Zusammenhang mit sozialen beziehungsweise kollektiven Ost-/West-Identitäten stand, gilt es die Identität (3.) der Rezipienten und Rezipientinnen in den Blick zu nehmen. Darüber hinaus müssen die Handlungsbedingungen der Individuen erhoben werden, die mit Giddens als Regeln und Ressourcen gefasst wurden (2.). Um Bezüge zur Makroebene herstellen zu können, müssen schließlich auch gesellschaftliche Kontexte (1.), hier als Strukturprinzipien gefasst, aufgearbeitet werden. Dabei gilt besonderes Augenmerk dem strukturellen Wandel der Medienlandschaft im Zuge von Mauerfall und deutscher Einheit. Es ergibt sich untenstehendes Kategoriensystem, das an die Terminologie Giddens' angelehnt ist.

TABELLE 2
Kategoriensystem

1. Strukturprinzipien
Signifikationsstrukturen:
- Medienangebot (Ost-West-Diskurse)

Herrschaftsstrukturen:
- Verteilung gesellschaftlicher bzw. politischer Einflussnahme
- wirtschaftliche Situation Ost- bzw. Westberlins
- Vermögensverhältnisse
- Medienorganisationen: Finanzierungsform, Besitzverhältnisse und Mitarbeiterstruktur

Legitimationsstrukturen:
- medienpolitische Entscheidungen
- rechtliche Bestimmungen (etwa: Anerkennung von DDR-Abschlüssen in der BRD)
- informelle Regeln (etwa: im Vereinigungsprozess Ost-Westberlin)

2. Strukturmerkmale des Akteurs/der Akteurin
Regeln:
- Geburtsort
- Jahrgang

- Wohnort
- Sozialisationsinstanzen (Elternhaus/Kindergarten/ Jugendorganisationen/ Armee/ Schule/ Universität/ Betrieb/ Kirche/ Parteien)
- biografische Schlüsselereignisse (Mauerbau, Mauerfall, Krankheiten etc.)

Ressourcen:

- Finanzielle Sicherheit (Einkommen, Arbeitsplatz, Vermögen)
- Berufsposition
- Wohnsituation
- Bildungsgrad
- Familienstand und persönliches Umfeld (Freunde/ Kollegen insb. Ost/West)
- Freizeitgestaltung bzw. alternative Quellen der Identitätsarbeit (Hobbys/ Sportvereine/ pol. Engagement/ Ehrenämter etc.)
- Kenntnisse des anderen Stadtteils bzw. des anderen Systems
- Zugang zu Medienangeboten (etwa: technische Ausstattung/ Abonnements)

3. Identität

Weltanschauung/Gesellschaftsbild:

- Haltung zur DDR, Ostdeutschland, Ostberlin
- Haltung zur BRD, Westdeutschland, Westberlin

Soziale Identitäten (Fokus: Zugehörigkeitsgefühl Ost/West)
Wahrgenommene und erfahrene Position in der Gesellschaft
Qualitative Selbst- und Weltverständnisse (Fokus: Ost/West)
Lebenszufriedenheit vor und nach der Wende

4. Routinen der Mediennutzung

Genutzte Medien
Vergangene Medienerfahrungen
Nutzungsorte, -zeiten, sozialer Kontext
Motive (identitätsbezogene und andere)
Medienimages und Medienbewertungen (Fokus: Identität):

- Medienpersonen, Medieninhalte, Mediengattungen, Mediensysteme und -unternehmen
- Kriterien: Repräsentation, positiv/negativ konnotierte Thematisierung Ost/West, Alltagsnähe

4. MEDIENBIOGRAFISCHE INTERVIEWS

Die zu Beginn dieser Arbeit formulierten Forschungsfragen haben die Wahl des Forschungsverfahrens sowie der konkreten Methoden der Datenerhebung und -auswertung beeinflusst. Im folgenden Kapitel wird der methodologische und methodische Zugang offengelegt und begründet. Warum nicht auf vorhandene Quellenbestände zurückgreifen? Warum der biografische Ansatz? Welche Chancen, aber auch Risiken sind mit einem solchen Vorgehen verbunden?

4.1 Warum qualitativ? Warum Interviews?

Kommunikationswissenschaftliche Rezeptionsstudien bedienten sich lange Zeit überwiegend quantitativer Verfahren der sozialwissenschaftlichen Datenerhebung und -auswertung (vgl. GEHRAU 2002: 28). Mit Blick auf die Forschungsfrage leuchtet es jedoch ein, dass im Rahmen dieser Arbeit qualitativ vorgegangen wird. Es geht schließlich darum, herauszufinden, inwiefern Bezüge einer Ost- beziehungsweise West-Identität bei der Nutzung, Verarbeitung und Bewertung von Medienangeboten eine Rolle spielten. Gefragt wird also nach dem subjektiven Sinn, den die Berliner und Berlinerinnen mit ihrem Medienhandeln verbanden. Ebendieses »sinnhafte Handeln der sozialen Akteure in der gesellschaftlichen Realität zu erklären und zu verstehen« (MIKOS 2013: 629) ist erklärtes Ziel dieser Arbeit.

Giddens' Theorie postuliert, dass die Handlungen von Akteuren das Ergebnis sozialer Strukturen sind (wobei die Strukturen zugleich als das Produkt eben jener Handlungen zu begreifen sind). Um also zu verstehen, warum sich die Befragten bestimmten Medienangeboten zuwandten oder sie mieden und mal mehr, mal weniger kritisch auf Medien blickten, ist es nötig, die sozialen Wirklichkeiten, also vergangene ebenso wie gegenwärtige Alltags- und Lebenswelten in ihrer Komplexität zu erfassen. Motive und Medienbewertungen werden auch mittels quantitativer Verfahren ermittelt. So geht beispielsweise die angewandte Medienforschung in Deutschland seit Mitte der 1950er-Jahre vor. Doch dort, so lässt sich argumentieren, werden bestimmte Deutungen vorgegeben. Da die Antwortmöglichkeiten sich innerhalb eines gewissen Spektrums bewegen, wird Komplexität bereits im Vorhinein erheblich reduziert (vgl. SCHOLL 2016: 21). Über die sozialen Kontexte weiß man in der Regel wenig. Im Gegensatz dazu liegt die Stärke qualitativer Verfahren gerade darin, die Komplexität des Forschungsgegenstandes, seine »Ganzheitlichkeit und Eingebundenheit in den sozialen und gesellschaftlichen Kontext« (ebd.) umfassend abzubilden. Das Credo qualitativer Forschung lautet, möglichst offen und unvoreingenommen an die Akteure heranzutreten. Bei Anlage dieser Studie galt es also, den Befragten genügend Raum zu geben, ihre »eigenen Deutungs- und Handlungsmuster« (KEUNECKE 2005: 254) zu schildern. Ihnen eben nicht nur einen Katalog mit bekannten oder vermuteten Motiven vorzulegen, die jeweils abgehakt werden sollen, sondern sie selbst in ihrer eigenen Ausdrucksweise zu Wort kommen zu lassen und so möglicherweise neue Erkenntnisse zu generieren. Die Forderung nach Unvoreingenommenheit bezieht sich innerhalb dieser Studie vor allem auf die Begegnung zwischen Forscherin und Befragten in der konkreten Interviewsituation. Denn die Entscheidung für theoriegeleitete Forschung bringt es mit sich, dass ich mit bestimmten Annahmen an meinen Untersuchungsgegenstand herantrete. Die Theorie Giddens', die Macht an ungleich verteilte Verfügungschancen über materielle und immaterielle Ressourcen knüpft, bedingt etwa, dass Westberliner als hegemoniale und Ostberliner als nicht-hegemoniale Gruppe konzeptualisiert werden. Das Postulat der Werturteilsfreiheit findet seine Grenzen in dieser (zumindest in ihren Grundzügen) gesellschafts- bzw. machtkritischen Perspektive.

Qualitative Methoden sahen sich in der Vergangenheit gelegentlich mit dem Vorwurf der Unwissenschaftlichkeit konfrontiert. Meyen und Kolleginnen (2019) attestieren der qualitativen Forschung eine »Außenseiterposition« (ebd.: 14) in der Kommunikationswissenschaft. Das läge zum einen daran, dass diese mit geringeren Fallzahlen arbeitet als quantitative Forschung. Quantitative Verfahren können statistische Zusammenhänge aufzeigen, Häufigkeiten ermitteln und Hypothesen überprüfen. Im Gegensatz zu qualitativer Forschung kann sie Repräsentativität für sich beanspruchen und so auch statistische Beweise liefern (vgl. ebd.: 5). In der Tat lässt die vorliegende Untersuchung keine Aussagen über die Verteilung bestimmter Nutzungs- oder Bewertungsmuster in der Grundgesamtheit aller Berliner Mediennutzer und Mediennutzerinnen zu. Es ist durchaus möglich, dass in der Realität weitere Varianten und Fälle existieren, die im Rahmen dieser Arbeit nicht abgebildet werden. Was nicht heißen soll, dass Verallgemeinerungen unzulässig wären, die über die untersuchten Fälle hinausgehen.

Die Ablehnung qualitativer Verfahren speist sich zum anderen aus einer vermeintlich mangelnden Objektivität – einem häufig herausgestellten Gütekriterium quantitativer Forschung. Der subjektive Einfluss des Forschers bei Auswahl, Erhebung und schließlich Interpretation des Materials verfälsche die Ergebnisse. Da der Untersuchungsablauf im qualitativen Forschungsprozess eher wenig standardisiert ist, würde außerdem die intersubjektive Nachvollziehbarkeit erschwert, was den Vorwurf der Beliebigkeit erleichtere (vgl. ebd.: 5f.). Diese Kritik an qualitativen Verfahren kann aber entkräftet werden, indem man sich entschließt, theoriegeleitet vorzugehen und mit einem Kategoriensystem zu arbeiten (vgl. LÖBLICH 2016). Das aus der Sozialtheorie Giddens' abgeleitete Kategoriensystem (Kapitel 3.5) erlaubt es, den Forschungsprozess nachzuvollziehen. Jede Kategorie bezeichnet ein zu untersuchendes Merkmal (hier: Strukturprinzipien, Strukturmerkmale, Identität und Mediennutzung der Berliner und Berlinerinnen). Das Kategoriensystem leitet so die Quellenauswahl und schließlich auch die Auswertung an. Somit kann sowohl dem Vorwurf der Willkür als auch dem der mangelnden Nachvollziehbarkeit begegnet werden.

Aus Gründen der Transparenz wurde am Beginn dieser Arbeit auf den Sozialisationshintergrund der Autorin eingegangen. Die ostdeutsche Herkunft bringt einen spezifischen (zuweilen kritischen) Blick auf den Forschungsgegenstand mit sich und beeinflusst auch, wie der Leitfaden konzipiert wird, welche persönlichen Erinnerungen die Menschen mit einem teilen und wie diese interpretiert werden. Anstelle des Versuchs, den Forschereinfluss als Störquelle auszuschalten – was ohnehin nie vollständig gelingen kann – wird hier die eigene Subjektivität als Kenngröße im Forschungsprozess nicht negiert, sondern nutzbar gemacht. Sie kann als Stärke begründet werden, insofern ich mit einem bestimmten biografischen Vorwissen an meinen Untersuchungsgegenstand herantrete. Das hilft einerseits bei der Aufarbeitung und Einordnung des Forschungsstandes sowie der Entwicklung des Leitfadens. Andererseits kann sich der eigene persönliche Hintergrund positiv auf die Interviewführung auswirken. So konnten durch das

Kenntlichmachen der ostdeutschen Herkunft Gesprächshemmnisse abgebaut werden, die sich als Effekt des über 30 Jahre wirkenden DDR-Diskurses entwickelten. Schließlich kann die eigene Subjektivität auch deshalb als konstruktives Element im Forschungsprozess verstanden werden, weil mit ihr ein intrinsisches Interesse am Forschungsthema einhergeht.

Ergibt sich aus dem theoretischen Hintergrund der Arbeit die Notwendigkeit einer qualitativen Herangehensweise, so legt Giddens' Theorie ebenso wie die zu Beginn formulierte Fragestellung gleichsam einen biografischen Zugang nahe. Denn einerseits sollen vergangene Handlungs- und Deutungsmuster rekonstruiert werden. Andererseits soll die Genese dieser Handlungs- und Deutungsmuster nachvollzogen werden. Mit der Institutionalisierung der qualitativen Sozialforschung in den 1970er-Jahren, hat sich die biografische Methode etabliert, um subjektive Wahrheiten und soziale Sinnstrukturen nachträglich zu rekonstruieren (vgl. HELFFERICH 2014: 39; MEYEN 2016: 387). Kein anderer methodischer Zugang erlaubt es, zu erheben, wie Menschen in der Vergangenheit mit Massenmedien umgegangen sind und welche Wirkungen diese gehabt haben mögen (vgl. MEYEN 2008: 384).

Die Biografie eines Menschen ist als Schnittpunkt »zwischen individuellem, gleichwohl gesellschaftlich vermitteltem, sozialem Handeln und seiner strukturellen Konstitutionsbedingungen« (vgl. KÜBLER 1987: 54) zu verstehen. Die biografische Herangehensweise berücksichtigt ebenso die Subjektivität wie auch die historische Dimension des Handelns von Akteuren und somit auch dessen gesellschaftliche Bedingtheit (vgl. KOHLI 1981: 273). Kennt man die Biografie eines Menschen, so weiß man über jene Faktoren Bescheid, die – laut Giddens – das Handeln eines Akteurs prägen. Um zu einem Verständnis gegenwärtiger und vergangener Medienpraktiken zu gelangen, ist der Blick auf die Lebenswege der Berliner und Berlinerinnen folglich unerlässlich.

Aus der Relevanz der Biografien zur Beantwortung der Forschungsfrage ergibt sich schließlich auch die Notwendigkeit zur Generierung eigenen Datenmaterials. Läge es im Erkenntnisinteresse der Studie lediglich zu ermitteln, wie viele Berliner und Berlinerinnen täglich die *Abendschau* gesehen haben oder die *Morgenpost* im Abo hatten, so könnte man sich die Entwicklung eigener Erhebungsinstrumentarien getrost sparen. Über Kennzahlen dieser Art geben zeitgenössische Quellen der Mediennutzungs- und Werbeträgerforschung ausreichend Auskunft. So werden seit der Nachkriegszeit regelmäßig standardisierte, quantitative Erhebungen durchgeführt, die neben Einstellungen und Werten auch Verhaltensweisen im Umgang mit Medien dokumentieren. Die wohl relevantesten sind dabei die Media-Analyse (seit 1954), die Allensbacher Markt- und Werbeträgeranalyse (seit 1960) und die Langzeitstudie Massenkommunikation (seit 1964) (vgl. MEYEN 2014: 233). Auch in der DDR nahm man Mitte der 1960er-Jahre eine kontinuierliche Hörfunk- und Fernsehforschung auf (vgl. MÜHLBERG 1993; BRAUMANN 1994). Über eine Sekundäranalyse lassen sich solche Studien durchaus gewinnbringend zweitverwerten und hinsichtlich eigener Fragestellungen reanalysieren. Dieses Vorgehen ergibt im Hinblick auf die hier verfolgte Fragestellung allerdings wenig Sinn. So verraten jene Meinungsumfragen ebenso wenig, welche Motive mit der Mediennutzung verbunden waren, wie es Einschaltquoten oder die Auflagenlisten der IVW tun. Darüber hinaus dürften sie meist aktuellen (Legitimations-)Bedürfnissen folgen (vgl. MEYEN 2000: 44) und sind daher nicht unhinterfragt zu übernehmen. Meyen (2000) hat am Beispiel der Glaubwürdigkeit von Medien demonstriert, dass es zu Fehlinterpretationen kommen kann, nimmt man derlei Umfragen für bare Münze. Er plädiert deshalb für Quellenkritik, Quellenvielfalt und Quellenvergleich. Hinweise auf die Nutzung bestimmter Medienangebote, so Meyen (2014), ließen sich nämlich auch in Diskursen der Populärkultur finden, beispielsweise in Programmzeitschriften oder anderen Printprodukten (vgl. ebd.: 234). In der *Berliner Zeitung* etwa wurden Leserreaktionen auf das 1992 neu ausgestrahlte TV-Programm ORB abgedruckt. Die genannten Quellen können generelle Tendenzen in der Mediennutzung und auch -bewertung aufzeigen und Hinweise darauf liefern, welche Medienangebote zu einer bestimmten Zeit besonders relevant waren. Innerhalb dieser Arbeit wird vor allem dann auf bereits vorhandene Quellen zurückgegriffen, wenn es gilt, die Aussagen der Befragten zu kontextualisieren. So sind verschiedene Fachmedien, (politische) Dokumente, Wochen- und Tagespresse sowie wissenschaftliche Sekundärliteratur und (auto-)biografisches Material in die Auswertung der Studie eingeflossen. Ziel war es, über eine Vielzahl an Quellen, die Bandbreite der vorhandenen Praktiken und Positionen abzubilden.

4.2 Chancen und Risiken retrospektiver Interviews

Über Zeitzeugenbefragungen lassen sich »mediale Rezeptions- und Wirkungsprozesse erforschen, die der historischen Forschung sonst schwer zugänglich sind« (vgl. MAGIN/OGGOLDER 2016: 329) und die hier im Fokus stehen. Die Potenziale und Schwierigkeiten retrospektiver Interviews sind in der Literatur bereits umfassend diskutiert worden (vgl. FUCHS-HEINRITZ 2000; MEYEN 2003; MEYEN/LÖBLICH 2003; BEHMER 2008), dennoch wird folgend noch einmal gesondert auf den Wert dieses methodischen Zugangs im Kontext dieser Studie eingegangen.

Behmer (2008) hat eingehend geschildert, dass medienbiografische Interviews geeignet sind, die Rolle der Medien im Alltag retrospektiv zu erheben und so auch konkrete Hinweise zu deren vergangener Nutzung in Erfahrung zu bringen. Zudem haben empirische Studien gezeigt, dass mittels medienbiografischer Interviews durchaus detaillierte Erinnerungen an den vergangenen Umgang mit Medien zu Tage befördert werden können (vgl. PROMMER 1999; HACKL 2001; STIEHLER 2001; MEYEN 2003; LÖBLICH 2020). Wie jede Methode geht aber auch diese mit spezifischen Problematiken einher, die bei der Durchführung und nicht zuletzt innerhalb des Auswertungsprozesses berücksichtigt werden müssen.

Beim Interview handelt es sich um eine Quelle »von unten« (BOURDON 2015: 15), um eine Selbstauskunft. In dieser Nähe zum Subjekt liegt zwar auch der große Vorteil der Methode, harte Fakten und objektive (historische) Wahrheiten lassen sich so jedoch freilich nicht in Erfahrung bringen. Objektive Fakten, im Sinne eines positivistischen Wissenschaftsverständnisses, bilden allerdings auch nicht das Erkenntnisinteresse dieser Untersuchung. Es geht vielmehr darum, »subjektive Reflexionen der eigenen Lebens- und Mediengeschichte« (STIEHLER 2020: 105) zu erfassen. Erzählte Lebensgeschichten sind strukturierte Selbstbilder (vgl. FISCHER 1978: 319). Biografien sind kein Abbild, sondern »Deutungen und Legitimationen des eigenen Lebens« (STIEHLER 2020: 92). Gerade also, wenn es um die Erforschung von Identitäten geht – nichts anderes sind eben jene Deutungen und Selbstbilder – bieten biografische Interviews einen geeigneten Zugang. Sie sind denn auch besser geeignet, Ost-/West-Identitäten zu erforschen als eine einfache Abfrage des Umfangs, in dem man sich mit seinem Bundesland oder mit Gesamtdeutschland identifiziere – wie es zuweilen in quantitativen Erhebungen praktiziert wird.

Eine nicht von der Hand zu weisende Problematik der Arbeit mit biografischen Interviews besteht weiterhin in der Retrospektivität. Das menschliche Gedächtnis ist fehlerhaft und selektiv (vgl. DHOEST 2015: 68). Gerade bei Routinehandlungen wie der Mediennutzung, ist keine Vollständigkeit der Erinnerungen zu erwarten. In einem Standardwerk der Biografieforschung (vgl. FUCHS-HEINRITZ 2000) heißt es allerdings, dass das Problem der Retrospektivität nicht überzubewerten sei. Denn man könne davon ausgehen, dass »Menschen über ihre ganze Lebenszeit hinweg eine relativ unveränderliche Handlungsstruktur aufweisen« (ebd.: 156). Zudem arbeiten auch andere Erhebungsverfahren retrospektiv. Wenn ich über in der letzten Woche genutzte Medien Auskunft geben soll, kann meine Erinnerung bereits fehlerhaft sein. Auch schriftliche Quellen, wie etwa Tagebücher, können sich vom Problem der Retrospektivität nicht vollständig freimachen (ebd.: 159).

Lebensgeschichtliche Erinnerung ist immer subjektiv gefärbte Rekonstruktion (ebd.: 52). Die Bewertung und Darstellung der Vergangenheit hängen immer auch von der gegenwärtigen Situation ab, denn aktuelle Wahrnehmungs- und Interessenstrukturen spielen bei der Beurteilung von Vergangenem eine nicht zu unterschätzende Rolle (vgl. DHOEST 2015: 68). So erklärt Behmer (2008) neben dem Vergessen und der Selektivität der Erinnerung auch »die nachträgliche (Um-)Deutung des Erlebten« (ebd.: 354) zu den Hauptproblemen der Arbeit mit Zeitzeugen. Wenn er von einer »nachträglichen ›Sinngebung‹ der eigenen Biografie« (ebd.) spricht, dann weist er außerdem auf einen Sachverhalt hin, den schon Giddens (1992) thematisiert hat: »So wenig das Gedächtnis ›vergangene Erfahrungen‹ bezeichnet, so wenig drückt das Bewußtsein [...] die ›Gegenwart‹ aus« (ebd.: 99). Denn vergangene Lebensereignisse – so Giddens – werden in der Art und Weise erinnert, dass daraus eine Kontinuität und Sinnhaftigkeit des eigenen Handelns ersichtlich wird (ebd.). Anders gesagt: Der Mensch versucht seiner Lebensgeschichte im Nachhinein eine innere Kohärenz zu verleihen (vgl. FUCHS-HEINRITZ 2000: 68). Biografische Brüche werden also retrospektiv mitunter als weniger drastisch geschildert, als sie damals tatsächlich empfunden wurden. Gerade unangenehme oder schmerzhafte Erinnerungen können mehr oder weniger bewusst umgedeutet, »reframed« werden (vgl. HOSKINS 2001: 335). Eine Westberlinerin beispielsweise, Angestellte im Kosmetikbereich, beschrieb ihren beruflichen Werdegang und gab an, dass sie bereits vor Abschluss ihres zehn Jahre währenden Ethnologie-Studiums eine Anstellung in einem Dahlemer Museum in Aussicht hatte, die sie gern angetreten hätte. Ein besser ausgebildeter Ostler schnappte ihr die Stelle allerdings vor der Nase weg. Diese für sie damals negative Erfahrung relativiert sie in ihrer heutigen Erzählung. Man dürfe mit so etwas nicht hadern. Letztendlich habe sie durch ihren späteren Job bei einem großen Kosmetikartikelhersteller auch einige Vorteile gehabt und sie sei ja nun mal auch gelernte Drogistin, lässt sie wissen.[6]

Erinnerungen an frühere Lebensphasen sind aber nicht nur von der Suche nach Kohärenz geprägt, sie sind außerdem nostalgisch gefärbt (vgl. DHOEST 2015: 71). Vor allem im hohen Erwachsenenalter neigen Menschen dazu, nicht nur vergangene Medienerfahrungen, sondern auch ihr Leben allgemein in der Rückschau positiver zu beurteilen als Gegenwärtiges (vgl. GAUNTLETT/HILL 1999: 200). Gerade bei Erinnerungen an die DDR lässt der Nostalgie-Vorwurf nicht lange auf sich warten. Der Soziologe Steffen Mau (2019) konstatiert, es lasse sich ein »Weichzeichen der Erinnerungsbilder« beobachten, das »über die Festhaltemilieus ehemals staatsnaher Kader« hinausreiche (ebd.: 214). Nostalgie aber stellt ein generelles Charakteristikum autobiografischen Erinnerns dar und lässt sich somit keinesfalls nur ehemaligen DDR-Bürgern und DDR-Bürgerinnen zuschreiben (vgl. WOLF 2014: 558).

Es kann festgehalten werden, dass auch wenn »memories produced in the present necessarily displace and reorganise the layers of memories produced in the past, the latter do not disappear altogether« (MIHELJ 2014: 467). Obwohl diskursiv rekonstruiert, beinhalten diese Erinnerungen Elemente gelebter Vergangenheit (vgl. DHOEST 2015: 69). So lässt sich über retrospektive Interviews durchaus herausfinden, welche Medienangebote einen besonderen Eindruck hinterlassen haben. Was man heute erinnert, wird damals von Bedeutung gewesen sein. Je detaillierter die Erinnerungen an ein Angebot, desto intensiver hat sich der Rezipient oder die Rezipientin damals mit dem Medium auseinandergesetzt. Ist einem nur noch vage in Erinnerung, welcher Radiosender eingestellt war, kann man sich partout nicht an einen Moderator oder eine Moderatorin erinnern, so ist davon auszugehen, dass das Radiohören im Alltag des oder der Befragten eher nebenbei erfolgte und man nicht viele Gedanken daran verschwendete. Aus biografischen Interviews lassen sich also Schlüsse darauf ziehen, wie die Mediennutzung erlebt und wie bestimmte Angebote wahrgenommen wurden (ebd.: 75).

Wie die Interviews gezeigt haben, sind die Befragten außerdem durchaus in der Lage ihr eigenes Verhalten zu reflektieren und zwischen damaligen und gegenwärtigen Situationsdeutungen und -bewertungen zu unterscheiden. Das illustrieren beispielsweise die Aussagen eines 1961 gebore-

6 Interview 43: Drogistin, *1956, Westberlin.

nen Mannes aus Sachsen, der nach der Wende für einen neu gegründeten Berliner Radiosender tätig war: »Aber die DDR war so ein Frust-Ding für mich. Im Nachhinein jetzt, sag ich das anders. Aber damals, weiß ich, bin ich ziemlich frustriert gewesen.«[7]

Neben eher unbewussten Verzerrungen sind auch bewusste Falschaussagen oder Auslassungen möglich (vgl. BEHMER 2008: 355). Dies ist dem Umstand geschuldet, dass das Interview eine soziale Situation darstellt, in der Befragte in der Regel ein möglichst positives Bild von sich zeichnen möchten (vgl. SCHOLL 1993). Das Antwortverhalten wird dabei nicht nur durch die Situation und das Untersuchungsinstrument, sondern auch durch den Interviewenden beeinflusst (vgl. BROSIUS/HAAS/KOSCHEL 2012: 117). Die Art und Weise auf die Forscher und Forscherinnen das Interview führen, kann eine »Bewusstseinsveränderung beim Gesprächspartner und damit eine Verzerrung der Informationen herbeiführen« (BEHMER 2008: 355). Im besten Fall wird hier durch die Interviewenden eine angenehme, möglichst alltagsnahe Gesprächsatmosphäre erzeugt. Dazu gehört es auch, nicht wertend auf Erzähltes zu reagieren. Entgegen allen Bemühungen jedoch, kann es gerade bei kontrovers diskutierten oder heiklen Themenbereichen vorkommen, dass Menschen Dinge verschweigen oder anders darstellen, als sie tatsächlich geschehen sind oder empfunden wurden (vgl. FUCHS-HEINRITZ 2000: 188). Diese Falschaussagen können nicht nur die eigene Biografie, sondern auch die Mediennutzung betreffen. Denn Medien sind mit unterschiedlichen Prestigewerten belegt (vgl. MEYEN 2003: 23). Aus der »moral hierarchy« (BOURDON 2011: 64) einzelner Genres und Gattungen können sich verzerrende Effekte ergeben. So ist nicht auszuschließen, dass der Eine oder die Andere, die Intensität der Fernsehnutzung herunterspielt, aber betont, wie ausgiebig man sich der täglichen Zeitungslektüre gewidmet habe. Dass der vorrangig interessierende Untersuchungszeitraum dieser Studie bereits 20 bis 30 Jahre zurückliegt, gibt den Befragten allerdings die Gelegenheit, auch weniger sozial erwünschte Verhaltensweisen offenzulegen. Die Interviewteilnehmenden können sich durch den hohen zeitlichen Abstand von ihrem früheren Ich abgrenzen. So fiel es einem Ostberliner Werkzeugmacher nicht schwer, zu erklären, dass er damals »natürlich« Privatfernsehen gesehen habe. Schließlich konnte

7 Interview 51: Hörfunkredakteur, *1961, Ostberlin.

er im nächsten Satz klarstellen, dass das heute für ihn selbstverständlich nicht mehr infrage käme.[8]

Welche Antworten als sozial erwünscht gelten, wird maßgeblich durch zeitgenössische Diskurse bestimmt. So beeinflussen diese schließlich auch, wie die Rekonstruktion der eigenen Biografie erfolgt. Besonders Mediendarstellungen wirken sich aufgrund ihrer Reichweite darauf aus, wie wir Vergangenheit beurteilen und in der Folge darstellen (vgl. HOSKINS 2004: 336). Dass heutige Deutungen von Vergangenem immer »in aktuellen erinnerungskulturellen Debatten verwurzelt« (GANZENMÜLLER/JOHN/KULLER 2020: 110) sind, macht sich bei einem stark politisierten Thema wie der DDR ausdrücklich bemerkbar. Der öffentlich-politische DDR-Diskurs, der jahrelang von einem Diktaturgedächtnis dominiert wurde (vgl. SABROW 2010: 16), prägt und modifiziert die Erzählungen der Berliner und Berlinerinnen in Ost wie West. ›Stasi-Staat‹, ›Unrechtsregime‹ und ›Mangelwirtschaft‹ sind dabei nur einige Schlagworte. Um zu verstehen, warum sich die Berliner und Berlinerinnen erinnern, wie sie sich erinnern, müssen folglich zwingend gesellschaftliche Machtverhältnisse berücksichtigt werden. Das meint auch, sich zu vergegenwärtigen, aus welcher Position heraus die Befragten sprechen. Die Westberliner und Westberlinerinnen schildern ihre Lebensgeschichte als Mitglieder einer hegemonialen Gruppe. Dazu konträr erzählen die Interviewten aus Ostberlin als Teil der nicht-hegemonialen Gruppe (jedenfalls innerhalb eines deutsch-deutschen Kontextes). Die – nicht nur diskursive – Schlechterstellung der ehemaligen DDR-Bürger und DDR-Bürgerinnen hat dazu geführt, dass über deren Vergangenheit lange Zeit geschwiegen wurde. Der Autor Johannes Nichelmann, ein ›Nachwendekind‹, konstatiert etwa eine Angst der Elterngeneration, wenn es darum geht, über das Leben in der DDR und die eigene Rolle im Staat zu sprechen (vgl. NICHELMANN 2019: 10f.). »Wenn der Staat DDR kritisiert wird, fühlen sich oft auch die Menschen kritisiert, die in ihm gelebt haben«, was die Kommunikation über die Vergangenheit »emotional und schwierig« mache, behaupten auch die Filmemacherinnen und Autorinnen Sabine Michel und Dörte Grimm (2020: 14). Die Angst vor einer moralischen Verurteilung habe eine »generationenübergreifende andauernde Sprachlosigkeit in Ostdeutschland« bedingt (ebd.: 13).

8 Interview 2: Werkzeugmacher, 1960, Ostberlin.

In diesem Sinne haben sich Erzählmuster gezeigt, die auf die nichthegemoniale Position der Ostberliner und Ostberlinerinnen zurückgeführt werden können. Dazu gehört vor allem die Positionierung gegen »etablierte Aussagen des kollektiven Gedächtnisses« (NIETHAMMER 2002: 166). Immer wieder wird auf öffentliche Diskurse rund um die DDR Bezug genommen, um diese sogleich zu relativieren. Eine Mitarbeiterin des Amts für industrielle Formgestaltung, das an den Ministerrat der DDR angebunden war, betont etwa – ohne dass die Interviewerin Andeutungen in diese Richtung gemacht hätte – dass sie dort aber keine Angst gehabt hätte, ihre Meinung zu äußern. »Weil es ja immer hieß, man durfte da nichts sagen und so«.[9] Ähnlich äußerte sich ein im Baugewerbe tätiger Ostberliner. Er gab an, oft in Diskussionen mit Vorgesetzten verwickelt gewesen zu sein, ohne, »dass du gleich in den Knast gekommen bist oder die Stasi dann auftaucht[e]«.[10] Der Kampf gegen etablierte Deutungen dieser Art führt auch dazu, dass Erinnerungen an das Aufwachsen und Leben in Ostberlin zuweilen in einer Art Verteidigungsmodus erfolgen. Errungenschaften der DDR, beispielsweise im Bereich der Gesundheitsversorgung, werden betont, wobei stets der Vergleich mit der BRD angestellt wird. An dieser Stelle offenbart sich die Diskrepanz zwischen öffentlicher und privater Erinnerung an die DDR (vgl. HESS 2016: 116ff.). Obwohl sie das Leben im untergegangenen Arbeiter- und Bauernstaat positiv darstellen, halten Ostberliner und Ostberlinerinnen es fast durchgängig für nötig klarzumachen, dass sie die DDR auf keinen Fall zurückhaben wollten. Sie distanzieren sich, weil es gesamtgesellschaftlich erwartet wird, um gar nicht erst den Verdacht aufkommen zu lassen, man verharmlose den repressiven SED-Staat. Erinnerungen – das wird hier besonders deutlich – werden also »von sozialen, kulturellen und politischen Faktoren beeinflusst und unterliegen Machtkonstellationen« (GALLINAT/KITTEL 2009: 309).

Bisher war von (medien-)biografischen oder retrospektiven Interviews die Rede. Konkreter lässt sich von medienbiografischen Leitfadeninterviews sprechen, denn die Befragungen wurden mit Hilfe eines vorab entwickelten Leitfadens geführt. Das Leitfadeninterview hat den Vorteil, dass es den Befragten genügend Spielraum gibt, um eigene Schwerpunkte zu setzen. Dennoch wird gewährleistet, dass alle relevanten Aspekte thematisiert

9 Interview 1: Werbeökonomin, *1954, Ostberlin.
10 Interview 66: Bauarbeiter, *1954, Ostberlin.

werden. So lässt sich schließlich auch die Vergleichbarkeit des Materials sicherstellen. Der Nachvollziehbarkeit wegen wird nachstehend auf die Entwicklung und den Aufbau des eingesetzten Leitfadens eingegangen.

4.3 Der Leitfaden

Der Leitfaden orientiert sich in seinem Aufbau am zuvor entwickelten Kategoriensystem und besteht aus fünf Themenblöcken. Darin finden sich jeweils zu stellende Hauptfragen und optionale Unterfragen. Letztere werden nur dann gestellt, wenn die Antwort des Interviewpartners oder der -partnerin auf die Hauptfrage noch nicht umfassend genug ausfällt oder am Thema vorbeigeht. Die Anordnung der Fragen folgt sowohl einer chronologischen, als auch inhaltlichen Logik – vom Allgemeinen zum Spezifischen. Dabei können die Fragen innerhalb der einzelnen Themenblöcke flexibel aneinandergereiht werden. Für Ost- und Westberlin wurde jeweils eine eigene Version erarbeitet. Wobei sich die Fragen weniger in ihrem Erkenntnisinteresse unterscheiden, es wird lediglich mit anderen Formulierungen und Beispielen gearbeitet. Es gilt, die Biografien der Berliner und Berlinerinnen möglichst umfassend zu erheben, wobei ein zeitlicher Fokus auf den 1990er-Jahren und der unmittelbaren Nachwendezeit liegt.

Ziel war es, möglichst detaillierte Kenntnisse über die Person und ihr entsprechendes Medienverhalten in Erfahrung zu bringen, ohne sie dabei in Richtung bestimmter Antworten zu drängen. Der Leitfaden wurde im Laufe der zweijährigen Befragungsphase wiederholt überarbeitet und angepasst. So wurde etwa ein noch stärkerer Fokus auf die Wahrnehmung bestimmter Muster in der Ost-West-Berichterstattung gelegt. Fragen, die keinen Erkenntnisgewinn mit sich brachten, wurden gestrichen. Etwa fiel es den allermeisten Interviewteilnehmenden schwer, sich in die Position des Chefredakteurs oder der Chefredakteurin ihrer Zeitung hineinzuversetzen und zu erörtern, was sie denn ändern würden. Offenbar haben die wenigsten ein solches Gedankenexperiment zuvor angestellt. Die Antworten fielen entsprechend knapp aus.

Zu Beginn des Gesprächs werden die Befragten aufgefordert, ein wenig über sich zu erzählen. So lässt sich bereits zu Anfang feststellen, welchen Lebensabschnitten und -ereignissen in der Rückschau besondere Relevanz zugeschrieben werden. Die Rekapitulation der eigenen Lebensgeschichte findet dabei meist auf Grundlage der beruflichen Stationen und familiären Entwicklungen wie Heirat oder der Geburt der Kinder statt. Oft wird bereits hier die Wende thematisiert, ohne dass explizit danach gefragt wurde (überwiegend von Menschen mit Ost-Herkunft). Neben Berufsleben und familiärer Situation ist auch das Elternhaus Gegenstand dieses ersten Themenblocks. Sowohl materielle Umstände des Aufwachsens als auch Weltanschauungen der Eltern helfen dabei, aktuelle Deutungsmuster, Einstellungen und Handlungen zu erklären und einzuordnen. Eltern als primäre Sozialisationsinstanzen wirken maßgeblich auf den Wissensvorrat ihrer Kinder und prägen somit auch deren Werte und Meinungen – bis ins Erwachsenenalter hinein (vgl. BERGER/ LUCKMANN 1989: 141). Schließlich wird ganz allgemein die damalige Einstellung zum eigenen und dem benachbarten Staat erfragt sowie, ob Kontakte zum jeweils anderen Deutschland bestanden.

Der zweite Themenblock beschäftigt sich mit dem alltäglichen Leben in den 1990er-Jahren. Wie wurde der Mauerfall wahrgenommen? Hat sich der Alltag merklich verändert oder ging die Fusion der beiden Teilstädte spurlos an einem vorbei? Hier bot es sich an, mit konkreten Beispielen zu arbeiten, um den Befragten deutlich zu machen, welche Art der Alltagsveränderung gemeint sein könnten. Innerhalb dieses Abschnitts kommen außerdem Kärtchen zum Einsatz, die verschiedene Lebensbereiche symbolisieren und von den Befragten nach Relevanz sortiert werden sollen.[11] Die Interviewteilnehmenden können so selbst ganz explizit angeben, welche Aspekte ihnen im Leben besonders am Herzen lagen und welche überhaupt keine Rolle spielten. Schließlich trägt der Sortiervorgang auch zur Auflockerung des Gesprächs bei. Die Befragten sind angehalten, die Kärtchen sowohl mit Blick auf die Zeit vor dem Mauerfall als auch für die (Nach-)Wendezeit anzuordnen, sodass ein direkter Vergleich möglich ist. Bereits hier zeigt sich, wie unterschiedlich Wende und Transformation wahrgenommen wurden. Während sich bei einigen die Interessenbereiche doch deutlich verlagerten – der Bereich Politik und Gesellschaft beispielsweise im Nachgang der Wende nach oben rutschte – wiesen wieder andere eine hohe Kontinuität ihrer Relevanzstrukturen auf.

11 Die Lebensbereiche umfassen Partnerschaft und Familie; Freunde, Nachbarn und Bekannte; Freizeit und Hobbys; Arbeit; Politik und Gesellschaft; Aussehen und Ausstrahlung und persönliche Wurzeln (vgl. MEYEN et al. 2019: 93).

In diesen beiden ersten Themenblöcken stehen all jene Faktoren im Fokus, die im Kategoriensystem unter ›Strukturmerkmalen‹ zusammengefasst werden. Also jene »Regel-Ressourcen-Komplexe« (GIDDENS 1992: 240), die die Handlungsvoraussetzungen der Berliner und Berlinerinnen bildeten. Zugleich lassen sich aufgrund der Offenheit und Breite der gestellten Fragen hier bereits einige Rückschlüsse auf die ›Identität‹ ziehen.

Im dritten Themenblock stehen die Mediennutzungsroutinen und Medienbewertungen im Fokus. Der Medienalltag mag zwar ein »flüchtiges Phänomen« sein, ist als solches aber durchaus der »individuellen und sozialen Reflexion zugänglich« (STIEHLER 2020: 83). Da Medienhandeln Alltagshandeln ist und zudem stark habitualisiert abläuft, sind exakte »Einzelheiten kaum klar erinnerlich« (BEHMER 2008: 354). Die Annäherung an vergangene Nutzungsmuster findet aus diesen Gründen über den Tagesablauf statt. Die Befragten werden gebeten, sich in die damalige Zeit zurückzuversetzen, einen durchschnittlichen Wochentag zu schildern und so zeitgleich Erinnerungen an den Umgang mit häufig genutzten Medienangeboten zu rekonstruieren. Dabei helfen Fragen – in denen spezifische Sendungstitel oder Namen von Moderatoren und Moderatorinnen genannt werden – der Erinnerung auf die Sprünge. Zusätzlich wird eine Medienliste eingesetzt. Auf dieser ist ein Spektrum verschiedener Medien aus Presse, Hörfunk und Fernsehen vermerkt. Für den Bereich Zeitung und Radio sind alle damals in Berlin verfügbaren Angebote aufgelistet. Was Fernsehsendungen betrifft, wurden besonders reichweitenstarke und vieldiskutierte Titel aufgenommen. Außerdem solche, die aktuelle politische Vorgänge behandelten, wie etwa *Kontraste* oder *Talk im Turm*. Auf diesem Weg können auch längst vergessene Formate wieder ins Gedächtnis gerufen werden. Dass so keinesfalls alle Medienangebote erfasst werden, die damals auf die eine oder andere Weise für die Befragten von Relevanz waren, soll nicht bestritten werden.

Da das Ergründen von Motiven und Bewertungen zu den »schwierigsten Forschungsfeldern überhaupt« (MEYEN 2003: 23) zählt, war bei Entwicklung des Leitfadens besondere Sorgfalt geboten. Auch wenn mit Giddens (1992) davon auszugehen ist, dass Menschen in der Lage sind, Gründe für ihr Handeln anzugeben, wenn man sie dazu auffordert (vgl. ebd.: 56), wird man auf die Frage, warum man denn den *Berliner Kurier* gelesen oder was man sich von der Rezeption des *Tatorts* erwartet habe, nur selten eine zufriedenstellende Antwort erhalten. Es galt also in jedem Fall zu vermeiden, die Forschungsfrage direkt an die Befragten weiterzureichen. Stattdessen wurden Fragen formuliert, die entsprechende Motive und Deutungen vorschlagen und so den Interviewten zur Orientierung dienen und das Bewusstwerden eigener Handlungsmotivationen erleichtern sollen. Gründen für die Rezeption von Serien etwa wird sich dann angenähert, indem aus der Nutzungsforschung bekannte Motive in die Frage eingebaut werden. Die Befragten können auf die genannten Motive Bezug nehmen und sind so in der Lage, noch einmal ganz eigene Erwartungen zu formulieren und zu präzisieren.

Medienbewertungen werden nicht mit Referenz auf übliche Kriterien und Konstrukte wie Glaubwürdigkeit, Objektivität und Vertrauen erhoben. Es soll eben nicht nur ermittelt werden, für wie glaubwürdig die Berliner und Berlinerinnen die ihnen zur Verfügung stehenden Medien hielten und halten. Über einen breit angelegten Bewertungsbegriff wird Faktoren nachgegangen, die die Bewertung von spezifischen Medienangeboten, Medienpersonen, oder Mediensystemen beeinflusst haben. Was war ausschlaggebend für eine positive Einstellung gegenüber jenen und eine negative Bewertung anderer Angebote? Spielten Themenauswahl und -aufbereitung eine Rolle? Wurde Wert auf Autoren und Autorinnen oder Moderatoren und Moderatorinnen gelegt? Waren Eigentümerstrukturen relevant? Oder waren es doch vielmehr persönliche Dispositionen wie politische Einstellungen, die hier wirkten? Um sich diesem Gebiet zu nähern, wird etwa danach gefragt, welche Zeitungen man kategorisch ablehnte. Oder, wie man die Privatisierung, also den Verkauf der *Berliner Zeitung* an das westdeutsche Verlagsunternehmen G + J beurteilte. Die Interviewten werden denn auch danach gefragt, ob sie an damaligen oder gegenwärtigen Mediendarstellungen etwas gestört hat. Ob sie etwas vermissten oder sich gut versorgt fühlten. Zentral ist auch die Frage danach, wie man denn die Berichterstattung über den Osten wahrgenommen hat und ob überhaupt ein Interesse an der medialen Auseinandersetzung mit der DDR-Vergangenheit besteht.

4.4 Auswahl und Rekrutierung der Befragten

Im Gegensatz zu am quantitativen Paradigma orientierten Arbeiten verfolgt die vorliegende nicht das Ziel, Repräsentativität im statistischen Sinne zu erreichen. Dennoch zielt die biografische Forschung im Allgemeinen und diese Arbeit im Besonderen darauf, Verallgemeinerungen zu schaffen und

Typisches herauszufinden. Das ist dann möglich, »wenn einzelne Aspekte eines gefundenen Phänomens sich als wesentlich und überindividuell herausstellen« (STIEHLER 2020: 91). Ein geeignetes Verfahren, um Aussagen zu treffen, die über den Einzelfall hinausgehen, finden qualitativ arbeitende Forschende im Prinzip der theoretischen Sättigung (vgl. FUCHS-HEINRITZ 2000: 230ff.). Dieses Verfahren geht davon aus, dass es bei »einem Handlungsbereich wie Mediennutzung nicht unendlich viele Spielarten gibt« (HAMPP/MEYEN 2005: 163). Ziel ist es dementsprechend, über die Variation theoretisch abgeleiteter Akteursmerkmale so lange neue Fälle zu finden, bis diese keine zusätzlichen Informationen mehr liefern (vgl. FUCHS-HEINRITZ 2000: 231f.).

Mit Blick auf die Fragestellung erscheint es nachvollziehbar, dass die Herkunft das primäre Rekrutierungskriterium darstellte. Die Befragten mussten in Ost- oder Westberlin geboren sein und den überwiegenden Teil ihres Lebens in der Stadt verbracht haben. Auch aus der restlichen DDR und der BRD Zugezogene wurden einbezogen. Jene sollten allerdings einen längeren Zeitraum (mindestens 5 Jahre) vor Maueröffnung in Berlin wohnhaft gewesen sein, um eine aussagekräftige Einschätzung darüber abzugeben, wie sich der Einigungsprozess auf die Stadtgemeinschaft auswirkte. Von vornherein ausgeschlossen wurden Berliner und Berlinerinnen mit Migrationsgeschichte. Zum einen ist aus der Mediennutzungsforschung bekannt, dass Migranten Medien teilweise anders nutzen und bewerten (vgl. TREBBE 2009; TONASSI/WITTLIF/SCHEMER 2020). Zum anderen ist davon auszugehen, dass die Kategorien Ost und West weit weniger relevant für die eigene Identität waren, da noch andere Identitätsaufgaben zu bewältigen waren und andere Zugehörigkeiten im Mittelpunkt standen. Das deutsch-deutsche Verhältnis an sich, Mauerfall und Wiedervereinigung dürften aus einer anderen Perspektive wahrgenommen worden sein.[12]

Identitäten, wie auch der Umgang mit Medien, entwickeln sich in Abhängigkeit verschiedener Faktoren wie Alter, Geschlecht, berufliche Position, Einkommen, familiäre Situation oder persönliche Werte und Überzeugungen (vgl. MEYEN 2004b: 47). Um eine möglichst breite Streuung zu erzielen, wurden unter diesen Merkmalen jene ausgewählt, die

12 Einen kritischen Blick auf Mauerfall, die deutsch-deutsche Vereinigung und die zugehörige Erinnerungspraxis aus migrantischer und jüdischer Perspektive bietet der Sammelband »Erinnern stören« herausgegeben von Lydia Lierke und Massimo Perinelli (2020).

Außenstehenden leicht zugänglich sind und nach denen sich entsprechend einfach rekrutieren ließ. Demzufolge wurden die Befragten neben der Herkunft beziehungsweise des Wohnorts auch anhand der Kriterien Jahrgang, Geschlecht und Bildungsgrad rekrutiert. Um einschätzen zu können, inwiefern Ostberliner und Westberliner Identitäten und heute verbreitete Nutzungspraktiken auf die Zeit der Teilung zurückzuführen, oder erst im Nachgang der Wiedervereinigung entstanden sind, mussten die Befragten über eigene Erinnerungen an das Leben im geteilten Deutschland verfügen. Daher wurde festgelegt, dass die Interviewteilnehmenden nicht später als 1973 geboren sein durften – dass sie also zum Zeitpunkt des Mauerfalls 1989 ein erwerbsfähiges Alter erreicht hatten. Dann nämlich, lässt sich annehmen, beginnt man verstärkt die Verhältnisse, in denen man lebt, zu reflektieren. Eine Siebenjährige, die frisch eingeschult wurde, dürfte die Wendezeit in der Regel noch aus der Position der halbwegs unbeteiligten Beobachterin erlebt haben. Der Schulabgänger, der sich infolge der Maueröffnung mit einem verknappten Angebot an Ausbildungsplätzen konfrontiert sah, hat den Vereinigungsprozess dagegen vermutlich bewusster wahrgenommen.

Im Anschluss an erste Rekrutierungsdurchläufe wurden die Kriterien ergänzt, um weitere bis dato nicht vorhandene Fälle zu finden. Entsprechend wurde hinsichtlich der beruflichen Position, eines Wohnortwechsels (Umzug vom Ost- in den Westteil der Stadt oder umgekehrt) oder besonderer Lebensereignisse (Arbeitslosigkeit, Jobwechsel) nachrekrutiert. Gezielt gesucht wurde außerdem nach Menschen in Führungspositionen oder solchen, die in Politik oder im Mediensektor tätig waren. Personen also, die aufgrund ihrer Lebensumstände noch einmal besondere Fälle darstellten. So sollte dem Anspruch einer möglichst heterogenen Stichprobe nachgekommen werden. An dieser Stelle muss noch einmal darauf hingewiesen werden, dass die Grundgesamtheit der heutigen Berliner und Berlinerinnen aus Ost und West nicht der Grundgesamtheit der 1990er-Jahre entspricht. So sind etwa jene, die sich damals bereits im fortgeschrittenen Alter befanden, in der Regel bereits verstorben. Folglich müssen Aussagen über diese Bevölkerungsgruppe hier fehlen.

Die entstandenen Interviews decken ein breites Spektrum an Ost- und Westberliner Lebensformen ab. Darunter finden sich waschechte ebenso wie Wahl-Berliner und Wahl-Berlinerinnen, Alleinstehende und Verheiratete, Frauen und Männer, Angestellte und Selbstständige, Menschen aus dem bürgerlichen wie aus dem Arbeitermilieu. Von der Reinickendorfer

Krankenschwester über den Werkzeugmacher aus Prenzlauer Berg bis hin zur Pankower Zahnärztin und dem Diplomingenieur aus dem Wedding. Die Befragten wurden zwischen 1933 und 1972 geboren und gehören somit verschiedenen Generationen an (vgl. AHBE/GRIES 2006; BUDE 1998). Die Rekrutierung fand über Dritte statt. Das heißt, es wurden Menschen aus dem persönlichen Umfeld darauf angesetzt, Interessierte zu vermitteln, die den Rekrutierungskriterien entsprachen. So konnten auch Personen erreicht werden, die sich nicht aus einer intrinsischen Motivation heraus zur Teilnahme bereit erklärt hätten. Also nicht nur diejenigen, die in einem Interview die Chance sahen, endlich einmal ihre Version der Geschichte zu erzählen. Auf die Befragung von Personen aus dem eigenen Freundes- oder Familienkreis wurde verzichtet, um daraus resultierende verzerrende Effekte zu vermeiden. Trotz der spezifischen Kriterien lief die Rekrutierung im Jahr 2019 – im Vorfeld der Corona-Pandemie – ohne größere Schwierigkeiten. Zurückhaltend reagierten zunächst jene, die der Meinung waren, über zu wenig Wissen zu ihrer damaligen Mediennutzung zu verfügen oder nichts Interessantes zu berichten hätten. Oder aber solche, die behaupteten, dass Ost-West-Debatten heute nicht mehr geführt werden müssten. Solche Bedenken konnten in den meisten Fällen allerdings schnell ausgeräumt werden, indem versichert wurde, dass es keine richtigen und falschen Antworten gäbe und es genau darum ginge, die persönliche Relevanzzuschreibung zur Ost-West-Thematik zu ermitteln.

Die Rekrutierung – wie auch das Führen der Interviews – fand unter Mitarbeit Studierender statt, ohne welche die hohe Zahl an Interviews nicht zustande gekommen wäre. Im Rahmen von zwei, zwischen 2019 und 2021 an der Freien Universität Berlin durchgeführten Seminaren, wurden Studierende der Publizistik- und Kommunikationswissenschaft sowie benachbarter Disziplinen mit dem Gegenstand der Arbeit vertraut gemacht. Die Studierenden kamen dabei sowohl aus Ost- als auch Westberlin, der Großteil war aus der restlichen Bundesrepublik zugezogen. Die Seminarteilnehmenden waren ausnahmslos nach dem Mauerfall geboren und brachten ganz unterschiedliches Vorwissen zum Thema DDR und dem Berlin der Nachwendezeit mit. Es galt daher alle auf denselben Kenntnisstand zu bringen. So wurde Wissen zu ost- und westdeutscher Mediennutzung seit dem Mauerfall, zur medialen Darstellung des Ostens, zur Berliner Medienlandschaft und zu Identitäten im wiedervereinigten Deutschland vermittelt. Gemeinsam wurde der theoretische Hintergrund erarbeitet. Schließlich fand eine umfangreiche Methodenschulung statt, die gewährleistete, dass die Interviews trotz diverser Interviewer und Interviewerinnen vergleichbar blieben und wissenschaftlichen Standards entsprachen. Profitiert hat die Arbeit außerdem von der Mitwirkung einer studentischen Hilfskraft. Die nach dem Mauerfall in Westberlin aufgewachsene Studentin der Medienwissenschaft war über die Kirche und ihre Wohltätigkeitsarbeit in beiden Stadtteilen gut vernetzt. Sie hat mehrere Teilnehmer und Teilnehmerinnen rekrutiert und sie, nach entsprechender Schulung, selbst befragt.

4.5 Durchführung der Interviews und Vorgehen bei der Auswertung

Zwischen Juni 2019 und Februar 2021 wurden insgesamt 84 Interviews geführt. Diese fanden nach Möglichkeit im Zuhause der Befragten statt. Denn dort, wo Menschen sich wohlfühlen, erzählen sie am ausführlichsten. Zudem birgt die Wohnsituation immer auch zusätzliche Kontextinformationen. Ob auf dem Tisch der aktuelle Spiegel liegt oder im Wohnzimmer die neueste Heimkinoanlage steht, erlaubt bereits Rückschlüsse auf den Stellenwert von Medien. Wurde es abgelehnt, den Interviewer oder die Interviewerin in die eigenen vier Wände zu lassen, wurde in der Regel auf Cafés ausgewichen. Einige wenige Interviews wurden aufgrund der geltenden Kontaktbeschränkungen im Rahmen der COVID-19-Pandemie online über gängige Konferenztools durchgeführt. Die Online-Variante gestaltete sich im Großen und Ganzen ähnlich einem Face-to-Face-Gespräch. Lediglich stellenweise auftretende Verbindungsprobleme hatten einen zeitweise störenden Effekt. Die Interviewten wurden darauf hingewiesen, dass das Interview als Einzelgespräch durchgeführt wird. So sollten Auslassungen oder bewusste Falschdarstellungen vermieden werden, die sich aus der Anwesenheit von Familienangehörigen oder sonstigen Bekannten ergeben könnten. Vor Beginn des Interviews wurde nochmals auf die vollständige Gewährleistung der Anonymität hingewiesen.

Die so entstandenen Interviews waren von unterschiedlicher Qualität und Dauer, was zum einen auf das Interviewerverhalten, zum anderen auf die Befragten selbst zurückzuführen ist. Die Gesprächsdauer reichte von knapp 30 Minuten bis hin zu insgesamt fünf Stunden. So geschehen etwa bei einer 1940 geborenen Ostberlinerin. Die ehemalige Angestellte des DDR-Fernsehens, die bereits zu Beginn des Gesprächs halbernst warnte, dass sie das Gefühl habe, auf dem Weg in die Demenz zu sein, neigte dazu, sehr ausführlich zu antworten. Sie schweifte oft ab, ließ sich nur selten unterbrechen und musste immer wieder auf die eigentlichen Fragen zurückgelenkt werden. Hier machte sich das hohe Alter der Interviewpartnerin bemerkbar, wie auch der Umstand, dass sie als Beschäftigte im Medienbereich einige Anekdoten zu erzählen wusste. Um die Befragten und ihre Gesprächsbereitschaft nicht allzu sehr zu strapazieren, wurde das Gespräch in solchen Fällen nach circa zwei Stunden abgebrochen und ein zusätzlicher Termin vereinbart. In der Regel aber lag die Dauer der Interviews zwischen einer und zwei Stunden.

An der Dauer allein aber lässt sich freilich nicht festmachen, ob ein Interview gut oder schlecht ist. Gut ist ein Interview dann, wenn sich durch die Aussagen der Befragten die vorab aufgestellten Kategorien füllen lassen. Ob das durch Stellen der im Leitfaden formulierten Fragen bereits gelungen ist oder nicht, liegt letztlich im Ermessen des Interviewers. Bekam man auf die Frage, wie zufrieden man vor dem Mauerfall mit seinem Leben in Westberlin gewesen sei, lediglich die Antwort »schon zufrieden«, lag es am Interviewer noch einmal genauer nachzuhaken. Nicht immer zeigten die Interviewenden bei solch einsilbigem Antwortverhalten die nötige Aufmerksamkeit und Hartnäckigkeit. In einigen Fällen wurden bestimmte Hauptfragen nicht gestellt. In der Regel erlaubten die restlichen Antworten dann aber Rückschlüsse auf die betreffenden Aspekte. Die Vergleichbarkeit der Interviews war also auch in solchen Fällen gegeben.

Es wurde bereits geschildert, dass das Interview ein hochgradig reaktives Verfahren darstellt, in dem soziale Wirklichkeit als solche eben erst erzeugt wird (SCHOLL 2016: 23). Es liegt damit auf der Hand, dass das Verhalten des Interviewers oder der Interviewerin maßgeblich den Verlauf der Befragung beeinflusst. Weil es sich hier um sehr persönliche Informationen handelt, die man mit einem Fremden teilt, hatten die Interviewenden umso mehr für eine angenehme Atmosphäre zu sorgen. Dazu gehörte es ebenso, sich interessiert zu zeigen, mit eigenen Meinungen hinter dem Berg zu halten (was nicht immer einfach war), sich nicht auf Diskussionen einzulassen, wie auch das Interview zu unterbrechen und dankend ein mehrfach angebotenes Schälchen Erdbeerquark anzunehmen. Was passiert, wenn Befragte sich zu wohl fühlen, illustriert das Beispiel eines Mannes aus Lichtenberg. Der nämlich genehmigte sich im Verlauf des Interviews das ein oder andere Glas Rotwein, bis er schließlich so alkoholisiert war, dass die Interviewerin das Gespräch abbrechen musste.

Ein weiterer Faktor, der die Interviewatmosphäre beeinflusst hat, ist die Herkunft der Interviewenden. Dabei erwies sich das Ausspielen eines gemeinsamen Sozialisationshintergrundes als hilfreich. Gerade bei Ostberlinern und Ostberlinerinnen – so der Eindruck – war es der Gesprächssituation zuträglich, wurde signalisiert, dass man ebenfalls ostdeutsche Wurzeln hatte. Teilte man persönliche Anekdoten oder Geschichten, die einem die Eltern über das Leben in der DDR erzählt hatten, schuf das ein Klima der Vertrautheit. Gesprächshemmungen oder verzerrte Darstellungen, die sich aus einem Rechtfertigungszwang ergeben, dem sich die Ostdeutschen seit mehr als 30 Jahren ausgesetzt sehen, konnten so vermutlich abgemildert werden. Dass es wiederum hinderlich gewesen wäre, wenn Ostler in Westberlin Befragungen führten oder Westler in Ostberlin, kann nicht behauptet werden. Jedenfalls deuten die – doch teilweise unverblümt zur Schau gestellten – Ressentiments darauf hin, dass die Befragten ihre ehrliche Meinung äußerten und kein Blatt vor den Mund nahmen.

Im Anschluss an jedes Gespräch wurde ein Protokoll der Interviewsituation angefertigt. Dort wurden Besonderheiten im Verhalten der befragten Person, Eindrücke zur Wohnsituation und eventuelle Unterbrechungen oder Störfaktoren (Anrufe, andere anwesende Personen) vermerkt. Zeitnah erfolgte die Transkription der Audioaufnahme. Diese wurde manuell und nicht etwa mit Hilfe von Softwarelösungen vorgenommen. Die so erfolgte intensive Auseinandersetzung mit dem Material kann bereits als erster Schritt der Auswertung begriffen werden.

In die Auswertung sind 82 der insgesamt 84 geführten Interviews eingeflossen. Eines musste aufgrund eines Fehlers bei der Rekrutierung ausgeschlossen werden (die Befragte hatte Berlin kurz nach dem Mauerfall verlassen). Ein weiteres (das, des erwähnten Rotweintrinkers) musste aussortiert werden, da das Gespräch beendet wurde, bevor alle Fragen gestellt werden konnten.

Die Auswertung fand vorwiegend in einem Team von zwei bis drei Personen statt. Alle Beteiligten verfügten über das nötige Vorwissen zum Forschungsgegenstand und zum theoretischen Hintergrund. Die Diskussion in der Gruppe half, sich eigener Deutungen rückzuversichern. Innerhalb des Auswertungsprozesses galt es, Handlungsmotivationen herauszuarbeiten und Querverbindungen zwischen Biografie/Lebenssituation und der Nutzung von respektive Einstellungen zu Medien zu ziehen. Dabei bildeten die Theorie und die daraus abgeleiteten Kategorien den Rahmen für die Interpretation. Dieser Prozess nahm einige Zeit in Anspruch. Denn bei den

Erzählungen der Interviewpartner und Interviewpartnerinnen handelt es sich nicht um kurze, prägnante Aussagen zu ihrem Weltverständnis und Selbstbild. Vielmehr ist es so, dass in den Interviews »narrative, argumentative und anekdotische Textsorten« (STRÜBING 2018: 95) ineinandergreifen. Die Darstellung eigener Erlebnisse findet immer unter »Reproduktion allgemeiner Normen, Stereotypen und Haltungen« (ebd.) statt. Das macht es nötig, das Erzählte zu kontextualisieren – sowohl historisch als auch mit Blick auf die gegenwärtige Lebenszufriedenheit und die konkrete Interviewsituation. Der Auswertungsprozess erforderte also eine tiefgehende Auseinandersetzung mit dem Material.

Einige Interviews waren naturgemäß ergiebiger als andere. Denn, mit Giddens gesprochen, stellen Befragungen Situationen dar, in denen das praktische Bewusstsein in das diskursive Bewusstsein geholt wird. Zu welchem Grad die Trennung zwischen diskursivem und praktischem Bewusstsein aufgehoben werden kann, variiert in Abhängigkeit von Sozialisation und Lernerfahrungen (vgl. GIDDENS 1992: 57). So konnte der westdeutsche Lokalpolitiker, in dessen Elternhaus bereits am Abendbrottisch ausgiebig diskutiert wurde und der es gewohnt war, öffentliche Reden zu halten, recht detaillierte Angaben zu seinem Weltverständnis und seinem Verhältnis zu Medien machen. Der Ostberliner ITler hingegen, der in seinem Job wenig Kontakt mit Menschen hatte und bei dem die Dreifachbelastung durch Studium, Beruf und Familie außerdem kaum Raum ließ, sich mit Fragen der eigenen Identität oder Medien intensiver zu beschäftigen, machte dagegen eher vage Aussagen. Wie viel aus den Interviews letztlich gezogen werden konnte, hing also auch davon ab, wie die jeweils befragte Person im sozialen Feld positioniert war und welche Erwartungen an sie herangetragen wurden.

Der Auswertungsprozess fand schließlich in Form einer Typenbildung statt. Die Typologien wurden anhand zweier Merkmale erstellt, die sich im Kategoriensystem wiederfinden: Einerseits nach ›Identität‹ der Befragten, andererseits nach Umfang und Art der ›Identitätsarbeit über Medien‹. Durch die Typenbildung konnten die Ergebnisse systematisiert und differenziert werden. Die Typologien, die am Ende dieser Arbeit vorgestellt werden (Kapitel 6), erlaubten es außerdem, relevante Einflussfaktoren zu identifizieren.

5. OST-/WEST-IDENTITÄTEN UND ROUTINEN DER MEDIENNUTZUNG UND -BEWERTUNG

Die folgenden Ergebniskapitel gliedern sich in zwei Themenkomplexe. Kapitel 5 beschäftigt sich mit der ersten Forschungsfrage. Es wird also der Frage nachgegangen, wie soziale/kollektive Identität den Prozess der Mediennutzung und Medienbewertung beeinflusst hat und welche Nutzungsroutinen sich über die Wendezeit hinaus erhalten oder neu herausgebildet haben. Dabei orientiert sich dieser erste Part in seinem Aufbau am erstellten Kategoriensystem und ist in drei Abschnitte unterteilt. Es wird zunächst gezeigt, wie sich der durch Mauerfall und Vereinigung ausgelöste Strukturwandel im Alltag der Berliner und Berlinerinnen in Ost und West bemerkbar machte. Anhand konkreter Beispiele wird illustriert, ob und wie sich das Leben nach 1989 änderte (oder eben nicht) und welche Konsequenzen sich daraus für den gesellschaftlichen Status und die Identität der Stadtbewohner und Stadtbewohnerinnen ergaben. Es folgt eine Beschreibung der Nutzungsroutinen und Medienbewertungen, bei denen sich ein Bezug zu Ost- und West-Identitäten herstellen ließ. In diesem Zusammenhang wird auch der Wandel der Signifikationsstrukturen (vgl. GIDDENS 1992: 83ff.) nachvollzogen, indem auf die Geschichte vereinzelter Medienangebote nach 1989 eingegangen wird. Schließlich werden Nutzungsmotive und Bewertungskriterien abgeleitet, die ein detailliertes Verständnis der Ursachen und Beschaffenheit der ›getrennten Medienwelten‹ zulassen. Zuletzt werden die zuvor dargestellten Befunde noch einmal differenziert. Es wird analysiert, wie Biografien, Mediennutzung und Identitäten miteinander verknüpft sind – wobei sich auch die zweite Forschungsfrage nach der Rolle der Medien im Prozess der kollektiven Identitätsbildung nach 1989 beantworten lässt. Dabei schafft eine Typologie der Ost- und Westberliner Mediennutzer und Mediennutzerinnen die nötige Ordnung und erlaubt die Identifikation zentraler Einflussfaktoren (Kapitel 6). Hinter allem steht auch die Frage des Giddenschen Aspekts der Dualität von Struktur (vgl. ebd.: 77ff.). Lassen sich medienstrukturelle Begebenheiten über die Handlungen der Mediennutzenden erklären? Wie beeinflussen Medienstrukturen und daraus resultierende Medieninhalte im Gegenzug die Nutzung und Bewertung von Medienangeboten wie auch die (kollektive) Identitätsbildung?

5.1 Ressourcen und Regeln im Berlin der Nachwendezeit

Im Vokabular von Giddens (1992) gesprochen, widmet sich dieses Kapitel den übergeordneten Strukturprinzipien (vgl. ebd.: 237ff.). Es wird etwa danach gefragt, wie sich die Wende im Alltag bemerkbar machte. Was bedeutete die Wiedervereinigung für die Berliner und Berlinerinnen in Ost und West? Wurde sie immer als rigorose Zäsur wahrgenommen oder war diese Zeit gesellschaftlichen Wandels doch von ganz persönlichen Erlebnissen überlagert? Wo liegen Unterschiede, wo aber auch Gemeinsamkeiten zwischen Ost und West? Dabei rücken zunächst die Herrschafts- und Legitimationsstrukturen in den Blick, die das Leben der Berliner und Berlinerinnen in der Nachwendezeit prägten. Die Signifikationsstrukturen, also das vorhandene Medienangebot in seinen veränderten Eigentumsverhältnissen, werden hier zunächst außen vor gelassen und im Rahmen von Kapitel 5.2 behandelt.

Nach dem Fall der Mauer stand Berlin als »Werkstatt der Einheit« (BISKY 2019: 856) vor der Herausforderung, die technische und soziale Infrastruktur, die jahrelang getrennt gewesen war, wieder zusammenzuführen. Das betraf nicht nur den öffentlichen Nahverkehr, sondern auch das Strom-, Gas- und Wassernetz. Die desolate Haushaltssituation zwang zum Abbau vorhandener Doppelstrukturen im kulturellen Bereich und der Wissenschaft (vgl. RIBBE 2002: 180f.). Im Juni 1990 begann der systematische Abbau der Mauer, dem Sinnbild der deutschen Teilung (vgl. STIFTUNG BERLINER MAUER, o.D.). Im Jahr 1994 – über drei Jahre nachdem die Bundesrepublik ihre Souveränität von den Alliierten zurückerhalten hatte – verließen schließlich auch die dort stationierten Streitkräfte Berlin. Bereits vor der offiziellen Vereinigung wurde im Juni 1990 in Bonn der Hauptstadtbeschluss verabschiedet. Berlin war fortan wieder Hauptstadt der Bundesrepublik, der Regierungssitz sollte dorthin verlegt werden. Der Umzug war allerdings erst 1999 abgeschlossen. Im Oktober 1993 erfolgte der erste Spatenstich am Potsdamer Platz. In den Jahren der Teilung zur Brachfläche verkommen, plante man hier ein urbanes Quartier aus dem Boden zu stampfen, das symbolisch für die Wiedergeburt Berlins stehen sollte (vgl. RUDOLPH 2015: 249). Zunächst aber entstand hier die größte Baustelle Europas.

In den 1990er-Jahren wurde Berlin von einem radikalen strukturellen Wandel erfasst, der sich hier deutlich schneller vollzog als andernorts (vgl. PETHE 2004: 29). Wirft man einen Blick auf die üblichen Sozialstrukturdaten, so sah die Nachwendezeit in Berlin alles andere als rosig aus. Die Konsequenzen der am 3. Oktober 1990 offiziell begangenen deutschen Einheit bekamen sowohl Berliner und Berlinerinnen aus dem Osten als auch aus dem Westteil zu spüren. Aller Wachstumserwartungen zum Trotz sank die Bevölkerungszahl zunächst. Zwischen 1991 und 1998 wanderten 106.000 Menschen ins Berliner Umland ab (vgl. HÄUSSERMANN/KAPPHAN 2002: 93). Betriebsschließungen, Massenarbeitslosigkeit und eine hohe Verschuldung veranlassten den *Spiegel* 1997 dazu, die Hauptstadt zum »sozialen Brennpunkt der Republik« (»Es brennt überall« 1997: 45) zu erklären. Die besonders prekäre Lage Berlins lässt sich darauf zurückführen, dass hier, im Gegensatz zu anderen deutschen Städten, die Industrie auch 1990 noch einen überproportional hohen Anteil einnahm (vgl. PETHE 2004: 29). Berlin war vorwiegend durch die Elektroindustrie und den Maschinenbau geprägt (vgl. KRÄTKE 1991: 330). Der mit der Wiedervereinigung verspätet einsetzende Wandel von einer Industrie- hin zur Dienstleistungsgesellschaft, der rasche Abbau der bundesrepublikanischen Subventionen für Westberlin und die Abwicklung der DDR-Betriebe zog einen massiven Arbeitsplatzverlust in beiden Stadtteilen nach sich. Beide Seiten der Stadt entwickelten sich zu »Hochburgen der Einheitsverlierer« (SCHULLER 1991: 1) – so jedenfalls war es in der *FAZ* zu lesen.

Waren die beiden Teilstädte aber wirklich gleichermaßen von den Konsequenzen der Einheit betroffen? Wie stand es konkret um die Ressourcenverteilung in Ost- und Westberlin?

5.1.1 *Die Kaufhalle wird zum Supermarkt*

Bis zum 3. Oktober 1990 war Ostberlin die Hauptstadt der DDR und damit politisches und administratives Zentrum des Arbeiter- und Bauernstaats.

Mit dem Beitritt der DDR zur BRD ging der Hauptstadtstatus zunächst verloren. Was die Bewohner und Bewohnerinnen weitaus härter getroffen haben dürfte, war allerdings die wirtschaftliche Transformation, die im Zuge der deutschen Einheit eingeleitet wurde. In Ostberlin fand, wie im Rest Ostdeutschlands, ein grundlegender Umbau des Wirtschaftssystems statt. Mit der Währungsunion vom 1. Juli 1990 ging das Produktivvermögen der DDR in den Besitz der Staatsholding Treuhandanstalt über. Kombinate wurden aufgelöst, volkseigene Betriebe wurden privatisiert und in AGs und GmbHs umgewandelt. In den ersten Jahren nach der Wende wurden etwa 1.000 Betriebe in Ostberlin privatisiert (vgl. PETHE 2004: 24). Etwa ein Fünftel der Erwerbstätigen der DDR war in den volkseigenen Betrieben beziehungsweise den Industriekombinaten beschäftigt (vgl. VALERIUS 1994: 207). Die Soziologin Yana Milev (2020a) spricht in Bezug auf die Privatisierungspolitik von einer »Liquidierung des Volkseigentums« (ebd.: 141). Denn viele westdeutsche Käufer leiteten nach dem Erwerb eines Betriebs ein Insolvenzverfahren ein und gingen in Konkurs. Für Altverbindlichkeiten gegenüber Arbeitnehmern und Arbeitnehmerinnen musste dann nicht mehr gehaftet werden, Personal konnte einfacher abgebaut werden. Die für die Investoren und Investorinnen lukrativen Geschäfte »hinterließen sowohl am industriellen Grundstock als auch in Belegschaften materielle und soziale Schäden« (ebd.: 138).

In Ostberlin schritt der Privatisierungsprozess besonders schnell voran. Von den 266 Betrieben, die zum 31. Dezember 1993 noch auf der Liste der zu privatisierenden Unternehmen standen, stammten nur noch 15 aus dem Ostteil Berlins (vgl. MOSER 1994: 348). Entsprechend zügig sank die Beschäftigungszahl im industriellen Sektor in Ostberlin: von knapp 180.000 auf nur noch 33.000 (vgl. R. BERGER 1996: 65). Im Dienstleistungssektor hingegen fand ein Beschäftigungszuwachs statt, wodurch der generelle Beschäftigungsrückgang zwar nicht kompensiert, aber zumindest gebremst wurde (vgl. RIEDMÜLLER 1996: 541). So konzentrierte sich der Rückgang der Erwerbstätigenzahl in Ostberlin auf eine Entlassungswelle zwischen den Jahren 1990 bis 1992. Danach stieg die Zahl der Berufstätigen wieder leicht an.

Eine Unsicherheit bezüglich des eigenen Auskommens war den Ostberlinern und Ostberlinerinnen bis zur Wende größtenteils unbekannt. In der DDR musste man sich keine Gedanken darüber machen, ob am Ende des Monats noch genügend Geld da war, um die Miete zu zahlen. Wenn man sich nicht ganz ungeschickt anstellte, hatte man seinen Job auf Lebenszeit. Nach 1989/1990 konnte es vorkommen, dass die eigene berufliche Existenz von heute auf morgen vor dem Aus stand. Von unvermittelten Existenzängsten waren vor allem diejenigen geplagt, die in staatsnahen Einrichtungen angestellt waren. Die Rückführung von Sicherheitsapparat, Parteien und Massenorganisationen sowie die Auflösung von Ministerien und Behörden machten sich in Ostberlin und im Berliner Umland, wo die allermeisten Behörden angesiedelt waren, besonders bemerkbar (vgl. GEPPERT 1993: 440).

Das Schicksal des überraschenden Jobverlustes traf mehrere unter den Befragten. So etwa eine studierte Werbeökonomin, Jahrgang 1954, die beim Amt für industrielle Formgestaltung (AiF) beschäftigt war – einer staatlichen Einrichtung, die dem Ministerrat unterstellt war.[13] Als 1990 mit der Abwicklung aller zentralen Staatsorgane der DDR begonnen wurde, wurde auch das AiF aufgelöst (vgl. STIFTUNG INDUSTRIE- UND ALLTAGSKULTUR, o.D.). Um nicht in die Arbeitslosigkeit zu rutschen – denn das war für die zweifache Mutter, nicht nur aus finanziellen Gründen, keine Option – zauderte sie nicht lange, nahm an mehreren Umschulungen teil und stellte sich schließlich gar der Herausforderung, programmieren zu lernen. Sie meldete sich bei einer Zeitarbeitsfirma. Es folgten Beschäftigungsverhältnisse in verschiedenen Handwerksbetrieben, in denen sie als Sekretärin tätig war. Die gebürtige Brandenburgerin stellte ihre eigenen beruflichen Wünsche hintenan, um sich und ihre Familie zu ernähren. »Hauptsache ich habe 'nen vernünftigen Job, ne?«. Der Pragmatismus und die Desillusionierung, die aus diesen Worten sprechen, finden sich immer wieder in den Interviews der Ostberliner Befragten.

Der Gedanke, den Job zu verlieren und sozial abzusteigen, war seit dem Systemwechsel ständiger Begleiter. Als Frau stand man ohnehin unter hohem Druck. Sie waren nach der Wende meist die Ersten, die entlassen wurden (vgl. LIEBOLD 1990: 16). Es waren meist Frauen, die vor der Herausforderung standen, Arbeit und Familie unter einen Hut zu bekommen. In der DDR war die Vereinbarkeit von Berufstätigkeit und Mutterschaft Grundsatz der Sozialpolitik. Während in der DDR 1988 von 100 Frauen im erwerbstätigen Alter 83 einer geregelten Tätigkeit nachgingen, waren es in der BRD nur 50 (vgl. SCHUSTER/TÜGEL 1990: 318f.).

In der DDR wurde die Sicherheit des Arbeitsplatzes garantiert, auch wenn das ökonomischen Effektivitätskriterien entgegenlief. In der neuen Gesellschaft galten andere Regeln. Eine gebürtige Dresdenerin, Jahrgang

13 Interview 1: Werbeökonomin, *1954, Ostberlin.

1958, musste die Erfahrung machen, dass die soziale Marktwirtschaft nicht sonderlich sozial ist.[14] Die studierte Ökonomin, die 1990 einen Sohn zur Welt brachte, arbeitete im Außenhandel der DDR. Mit Auflösung der DDR-Behörden wurde sie, trotz bestehenden Mutterschutzes, erst einmal gekündigt. Da auch ihr Mann arbeitslos geworden war, musste sie schnellstmöglich wieder Geld verdienen. Sie fand einen Bürojob in Westberlin. Zur Einarbeitung musste sie zunächst drei Monate nach Hamburg pendeln. Ihr Sohn war da gerade mal ein halbes Jahr alt. Die anderthalb Jahre, die sie für das Unternehmen tätig war, beschreibt sie heute als »katastrophal«. Ihre Chefs hatten kein Verständnis für die Situation der jungen Mutter. »[D]enen war das völlig wurscht. ›Sie haben hier um sieben anzutreten. Und wenn Sie hier arbeiten wollen, müssen Sie sehen, wie Sie das mit Ihrem Kind hinkriegen‹«, habe man ihr gesagt.

Nicht nur Frauen, auch Männer mussten in den sauren Apfel beißen, um unter den veränderten gesellschaftlichen Bedingungen die Versorgung ihrer Familie zu gewährleisten. Ein Treptower, Jahrgang 1967, zum Mauerfall bereits Vater eines Sohnes, das zweite Kind unterwegs, hatte ebenfalls damit zu kämpfen, Karriere und Familie miteinander zu vereinbaren.[15] Verlor seine Frau nach der Wende zunächst den Job, sah er sich plötzlich in der Rolle des Alleinernährers. Schon zu DDR-Zeiten hatte er ein berufsbegleitendes Fachhochschulstudium begonnen. Anstatt vertiefende Praktika zu absolvieren und sich auszuprobieren, musste er nebenbei als Elektriker in einer Neuköllner Firma arbeiten. Dass Ostberliner und Ostberlinerinnen in Westberlin Arbeit suchten und fanden, war nicht unüblich. So lässt sich auch erklären, dass Ostberlin im Vergleich zum Rest Ostdeutschlands in den 1990er-Jahren eine etwas niedrigere Arbeitslosenquote aufwies (vgl. RÖBENBACK 2020). Im Jahr 1998 pendelten 31 Prozent der Ostberliner Berufstätigen in den Westteil, wo sie 20 Prozent aller Arbeitnehmer ausmachten (vgl. HÄUSSERMANN/KAPPHAN 2002: 123). Westberliner Arbeitgeber und Arbeitgeberinnen stellten bevorzugt Personal aus dem Osten ein, da dieses bereit war für niedrigere Löhne zu arbeiten. Für die Menschen aus Ostberlin war die vergleichsweise schlechtere Bezahlung im Westen immer noch rentabler als eine Vergütung nach Ost-Tarif. Trotz seiner Anstellung in Westberlin, bestimmten finanzielle Sorgen das

14 Interview 49: Ökonomin, *1958, Ostberlin.

15 Interview 4: IT-Mitarbeiter, *1967, Ostberlin.

Handeln des jungen Familienvaters. In der DDR hatte er keine Gedanken an die Finanzierung seines Studiums oder die Versorgung seiner Familie verschwenden müssen. »[D]as war kein Thema«, sagt er. Als Berufsanfänger in einer Stadt, die wirtschaftlich alles andere als prosperierte und als finanziell Verantwortlicher für zwei Kinder, rückten Gedanken der Existenzsicherung in den Vordergrund. »Also das war dann tatsächlich schon, die materielle Notwendigkeit. Du musst schon irgendwie zwei Kinder, musst schon dafür sorgen. Das ist dann wichtiger als meine Bedürfnisse an der Stelle jetzt Praktikum irgendwo zu machen«. Rückblickend hat sich für den Treptower alles zum Guten gewendet, meint er. Ende der 1990er-Jahre fand er eine Anstellung bei einem Westberliner Konzern. Seine heutige Tätigkeit im IT-Bereich beschreibt er als erfüllend. Geprägt hat ihn die hohe Arbeitsbelastung und die latent vorhandene Existenzangst der frühen Nachwendejahre – laut eigener Aussage – dennoch nachhaltig.

Die Arbeitslosigkeit war »ostdeutsche[s] Kollektivschicksal« (MAU 2019: 151). Über die Hälfte der Erwerbstätigen in Ostdeutschland musste in den ersten Jahren nach der Wende Erfahrungen mit Arbeitslosigkeit machen. Dreiviertel von ihnen gerieten in arbeitsmarkt- und beschäftigungspolitische Maßnahmen. Lediglich für ein Viertel aller Erwerbstätigen blieb alles beim Alten (vgl. SCHULTHEIS/SCHULZ 2019: 183f.). Auch wenn man selbst verschont blieb, weil man seinen Job behalten konnte oder eine neue Anstellung fand, traf es doch früher oder später irgendjemanden aus dem eigenen Umfeld. Freunde, Kollegen oder Kolleginnen, den Partner oder die Partnerin oder – und das wog besonders schwer – die eigenen Eltern.

Ein gelernter Drucker, Jahrgang 1964, der die Wende nutzte, um sich beruflich neu zu erfinden, beschrieb, wie sehr seine Eltern unter dem Systemwechsel gelitten hätten.[16] In der Tat waren es vor allem ältere Arbeitnehmer und Arbeitnehmerinnen, die nicht mehr in den Arbeitsmarkt zurückfanden (vgl. KAPPHAN 2002: 88). Das Schicksal seines Vaters, der jahrelang als Lektor im Verlag Volk und Welt tätig war und zu dem er eine enge Bindung hatte, hat auch ihn mitgenommen. Sein Vater gehörte zu denjenigen, die im Zuge der Privatisierung des Schulbuchverlages ent-

16 Interview 48: Drucker, *1964, Ostberlin.

lassen wurden.[17] Er forschte im Rahmen einer ABM noch ein paar wenige Jahre in einem universitären Projekt. Anschließend ging er in Altersrente:

> »Da war er noch nicht mal 60 glaub' ich. Und das war schon. Also diese Generation hat schon sehr gelitten. Das war schon Thema. Diese Ungerechtigkeit und dieses Gefühl ganz plötzlich sozusagen ins Alter abgedrängt zu werden. Also in die letzte Lebensphase, die nicht mehr produktiv ist«.

Diese Erfahrung des Autonomieverlustes, also nicht selbstbestimmt entscheiden zu können, wann man aus dem Berufsleben ausscheidet, haben auch andere Befragte geschildert. So etwa eine Zahnärztin, die seit Mitte der 1960er-Jahre in einer Poliklinik in Treptow tätig war.[18] Sie stand nach der Wende vor der Entscheidung, sich mit einer privaten Praxis niederzulassen oder in Frührente zu gehen, da das bisherige Organisationsprinzip des DDR-Gesundheitswesens abgeschafft wurde. Die Zerschlagung der Polikliniken ist eindrucksvolles Beispiel dafür, wie westdeutsche Akteure – hier die niedergelassenen Kassenärzte und Kassenärztinnen sowie die Kassenärztlichen Vereinigungen – die Vereinigungspolitik bestimmten. Und das sowohl entgegen den Wünschen der Ostberliner Ärzte und Ärztinnen als auch gegen den Willen der Bevölkerung. Denn in einer Umfrage von 1992 hatten sich 92 Prozent der Menschen aus Ostberlin und 68 Prozent der Westberliner und Westberlinerinnen für den Fortbestand der Polikliniken ausgesprochen (vgl. JGO 1992: 22). Der Berliner Senat stellte die Finanzierung der Kliniken zwar bis Ende 1991 sicher. Aufgrund eines »aberwitzigen Abrechnungssystems« (CHRIST/NEUBAUER 1993: 226) aber machten fast alle der Kliniken Verluste. Bis Ende des Jahres 1995 waren die Polikliniken noch zur Versorgung zugelassen, was danach passieren würde, war jedoch ungewiss. Dieter Lullies, Mitarbeiter der Westberliner Senatsverwaltung für Gesundheit, ließ die Mitarbeiter und Mitarbeiterinnen des Friedrichshainer Gesundheitszentrum bereits Anfang 1992 wissen: Ende 1995 »hänge ich hier das Vorhängeschloß vor« (JGO 1992: 22). Unter diesen Umständen kann es nicht verwundern, dass sich »von den etwa 18.500 Ärzten und Ärztinnen, die Anfang 1990 in einer Poliklinik, einem Ambulatorium oder einer staatlichen Arztpraxis arbeiteten« schon bis September 1991 circa 12.000 niedergelassen

17 Der Schulbuchverlag Volk und Wissen hatte zuletzt 470 Mitarbeiter und Mitarbeiterinnen und verlegte etwa 500 Titel im Jahr. Nach der Umwandlung in eine GmbH 1990 lag die Mitarbeiterzahl nur noch bei 230. Auch die Zahl der Titel reduzierte sich auf 200 für das Jahr 1991 (vgl. LINKS 2009: 99).

18 Interview 6: Zahnärztin, *1933, Ostberlin.

hatten (CHRIST/NEUBAUER 1992: 225). Dass das westdeutsche System der ambulanten medizinischen Versorgung einen »deutlichen Reformbedarf« (STANGE 1994: 320) aufwies, wurde von den politischen Machthabern und Machthaberinnen geflissentlich ignoriert. Die, zur Wende bereits auf die 60 zusteuernde, Zahnärztin hatte also nicht die Option, die letzten Jahre bis zur Rente einfach weiterzumachen wie bisher. Sie verabschiedete sich 1992 aus dem Berufsleben. Sie begründet diese Entscheidung rückblickend zwar auch mit Verweis auf ihre Enkelkinder – sie übernahm die Betreuung der zwei Enkel, während ihre Tochter die Facharztausbildung absolvierte. Sich kurz vor der Rente der Herausforderung einer Praxisneugründung – noch dazu unter völlig unbekannten Rahmenbedingungen – zu stellen wog vermutlich deutlich schwerer. Der vorzeitige Berufsausstieg fand also nur bedingt aus freien Stücken statt.

Um die Auswirkungen der ökonomischen Transformation abzufedern, legte die Bundesregierung Programme zur Frühverrentung auf. Hunderttausende wurden in Arbeitsbeschaffungsmaßnahmen gesteckt (vgl. THER 2014: 95). Die sozialen Effekte aber waren dennoch gravierend. Ungeplante frühzeitige Altersübergänge konnten nicht nur Kontaktverluste, sondern auch Selbstwerteinbußen zur Folge haben. Denn in der DDR spielte die Erwerbstätigkeit eine weit größere Rolle für die gesellschaftliche Integration als in der Bundesrepublik (vgl. MAU 2019: 155). Im Osten war der Betrieb nicht nur Broterwerb, er war auch für einen Großteil der sozialen Infrastruktur verantwortlich. Er stellte den »zentralen Ort der Lebensorganisation und ›Daseinsvorsorge‹« dar (HÄUSSERMANN 1996: 9). Nicht nur Kindergärten, Polikliniken und Sporteinrichten wurden über die Betriebe geregelt. Über sie lief auch die Organisation von Kulturveranstaltungen, Urlaubsreisen und Kinderferienlagern (vgl. LÜDERS 1991: 202). Im schlimmsten Fall verlor man mit der Auflösung des Betriebs nicht nur die eigene Lebensgrundlage, es brach auch ein nicht unwesentlicher Teil des sozialen Netzwerkes und der Freizeitgestaltung ein. So erzählte etwa die eben zitierte Zahnärztin, dass man sich anfangs noch mit den alten Kollegen und Kolleginnen aus der Poliklinik getroffen und sich dabei auch über die gesellschaftlichen Verhältnisse ausgetauscht habe. Mit der Zeit aber sei der Kontakt eingeschlafen. Sie erinnert sich wehmütig an die Zeit vor der Wende zurück. Vermutlich auch, weil der Großteil ihrer Weggefährten und Weggefährtinnen, darunter ihr Ehemann, bereits verstorben sind und die Einsamkeit ihr zusetzt.

Nicht immer aber bedeutete der Mauerfall in letzter Konsequenz einen unfreiwilligen Ausstieg aus dem Berufsleben oder gar Existenzangst. Es waren vor allem die Jüngeren unter den Befragten – meist in den 1960er-Jahren Geborene – die im Systemwechsel eine Chance sahen, aus der vorbestimmten Berufslaufbahn auszubrechen und sich selbst zu verwirklichen. Der erwähnte Druckereiangestellte beispielsweise überlegte nicht lange und kündigte seinen Job zum 1. Januar 1990.[19] Er wollte als Musiker durchstarten. Zehn Jahre hatte er die Musikschule besucht und in verschiedenen Bands gespielt. »Und hab gedacht: ›Okay, jetzt fällt die Mauer und jetzt werde ich berühmt und reich‹. Und hab den Job gecancelt«. Er knüpfte schnell Kontakte zu westdeutschen Musikprojekten, arbeitete erfolgreich als Produzent für ein Berliner Technolabel und war schließlich sogar im Gespräch mit Major Labels. Reich und berühmt ist er trotzdem nicht geworden. »Weil da andere kassieren. Das hab ich dann auch irgendwann gemerkt, Mitte der 90er«. Er verließ das Musikbusiness und fing zunächst wieder als Drucker bei einem Westberliner Betrieb an, um später ganz neue berufliche Wege einzuschlagen. Dass der zweifache Vater seinen Traum von einer Musikkarriere verfolgen konnte, lag nicht zuletzt daran, dass seine Frau ihm den Rücken freihielt. Sie brachte als Beschäftigte im öffentlichen Dienst ein stabiles Einkommen mit nach Hause.

Diese vergleichsweise komfortable Situation war nicht jedem vergönnt. Um im rauen Klima der sozialen Marktwirtschaft aufzusteigen oder zumindest nicht abzusteigen, mussten Opfer gebracht werden. Berufliche Selbstverwirklichung im kapitalistischen System hieß Mehrarbeit, das Erlernen neuer Kompetenzen und ein hohes Maß an Eigeninitiative. Das galt umso mehr für jene, die sich für den Aufbau einer Selbstständigkeit entschieden. Im Jahr 1989 waren nur 2,2 Prozent der Erwerbstätigen der DDR selbstständig, die meisten davon im privaten Handwerk. In Ostberlin waren es mit 2,0 Prozent noch etwas weniger (vgl. RUDOLPH 1990: 476, 490). Nach der Wende setzte ein Gründungsboom ein. Schon 1991 lag die Selbstständigenquote in Ostdeutschland bei 4,6 Prozent (vgl. BRACHERT 2021). Dabei wurde der Weg in die Selbstständigkeit nicht immer aus freien Stücken eingeschlagen. Ein Architekt, 1957 in Berlin Mitte zur Welt gekommen, entschied sich, gemeinsam mit einem alten Schulfreund 1991 ein eigenes Architekturbüro zu eröffnen.[20] Weniger, weil sie das große Geld witterten. Vielmehr hatte er Sorge, dass der Arbeitsmarkt nach Auflösung

19 Interview 48: Drucker, *1964, Ostberlin.
20 Interview 70: Architekt, *1957, Ostberlin.

des Baukombinats, bei dem er angestellt war, mit Architekten geflutet wird und er sich gegen die vielen Konkurrenten und Konkurrentinnen nicht durchsetzen könne. Die beiden Gründer schalteten Anzeigen in diversen Zeitungen. Die Nachfrage hielt sich jedoch in Grenzen. Zu DDR-Zeiten hatte er Großbaustellen betreut, erzählt er. Nach der Wende bestand der Großteil seiner Aufträge im Umbau von Arztpraxen. Dass er damit nicht reich werden würde, war ihm bewusst. Seiner Einschätzung nach verfügten er und sein Geschäftspartner auch nicht über »die notwendige Geschäftstüchtigkeit«. Sie seien idealistisch gewesen und hätten »gescheite Häuser« bauen wollen. An dieser Stelle grenzt sich der Architekt vom ›kapitalistischen Westen‹ ab und wertet vermeintlich ostdeutsche Ideale auf, indem er betont, dass er moralische Integrität vor Profit gestellt hätte. Schließlich, so der Mann weiter, wurde noch ihr guter Kontakt ins Hochbauamt gekappt, als der dortige Chef entlassen wurde. Mit Aufträgen von dort war nicht mehr zu rechnen. Nach der Wende wurde die »Oststadtwirtschaft von den anderen übernommen«, sagt er resigniert. In dieser Zeit musste man zeigen, »dass man 110 Prozent Leistung bringt«. Abstriche wurden dann im Familienleben gemacht. Rückblickend war es für ihn eine strapaziöse Zeit. Selbst am Abendbrottisch musste er noch die Anrufe von Bauherren entgegennehmen. Nachdem die Kinder im Bett waren, ging es noch einmal bis Mitternacht ins Büro. Auch der Samstag war ein regulärer Arbeitstag. Seine Frau, die sich als Ärztin mit eigener Praxis niedergelassen hatte, war beruflich nicht weniger stark eingebunden. Die Situation entspannte sich erst gegen Ende der 1990er-Jahre, als auch Kontakte zu Westberliner Firmen gefunden waren.

Die Geschichte des Architekten zeigt, welch hohe Belastung eine Selbstständigkeit im Berlin der Nachwendezeit bedeuten konnte. Der hier nur anklingende Zusammenbruch alter Netzwerke war dabei lediglich eines der möglichen Probleme. Ostberliner und Ostberlinerinnen hatten sich im Berufsleben nun an anderen Normen zu orientieren. Der eigene Anspruch Häuser zu bauen, die qualitativ hochwertig waren und langfristig überzeugten, kollidierte augenscheinlich mit der kapitalistischen Logik. Das große Geld, so der Eindruck, ließe sich nur machen, wenn man bereit war, die eigenen Ideale aufzugeben.

Nicht nur die angespannte Arbeitsmarktsituation belastete so manchen Ostberliner und so manche Ostberlinerin. Hatte man Pech, so konnte es vorkommen, dass man mit Rückgabewünschen von Alteigentümern aus Westberlin oder der Bundesrepublik konfrontiert wurde. Rückgabe vor

Entschädigung – so lautete das Prinzip zur Lösung ungeklärter Vermögensfragen. Zwischen 1990 und 2000 sind beim Berliner Amt für offene Vermögensfragen 192.000 Antrage auf Rückübertragung beziehungsweise auf Entlassung aus der staatlichen Verwaltung eingegangen. Im Prenzlauer Berg wurden für fast 90 Prozent aller Grundstücke Restitutionsanträge gestellt. Im Jahr 2000 waren etwa 60 Prozent des Altbaubestandes im Bezirk rückübertragen (vgl. GLOCK/HÄUSSERMANN/KELLER 2001: 539f.). Ergebnis dieser Vorgänge: »Die Ostdeutschen blieben die Mieter, Westdeutsche wurden Eigentümer« (ebd.: 545). Das Verhalten der Alteigentümer hat zumindest bei dem in Grünau aufgewachsenen, bereits ausführlich zu Wort gekommenen Architekten Spuren hinterlassen:

> »Da klingelte auch mal einer bei uns und sagte, es sei sein Haus und fragte, ob er mal gucken dürfe. Da ahnte man noch nichts Böses. Aber dann sagte er: ›Von allen Häusern, die ich zurückgekriegt habe, haben Sie das am besten erhalten. Also vielen Dank dafür. Wir werden dann mal in Kürze hier eine Wohnungsbesichtigung machen, weil ich das Haus verkaufen will‹. Wenn sie dann die Leute durch die Kinderzimmer spazieren sehen, die sich für den Kauf einer Immobilie im Osten interessieren. Dann lieben sie auch die Bundesrepublik nicht besonders.«[21]

Der Architekt und seine Frau befanden sich dank hohen Arbeitseinsatzes in vergleichsweise stabilen finanziellen Verhältnissen. Sie nahmen schließlich einen Kredit auf und konnten den Alteigentümern das Haus abkaufen. Dafür hatten sie monatlich 10.000 D-Mark an die Bank zu zahlen. Für den Mann, der zu DDR-Zeiten 750 Ostmark verdiente, eine völlig neue Situation. Dass plötzlich Leute aus dem Westen kamen und über das verfügen konnten, was man in seinem Besitz wähnte, hatte – so zeigt dieser Fall – offensichtlich auch Folgen für das Verhältnis zum neuen System. Es lässt sich schlussfolgern, dass durch diese Art der Neuordnung der Eigentumsverhältnisse »auf persönlicher und kollektiver Ebene Zugehörigkeiten und Identitäten in Frage gestellt« (REIMANN 2000: 18) wurden.

Die Denkmalpolitik und der Umgang mit DDR-Architektur nach 1989 ist ein weiteres Kapitel der Vereinigungsgeschichte, das die befragten Ostberliner und Ostberlinerinnen beschäftigte. Beispielsweise wurde das erst 1970 eingeweihte Lenin-Denkmal demontiert. Die »unsystematisch[e] ›Säuberung‹ der sozialistischen Denkmallandschaft«, als die der Historiker David Johst (2016) den Umgang mit DDR-Denkmälern bezeichnet,

21 Interview 70: Architekt, *1957, Ostberlin.

hatte immer auch das Ziel »öffentliche Räume symbolisch neu in Besitz zu nehmen«. Das zeigt sich auch an der Umbenennung von öffentlichen Orten. So wurde etwa der ›Lenin-Platz‹ zum ›Platz der Vereinten Nationen‹. Zwischen 1990 und 1994 sind in Ostberlin über 60 Straßen umbenannt worden (vgl. KARWELAT 1994: 23). Der ›Palast der Republik‹, der seit seiner Öffnung im Dezember 1976 bis zu seiner Schließung im September 1990 fast siebzig Millionen Besucher zählte, wurde jahrelang geschlossen gehalten, bevor 2006 mit dem Rückbau begonnen wurde. Der Palast beherbergte nicht nur die Räume des Parlaments der DDR, sondern auch 13 Restaurants, eine Bowlingbahn sowie ein Theater und stellte einen beliebten Ausflugsort dar (vgl. WEFING 2009: 183ff.). Den Abriss des Palasts begreifen einige der Befragten als einen politisch motivierten Akt der Willkür. Er sei schließlich noch funktionstüchtig gewesen. Die Rede von der hohen Asbestbelastung sei ein Märchen gewesen, der Abriss eine Vergeudung von Ressourcen, so ein Treptower Pfarrer, Jahrgang 1943, dem man nicht nachsagen kann, dass er dem alten Ostberlin hinterhertrauern würde.[22] Das Internationale Congress Centrum (ICC) im Berliner Westen sei schließlich »genauso asbestverseucht« und das sei nie abgerissen worden, meint auch eine gelernte Wirtschaftskauffrau, die behauptet, ein relativ privilegiertes Leben in der DDR geführt zu haben.[23] Der Palast der Republik scheint für manche zu einem »Symbol des Widerstands gegen die politische Alphabetisierung durch die Westdeutschen« geworden zu sein (ARP/GOUDIN-STEINMANN 2022: 209). Dass man 2013 an der Stelle des Palastes mit dem Wiederaufbau des 1950 gesprengten Stadtschlosses begann, sorgte dementsprechend für intensive politische Diskussionen. Die Journalistin und Autorin Nicole Zepter (2022) ist der Meinung, dass die Rekonstruktion des Berliner Stadtschlosses »ein Akt der Geschichtspolitik« sei, der »das Experiment des Sozialismus in Deutschland, also die gesamte Geschichtsepoche der DDR, auf einer symbolischen Ebene für nichtig erklärt« (ebd.: 67). Der Germanist und Autor Dirk Oschmann (2023) spricht diesbezüglich von einer »koloniale[n] Symbolpolitik« (ebd.: 54). Die Debatte um das neue Schloss, das ›Humboldt-Forum‹, kam mit seiner Eröffnung im Sommer 2021 keinesfalls zu ihrem Ende. So machte der Förderverein Palast der Republik e.V. zu eben jenem Zeitpunkt seine Forderung öffentlich,

22 Interview 40: Pfarrer, *1943, Ostberlin.
23 Interview 15: Wirtschaftskauffrau, *1964, Ostberlin.

das Stadtschloss nach etwa 30 Jahren, also circa 2050, erneut abzureißen und an dessen Stelle den Palast der Republik in seinem Zustand von 2005 wieder aufzubauen (vgl. PALAST DER REPUBLIK E.V. 2022). Der Plan ist als satirische Antwort auf die Unfähigkeit und den Unwillen des Berliner Senats zu verstehen, DDR-Kultur aktiv zu bewahren.

Weichen mussten schließlich auch das an der Spree gelegene ›Palasthotel‹ (2001) ebenso wie das ›Hotel unter den Linden‹ (2006). Dass der Kampf um Spuren der DDR im Berliner Stadtbild auch über 30 Jahre nach deren Niedergang nicht vorbei ist, zeigt ein Beispiel aus jüngster Vergangenheit. Die CDU Pankow nutzte im März 2022 die Invasion Russlands in die Ukraine, um erneut den Abriss des im Prenzlauer Berg gelegenen Ernst-Thälmann-Denkmals zu fordern. Bereits 1993 gab es Pläne, das erst 1986 eingeweihte Denkmal zu demontieren. Sie scheiterten letztlich an der fehlenden Finanzierung (vgl. HOLLERSEN 2022). Die Vermutung liegt nahe, dass es bei dem erneuten Vorstoß darum ging, ein Stück DDR-Geschichte verschwinden zu lassen. Denn weder war Ernst Thälmann, der bis 1933 den Vorsitz der KPD innehatte und 1944 von den Nazis im Konzentrationslager Buchenwald ermordet wurde, Russe (und selbst, wenn er es gewesen wäre, würde das den Abriss nicht rechtfertigen). Noch lässt sich Putin angesichts seiner gegenwärtigen Politik als Kommunist bezeichnen (vgl. GIWERZEW 2022). Die Forderung wirkt daher mindestens fragwürdig.

> »In den Jahren von 1990 bis 2000 haben in der Stadt dramatische Veränderungen stattgefunden. Durch den Wandel der Eigentumsverhältnisse, durch die Neubewertung des Standortes Berlin, durch eine massive, auf hohes Wachstum spekulierende Investitionstätigkeit privater und öffentlicher Akteure und durch die Reorganisation der Zentrenstruktur hat sich die sozialräumliche Struktur der Stadt gewandelt« (HÄUSSERMANN/KAPPHAN 2002: 1).

Nicht jeder der elf Ostberliner Bezirke war dabei gleichermaßen betroffen. Als besonders drastisch schildern die Befragten die Veränderung des einstigen Arbeiterbezirks und Künstlerviertels Prenzlauer Berg. In den Jahren von 1991 bis 1993 gewann der Bezirk circa 4.000 Einwohner und Einwohnerinnen hinzu. Die ersten Westberliner und Westberlinerinnen, die in den Ostteil zogen, waren Hausbesetzer (vgl. HÄUSSERMANN/ KAPPHAN 2002: 117). Insbesondere Kreuzberger zog es in den ersten Nachwendejahren in den Ostbezirk (vgl. HOLM 2006: 212). Für einen Vater zweier Kinder, der seit Ende der 1980er-Jahre mit seiner Familie in einer Wohnung am Arnimplatz lebte, war die neue Bewohnerschaft ein Ärgernis.[24] Er erinnert sich an »Junkies«, die mit ihren »Riesenhunden« vor den Kaufhallen rumlungerten und bettelten. Er verließ den Prenzlauer Berg gegen Ende der 1990er-Jahre in Richtung eines Außenbezirks. Eine 1958 geborenen Köpenickerin, die kurz nach ihrem Abitur in den Prenzlauer Berg zog, hatte dagegen keine Probleme damit, dass vermehrt auch Alternative aus Westberlin auf den Straßen unterwegs waren.[25] Sie bedauerte vielmehr die voranschreitende Gentrifizierung ihres Viertels, also die Verdrängung bisheriger Bewohner und Bewohnerinnen durch zahlungskräftigere Mieter und Mieterinnen. Mit der Sanierung der Häuser, so die Befragte, habe auch ein vollständiger Austausch der Mieterschaft eingesetzt. Den Prenzlauer Berg, wie sie und ihr Mann ihn kannten und in dem sie sich wohlfühlten, gab es nicht mehr. Sie gaben die mühevoll selbst ausgebaute Wohnung am Kollwitzplatz gegen Ende der 1990er-Jahre schließlich auf und zogen an den Berliner Stadtrand. Auch ein 1960 geborener Friedrichshainer, der in den frühen Achtzigern im Prenzlauer Berg eine Wohnung besetzte und seitdem im Kiez wohnt, tat seinen Unmut kund.[26] Wenn er heute durch den Prenzlauer Berg laufe, dann fühle er sich vielmehr als wäre er in der Nähe des Ku'damms. Seiner Wahrnehmung nach ging die Gentrifizierung des Viertels also auch mit einer Verwestlichung einher. Worauf der Befragte, der eine starke emotionale Bindung zu seinem Kiez aufweist, hier anspielt, ist aber wohl vielmehr die Ökonomisierung des öffentlichen Raumes, die im Zuge der Neoliberalisierung der Stadtpolitik in den 1990er-Jahren verstärkt verfolgt wurde (vgl. MICHEL 2018).

Der gebürtig aus Leipzig stammende Stadtsoziologe Andrej Holm (2006) hat die sozialen Effekte einer neoliberalen Stadterneuerung im Ostberlin der 1990er-Jahre analysiert und konnte deutliche Verdrängungstendenzen ausmachen. Lag der Altmieteranteil in modernisierten Wohnhäusern des Prenzlauer Bergs 1995 noch bei 60 Prozent, so betrug er 2002 nur noch 25 Prozent (vgl. ebd.: 218). Tatsächlich waren es in Ostberlin wie auch in Leipzig oder Dresden mehrheitlich westdeutsche private Investoren, die nach der Wende den Immobilienmarkt beherrschten. Sie waren an einer

24 Interview 82: Arzt, *1960, Ostberlin.
25 Interview 49: Ökonomin, *1958, Ostberlin.
26 Interview 2: Werkzeugmacher, *1960, Ostberlin.

möglichst effektiven Verwertung ihrer Immobilie interessiert (vgl. HÄUSSERMANN/KAPPHAN 2002: 174; REIMANN 2000: 16).

Ostberlin genoss nach der Wende eine steigende Popularität, nicht nur bei Investoren. Wenngleich der Hauptstadtstatus zunächst verloren ging, so erfuhr der Ostteil der Stadt auch eine Aufwertung. Dafür sorgte unter anderem die Techno- und Clubszene, die sich nach der Wende dort ansiedelte. Zuvor an der Peripherie gelegen, entwickelte sich ›Mitte‹ zum Zentrum von Künstlern und Feierbegeisterten. Der Stadtteil bot genug Raum für neue Clubs und Bars. Oftmals von Westdeutschen eröffnet, die versuchten »sich im Niemandsland der Ruinen und Brachflächen selbst zu verwirklichen« (vgl. RUGE 2018: 23). Durchfeierte Nächte in den Clubs, die in alten Fabrikgebäuden und Kellern entstanden, wie der ›Tresor‹ oder das ›E-Werk‹, sind vor allem jenen positiv in Erinnerung geblieben, die in den 1990er-Jahren zwischen 20 und 30 Jahren alt waren. In der DDR war es weniger üblich, die ganze Nacht durchzumachen. In den neuen Clubs trafen »Breakdancer vom Alexanderplatz. Fußball-Hooligans, ehemalige Ost-Punks und Radiojunkies« auf ein »Westberliner Gemenge aus Schöneberger Schwulenszene, Kreuzberger Hausbesetzern [und] Studenten« (DENK/VON THÜLEN 2014: 11). »Woher man kam und was man anhatte, zählte nicht mehr« (ebd.: 11), so jedenfalls beschreiben zwei Kenner die Berliner Technoszene der Nachwendezeit. Anders erinnert sich eine der Befragten aus Westberlin.[27] Sie war damals Studentin, lebte in Kreuzberg und verbrachte einen Großteil ihrer Freizeit in den neuen Clubs im Osten der Stadt. Dass Ost und West sich hier durchmischten, die Herkunft keine Rolle mehr spielte, lief zumindest ihrer Wahrnehmung entgegen:

> »Oder eben diese Clubgründer. Die waren aus Westberlin. Die kannten wir dann zum Teil auch schon. [...] Also da hat sich sozusagen die Westberliner Szene, hat sich nach Ostberlin verlagert. Und ganz wenige Ossis. Das ist mir immer wieder aufgefallen. Dass wir unter uns [geblieben sind], wie wir das vorher schon kannten. Die Enklave Westberlin, hat sich nur verlagert.«

Wenn die Einführung des – als funktional und normativ überlegen geltenden – bundesrepublikanischen Gesellschaftssystems als »Landnahme« (MAU 2019: 135) verstanden werden kann, dann ist die von der gelernten Drogistin geschilderte Eroberung Ostberliner Räume durch Westberliner Akteure ein ganz praktisches Beispiel für eine ebensolche.

27 Interview 43: Drogistin, *1956, Westberlin.

Freilich, nicht alle Ostberliner Interviewten berichten heute von negativen Erlebnissen aus den Nachwendejahren. Nicht immer waren die Einschnitte im Alltag so gravierend, dass sie die Erinnerungen der Befragten bestimmen. Wo gewohnte Routinen größtenteils aufrechterhalten werden konnten, lief die Wende eher nebenher und spielte auch im Rahmen der Mediennutzung nur eine untergeordnete Rolle. Hierbei muss man nach sozialer Schicht, Familiensituation und insbesondere nach Alter differenzieren. Es fällt auf, dass Jüngere unter den Befragten zwar gleichermaßen von Problemen in der Nachwendezeit berichten, insgesamt doch aber die sich bietenden Chancen betonen. Diese Entwicklung war schon damals beobachtbar. Laut der Studie *Jugend und Medien '92* waren 68 Prozent der befragten Jugendlichen im Alter von 13 bis 18 Jahren der Meinung, ihr Leben habe sich im Vergleich zu 1989 verbessert. Für 25 Prozent habe sich nichts verändert und nur 7 Prozent gaben an, dass sich ihre Lebenssituation verschlechtert hätte (vgl. KUHNKE 1993: 55). Eine Befragung von 1993 zeigt, dass die Altersgruppe der damals unter 40-Jährigen gegenüber den 45- bis 60-Jährigen deutlich zufriedener war mit den allgemeinen Lebensbedingungen (vgl. SFZ 1993: 6).

Rückblickend ziehen die Befragten trotz aller geschilderten Widrigkeiten doch alle ein positives Resümee der Wiedervereinigung – wenn auch deren Umsetzung zuweilen kritisch gesehen wird. Die DDR musste früher oder später untergehen, darin sind sich die Befragten doch größtenteils einig. Eine Einschätzung, die als Diskurseffekt gedeutet werden kann, denn die offizielle Erinnerungspolitik erzählte die Einheit lange Jahre als Erfolgsgeschichte (vgl. ZEPTER 2022: 45). Es ließe sich behaupten, dass das Narrativ der Alternativlosigkeit der Einheit unter westdeutscher Dominanz über die Jahre verinnerlicht wurde. Sicher spielt aber auch die subjektiv wahrgenommene Verbesserung des Lebensstandards bei der abschließenden Bewertung der Vereinigung eine Rolle. Die Befragten rekurrieren auf einen Zugewinn an persönlicher Freiheit im Zuge der Wende. Insbesondere die Reisefreiheit wird immer wieder betont. Die Tatsache, dass Westberlin und Westdeutschland ungehindert besucht werden konnten, fiel besonders bei denjenigen schwer ins Gewicht, die Verwandtschaft im anderen Teil Deutschlands hatten, wo Familien durch den Mauerbau getrennt wurden oder wo sich Verwandte dazu entschlossen hatten, der DDR dauerhaft den Rücken zu kehren. Ferner werden die erweiterten Konsummöglichkeiten als Pluspunkt der Vereinigung verbucht. Denn auch wenn der Staat Gleichheit postulierte, standen die Bürger und Bürgerinnen in Konkurrenz um knappe Konsumgüter und sammelten in dieser Hinsicht fraglos Erfahrungen mit sozialer Ungleichheit (vgl. VILLINGER 2019: 48ff.). Ein zur Wende 24-jähriger Rockmusikfan aus Lichtenberg beispielsweise erinnert sich, dass er ganz begeistert war vom neu verfügbaren Angebot an Schallplatten und Stereoanlagen.[28] Mag die Wende zwar auch in Teilen als »Konsumrevolution« (SCHRAMM 2014: 95) gelten, so spielt der Konsum westlicher Produkte als Ergebnis des Systemwechsels von 1989/1990 für die hier Befragten rückblickend allerdings eine eher untergeordnete Rolle. Die Pressefreiheit, eine zentrale Forderung der Demonstrierenden, wird ebenfalls selten explizit als positiver Aspekt der deutschen Einheit genannt. Die Wertschätzung demokratischer Medien ist aber dennoch vorhanden. Sie äußert sich etwa in einer Anerkennung der journalistischen Leistungen von DDR-Medien nach 1989.

An dieser Stelle sei erneut Yana Milev (2019) zitiert, die in Bezug auf die Erlebnisse der Ostdeutschen nach der Wende von »Entfremdung« und einer »Exilierung aus den eigenen Lebens- und Arbeitsräumen« (ebd.: 24) spricht. Von einer »Entkopplung aus sozialen Bezugsrahmen, Lebens- und Arbeitsräumen, Zugehörigkeiten, Identitäten und Werten« (ebd.: 26). Die Befragten selbst fanden weitaus weniger drastische Formulierungen, um ihre Erfahrungen und Lebenssituationen im Berlin der Nachwendezeit zu beschreiben. Ganz eindeutig aber hat der Systemwechsel von 1989 und der Vollzug der deutschen Einheit das Leben der Ostberliner und Ostberlinerinnen nachhaltig beeinflusst. So ziemlich jeder und jede hat bei der Rekapitulation der eigenen Biografie (ungefragt) Bezüge zur Wende hergestellt. Ob es der Pfarrer aus Eichwalde war, der die Stilllegung des Transformatorenwerks in Oberschöneweide und die damit einhergehende Entlassung seiner dort angestellten Schwester für deren spätere Krebserkrankung mitverantwortlich machte.[29] Oder die 1984 nach Berlin gezogene Krankenschwester, die im Systemwechsel die Ursache für das Abgleiten ihres damaligen Mannes in den Rechtsextremismus ausmachte.[30] Dass man sein Leben gänzlich unberührt von Mauerfall und dem nachfolgenden Strukturwandel empfand und es auch so erzählte, blieb die Ausnahme. Auch wenn die Erfahrungen der Menschen aus Ostberlin heterogen sind, so lässt sich doch – durch alle Altersklassen und Schichten hinweg – eine Reihe von Gemeinsamkeiten festhalten.

28 Interview 17: Bauplaner, *1965, Ostberlin

29 Interview 40: Pfarrer, *1943, Ostberlin.

30 Interview 61: Krankenschwester, *1970, Ostberlin.

Für die ehemaligen Bürger und Bürgerinnen der DDR waren die 1990er-Jahre geprägt von beruflicher Neuorientierung und Belastung, dem Erlernen neuer Kompetenzen und einem gesellschaftlichen Klima der ontologischen Unsicherheit. Im Prozess der Wiedervereinigung – das zeigen die geschilderten Beispiele – hat eine Umverteilung der allokativen wie autoritativen Ressourcen stattgefunden. Die Anwendung westdeutschen Rechts (Legitimationsstrukturen) und eine Umverteilung der (allokativen) Ressourcen zugunsten des Westens, ist als ein Akt der Herrschaftssicherung zu verstehen. Im Sinne Giddens' (1992) wurde hier auf bestehende Strukturen Bezug genommen, um die bis dato in Westdeutschland herrschenden Verhältnisse zu reproduzieren und auf das Gebiet der ehemaligen DDR auszudehnen (ebd.: 67, 84ff.). Innerhalb dieses Prozesses wurden etablierte Orientierungen und Wissensbestände (Regeln) obsolet. Es mussten neue »Orientierungen, Fertigkeiten und Handlungsroutinen« (HAAG 2020: 51) ausgebildet werden.

Reflektiert man die obigen Schilderungen, lassen sich erste Überlegungen bezüglich der Art und Weise anstellen, wie Medien im Ostberlin der Nachwendezeit genutzt wurden. Die plötzlichen Einschnitte im gewohnten Alltag, die Auflösung bekannter Strukturen und die Einführung neuer Handlungsoptionen haben einen potenziell größeren Orientierungsbedarf der Menschen aus Ostberlin bedingt – mit anderen Worten, die durch Routinen aufrechterhaltene Seinsgewissheit wurde gestört (vgl. GIDDENS 1992: 111ff.).

Die Abschaffung der DDR führte zum Zerfall bestehender Bezugskollektive. Ostberliner und Ostberlinerinnen waren gezwungen, herauszufinden, wo sie in dieser neuen hochgradig individualisierten Gesellschaft hingehören. Sie standen vor der Aufgabe, neue Bezugspunkte zu finden, über die das Selbst definiert werden konnte. Werden Medien hier als Mittel der Identitätsarbeit verstanden, kann zunächst davon ausgegangen werden, dass verstärkt auch auf massenmediale Angebote zurückgegriffen wurde, um diesen Akt der Identitätsrekonstruktion zu vollziehen. Der Stellenwert von Medien in Bezug auf die Identitätsarbeit der Ostberliner und Ostberlinerinnen dürfte also gestiegen sein.

Was ist außerdem hinsichtlich der Mediennutzung im Ostberlin der (Nach-)Wendezeit zu erwarten? Nachrichten- und Informationsangebote etwa dürften gegenüber unterhaltenden Inhalten an Relevanz gewonnen haben (vgl. WILKE 1989: 57). Denn sie helfen Komplexität zu reduzieren und Unsicherheiten zu bewältigen. Dabei ist zugleich zu vermuten, dass angesichts finanzieller Unsicherheit öfter auf den Kauf von Zeitungen und Zeitschriften verzichtet wurde. Zudem muss in Rechnung gestellt werden, dass die kulturelle Infrastruktur in den östlichen Bundesländern unter dem Strukturwandel litt. So ist die Zahl der Kultureinrichtungen und Vereine gesunken (etwa Jugendklubs, Sportvereine). Ein Großteil der Hochkultur (Theater, Orchester, Museen) konnte dabei durch eine Übergangsfinanzierung gesichert werden. Eine Großstadt wie Ostberlin war diesbezüglich gegenüber ländlichen Regionen im Vorteil. In Ballungsräumen standen die Chancen besser, finanzielle Ressourcen zu erschließen. Die Anzahl an Kulturschaffenden war schlicht höher (vgl. LÖFFLER 1993: 32ff.). Dennoch dürfte die Bedeutung von Medien als günstige Alternative der Freizeitgestaltung prinzipiell gestiegen sein. Auch wenn in (Ost-)Berlin eine größere Anzahl an Möglichkeiten der Freizeitgestaltung vorhanden war (etwa die neu entstandene Clubszene oder das kulturelle Angebot Westberlins) als im Rest Ostdeutschlands und Medien hier mit einer stärkeren Konkurrenz konfrontiert waren. Demgegenüber dürfte der durch die Befragten geschilderte Zeit- und Leistungsdruck eine Verringerung des Zeitbudgets für Medien zur Folge gehabt haben. Bei Arbeitslosigkeit oder längerer Krankheit wiederum erhöhte sich die für Medien verfügbare Zeit. Das Fernsehen dürfte dort auch als Weg einer kostengünstigen Freizeitgestaltung an Bedeutung gewonnen haben.

Es ist deutlich geworden, dass sich die Ostberliner und Ostberlinerinnen im Nachgang des Systemwechsels in ganz unterschiedlichen Lebensumständen wiederfanden, was in der Entwicklung verschiedener Identitätsbedürfnisse und -lagen resultierte, die sich theoretisch auf das Medienhandeln auswirkten. Um einen Vergleich mit Westberlin anstellen zu können, muss zunächst auch ein Blick auf die dortigen Erfahrungen in der Nachwendezeit geworfen werden. Haben Westberliner und Westberlinerinnen die Wendezeit ähnlich erlebt wie ihre Nachbarn und Nachbarinnen im Osten? Oder stimmt die These, dass sich im Osten alles veränderte, während der Westen die Rolle des unbeteiligten Zuschauers einnahm?

5.1.2 *Ende der Westberliner Gemütlichkeit*

Ganz so wie ihre Nachbarn und Nachbarinnen aus dem Osten verbinden Menschen aus Westberlin unterschiedliche Erfahrungen und Erinnerungen mit Maueröffnung und Nachwendezeit. Ost und West gemeinsam ist, dass sie den Akt der Wiedervereinigung in der Rückschau für den grundsätzlich richtigen Weg halten.

Im Westen basiert diese Einschätzung weniger darauf, dass man ganz persönlich vom Mauerfall und der Einheit profitiert hätte. Viel eher freute man sich für die DDR-Bürger und DDR-Bürgerinnen, die nach 40 Jahren Diktatur und Mangelwirtschaft – so die landläufige Meinung der Westberliner Befragten – endlich in die Freiheit entlassen wurden. Unterschiede zwischen Ost und West finden sich auch dort, wo es um konkrete Folgen der Wende für den eigenen Alltag geht.

Im Wesentlichen können sich die Westberliner und Westberlinerinnen noch daran erinnern, wie sie die Nacht des Mauerfalls verbracht haben. Sie sind auch in der Lage, ihr damaliges Gefühlsleben zu rekapitulieren und ihre Eindrücke von ersten Begegnungen mit Menschen aus dem Osten in den Tagen nach der Maueröffnung zu schildern. Dass die Wende aber direkte Auswirkungen auf die eigene Lebensführung hatte, ist hier deutlich seltener der Fall. Nicht berufliche Sorgen und Neuanfänge prägen die Erzählungen der Befragten aus Westberlin. Die Veränderungen, die Westberliner und Westberlinerinnen im Nachgang der Wende erlebten, spielten sich, so lässt sich behaupten, auf einer weniger existenziellen Ebene ab.

Größter Pluspunkt der Wiedervereinigung schien der dann ungehinderte Zugang zum Berliner Umland gewesen zu sein. Auch wenn die Befragten nicht müde werden zu betonen, sich nie eingesperrt gefühlt zu haben (das sei ein Vorurteil der Menschen aus Westdeutschland gewesen), fiel es doch offensichtlich positiv ins Gewicht, mit dem Motorrad oder Fahrrad nach Brandenburg rausfahren zu können. Erleichterung herrschte auch darüber, dass die – vielmehr nervigen als angsteinflößenden – Grenzkontrollen entfielen, die man über sich ergehen lassen musste, wollte man Westberlin über den Landweg verlassen.

Ein gebürtiger Weddinger, Jahrgang 1958, der zum Zeitpunkt des Mauerfalls eine 5-jährige Tochter und einen gerade neugeborenen Sohn hatte, meinte, dass sich für ihn mit der Wende »eigentlich nichts« geändert habe.[31] Sein Alltag war bestimmt von Arbeit und Kinderbetreuung, daran änderte die Wiedervereinigung nichts. »[A]ber man konnte jetzt lockerer in Urlaub fahren. Also, kein Anstehen mehr an der Grenze.« »[W]ir haben ja wirklich eine andere Freiheit gewonnen«, meint auch eine Krankenschwester, Jahrgang 1959, die seit Mitte der 1980er-Jahre mit ihrem Mann

31 Interview 68: Porzellanmaler, *1958, Westberlin.

in einem Bezirk in direkter Mauernähe lebte.[32] Ihr sei nach der Maueröffnung erst richtig bewusst geworden, »wie eingesperrt man war«. Auch ein Maschinenbauingenieur, Jahrgang 1962, der vielfältigen Hobbys nachging, begrüßte die Wende.[33] Denn er gewann nicht nur Ostberlin, sondern ganz Osteuropa als persönlichen Handlungsraum hinzu. Fortan hatte sein Orchester, das er seit 1981 nebenberuflich leitete, auch die Möglichkeit, im Ostteil der Stadt zu spielen. Der Mann, der tief in Steglitz verwurzelt ist, absolvierte schließlich gar einen Polnisch-Kurs an der Volkshochschule und organisierte schon 1993 einen Orchester-Auftritt in Warschau. Eindruck hinterlassen haben bei ihm auch die durchfeierten Nächte im Osten der Stadt. Die dort entstandene Clubszene zog vor allem jüngere Feierwillige nach Ostberlin.

Nicht nur privat, auch beruflich konnte der Weg nach Ostberlin oder auf das Gebiet der ehemaligen DDR führen. Die 1990er-Jahre waren angesichts der steigenden Lebenshaltungskosten in Berlin schwierig, aber in erster Linie waren sie eine Phase von »Aufbruch und Veränderung«, meint ein Befragter, Jahrgang 1963, der im März 1990 anfing, für die DAG zu arbeiten.[34] Im Rahmen dieser Tätigkeit war er oft in Ostberlin und Brandenburg unterwegs. Dort half er, die Gewerkschaftsarbeit neu zu organisieren, informierte über Tarifverhandlungen und initiierte Betriebsratswahlen. In dieser Zeit seien ihm »sehr viele spannende und engagierte Leute« begegnet, die Lust gehabt hätten, sich einzubringen.

Dass die ersten Begegnungen zwischen Ost und West im Gegensatz dazu auch von Vorurteilen und Klischees geprägt gewesen sein konnten, illustriert die Erzählung einer Verwaltungsangestellten, Jahrgang 1962.[35] Das Zusammentreffen mit Kollegen und Kolleginnen aus der Verwaltung eines Ostberliner Bezirks war für alle Beteiligten unangenehm, erinnert sie sich. Für sie bestätigte sich das Klischee vom faulen Ossi. Die hätten sich nämlich zuallererst für die Urlaubsregelungen interessiert. Sie räumt aber gleichzeitig ein, dass sie als Westler auch mit einer gewissen Überheblichkeit aufgetreten seien und meinten, den Ostlern erklären zu können, wie der Hase läuft. Sie gibt zu, wenig Verständnis für die Sorgen und Nöte der ehemaligen DDR-Bürger und DDR-Bürgerinnen gehabt zu haben. Dass die

32 Interview 45: Krankenschwester, *1959, Westberlin.
33 Interview 9: Maschinenbauingenieur, *1962, Westberlin.
34 Interview 59: Gewerkschafter, *1963, Westberlin.
35 Interview 52: Verwaltungsangestellte, *1962, Westberlin.

Verwaltungsangestellte so empfunden hat, ist insofern nachvollziehbar, als sie tatsächlich einen Wissensvorsprung besaß. Schließlich wurden die bundesrepublikanischen Gesetze und Verwaltungsvorschriften eins zu eins auf das Gebiet der ehemaligen DDR übertragen. Auf dieser Grundlage vollzog sich ein Elitentransfer von West nach Ost. Der reduzierte sich ab Mitte der 1990er-Jahre, kam aber keinesfalls zu seinem Ende. Bis heute sind Ostdeutsche in den bundesdeutschen, zu großen Teilen auch in den Eliten ihrer eigenen Regionen, unterrepräsentiert (vgl. KOLLMORGEN 2015a, 2020; STROBEL et al. 2021).

Die Geschicke Ostberlins wurden in den ersten Nachwendejahren in vielen Bereichen von Akteuren aus dem Westen bestimmt. Exemplarisch für eine Westberliner Dominanz in den gesellschaftlichen Eliten steht etwa die Personalpolitik der in Mitte gelegenen Humboldt-Universität. Das Profil der Hochschule wurde nach der Wende von einer Westberliner Wissenschaftsverwaltung sowie bundesrepublikanischen Professoren und Professorinnen geprägt. Zwei Drittel der Professuren wurden neu besetzt, größtenteils mit Personen aus der alten Bundesrepublik (vgl. RUDOLPH 2014: 166f.). Eine Westberliner Dominanz zeigt sich auch mit Blick auf die Berliner Kommunalpolitik. Lediglich drei von 16 Mitgliedern des 1991 unter Eberhard Diepgen angetretenen Senats stammten aus dem Osten (vgl. ebd.: 138). Der neuen Situation begegnete man mit alten (West-)Routinen. »[D]ie West-Berliner Eliten, regierten den Osten«, kommentierte der Historiker Philipp Ther (2014) die Entwicklungen nach 1989 (ebd.: 201).

Unter den befragten Westberlinern und Westberlinerinnen ist es Konsens, die Einheit rückblickend für eine gute Sache zu halten. Was keineswegs heißt, dass nicht auch in Westberlin Sorgen und Ängste mit der Wiedervereinigung verbunden gewesen wären. Westberlin zu Mauerzeiten, das waren »Kieze mit ihren kleinen Läden und Kneipen, die selbst gestrickten Lebensentwürfe im Schatten der sozialen Absicherung, die lässige Atmosphäre einer hedonistischen Gesellschaft«, schreibt der Autor Hermann Rudolph (2015: 129). Ein Großteil dessen, was das Leben auf ›der Insel‹ vor 1989 ausgemacht hatte, kam mit dem Mauerfall zu einem Ende. Eine 1984 nach Westberlin zugezogene Frau, Jahrgang 1965, erinnert sich wehmütig an ihre Studentenzeit.[36] Sie vermisst das Dörfliche und Familiäre des alten Westberlins. Wenn man damals in die Kneipe gegangen ist, dann hat man

36 Interview 75: Graphikdesignerin, *1965, Westberlin.

»wirklich auch Leute getroffen, die man kannte«, sagt sie. Heute, findet sie, sei das gar nicht denkbar.

Mit dem Mauerfall fand das behütete Leben in der Enklave Westberlin sein jähes Ende. So stieg etwa im ersten Nachwendejahrzehnt die Kriminalität drastisch an. Waren 1988 in Westberlin noch 273.000 Straftaten registriert worden, stieg die Zahl für Gesamtberlin auf 594.000 im Jahr 1996 (vgl. PAJEVIC 1998). Die Interviewten erinnern sich an überfüllte Straßen und U-Bahnen in den ersten Tagen nach der Maueröffnung. Trabis hätten das Stadtbild geprägt und Bananenschalen seien aus den Mülleimern gequollen. Nicht jeder ließ sich von der grundsätzlich euphorischen Stimmung in den Wendetagen anstecken. Ein Teil der Befragten meint, die Vorgänge damals mit einer gesunden Skepsis verfolgt zu haben. Ein Physiotherapeut, Jahrgang 1961, dessen Bewegungsradius sich auch nach der Wende nur auf ›seine‹ Kieze Zehlendorf, Wilmersdorf und Kreuzberg beschränkte, fühlte sich vom Osten überrannt und sorgte sich um seinen eigenen Wohlstand:

> »Ich weiß noch genau wie in Zehlendorf, also in unserem beschützten Zehlendorf, dann plötzlich also Kolonnen von Trabis, eben auch aus Kleinmachnow und Stahnsdorf Zehlendorf-Mitte hier bevölkerten. Und ich habe das eher halt als so ein bisschen bedrohlich empfunden. Ich habe mich natürlich pflichtschuldigst gefreut, das war ja klar, also im Grunde musste man sich auch freuen. Aber ich hab es auch eher als so ein bisschen beklemmend empfunden und auch ungewiss. Was es so denn zukünftig geben wird.«[37]

Seine Bedenken sollten nicht unbegründet bleiben. So hielt etwa die Arbeitslosigkeit auch im Westen der Stadt Einzug. In der ersten Hälfte der 1990er-Jahre wurden in Westberlin circa 70.000 von 200.000 Industriearbeitsplätzen abgebaut (vgl. R. BERGER 1996: 65). Zudem hatte die Stadt mit dem raschen Wegfall der Berlinförderung zu kämpfen.[38] Die Umsatz- und Einkommenssteuerpräferenzen liefen sukzessive aus. Westberlin verlor damit seinen Standortvorteil. Viele Unternehmen wanderten aufgrund von Subventionen und niedrigeren Arbeitskosten nach Brandenburg oder ins osteuropäische Ausland ab oder verlagerten ihre Produktion in

37 Interview 11: Physiotherapeut, *1961, Westberlin.

38 Die »Berlinhilfe«, später »Berlinförderung« bezeichnete eine Reihe steuerlicher Vergünstigungen, die sich aus der besonderen geopolitischen Lage Westberlins ergaben. Die Bundeszuschüsse sollten den nach Kriegsende einsetzenden Unternehmensabwanderungen und dem damit einhergehenden Arbeitsplatzabbau entgegenwirken (vgl. AHRENS 2015).

Billiglohnländer (vgl. RIBBE 2002: 181; BEYME 2019: 210). Der Kosmetikhersteller Schwarzkopf, der Filmproduzent Kodak und der Schokoladenfabrikant Suchard beispielsweise kehrten Berlin den Rücken. Siemens und Lufthansa schrumpften ihre Berliner Niederlassungen stark zusammen (vgl. R. BERGER 1996: 64). Auch der überdurchschnittlich ausgebaute öffentliche Dienstleistungssektor Westberlins wurde aufgrund riesiger Löcher im Etat rückgebaut. 1991 verkündete der Regierende Bürgermeister Eberhard Diepgen, man müsse einen radikalen Sparkurs fahren und bis zum Ende des nächsten Jahres 10.000 Stellen in der Berliner Verwaltung abbauen (vgl. ENGLISCH 1991). Die Beschäftigtenzahl in Westberlin sank zwischen 1991 und 1997 um ganze 15 Prozent (vgl. HÄUSSERMANN/KAPPHAN 2000: 104). Mit Ausnahme des Jahres 1992 lag die Arbeitslosenquote von Westberlin in den 1990er-Jahren durchgängig über der von Ostberlin (vgl. KAPPHAN 2002: 91).

Trotz der objektiv höheren Arbeitslosenquote im Westteil der Stadt, war die Angst seinen Job zu verlieren im Osten weiterverbreitet. Hegten 1993 noch 20,3 Prozent der befragten Ostberliner und Ostberlinerinnen die Befürchtung, arbeitslos zu werden, waren es 1998 nur noch 15,4 Prozent. In Westberlin nahm die Zahl derer, die Bedenken hinsichtlich ihrer beruflichen Zukunft hatten, zwar zu, sie lag aber mit 6,8 Prozent im Jahr 1993 und 9,5 Prozent im Jahr 1998 immer noch deutlich unter der des Ostteils (vgl. HUSCHKA 2002: 16). Vermutlich auch, weil es vor allem die »ausländische Bevölkerung« war, die vom Arbeitsplatzabbau in Westberlin betroffen war (vgl. HÄUSSERMANN/KAPPHAN 2000: 105).

Angst um ihren Job hatte dennoch eine gebürtige Zehlendorferin, Jahrgang 1969.[39] Nach ihrer Ausbildung zur Wirtschaftskorrespondentin für Fremdsprachen fand sie eine Anstellung in der Abteilung Einkauf der französischen Streitkräfte. Schon kurze Zeit nach dem Fall der Berliner Mauer, wurde ihr bewusst, dass sie langfristig wohl ihren Arbeitsplatz verlieren würde. Nach Abzug der westlichen Alliierten im Sommer 1994 aber fing sie ohne Unterbrechung bei einer französischen Baufirma an. Materiell war die Frau stets gut versorgt, sie trauert ihrem alten Arbeitsplatz trotzdem noch heute hinterher. Einen weiteren negativen Aspekt verbindet sie mit der Maueröffnung: Die Ostdeutschen hätten denselben Job für weniger Geld gemacht und damit die Löhne in Westberlin gedrückt. Ihr Resümee

39 Interview 62: Wirtschaftskorrespondentin, *1969, Westberlin.

zu Mauerfall und Wiedervereinigung fällt dann auch entsprechend verhalten aus: »Mein Leben wäre auch gut gewesen mit Mauer.«

Berliner und Berlinerinnen aus Ost und West konkurrierten spätestens mit der Wiedervereinigung um eine drastisch gesunkene Anzahl an Arbeitsplätzen. Beruflich gut ausgebildete Ostberliner und Ostberlinerinnen wechselten nach Westberlin, wo gering qualifizierte Arbeiter und Arbeiterinnen entlassen wurden. Während im Juni 2000 immerhin 154.732 Menschen aus Ostberlin in den Westen pendelten, hatten nur 59.399 Westberliner und Westberlinerinnen eine Anstellung im Ostteil angenommen (vgl. KAPPHAN 2002: 88). Nicht nur Arbeitsplätze wurden knapper. Zu Beginn der 1990er-Jahre intensivierte sich der – seit den 1980er-Jahren auch in Westberlin grassierende – Wohnraummangel zusätzlich (vgl. HÄUSSERMANN/KAPPHAN 2002: 100).

Die Angst vor Lohndumping und steigenden Mieten kam immer wieder auch in den Interviews zur Sprache. Im Kontext der Wende wird speziell der Wegfall der Berlin-Zulage als negativ erinnert. Die im Volksmund auch ›Zitterprämie‹ genannte Zahlung, die 8 Prozent des Bruttolohns betrug, wurde ab Oktober 1991 schrittweise gekürzt und lief Ende 1994 komplett aus (vgl. EICKELPASCH/SCHAPERJAHN 1992: 152). Das stellte für diejenigen, die ohnehin gut verdienten, keinen großen Verlust dar, bei anderen hingegen machte sich der Wegfall der steuerfreien Zulage durchaus bemerkbar.

Westberlin verlor im Nachgang des Mauerfalls allerdings nicht nur an Subventionen und Wohlstand, sondern auch an Zuneigung und Aufmerksamkeit, das jedenfalls befand der Journalist und Berlin-Biograf Jens Bisky (2019). Der Fokus der Öffentlichkeit habe fortan den aufstrebenden Innenstadtbezirken Mitte, Prenzlauer Berg und Friedrichshain gegolten (ebd.: 856). Das Zentrum war nun nicht mehr die City West rund um den Zoo und den Ku'damm. Das lässt sich auch an den Wanderungsbewegungen ablesen. In den ersten zwei Jahren nach Grenzöffnung überwogen noch die Umzüge vom Ost- in den Westteil. Schon 1991 zogen mehr Berliner und Berlinerinnen vom Westen in den Osten. Besonders beliebt war der Prenzlauer Berg. Allein bis 1998 haben sich über 26.000 Westberliner und Westberlinerinnen in dem östlichen Trendbezirk niedergelassen (vgl. HÄUSSERMANN/KAPPHAN 2000: 119).

> »Aus dem bedroht-stolzen Vorposten des Westens, als den sich West-Berlin verstehen konnte, ist ein kleiner Stadtstaat geworden, und der frühere Turnierplatz der Weltpolitik sucht einen leidlich aussichtsreichen Platz in der Konkurrenz der Bundesländer, an der er bislang nur aus der Distanz teilgenommen hatte« (RUDOLPH 2014: 131).

Mit dem Ende des Kalten Krieges hätte der Westberliner auch seine Identität verloren, sei lediglich ein »Schatten seiner selbst«, so formulierte es Schriftsteller Horst Bosetzky (2006) überspitzt (ebd.: 109). Die Befragten sind da in einigen Fällen anderer Meinung. Da wird auch betont, dass Berlin erst durch die Maueröffnung zu der Metropole werden konnte, die es heute ist. Von einem Teil der Befragten wird der Statusverlust aber durchaus thematisiert. Eine Interviewte, Jahrgang 1962, deren Alltag nach der Wende sich laut eigener Aussage nicht verändert hatte, fand, dass der Westen der Stadt in den Nachwendejahren stark vernachlässigt wurde.[40] Das Geld sei nur noch in den Osten geflossen. Sie empfand es auch als ungerecht, dass ihre neuen Kollegen und Kolleginnen, die aus Ostberlin kamen, dasselbe Gehalt bezogen, wie sie, wo doch deren Lebenshaltungskosten viel niedriger waren. Zumindest in den ersten vier Nachwendejahren lagen die Verbraucherpreise in den Gebieten der ehemaligen DDR tatsächlich noch deutlich unter denen des Bundesgebiets, bevor von einer Angleichung im Jahr 1994 gesprochen werden kann (vgl. DESTATIS 2022: 3). Auch gingen im ersten Nachwendejahrzehnt etwa 75 Prozent der Investitionsmittel Berlins in den Ostteil, um dort zur Stadtentwicklung und -erneuerung beizutragen (vgl. MÄDING 2002: 87). »Der Aufbau Ost hatte Vorrang vor dem Ausbau West«, brachte es der Westberliner Journalist und Autor Wilfried Rott (2009) auf den Punkt (ebd.: 431). Für öffentliches Ärgernis sorgte insbesondere die Entscheidung des Senats, das Westberliner Schiller-Theater sowie das Schlossparktheater zu schließen, während die Bühnen im Osten der Stadt erhalten bleiben sollten – entgegen der Forderung der CDU, die Ostberliner Volksbühne und das Maxim-Gorki-Theater abzuwickeln. Mitarbeitende besetzten das Schiller-Theater und organisierten Protestkundgebungen. Es wurde argumentiert, dass die staatlichen Bühnen ein »West-Bollwerk gegen den sozialistischen Osten« gewesen seien, »eine theatrale Stimme der freien Welt« (BRUNST 1993: 18). Gerade deshalb sei die Schließung des Schiller-Theaters »für Traditionsbürger ein herber Verlust«, befand der damalige Intendant der Volksbühne, Frank Castorf (»Dann gibt es Krieg« 1993: 208). Das Theater sollte erhalten werden, weil es von hohem symbolischem Wert war, obwohl die tatsächlichen Besuchszahlen mit einer Auslastung von ungefähr 55 Prozent eher mäßig waren (vgl. BRUNST 1993: 18).

40 Interview 36: Kaufhausangestellte, *1962, Westberlin.

Der Politikwissenschaftler Christoph Butterwegge (2010) konstatierte, dass nach der Wende dem Sozialstaat in Deutschland der Krieg erklärt worden sei (vgl. ebd.: 46). In der Tat, das Ende des Staatssozialismus leitete auch im Westen ein Zeitalter wachsender Ungleichheit ein, das geprägt war von Globalisierungsdruck und dem Rückbau des Wohlfahrtsstaates (vgl. KAELBLE 2012: 83). In diesem Sinne hat auch der Publizist Detlef Stapf (2020) aus systemtheoretischer Perspektive argumentiert, der realexistierende Sozialismus hätte den Westen stabilisiert (vgl. ebd.: 48). Es kann vermutet werden, dass die Tendenz zu einer Romantisierung des alten Westberlins – wie sie überwiegend, aber nicht ausschließlich, bei älteren Jahrgängen zu beobachten ist – hier ihren Ursprung hat. Auch die teilweise vorhandene Missgunst mancher Westberliner und Westberlinerinnen gegenüber Ostdeutschen lässt sich in diesem Zusammenhang als Resultat neu entstandener Abstiegsängste begreifen.

Für Unsicherheit dürfte auch gesorgt haben, dass mit dem Ende des Ost-West-Konflikts auch das zentrale weltpolitische Ordnungsprinzip verloren ging. An die Stelle eindeutiger Erklärungsmuster politischer Vorgänge bedingt durch das »statische Gefüge einer bipolaren Weltordnung« (GAREIS 2008: 36), trat eine neue Unbegreiflichkeit der weltweit aufkeimenden Krisenherde. Diese neue Unübersichtlichkeit schien einem Bauingenieur, Jahrgang 1945, Sorgen zu bereiten.[41] Diese Vermutung jedenfalls liegt nahe, wenn er den Untergang der Sowjetunion bedauert. Denn diese »zwei Weltmächte« hätten sich gegenseitig »in Schach gehalten« und »konnten auch miteinander reden«, sagt er. Der Mann äußert, er befürchte, es könne zu anhaltenden militärischen Auseinandersetzungen kommen, die es so zu Zeiten des Kalten Krieges nicht gegeben hätte.

Der neoliberale Umbau der sozialistischen Gesellschaften führte mit Verzögerung auch zu einer Ko-Transformation im Westen (vgl. THER 2014: 97). Westberlin ist dafür das beste Beispiel. Die Einschnitte im Osten – das illustrieren auch die geführten Interviews – waren in der Breite betrachtet jedoch deutlich gravierender. Nur dort »wandelten sich Sprache, Werte und Gewissheiten so grundstürzend und mit ihnen Arbeitswelt und Lebensperspektiven ebenso wie gewohnte Hierarchien und Leitbilder« (SABROW 2016: 13). Trotz aller Konsequenzen für Westberlin blieben herrschende Strukturen doch erhalten und erzeugten nicht unbedingt den Zwang

41 Interview 42: Bauingenieur, *1945, Westberlin.

zur Selbstreflexion. Der Soziologe Steffen Mau (2019) fasst die Situation pointiert zusammen:

> »Im Westen erzeugten der Zusammenbruch der DDR und der Beitrittswunsch der großen Mehrheit der Ostdeutschen ein Gefühl der Überlegenheit und Unverwundbarkeit. An kaum einer Stelle sah man sich veranlasst, über das Selbstverständnis und die Besitzstände der westdeutschen Gesellschaft überhaupt nur nachzudenken« (ebd.: 134).

Der Untergang der DDR fügte sich in die Erfolgsgeschichte der Bundesrepublik ein und konnte als Beleg für die Überlegenheit des westdeutschen Gesellschaftsmodells gesehen werden (vgl. ebd.). Der Kapitalismus hatte gesiegt.

An dieser Überlegenheit hatten auch die Westberliner Befragten keinen Zweifel. Der eben zitierte Bauingenieur beispielsweise, der regelmäßig seine Tante nebst Familie in der sächsischen Oberlausitz besuchte, war überzeugt davon, dass das mit der DDR nicht gut gehen konnte.[42] In der Kaufhalle, so seine Beobachtung, seien zu viele Angestellte auf zu wenige Kunden gewesen. Das habe sich nicht gerechnet. Und ohnehin – so der leidenschaftliche Hobbyfußballer – hatte der Aufbau des Sozialismus scheitern müssen, weil man schließlich nicht über die Bedürfnisse aller DDR-Bürger und DDR-Bürgerinnen bestimmen könne.

Trotz der Herrschaft westlicher Strukturen fand auch in Westberlin eine Ressourcenumverteilung statt – zumindest zu einem gewissen Grad. Der »Vorposten der Freiheit« (REICHHARDT 1974: 478) verlor an Finanzen sowie an Prestige. Verteilungsfragen wurden viral. Die Regeln aber, nach denen das gesellschaftliche Leben organisiert war, änderten sich nicht so grundlegend, wie es im Osten der Fall war. Zu beobachten war lediglich eine Verschärfung der bereits vorhandenen Individualisierungsprozesse. Es lässt sich zwar von einer umfänglichen »Entfesselung des Kapitalismus« (LÜTZ 2000: 651) nach dem Fall der Berliner Mauer und dem Zusammenbruch der sozialistischen Wirtschaftssysteme sprechen. Bereits seit Ende der 1970er-/Anfang der 1980er-Jahre aber konnte die Aufwertung wirtschaftlicher Kennziffern im Zuge einer neoliberalen Modernisierung beobachtet werden (vgl. BUTTERWEGGE 2009: 58).

In Westberlin ist also keineswegs alles beim Alten geblieben. Von ähnlich »krisenhaft-plötzliche[n] Strukturbrüche[n]« (P. A. BERGER 1996: 12) zu spre-

42 Interview 42: Bauingenieur, *1945, Westberlin.

chen, wie sie sich im Osten Deutschlands zugetragen haben, wäre dennoch ungerechtfertigt. Grundsätzlich lässt sich aus den Erzählungen der Befragten keine ›kollektive Identitätskrise‹ der Westberliner und Westberlinerinnen ableiten, die hätte in besonderem Maße über Medien bearbeitet werden müssen. Der Alltag blieb überwiegend derselbe. Die »bürgerlich[e] Selbstgewissheit Westberlins« (RUDOLPH 2014: 141) hatte Bestand.

Was lässt sich aus den obigen Schilderungen nun hinsichtlich einer identitätsbezogenen Mediennutzung der Westberliner und Westberlinerinnen schlussfolgern? Da die Alltagsroutinen zumeist keinen grundlegenden Bruch erfuhren, ist zunächst von einer relativen Kontinuität der Mediennutzungsmuster auszugehen. Anders dort, wo der Weg beruflich oder privat in den Osten führte. Es ist nicht unwahrscheinlich, dass hier zu einer Zeitung mit DDR-Wurzeln gegriffen wurde, um ein Verständnis für Ostberliner Belange zu entwickeln. Vielleicht auch nur, um sich mit der neuen Nachbarin unterhalten zu können.

Wo Menschen die neue Situation als bedrohlich wahrnahmen, werden sie vermehrt auf Informationsmedien zurückgegriffen haben, um Unsicherheiten zu reduzieren – unabhängig davon, ob diese Bedrohung tatsächlich existierte (vgl. GÖRKE 1993: 134). Möglich auch, dass sich infolge der komplexer werdenden Welt, verstärkt auf das Lokale besonnen oder ganz ins Private zurückgezogen wurde. Umgekehrt lässt sich auch vermuten, dass das Lokale in den Hintergrund rückte und man etwa verstärkt überregionale Angebote wahrnahm, da Berlin als neue alte Hauptstadt an nationaler Bedeutung in einer sich globalisierenden Welt gewann. Alternative Nutzungspraktiken könnten sich auch aufgrund des nach 1989 veränderten Westberliner Medienangebots entwickelt haben. So sind etwa die Hörfunk- und Fernsehprogramme des RIAS in anderen Formaten aufgegangen oder wurden eingestellt. Der SFB sendete fortan auch ganz offiziell für die Menschen in Ostberlin. Auch die Presselandschaft wandelte sich. Mit dem Ziel, das Ostberliner Publikum für sich zu gewinnen, eröffnete etwa der *Tagesspiegel* neue Redaktionsbüros und stellte Kollegen und Kolleginnen aus dem Osten ein (vgl. HACHMEISTER/KRAMP/WEICHERT 2017: 708). Die vermehrte Ost-Berichterstattung könnte Altlesern und Altleserinnen missfallen und zum Wechsel der Zeitung veranlasst haben – gerade dann, wenn ohnehin das Gefühl bestand, der Ostteil werde bevorteilt. Die veränderte Blattoptik und Heftstruktur einiger Zeitungen könnte potenziell zur Abkehr von gewohnten Angeboten geführt haben. Welche Nutzungsmuster und Medienbewertungen haben sich tatsächlich nach 1989/1990 neu herausgebildet oder über die Wendezeit hinweg erhalten?

5.2 Nutzungsroutinen und Medienbewertungen seit dem Mauerfall

Hat sich das vorangegangene Kapitel in der Deskription der Regel-Ressourcen-Komplexe erschöpft, so widmet sich das nun folgende den Mediennutzungs- und Bewertungsroutinen, wie sie durch die Berliner und Berlinerinnen geschildert wurden. Dabei wird das rekonstruierte Medienhandeln in Bezug zum (medien-)historischen Kontext gesetzt. Ost und West werden dabei abermals separat behandelt. Anschließend werden identitätsbezogene Motive und Bewertungskriterien abgeleitet, die letztlich zu einem tiefergehenden Verständnis der in Ost und West getrennten Medienwelten beitragen soll.

5.2.1 *Ostberlin*

Die Ostberliner und Ostberlinerinnen waren vom Umbruch 1989/1990 ungleich härter betroffen als ihre Westberliner Nachbarn und Nachbarinnen. Das belegt die unterschiedliche Verteilung von Ressourcen, wie sie in Kapitel 5.1 ausführlich dargelegt wurde. Die Schilderungen der Befragten zeugen von tatsächlichen oder befürchteten materiellen Schlechterstellungen sowie einer wahrgenommenen (symbolischen) Abwertung nach der Wende. Vor diesem Hintergrund und mit Blick auf die theoretischen Vorannahmen überrascht es nicht, dass sich im Medienhandeln der ehemaligen DDR-Bürger und DDR-Bürgerinnen Identitätsbezüge wiederfinden.

DDR-Rundfunk – Popularitätsgewinn in der Wendezeit

Im Wendeherbst 1989 änderte sich die Einstellung der DDR-Bürger und DDR-Bürgerinnen gegenüber ihren heimischen Rundfunkangeboten. Schätzte man sie zuvor vor allem aufgrund ihres Unterhaltungsangebots, erfreuten sich zusehends auch journalistische Inhalte größerer Beliebtheit. Auch, wenn die Annahme, dass die Fernsehprogramme der DDR durchweg auf Ablehnung stießen und stattdessen allabendlich in den Westen geflüchtet wurde, mittlerweile widerlegt ist (vgl. MEYEN 2001, 2003), kamen die Bildungs- und Publizistiksendungen beim Publikum nicht an. Das wussten auch die Programmverantwortlichen, die zu Beginn der 1980er-Jahre mit einer Offensive auf die stetig schwindenden Zuschauerzahlen reagierten. Zusätzliche Spielfilme und Serien sowie ein größeres Angebot an Humor- und Quizsendungen sollten das Publikum an das heimische Programm binden (vgl. BRAUMANN 1994: 531). Nachrichtensendungen wie die *Aktuelle Kamera* wurden vor allem von Zuschauenden gesehen, die dem »gesellschaftlichen Aktiv« (BRAUMANN 1994: 536) zugerechnet wurden. Eine, der DDR gegenüber äußerst kritisch eingestellte Physiotherapeutin, Jahrgang 1967, lehnte es etwa strikt ab, auch nur irgendetwas zu sehen, was auf den DDR-Kanälen lief.[43] In ihren Augen sei das DDR-Fernsehen reine »Volksverdummung« gewesen. Ein Werkzeugmacher, Jahrgang 1960, sagte, dass man immer schon vorher gewusst hätte, was einem da erzählt wurde.[44] Er vermisste den kritischen Blick auf die Vorgänge im Land: »Das schlechteste war vielleicht das Wetter.« Die *Tagesschau* sei immer wichtiger gewesen, so der Grundtenor der Interviews. Dennoch, das Gros der Befragten schaltete doch regelmäßig das landeseigene Nachrichtenprogramm ein. Denn die *Aktuelle Kamera* diente der Orientierung. Sie lieferte offizielle Sichtweisen und verschaffte einen Überblick über gerade relevante Themen (vgl. MEYEN 2003: 94).

Positiv erinnert werden heute vor allem die Kinderprogramme und die vielen DEFA-Produktionen, die auch über so manchen Westberliner Fernseher geflimmert sind. In den frühen 1980er-Jahren schalteten über 55 Prozent der Befragten aus Westberlin mindestens einmal in der Woche eines der beiden DDR-Fernsehprogramme ein (vgl. SFB 1986: 31). Es waren die Unterhaltungssendungen des DDR-Fernsehens, die beim Normalbürger auf Zuspruch stießen. In diesem Sinne betont eine Biologin, Jahrgang 1954, dass es entgegen der von ihr wahrgenommen westlichen Deutung »auch viele schöne Sachen« im DDR-Fernsehen zu sehen gab.[45]

In den 1980er-Jahren waren die Akzeptanzwerte der *Aktuellen Kamera* rückläufig (vgl. BÖSENBERG 2008: 221). Konnte die Hauptausgabe der Nachrichtensendung im Jahr 1989 nur in Ausnahmefällen 10 Prozent der Zuschauerschaft erreichen, stieg die Sehbeteiligung im Nachgang der Mau-

43 Interview 73: Physiotherapeutin, *1967, Ostberlin.
44 Interview 2: Werkzeugmacher, *1960, Ostberlin.
45 Interview 78: Wissenschaftlerin, *1954, Ostberlin.

eröffnung rapide an und lag regelmäßig bei über 40 Prozent.[46] Das lässt sich auf ein erhöhtes Informationsbedürfnis der DDR-Bürger und DDR-Bürgerinnen zurückführen. Denn in Krisen- und Umbruchszeiten greifen Menschen vermehrt zu Medien, um die Ausnahmesituation zu bewältigen. Hatte man zu Beginn des Jahres 1989 noch zuvorderst Unterhaltung und Entspannung vom Fernsehen erwartet, zählte nun, dass man über wichtige Ereignisse informiert wurde (vgl. BRAUMANN 1990: 63; GMEL/DEIMLING/BORTZ 1994). Zum anderen kam hier vermutlich der Wegfall der staatlichen Lenkungsmechanismen zum Tragen. Denn die Sendung hatte sich in der Zeit des Umbruchs von einem »Verlautbarungs- zu einem Informationsmedium« (HOLZSCHUH 1990: 232) gewandelt. Medienwissenschaftler Wolfgang Mühl-Benninghaus (1990) erkannte zwar hier wenig Innovation und sprach von »Neue[m] Wein in alten Schläuchen« (ebd.: 3). Andere Beobachter aber stellten fest, dass sich die *Aktuelle Kamera* in den Wochen nach dem Mauerfall in der Tat von der »permanenten Hofierung der SED-Spitze« (BÖSENBERG 2008: 254) verabschiedet hatte. Die *Aktuelle Kamera* und ihr Nachfolger *aktuell* seien schließlich gar zu »ernstzunehmenden Konkurrenten« (HOLZSCHUH 1990: 233) für die westdeutschen Nachrichtenformate geworden. Das allein erklärt aber nicht, warum die landeseigene Nachrichtensendung plötzlich »sogar noch interessanter«[47] war als die »meinungsbildende Instanz« (GOMBERT 2006: 12) der Bundesrepublik, die *Tagesschau*. Was die Zuschauenden wohl überzeugt haben dürfte, ist der Umstand, dass die Journalisten und Journalistinnen der *Aktuellen Kamera* selbst in der DDR lebten. Sie blickten nicht von außen auf die Geschehnisse im Land und sie berichteten auch in einem angemessenen Umfang über die Vorgänge im Osten. »Das war unser Leben. Die waren mittendrin. [...] Die *Tagesschau*, die waren doch ein Stück weg von uns«, sagt ein Gewerkschafter, der sich von der *Aktuellen Kamera* zu DDR-Zeiten immer gelangweilt gefühlt hatte.[48] Trotz der gestiegenen Popularität lief am 31. Dezember 1991 die letzte Ausgabe von *aktuell*, der Nachfolgesendung der *Aktuellen Kamera* (vgl. BÖSENBERG 2008: 267).

Unter Jüngeren und politisch Interessierten erfreute sich außerdem das Jugendmagazin *Elf 99* großer Beliebtheit – eine Mischung aus Unter-

46 Stockheim, R. (o.D.). Veränderungen im Zuschauerverhalten Herbst 1989 - 18. März 1990. DRA Potsdam. Zuschauerforschung des DDR-Fernsehens (1952 - 1991).

47 Interview 66: Bauarbeiter, *1954, Ostberlin.

48 Interview 66: Bauarbeiter, *1954, Ostberlin.

haltungs- und Informationssendung. *Elf 99* ging am 1. September 1989 auf Sendung. Zu einer Zeit, in welcher der politische Umbruch schon erahnt werden konnte und auch die Redakteure und Redakteurinnen bereits größeren Freiraum genossen (vgl. ROSENSTEIN 1995: 245). Das Jugendprogramm hatte wohl auch deshalb eine relativ hohe Akzeptanz, weil dort westliche Videoclips gezeigt wurden und der westlichen Praxis des »Infotainment« gefolgt wurde (vgl. HOFF/STIEHLER 1991: 83). Im Wendeherbst 1989 bemühte sich das vergleichsweise junge Team, die politischen Grenzen auszureizen und mit den gängigen Konventionen der Berichterstattung zu brechen (vgl. ZIEGERT 1995: 223). *Elf 99* erschien da schon mal als »Hoffnungsschimmer« und war gerade zu Wendezeiten Anlaufpunkt für Informationen, wie ein Architekt, Jahrgang 1957, sich erinnert.[49] Selbst ein DDR-kritischer junger Familienvater, Jahrgang 1967, der sich nach der Wende von allem, was mit dem alten Staat zu tun hatte, distanzierte, schaltete *Elf 99* ganz bewusst ein.[50] Ihm gefiel die Andersartigkeit des Formats. Dort sei nun »echter Journalismus« beobachtbar gewesen. Ehemalige »Bonzen und SED-Kader« seien verbal »richtig auseinandergenommen« worden, erinnert sich ein anderer Befragter.[51] Eindruck hinterlassen hat besonders die Wandlitz-Reportage Jan Carpentiers. Als *Elf 99* im Jahr 1990 von RTL PLUS übernommen wurde, änderte sich das Profil der Sendung. Seitdem standen Themen wie Musik und Mode im Vordergrund, vorbei war es mit dem Versuch eines offensiven, kritischen Journalismus (vgl. HICKETHIER/HOFF 1998: 508). *Elf 99* agierte »zunehmend ›stromlinienförmig‹« und passte sich an die »neuen Ausgewogenheitsstandards« an, »um Gnade vor den Augen der neuen Mediengewaltigen zu erlangen«, befanden die Medienforscher Peter Hoff und Hans-Jörg Stiehler (vgl. 1991: 84). Gut möglich, dass das Publikum auch aufgrund dieser Entwicklung das Interesse verlor. Am 26. März 1994 wurde *Elf 99* zum letzten Mal ausgestrahlt (vgl. ZIEGERT 1995: 221).

Das Jahr 1989 stellte einen Aufbruch dar, nicht nur politisch, sondern auch innerhalb der Redaktionen. Im Nachgang des Mauerfalls wurden alte Chefredaktionen abgesetzt und demokratisch neu gewählt. Neue Redakteure und Redakteurinnen mit Reformideen strömten in die Medienhäuser. Das kam an beim Publikum. Laut GfK-Fernsehforschung vom Mai 1991

49 Interview 70: Architekt, *1957, Ostberlin.

50 Interview 4: IT-Mitarbeiter, *1967, Ostberlin.

51 Interview 66: Bauarbeiter, *1954, Ostberlin.

waren 29 Prozent der Befragten der Meinung, dass der DEUTSCHE FERNSEHFUNK der Fernsehsender sei, der »für die Bewältigung der vielen neuen Probleme die beste Orientierungshilfe leistet«.[52] Der DFF lag damit vor ARD (26 %) und ZDF (15 %). Hoch im Kurs standen Formate mit politischen Themen. Das *Donnerstag-Gespräch*, eine Sendung, in der sich Zuschauer live per Telefon beteiligen konnten, nahm dabei im 1. Quartal 1991 mit einer Sehbeteiligung von 21 Prozent die Spitzenposition ein. Die GfK resümierte: »Wenn auch die Akzeptanz in den letzten Wochen rückläufig ist, so sind es immer noch die eigenproduzierten Sendungen, die aus der DFF-Länderkette Woche für Woche die besten Zuschauerzahlen erreichen.«[53] Quotensieger im Frühjahr 1991: der *Polizeiruf 110* und das innenpolitische Magazin *Prisma*.[54] Letzteres lief seit Anfang der 1960er-Jahre und verfolgte einen kritischen Ansatz, bis es im Dezember 1991 eingestellt wurde (vgl. POLIERT 1998). Einer Infas-Umfrage im Auftrag der Fernsehzeitschrift *F.F.* von 1992 zufolge gaben 33 Prozent der befragten Berliner und Berlinerinnen an, dass sie *Prisma* besonders vermissen würden (vgl. SELBST TELE 5 1992: 71). Das Fernsehen der DDR hätte während der Wendezeit aufgrund der kritischen Auseinandersetzung mit dem Staat, anderer Präsentationsstile und auch der Ausstrahlung bis dato verbotener Filme an Sympathien gewonnen, vermutet der Historiker Peter Ulrich Weiß (2021: 252).

Mit der Abschaltung des DFF verschwanden »vertraute Formen der medialen Kommunikation« (HICKETHIER/HOFF 1998: 513). Ein Polizist, Jahrgang 1942, der nach der Wende zunächst entlassen, dann versetzt wurde, erzählte, dass er traurig darüber war, seinen Fernsehsender zu verlieren.[55] Er vermutete hinter der Abschaltung unlautere Motive politischer wie wirtschaftlicher Art. Eine tiefergehende Begründung für seine Emotion konnte er nicht geben. In einer Zeit, in der sich für den Mann ohnehin alles änderte, traf ihn der Verlust des gewohnten Fernsehprogramms besonders hart. Ähnlich äußerte sich eine Verwaltungsangestellte aus dem Prenzlauer Berg, Jahrgang 1967.[56] Sie sagte, dass ihr das DDR-Fernsehen schlicht vertrauter gewesen sei. Sie hatte insgesamt wenig Interesse an

52 GfK (1991). [Auswertung einer Infas-Umfrage zum DFF]. DRA Potsdam. Zuschauerforschung des DDR-Fernsehens (1952–1991).

53 Ebd.

54 Ebd.

55 Interview 47: Polizist, *1942, Ostberlin.

56 Interview 63: Verwaltungsangestellte, *1967, Ostberlin.

den hinzugewonnenen Medienangeboten und blieb auch, was die Presse betraf, bei dem, was sich schon zu DDR-Zeiten bewährt hatte. Ein Lehrer, geboren 1959, hat sein Unbehagen angesichts der Abschaltung des DFF ausführlicher begründet.[57] Mit der finalen Einstellung des DDR-Fernsehens zum Ende des Jahres 1991 sei auch eine wichtige Perspektive verloren gegangen – eine, die ostdeutsche Erfahrungen ernst nimmt.

Die Meinungen, die heute zum DDR-Fernsehen geäußert werden, müssen vor dem Hintergrund des langjährig dominanten DDR-Diskurses verstanden werden. Der Ost-Diskurs seit den 1990er-Jahren prägt auch das Erzählen über die DDR-Medienangebote. Immer wieder wird betont, dass es im DDR-Fernsehen auch viel Gutes zu sehen gab. Äußerungen dieser Art können als Reaktion auf die großflächige Entwertung von DDR-Kulturgut im Zuge der Wende verstanden werden. Es lässt sich eine retrospektive Aufwertung der DDR-Medien feststellen. Durch eine solche Aufwertung der DDR findet eine Aufwertung des Selbst statt – zumindest dort, wo die eigene Ost-Herkunft von Bedeutung ist.

Keineswegs wurde die Abschaltung des DFF immer und von jedem bedauert. Oft wurde der Wandel des Medienangebots gar nicht oder nur am Rande verfolgt. Wenn man alle Hände voll zu tun hatte, den eigenen Alltag zu organisieren, interessierte man sich schlicht wenig dafür, was aus den DDR-Medien wurde. Ein junger Vater aus Treptow, Jahrgang 1967, der zur Wendezeit ein berufsbegleitendes Studium absolvierte, erinnert sich, dass er die Abwicklung gar nicht richtig wahrgenommen, geschweige denn hinterfragt hätte.[58] Dass alles, was mit der DDR zu tun hatte, weg musste, hätte schließlich dem Zeitgeist entsprochen. Wieder andere sagen, dass die Abwicklung des DDR-Fernsehens die richtige Entscheidung war, weil das Adlershofer Programm ohnehin für »unter aller Kanone« befunden wurde.[59] Weil man die Nachrichten für unsäglich hielt, genauso wie die politischen Kommentare. Oder aber, weil man der Überzeugung war, dass eine eigene dritte ostdeutsche Anstalt dem Zusammenwachsen von Ost und West eher im Wege gestanden hätte. So bezweifelte der Architekt, Jahrgang 1957, der angab, eigentlich schon immer beim SFB zu Hause gewesen zu sein, dass zwei separate Berliner Fernsehsender der Wiedervereinigung zuträglich

57 Interview 54: Lehrer, *1959, Ostberlin.
58 Interview 4: IT-Mitarbeiter, *1967, Ostberlin.
59 Interview 82: Arzt, *1960, Ostberlin.

gewesen wären.[60] Mit dieser Aussage reiht er sich in die Argumentation damaliger Medienakteure ein, die vorbrachten, Ost und West seien über ein gemeinsames Medium zu vereinen. Darunter etwa SFB-Intendant Günther von Lojewski (vgl. 2000: 182) und der Berliner Rundfunkreferent Thomas Rothkegel, der rückblickend bekundete, dass gemeinsame Anstalten, also Ost-West-Kooperationen »vorteilig gewesen [wären] für den Integrationsauftrag des Rundfunks« (DRENCKHAN 2000: 313). Dennoch, einige der befragten Ostberliner und Ostberlinerinnen äußern zumindest aus heutiger Sicht Bedenken, was die Einstellung des Adlershofer Programms betrifft. Diese scheinen umso nachvollziehbarer, wird man sich der damaligen medienpolitischen Vorgänge gewahr. Schließlich wurde im Zuge der Herstellung der Einheit die Herrschaft westdeutscher Akteure über die Signifikationsstrukturen institutionalisiert, die langfristig jene Signifkationscodes hervorbrachten (vgl. GIDDENS 1992: 84), die (wie noch zu zeigen sein wird) durch Ostdeutsche kritisiert werden.

Kein Rundfunk nach ostdeutschem Modell

Bereits ab Oktober 1989 setzte eine Liberalisierung im DDR-Medienbereich ein. Die Redaktionen lösten sich vom Staat. Das staatliche Fernsehkomitee wurde abgeschafft. Mit dem Medienbeschluss vom 5. Februar 1990 garantierte die Volkskammer die Gewährleistung der Meinungs-, Informations- und Medienfreiheit. Ziel zu diesem Zeitpunkt: die Reformierung der Massenmedien von innen. Zur Verwirklichung der Erneuerungsbestrebungen wurde im Februar 1990 der Medienkontrollrat eingerichtet. Eine Kommission, die die Neuordnung des DDR-Mediensystems regeln sollte (vgl. HICKETHIER/HOFF 1998: 498ff.). Deren Vorsitzender, Heinz Odermann, sprach sich in der Ausgabe vom 11./12. November 1989 des *Neuen Deutschland* noch für eine Erneuerung der DDR und ein sozialistisches Mediengesetz aus (vgl. ODERMANN 1989: 13). Der Medienkontrollrat aber war nicht mehr als ein »Wolf ohne Zähne« (THON 1990: 5) und blieb weitgehend wirkungslos (vgl. TRÖGER 2021: 37). Die innere Erneuerung des DDR-Fernsehens kam spätestens mit dem Sieg der ›Allianz für Deutschland‹, einem Wahlkampfbündnis aus CDU, DSU und DA, bei den Volkskammerwahlen vom 18. März 1990 zu einem jähen Ende. Der von Lothar de Maizière (CDU) geführten Regierung

60 Interview 70: Architekt, *1957, Ostberlin.

ging es nicht mehr um den Erhalt und die Demokratisierung der DDR. Mit dem Vertrag zur Währungs-, Wirtschafts- und Sozialunion vom 18. Mai 1990 waren die Weichen endgültig auf Beitritt gestellt. Hans Bentzien, der sich als Generalintendant des DEUTSCHEN FERNSEHFUNKS für dessen Erhalt als unabhängige dritte Rundfunkanstalt eingesetzt hatte, wurde auf Beschluss des Ministerrats am 31. Mai 1990 abberufen. Der damalige Medienminister Gottfried Müller (CDU) zog bundesdeutsche Politiker und Medienverantwortliche zur Beratung über die neue Rundfunkordnung heran. Die befürchteten, ein drittes öffentlich-rechtliches Fernsehen wäre nicht mit ARD/ZDF kompatibel (vgl. KAPITZA 1997b: 57). So legte etwa der medienpolitische Sprecher der CDU/CSU-Bundestagsfraktion, Bernd Neumann, bereits Mitte Mai 1990 ein Rahmenpapier zur Neuordnung der Rundfunklandschaft vor, in dem er für die Verschmelzung des DDR-Fernsehens mit ARD und ZDF plädierte. Die vorhandenen Strukturen des DDR-Mediensystems sah er als »Altlast der Vergangenheit«. Sie seien in der pluralistischen Demokratie nicht tragbar (ECKWERTE 1990). Die Abschaffung des DDR-Rundfunks wurde laut Christoph Singelnstein – in der Wendezeit zum Intendanten des DDR-Hörfunks aufgestiegen – auch vom Bundeskanzler forciert, da Helmut Kohl (CDU) befand, dass er in den Ost-Medien nicht gut wegkomme.

Auch DDR-Politiker und DDR-Politikerinnen der SPD hatten Vorbehalte. Sie sahen die DDR-Medien und dessen Personal als zu belastet an. »Wir hatten keine Lobby«, stellte Singelnstein 1995 resigniert fest (vgl. RECKE 1995). Schließlich strebte auch die kommerzielle wie öffentlich-rechtliche Medienwirtschaft des Westens eine Übertragung des bundesdeutschen dualen Rundfunksystems auf die neu einzurichtenden Länder an. Indem der Rundfunk zum Bestandteil des Einigungsvertrags erklärt wurde, bot sich die Gelegenheit zu einer »medienpolitischen Landnahme sondergleichen« (HERDEN 2000: 23). In Artikel 36 war geregelt, dass der RUNDFUNK DER DDR und der DEUTSCHE FERNSEHFUNK bis zum 31. Dezember 1991 aufzulösen oder in Anstalten des öffentlichen Rechts einzelner oder mehrerer Länder zu überführen sei (vgl. DIETL 2022: 338). Mit dieser Aufgabe wurde Rudolf Mühlfenzl betraut, der seit dem 15. Oktober 1990 als Rundfunkbeauftragter für die neuen Bundesländer agierte. Mühlfenzl kam vom BAYERISCHEN RUNDFUNK und war CSU-Mitglied (vgl. MACHILL/BEILER/GERSTNER 2014). Ins Gespräch gebracht hat ihn laut eigener Aussage Günther von Lojewski (CSU), der damalige Intendant des Westberliner SFB (vgl. DIETL 2022: 346). Das Verfahren zur Wahl Mühlfenzls zog eine öffentliche Kontroverse nach sich – nicht zu Unrecht. Denn die Bonner Regierung wirkte direkt auf den

Ministerpräsidenten der DDR ein und verhinderte, dass die Volkskammer einen eigenen Kandidaten oder eine Kandidatin vorschlug (vgl. DIETL 2022: 345ff.). Die Wahl wurde rückblickend als »verfassungswidrig« (HEPPERLE 1998: 225) bezeichnet. Sie sei ein symbolischer Vorgang gewesen, der eindrücklich »die Übernahme der Ex-DDR durch die Bundesrepublik auf dem Mediensektor« (HICKETHIER 1992: 82) illustrierte. Mühlfenzl habe eine »Medienpolitik nach Gutsherrenart« (TÖRNE 1996: 299) betrieben. Diese beinhaltete die Stasi-Überprüfung und vor allem die massenhafte Entlassung von Mitarbeitern und Mitarbeiterinnen des DFF. Waren im November 1989 noch 8.500 Personen beim DFF beschäftigt, sind es im September 1991 bereits nur noch 3.500 gewesen (vgl. HERDEN 2000: 30). Noch im Dezember 1990 übernahm die ARD die Frequenzen von DFF 1. DFF 1 und DFF 2 wurden zusammengelegt und gemeinsam als DFF-Länderkette ausgestrahlt (vgl. ZIEGERT 1995: 230). Die quantitative Reduzierung des Programmvolumens ging selbstredend mit der Einstellung bestimmter Sendungen einher. Dass von Dezember 1990 bis zum 31. Dezember 1991 immerhin 23 neue Formate an den Start gingen, ist Ausdruck der dennoch stattfindenden Programminnovation dieser Zeit (vgl. HERDEN 2000: 29).

Ordnungspolitische Interessen der bundesdeutschen Regierung haben die Rundfunkneuordnung auf dem Gebiet der ehemaligen DDR ganz eindeutig maßgeblich mitbestimmt. Das illustrieren Arbeiten wie die von Sylvia Dietl (2022) und Reiner Stein (1999). Laut Medienhistoriker Christoph Classen ging es der BRD darum zu verhindern, dass eine »Institution entstand, die mit Meinungsmacht ausgestattet System-Opposition gegen die Vereinigung« oder die Bundesregierung heraufbeschwören konnte (vgl. GAEVERT 2020: 8). Dass der Erhalt eines eigenständigen öffentlich-rechtlichen Ost-Programms scheiterte, lag nicht zuletzt an den Interventionen aus Westberlin. In Berlin trafen ost- und westdeutsche Rundfunkanstalten aufeinander. Ein enormer Frequenzmangel war die Folge. Der ohnehin hoch verschuldete SFB sah sich durch die Pläne des DFF-Intendanten Hans Bentzien, den DFF als dritte öffentlich-rechtliche Anstalt auszubauen, in seiner Existenz bedroht. Die beste Strategie, um Autonomie und Existenz des SFB zu sichern, bestand für Intendant Günter von Lojewski in einer Erweiterung des Sendegebiets zu einer künftigen Landesrundfunkanstalt mit Brandenburg oder im Aufbau einer Zwei- oder Mehrländeranstalt (vgl. DIETL 2022: 581). Es kursierten verschiedene Konzepte zur Neuordnung des Rundfunks in Berlin. Im Januar 1991 stimmten Lojewski und der damalige Regierende Bürgermeister von Berlin, Eberhard Diepgen (CDU), für ein ›drei plus eins-Modell‹, das neben Brandenburg auch Sachsen-Anhalt und Mecklenburg-Vorpommern beinhalten sollte (vgl. SFB 2003: 6). Sachsen-Anhalt allerdings schloss sich mit Sachsen und Thüringen zum MDR zusammen und schied damit als Verhandlungspartner aus. Das Vorhaben einer *Nordostdeutschen Rundfunkanstalt* (NORA), ein Zusammenschluss von Mecklenburg-Vorpommern, Brandenburg und Berlin, scheiterte schließlich am Widerstand der FDP in Mecklenburg-Vorpommern. Allein mit dem SFB zusammenzugehen, kam für die Brandenburger Politik jedoch nicht infrage. Man fürchtete eine Dominanz Berlins und des SFB, insbesondere personell. Denn Lojewski plante, alle Angestellten seines Senders in die neue Rundfunkanstalt zu überführen (vgl. DIETL 2022: 482). Daraufhin entschloss sich das Brandenburger Parlament zur Gründung einer eigenen Landesrundfunkanstalt, die ab dem 1. Januar 1992 unter dem Namen *Ostdeutscher Rundfunk Brandenburg* (ORB) sendete (vgl. SFB 2003: 7). Berlin behielt den SFB. Der hatte nun auch ganz offiziell den Ostteil der Stadt mitzuversorgen. Auch wenn er de facto schon seit 1990 die TV-Regionalberichterstattung für Ostberlin übernommen hatte (vgl. DIETL 2022: 543).

Westdeutsche beziehungsweise Westberliner Medienakteure machten ihren Einfluss geltend, sodass die Entscheidung zur Auflösung des DFF letztlich ohne Beteiligung der Mitarbeiter und Mitarbeiterinnen oder der Zuschauenden in der DDR gefällt wurde (vgl. ZIEGERT 1995: 230). Die Medienwissenschaftlerin Edith Spielhagen (1991) forderte dann auch, mehr Öffentlichkeit in die Rundfunkangelegenheiten zu bringen und mutmaßte, dass die Medienpolitik von der Angst diktiert werde, »es könnten zu gute und zu kritische Programme entstehen« (ebd.: 10). Programme, die am Ende nicht nur für ein ostdeutsches Publikum attraktiv hätten sein können, sondern auch den westdeutschen Zuschauer und die westdeutsche Zuschauerin dazu gebracht hätten, einzuschalten. So gingen am 31. Dezember 1991 die Lichter in Adlershof aus. Mit Blick auf die steigenden Quoten des DFF, ging diese Entscheidung an den Bedürfnissen der ostdeutschen Zuschauer und Zuschauerinnen vorbei.

Wunsch nach Neustart auf Augenhöhe

Dass das Fernsehen der DDR nicht in seiner bisherigen Form weiter bestehen konnte, dafür hatten die Befragten fast durchgehend Verständnis. Dennoch, rückblickend hätte man sich einen anderen Umgang mit den DDR-Medien gewünscht. In den Interviews klingt immer wieder der Wunsch nach einem gemeinsamen Neuanfang an – nach einem Neustart auf Augenhöhe. Zumindest aus heutiger Perspektive werden die Vorgänge rund um die Neugestaltung der DDR-Rundfunklandschaft von Befragten unterschiedlicher Jahrgänge und Milieus kritischer gesehen als damals noch. So äußert eine Interviewte beispielsweise, dass man junge Journalisten und Journalistinnen, die nicht schon ihr halbes Leben unter »ideologischen Zwängen« hatten arbeiten müssen, doch hätte übernehmen sollen.[61] Entgegen dem Eindruck dieser Frau fanden etliche der für den DDR-Rundfunk tätigen Redakteure und Redakteurinnen durchaus den Weg in die neu gegründeten Rundfunkanstalten. Auch wenn sich die Mitarbeiter und Mitarbeiterinnen hier anders als im Zeitungsbereich, wo die Redaktionen weitgehend übernommen wurden (dort wurden anfangs vor allem die Leitungspositionen mit Westdeutschen besetzt), neu auf ihre Jobs bewerben mussten (vgl. SCHNEIDER/SCHÖNBACH/STÜRZEBECHER 1993: 357; MOHL 2011: 109). Von den ehemals 14.000 Personen, die bei Hörfunk und Fernsehen der DDR beschäftigt waren, seien etwa 4.700 weiterhin in öffentlich-rechtlichen oder privaten Medienhäusern tätig gewesen (vgl. GEISSLER 1993: 23).

Man hätte gemeinsam einen »Mittelweg« suchen können, anstatt die Anstalt zu zerschlagen, findet eine weitere Befragte.[62] Der Architekt, Jahrgang 1957, der Bekannte beim DDR-Fernsehen hatte, betonte, dass es gerade in den ersten Jahren nach der Wende doch auch guten Journalismus in den ehemaligen DDR-Sendungen und -Zeitungen gegeben hätte.[63] Die rigorose Abwicklung des DFF kam seiner Meinung nach einer »feindliche[n] Übernahme« gleich. Ganz ähnlich die Wahrnehmung einer Frau, die in der Öffentlichkeitsarbeit tätig war, Jahrgang 1955.[64] Ihre Mutter arbeitete zu DDR-Zeiten für den DEUTSCHLANDSENDER, ihr Ehemann für den BERLINER RUNDFUNK. Sie kritisiert, dass der Westen den DDR-Journalisten und -Journalistinnen vorgeworfen habe, auch nach der Wende noch genauso unter »Parteiherrschaft« gestanden zu haben wie vor 1989. Sie findet es schade, dass die Leistungen der Ost-Journalisten und Ost-Journalistinnen nicht anerkannt worden seien, dass keine »gemeinsame Geschichte« daraus geworden ist. Dass der Ost-Journalismus so delegitimiert worden sei, erklärt sie sich mit gestiegener Konkurrenz und der Befürchtung, man hätte

61 Interview 80: Diplomingenieurin, *1953, Ostberlin.
62 Interview 79: Sachbearbeiterin, *1968, Ostberlin.
63 Interview 70: Architekt, *1957, Ostberlin.
64 Interview 64: Pressesprecherin, *1955, Ostberlin.

selbst unter die Räder kommen können: »Da hingen ja auch Pöstchen und Gelder, Ansehen und so dran.« Zu dieser vergleichsweise differenzierten Einschätzung gelangt sie, weil sie persönliche Verbindungen zum Rundfunk hatte. In der Breite der Befragten machte man sich damals eher wenige Gedanken über die westdeutschen Interessen innerhalb der Neugestaltung des Rundfunks.

Die Überversorgung Berlins mit Rundfunkangeboten nach 1989 hat auch auf Westseite zu Existenzängsten geführt. Diese Angst scheint das Handeln der Medienmacher und Medienmacherinnen sowie der Politik bestimmt zu haben. Es ging um den »Verlust von Einfluß und Macht«, stellte auch Kommunikationswissenschaftler Jan Tonnemacher (1991: 100) fest, der in seinem Text die verschiedenen Interessen (westdeutscher) Akteure auf dem Gebiet der Medienpolitik der ehemaligen DDR nachzeichnet. Ziel sei es gewesen, die Konkurrenz aus dem Weg zu räumen, findet dann auch eine Krankenschwester, Jahrgang 1970.[65] Gerade die »viele[n] tolle[n] Kinderprogramme« seien doch erhaltenswert gewesen, meint sie. Die Abteilung Kinderfernsehen des DFF entwickelte in der Wendezeit neue Programme. Die Kinderdramaturgie unterbreitete der ARD ein vielfältiges Angebot an neuen und etablierten Formaten, das allerdings nur wenig genutzt wurde. Vermutlich auch, weil die Rundfunkanstalt so ihre Position in der deutschen Medienlandschaft ausbauen konnte (vgl. STEINMETZ/VIEHOFF 2008: 511). Überlebt hat lediglich das *Sandmännchen*. Und auch das vermutlich nur, weil Eltern die Initiative ›Rettet den Sandmann!‹ ins Leben riefen. Mittels Demonstrationen und einer Unterschriftenaktion setzten sie sich, mit offenbar mäßigem Erfolg, für den Erhalt der Kinder- und Jugendsendungen des DFF ein (Sandmännchen 1990: 28). Nicht nur wirtschaftliche, sondern auch politische Interessen hätten im rundfunkpolitischen Gestaltungsprozess eine Rolle gespielt. Das jedenfalls vermutet ein gebürtiger Sachse, Jahrgang 1961.[66] Er landete kurz vor der Wende über Umwege beim Radio der DDR, obwohl er selbst sowohl dem Staat als auch den Medien gegenüber äußerst kritisch eingestellt war. Er musste ein Handwerk erlernen, obwohl er viel lieber Musiker geworden wäre (wofür er auch den Staat verantwortlich machte) – er war nicht in der Jugendorganisation FDJ und ein Großteil seiner Verwandtschaft lebte im Westen. Dennoch sah er die Gestaltung der Rundfunklandschaft nach

65 Interview 61: Krankenschwester, *1970, Ostberlin.
66 Interview 51: Hörfunkredakteur, *1961, Ostberlin.

1989/1990 kritisch: »Die DDR-Medien wollte ich nicht. Ich hab es nicht verstanden, warum man nicht in der Nalepastraße das Funkhaus genutzt hat. [...] Und dann wurde das so politisch. Das war blöd. Wenn aus politischen Gründen das Kind mit dem Bade ausgekippt wurde.« Das Funkhaus in der Nalepastraße existierte seit 1956. Das Rundfunkzentrum entwickelte sich zu einer »kleinen Funkstadt« mit Geschäften, einer Poliklinik und Freizeiteinrichtungen für die bis zu 5.000 Beschäftigten (vgl. DAME/SCHNEIDER 2014). Von hier aus sendeten RADIO DDR1, RADIO DDR2, die STIMME DER DDR, der BERLINER RUNDFUNK und die Jugendwelle DT64. Herzstück des Geländes waren die beiden Sendesäle, die wegen ihrer beeindruckenden Akustik bis heute internationale Musiker und Musikerinnen sowie Orchester anziehen. Nach der Abwicklung des Rundfunks zum Ende 1991 stand auch das Funkhaus zum großen Teil leer (vgl. ENGELHARDT, o.D.). Die Sendestudios waren voll funktionsfähig und wurden dennoch nicht genutzt. Eine Entscheidung, die offenbar selbst bei eher oppositionell eingestellten DDRlern auf Unverständnis gestoßen ist.

Die durch die Forschung bestätigte Hegemonie westdeutscher Akteure bei der Ausgestaltung der Rundfunkpolitik (vgl. STEIN 1999; KOCH 2014; DIETL 2022) wurde vom Publikum meist nur am Rande wahrgenommen. Meist von den wenigen, die persönliche Kontakte in die Rundfunkbranche hatten. Mit der Distanz von 30 Jahren aber sehen auch Unbeteiligte die Art und Weise der Abwicklung kritisch. Dass es sich um einen Neuanfang auf Augenhöhe gehandelt hat, muss verneint werden. Exemplarisch dafür steht nicht nur der Entschluss gegen den Erhalt des Rundfunkhauses in der Nalepastraße. Auch der Umgang mit den Angestellten des DDR-Rundfunks offenbart, dass es Westdeutsche waren, die über Handlungsmacht verfügten. Laut Christoph Singelnstein, seit Anfang der 1980er-Jahre Dramaturg beim BERLINER RUNDFUNK, letzter Intendant des Hörfunks der ehemaligen DDR, hat es sich damals so angefühlt, als seien die »Konquistadoren« gekommen (GAEVERT 2020: 11). Der Rundfunkbeauftragte Mühlfenzl beispielsweise stellte in seiner ersten Dienstanweisung vom 28. November 1990 gleich klar, dass der DDR-Rundfunk ausschließlich durch ihn vertreten werde. Dort hieß es, alle »öffentlichen Erklärungen für die Einrichtung, insbesondere über zukünftige Programmentscheidungen, Inhalte, personal-, medien- und geschäftspolitische Entscheidungen« sind mit dem Rundfunkbeauftragten oder den von ihm benannten Stellvertretern abzustimmen (DIETL 2022: 360). Die damaligen Intendanten von Hörfunk und Fernsehen der DDR, Christoph Singelnstein und Michael Albrecht, wurden so prompt in ihre Schranken verwiesen.

Mühlfenzl initiierte im Februar 1991 außerdem eine Fragebogenaktion, die Aufschluss über die politische Vergangenheit, der im Rundfunk Beschäftigten und vor allem deren mögliche Verbindungen zur Staatssicherheit geben sollte. Der Deutsche Journalistenverband (DJV) Thüringen warf Mühlfenzl vor, sich so politisch unliebsamer Personen entledigen zu wollen (Streit um Stasi-Fragebögen 1991). Laut Roland Tichy, der in den Jahren 1990/1991 zum Beraterstab Mühlfenzls gehörte, war die Fragebogenaktion allerdings ganz im Sinne der Bevölkerung. Täglich hätten »Zuhörer und Zuschauer die Verbannung verhaßter Stimmen« (TICHY 2000: 49) aus dem Programm verlangt. Im Juni 1991 war die Fragebogenaktion beendet. Im Ergebnis wurden von den 9.450 Teilnehmenden rund 200 Beschäftigte fristlos entlassen. Bei 627 Personen wurde empfohlen, sie nicht im Leitungsbereich zu beschäftigen (vgl. DIETL 2022: 396). Mühlfenzls autoritäres Auftreten konnte in der Presse verfolgt werden. Insofern ist es durchaus nachvollziehbar, wenn einige Befragte die Rundfunkvereinigung kritisch sehen.

Die Neuordnung der Rundfunklandschaft der ehemaligen DDR ist ein Beispiel dafür, wie bestehende gesellschaftliche Signifikationsstrukturen die Handlungen situierter Akteure beeinflussen und so zugleich reproduziert werden (vgl. GIDDENS 1992: 77ff.). Die Massenmedien der DDR waren in der (bundesrepublikanischen) Öffentlichkeit nichts anderes als Propagandainstrumente, die die Herrschaft der Partei sicherten (vgl. HOLZWEISSIG 1997; HOLZWEISSIG 2002). Die Journalisten und Journalistinnen galten als ideologisch vorbelastet, sie hätten handwerklich »gravierende Defizite« (MAST/HAASIS/WEIGERT 1994: 434) aufgewiesen. Jene Diskursweisen über die DDR-Medien(menschen) können als ideologisch bezeichnet werden, insofern sie mit »der Legitimation von partikularen Interessen« (GIDDENS 1992: 86) verbunden sind. Mühlfenzl als ›mächtiger‹ Akteur, der über entsprechende autoritative Ressourcen verfügte, bezog sich im Prozess der Umgestaltung des ehemaligen DDR-Rundfunks auf eben jene Diskursweisen und sorgte dadurch wiederum für eine Reproduktion dieser bestehenden Signifikationsstrukturen.

Wiedervereinigung im Kleinen? – Ost-West-Kooperationen im Radio

Im Radio gab es anders als im TV Kooperationen, die durchaus als Gemeinschaftsprogramme aufgefasst werden können. *Radio Fritz* etwa ist aus der SFB-Jugendwelle *Radio 4U* und dem *RockradioB* des ORB hervorgegangen.

Das Programm mit länderübergreifendem Anspruch ging im März 1993 auf Sendung. Die Redaktion kam zu einem Drittel aus dem Westen, zu zwei Dritteln aus dem Osten (vgl. POPA 1993: 164). Dass mit Helmut Lehnert, zuvor Musikchef bei *Radio 4U*, ein Westdeutscher als Chefredakteur eingesetzt wurde, stieß in den Kreisen von *RockradioB* auf Widerspruch. In einem Brief an ORB-Hörfunkdirektor Gerhard Hirschfeld vom November 1992, hieß es, dass Lehnerts bisherige Tätigkeit ihn »nicht als erfolgreichen Programmmacher für die Ostberliner und Brandenburger HoererInnen« (KOTTE 1992) auszeichnete. Die Differenzen konnten intern beigelegt werden. Die bisherige (ostdeutsche) Leitung von *RockradioB*, Silke Hasselmann, wurde zur Stellvertreterin Lehnerts und zur Wort-Chefin erklärt.

Einem Treptower, Jahrgang 1967, der angab vor 1989 weder DDR-Fernsehen gesehen, noch DDR-Radio gehört zu haben, war es trotzdem wichtig, dass Ost und West gleichermaßen am Programm beteiligt waren.[67] *Fritz* verkörperte für ihn die gleichberechtigte Zusammenarbeit von Ost und West. »SFB saß in Westberlin, plötzlich sind sie nach Potsdam gegangen. Es gab ja da wirklich sowas, was es in Gesamtdeutschland nicht so oft gab.« Er fand es gut, dass »dieses Spannungsfeld« Ost-West »dann immer auch Thema war«. In der Tat wurde *Fritz* zu Beginn zwar nicht aus Potsdam, aber aus dem Funkhaus in der Nalepastraße gesendet. Die beiden damaligen Redakteure Oliver Zelt und Jan Weyrauch (2003) erinnern sich, dass das Arbeitsklima anfangs noch von gegenseitigem Misstrauen geprägt war. Schließlich handelte es sich gewissermaßen um eine ›Zwangshochzeit‹. Ost und West waren am Anfang ein »großes Thema« (ebd.: 27). *Fritz* war »ein kleines Abbild von dem, was draußen im Land los war« (ebd.: 26). Vermutlich seien sie auch deshalb so erfolgreich gewesen, bilanzieren die beiden Radiomacher. *Fritz* habe einen Nerv getroffen und aktuelle Themen besprochen, ohne zu verbissen an die Dinge ranzugehen, so ein gelernter Drucker, Jahrgang 1964.[68] Für ihn waren die 1990er-Jahre vor allem durch berufliche Selbstfindung und wechselnde Tätigkeiten geprägt. Ihn überzeugte das »neue Format«, dieses »Schrille«. Das habe auch seiner Persönlichkeit entsprochen, sagt er. Er hätte sich »ja auch so zwischen vielen verschiedenen Polen« bewegt. Er erinnert sich an Jürgen Kuttner, der ein »Leuchtturm« gewesen sei. *Sprechfunk mit Kuttner* hieß das Format, das im

67 Interview 4: IT-Mitarbeiter, *1967, Ostberlin.
68 Interview 48: Drucker, *1964, Ostberlin.

Nachtprogramm lief, bei dem Hörer und Hörerinnen live in die Sendung geschaltet wurden. Kuttner war Kult, so die einhellige Meinung derer, die ihm regelmäßig zuhörten. Bei einem Lehrer, Jahrgang 1959, und damit nur ein Jahr jünger als Jürgen Kuttner, punktete der Moderator nicht zuletzt aufgrund seiner zur Schau gestellten Ost-Herkunft.[69] Kuttner hätte sich geweigert, die Uhrzeit wie im Westen üblich mit Viertel nach/Viertel vor anzugeben. Er sei bei viertel und dreiviertel geblieben. Dass Kuttner sich vermeintlich nicht bevormunden ließ, imponierte dem Mann, der sich nach der Wende stets unter Generalverdacht gestellt sah und das Gefühl hatte, sich rechtfertigen zu müssen, weil er in der DDR sein Leben lebte. Kuttner selbst sagt, dass es ihn beleidigt hätte, »wenn sich manche Kollegen partout nicht anmerken lassen wollten, dass sie Ostler sind« (HATZIUS 2014). Cooler als Berlin sei nur Ostberlin, ließ er jüngst augenzwinkernd in einem Interview verlauten (vgl. VORBRINGER 2022). Gerade für Ostberliner Männer, wie die beiden oben zitierten, die nach der Wende gezwungen waren, sich mit ihrer eigenen Herkunft zu befassen, fungierte Kuttner wohl als Identifikationsfigur.

Als »echtes rundfunkpolitisches ›Vereinigungskind‹« (KAPITZA 1997b: 59) lässt sich auch das DEUTSCHLANDRADIO begreifen. Am 1. Januar 1994 ging das aus dem DDR-Sender DS KULTUR, dem DEUTSCHLANDFUNK in Köln und dem Westberliner RIAS entstandene nationale Hörfunkprogramm auf Sendung. Ursprünglich waren allerdings nur RIAS und DEUTSCHLANDFUNK vorgesehen, um gemeinsam den nationalen Hörfunk zu gestalten (vgl. SCHMIEDING 2018). Ohne die Bemühungen der Belegschaft wäre DS KULTUR vermutlich gar nicht als Partner in Betracht gezogen worden. Die damalige Chefredakteurin von DS KULTUR, Monika Künzel, erinnert sich, dass sich die Politik nicht für den Sender interessierte (vgl. SCHRAMM 2000b: 393f.). Daher rief die Programmleitung 1990 das Kuratorium zur Förderung von DS KULTUR ins Leben. Zur prominenten Unterstützung konnten etwa Hans-Dietrich Genscher und Rita Süssmuth gewonnen werden. Damaliger Gründungsintendant und Verwaltungsratsvorsitzender des DEUTSCHLANDRADIOS, Dieter Stolte (2014), bezeichnete den Aufbau des Senders als eines der gelungenen Projekte im Prozess der Deutschen Einheit. Der biografisch bedingte unterschiedliche Kenntnis- und Erfahrungshintergrund der Mitarbeitenden aus Ost und West habe sich als

69 Interview 54: Lehrer, *1959, Ostberlin.

»ausgesprochen produktiv« erwiesen. Es sei ein »spezielles Einheitsklima« entstanden, behauptete auch Ernst Elitz (2004), Intendant der Anstalt von 1994 bis 2009 (ebd.: 185). Dass die Zusammenarbeit der Journalisten und Journalistinnen anfangs aber durchaus von Ost-West-Asymmetrien geprägt war, zeigt die Untersuchung der Kulturwissenschaftlerin Pia Deutsch (vgl. 2020: 101ff.). Das war eine »höllisch schwierige Situation«, denn »von beiden Seiten kam ein Schwall von Vorurteilen«, gab Monika Künzel zu verstehen (SCHRAMM 2000b: 394).

Die Interviewten haben die Gründung des DEUTSCHLANDRADIOS, unter dessen Dach gegenwärtig die drei Sender DEUTSCHLANDFUNK, DEUTSCHLANDFUNK KULTUR und DEUTSCHLANDFUNK NOVA ausgestrahlt werden, augenscheinlich nicht verfolgt. Jedenfalls ist sie ihnen nicht als die erfolgreiche »Wiedervereinigung im Kleinen« (DEUTSCH 2020: 41) in Erinnerung als die sie in der Retrospektive durch damals Beteiligte häufig dargestellt wird. Für die rückblickende Einschätzung der damaligen Medienpolitik seitens der Interviewten aus Ostberlin fiel diese Ost-West-Kooperation offensichtlich nicht ins Gewicht.

Ein Stück Ost-Identität: DT64

Der Westberliner SFB war im Bereich des Lokalfernsehens durchaus Bezugsgröße für die Menschen aus Ostberlin. Anders gestaltete sich das Bild mit Blick auf die Radiolandschaft nach der Wende. »Der Äther bleibt geteilt«, war in der *Taz* zu lesen (1994: 26). Die drei Sender BERLIN 88,8 (SFB1), B2 (SFB2) und SFB 3 spielten in Brandenburg und im Osten Berlins keine Rolle. Intendant Günther von Lojewski beklagte noch 1993 »Akzeptanzdefizite in den östlichen Bezirken« (POPA 1993: 162). Das mag daran gelegen haben, dass es im Hörfunkbereich eine größere Anzahl an Konkurrenzangeboten, auch aus dem Osten, gab. Der BERLINER RUNDFUNK hielt sich dagegen stabil bei den Ostberliner Hörern und Hörerinnen. Obwohl die Privatisierung des Senders zum 1. Januar 1992 nicht immer positiv aufgefallen ist (die Befragten störten sich besonders an der Hörfunkwerbung, die es zu DDR-Zeiten nicht gab), erlebte der BERLINER RUNDFUNK eine Renaissance. Im Jahr 1994 war er mit einer Reichweite von 21,9 Prozent Marktführer im Osten, während der SFB dort keine 10 Prozent erreichte (Der Äther 1994: 26). Eine Befragte, Jahrgang 1955, erzählt, sie habe schon immer den BERLINER

RUNDFUNK gehört.[70] Sie erinnert sich noch gut an das Morgenprogramm des Senders, das immer lief, als ihre Mutter ihr das Frühstück machte. Auch ein Mann, Jahrgang 1959, sagt, dass er den BERLINER RUNDFUNK aus einer »alten Verbundenheit« heraus immer mal wieder einschaltete, obwohl er und seine Frau private Medien prinzipiell ablehnten.[71] Dass der Sender nach seiner Privatisierung im Osten auf Erfolg stieß, seinen Hörern und Hörerinnen vertraut vorkam, mag wohl daran liegen, dass er weiterhin auf ein »ostdeutsches Format« setzte, wie ein Berliner Medienjournalist befand (vgl. POPA 1993: 162).

Medien mit DDR-Wurzeln, so lässt sich behaupten, sind identitätspolitisch aufgeladen. Das zeigt sich, wenn etwa dem DFF nachgetrauert wird, weil mit ihm eine ostdeutsche Sicht auf die Dinge verloren gegangen sei. Oder daran, dass man sich wünschte, Ost und West würden gemeinsame Programme auf den Weg bringen. Aus identitätstheoretischer Perspektive ist es nachvollziehbar, dass die Abwicklung der DDR-Programme auch als Angriff auf die kollektive beziehungsweise kulturelle Identität der ehemaligen DDR-Bürger und DDR-Bürgerinnen begriffen wird. Die Medienwissenschaftlerin Edith Spielhagen (1991) warnte diesbezüglich schon früh vor »sozialpsychologisch schwer verkraftbaren Folgen« (ebd.: 7), sollte die Medienpolitik die Menschen von ihrer Vergangenheit lösen.

Wie stark Medien und kollektive Identität verknüpft sein können, lässt sich anhand der Bemühungen Ostdeutscher zum Erhalt von DT64 nachvollziehen. Das Jugendradio war einst als Sendung des BERLINER RUNDFUNKS gestartet und wurde 1986 zu einem eigenen Programm ausgebaut. Ähnlich wie *Elf 99* im Fernsehen sollte DT64 die »audiovisuelle Westmigration« (MÜHL-BENNINGHAUS 1995: 254) der Jugendlichen stoppen. Das gelang nur bedingt. Eine Alternative zu Westprogrammen stellte DT64 vor allem in Regionen dar, in denen kein Westempfang möglich war (vgl. ebd.). Die höchste Reichweite erzielte der Sender durch seine Mitschnittangebote (vgl. STIEHLER/FELBER 1988: 11).[72] Er profilierte sich zudem mittels »Programmplätzen für spezielle Musikvorlieben [...] und einer internationalen Hitumschau pro Woche sowie einem bisweilen den übrigen Medien

70 Interview 64: Pressesprecherin, *1955, Ostberlin.

71 Interview 54: Lehrer, *1959, Ostberlin.

72 In der Sendung *Duett – Musik für den Recorder* etwa wurde regelmäßig West-Musik so gespielt, dass sie mitgeschnitten werden konnte. Für viele DDR-Bürger und DDR-Bürgerinnen die einzig erschwingliche Option an westliche Musik zu gelangen (vgl. HILKER 2020: 49).

vorauseilenden spritzigen und auch kritischem Journalismus« (SCHORB/STIEHLER: 1991: 62). Moderatorin und DJ Marusha befand gar, dass DT64 »für DDR-Maßstäbe geradezu prärevolutionär, avantgardistisch und lebendig unterhaltsam« (GLEISS 1993: 199) gewesen sei. Unter den Befragten ist DT vor allem aufgrund seines Musikprogramms in Erinnerung geblieben. Hier schalteten gerade die Jüngeren trotz der westlichen Konkurrenzangebote von RADIO 100, RIAS 2 und AFN ein. Rigoros abgelehnt wurde der Sender von jenen, die ohnehin versuchten, sich der DDR-Medienlandschaft zu entziehen. Ein studierter Maschinenbauer, Jahrgang 1965, dem die alte Bundesrepublik zu DDR-Zeiten immer als »Wunschland« erschien, lehnte DT64 ab, weil dieser genauso ein »Parteisender« gewesen sei wie alle anderen im Osten.[73] Der Mann beschwerte sich über einen generell zu niedrigen Musikanteil im Radio. Obwohl DT gegen Ende der 1980er-Jahre ein Wort-Musikverhältnis von 30:70 anstrebte (vgl. STAHL 2013: 172) und damit also prinzipiell den Wünschen des Rockmusikfans entsprach, verweigerte er sich dem Sender. Der Befragte störte sich an der vermeintlichen Politisierung des Programms.

Auch wenn DT sicher kein »Hort der Aufständischen« (Hoffen auf ein Wunder 1991: 319) war, verfügte er über eine gewisse Popularität. Das Ostberliner Jugendradio hoffte, sich langfristig einen Platz in der bundesdeutschen Medienlandschaft zu sichern und plante, sich als öffentlich-rechtliche Anstalt über Gebühreneinnahmen zu finanzieren. Nach dem Willen des Rundfunkbeauftragten Rudolf Mühlfenzl jedoch sollte das Jugendradio zum Ende des Jahres 1991 seinen Sendebetrieb einstellen (vgl. ebd.). Nachdem Anfang September 1991 auf die meisten Frequenzen von DT64 das Programm von RIAS 1 aufgeschaltet wurde, entbrannte eine Welle des Protests auf Seiten des Publikums. Die Entscheidung wurde innerhalb eines Tages zurückgenommen (vgl. SCHORB/STIEHLER 1991: 25). Der Protest aber organisierte sich. Hörer und Hörerinnen sammelten Unterschriften zum Erhalt des Programms. Es gründeten sich über 80 Freundeskreise (30 davon in Westdeutschland), es wurden Demonstrationen mit bis zu 10.000 Teilnehmenden organisiert, es kam zu Mahnwachen und sogar Hungerstreiks (vgl. HILKER 2020: 30). Nichtsdestotrotz wurde DT64 bis 1993 schleichend abgewickelt. »Es war ein sukzessives Verhungern lassen«, so beschreibt Marion Brasch, damalige Moderatorin des Jugendradios, die

73 Interview 32: Maschinenbauer, *1965, Ostberlin.

Vorgänge rückblickend (THIAM 2021). Das Programm des Nachfolgesenders SPUTNIK unter dem Dach des MDR war ein anderes als das von DT zur Wendezeit (vgl. HILKER 2020: 104f.).

Die Befragten schreiben dem Sender retrospektiv ganz unterschiedliche Bedeutungen zu. Für Personen, die sich nicht mehr zur jugendlichen Zielgruppe zählten, war er quasi nicht von Relevanz. Andere schätzten ihn aufgrund seiner Musikauswahl. Die Abschaltung musste deswegen aber noch lange nicht sonderlich interessieren. Für wieder andere ging mit DT64 auch ein Stück Heimat verloren. Laut einer Befragten, Jahrgang 1964, die sich ganz grundsätzlich dafür ausspricht, Teile des »kulturellen Erbe[s]« der DDR weiterzuführen, demonstrierten die Menschen weniger, weil der Programminhalt unverzichtbar erschien.[74] Vielmehr hätte sich Protest formiert, weil den Menschen aus der ehemaligen DDR »wieder ein Stück Identität geraubt« werden sollte. Die Abschaltung von DT64, so die Meinung der Befragten, stand symbolisch für die »Vernichtung« von DDR- beziehungsweise ostdeutscher Identität.

Mit dieser Einschätzung steht sie nicht allein. So wurde etwa gemutmaßt, DT64 sei ein »Stück Selbstbewußtsein und Identitätsbewahrung Ost« (MEHNKE 1993: 153) gewesen. Auch der Medienpolitiker Heiko Hilker (2020), damals selbst aktiv im Kampf für den Erhalt des Radios, befand, dass das Programm von DT64 »etwas die DDR betreffendes Verbindendes« hatte (ebd.: 167). Er vermutet, dass mit der Abschaltung des Programms »das verbindende Element einer kulturellen Identität zerstört werden sollte« (ebd.). Für einen befragten Journalisten, Jahrgang 1964, war die Abschaltung des Senders denn auch ein »ziemliches Politikum«.[75] Der Mann mit großem Interesse an Pop- und Rockmusik, der neben *Stern* und *Spiegel* vor allem Musikzeitschriften wie den *Rolling Stone* und den *Musikexpress* las, gab an, DT64 gehört zu haben, seitdem er ein Teenager war. Nicht nur die Musik sprach ihn an, er konnte auch der Sport- und Politikberichterstattung des Senders etwas abgewinnen. Dass man DT64 habe verstummen lassen, sieht er heute noch kritisch. Eine andere Befragte, Jahrgang 1953, kann durchaus verstehen, warum die DT64-Anhänger und -Anhängerinnen damals auf die Barrikaden gegangen sind.[76] Obwohl sie selbst sich unmittelbar nach der

74 Interview 15: Wirtschaftskauffrau, *1964, Ostberlin.
75 Interview 60: Journalist, *1964, Ostberlin.
76 Interview 18: Russischlehrerin, *1953, Ostberlin.

Wende ganz auf Westmedien einschoss und mit dem Osten nichts mehr zu tun haben wollte. Hintergrund der Abschaltung von DT64 sei schließlich »die Erniedrigung der Ostdeutschen« gewesen, wie sie im Zuge der Wende ständig vorgekommen sei. Sie begreift DT64 als ein Stück Identität, das den Ostdeutschen genommen wurde, wenn sie auch persönlich gut darauf verzichten konnte. Durch die Protestaktionen der Hörer und Hörerinnen konnte dem Sender etwas mehr Zeit verschafft, die Einstellung aber letztlich nicht verhindert werden. Die Mediennutzenden, das zeigt das Beispiel DT64, aber auch die Einstellung des DFF, hatten über ihre Seh- und Lesegewohnheiten nur begrenzten Einfluss auf das Medienangebot. Die Ostdeutschen verfügten nicht über genügend Handlungsmacht (oder anders: politische und wirtschaftliche Ressourcen), um Einfluss auf die Signifikationsstrukturen (vgl. GIDDENS 1992: 81ff.) zu nehmen und damit die Existenz der an Popularität gewonnenen Angebote langfristig sichern zu können.

»Man kanns nicht mehr hören ...« – Zum DDR- und Vereinigungsdiskurs

Die Befragten aus Ostberlin haben die Veränderungen der Medienlandschaft im Zuge der Vereinigung mit ganz unterschiedlicher Aufmerksamkeit verfolgt. Sie haben sich auch in unterschiedlichem Ausmaß am hinzugewonnenen Medienangebot bedient. Eine Gemeinsamkeit, die sich quer durch alle Schichten und Altersklassen zog, war jedoch eine Unzufriedenheit mit der medialen Bezugnahme auf die DDR. Die Interviewten ergänzen und bestätigen damit die Befunde der Studien zur öffentlichen Darstellung von DDR und Ostdeutschland aus einer Nutzer- und Nutzerinnenperspektive (vgl. KOLLMORGEN 2008; AHBE/GRIES/SCHMALE 2009). Ausnahmen aber gibt es auch hier: Personen, die der eigenen Ost-Herkunft keinerlei Relevanz zuschreiben und jene, die sich stark von ihrer DDR-Vergangenheit abgrenzen, haben wenig bis gar nichts an den herrschenden Diskursen auszusetzen. Das Bewusstsein über einen stereotypisierenden, vereinfachenden DDR-Diskurs mag unterschiedlich stark ausgeprägt sein, lässt sich aber als häufig auftretendes Merkmal charakterisieren. Die Kritik bezieht sich dabei inhaltlich auf zwei Aspekte: auf die Thematisierung des Lebens in der DDR einerseits und auf die Darstellung des Vereinigungsprozesses andererseits.

DDR-Vergangenheit – und hier herrscht große Einigkeit unter den Ostberliner Interviewten – sei lange Zeit und gerade in den 1990er-Jahren undifferenziert und einseitig mit einem Fokus auf die Themen Stasi und DDR-Unrecht behandelt worden. Der Historiker Wolfgang Wippermann (2009) beschrieb diese thematische Zentrierung als »Stasi-Hysterie« und »Stasi-Fieber« (ebd.: 78). Er befand, dass historische Wahrheit zugunsten besserer Quoten und höherer Auflagen vernachlässigt wurde. Der ›IM‹, so Kowalczuk (2013), sei nach 1989 »zum Sinnbild des Bösen, des Verräters, des gemeinen Hundes schlechthin« (ebd.: 212f.) geworden.

Unter den Befragten besteht der Eindruck, die Verkürzung auf die dunklen Machenschaften des Staatsapparats sei zulasten anderer Aspekte des Lebens in der DDR gegangen. »Man hatte so den Eindruck, DDR war Stasi und sonst nichts«, erinnert sich eine Biologin, Jahrgang 1954.[77] Der normale Alltag sei in der Berichterstattung schlicht zu kurz gekommen. Es habe doch auch schöne Seiten gegeben, bekundet sie. Man war jung und habe geliebt, nicht anders als im Westen. Sie gehört zu denjenigen, die dem Staat dankbar waren, hebt im Gespräch hervor, wie großartig es gewesen sei, dass sich die »halbe Universität [einen] Kopf« gemacht habe, wie sie trotz Schwangerschaft ihr Studium beenden könne. Ein Werkzeugmacher, Jahrgang 1960, kritisiert ganz Ähnliches.[78] Er habe den Eindruck, dass es immer nur um Personen ginge, die eine Sonderstellung innehatten. Künstler oder Beamte und Lehrer etwa. Normale Arbeiter und Arbeiterinnen, wie er selbst einer war, würden nie zu Wort kommen. Sowieso würde die DDR immer so dargestellt, als ob es nur zwei Gruppen von Menschen gegeben hätte: Jene, die bei der Stasi waren und jene, die das Land um jeden Preis verlassen wollten. Typisch für einen diktaturzentrierten Erinnerungsmodus (vgl. SABROW 2009). »Und ich war aber nicht bei der Stasi. Ich habe keine Leute bespitzelt und ich wollte aber auch nicht fliehen«, sagt er. Es missfällt ihm, dass er sich und seine Geschichte nicht wiederfindet in der Öffentlichkeit.

»Es gab die Stasi und man muss darüber reden. Ganz viel, aber nicht nur«, sagt auch eine gebürtige Dresdenerin, Jahrgang 1958, die im Außenhandel der DDR tätig war und heute für das Bundeswirtschaftsministerium arbeitet.[79] Die Diskussion um die DDR als Unrechtsstaat gibt es bis heute, meint sie, sei aber in den 1990er-Jahren besonders extrem geführt worden.

77 Interview 78: Wissenschaftlerin, *1954, Ostberlin.
78 Interview 2: Werkzeugmacher, *1960, Ostberlin.
79 Interview 49: Ökonomin, *1958, Ostberlin.

Auch sie hätte die kritische Aufarbeitung damals gewollt. Dass aber der Eindruck entstanden sei, dass in der DDR kein normales Leben möglich gewesen wäre, stört sie.

Bei anderen stieß das Thema Stasi wiederum auf Interesse. Und zwar bei jenen, die selbst Erfahrungen mit Angehörigen ›der Firma‹ gemacht hatten. Ein Befragter, Jahrgang 1967, gibt an, sich für die Stasi-Thematik durchaus interessiert zu haben, weil er seine eigenen Erfahrungen widergespiegelt bekommen hätte.[80] Er sei im Alter von 17/18 Jahren von der Staatssicherheit befragt worden und sollte Informationen über seine Freunde preisgeben. Später fand er über seine Akte heraus, dass er angeworben werden sollte und, dass er phasenweise auch selbst überwacht wurde. Besonders erschüttert hat ihn, das Zeugnis seiner damaligen Partnerin in seiner Akte zu finden. Diese Vorgänge haben ihn im Nachgang lange beschäftigt, gibt er zu. Selbst dieser Mann allerdings meint, dass das Thema »ziemlich stark abgearbeitet« sei. Auch bei direkt Betroffenen, die hier Anknüpfungspunkte für die eigene Identitätsarbeit finden, ist demnach ein gewisser Ermüdungseffekt eingetreten.

Auffällig ist, dass die Befragten beim Thema Stasi zwischen fiktionaler und non-fiktionaler Bearbeitung zu unterscheiden scheinen. Spielfilme werden offenbar hinsichtlich anderer Kriterien bewertet als journalistische Formate. Befragte jeder Altersgruppe beschwerten sich über die Fokussierung auf den DDR-Geheimdienst in der journalistischen Auseinandersetzung mit der DDR. Dagegen stieß das Stasi-Drama *Das Leben der Anderen* (2006) im Wesentlichen auf Zuspruch. Obwohl doch auch in diesem Film, der 2007 sogar einen Oscar gewann, der Eindruck erweckt wird, es habe »einen Alltag jenseits von Tristesse und Unterdrückung« (SEEGERS 2008: 25) nicht gegeben. Der Film suggeriert, dass das alltägliche Leben eng mit dem »Überwachungs- und Repressionsapparat« (WOLLE 2006: 498) des Systems verwoben war. Er fügt sich damit ideal in das offizielle geschichtspolitische Narrativ der Bundesrepublik ein und kann in dieser Hinsicht als ein weiterer Versuch verstanden werden, die »DDR zu delegitimieren« (MÜHLE 2006: 12). Es handele sich bei dem Film um eine westdeutsche Projektion auf das fremde Andere, so der Historiker Thomas Lindenberger (vgl. 2008: 563). Aus Sicht eines Großteils der Befragten ist *Das Leben der Anderen* aber ein gut gemachter Film. Eine Befragte etwa lobte die schauspie-

80 Interview 4: IT-Mitarbeiter, *1967, Ostberlin.

lerische Leistung des Hauptdarstellers Ulrich Mühe. Dass der Film voller »historischer Schnitzer« (WOLLE 2006: 498) sei, erwähnten die Befragten nicht. Donnersmarck habe es an »Willen und Wissen« gemangelt, stellte Historiker Jens Gieseke (2008: 582) fest. *Das Leben der Anderen* stieß trotz der historischen Ungenauigkeiten und seiner altbundesrepublikanischen Geschichtsauslegung auf Resonanz unter den befragten Ostberlinern und Ostberlinerinnen. Der Journalistin und Autorin Jana Hensel wäre demnach nicht unbedingt zuzustimmen, wenn sie behauptet, dass die ostdeutsche Gesellschaft genau registriert habe, dass der Film von Westdeutschen gemacht wurde und dieser Umstand ein »berechtigtes Unbehagen« (FOROUTAN/HENSEL 2020: 201) hervorgerufen hätte. Offensichtlich waren hier andere Dinge wichtiger. Etwa, dass der Film den »klassischen Gesetzen des Melodrams« (SUCHSLAND 2006) folgt und damit »immer spannend« und »oft bewegend« sei (ebd.). Das Publikum fühlt sich von solch einem »kühl kalkulierte[n] Industriekino« (ebd.) offensichtlich angesprochen. Dass der Film auch in Ostdeutschland erfolgreich war, könnte andererseits auch daran liegen, dass die allermeisten DDR-Bürger und DDR-Bürgerinnen nicht mit dem Geheimdienst involviert waren (auch, wenn die Rede von der DDR als ›Stasi-Staat‹ das gern suggeriert), dementsprechend kein Identifikationspotenzial sahen und den Film nicht zuvorderst aus dem Motiv der Identitätsarbeit heraus rezipierten.[81] Ein Lehrer aus Pankow, Jahrgang 1959, räumt ein, dass er *Das Leben der Anderen* gern gesehen habe, »weil er gut gemacht ist«.[82] Ergänzt aber im Folgesatz, dass es sich hier um einen »Propagandafilm« handele, der ebenfalls nicht »ohne diese blödsinnigen Dämonisierungen« auskomme, die auch sonst in den Medien zu finden seien. Er beschwert sich darüber, dass die ständige »Verkürzung auf unsere furchtbaren politischen Führer und dieses komische System« der gesellschaftlichen Wirklichkeit doch gar nicht nahekomme. Als Lehrer verfügte er über ein breites Medienrepertoire, hat also auch die DDR-Berichterstattung unweigerlich verfolgt und wurde selbst nach 1989 mit dem Vorwurf konfrontiert, Träger des ›Unrechtsstaates DDR‹ gewesen zu sein. Das mag erklären, warum gerade er den Subtext des Films aufgreift und ihm eine propagandistische Absicht zuspricht, die von den allermeisten Befragten

81 Kowalczuk (2013) spricht von »Schieflagen« und »medialen Verzerrungen« nach 1989, die den Anschein erweckt hätten, dass »praktisch jeder und alles im Visier der Stasi gestanden hätte« (ebd.: 356).

82 Interview 54: Lehrer, *1959, Ostberlin.

nicht beanstandet wird. *Good Bye, Lenin!* (2003) habe als Komödie dagegen einen viel besseren Unterton gefunden, um das Leben in der DDR zu verhandeln, meint er. Dort seien die Dinge zwar auch überspitzt dargestellt worden, allerdings ohne jemanden zu »denunzieren«.

Good Bye, Lenin! und *Sonnenallee* (1999) sind Filme, die unter den Befragten noch heute positiv erinnert werden. Beide spülten ordentlich Geld in die Kinokassen. Darin findet das Publikum einen humoristischen Blick auf DDR-Alltagskultur. In beiden Filmen sind verschiedene »cultural markers« (COOKE 2005: 131) zu sehen. Dinge, wie aus der DDR bekannte Musik oder ein spezifischer Sprachgebrauch, der sich von dem des Westens unterscheidet. Menschen, die in der DDR gelebt haben, finden hier Anknüpfungspunkte für die eigene Identitätsarbeit. Sie erkennen sich wieder und es ist ihnen erlaubt, sich an ihre Jugend zu erinnern, ohne dass der primäre Fokus auf der Unterdrückung durch das politische System liegt. Der Vorwurf der Ostalgie, dem sich beide Produktionen durch Feuilleton und Forschung gleichermaßen ausgesetzt sahen (vgl. ZIEGENGEIST 2011; BROCKMANN 2020), ist dennoch nicht unwidersprochen stehenzulassen. Denn in *Sonnenallee* geht es um das entbehrungsreiche Leben im Schatten der Mauer. In *Good Bye, Lenin!* ist es schließlich die staatliche Gewalt gegenüber den friedlichen Demonstrierenden am 7. Oktober 1989, die die Mutter des Protagonisten in ein Koma fallen lässt (vgl. LINDENBERGER 2008: 559). Außerdem ist die Flucht des Vaters in den Westen als Nebenhandlung dauerhaft präsent. Dennoch unterscheiden sich diese Filme von Produktionen, die den repressiven Charakter des Systems zu ihrem Hauptgegenstand erklären. Dies ist übrigens kein Phänomen längst vergangener Zeiten, wie man annehmen könnte. *Nahschuss* (2021), *Ballon* (2018) und *Das schweigende Klassenzimmer* (2018) etwa können hier exemplarisch als aktuellere Produktionen genannt werden, die ein »Diktatur-Gedächtnis« (SABROW 2009: 18) reproduzieren. Der Architekt, Jahrgang 1957, der sein Verhältnis zur DDR rückblickend als komplex beschreibt und der selbst Verwandte hatte, die im »Stasi-Knast« saßen, erinnert sich noch sehr genau an *Sonnenallee*.[83] Der Film spielt in den 1970er-Jahren, zu einer Zeit also, in der der Interviewte dasselbe Alter hatte wie die Protagonisten. Er wird sich dementsprechend mit ihnen identifiziert haben können. Vor allem die Worte am Ende des Films hätten tief in sein Inneres getroffen. Dort

83 Interview 70: Architekt, *1957, Ostberlin.

resümiert einer der Hauptcharaktere: »Es war einmal ein Land, und ich hab dort gelebt. Wenn man mich fragt, wie's war: Es war die schönste Zeit meines Lebens, denn ich war jung und verliebt.«[84] Hierin zeigt sich eine »De-Exotisierung« (COOKE 2005: 112) ostdeutscher Erfahrung. Es wird eine universell gültige Coming-of-Age-Geschichte erzählt. Die Handlung hätte sich so oder so ähnlich auch an jedem anderen Ort abspielen können. In den Schlussworten kommt diese Allgemeingültigkeit pointiert zum Ausdruck. Gleiches ließe sich über *Good Bye, Lenin!* behaupten. Drehbuchautor Bernd Lichtenberg gab in einem Interview mit der FAZ zu verstehen, es sei ihm nicht darum gegangen, die Wiedervereinigung filmisch aufzuarbeiten. Er wollte vielmehr eine Familiengeschichte erzählen (vgl. FUNCK 2003). Es lässt sich gewiss darüber streiten, inwiefern *Sonnenallee* und *Good Bye, Lenin!* zu einer Differenzierung des öffentlichen DDR-Bildes beigetragen haben. Unter den Ostberliner Befragten aber stellen sie positive Erinnerungsorte dar. Der eben zitierte Architekt spricht den Filmen schließlich gar zu, dabei geholfen zu haben, »die Wende mitzuvollziehen«.

Nicht nur der Fokus auf die Stasi wird von den Interviewten bemängelt. Ganz grundsätzlich wird kritisiert, dass die DDR (und das Leben in diesem Land) immer in einem schlechten Licht dargestellt werden. Positive Aspekte habe man unter den Tisch fallen lassen. Eine Zahnärztin, Jahrgang 1964, geboren in Sankt Petersburg, prangert an, dass zwar Mauertote in den Medien auftauchen würden, ostdeutsche Erfolgsgeschichten, von denen es viel mehr gebe, hingegen keinen Platz hätten.[85] Geschichten wie die ihrige. Denn das Fundament für ihren heutigen Erfolg, so sagt sie, sei doch zu 100 Prozent in der DDR gelegt worden. Sie fordert öffentliche Aufmerksamkeit für solche Biografien. Und zwar nicht nur im MDR, sondern auch in den »großen staatlichen Sender[n]«. Nur dort würde schließlich ein ausreichend großes Publikum erreicht. Diese Aussage ist Beleg dafür, dass die Frau über Mediensystemwissen verfügt und illustriert gleichzeitig, dass ihre Kritik an der herrschenden DDR-Darstellung in vermuteten gesellschaftlichen Medienwirkungen begründet liegt.

Die Art der tendenziösen und aufs Negative verkürzten DDR-Darstellung erklären sich einige der Befragten mit der Tatsache, dass nun mal der Sieger die Geschichte schreibe. Diese Einschätzung offenbart nicht nur, dass

84 Haußmann, L. (Regie). (1999). Sonnenallee [Film]. Boje Buck Produktion.
85 Interview 14: Zahnärztin, *1964, Ostberlin.

das Ende des realsozialistischen Staates offensichtlich als Niederlage empfunden wurde. Es zeigt auch, dass der Eindruck einer westlichen Medienhegemonie besteht. Ein Polizist, Jahrgang 1942, der einige Jahre nach der Wende gezwungen war, vorzeitig in den Ruhestand zu gehen, merkt dementsprechend an, dass die Berichterstattung anders sei, sobald Menschen beteiligt sind, die selbst in der DDR aufgewachsen seien.[86] Er staune dann manchmal, »wie positiv so eine Sendung sein kann«.

Der Soziologe Karl Mannheim (1952) wies einst auf die Seinsverbundenheit des Wissens hin. Was wir denken, wie wir Dinge wahrnehmen, hängt von unseren Lebensumständen ab. Dementsprechend gehen auch Medienmacher und Medienmacherinnen mit ihrem eigenen Sozialisationshintergrund, ihren eigenen Biografien an Themen heran. Ein Journalist oder eine Journalistin, die aus der DDR stammt, wird das Leben dort anders beschreiben als jemand, der sein Wissen nur aus Medienberichten und sporadischen Besuchen hat. In den Medien braucht es also Personen, die über ein spezifisches Wissen verfügen oder aber die zumindest Interesse haben, sich dieses Wissen anzueignen und einen entsprechenden Zugang dazu haben. Nach der Wende aber verfügten westdeutsche Journalisten und Journalistinnen über Deutungsmacht. Deren Ansichten galten – anders als die derjenigen mit DDR-Biografie – als objektiv und kulturell überlegen (vgl. HÖRSCHELMANN 2007: 466). Auch über dreißig Jahre nach der Vereinigung sind Ostdeutsche nur unzureichend in den gesamtdeutschen Elitepositionen vertreten. Das gilt insbesondere für den Bereich der Massenmedien. In den 13 großen Regionalzeitungen der östlichen Bundesländer ist der Anteil Ostdeutscher in den Chefredaktionen zwischen 2016 und 2022 sogar noch gesunken – von 62 Prozent auf 43 Prozent. Bei den auflagenstärksten überregionalen Zeitungen und Zeitschriften sind lediglich zwei Ostdeutsche in den Chefredaktionen vertreten, jeweils beim *Focus* und beim *Neuen Deutschland*. Was den Anteil Ostdeutscher auf der Leitungsebene des öffentlich-rechtlichen Rundfunks betrifft, so ist dieser von 17 Prozent im Jahr 2004 auf 31 Prozent im Jahr 2022 gestiegen (vgl. SCHÖNHERR/ANTUSCH/JACOBS 2022: 17ff.). Mit Karola Wille übernahm erstmals 2011 eine Ostdeutsche die Intendanz einer ARD-Rundfunkanstalt – 21 Jahre nach Vollzug der deutschen Einheit. Laut einer Erhebung des *medium magazins* (vgl. HAEMING 2019) werden auch an den großen deutschen Journalisten-

86 Interview 47: Polizist, *1942, Ostberlin.

schulen nur wenige Personen ostdeutscher Herkunft ausgebildet.[87] Der Blick auf den Berliner Zeitungsmarkt bestätigt die Tendenz einer Unterrepräsentation Ostdeutscher. Ob *Morgenpost*, *Tagesspiegel* oder BZ – Westdeutsche übernehmen hier die Chefredaktion (Stand Juni 2022). Auch die Geschicke der Blätter mit DDR-Wurzeln wie *Berliner Kurier*, *Junge Welt* oder *Berliner Zeitung* wurden zeitweise von Westdeutschen gelenkt, die dort leitende Positionen einnahmen (vgl. KAPITZA 1997a; BRAUNS 2022: 8). Ebenso stammt die Intendanz des RBB, inklusive die des ORB bis zu diesem Tage ausschließlich aus Westdeutschland.[88]

Warum aber sind Ostdeutsche in der massenmedialen Elite dermaßen unterrepräsentiert? Der Grundstein dafür wurde bereits vor der Wiedervereinigung gelegt. Kollmorgen (2020) konstatiert, dass die alten bundesrepublikanischen Eliten danach strebten, ihre Machtpositionen zu konservieren und kein Interesse daran hatten, diese mit Ostdeutschen zu teilen (ebd.: 38). Auch die Verkaufspolitik der Treuhandanstalt spielt hier eine Rolle. Die SED-Zeitungen beispielsweise wurden an westdeutsche Medienkonzerne verkauft. Springer, Burda, Bauer und G + J teilten das Gebiet der DDR schon 1990 unter sich auf, um größtmögliche Profite auf dem sich neu eröffnenden Markt zu erzielen (vgl. TRÖGER 2019). Es ist unter anderem diese Einbindung der Regionalzeitungen in westdeutsche Verlagshäuser, die dazu geführt hat, dass Ostdeutsche weniger häufig in leitenden Positionen anzutreffen sind. Die Deutung der Ostdeutschen in den massenmedialen Diskursen nach 1990 als inferiore und zurückgebliebene Gruppe bedingte, dass Ostdeutsche seltener von westdeutschem Führungspersonal rekrutiert worden sind (vgl. KOLLMORGEN 2020: 40f.). Wenn schon die ostdeutschen Regionalzeitungen nicht von Ost-Sozialisierten geleitet werden, so scheint das bei den überregionalen Tageszeitungen, die ihren Sitz bis auf die Ausnahmen ND und *Junge Welt* allesamt im Westen

87 An der Hamburger Henri-Nannen-Schule beispielsweise kamen im Jahrgang 2018/2019 zwei von 16 Schülern und Schülerinnen aus dem Osten. Auch am ifp München und der Kölner Journalistenschule waren Ostdeutsche mit einem Verhältnis von 34:2 beziehungsweise 18:2 in der Minderheit. In den Klassen der Springer Akademie kamen von insgesamt 71 Schülern und Schülerinnen fünf aus einem ostdeutschen Bundesland (vgl. HAEMING 2019).

88 Von 1991 bis zur Senderfusion von SFB und ORB im Jahr 2003 hatte Hansjürgen Rosenbauer die Intendanz des ORB inne. Ihm folgte Dagmar Reim. 2016 wurde Patricia Schlesinger zur Intendantin des RBB berufen. Schlesinger wurde im August 2022 aufgrund des Verdachts von Untreue und Vorteilsnahme fristlos entlassen. Ihre Nachfolge trat Katrin Vernau als Interims-Intendantin an. Im September 2023 übernahm Ulrike Demmer, die gebürtig aus Solingen stammt, die Intendanz des RBB.

der Republik haben, noch unwahrscheinlicher. Wie in den Medien über die DDR und Ostdeutschland gesprochen wird, hängt also letztlich auch von Besitzverhältnissen ab (vgl. Medientage Mitteldeutschland 2020). Dieser Zusammenhang, der in Giddens' Strukturationstheorie abstrakt angelegt ist, nämlich, dass »Signifikationsstrukturen nur analytisch von Herrschaft und von Legitimation trennbar sind« (GIDDENS 1992: 86) kommt hier ganz praktisch zum Tragen. Wer die nötigen Ressourcen mobilisieren kann, wirkt auf die Signifikationsstrukturen ein (vgl. ebd.: 84ff.).

Das Bewusstsein für fehlende ostdeutsche Perspektiven scheint bei den überregionalen Medien nur langsam anzukommen. Die damalige Chefredakteurin von *ze.tt*, einem Ableger von *Zeit Online*, der sich an junge Erwachsene richtete, Marieke Reimann (2018), klagte, dass es »zu wenig Ossis in deutschen Redaktionen« gebe. *Die Zeit* etwa stellte mit Christoph Dieckmann im Herbst 1991 einen Ost-Redakteur ein. Der wurde allerdings schon im Vorstellungsgespräch darauf hingewiesen, er möge »nicht als Ostdeutscher schreiben« (DIECKMANN 1998: 223). *Die Zeit* ist es aber auch, die sich als einziges überregionales Medium explizit an eine ostdeutsche Leserschaft wendet. Seit 2013 erscheint mit der *Zeit im Osten* ein eigener Regionalteil für die fünf ostdeutschen Bundesländer, der in Leipzig gefertigt wird (vgl. SCHACHT 2013).[89] Die großen überregionalen Leitmedien wie *Spiegel*, FAZ und *Süddeutsche Zeitung* aber schreiben noch immer aus dem Westen über den Osten. Eigene Büros im Osten und mehr ostdeutsches Personal hätten die Akzeptanz der überregionalen Presse in Ostdeutschland erhöhen können, so die Einschätzung des Medienforschers Hans-Jörg Stiehler in einem Interview mit Lutz Mükke (vgl. MÜKKE 2010: 254). Diese Einschätzung klingt plausibel, scheint es doch unter anderem die Berichterstattung über die DDR zu sein, die Ostdeutsche davon abhält, zu den großen überregionalen Blättern zu greifen. Darauf deutet immerhin die Aussage eines Arztes hin, der christlich erzogen wurde und – wo möglich – auf Distanz zum Staat ging.[90] Auch er, dem nicht zu unterstellen ist, die DDR retrospektiv zu verklären, sieht das DDR-Bild dieser Medien kritisch. So erinnert er sich, dass er den *Spiegel* in Ungarn »nächtelang gelesen« habe,

89 Der Germanist Dirk Oschmann kritisierte wiederum in seiner Streitschrift *Der Osten: eine westdeutsche Erfindung* (2023), dass die Beilage lediglich in den ostdeutschen Bundesländern erscheint und sprach dahingehend von einer »Sonderzonenberichterstattung« (ebd.: 22) mit der die Ost-West-Spaltung zementiert werde.

90 Interview 82: Arzt, *1960, Ostberlin.

wenn Freunde aus dem Westen ihn mitbrachten. Nach der Wende aber sei ihm aufgefallen, dass »zum Teil extrem einseitig« geschrieben worden sei. DDR-Vergangenheit und DDR-Bürger wie DDR-Bürgerinnen seien nur durch eine »Stasi-Brille« betrachtet worden. Er fühlte sich dadurch »zurückgesetzt und falsch wahrgenommen«. Immerhin sei der »Alltag in der DDR natürlich nicht Stasi« gewesen. Diese Beobachtung hat sein Verhältnis zur Zeitschrift über Jahre geprägt, erst seit Kurzem liest er sie wieder.

Die verschiedenen Erzählungen und konkurrierenden Deutungen um 1989 sind bekannt (vgl. HARTMANN/LEISTNER 2019; GANZENMÜLLER 2021; JESSEN 2021). Das Jahr des Mauerfalls ist schon immer ein »ambivalente[r] Erinnerungsort« (SABROW 2019: 29) gewesen. Das staatliche Gedenken wird bis heute vom Blickwinkel der ›friedlichen Revolution‹ und deutschen Vereinigung aus erzählt (ebd.). Diesem staatlich gestützten Narrativ steht die Erinnerung an einen ›dritten Weg‹ gegenüber, die öffentlich nicht stattfindet (vgl. SABROW 2015: 14f.). Die Runden Tische spielen in der »nationalen Meistererzählung« (GANZENMÜLLER 2021: 17) keine Rolle. Dass die Mitglieder der Bürgerbewegung auf die Erneuerung, nicht auf die Abschaffung der DDR hinarbeiteten, wird von Politik und Medien gern unter den Teppich gekehrt. Die Bevölkerung strebte keinesfalls sofort nach dem Mauerfall die Einheit an. Noch im Dezember 1989 waren 71 Prozent der befragten DDR-Bürger und -Bürgerinnen der Meinung, dass die DDR ein eigenständiger Staat bleiben solle (vgl. 98 Prozent 1989: 89). Die schon von Meyen (2013) beschriebene Spaltung zwischen kulturellem und kommunikativem Gedächtnis finden wir also nicht nur in Bezug auf die Erinnerung an die DDR, sondern auch hinsichtlich der Vorgänge rund um Mauerfall und Wiedervereinigung.

Die Berichterstattung zur Einheit und zur DDR-Vergangenheit beschränkt sich zunehmend auf die Jubiläen und Gedenktage (vgl. MEDIA TENOR 2016: 2). Durch einen solchen Fokus werde ein »verengtes Geschichtsverständnis« befördert und alternative Erzählungen ausgeblendet, so der Historiker Frank Bösch (2020a: 30). Eben jene verengte Darstellung der Ereignisse ist es, die unter Ostberlinern und Ostberlinerinnen auf Kritik stößt. Ein Bauarbeiter, Jahrgang 1954, der darüber nachdachte, gemeinsam mit seiner Familie auszureisen, hat den Eindruck, dass die Eventberichterstattung von Jahr zu Jahr verkürzter daherkommt.[91] Er macht dann auch die

91 Interview 66: Bauarbeiter, *1954, Ostberlin.

Medien dafür verantwortlich, dass sich in den Köpfen vieler jüngerer Leute festgesetzt hätte, die Menschen seien 1989 auf die Straße gegangen, weil sie die Wiedervereinigung wollten. Es wird zu wenig darüber informiert, wie sich die Menschen organisiert hätten, um »dann doch noch politisch ein anderes System zu schaffen«, sagt auch eine Physiotherapeutin, Jahrgang 1967.[92] Sie war jahrelang in der Kirche aktiv, flüchtete aber noch im Jahr des Mauerfalls nach Westberlin. Der Gedanke liegt nahe, dass sie die Bemühungen der Kirchenvertreter und Kirchenvertreterinnen gern medial gewürdigt sehen würde. Daniela Dahn hat in einer Analyse der damaligen Berichterstattung ab Herbst 1989 nachvollziehen können, dass die Presse von Beginn an die nationale Einheit anvisiert hat (vgl. DAHN/MAUSFELD 2020). Die Erzählung, nach der es aufgrund von Massenabwanderungen, einer nicht wettbewerbsfähigen DDR-Wirtschaft und der Forderung nach der D-Mark keinen anderen Weg als die Einheit gegeben habe, hat nach wie vor öffentliche Geltungsdominanz.

Dass diese Geschichtserzählung im Widerspruch zur privaten Erinnerung stehen können, illustrieren die Interviews. So ist eine ehemalige Pressesprecherin einer großen Freizeiteinrichtung und studierte Russischlehrerin, Jahrgang 1955, der Meinung, dass man aufhören solle, mit der alljährlichen Beweihräucherung.[93] Die Frau, die bis heute das ND abonniert hat, sagt von sich selbst, dass sie in einem »ziemlich kommunistisch geprägten« Haushalt aufgewachsen sei. Sie hat ein Problem mit dem Begriff der Wiedervereinigung. Das Ganze sei schließlich ein Beitritt der DDR zur BRD gewesen. Ihre kritische Haltung zur Vereinigung mag auch darin begründet liegen, dass sie die Folgen des politischen Umbruchs am eigenen Leib zu spüren bekam. Nicht nur sie, sondern auch ihr Mann wurde arbeitslos. Ihre Ehe ging in die Brüche. Sie hatte das Gefühl, den Halt zu verlieren, sagt sie. Es ärgert sie außerdem, dass Journalismus und Wissenschaft ihr vorschreiben wollen würden, wie sie ihr eigenes Leben zu bewerten habe »und nicht begreifen, wie vielschichtig« das Leben in der DDR doch gewesen sei. Sie ist es leid, an den Jahrestagen immer dieselben Bilder zu sehen, wie etwa Genscher auf dem Balkon der Prager Botschaft. Was sie stört, ist vermutlich die Tatsache, dass jene Bilder einen Versuch der »Re-Emotionalisierung« (FRÜH et al. 2011: 61) darstellen, die das glück-

92 Interview 73: Physiotherapeutin, *1967, Ostberlin.
93 Interview 64: Pressesprecherin, *1955, Ostberlin.

liche Gelingen der ›Friedlichen Revolution‹ betonen, die aber die negativen Konsequenzen der Einheit, die sie selbst und ihr Umfeld zu spüren bekamen, vollkommen ausblenden.

Auch wenn die Art und Weise, wie DDR und deutsche Einheit medial verhandelt werden, quer durch die Ostberliner Befragten auf Kritik stößt – beileibe nicht jeder und jede sieht darin ein Problem. Eine Pankowerin, Jahrgang 1953, die der Kirche angehörte und schließlich auch aktiv an der Gründung des Neuen Forums mitwirkte, stört sich vielmehr daran, dass die Berichterstattung über die DDR »immer milder« werde.[94] Es gäbe Tendenzen, einen »Weichzeichner« über die Geschichte zu legen. Die Frau hatte nach der Wende schnell einen Job in Westberlin und fühlte sich dort sehr willkommen. Diese Zeit beschreibt sie rückblickend als die »interessanteste« in ihrem Leben, in der sie »einfach nur glücklich« gewesen sei. Die Frau, die also in einem oppositionellen Milieu unterwegs war, störte sich dann auch nicht an den ständigen Stasi-Enthüllungen und interessierte sich für die Aufarbeitung der »Regierungskriminalität«, wie sie zu verstehen gibt.

Es hat sich gezeigt, dass vor allem Menschen, die bereits vor der Wende eine hohe Westbindung aufwiesen, die in der DDR oppositionellen Gruppen angehörten oder die ihren Lebens- oder Arbeitsmittelpunkt nach der Wende zügig nach Westberlin verlagert hatten, wenig am medialen DDR-Bild auszusetzen haben. Damit bestätigt sich, dass die Wahrnehmung des DDR- und Ostdeutschlanddiskurses nicht als losgelöst von materiellen Lebensbedingungen und sozialen Beziehungen zu betrachten ist. Das alltägliche Handeln der Akteure wird schließlich immer auch durch die zur Verfügung stehenden Ressourcen (und Regeln) geprägt (vgl. GIDDENS 1992: 77).

Diejenigen, die mit der DDR positive Erinnerungen verbinden, die vor 1989 keine materiellen Sorgen hatten und sich weitestgehend wohlgefühlt haben, nach der Wende aber mit beruflicher Unsicherheit und Abwertungserfahrungen konfrontiert wurden, stehen dem hegemonialen DDR-Diskurs dagegen besonders kritisch gegenüber. Aber nicht nur dort gibt es Beschwerden. Selbst, wo der Mauerfall als Befreiungsschlag erachtet wurde, bemerkte man mehr und mehr Verzerrungen und Einseitigkeiten in der Berichterstattung. Das war vor allem bei denen der Fall, die den Wiedervereinigungsprozess über publizistische Medien verfolgten und

94 Interview 80: Diplomingenieurin, *1953, Ostberlin.

politisch interessiert waren, wie etwa der Hörfunk-Redakteur, Jahrgang 1961, oder der vormalige Druckereinangestellte, Jahrgang 1964, der sich nach der Wende beruflich ausprobierte.

Insgesamt, so der allgemeine Eindruck der diesbezüglich kritischen Befragten, sei die Berichterstattung über die DDR und den Osten heute etwas neutraler und differenzierter als noch in den 1990er-Jahren. Diese Wahrnehmung mag damit zu begründen sein, dass schlicht weniger über DDR und Ostdeutschland berichtet wird. Folgt man einer inhaltsanalytischen Erhebung (vgl. MEDIA TENOR 2016), spielen die DDR-Vergangenheit und die deutsche Einheit außerhalb der Gedenktage in den Leitmedien »keine nennenswerte Rolle mehr« (ebd.: 2). Die Autoren konstatieren ein Desinteresse von Politik und Journalismus an den Vorgängen im Osten der Republik (ebd.). Staatliche Unterdrückung sowie die Wende als positiver Fluchtpunkt prägen den Blick der Meinungsführer-Medien (vgl. MEDIA TENOR 2014: 5). Gerade über Ostdeutschland wurde und wird dort noch heute anders berichtet als über den Westen. Eine Studie zum Bild Ostdeutschlands in *Spiegel* und *Zeit* aus den Jahren 2006/2007 (vgl. LASSLOP 2010) beispielsweise offenbart, dass die Berichterstattung auch 15 Jahre nach der Einheit noch von Ost-West-Gegensätzen bestimmt war. Der Osten sei an der westdeutschen Norm gemessen und dabei als ungenügend bewertet worden. Zudem hätten »negativ konnotiert[e] Überschriften überkommene Klischees« (ebd.: 206) bedient. Seit der Jahrtausendwende wird Ostdeutschland außerdem zunehmend im Zusammenhang mit Rechtsextremismus erwähnt – von westdeutschen Zeitungen und Zeitschriften häufiger als durch die ostdeutsche Presse (vgl. STAWOWY 2020). Die Berichterstattung über Pegida und Co. habe zur Verdrängung positiver Meldungen geführt (vgl. MEDIA TENOR 2016: 2). Die Medienforscherin Antje Glück (2021) findet dagegen, dass eine Transformation der medialen Diskurse über den Osten »in vollem Gange« (ebd.: 96) sei. Sie kann hier allerdings lediglich für die Berichterstattung der *Zeit im Osten* sprechen, wo sich eine jüngere Generation von Journalisten und Journalistinnen ostdeutscher Herkunft um Differenzierung und neue Perspektiven bemüht. Allerdings, so Glück, blieben »elitennahe Diskurse bezüglich des negativen Erbes des DDR-Systems relativ unangetastet« (ebd.). Alles in allem scheinen gerade die überregionalen, westdeutschen Medien an ihren bewährten Berichterstattungsmustern nichts Grundlegendes verändert zu haben.

Es ergibt dann auch Sinn, dass *Süddeutsche Zeitung*, FAZ und Co. unter den Ostberliner Befragten noch immer nur mäßigen Zuspruch finden.

Ausprobiert wurden sie zwar, nachhaltig überzeugen konnten sie nicht. 2020 etwa setzte die FAZ nur 3,4 Prozent der verkauften Gesamtauflage in ostdeutschen Bundesländern um, die *Süddeutsche Zeitung* nur etwa 2,5 Prozent. Mit 25.000 verkauften Abos bei einer wöchentlichen gesamtdeutschen Auflage von 642.000 Exemplaren ist auch das Interesse am *Spiegel* im Osten (exklusive Berlin) nicht überbordend (vgl. MÜKKE 2021: 28). Die Annahme ist wohl berechtigt, dass die Publikationen auch aufgrund ihrer Identitätsangebote im Osten abgelehnt werden. Dort greift man vermutlich eher auf Zeitungen und Zeitschriften zurück, die (wenn auch nur vermeintlich) in einer Art und Weise berichten, die sich besser mit dem eigenen Selbstbild vereinbaren lässt. Zu jenen gehört offenbar auch die *Berliner Zeitung*.

Im Osten liest man die Berliner

Im Berlin der 1990er-Jahre konkurrierte eine Vielzahl von Medienangeboten um die Gunst des Hauptstadtpublikums. 1997 etwa konnten die Berliner Mediennutzenden aus 10 Tageszeitungen, 25 Radioprogrammen und 31 Fernsehsendern wählen (vgl. HELD 1997). Im Jahr 2003 standen den Berlinern und Berlinerinnen inklusive aller Tages-, Sonntags- und Wochenzeitungen sowie Stadtmagazine und Anzeigenblätter insgesamt 64 lokale und regionale Presseangebote zur Verfügung und damit weit mehr als in anderen Gebieten Deutschlands (vgl. KAUTTER 2007: 97). Nach der Wiedervereinigung begann eine Zeit der »publizistischen Aufrüstung« (HACHMEISTER/KRAMP/WEICHERT 2017: 708). Der Berliner Zeitungsmarkt glich einem »Haifischbecken« (OLDEN 1992: 111). In der unmittelbaren Nachwendezeit hatten vor allem die überregional erscheinenden DDR-Titel einen drastischen Verlust der Abonnentenzahlen zu verzeichnen. 1990 etwa ging das NDPD-Zentralorgan, die *National-Zeitung* ein, das LDPD-Blatt *Der Morgen* und die FDGB-Zeitung *Tribüne* wurden im Laufe des Jahres 1991 eingestellt (vgl. FISCHER 1993: 72). Seit 1994 existieren mit der *Jungen Welt* und dem *Neuen Deutschland* nur noch zwei überregionale Tageszeitungen mit DDR-Wurzeln (vgl. KAPITZA 1997a: 189). BZ, *Neues Deutschland* und auch die *Berliner Zeitung* konnten – entgegen dem Trend – mit nur leichtem Rückgang den Großteil ihres Publikums in den ersten Jahren nach der Wende halten (vgl. HELD/SIMEON 1994: 167).

Die Historie der *Berliner Zeitung* zeichnet sich seit den 1990er-Jahren durch häufige Eigentümerwechsel aus. Sie war eine von 39 Tageszeitungen, die vor 1989 in der DDR im Umlauf waren. Die Erstausgabe erschien am 21. Mai 1945. Damit war sie nach der *Täglichen Rundschau* die zweite Tageszeitung, die nach Kriegsende in Berlin publiziert wurde (vgl. KAPITZA 1997a: 69). Zunächst von der Roten Armee herausgegeben, ging sie als Teil der Berliner Verlags GmbH 1947 in den Besitz der SED-eigenen Zentrag über, bis sie schließlich im Sommer 1990 an ein Joint Venture des Hamburger Verlags G + J und des britischen Verlegers Robert Maxwell verkauft wurde. G + J begab sich nach einem relativ erfolglosen, dafür kostenintensiven Relaunch im Jahr 1997 auf die Suche nach potenziellen Käufern. 2002 kündigte die Verlagsgruppe Georg von Holtzbrinck an, den Berliner Verlag übernehmen zu wollen. Das Kartellamt, das sich schon Ende 2002 gegen den Erwerb des Verlags durch Holtzbrinck ausgesprochen hatte, untersagte den Kauf 2004 endgültig, sodass ein Jahr später schließlich die Mecom-Group um Investor David Montgomery neue Eigentümerin des Verlags wurde. Anfang 2009 wiederum erwarb M. DuMont Schauberg den Berliner Verlag für 152 Millionen Euro (vgl. NEHRLICH 2019: 17). Seit der Wende sind der Verlag und sein publizistisches Flaggschiff, die *Berliner Zeitung*, durch viele Hände gegangen. Keiner der Eigentümer hatte dabei einen Ost-Hintergrund. Erst seit dem Verkauf an das Unternehmerehepaar Silke und Holger Friedrich im Jahr 2019 gehört der Verlag wieder Eigentümern ostdeutscher Herkunft. Friedrich wurde damit der erste ostdeutsche Zeitungsverleger seit der Wiedervereinigung (vgl. KNUTH 2021: 24). Trotz der unbeständigen Eigentümerverhältnisse und der damit einhergehenden Veränderungen in der Blattlinie, blieb die *Berliner* für viele Leser und Leserinnen über die Wendezeit hinweg bis heute eine treue Begleiterin. Woran liegt es, dass das Blatt trotz der vielen Konkurrenzangebote *die* Zeitung der Ostberliner und Ostberlinerinnen geblieben ist?

Dass viele auch nach dem Systemwechsel weiterhin zur *Berliner Zeitung* griffen, obwohl sie sich ungehindert aus dem nun zugänglichen westlichen Presseangebot bedienen konnten, das seit jeher für sich in Anspruch nimmt, politisch unabhängig und objektiv zu berichten, hatte verschiedene Gründe. Oftmals wurde die *Berliner Zeitung* schlichtweg aus Tradition heraus gelesen – weil bereits die Eltern ein Abonnement hatten und man damit groß geworden war. Ein Werkzeugmacher, Jahrgang 1960, hatte zwar nach der Wende keine Tageszeitung mehr abonniert, kaufte sich aber im Fall der Fälle die *Berliner*.[95] Die sei schon zu Ostzeiten relativ breit gewesen

95 Interview 2: Werkzeugmacher, *1960, Ostberlin.

und habe ein »tolles Feuilleton« gehabt. Die *Berliner Zeitung* war so »ein bisschen Vertrautheit«, sagt ein Radioredakteur, Jahrgang 1961.[96] Zwischen der *Berliner Zeitung* und ihren Lesern und Leserinnen besteht eine historisch gewachsene Verbundenheit, die auch auf der Gewissheit basiert, eine gemeinsame Vergangenheit zu haben. Die Interviewten beschreiben hier ein Gefühl der Vertrautheit, das sich wohl aus der beobachteten Verwendung ostspezifischer kultureller und sprachlicher Codes speist.

Das Blatt hat eine DDR-Geschichte und wurde auch nach der Wende noch als ›Stimme des Ostens‹ wahrgenommen. Das ist mit Blick auf die Entwicklung des Mediums seit dem Mauerfall nicht unbedingt selbstverständlich. Im Herbst 1990 ernannte G + J Erich Böhme zum Herausgeber der *Berliner Zeitung*. Der langjährige Chefredakteur des *Spiegel* wollte die *Berliner* zu einer »deutschen Washington Post« ausbauen. Einer »Hauptstadtzeitung«, die auch überregional Bedeutung erlangen könnte (vgl. Andere Denke 1991). Böhme wollte die Zeitung runderneuern, um so auch Leser und Leserinnen aus dem Westteil der Stadt zu gewinnen. Dafür stockte er die Redaktion mit vorwiegend westdeutschen Redakteuren und Redakteurinnen auf (vgl. KAPITZA 1997a: 158). Die erhielten allerdings deutlich höhere Gehälter als ihr Ostberliner Kollegium. Die ungleiche Bezahlung mündete 1992 in einen Streik, bei dem die Angestellten eine Angleichung der Ostlöhne auf Westniveau forderten (AKU 1992: 21). Böhme, gebürtig aus Hessen, war der Meinung, dass »auch im Ostjournalisten ein Journalist steckt, den man nur wachküssen muss« (TKALEC 2017: 16). Was die Mitarbeiter und Mitarbeiterinnen der Zeitung bis dato praktiziert hatten, sei also kein Journalismus gewesen, so die Auffassung Böhmes. Entlassungen im Ost-Kollegium, ungleiche Löhne, keine Anerkennung der journalistischen Fähigkeiten seitens des Vorgesetzten – was die Ressourcenverteilung betrifft, so haben die Ostler gegenüber ihren West-Kollegen und West-Kolleginnen eindeutig den Kürzeren gezogen.

Böhme wusste allerdings: Will er die Abonnenten und Abonnentinnen im Osten nicht verlieren, brauchte er Leute, die »so schreiben, wie es die Ostleser verstehen, die sich auskennen in den Ostberliner Kiezen« (Alle für Eine 2005). Auch der damalige Vorstandsvorsitzende von G + J, Gerd Schulte Hillen, äußerte bereits 1990, dass Blätter, die im Osten des Landes erfolgreich sein wollten, den DDR-Bürgern und DDR-Bürgerinnen

96 Interview 51: Hörfunkredakteur, *1961, Ostberlin.

»ein Stück Identifikation« bieten und deren Lebensgefühl und Ängste widerspiegeln müssten (DDR – Strohfeuer 1990). Mit diesen Gedanken im Kopf unternahm Böhme einen Spagat zwischen Ost und West. Der gelang zumindest teilweise. In einem Beitrag des *Spiegel* von 1990 wurde das ehemalige SED-Organ zur »einzige[n] gesamtstädtische[n] Tageszeitung« deklariert, da sie auch im Westteil der Stadt um die 50.000 Käufer hinzugewinnen konnte (GEHRS 1999: 84). Letztlich aber blieb die *Berliner* ein »Ostblatt, von Ostlern gelesen« (Alle für Eine 2005). Böhme blieb nur vier Jahre in Ostberlin. Als er die Zeitung verließ, ging auch der bisherige Chefredakteur, Hans Eggert, den die Belegschaft noch im Wendeherbst zu ihrem Oberhaupt gewählt hatte. Ihm folgte der Österreicher Michael Maier. Auch er wollte der *Berliner Zeitung* eine neue Ausrichtung geben. Er nahm sich vor, die traditionellen Leser zu halten und gleichzeitig über die lokale Ebene hinaus eine Instanz bundesrepublikanischer Öffentlichkeit zu werden. Maier hatte nach seiner Ankunft viele Ost-Redakteure durch teure West-Importe ersetzt (ebd.). Die Entlassungen befeuerten auch den Ost-West-Konflikt innerhalb der Redaktion (vgl. LEINEMANN 1997: 101). Maier verordnete der Zeitung ein neues Layout, nahm sich Blätter wie die FAZ und die *New York Times* zum Vorbild. Jens Jessen und Jan Roß sollten ein Debatten-Feuilleton im Stil der FAZ aufbauen. Die Stimmung in der Redaktion war angespannt. »Zwei Westkollegen diskutieren ein Thema, drei Ostkollegen tauschen Blicke«, so beschrieb ein damaliger Mitarbeiter die Atmosphäre (ebd.: 103). Nur verständlich, dass die Angestellten aus der Ex-DDR sich zurücknahmen und nicht negativ auffallen wollten. »Wir haben doch null Chancen, wenn wir hier rausfliegen«, wird eine ältere Kollegin in einem *Spiegel*-Artikel von 1997 zitiert (ebd.). Maier jedoch scheiterte mit seinem Vorhaben, ähnlich wie Böhme. Leser und Leserinnen aus dem Westen der Republik konnten nicht gewonnen werden, stattdessen verlor die *Berliner Zeitung* bis 1999 fast die Hälfte ihrer Alt-Abonnenten und Alt-Abonnentinnen. Für Maiers Nachfolger, den bisherigen Chefredakteur des *Kölner Stadt-Anzeigers*, Martin E. Süskind, war die Ursache dafür klar: »Wir waren zu betont ein West-Blatt« (GEHRS 1999: 84). Die Herkunft der Zeitung zu verschweigen, schien weder beim alten noch einem neuen Publikum angekommen zu sein, schlussfolgerte er.

Die personelle Neuaufstellung und die stärkere Westorientierung des Inhalts wurden auch von den Ostberliner Befragten registriert. Die *Berliner* habe sich um die Jahrtausendwende »völlig verändert« und »[d]ann habe ich auch aufgehört, das zu lesen, weil ich dachte, das ist jetzt Einheitssoße«, erinnert sich ein Lehrer für Geografie und Geschichte.[97] Aus beruflichen Gründen kaufte er sich bisweilen auch die FAZ oder die *Süddeutsche Zeitung*, die ihn aber nicht überzeugen konnten, weil dort immer nur die »gleiche Sichtweise« geboten wurde. Er spricht von einer »Pseudo-Vielfalt« hinsichtlich der wiedervereinigten deutschen Presselandschaft. Ihm war offensichtlich wichtig, Alternativen zum herrschenden (westdeutschen) Blick auf die Verhältnisse zu bekommen, die er bei der *Berliner* verloren wähnte. Das erklärt, warum er immer wieder auch zu *Junge Welt* und *Neues Deutschland* griff, die sich bis heute als Teil einer »kritischen Öffentlichkeit« (Über uns o.D.) verstehen, die alternativen Denkweisen Raum geben. Ganz ähnlich gab der bereits zu Wort gekommene Werkzeugmacher, Jahrgang 1960, an, dass die Ostperspektive der *Berliner* schleichend verloren gegangen sei und er sie unter anderem deshalb schließlich auch nicht mehr gelesen habe.[98] »Wenn man dann auch noch so die Meldung mitbekommen hat, wie so das Personal oder wie die Mitarbeiter sich da gewechselt haben. Also andere Journalisten da hingekommen sind und die Chefs da ausgetauscht wurden. Dann war da schon klar, in welche Richtung das da geht.« Diese Äußerung offenbart, dass nicht nur konkrete Inhalte in die Bewertung von Medienangeboten eingehen, sondern für einen Teil der Leser und Leserinnen auch relevant ist, wer die Zeitung redaktionell betreut. Der Umstand, dass Ost-Journalisten und Ost-Journalistinnen entlassen wurden, um gleichzeitig westdeutsche Redakteure zu engagieren, war für den Mann, der sich selbst als »Ossi« bezeichnet, bereits ausreichend, um eine gewisse Skepsis gegenüber dem Medium zu entwickeln. Bei den beiden Männern handelt es sich um vergleichsweise aufmerksame Beobachter des Berliner Pressemarktes. Sie können noch heute, wenn auch oberflächlich, die Aktivitäten westdeutscher Verlage auf dem Gebiet Ostberlins rekapitulieren, was nicht die Regel zu sein scheint.

Wenn die ins Feld geführten Männer beklagen, dass die *Berliner* ihre Ausrichtung auf den Osten Berlins nach und nach aufgegeben hätte, befinden sie sich allerdings in der Minderheit. In der Breite galt und gilt das einstige SED-Blatt noch immer als ein Medium, das sich in besonderer Weise an eine Ost-Leserschaft richtet. Das zumindest lässt sich aus den Interviews ableiten. Eine Zahnärztin, Jahrgang 1964, bekennt, sich manchmal dafür zu schämen,

97 Interview 54: Lehrer, *1959, Ostberlin.
98 Interview 2: Werkzeugmacher, *1960, Ostberlin.

das »Gefühl des Unrechtsstaates« nicht leben zu können.[99] Denn sie habe in einer »relativ heilen Welt« gelebt. Sie und ihr Mann haben bis heute ein Wochenend-Abo der *Berliner*, unter anderem, weil sie immer der Meinung war: »die steht für uns«. Die Unvereinbarkeit ihres DDR-Bildes mit dem herrschenden Diskurs mag einer der Gründe sein, warum sie sich bei einer Zeitung mit DDR-Wurzeln immer am besten aufgehoben gefühlt hat. Die *Berliner Zeitung* sei eines der Blätter gewesen, das sich »für uns Ossis« eingesetzt habe. Sie sieht in der Zeitung eine Advokatin ostdeutscher Interessen, die im Nachgang der Wende oft zu kurz gekommen seien. Diese Deutung entspricht auch der Sichtweise einer studierten Biologin, die meint, dass der *Tagesspiegel* als großer Konkurrent der *Berliner Zeitung*, zu »arrogant« gewesen sei »für Ost-Gefühle«.[100] Sie hält der *Berliner* zeitlebens die Treue.

Das Gefühl, dass die *Berliner Zeitung* auch nach der Wende noch einen »leichten Ost-Nachgeschmack«[101] hatte, war für nicht wenige der Befragten ein Grund, sie weiterhin zu lesen. Auch wenn die *Berliner* nach der Übernahme durch G + J eine Gesamtberliner Ausrichtung anstrebte und der Lokalteil bereits 1990 zu gleichen Teilen Meldungen aus beiden Stadtteilen umfasste (vgl. DUWE 1990), so blieb sie in den Augen vieler doch eine Repräsentantin Ostberliner Perspektiven und Themen. »In die *Berliner Morgenpost* habe ich mal reingeschaut. Aber da war mir die *Berliner Zeitung* einfach näher«, weil »der Osten auch immer vorkam«, gab ein gelernter Elektromechaniker, Jahrgang 1963, zu verstehen.[102] Er begann nach der Wende in einer Kreuzberger Firma zu arbeiten und erzählt von aufgeschlossenen Kollegen. Westberlin habe er durch seinen Job kennengelernt, er habe in so ziemlich jedem Stadtteil gearbeitet. Er war damit weniger auf Medien angewiesen, um in die westliche Alltagswelt hineinzufinden als andere, die sich noch immer im selben Umfeld wie vor 1989 bewegten. Vermutlich deshalb legte er Wert darauf, in seiner Zeitung immer auch einen Ostblick auf die Verhältnisse zu bekommen. Er grenzt die *Berliner Zeitung* auch heute noch klar von Westberliner Publikationen wie *Morgenpost* und *Tagesspiegel* ab: »[D]as sind eben Westberliner, die ab und zu in den Osten schauen«.

99 Interview 14: Zahnärztin, *1964, Ostberlin.
100 Interview 78: Wissenschaftlerin, *1954, Ostberlin.
101 Interview 2: Werkzeugmacher, *1960, Ostberlin.
102 Interview 58: Elektromechaniker, *1963, Ostberlin.

Der *Tagesspiegel* »war der konservative Westler und die *Berliner Zeitung* war die Ossi-Zeitung«, findet auch eine gebürtige Pankowerin, Jahrgang 1964.[103] Dort habe es noch Journalisten und Journalistinnen aus dem Osten gegeben und »auch viele DDR-lastige Sachen«. Das aber war für sie der Grund, die Zeitung gerade nicht mehr zu lesen. Als »verstaubte Ost-Zeitung« und »zu ostlastig« habe sie das Blatt wahrgenommen. Ihre Ablehnung der *Berliner* lässt sich mit Blick auf ihren Lebensweg in den 1990er-Jahren erklären. Die gelernte Wirtschaftskauffrau blickt auf eine unstete Berufsbiografie seit der Wende zurück. Folgt man der Argumentation, dass der Beruf in modernen, kapitalistisch organisierten Gesellschaften »der entscheidende Faktor der biografischen Identitätsbildung und der individuellen Konstruktion von ›Lebenssinn‹« (HITZLER 1998: 35) ist, dann kann davon ausgegangen werden, dass die Frau sich einem hohen Zwang zur Identitätsarbeit ausgesetzt sah. Nachdem ihr Betrieb im Verlauf des Jahres 1991 geschlossen wurde, war sie für ein österreichisches Bankunternehmen tätig, pendelte zeitweise nach München und fing 1996 bei einer Westberliner Immobilienfirma mit Sitz am Ku'damm an. Auf Anraten ihres dortigen Chefs begann sie den *Tagesspiegel* zu lesen. Sie interessierte sich vermutlich deshalb nicht mehr für »die alten Ostdinger«, weil diese in ihrem neuen beruflichen Umfeld wenig hilfreich waren. Um mitreden zu können, entschied sie sich für die Zeitung, die auch das Kollegium las. Es galt schließlich, sich die westlichen ›Regeln‹ anzueignen, die in ihrer neuen Umgebung die einzig legitimen waren. Sie kaufte den *Tagesspiegel* selbst dann noch, als sie bemerkte, dass manche Artikel, in denen es um die DDR ging, »nicht richtig recherchiert« waren. Sie ärgerte sich darüber, dass Journalisten und Journalistinnen mitunter »totalen Schwachsinn« geschrieben haben, weil sie nichts über das Leben in der DDR gewusst hätten.

Was die Leser und Leserinnen dazu bewegte, bei der *Berliner* zu bleiben, war laut der Interviews außerdem ein vermeintlich beobachteter Wandel des journalistischen Stils. Zu Beginn des Jahres 1990 war es erklärtes Ziel der Redaktion, die Entwicklung hin zu einem von »Parteien unabhängigen Journalismus« (Ein paar Worte 1990: 2) zu vollziehen. Die Bürger und Bürgerinnen sollten »schnell, offen und mit eigenem Standpunkt« über das gesellschaftliche Leben informiert werden. Der angestrebte Wandel vom Staatsorgan hin zu einem parteiunabhängigen Medium wurde von

103 Interview 15: Wirtschaftskauffrau, *1964, Ostberlin.

einigen Lesern und Leserinnen offenbar wohlwollend wahrgenommen und mit Interesse verfolgt. »Die sind ja mit uns sozusagen durch die Wende gegangen. […] Und dann war nicht mehr das Politbüro ein Thema und die Texte wurden nicht mehr getrimmt in so eine politische Spur«, schildert der Radioangestellte seine Eindrücke und erinnert sich dabei wohl auch an das veränderte Arbeitsklima in seiner eigenen Redaktion.[104]

Dass die *Berliner Zeitung* vermeintlich auch nach der Wende noch als ›Stimme des Ostens‹ agierte, wurde besonders von den Personen positiv bewertet, die dem Systemwechsel schon damals eher verhalten gegenüberstanden. Bei jenen, die mit ihrem Leben in der DDR unzufrieden waren und die Wende als Befreiung empfanden, sorgte die wahrgenommene Ost-Fokussierung der *Berliner* für Unmut. Kurz nach der Wende habe er die *Berliner Zeitung* strikt abgelehnt, »weil das ja auch letztlich, eine Art DDR-Blatt war«, gibt etwa ein Arzt, Jahrgang 1960, zu verstehen.[105] Er begann erst im späteren Verlauf der 1990er-Jahre sie zu lesen, überlegte aber immer wieder, sie abzubestellen, weil ihn »diese Ostalgie und dieses Jammerhafte« schon sehr gestört hätten. Er stand dem Vorhaben Böhmes, aus dem Ostberliner Blatt eine Zeitung für Gesamtdeutschland zu machen, positiv gegenüber. Das ist insofern nachvollziehbar, als der Mann viele seiner Verwandten im Westen hatte und er gegen Ende der 1980er-Jahre selbst Freizeiten organisierte, in denen Jugendliche aus Ost und West zusammenkamen. Als Mensch, der sich für einen Ost-West-Dialog einsetzte, missfiel ihm die *Berliner* dort, wo augenscheinlich zu viele Zugeständnisse an den ›Jammerossi‹ gemacht wurden. Ein vier Jahre älterer Mann, unter anderem als Autor tätig, hat die Berichterstattung der *Berliner* als verengend kritisiert:

> »Ich möchte nicht und ich wollte nicht mehr immer wieder die gleichen Geschichten hören. Was sagt der Lyriker Volker Braun? Was sagt der Dramatiker Heiner Müller? Wie geht es jetzt der Tochter von Christa Wolf? Aber genau dies ist das Profil geblieben«.[106]

Nach der Wende las er hauptsächlich die Westberliner *Taz* und lehnte Zeitungen ab, die in seinen Augen bei »der alten Linie geblieben sind«.

104 Interview 51: Hörfunkredakteur, *1961, Ostberlin.
105 Interview 82: Arzt, *1960, Ostberlin.
106 Interview 83: Autor, *1956, Ostberlin.

Auch die jüngsten Ereignisse in der Unternehmensgeschichte des Berliner Verlags, die Übernahme durch das Unternehmerehepaar Silke und Holger Friedrich im Jahr 2019, sind an den langjährigen Lesern und Leserinnen der *Berliner Zeitung* unter den Interviewten nicht vorbeigegangen. Die Friedrichs stammen aus dem Osten – sie aus einem kleinen Dorf in Sachsen-Anhalt, er aus Ostberlin. Holger Friedrich, geboren 1966, absolvierte seine Lehre in einem Treptower Industriebetrieb und ist heute in der IT-Branche tätig (vgl. OSANG 2020: 56f.). Im September 2019 stellten sich die Friedrichs im Verlag als neue Eigentümer vor. Sie hatten die seit 1990 »mehrfach verscherbelte und ruinierte« (SCHÖLZEL 2022: 5) *Berliner Zeitung* dem DuMont-Verlag abgekauft. Eine langjährige Leserin der Berliner, Jahrgang 1958, sagt, dass es ihr »relativ egal« sei, dass die beiden aus dem Osten kommen. Sie begrüßt aber den Anspruch der Verleger, »ein bisschen kritischer auf diese 30 Jahre Einheit zu gucken«.[107] Denn über die Verwerfungen im Nachgang der Wende, so ihr Eindruck, sei nicht genügend zu lesen gewesen. In der Tat forderte Holger Friedrich (2020), dass neben die Aufarbeitung »der diktatorischen Aspekte der DDR« die »Aufarbeitung der Zeit seit 1990« (ebd.) treten solle. Und das, obwohl er selbst zu denen gehörte, die »innerlich der DDR gekündigt hatten«, wie er auf einem Vortrag im September 2022 sagte (SCHÖLZEL 2022: 5).

Es ist vermutlich auch auf die Ansprüche des neuen Verlegers zurückzuführen, dass die Tageszeitung seit 2020 ein Dossier unterhält, das den Titel *Zeitenwende* trägt. Auf der Website heißt es dazu, man wolle die deutsche Einheit »noch einmal neu« beleuchten, Menschen eine Stimme geben, die »bisher kaum zu Wort gekommen sind« und Debatten über die Art und Weise der DDR-Aufarbeitung führen (Zeitenwende o.D.). Diese Bemühungen dürften mit Blick auf die Kritik am Vereinigungsdiskurs nicht nur bei der zitierten Ökonomin auf Zuspruch gestoßen sein. Eine Befragte, Jahrgang 1954, in deren Augen die *Berliner* heute eine der besten Zeitungen Deutschlands ist, findet es gut, dass das Blatt sich nun wieder in Ostberliner Hand befindet.[108] Seitdem werde »die DDR nicht mehr so einseitig dargestellt in der *Berliner*«. Denn lange Zeit, so sagt sie, sei alles, was aus der DDR kam, verteufelt worden. Unter den Friedrichs habe sich das nun geändert.

107 Interview 49: Ökonomin, *1958, Ostberlin.
108 Interview 78: Wissenschaftlerin, *1954, Ostberlin.

Diese Wahrnehmung ist nicht aus der Luft gegriffen. So missbilligte Holger Friedrich (2020) beispielsweise die vermeintliche »Stigmatisierung ostdeutsch sozialisierter Verantwortungsträger« auch mehr als 30 Jahre nach der Wende. Ostdeutschland werde »mit Gebührengeldern kollektiv stigmatisiert«, warf er dem öffentlich-rechtlichen Rundfunk vor (ebd.). In einem Editorial zum 30. Jahrestag des Mauerfalls zogen die Friedrichs Parallelen zwischen den Mauertoten und jenen, die an den europäischen Außengrenzen ums Leben kommen (vgl. FRIEDRICH/FRIEDRICH 2019). Damit stellten sie die herrschende Erzählung von der DDR als Unrechtsstaat öffentlichkeitswirksam infrage und bezweifelten gleichzeitig die propagierte moralische Überlegenheit einer ›westlichen Wertegemeinschaft‹. Der Verleger provozierte also durchaus einen anderen Blick auf die DDR. Mehr noch als diese Aussagen aber sorgten seine Stasi-Kontakte, die durch die *Welt am Sonntag* (vgl. MÜLLER/MEIER 2019) publik gemacht wurden, für Wirbel in der Zeitungsbranche. Wiederholt wurde Friedrichs Eignung als Verleger bezweifelt (vgl. VORKÖTTER 2019; HENSEL 2019; LIPINSKI 2020). Julian Reichelt (2019), damals noch Chefredakteur der *Bild*, versuchte die Konkurrenz gleich komplett zu disqualifizieren und twitterte: »Dreißig Jahre nach dem Mauerfall ist die @berlinerzeitung wieder in Stasi-Hand«. Friedrich und die redaktionelle Leitung der *Berliner Zeitung* bemühten sich um eine Aufklärung der Vorwürfe. Der Verlag beauftragte die ehemalige Leiterin der Stasi-Unterlagen-Behörde, Marianne Birthler, und den Historiker Ilko-Sascha Kowalczuk mit der Auswertung der archivierten Stasi-Akten zu Holger Friedrich. Deren Gutachten vermittelt ein differenziertes Bild von den Vorgängen rund um Friedrichs IM-Tätigkeit. Diese sei er letztlich nur unter Druck und Androhung strafrechtlicher Konsequenzen eingegangen (vgl. BIRTHLER/KOWALCZUK 2019: 25). Die Befragten, die Kenntnis hatten von Friedrichs Stasi-Vergangenheit, sahen diese auch durchaus kritisch. Zu einer anderen Zeitung wechselte man deshalb aber nicht – vielleicht auch, weil man als Ostler weiß, wie man Stasi-Vorwürfe einzuordnen hat.

Medienbewertungen, wie auch im Theorieteil dieser Arbeit geschildert, sind Zuschreibungen und werden immer vor dem Hintergrund persönlicher Erfahrungen vorgenommen (vgl. MEYEN 2020: 60-61). Das zeigt sich allein daran, dass die *Berliner* einerseits als ›Stimme des Ostens‹, andererseits als ›Einheitssoße‹ wahrgenommen wurde. Eine inhaltsanalytische Studie hat die Berichterstattung der *Berliner Zeitung* in den ersten Nachwendejahren analysiert (vgl. KAPITZA 1997a). Dort heißt es, dass sich die Zeitung »von ihrer gesamten Aufmachung und inneren Organisation her dem ›westlichen‹ Generalanzeigertypus« anglich (ebd.: 294). Dennoch fungierte die *Berliner Zeitung* als »Lobby für den Osten« (ebd.: 296), indem sie Protest bezüglich des Vereinigungsprozesses artikulierte und praktische Orientierungs- und Hilfsangebote machte, resümiert der Autor. Zumindest bis Mitte der 1990er-Jahre traten die Journalisten und Journalistinnen der Zeitung als »Integratoren, Anwälte und Identitätsstifter« im ostdeutschen Transformationsprozess auf (ebd.: 295).[109] Folgt man allerdings einer später entstandenen Studie (MEYEN 2013), so ist in der *Berliner Zeitung* seit 1990 eine ähnlich »extrem negative DDR-Berichterstattung« (ebd.: 148) zu finden wie in überregionalen Pressemedien. Das Image als ›Ost-Medium‹ hängt nicht nur von der wahrgenommenen DDR-Darstellung ab, ließe sich schlussfolgern. Dass die *Berliner* sich im Osten der Stadt bis heute behaupten kann, liegt auch an einer durch die Leser und Leserinnen zugeschriebenen ›Ost-Identität‹ des Blattes.

Medienkritik Ost

Seit nunmehr 30 Jahren bestätigt die ARD/ZDF-Massenkommunikation-Langzeitstudie nun Ost/West-Unterschiede in der Bewertung massenmedialer Angebote (vgl. SPIELHAGEN 1995; FREY-VOR/GERHARD/MENDE 2002; FREY-VOR/MOHR 2015; FREY-VOR/KESSLER/MOHR 2021). Zeitungen und Zeitschriften etwa werden in Ostdeutschland kritischer bewertet. Die größten Unterschiede finden sich allerdings beim öffentlich-rechtlichen Fernsehen. So werden Glaubwürdigkeit, Kompetenz, Relevanz und Unterhaltsamkeit öffentlich-rechtlicher Fernsehangebote im Osten durchweg niedriger eingeschätzt. Ebenso die Unabhängigkeit von politischen und wirtschaftlichen Interessen. Bei privaten Fernsehangeboten, die vor allem wegen ihrer Unterhaltungskompetenz geschätzt werden, fallen die Unterschiede alles in allem etwas niedriger aus (FREY-VOR/KESSLER/MOHR 2021: 61f.). Es scheinen insbesondere die journalistischen Angebote, die in Ost und West eine unterschiedliche Leistungsbewertung provozieren. Das zeigt sich auch in den Interviews. Wird etwas an ›den Medien‹ bemängelt, so bezieht sich die Kritik in aller Regel auf journalistische Publikationsformen.

109 Kapitza (1997a) hat neben der *Berliner Zeitung* auch die *Junge Welt* und den *Sonntag* beziehungsweise *Freitag* untersucht. Die hier übernommenen Beobachtungen gelten für alle der drei untersuchten Zeitungen.

Was hier unter ›Medienkritik‹ gefasst wird, wird in der Forschung häufig als ein ›Verlust von Vertrauen in Medien‹ oder als ›Medienskepsis‹ problematisiert, die auf negativen Bewertungen von Medienangeboten basiert (vgl. TSFATI 2003; BLÖBAUM 2020). Innerhalb dieser Arbeit sind medienkritische Haltungen allerdings nicht negativ konnotiert. Medienkritik soll nicht entwertet und als problematisch abgetan werden. Vielmehr wird sie ernst genommen und in ihrer Funktion als Hinweisgeber für aktuelle Schwachstellen innerhalb des Mediensystems geschätzt (vgl. MEISNER 2023).

Ostdeutsche sind augenscheinlich die größeren Medienkritiker und Medienkritikerinnen, das belegen die Studien der öffentlich-rechtlichen Medienforschung kontinuierlich. Die durchgeführten Interviews mit Ostberlinern und Ostberlinerinnen können nun Aufschluss über den Gegenstand und mögliche Ursachen ihrer Medienkritik geben. Eine ostdeutsche Identität spielt auch hier zu einem gewissen Grad eine Rolle. Die Interviews haben darüber hinaus gezeigt, dass auch Alltag, vorhandenes (Medien-)Wissen und vergangene Medienerfahrungen die Bewertung von Medienangeboten beeinflussen und sich damit auch auf Art und Umfang der Medienkritik auswirken.

Mit Blick auf das Interviewmaterial fällt zunächst auf, dass die Ostberliner und Ostberlinerinnen ihre Kritik – sofern sie denn vorhanden ist und geäußert wird – häufig auf die Systemebene beziehen (vgl. WIRTH 1999: 55). Für Missmut sorgen dann ganz allgemein ›die Medien‹ oder ›die Journalisten und Journalistinnen‹. Daneben stellen Medienunternehmen wie etwa Springer oder ARD/ZDF, aber auch einzelne Zeitungen und Zeitschriften wie die *Morgenpost* oder die BZ Bezugsobjekte systemischer Medienkritik dar. Charakteristisch ist hier auch die Unterscheidung zwischen öffentlich-rechtlichen und privatwirtschaftlich organisierten Angeboten. Schließlich werden auf einer weiteren Ebene spezifische Medieninhalte kritisiert. Einzelne Sendungsformate oder Beiträge, wie etwa die *Tagesschau* oder die DDR-Berichterstattung des *Spiegels* fallen hierunter. Weniger häufig äußern die Befragten hingegen Kritik auf einer personalen Ebene, also bezüglich einzelner Moderatoren und Moderatorinnen oder konkreter Journalisten und Journalistinnen.

Es lassen sich allgemeine zentrale Kritikpunkte der Ostberliner Befragten an ›den Medien‹ beziehungsweise am Journalismus formulieren, etwa: Einseitigkeit, das Verfolgen politischer Ziele, Lücken in der Berichterstattung, Boulevardisierung und eine mangelhafte Recherchepraxis, für welche die Ökonomisierung des Mediensektors verantwortlich gemacht wird, sowie ein ›Verlautbarungsjournalismus‹. Es wird moniert, dass Medien nur das wiedergeben würden, was die Regierung vorgebe. Sie kämen also ihrer normativ zugeschriebenen Pflicht zur Kritik und Kontrolle gesellschaftlicher Akteure, vorrangig der Politik, nicht nach. Die genannten Kritikpunkte wurden in der kommunikationswissenschaftlichen Forschung bereits diskutiert (vgl. BLÖBAUM 2020).

Ein Großteil der geäußerten Kritik bezieht sich dabei auf öffentlich-rechtliche Angebote. Das ist vermutlich deshalb der Fall, weil die Privaten vor allem aufgrund ihrer Unterhaltungskompetenz genutzt werden und die oben genannten Kriterien dort keine Anwendung finden. Vielleicht aber auch, weil die Bürger und Bürgerinnen hier unmittelbar an der Finanzierung beteiligt sind. »Wo sonst sollen wir Ansprüche anmelden, wenn nicht da, wo wir ohnehin bezahlen müssen, ob wir wollen oder nicht?« (MEYEN 2021a: 52). Ein Befragter etwa, Jahrgang 1957, beschwert sich über ›die Medien‹, zielt in seiner Kritik aber lediglich auf ARD/ZDF und die DRITTEN: »Ich empfinde nicht mehr heutzutage informiert zu werden in den Medien, weil alles dieselbe Berichterstattung ist. Ob ich ZDF sehe, ob ich ARD sehe, ob ich die Dritten Programme sehe. Es unterscheidet sich nichts«.[110] Früher, ergänzt der Mann, der nach 1989 beruflich und familiär stark beansprucht war, aber dennoch Zeit für Medien hatte, habe es ein breiteres Spektrum an Meinungen gegeben. Politmagazine wie etwa *Kontraste* waren in seinen Augen damals noch sehr viel interessanter. Auch, weil es ein »größeres Spannungsfeld« zwischen den Journalisten und Journalistinnen gegeben hätte. Er hält es zudem für bedauerlich, dass man heute »die Meinung schon mit der Information untergejubelt« bekomme. Ganz ähnlich äußert sich ein gebürtiger Schweriner, Jahrgang 1954. Damals sei die *Tagesschau* für ihn der »heilige Gral der Nachrichten« gewesen.[111] Alles was aus dem Westen an Nachrichten kam, empfand er als die »hundertprozentige, die absolute Wahrheit«. Wenig erstaunlich, war der Westen für ihn doch das »gelobte Land«, in dem ein Großteil seiner Verwandtschaft lebte. Heute aber empfindet er die *Tagesschau* als »manipulativ«. Beispielsweise wenn es um Russland und China geht, die stets als Feindbild konstruiert werden würden. Verschiedene Forschungsarbeiten konnten demonstrieren, dass diese Wahrnehmung durchaus seine Berechtigung hat (vgl. RICHTER/GEBAUER

110 Interview 70: Architekt, *1957, Ostberlin.
111 Interview 66: Bauarbeiter, *1954, Ostberlin.

2010; GORDEEVA 2017; CHANGBAO/LEUTNER/XING 2021). Dort heißt es etwa, die China-Berichterstattung sei von »normativ-abwertende[n] Bilder[n]« von »Konflikt[en] und Gewalt« (RICHTER/GEBAUER 2010: 10f.) geprägt. Auch über Russland würde im Freund-Feind-Modus mit deutlich negativer Konnotation berichtet (vgl. SCHMIDT 2022). An der Berichterstattung über »Russland, die Ukraine, die NATO« stört sich auch eine Befragte, Jahrgang 1964, für die Ost und West im Alltag noch heute spürbar sind, wie sie sagt.[112] Die Frau stammt gebürtig aus Leningrad, dem heutigen Sankt Petersburg, und kam im Alter von drei Jahren mit ihren Eltern nach Berlin. Ihre ablehnende Haltung gegenüber der hiesigen Russlandberichterstattung begründet sie damit, dass sie »auch Nachrichtenquellen auf der anderen Seite habe«. Sich bundesrepublikanischer und russischer Medien bedienen zu müssen, um irgendwo dazwischen die Wahrheit zu sehen, erinnere sie an DDR-Zeiten. Ihrer Meinung nach sind Nachrichten und politische Informationen immer mit bestimmten Interessen verbunden. Sie fragt sich schließlich, ob es denn überhaupt so etwas wie (politische) Wahrheit gebe. Zum ersten Mal begriffen, dass hier »alles nicht besser als im Osten« sei, habe sie im Kontext der Berichterstattung über die Geiselnahme im Moskauer Dubrowka-Theater 2002. Dieses und andere »gravierende Erlebnisse« hätten dazu geführt, dass sie mit ARD und ZDF »innerlich so richtig [...] gebrochen« habe. Die Frau hat aufgrund einer hohen Menge an dissonanten Informationen offensichtlich eine »kritische Schwelle« (MEDE/BRUCKLACHNER/HEIM 2020: 90) überschritten. In der Folge entwickelte sie ein Misstrauen gegenüber den beiden großen öffentlich-rechtlichen Vollprogrammen. Heute wie auch in den 1990er-Jahren schaltet die Zahnärztin lieber private Kanäle ein. Dass man sich angesichts gegenwärtiger Berichterstattungsmuster an DDR-Zeiten erinnert fühle, wurde in den Interviews mehr als einmal geäußert. Das Aufwachsen im staatlich gelenkten DDR-Mediensystem, ließe sich schlussfolgern, hat die Menschen für journalistische Fehlleistungen sensibilisiert.

Der Mann, Jahrgang 1961, der selbst in der Medienbranche tätig ist, hatte einiges zu kritisieren an der Art und Weise, wie Medien heute operieren.[113] Er macht seine Kritik an verschiedenen Beispielen fest. So bemängelte er etwa den Umgang der Journalisten und Journalistinnen mit der AfD. Auch

112 Interview 14: Zahnärztin, *1964, Ostberlin.
113 Interview 51: Hörfunkredakteur, *1961, Ostberlin.

bezüglich der Flüchtlingskrise 2015/16 zeigte er sich enttäuscht von den Medien, insbesondere dem Fernsehen. Hier hat er eine Debatte und stärkere Differenzierung vermisst. Die Medien würden nur noch das wiedergeben, was die Regierung verkünde:

> »[D]a erwarte ich eben auch von einer Tagesschau, dass die eben nicht nur diese Äußerungen von Merkel so weitergeben, sondern kritisch mal beleuchten, ist das denn zu schaffen? [...] Und da wird eben so vorgeschrieben, was gut und was schlecht ist. Und da versteh ich die DDR-Bürger. Das kannten die. Das hatten wir schon.«

Den Auftrag des Journalismus zur Kritik und Kontrolle der Regierenden sieht er derzeit nicht erfüllt. Er kann dann auch nachvollziehen, dass manche von »Regierungsfernsehen« und »Lügenpresse« sprechen. Er habe außerdem den Eindruck, dass bestimmte Meinungen in den Medien einfach nicht vertreten seien und empfindet eine politische Einseitigkeit der Berichterstattung. Dafür macht er eine fehlende Diversität in den Redaktionen verantwortlich, wobei er auf Erfahrungen aus seinem eigenen Berufsalltag zurückgreift. In ›seiner‹ Redaktion eines Berliner Radiosenders, gebe es schon viele »Linke/Grüne-Wähler«. Dementsprechend sei die Themenauswahl und -darstellung »auch in dieser Richtung gefärbt«. Journalismus aber sollte seiner Meinung nach als neutrales Kontrollorgan fungieren. Er führt schließlich die viel zitierte Aussage des Reporters und Fernsehmoderators Hanns Joachim Friedrichs an, um sein eigenes Journalismusverständnis zu verdeutlichen. Laut jenem sollten Journalisten und Journalistinnen »sich nicht gemein machen mit einer Sache, auch nicht mit einer guten« (LEINEMANN/SCHNIBBEN 1995: 113). Die *Tagesschau* sieht der Mann heute nicht mehr, eine Tageszeitung hat er auch nicht mehr abonniert. Er informiert sich online bei verschiedenen Leitmedien und nutzt zusätzlich *Steingarts Morning Briefing*. Einen werktäglich erscheinenden Newsletter beziehungsweise Podcast, der für sich reklamiert »[i]nspirierend, exklusiv, unabhängig« (MEDIA PIONEER, o.D.) zu sein – ins Leben gerufen vom ehemals für *Spiegel* und *Handelsblatt* tätigen Gabor Steingart.

Eine »regierungskritische« oder »regierungsneutrale« Haltung fordert auch ein Befragter, Jahrgang 1956, ein.[114] Er ist nach der Wende als Schriftsteller tätig gewesen, hat schon zu DDR-Zeiten etwa für die *Junge Welt* und eine Kirchenzeitung geschrieben und verstand sich als oppositionell. Er ist unzufrieden. Was er heute erlebe, sei »größtenteils ein Verlautbarungs-

114 Interview 83: Autor, *1956, Ostberlin.

journalismus«. In den 1990er-Jahren hatte er eine Zeit lang die *Taz* und die *Berliner Zeitung* abonniert. Heute habe er keine Zeitung mehr im Abo. Auch schaltet er alles, »was sich als Nachrichtensendung ausgibt« sofort ab. Denn er bekomme schlechte Laune, wenn er sich »diese einseitige Gehirnwäsche« wieder antun müsse. Er gibt an, bestimmte Sendungen »im öffentlich-rechtlichen Spektrum« ganz bewusst zu meiden. Stattdessen habe er lange Zeit BBC gesehen. Heute informiert er sich regelmäßig online bei der Schweizer Tageszeitung NZZ oder im »liberal-konservative[n]« (FROMM 2016) Politmagazin *Cicero*. Denn dort seien »unideologische, neutrale Beiträge« zu lesen. Dass Journalismus immer »normativ imprägniert« (SCHULTZ 2020: 254) ist, auch bei der NZZ, steht außer Frage. Als jemand, der selbst im gelenkten Mediensystem der DDR journalistisch tätig war, wo also Regierungskritik lediglich ›zwischen den Zeilen‹ möglich war, ist es ihm offenbar besonders wichtig, dass die Berichterstattung frei von politischer Beeinflussung ist und kritisch auf die Exekutive blickt.

Die hier angeführten Aussagen der Ostberliner Befragten zeichnen nicht unbedingt ein positives Bild der publizistischen Massenmedien. Man ist geneigt, dem Kommunikationswissenschaftler und Journalist Uwe Krüger (2016) zuzustimmen, wenn er von einer »Vertrauenskrise« (ebd.: 7) spricht, in der sich der deutsche Journalismus befinde. Ganz ähnlich wie die Interviewten beobachtet Krüger »Mainstreaming-Effekte« (ebd.: 42) in der deutschen Medienlandschaft. Diese können schlicht mit der Arbeitsweise der Journalisten und Journalistinnen begründet werden. Eine Befragungsstudie (vgl. MEYEN/RIESMEYER 2009) ergab, dass die Redakteure und Redakteurinnen »intensiv die Produkte der Konkurrenz studieren« (ebd.: 93). Es kommt zu einer »medialen Selbstreferenz« (ebd.: 93f.), indem auf die immer gleichen Positionen und Themen Bezug genommen wird. Krüger (2016) führt das Vorhandensein eines ›Mainstreams‹ weiterhin auf die prekär gewordenen Arbeitsbedingungen in den Redaktionen (Zeit- und Kostendruck) und die Existenzangst der Journalisten und Journalistinnen zurück. Ebenso auf die Tatsache, dass diese eine »relativ homogene Szene« (ebd.: 77) bilden würden, da sie einem ähnlichen Milieu entstammten und Teil bestimmter »Elite-Netzwerke« (ebd.: 85) seien.[115] Diesbezüglich führt

115 Dass und wie Journalisten und Journalistinnen in die Netzwerke politischer und wirtschaftlicher Eliten eingebettet sind, zeichnet Uwe Krüger in seinem Buch *Meinungsmacht. Der Einfluss von Eliten auf Leitmedien und Alpha-Journalisten – eine kritische Netzwerkanalyse* (2019) anschaulich nach.

er aus, dass Medien sich in Themenagenda und Deutungsmustern häufig an der politischen Elite orientieren (ebd.: 57ff.). Der Politologe Lance Bennet (1990) hat dieses Phänomen als »indexing« beschrieben. Studien konnten die Indexing-Hypothese bestätigen – zumindest wenn es um Krieg und Militäreinsätze geht (vgl. EILDERS/LÜTERS 2002; MAURER et al. 2008;). Ebenfalls sei die Berichterstattung über die ›Flüchtlingskrise‹ durch eine »ausgeprägte Dominanz der politischen Elite« (HALLER 2017: 134) gekennzeichnet gewesen. Die Rede von ›Regierungskommunikation‹ hat mit Blick auf die empirisch nachgewiesene mangelnde Distanz zwischen Politik und Journalismus (vgl. KEPPLINGER/MAURER 2008; BAUGUT/GRUNDLER 2009) durchaus seine Berechtigung.

Verschiedene (mediale) »Schlüsselerfahrungen« (HERRMANN/WIAFE 2020) aufseiten der Ostberliner und Ostberlinerinnen haben die Entstehung einer kritisch-ablehnenden Haltung gegenüber journalistischen, oftmals öffentlich-rechtlichen Medieninhalten begünstigt. Befragte führen in diesem Zusammenhang die Berichterstattung über die Ukraine-Krise 2013/14 oder die Corona-Pandemie seit deren Beginn im Frühjahr 2020 an. Das Agieren deutscher Leitmedien diesbezüglich habe dazu geführt, dass eine Fundamentalkritik an den Medien laut wurde (vgl. KRÜGER 2016: 7ff.). Die Forschung hat dem deutschen Fernsehen etwa eine »konsonant[e] und kumulativ[e] Berichterstattung pro Maidan« (KRÜGER/MUNDT 2020: 329) attestiert. Auch im Krieg Russlands gegen die Ukraine seit Februar 2022 würden sich »zahlreiche westliche Medien gerade selbst zur Kriegspartei« (SCHIFFER 2022: 205) degradieren.

Seit 2014 hat der Begriff der ›Lügenpresse‹ Konjunktur (vgl. BLÖBAUM 2020: 79). Dabei hat Wilke (2020) nachgezeichnet, dass bereits kurz nach der »Entfesselung der Presse« ab 1848 von ›Lügenpresse‹ die Rede war. Kritik an ›der Presse‹ oder ›den Medien‹ ist also keineswegs ein Phänomen der Spät- oder Postmoderne. Wohl aber hat sie in den letzten Jahren eine Renaissance erfahren. Nicht nur die Berichterstattung bezüglich der Ukraine-Krise und der Corona-Pandemie waren Auslöser für Kritik an den Medien. Es ist gerade auch die DDR-Darstellung, die dazu geführt hat, dass den Medien nicht (mehr) blind vertraut wird. Denn die Befragten aus Ostberlin haben hinsichtlich der Darstellung von DDR-Vergangenheit ganz offenbar »Diskrepanzerfahrungen« (HERRMANN/WIAFE 2020: 141) gemacht. Die Berichterstattung wurde als unvereinbar mit der eigenen Wahrnehmung empfunden. Eine Ostberliner Befragte, langjährige Mitarbeiterin des DDR-Fernsehens, erklärt sich dann auch die schlechtere Bewertung der Fernsehprogramme von ARD und ZDF im Osten damit, dass jene Sender der Meinung gewesen wären, »sie können jetzt erzählen, wie es früher in der DDR war«.[116] Das sei beim Publikum selbstverständlich nicht angekommen, meint sie. Diese Annahme ist plausibel, wenn man davon ausgeht, dass Medien zur Identitätsarbeit herangezogen werden – zumindest für jenen Teil des Publikums, der die DDR nicht (ausschließlich) als repressive Diktatur erlebt hat. Das auf den Diktaturcharakter verkürzte DDR-Bild stimmt dort nicht mit den eigenen Erinnerungen, dem eigenen Selbstbild überein. Die kontinuierliche Selbsterzählung, die eine Voraussetzung für die Giddensche Seinsgewissheit ist (vgl. GIDDENS 1991: 54), wird durch jene Inhalte gestört, was bei den hier geschilderten Fällen in einer Ablehnung derselben resultiert.

Bezüglich der DDR-Darstellung betreiben die Ostler im Unterschied zu den Westdeutschen eine Journalismuskritik aus »Medienobjektperspektive« (HAARKÖTTER 2020: 92). Wenn davon ausgegangen wird, dass einzelne Medienerfahrungen verallgemeinert werden und vor allem die negativen im Gedächtnis bleiben, liegt es auf der Hand, dass Menschen mit DDR-Herkunft die Leistungen der (öffentlich-rechtlichen) Medien kritischer einschätzen.

Neben den Öffentlich-Rechtlichen wurde immer wieder ›die Boulevardpresse‹ zum Gegenstand der Kritik. Häufig in einem Atemzug genannt mit der *Bild*-Zeitung und der ›Springer-Presse‹. Das »Aufreißerische« und »Marktschreierische« würden ihn an der »Klatschpresse« stören, so ein Befragter, Jahrgang 1960, der BZ und *Berliner Kurier* zwar ausprobierte, letztlich aber doch bei seiner *Berliner Zeitung* blieb.[117] Wenn die Befragten sich an der reißerischen Art und den aufmerksamkeitsheischenden Schlagzeilen stören, dann sprechen sie sich gegen eine Tendenz in der Berichterstattung aus, die auf die Ökonomisierung des Mediensystems zurückzuführen ist. Ökonomisierung bedeutet im Wesentlichen die Kommerzialisierung von Medienunternehmen (vgl. KIEFER 2005: 20). Dieser Prozess, in dem also der wirtschaftliche Erfolg und die Gewinnmaximierung zu zentralen Handlungsmaximen der Medien avanciert, wurde in der Kommunikationswissenschaft durchaus kritisch diskutiert (vgl. SAXER 1998; KNOCHE 2001; KIEFER 2005; WEISCHENBERG 2018). Zahlreiche Phänomene gehen

116 Interview 46: Betriebstechnikerin DDR-Fernsehen, *1940, Ostberlin.
117 Interview 2: Werkzeugmacher, *1960, Ostberlin.

mit dem Prozess der Kommerzialisierung einher. Etwa das »Infotainment« (vgl. BERNHARD/SCHARF 2003) oder »Politainment« (vgl. DÖRNER 2001) – also die Präsentation von Nachrichten beziehungsweise politischer Information im Modus der Unterhaltung. Personalisierung und Boulevardisierung (vgl. LÜNENBORG 2012), eine Vergrößerung des Einflusses von PR auf Journalismus (vgl. RUSS-MOHL 2017: 13), sowie die Einsparung von redaktionellen Ressourcen und damit eine hohe Arbeitsbelastung der Journalisten und Journalistinnen (vgl. LAUERER et al. 2016) sind ebenfalls zu den Folgen dieses Prozesses zu zählen.

Die wahrgenommenen Mängel werden seitens der Befragten nur selten explizit auf die privatwirtschaftliche Organisationsweise der Medienlandschaft zurückgeführt. Dass aber Bewusstsein über den Einfluss der Organisationsstrukturen auf Medieninhalte durchaus vorhanden ist, zeigt beispielsweise das Statement eines Arztes, Jahrgang 1960. Er war nicht nur *Bild* und BZ gegenüber skeptisch. Er ging in den 1990er-Jahren auch auf Abstand zu *Spiegel*, *Stern* und *Focus* mit der Begründung: »Die hatten eben einen bestimmten Blick und mussten natürlich auch ihre Auflagen schaffen«.[118]

Zu reißerisch zu sein und damit »gerne auch mal an der Wahrheit vorbei« zu schießen[119], ist eine Eigenschaft, die nicht nur der Boulevardpresse, sondern zuweilen auch dem Privatfernsehen und -radio attestiert wird. Private Fernsehsender werden von öffentlich-rechtlichen Programmen abgegrenzt, wobei Letzteren meist die größere Informationskompetenz zugesprochen wird. *RTL aktuell*, die tägliche Nachrichtensendung des Kölner Privatsenders, »war natürlich immer reißerischer aufgemacht« als die *Tagesschau*, die ja immer versuchte, »seriös daherzukommen«.[120] So der Eindruck einer Interviewten, Jahrgang 1964, die die Angebote von RTL, SAT.1 und Co. dennoch zu schätzen wusste.

Die angeführten Beispiele illustrieren mehrere Dinge. Zunächst, dass Ostberliner Medienkritik sich in Abhängigkeit von (medialen) Schlüsselereignissen und des eigenen Erfahrungshorizonts entwickelte. Die Kritik an den Medien scheint dort zu beginnen, wo die eigenen Erfahrungen nicht (mehr) zu dem passen, was gesendet oder geschrieben wird (vgl. MIRBACH 2021: 287). Sie sind auch ein Beleg dafür, dass Medien- oder genauer Journa-

118 Interview 82: Arzt, *1960, Ostberlin.

119 Interview 14: Zahnärztin, *1964, Ostberlin.

120 Interview 15: Wirtschaftskauffrau, *1964, Ostberlin.

lismuskritik als Reaktion auf beziehungsweise als Ergebnis von medialem Wandel und einem damit einhergehenden Verlust von Deutungsmacht verstanden werden kann.[121]

Die (potenziell identitätsschädigenden) westdeutschen Darstellungsmuster, die sich als Folge der Neuordnung der ostdeutschen Medienlandschaft nach 1989 etablierten, haben die Ausbildung kritischer Haltungen gegenüber als westdeutsch wahrgenommenen Medienangeboten bedingt – allen voran ARD/ZDF und der überregionalen Qualitätspresse. Medienangebote, die als ostdeutsch wahrgenommen werden, unterliegen dabei einer weniger kritischen Bewertung.

Die obigen Schilderungen zeigen außerdem, dass Medienkritik mit der verminderten Nutzung oder der Abkehr von bestimmten Angeboten einhergehen kann sowie mit dem Suchen neuer Informationswege, unter Umständen auch mit der ergänzenden Nutzung von Alternativmedien (ob online oder in Telegram-Chatgruppen). Also solchen Medien, die »den herrschenden, durch die Massenmedien verbreiteten Ideen kritische Inhalte« (SANDOVAL 2011: 31) entgegenstellen. In diesem Sinne ist Meyen (2021b) zuzustimmen, wenn er zugespitzt formuliert: »Zuerst ist die Skepsis da, und dann kommt das Internet« (ebd.: 349).

Zum anderen ist deutlich geworden, dass sich die Interviewten aus Ostberlin doch über Funktionsweise, Strukturen sowie (politische und wirtschaftliche) Ziele der Medieneinrichtungen (in unterschiedlichem Ausmaß) bewusst sind. Dieses Bewusstsein findet sich nicht allein bei einem kleinen, besonders interessierten, vielleicht sogar selbst in der Medienbranche tätigen Personenkreis, sondern ist über alle gesellschaftlichen Schichten hinweg vorhanden, – wenn auch nur latent auf der Ebene eines praktischen Bewusstseins (vgl. GIDDENS 1992: 57). Die auch durch die Forschung lange Zeit perpetuierte Unterscheidung von »passive, subordinate eastern recipients« in Abgrenzung zu »rational western observers« (HÖRSCHELMANN 2007: 466) wäre demnach nicht haltbar.

Was die Interviewten kritisieren, findet sich so oder so ähnlich in Veröffentlichungen wieder, die sich in jüngerer Vergangenheit dem Feld der Medienkritik gewidmet haben, ob aus Nutzer- und Nutzerinnensicht

121 So hat auch Jürgen Wilke (2020) die Kommerzialisierung und den technischen Fortschritt im Verlauf des 19. Jahrhunderts als Faktoren ausgemacht, die zur Entstehung der Formel ›Lügenpresse‹ beitrugen.

oder aus Perspektive von Medienpraktikern und Medienpraktikerinnen (vgl. KRÜGER 2016; WERNICKE 2017; KLÖCKNER 2019; MIRBACH/MEYEN 2021; MEYEN 2021C; KLÖCKNER 2021).[122] Ihnen ist gemeinsam, dass sie Medienkritik mit Systemkritik verknüpfen. »Medienkritik zielt auf das große Ganze« (MEYEN 2021a: 52). Diese Tendenz lässt sich auch in den Interviews erkennen. Dort, wo (mal mehr, mal weniger) fundierte Kritik an den Medien geäußert wird, ist häufig auch eine Unzufriedenheit gegenüber vergangenen oder derzeitigen gesellschaftlichen Entwicklungen und politischen Entscheidungen zu beobachten. Nicht ausschließlich Corona- und Flüchtlingspolitik werden infrage gestellt, auch der ›Anschluss‹ der DDR an die BRD wird mit dem Wissen von heute rückblickend kritisch bewertet. Die Befragten nehmen eben nicht nur Fehlleistungen der Medien wahr, sie scheinen sich auch gesamtgesellschaftlicher Missstände bewusst. So thematisieren sie etwa eine ungleiche Vermögensverteilung, die Existenz hegemonialer auf Kosten nicht-hegemonialer Gruppen oder üben Kritik an einer konsumorientierten ›Wegwerfgesellschaft‹. Insofern ist der These Meyens (2020) beizupflichten, wenn er annimmt, dass die Glaubwürdigkeit von Medien nichts anderes sei als ein Indikator für die Zufriedenheit mit dem gesellschaftlichen System (ebd.: 60). Was Meyen lediglich für Glaubwürdigkeit formuliert, ließe sich auf die Bewertung von Medien insgesamt übertragen. Jedenfalls sind bei den befragten Ostberlinern und Ostberlinerinnen Verbindungslinien zwischen Medienkritik und Gesellschaftskritik durchaus erkennbar.

SuperIllu – Die Zeitschrift für den Osten?

Nach der Wende verloren die ostdeutschen Publikumszeitschriften im Gegensatz zu den ehemaligen SED-Bezirkszeitungen an Lesern und Leserinnen. Eher unpolitische ostdeutsche Medienangebote, die vorher gute Quoten einfuhren (*Kessel Buntes*) oder hohe Auflagen erzielten (*FF dabei*, *Sybille*, *Wochenpost*), überlebten die 1990er-Jahre nicht. Vielleicht, weil ein »Nachholbedarf« (BÖSCH 2020b: 336) bestand und man neugierig war auf

122 Siegfried Weischenberg (2021) hat eben jene Publikationen unter das Label »Alternative Medienkritik« subsummiert und als »einseitig, eindeutig, kompromisslos und auch aggressiv« delegitimiert (ebd.: 200). Davon abzugrenzen sei eine Journalismuskritik, die sich »deutlich vorsichtiger und auch differenzierter« (ebd.) gestalte. Das Konzept »Alternative Medienkritik« wurde kritisch diskutiert (vgl. TRÖGER 2022). Es sei unscharf und wenig differenziert.

die Vielfalt, die der Westen zu bieten hatte. Die Kaufentscheidungen der ehemaligen DDR-Bürger und DDR-Bürgerinnen leisteten sicherlich ihren Beitrag zum Niedergang der früheren DDR-Titel. Es war nicht zuletzt allerdings die aggressive Verkaufspolitik der Westverlage, die ihre Blätter stark verbilligt auf den ostdeutschen Markt warfen sowie die Einführung des westdeutschen Pressevertriebssystems, die dazu führte, dass die meisten Ost-Blätter auf dem freien Markt keine Überlebenschance hatten (vgl. TRÖGER 2019). Nach einer »kurze[n] Phase der Neugier« ließ jedoch auch das Interesse an den Zeitschriften aus Westdeutschland nach (MÜKKE 2010: 253). Eine Befragte, Jahrgang 1951, meinte, dass sie vom neuen Angebot regelrecht »erschlagen« wurde.[123] Sie habe am Zeitungskiosk zwar »auch mal links und rechts« geguckt, nachhaltig überzeugen aber konnte sie nichts davon. Eine Erfahrung, die sie mit anderen Ostberlinern und Ostberlinerinnen teilt.

Eine der wenigen im Osten dauerhaft erfolgreichen Zeitschriftenneugründungen nach 1990 ist die *SuperIllu*. Bis heute ist sie die meistgelesene Kaufzeitschrift in Ostdeutschland. Dort kann sie mehr Leser und Leserinnen auf sich vereinen als *Stern*, *Spiegel* und *Focus* zusammen (vgl. LÖW 2019: 95). Werner Zedler, stellvertretender Chefredakteur von 1991 bis 1997, begründete den Erfolg der Zeitschrift unter anderem damit, dass sowohl Ost- als auch Westdeutsche an deren Produktion beteiligt waren: »[W]estern journalistic expertise and magazine know-how« hätten ideal mit »authentic East German knowledge of East German culture« (BOYER 2001: 13) korrespondiert.[124] Auch wenn es vor allem Westdeutsche waren, die leitende Positionen bekleideten (BOYER 2006: 375), auf seiner Website verkündet das Magazin stolz, es sei »das erste Labor der inneren Einheit« (WOLFF 2020) gewesen.

Das vom bayerischen Burda-Verlag und dem Gong-Verlag, als 100-prozentige Tochter der Nürnberger Sebaldus-Gruppe, herausgegebene Boulevardmagazin erschien erstmals am 23. August 1990 und konnte zum Kennenlernpreis von 50 Pfennig erworben werden. Inhalt der Zeitschrift damals noch »Sex, Gebrauchtwagen und ein bisschen Erich Honecker«

123 Interview 24: Arbeits- und Industriesoziologin, *1951, Ostberlin.

124 An dieser Aussage lässt sich das damals in (westdeutscher) Forschung und Öffentlichkeit vorherrschende Bild von Journalisten und Journalistinnen mit DDR-Hintergrund ablesen. Denen habe es an journalistischer Kompetenz und handwerklichem Know-How gefehlt (vgl. LÖBLICH/POLLACK 2022).

(M. SCHÖNBACH 2010: 81). Aufgrund der redaktionellen Ausrichtung des Blattes verkauft der kirchliche Sebaldus-Gesellschafter seine Anteile zum Ende des Jahres 1993 (GONG-GRUPPE 1993: 49). Nach Verkaufsrückgängen ändert die *SuperIllu* schließlich ihr Konzept. Der Ost-Bezug wird zum Alleinstellungsmerkmal, der Ratgeber-Teil wird ausgebaut, alte und neue Stars aus dem Osten stehen neben Relevantem aus Politik und Wirtschaft (ebd.: 82). Miriam Schönbach (2010) attestiert der Zeitschrift einen hohen Nutzwert. Außerdem würden Ostdeutsche hier ihre Vergangenheit wiederfinden. Man könne über DDR-Altstars und ostdeutsche Newcomer gleichermaßen lesen. Deswegen hafte der *SuperIllu* ein »Ostalgie-Image« an (ebd.: 92). Der Begriff der Ostalgie ist meist negativ konnotiert und geht oft mit dem Vorwurf der Verharmlosung von in der DDR geschehenen Verbrechen einher. Auch heute noch wird der »Kampfbegriff« (AHBE 2016: 91) immer dann hervorgeholt, wenn es gilt, Kritik am Modus der Wiedervereinigung zu delegitimieren. Ahbe (2001) bezweifelt, dass es sich bei Ostalgie tatsächlich nur um »provinzielle Folklore, eine Art kollektive Regression« (ebd.: 614) handelt. Er versteht unter Ostalgie vielmehr eine »Wiederaneignung der DDR« (ebd.), einen Akt der Selbstermächtigung. Ostalgie sei eine Reaktion auf die materiellen und immateriellen Belastungen des Transformationsprozesses und die einseitige (negative) Thematisierung von DDR-Vergangenheit in der Öffentlichkeit (ebd.: 53). Die *SuperIllu* habe die »Neubelebung eines ostdeutschen Wir-Gefühls als Reaktion auf die schwierigen Begleitumstände des Vereinigungsprozesses« (M. SCHÖNBACH 2010: 78) publizistisch widergespiegelt. In diesem Sinne ist die Zeitschrift tatsächlich als ostalgisch einzustufen. Sie offeriert ihrem Publikum ein ostdeutsches ›Wir‹. Sie ist so gesehen an der Aufrechterhaltung einer ostdeutschen Identität in einer westlichen Gesellschaft beteiligt (vgl. BOYER 2001: 24).

Das Bedürfnis nach ost-spezifischen Inhalten aber wurde nicht erst durch die Zeitschrift hervorgerufen. Burda wusste hier lediglich eine Lücke zu füllen. Dem Verlag ist es gelungen, Ost- beziehungsweise DDR-Identität zu monetarisieren. Boyer (2001) spricht diesbezüglich von einer »profitable alterity« (ebd.: 24). So lässt sich auch die ›Ostalgiewelle‹ im deutschen Fernsehen im Jahr 2003 erklären. Damals wurden diverse »Ostalgie-Shows« ausgestrahlt, in denen vorrangig der durchschnittliche DDR-Alltag behandelt wurde: *Die DDR-Show* (RTL), *Meyer und Schulz – die ultimative Ost-Show* (Sat.1), *Ostalgie-Show* (ZDF), *Ein Kessel* DDR (MDR) (vgl. AHBE 2016: 75f.). DDR-Vergangenheit entwickelte sich im Windschatten des Erfolgs von *Good Bye, Lenin!* (2003) zu einem »lukrativen Medienprodukt« (WEISS 2021: 270). Ähnlich wie Boyer (2001) argumentiert der Zeithistoriker Frank Bösch (2020b). Die *SuperIllu* reüssiere mit »spezifisch ostdeutschen Stars, Beratungs- und Unterhaltungsseiten« und stabilisiere so weiterhin ein »ostdeutsches Sonderbewusstsein« (BÖSCH 2020b: 338) – um höhere Gewinne einzufahren.[125]. Die *SuperIllu* sei einer jener Medienakteure, »die ›von unten‹ eine Abgrenzung von der westdeutsch dominierten und globalen Gegenwart anboten« (BÖSCH 2020b: 346f.). Die Abgrenzung zum Westen gehöre zum Erfolgsrezept der Illustrierten. Warum aber scheiterten dann die Verleger Burda und Murdoch mit ihrer gemeinsamen Boulevardzeitung *Super!*, wo sie doch »ostdeutsche Ressentiments gegen den Westen« (BÖSCH/CLASSEN 2015b: 113) geschürt hatte? (Einige mögen sich noch an die skandalträchtige Schlagzeile »Angeberwessi mit Bierflasche erschlagen. [...] Ganz Bernau ist glücklich, dass er tot ist« erinnern (»Angeber-Wessi« 1991). Mit Abgrenzung ›von unten‹ allein war es offenbar nicht getan. Dafür spricht auch der Befund einer inhaltsanalytischen Studie der *SuperIllu* (vgl. M. SCHÖNBACH 2010). In den Anfangsjahren waren zwar Tendenzen vorhanden, ›den Wessi‹ als Feindbild zu konstruieren, die Darstellung der Westler wandte sich in den Folgejahren aber zum Positiven (vgl. ebd.: 91).

»Für uns ist Osten mehr als eine Himmelsrichtung«, ist heute auf der Website der Wochenzeitschrift zu lesen (SuperIllu, o.D.). Die *SuperIllu* positioniert sich als Medium für den Osten – und scheint damit seit mehr als 30 Jahren gut zu fahren. Damit stößt sie bei den befragten Ostberlinern und Ostberlinerinnen nicht nur auf Zuspruch. Die Meinungen zur Zeitschrift gehen weit auseinander. Die Interviewten kennen die *SuperIllu*. Sie ist ihnen ein Begriff. Selbst wenn man angibt, sie nie gelesen zu haben, weiß man, die *SuperIllu* ist *die* Zeitschrift mit DDR- und Ostbezug. Man erinnert sich, dass sie beim Friseur oder im Arztwartezimmer auslag. Ein Befragter, Jahrgang 1963, meint zu wissen, dass gar Zeitungsverkäufer durch die U-Bahn-Stationen gelaufen sind und die *SuperIllu* dort angepriesen hätten. Auch wenn man sie selbst nicht kaufte, lasen sie etwa die Kollegen und Kolleginnen auf der Arbeit oder die Eltern. »Die las ja jeder. Die lag dann

125 Bösch (2020b) weist aber darauf hin, dass »[r]egionale Kulturen, die auf eine scheinbar ›heile Welt vor 1989‹ verwiesen«, auch in Westdeutschland eine Rolle spielten (ebd.: 347). Es wäre zu fragen, inwiefern dadurch ein ›westdeutsches Sonderbewusstsein‹ gefördert wird, das in Öffentlichkeit und Forschung größtenteils keine Beachtung findet.

auch überall rum«, erinnert sich ein Architekt, Jahrgang 1957, an seine Zeit im Baukombinat kurz nach der Wende.[126]

Für eine Befragte, Jahrgang 1940, ist die *SuperIllu* »die einzige Zeitung, die überhaupt auf die Leute aus der DDR zukam«.[127] Sie liest sie heute noch, wenn auch nur aus zweiter Hand. Sie konnte nie verstehen, warum ihre Mutter, die schon zu DDR-Zeiten zu ihrem neuen Mann nach Westdeutschland ausgereist ist, die ganze BRD-Regenbogenpresse las. Mit den Geschichten über das belgische Königshaus und die Queen habe die Befragte persönlich nichts anfangen können. Dort hätte sie doch »höchstens mal Staub wischen« dürfen. Die *SuperIllu* ist ihr in dieser Hinsicht deutlich näher. Hier erfährt sie, was aus den alten DDR-Stars geworden ist. Aus jenen Persönlichkeiten, die sie teilweise selbst in ihrer Tätigkeit beim DDR-Fernsehen kennengelernt hat. Von Karel Gott sei sie »bis hinter die Vorhänge« gejagt worden. In der *SuperIllu* finde sie ihr »halbes Leben« wieder.

Ihr Vater habe die Boulevardzeitschrift immer gelesen und sie danach ihr überlassen, erzählt eine gelernte Wirtschaftskauffrau, Jahrgang 1968. Was dort geschrieben stand, fand sie zwar »immer ein bisschen albern«, aber auch »immer ganz schön interessant«.[128] Das Magazin sei für Menschen wie ihren Vater und sie selbst, die die DDR durchaus auch ein bisschen vermissen. Ihr gefällt die Zeitschrift, denn: »[w]enn ich da drin lese, tut mir das immer so gut. Da kommen Erinnerungen hoch. Das ist dann was Vertrautes«.

Wo der ›Klatschteil‹ nicht überzeugen konnte, bot die *SuperIllu* Ratgeberartikel. Ein Maschinenbauer, Jahrgang 1965, berichtet, dass er über lange Zeit einen Artikel aufgehoben hätte, in dem ein Überblick über das bundesrepublikanische Finanzwesen gegeben worden sei: »Das war wirklich – wie der Name schon sagt – super erklärt. Da habe ich mich nämlich jahrelang dran orientiert.«[129]

Die *SuperIllu* verhindert nicht das ›Zusammenwachsen‹ der Deutschen in Ost und West, darin sind sich die allermeisten der Befragten einig. Dass Ost und West nach wie vor relevante Kategorien sind, wird jedenfalls nicht der *SuperIllu* zugeschrieben. Der Großteil von ihnen versteht auch, warum

126 Interview 70: Architekt, *1957, Ostberlin.
127 Interview 46: Betriebstechnikerin DDR-Fernsehen, *1940, Ostberlin.
128 Interview 79: Sachbearbeiterin, *1968, Ostberlin.
129 Interview 32: Maschinenbauer, *1965, Ostberlin.

die Zeitschrift im Osten so beliebt ist, wobei man sich teilweise ausdrücklich von den Lesern und Leserinnen des Blattes abgrenzt.

> »Viele Leute aus dem Osten finden sich darin wieder mit ihren Problemen. Es ist ja auch so, dass wir nach der Wende von sehr vielen Leuten aus dem Westen nicht ernst genommen wurden. [...] Und in der SuperIllu steht es eben anders drin. Und die Leute finden sich mit ihren Biografien wieder. Ich verstehe, warum die Zeitung im Osten so beliebt ist, aber ich lese sie trotzdem nicht.«[130]

So jedenfalls erklärte sich eine Befragte, Jahrgang 1954, den Erfolg der Zeitschrift, die ihr selbst zu »banal« erschien, um sie zu lesen. Die zuvor an der Akademie der Wissenschaften Beschäftigte hatte nach der Wende wenig Probleme Fuß zu fassen, sie knüpfte schnell Kontakt zu ihren Kollegen und Kolleginnen an den Westberliner Universitäten. Ihr Vater, der vor 1989 unter anderem im Ministerium für Volksbildung gearbeitet hatte, erinnert sie sich, wurde nach der Wende sogar von fremden Menschen angespuckt. Sie denkt wohl auch an ihn und seine Erlebnisse, wenn sie sagt, dass viele Menschen mit ihren Problemen und Biografien außerhalb der *SuperIllu* keine Anlaufstelle hatten. Unter diesem Gesichtspunkt ergibt es Sinn, dass die Existenz der *SuperIllu* in ihrer ›ostalgischen‹ Art den allermeisten Befragten als legitim erscheint. Denn Menschen, die nach dem Umbruch von 1989/1990 einen Statusverlust erlitten hatten und keine öffentliche Anerkennung mehr fanden, gab es im eigenen Umfeld schließlich genügend.

Ebenso stieß die *SuperIllu* aber auf offene Ablehnung. Die Kombination aus typischen »Ossi-Jammergeschichten mit Ossi-Heldengeschichten« war für einen befragten Arzt, Jahrgang 1960, nicht tragbar.[131] Er kritisiert das Schwarz-Weiß-Denken in der öffentlichen Erinnerung an die DDR und fordert Differenzierung. Ihn störte damals auch »diese Ostalgie und dieses Jammerhafte« der in der *Berliner Zeitung* abgedruckten Leserzuschriften. Der Mann, der sagt, er schaffe es nicht, die *Tagesschau* zu sehen, weil er um 20 Uhr immer noch in seiner Praxis sitze, schreibt Eigenverantwortung groß und scheint deswegen wenig Verständnis zu haben für Ostler, die die Wende eher negativ als positiv bewerten.

Als »Resteverwerter der DDR« betitelte der Soziologe Steffen Mau (2019) die *SuperIllu* unlängst in einem etwas spöttischem Ton (ebd.: 206). Auch

130 Interview 78: Wissenschaftlerin, *1954, Ostberlin.
131 Interview 82: Arzt, *1960, Ostberlin.

die Befragten sehen, dass sich die Zeitschrift in besonderem Maße mit der DDR-Vergangenheit beschäftigt und auf Ostdeutsche zugeht. In diesem Sinne gilt sie als Zeitschrift für ›den Osten‹. Auch wenn selbstredend nicht jeder und jede mit DDR-Sozialisation sich hier aufgehoben fühlt. Wenn auch oft belächelt, so wird die Existenz des Blattes nicht aufgrund ihrer plakativen Ost-Ausrichtung problematisiert. Vielmehr gilt die *SuperIllu* angesichts des Repräsentationsdefizits als probates Mittel zur Rückversicherung und Anerkennung der eigenen Vergangenheit. Die, die es nötig haben, sollen das Magazin ruhig lesen – so der Grundtenor der Interviews. Mit Blick auf die Befragten, die gern und regelmäßig zur Zeitschrift griffen oder greifen, zeigt sich, dass die *SuperIllu* nicht genuine Ursache einer ›Ost-Identität‹ ist. Vielmehr passt die Zeitschrift vor allem zu jenen, die sich aufgrund ihrer DDR-Biografie und ihrer Nachwendeerfahrungen ohnehin stark mit einem Ost-Kollektiv verbunden fühlen. Aus der Reihe der Interviewten sind es vor allem Frauen älterer Jahrgänge, die der *SuperIllu* etwas abgewinnen können. Jene, die ihre Identität durch die gesellschaftliche Metaerzählung eher angegriffen als unterstützt sahen. Die *SuperIllu*, lässt sich behaupten, schloss dort eine potenziell »identitätsbedrohende Diskurs-Lücke« (AHBE 2001: 153).

5.2.2 *Westberlin*

Sendeschluss bei RIAS *und* SFB *– (K)Ein Verlust für Westberlin?*

Die Sendeanstalten SFB und RIAS bildeten zu Mauerzeiten die »tragenden Säulen« (BENTELE/JARREN/KRATZSCH 1990: 16) der Westberliner Rundfunklandschaft. Der technische Fortschritt und die Zulassung privater Anbieter rüttelten an der Dominanz dieser Programme. Die medienpolitischen Entscheidungen im Nachgang der Wende hatten schließlich zur Folge, dass die Programme nicht in ihrer bisherigen Form fortbestanden.

Der RIAS, 1946 als DIAS (Drahtfunk im amerikanischen Sektor) gegründet, und nur wenige Monate später im September 1946 zum RUNDFUNK IM AMERIKANISCHEN SEKTOR umbenannt, war eine Einrichtung des UNITED STATES INFORMATION SERVICE (USIS) (vgl. MAASS 1988: 266; KUNDLER 1994: 42ff.). Seinem Selbstverständnis nach war er die »Stimme des Westens und damit der ›freien Welt‹« (SCHIWY 2002: 340). Obwohl de facto eine amerikanische Rundfunkanstalt, wurde er »als nicht mehr wegzudenkender

Bestandteil des Berliner Lebens und der deutschen Nachkriegswirklichkeit empfunden« (REXIN 2002: 36) – das jedenfalls behauptete Roland Müllerburg, von 1969 bis 1974 Intendant des RIAS.

Gerade die älteren Jahrgänge unter den Befragten können sich teilweise noch an konkrete Sendungen erinnern. Etwa an den *Schlager der Woche* und dessen letzten Moderator Lord Knut, die Krimihörspielreihe *Es geschah in Berlin* oder an die Show des Theaterkritikers Friedrich Luft *Die Stimme der Kritik*. Auch der *Onkel Tobias vom RIAS*, verkörpert durch den Schauspieler Fritz Genschow, wurde häufig genannt. Er war seit 1947 über zwei Jahrzehnte fester Bestandteil des Sonntagsvormittagsprogramms (vgl. KUNDLER 1994: 95ff.).

Der RIAS hatte sein Sendegebiet im Laufe der Jahre drastisch erweitert und war nicht nur in Westberlin und im gesamten deutschsprachigen Raum Mitteleuropas zu empfangen, sondern auch in Osteuropa (vgl. MAASS 1988: 267). Zuschriften von Hörern und Hörerinnen aus Ostberlin und der restlichen DDR zeugen davon, dass der RIAS auch dort sein Publikum fand (vgl. KUNDLER 1994: 220).[132] In der DDR wurde das Hören des »amerikanischen Hetzsenders in Westberlin« (»Provokationen« 1953: 2) zwar nicht offiziell untersagt, wohl aber öffentlich verurteilt. Die dortige Regierung begann bereits 1952 mit der Installation von Störsendern bis diese Maßnahmen 1978 aufgegeben wurden, weil sie nicht mehr zur außenpolitischen Leitlinie der DDR passten (vgl. CLASSEN 2013: 325ff.).

Ab Ende der 1970er-Jahre sanken die Nutzerzahlen des Hörfunkprogramms allerdings drastisch. Erst die Programmstrukturreform von 1985 und damit der Ausbau von RIAS 2 zum Vollprogramm sorgte wieder für steigende Popularität (vgl. BENTELE/JARREN/KRATZSCH 1990: 428). RIAS 2 wollte für die jungen Leute in der DDR und in Ostberlin eine »Brücke zum Westen« (LANZ 2002: 356) sein. Zuweilen als »Dudelfunk« (REXIN 2002: 38) verschrien, erfreute er sich allerdings auch beim Westberliner Publikum großer Beliebtheit, speziell in der Altersgruppe der 14- bis 29-Jährigen (vgl. BENTELE/JARREN/KRATZSCH 1990: 436). Erster Moderator des neuen Programms war Rik de Lisle, der zuvor bereits für AFN und RIAS 1 tätig war (vgl. LANZ 2022: 347f.). Der ›alte Ami‹, noch heute im BERLINER RUNDFUNK zu hören, ist den Westberlinern und Westberlinerinnen gut im Gedächt-

132 Allgemein wurde die Bedeutung von Westsendern in der DDR eher überschätzt, wie Michael Meyen (2004) eindrücklich schildert.

nis. Zum stärksten Konkurrenten der RIAS-Jugendwelle avancierte der am 10. April 1987 gestartete Privatsender Ulrich Schamonis, HUNDERT, 6 (vgl. BENTELE/JARREN/KRATZSCH 1990: 429f.). Im August 1988 schließlich ging das Fernsehprogramm RIAS-TV auf Sendung, um die »Strahlkraft des RIAS weiter zu stärken«, wie es Peter Schiwy (2002) formulierte, der von 1984 bis 1987 als Intendant fungierte (ebd.: 343).

Der RIAS, so Intendant Helmut Drück (1990 - 1993), hatte sich Zeit seines Bestehens »kontinuierlich der Ostseite gewidmet« (SCHRAMM 2000a: 375). Selbstgestecktes Programmziel sei es gewesen, »der Isolation der DDR-Bevölkerung, ihrer einseitigen Unterrichtung und dem Auseinanderleben der Menschen in beiden Teilen Deutschlands entgegenzuwirken« (KUNDLER 1994: 229). Anders ausgedrückt, lässt sich auch davon sprechen, es sei der »Kampfauftrag« des RIAS gewesen, »den geknechteten Ostdeutschen demokratische Wahrheiten nahezubringen« (Kleine Senderatten 1990: 130).

Ohne Zweifel war der Sender ein Kind des Kalten Krieges. Er war ein Instrument der USA in ihrer Propagandaoffensive gegen die Sowjetunion und ihre Verbündeten (vgl. SCHLOSSER 2015: 167). Seine Funktion wurde spätestens mit der Wiedervereinigung obsolet. Die Existenz des Senders stand plötzlich zur Debatte. Die Ministerpräsidenten der Länder waren sich allerdings einig, dass der RIAS nicht vollständig aufgelöst werden sollte (vgl. DRENCKHAN 2000: 310). Stimmen zum Erhalt der Rundfunkanstalt verwiesen auf dessen Integrationsfunktion. Andere Sender seien immer sehr »westbezogen« (SCHRAMM 2000: 375) gewesen. Intendant Drück argumentierte, der RIAS könne im Gegensatz dazu einen Beitrag zur Wiedervereinigung Deutschlands leisten (vgl. ebd.). Schließlich wurde über die Gründung eines nationalen Hörfunks diskutiert, unter dessen Dach der RIAS weiter bestehen könne. ARD und ZDF plädierten jeweils für die Überführung des RIAS in die eigene Anstalt. 1993 einigten sich die Ministerpräsidenten der Länder und ARD/ZDF darauf, zwei nationale Hörfunkprogramme zu veranstalten: den DEUTSCHLANDFUNK aus Köln und das DEUTSCHLANDRADIO BERLIN unter Einbeziehung von RIAS und DS KULTUR. Letzterer ging am 1. Januar 1994 auf Sendung (vgl. DILLER 1999: 1001ff.).

Schon bevor klar war, dass der RIAS Teil eines nationalen Hörfunks werden sollte, stellte RIAS 2 seinen regulären Sendebetrieb ein. Der frühere Intendant Peter Schiwy ergriff die Initiative und plante eine Privatisierung, um das Programm an sich wie auch die Arbeitsplätze der Angestellten zu retten. Unter Beteiligung der Mitarbeiter und Mitarbeiterinnen wurde eine GmbH gegründet. Ab dem 1. Juni 1992 sendete RIAS 2 als RS2 (vgl.

LANZ 2002: 354f.).[133] Auch RIAS-TV fand einen Weg, um sein Fortbestehen, wenn auch nicht in gewohnter Form, zu sichern. Im Frühjahr 1992 wurde der Fernsehsender mit der DEUTSCHEN WELLE zusammengeschlossen und zeichnete sich fortan für das Auslandsfernsehen verantwortlich.

Am SFB, der zweiten großen Sendeanstalt Westberlins, ging die Wende ebenfalls nicht spurlos vorüber. Der SENDER FREIES BERLIN startete sein Programm mit der Durchsage »Achtung, Achtung, hier ist Berlin!« und dem Läuten der Freiheitsglocke am 1. Juni 1954. Er war der erste eigenständige öffentlich-rechtliche Sender Westberlins und sendete ab 1957 aus dem Haus des Rundfunks, nachdem es von den Sowjets geräumt wurde. Zuvor war die geteilte Stadt durch den NWDR mitversorgt worden (vgl. SCHILLER 2003: 9). Es gehörte zu den Aufgaben des SFB, so ein langjähriger Mitarbeiter der Anstalt, »für die westlichen Werte der Demokratie zu werben und im ideologischen Ringen mit dem anderen System in Ostberlin und Moskau Flagge zu zeigen« (KULPOK 2019: 20). Ein Selbstverständnis also, das dem des RIAS ähnelte.

Ende der 1980er-Jahre strahlte der SFB vier Hörfunkprogramme aus.[134] Daneben war die Berliner Anstalt am Gemeinschaftsprogramm der ARD beteiligt und veranstaltete mit RADIO BREMEN und dem NDR seit 1965 ein gemeinsames drittes Fernsehprogramm, die NORDKETTE. Zu beliebten Hörfunksendungen zählten *Rund um die Berolina* und *s-f-beat*. Herzstück des 1958 aufgenommenen Fernseh-Regionalprogramms war und ist die *Berliner Abendschau*. Aber auch die Berlin-Serien *Drei Damen vom Grill* (1977-1991), *Liebling Kreuzberg* (1986-1998) und *Praxis Bülowbogen* (1987-1996) sowie das Ost-West-Magazin *Kontraste* (Start 1968) zogen das Publikum vor den Bildschirm (vgl. Eine Chronik 2003: 26ff.; KULPOK 2019: 210).

Zum Ende der 1980er-Jahre befand sich der SFB in prekären finanziellen Verhältnissen. Die Finanzierung erfolgte zu weniger als der Hälfte aus Teilnehmergebühren. Der restliche Betrag kam aus Geldern des ARD-Finanzausgleichs und Werbeeinnahmen. 1989 betrug der Fehlbetrag im Wirtschaftsplan 85 Millionen DM (vgl. BENTELE/JARREN/KRATZSCH 1990: 267ff.). In Reaktion auf gesunkene Nutzungszahlen und die neue private

133 Heute wird RS2 unter dem Namen 94,3 RS2 in Berlin und Brandenburg gesendet.

134 SFB 1 zeichnete sich verantwortlich für Information, umfassende Hintergrundberichterstattung, Bildung und Unterhaltung. Auf SFB 2 war moderne Musik zu hören. SFB 3 bot Klassik und Kultur. SFB 4 schließlich wartete mit einem volkstümlichen Musikangebot auf (vgl. HERRMANN 1988: 259).

Konkurrenz erfolgte im Jahr 1990 eine Reform des Hörfunkprogramms. SFB 4 etwa wurde zu RADIO 4 U, der neuen JUGENDWELLE. Zum 1. Januar 1992 wurde SFB 1 in BERLIN 88,8 umbenannt (vgl. Eine Chronik 2003: 76).

Mit dem Fall der Mauer stellte sich jedoch ganz grundsätzlich die Frage nach dem Fortbestand des Senders. Aufgrund der desolaten Finanzsituation wäre der Aufbau einer Mehrländeranstalt mit ostdeutschen Ländern vorteilhaft gewesen. Sämtliche Pläne für Kooperationsmodelle mit Sachsen und Mecklenburg-Vorpommern aber scheiterten. Auch der Brandenburger Landtag entschied sich, unter anderem aus Sorge vor einer Übermacht Berlins und mit Verweis auf eine regionale Brandenburger Identität, gegen die Gründung einer Zwei-Länderanstalt mit dem Stadtstaat (vgl. DEMBSKI et al. 2000: 116f.). Immerhin trat am 7. Mai 1992 der Staatsvertrag über die Zusammenarbeit zwischen Berlin und Brandenburg im Bereich des Rundfunks in Kraft. Der regelte die Kooperation der beiden Länder in Hörfunk und Fernsehen sowie im Verwaltungsbereich (ebd.: 130). Speziell beim Radio wurden gemeinsame Projekte ins Leben gerufen. Seit 1993 produzierten SFB und ORB gemeinsam zwei Radioprogramme: RADIO B 2 und die Jugendwelle FRITZ. Das INFORADIO wurde 1995 auf den Weg gebracht, zwei Jahre später RADIO EINS.

Nach der Wiedervereinigung hatte der NDR die Kooperation mit dem SFB beendet. Der Westberliner Sender, der seit Jahresbeginn 1992 die Landesrundfunkanstalt für ganz Berlin war, beschloss ein eigenes regionales Fernsehprogramm aufzusetzen. Im Oktober 1992 ging B 1 an den Start, das tagsüber ein gemeinsames Programm mit dem MDR sendete, an dem sich auch der ORB beteiligte. Abends lieferte B 1 ein eigenständiges Programm mit hohem Regionalbezug (Eine Chronik 2003: 77ff.). Zentraler Akteur während dieser Phase der Neugestaltung war Günther von Lojewski. Der von der Presse als »CSU-Bauchredner« (DUBILSKI 1989: 3) titulierte Lojewski wurde am 19. April 1989 mit 17 von 31 Stimmen vom Rundfunkrat zum neuen Intendanten der Anstalt gewählt, was Kritik aus dem linksintellektuellen Spektrum provozierte (vgl. KULPOK 2019: 259). Lojewski (2000) beschreibt die Situation nach der Wende rückblickend so:

> »Da die Rundfunklandschaft jetzt vor einer Neuordnung stand wie seit Gründung der Republik nicht, war es wohl nur natürlich, daß auch die Landesrundfunkanstalten der ARD wie das ZDF an Erweiterung, finanzielle Konsolidierung, Existenzsicherung dachten. Das war manchenorts ›im Westen‹ nicht anders als überall ›im Osten‹ und galt ganz besonders für den Sender Freies Berlin mit seiner Insellage und seinen Erfahrungen im kalten ›Medienkrieg‹, seinen angeschlagenen Finanzen und der

mangelnden Einsicht der ARD in die Notwendigkeit eines Finanzausgleichs« (ebd.: 209f.).

Das Statement Lojewskis offenbart, dass es den bundesrepublikanischen Rundfunkanstalten zuallererst um die Wahrung ihrer Interessen ging. Die Rettung des DDR-Rundfunks stand nicht auf der Agenda. Der Osten und seine Integration in die Bundesrepublik wurde lediglich als Argument zur Rettung der eigenen Existenz in Stellung gebracht. Ganz so wie beim RIAS wurde behauptet, die Integration des SFB in eine neu gegründete Mehrländeranstalt würde den deutsch-deutschen Zusammenhalt fördern. Dabei ging es in erster Linie um die langfristige Sicherung der Anstalt, einschließlich des Erhalts der Arbeitsplätze.

Anders als der RUNDFUNK DER DDR überlebte der SFB. Auch wenn »gespart und ›abgespeckt‹, rationalisiert und digitalisiert und syndikalisiert und synergetisiert« werden musste (ebd.: 274). Die Rahmenbedingungen der Produktion änderten sich. Das Programm musste mit geringeren finanziellen und personellen Ressourcen neugestaltet werden. Der Umbruch von 1989 hatte allerdings nicht nur finanzielle Konsequenzen. Aufgabe des SFB war es seitdem auch offiziell, die Bürger und Bürgerinnen Ostberlins mit einem Regionalprogramm zu versorgen. Diesbezüglich zieht Intendant Lojewski rückblickend jedoch eine ernüchternde Bilanz: »Im Zwiespalt zwischen Marzahn und Zehlendorf sind wir mental zu lange bei unserem alten Publikum im Westen geblieben« (ebd.: 286), gesteht er ein. Folgt man der Einschätzung Lojewskis, so richtete sich das Programm nach wie vor primär an Westberliner und Westberlinerinnen. Erst nach der Jahrtausendwende mussten sich die vormaligen Inselbewohner und Inselbewohnerinnen von ihrem Sender verabschieden. Im Jahr 2003 fusionierten ORB und SFB zum RBB. Allerspätestens hier musste dann auch die Westberliner Anstalt Federn lassen. So wurde ein Großteil der Sendungen des SFB-Fernsehprogramms nicht übernommen, der RBB entwickelte stattdessen neue Formate (vgl. SCHICKETANZ 2004).

Nicht nur im Osten der Stadt hat die Wende also langfristig eine Neuordnung der Rundfunklandschaft bedingt. Beurteilen die Westberliner Befragten die Vorgänge aber ebenso kritisch wie ein Teil der Ostberliner und Ostberlinerinnen? Bedauern und hinterfragen auch sie den Verlust ihrer Rundfunkprogramme, so wie im Osten, zumindest retrospektiv, die Einstellung von DFF und DT64 kritisch bewertet wird? War der RIAS über die Jahrzehnte hinweg tatsächlich »ein wichtiges Stück Identität« (Vor 75 Jahren 2021) für die Menschen Westberlins? Kam die Fusion von ORB und

SFB zu einer gemeinsamen Rundfunkanstalt wirklich einem »Verlust der Fernseh-Heimat« (SCHICKETANZ 2004) gleich, wie zuweilen behauptet wurde? Um diese Fragen zu beantworten, müssen wir zunächst nachvollziehen, wie die Westberliner und Westberlinerinnen diese Angebote nutzten.

Mit der Verbreitung des Mediums Fernsehen erfuhr das Radio einen Bedeutungswandel. Ältere Jahrgänge erinnern sich noch an die Hörspielreihen und Schlagerparaden, denen sie in ihrer Kindheit und Jugend lauschten. Damals war Radiohören noch ein Ereignis.[135] Mit der Zeit aber hat sich das Radio zum Nebenbei-Medium entwickelt. Der Medienwissenschaftler Knut Hickethier (1997) hat verschiedene Funktionen des Radios festgehalten: Das Radio versorgt uns mit Informationen und stellt deswegen ein »Frühwarnsystem dar, es fungiert als »Sedativum«, stiftet über sein Kulturangebot Sinn und erlaubt Abgrenzung (ebd.: 9ff.). Das Radio wird in das »Ensemble der Milieu- und Identitätsbildung« (ebd.: 14) einbezogen.

Als ausschlaggebend für die (Nicht-)Nutzung eines Radiosenders, gibt die Mehrheit der Befragten das Musikangebot an. Besonders wichtig: aktuell und modern musste es sein. Nur für einen kleinen Teil der Befragten waren die Informations- und Wortprogramme von größerer Relevanz. Meist bei älteren Jahrgängen, die dem Radio augenscheinlich eine andere Funktion beimessen als Jüngere es tun. Folgerichtig erinnern die Hörer und Hörerinnen des RIAS den Sender auch nicht aufgrund seines politischen Programmauftrags. Viel wichtiger war offenbar das Unterhaltungsangebot und die aktuelle Populärmusik, die dort zu hören war. Gleiche Schlüsse lassen sich für das Ostberliner Publikum ziehen. Die Menschen in der östlichen Teilstadt hörten den Sender zwar durchaus auch der westlichen Informationen wegen, in den Interviews wurde aber viel eher darauf verwiesen, dass es dort aktuellere und vor allem amerikanische Musik zu hören gab.

Eine Befragte, Jahrgang 1967, die angab »immer mit Radio aufgestanden und auch eingeschlafen« zu sein, war treue Hörerin von RIAS 2 – auch nach seiner Privatisierung.[136] Der Sender habe ihren Musikgeschmack getroffen. Sie hätte dort ein aktuelles und recht vielfältiges Musikangebot zu hören bekommen. Die Frohnauerin, die zweimal ein Studium abgebrochen und

135 Dass die Erinnerungen an Radioerfahrungen aus der Kindheits- und Jugendphase präsenter sind, kann auch schlicht auf die Funktionsweise des Gedächtnisses zurückzuführen sein, denn Erinnerungen aus dem jungen Erwachsenenalter sind tiefer im autobiografischen Gedächtnis verankert (vgl. HÖWLER 2013: 36).

136 Interview 33: wechselnde Jobs, *1967, Westberlin.

wechselnde Jobs hatte, erwähnte außerdem die Hitparade *Hey Music*. Eine Sendung, die seit 1967 auf SFB 2 lief und noch heute Bestandteil des Programms von RBB 88,8 ist. Dort habe sie öfter Songs mitgeschnitten, »weil man sich ja nicht so viele CDs kaufen konnte«. Sie erinnert sich auch noch an Rik De Lisle, den »dienstältesten Moderatoren der Stadt« (NOLTE 2020), der zunächst für den US-amerikanischen Soldatensender AFN hinter dem Mikro stand und Mitte der 1980er-Jahre zum RIAS wechselte. De Lisle »war eben einfach ein Name und hat ein anderes Flair reingebracht«, findet die Befragte. Eine emotionale Bindung zu oder gar eine Identifikation mit dem Moderator aber ließ sich bei ihr nicht feststellen – eine Beobachtung, die sich quer durch die Westberliner Interviews machen lässt.

Bekannt- und Vertrautheit aber haben durchaus eine Rolle gespielt. Oftmals entschied man sich schlicht für den Sender, der schon im Elternhaus lief. »Da kannte man die Stimme«, sagte eine Zehlendorfer Krankenschwester, Jahrgang 1965.[137] Der RIAS war ihr schon aus Kindertagen vertraut, er gab ihr ein heimeliges Gefühl. Nach der Wende wechselte die Frau ihren Radiosender allerdings häufiger, hörte dann auch Private wie 104,6 RTL oder ENERGY. Auch das ein übergreifendes Merkmal der Befragten: Der Radiosender wurde deutlich häufiger gewechselt als etwa die Tageszeitung. Hier sorgte vermutlich der Ausbau des Hörfunkangebots in den frühen 1990er-Jahren für eine neue Dynamik im Umgang mit dem Radio. Der Tageszeitung gegenüber bestand dahingehend eine etwas höhere Verbindlichkeit.

Es kann also festgehalten werden, dass die Radionutzung weit weniger von Kontinuität geprägt war als die Zeitschriften- und Zeitungsnutzung und dass über die Radionutzung nicht eingehend nachgedacht wurde. Das zeigt sich etwa daran, dass die meisten Erinnerungen bezüglich dieses Mediums auf einem eher oberflächlichen Niveau angesiedelt sind. So ließe sich in der Tat vom Radio als »unwichtige[m] Medium« (MEYEN 2004a: 341) sprechen. Es mag dann auch logisch erscheinen, dass die medienpolitischen Vorgänge, das Ringen um die Frequenzen und den Fortbestand von Programmen und Sendeanstalten durch die Westberliner Interviewten in der Regel nicht verfolgt wurden. Man probierte sich durch die neuen Angebote und ärgerte sich über die Werbung, viel mehr wissen die Befragten über die Veränderungen der Radiolandschaft nicht zu berichten.

137 Interview 13: Krankenschwester, *1965, Westberlin.

Stärker im Gedächtnis geblieben ist da die Fusion von ORB und SFB im Jahr 2003. Obwohl festzuhalten ist, dass der ORB nicht zum Standardprogramm der Westberliner Interviewten gehörte. Er lief größtenteils unter dem Radar. Auch, weil er mehr als nur einer Befragten als »viel zu ostlastig« galt.[138] Ein ehemaliger Kommunalpolitiker, Jahrgang 1952, gab zu, dass er den ORB »gar nicht zur Kenntnis genommen« habe. »Das war der Brandenburg-Sender, der von Kyritz an der Knatter berichtet hat, was für mich nicht relevant war«.[139] Das Berliner Umland habe er vielmehr im direkten Kontakt kennengelernt. Denn er und seine Frau hatten ab 1992/1993 ein Wochenendhaus im Norden Brandenburgs.

Dass die Ost-Anstalt, mit der man nichts zu tun hatte, mit dem traditionsreichen Westberliner Sender zusammenging, stieß nicht immer auf Begeisterung. Ein Befragter, Jahrgang 1963, etwa kritisierte, ihm sei der »SFB ein bisschen zu stark untergegangen in diesem RBB«.[140] Das hätte aber nichts mit Ost und West zu tun gehabt, gibt er zu verstehen. Ihn störte lediglich, dass mehr über »Forst und Guben und Prenzlau« berichtet wurde als über Berlin. Der SFB wie auch der RIAS hätten einen sehr hohen Bezug zu Westberlin gehabt, den er spätestens mit der Fusion verloren wähnte. Dass angesichts dieser Entwicklung so mancher eine »gewisse Trauer« verspürt habe, kann er nachvollziehen. Ähnlich sieht das eine geborene Kölnerin, die Anfang der 1980er-Jahre für ihr Studium nach Westberlin zog.[141] Der SFB habe seit dem Zusammengehen mit dem Brandenburger Sender »an Profil oder an Gesicht verloren«. Da mussten Kompromisse gemacht und »lieb gewonnene Sendeformate« aufgegeben werden, erinnert sie sich.

Neben diesen kritischen Stimmen aber gibt es jene, die die Fusion laut eigener Erzählung begrüßten. Ein zugezogener Mathematiker, der in leitender Position bei einem Elektrokonzern tätig war, empfand es als »Bereicherung« auch mal einen Bericht über Potsdam oder den Spreewald zu sehen.[142] Er ist auch der Meinung, dass es die Wiedervereinigung erschwert hätte, wenn neben ARD und ZDF eine eigenständige Ost-Anstalt erhalten worden wäre. Seine Einstellung hierzu mag darin begründet liegen, dass er als Zugezogener eine weniger starke Bindung zum SFB als Westberli-

138 Interview 62: Wirtschaftskorrespondentin, *1969, Westberlin.
139 Interview 53: Kommunalpolitiker, *1952, Westberlin.
140 Interview 59: Gewerkschafter, *1963, Westberlin.
141 Interview 75: Graphikdesignerin, *1965, Westberlin.
142 Interview 3: Mathematiker, *1955, Westberlin.

ner ›Institution‹ hatte oder aber damit, dass er als im ›Zonenrandgebiet‹ Aufgewachsener ein grundsätzliches Interesse für die Nachbarinnen und Nachbarn im Osten mitbrachte, wie er sagt.

Im Großen und Ganzen entsteht nicht der Eindruck, mit der Zusammenlegung von ORB und SFB sei den Westberlinern und Westberlinerinnen ihr Sender, ihre »Fernseh-Heimat« abhandengekommen – auch wenn vereinzelt kritische Stimmen zu vernehmen sind. So äußert etwa eine Hausfrau, Jahrgang 1941, dass höchstens die Menschen aus dem Osten etwas verloren hätten, sie hätte das Zusammengehen der beiden Anstalten nicht als Verlust empfunden.[143] In ihren Augen scheint der RBB wohl viel mehr ein Berliner denn ein Brandenburger Sender zu sein.

Mit Blick auf die obigen Schilderungen wird deutlich, dass die Nutzung und Bewertung der Rundfunkangebote nicht primär durch die subjektive Zugehörigkeit zu einem West(-berliner) Kollektiv bestimmt war. Dass die Menschen sich den Rundfunkangeboten gewidmet hätten, um die eigene Identität im Nachwendeberlin auszuhandeln, lässt sich jedenfalls nicht in ähnlichem Maße nachvollziehen, wie es in Ostberlin der Fall war. Eine West-Identität hat die Nutzungsentscheidungen lediglich derart beeinflusst, dass man sich von Ost-Angeboten weiterhin distanzierte. Die Menschen Westberlins mussten Änderungen am gewohnten Hörfunk- und TV-Programm hinnehmen. Das wurde zwar vereinzelt bedauert, ein generelles Unverständnis oder gar eine Empörung, wie sie sich etwa in den Erzählungen der Ostberliner und Ostberlinerinnen in Bezug auf die Einstellung von DFF und DT64 finden lassen, kann allerdings nicht rekonstruiert werden.

Tonnemacher (1991) mutmaßte, dass es den Rundfunkhörenden egal sein dürfte, ob sie ihr »Radioprogramm vom SFB, vom RIAS oder von einem früheren DDR-Sender« oder »von einem Konglomerat neuen Namens« empfangen, wichtig sei »der Inhalt, die Musik und die ›Progammfarbe‹« (ebd.: 100). Mit Blick auf die Interviews hat sich diese Einschätzung zumindest aus Sicht der Westberliner Mediennutzenden bewahrheitet. So lässt sich resümieren, dass die Rundfunkangebote Westberlins nicht in einem solchen Maße identitätspolitisch aufgeladen waren, wie es doch zumindest einige Medien mit DDR-Wurzeln gewesen sind. Das mag zu großen Teilen daran liegen, dass die Westberliner und Westberlinerinnen nicht befürchten mussten, ihre Perspektive würde mit dem Wegfall oder

143 Interview 55: Kaufhausangestellte, *1941, Westberlin.

der Restrukturierung des bestehenden Medienangebots verloren gehen. Dass die mediale Deutungshoheit nach wie vor dort liegen würde, wo sie immer gelegen hat (im Westen), muss den allermeisten zumindest implizit bewusst gewesen sein. Die Westberliner Medien hatten, anders als die der DDR, außerdem Fürsprecher aus der bundesrepublikanischen Politik. SFB-Intendant Günther von Lojewski bekam gar die Gelegenheit, Wolfgang Schäuble, dem damaligen Verhandlungsführer zum Einigungsvertrag, sein Anliegen während eines Fluges von Berlin nach Bonn ausgiebig persönlich zu schildern (vgl. LOJEWSKI 2000: 217ff.) – Lojewskis Nähe zur CDU/CSU war beim Zustandekommen des Termins sicher förderlich. Hierdurch wurden die Folgen für das heimische Rundfunkangebot abgefedert. Durch die Überführung in andere Programme beziehungsweise die Privatisierung, blieben Massenentlassungen, wie sie im Osten stattfanden, aus. Diese Schilderungen illustrieren, dass die Fähigkeit, auf bestehende Strukturen zu wirken, von der Handhabe über autoritative und allokative Ressourcen abhängt (vgl. GIDDENS 1992: 313ff.) und so zugleich wiederum beeinflusst wird, wie Menschen sich Medien zuwenden. Die Programme von RIAS und SFB und deren Nutzung – kann gemutmaßt werden – standen wohl deshalb nicht ausdrücklich in Relation zu einer Westberlin-Identität, weil bestehende (Medien-)Strukturen grundsätzlich reproduziert wurden und so eine kollektive ›Identitätskrise‹, wie sie in Ostberlin zu unterstellen ist, vermieden wurde.

»Gibt es einen Westberliner, der Berliner Kurier liest?«

Ist die Radionutzung der Westberliner und Westberlinerinnen durch verhältnismäßig häufige Senderwechsel und ein relativ geringes Reflexionsniveau gekennzeichnet, lassen sich im Bereich der Nutzung von Tageszeitungen gegenläufige Tendenzen feststellen. Freilich bedarf es hier abermals der Differenzierung.

Vor 1989 war der Pressemarkt Westberlins eingemauert. Eine Expansion ins Umland war nicht möglich. Bemühungen der Westberliner Publizistik auch im Bundesgebiet vertreten zu sein, fanden nicht statt, man beschränkte sich auf die eigene Region. Im Dezember 1989 konnten die Westberliner Leser und Leserinnen aus sieben Tageszeitungen wählen. Damit wies die Halbstadt die höchste Zeitungsdichte der Bundesrepublik auf (vgl. BENTELE/JARREN/KRATZSCH 1990: 125ff., 147ff.). Daneben gab es einige lokale Wochenblätter und diverse Anzeigenblätter sowie die Stadtmagazine *Tip* und *Zitty* (vgl. HELD/SIMEON 1994: 20). Zusätzlich war das bundesdeutsche Angebot an Publikums- und Fachzeitschriften erhältlich.

Maueröffnung und Wiedervereinigung blieben auch für die Westberliner Presselandschaft nicht folgenlos. Von den Steuervorteilen Westberlins profitierten auch die Verleger (ebd.: 19). Der Wegfall der Vergünstigungen, die Konkurrenz aus dem Osten und die Diversifizierung des Rundfunkangebots erhöhten den finanziellen Druck auf die traditionellen Zeitungshäuser und zwangen zur Innovation. Zu den Opfern der Wiedervereinigung ist etwa das 1946 gegründete *Spandauer Volksblatt* zu zählen.[144] Das Blatt erzielte trotz aller Bemühungen, sich nach der Wende in ganz Westberlin und im Brandenburger Umland zu etablieren, nur vergleichsweise geringe Auflagen. So erfolgte im Juni 1992 die Umstellung von täglicher auf wöchentliche Erscheinungsweise (vgl. ebd.: 37; BENTELE/JARREN/KRATZSCH 1990: 148). Seit 1994 existiert das Volksblatt lediglich noch als Lokalausgabe des Anzeigenblatts *Berliner Woche* (Historie o.D.).

Die neue Konkurrenz aus dem Osten bestimmte maßgeblich die Aktivitäten der alteingesessenen Verleger. Die *Berliner Morgenpost* beispielsweise veröffentlichte seit dem Frühjahr 1991 eine spezielle Ost-Lokalausgabe. Langfristig aber hatte die *Morgenpost* weder in Ostberlin noch Brandenburg Erfolg (vgl. HELD/SIMEON 1994: 38). Auch die *Bild* brachte kurz nach der Wende eine Ausgabe für die ostdeutschen Bundesländer und Gesamt-Berlin heraus. Im Verlauf des Jahres 1991 führten die Westberliner Verlage dann auch die Sieben-Tage-Woche ein. Man wollte der *Berliner Zeitung*, die auch am Montag erschien, nicht kampflos das Feld überlassen (vgl. HELD/SIMEON 1994: 33ff.). 1993 verlagerte Springers *Welt* ihren Standort von der Elbe an die Spree. Schon zu Anfang der 1990er-Jahre veröffentlichte die FAZ lokalpolitische Berichte aus Berlin. Mit Beginn des Regierungsumzugs von Bonn nach Berlin im Jahr 1998 richtete die *Frankfurter Allgemeine* ihre ›Berliner Seiten‹ ein – eine umfangreiche Hauptstadtbeilage mit feuilletonistischen Inhalten. Auch in der *Süddeutschen Zeitung* erschien seit 1995 einmal wöchentlich eine Berlin-Seite. Um der nationalen Tragweite der neuen alten Hauptstadt Rechnung zu tragen, wurde die Berlin-Seite 1999 schließlich täglich ins Blatt genommen. Der Versuch, so neue Leser und Leserinnen zu gewinnen, scheiterte allerdings. Die Berlin-Redaktionen von FAZ und *Süddeutsche* mussten angesichts von Umsatz- und Erlösrückgängen,

144 Von 1981 bis 1991 erschien das *Spandauer Volksblatt* als *Volksblatt Berlin*.

die die gesamte Zeitungsbranche trafen, kurz nach der Jahrtausendwende bereits wieder schließen (vgl. HACHMEISTER/KRAMP/WEICHERT 2017: 724ff.).

Nach 1989 kam offensichtlich Bewegung in die Westberliner Presselandschaft. Das allein aber war nicht Grund genug für die Westberliner und Westberlinerinnen, sich in den Mediendschungel zu begeben und Neues auszuprobieren. Bis auf wenige Ausnahmen, auf die noch einzugehen sein wird, rief die Maueröffnung keine langfristigen Änderungen in der Zeitungsnutzung hervor. Insbesondere ältere Jahrgänge und Personen mit mäßigem politischem Interesse und einer gefestigten Meinung über den Osten, lassen eine hohe Kontinuität in ihrer Zeitungsnutzung erkennen. Das mag einerseits daran liegen, dass sich deren Lebensumstände nicht tiefgreifend wandelten. Warum sollten sie plötzlich zu einer anderen Zeitung greifen, wo ihre Lesebedürfnisse doch die gleichen blieben? Sie schließlich genau wussten, wo der Lokalteil und wo das Kreuzworträtsel war? Zum anderen ist hier die Herkunft und das Image der Zeitungen von Relevanz. Der Westberliner liest keine Zeitung, die aus dem Osten kommt. Darin ist sich ein nicht unwesentlicher Teil der Befragten einig. *BZ*, *Morgenpost* und *Tagesspiegel* werden von den Interviewten eindeutig als Westberliner Zeitungen identifiziert. Diese Blätter würden noch heute »einen Westberliner Geist atmen«, findet etwa ein Befragter, Jahrgang 1961.[145] *Berliner Zeitung* und *Berliner Kurier* hingegen werden dem Osten zugeordnet und teilweise direkt in Verbindung mit der DDR gebracht – was dem Befragten nach Grund genug für eine Nichtbeachtung war.

Diesbezüglich kursieren allerdings verschiedene Meinungen. Ein Gewerkschafter, Jahrgang 1963, der in den frühen 1990er-Jahren beruflich bedingt häufig in Ostberlin unterwegs war, sieht das geringfügig anders.[146] Auch er ist der Meinung, dass *Morgenpost* und *Tagesspiegel* nach der Wende lange Zeit weiterhin Westberliner Zeitungen geblieben sind. Mittlerweile aber seien sowohl Berlin als auch die Zeitungsredaktionen zusammengewachsen. Er empfindet *Morgenpost* und *Tagesspiegel* heute als Gesamtberliner Zeitungen, was er auch strukturell, mit einem Verweis auf die Herkunft der Redaktionsangehörigen, begründet.

> »Also man hat immer so ein bisschen den Eindruck, wenn sie über Ostberlin und irgendwelche Geschehnisse dort berichtet haben, war das immer ein bisschen so der

145 Interview 11: Physiotherapeut, *1961, Westberlin.
146 Interview 59: Gewerkschafter, *1963, Westberlin.

> Blick beim Ausflug, des Besuchers. Aber noch nicht so ein verinnerlichter Blick. Ich glaube das hat einige Jahre gedauert. Wahrscheinlich auch, dass die Reaktionen entsprechend wechselseitig besetzt worden sind mit Wessis und Ossis, um mal diesen Begriff zu benennen.«

Ein Tempelhofer, Jahrgang 1945, der Zeit seines Lebens den *Tagesspiegel* liest, interessierte sich nicht für Publikationen, die aus dem Osten der Stadt stammten: »Da bin ich treuer Westberliner geblieben«, gibt er diesbezüglich zu verstehen.[147] Das mag auch daran liegen, dass er Zeitungen wie das ND und die *Junge Welt* von Besuchen bei seiner Verwandtschaft kannte, die in einer ostsächsischen Kleinstadt lebte. Er habe in die Zeitungen mal reingesehen, aber nichts mit ihnen anfangen können, erzählt er. Diese Kontakte vor 1989 scheinen seine Zeitungsauswahl nachhaltig beeinflusst zu haben. Aus der Aussage des Mannes geht zugleich hervor, dass eine subjektive Zugehörigkeit zu einem Westberliner Kollektiv sehr wohl eine Rolle zu spielen scheint, zumindest bei der Entscheidung für oder gegen eine Zeitung. Die Herkunft der Zeitung mag nicht das ausschlaggebende Kriterium sein, ist aber ein Faktor, der den Auswahl- und Rezeptionsprozess beeinflusst.

Der *Tagesspiegel* wurde lange und wird teils auch gegenwärtig noch als dezidiert Westberliner Publikation wahrgenommen. Das ist angesichts der Entwicklung des Blattes nach 1989 nicht selbstverständlich. Denn die 1945 unter amerikanischer Lizenz erstmals erschienene Abonnementzeitung musste sich nach der Wende neu erfinden, meint der ehemalige Herausgeber und Chefredakteur Hermann Rudolph (vgl. BINDER/IDE 2020). Bis zur Wende sei der *Tagesspiegel* eine »West-Berliner Institution« gewesen, »eine Stimme der Stadt, eine verlässliche Instanz« (ebd.). Die Zeitung verstand es als ihre Aufgabe, »das Selbstbewusstsein der Stadt zu stärken« (ebd.). Die Redaktion des *Tagesspiegels* war 1990, nicht zuletzt aufgrund der Insellage Westberlins, völlig veraltet. Der Verlag investierte dann rund 95 Millionen DM, um Druckhaus und Redaktionssystem zu modernisieren (vgl. HELD/SIMEON 1994: 45). Der überregionale Anspruch des Westberliner Blattes wuchs, die Auflagen jedoch sanken. Die Kosten für die Erneuerungen waren schließlich zu viel für die Alteigentümerfamilien Maier und Dannenberger. Sie überließen dem Stuttgarter Georg von Holtzbrinck-Verlag 1992 die Mehrheitsanteile an der angeschlagenen Zeitung (vgl. HACHMEISTER/KRAMP/WEICHERT 2017: 706ff.). Der *Tagesspiegel* veränderte sich infolgedes-

147 Interview 42: Bauingenieur, *1945, Westberlin.

sen sowohl typografisch als auch strukturell. Es erfolgte die Umstellung vom rheinischen auf das nordische Format. Die Zeitung wurde neu gegliedert. Redaktionsleitung und Verlag stammten nun aus Süddeutschland. Alte Redakteure und Redakteurinnen verließen die Zeitung, neue Kollegen und Kolleginnen aus dem Osten wurden eingestellt. Es wurde versucht, »einer östlichen Sichtweise Raum zu geben« (MÖLLER-RIESTER 1993: 58), indem man beispielsweise Karikaturen von Reiner Schwalme abdruckte, der durch sein Engagement beim DDR-Satiremagazin *Eulenspiegel* bekannt war. Die Berichterstattung aus dem Brandenburger Umland wurde zum festen Bestandteil des *Tagesspiegels*, was einige der Westberliner Leser und Leserinnen verstimmte, das will jedenfalls eine Medienjournalistin damals beobachtet haben (vgl. ebd.).

Zumindest die hier Interviewten hatten in der Breite allerdings kein Problem mit der Restrukturierung ihrer Zeitung oder einer vermehrten Ost-Berichterstattung, zumindest nicht derartig gravierenden, als dass man sich heute an sie erinnern könne. Der bereits erwähnte langjährige *Tagesspiegel*-Leser aus Tempelhof, Jahrgang 1945, störte sich jedenfalls nicht daran, erfuhr er so doch zur Spargelzeit, auf welchen Höfen er das Gemüse erwerben konnte.[148] Eine andere Befragte, Jahrgang 1965, nahm die Bestrebungen, auch in den westdeutschen Bundesländern Exemplare abzusetzen, zwar durchaus zur Kenntnis, empfand diese Entwicklung aber nicht als negativ, wie sie sagt.[149] Das Westberliner Profil sei dadurch natürlich verwässert worden, aber »man musste sich ja eh ein bisschen von dem Inseldasein verabschieden«, meint die Frau, die zu Wendezeiten an einer Westberliner Kunsthochschule studierte und – ihrem Selbstbild als Akademikerin entsprechend – ein Abonnement der *Zeit* abschloss. Ein ebenfalls studierter Mann in Leitungsposition, Jahrgang 1955, seit über 30 Jahren wohnhaft in Wilmersdorf, nahm laut eigener Aussage keinen Anstoß daran, nach Maueröffnung mehr über den Osten zu lesen.[150] Er beschwert sich aber darüber, dass heute »ja mehr über Mitte berichtet« wird, »als über Wilmersdorf und Charlottenburg«. Ein Umstand, der unmittelbar mit der Stadtentwicklung in den 1990er-Jahren im Nachgang der Wende in Verbindung steht. Allerdings ließ sich in der Regionalberichterstattung der

148 Interview 42: Bauingenieur, *1945, Westberlin.
149 Interview 75: Graphikdesignerin, *1965, Westberlin.
150 Interview 3: Mathematiker, *1955, Westberlin.

Berliner Tagespresse schon vor der Wende »ein subregionaler Zentrismus beobachten, der tendenziell die City-Bezirke bevorzugt und die Außen-Bezirke benachteiligt« (BENTELE/STORLL 1986: 39).

Befanden einige, dass ihre Zeitung sich vermehrt mit Ostberlin beschäftigt, war der *Tagesspiegel* für andere auch nach 1989 noch eine »pur Westberliner Zeitung«.[151] Das würde auch der Einschätzung Hermann Rudolphs entsprechen, nach welcher der *Tagesspiegel* trotz der Offensiven gen Osten »ein West-Berlin Gewächs war und lange geblieben ist« (BINDER/IDE 2020). Hierin lässt sich auch die Ursache für den mäßigen Erfolg des Blattes in Ostberlin vermuten. An der Lokalberichterstattung ließ sich die Westzentriertheit des Blattes allerdings nicht festmachen. Jedenfalls, wenn man einer inhaltsanalytischen Studie aus dem Jahr 1994 (vgl. HELD/SIMEON) Glauben schenkt. Die Themenverteilung im Bereich des Lokalen sei in den untersuchten Berliner Zeitungen nur marginal voneinander abgewichen. Im Westen sei etwas häufiger über Wirtschaftsthemen und weniger über Soziales berichtet worden. Geringe Unterschiede ließen sich in der Nennung von Akteuren feststellen. Während bei *Tagesspiegel* und *Morgenpost* westliche Akteure leicht dominierten, überwogen bei *Kurier* und *Neues Deutschland* Akteure aus dem Ostteil (vgl. ebd.: 250ff.). Was hingegen Stilformen und publizistische Quellen anging, so resümieren die Autorin und der Autor, hätten sich die Zeitungen aus Ostberlin »den westlichen Traditionen vollkommen angeglichen« (ebd.: 247). Gravierendere Unterschiede zeigten sich dahingehend allerdings im Vergleich von Abonnement- und Kaufzeitungen. Die Abonnementzeitungen *Morgenpost*, *Tagesspiegel* und *Berliner Zeitung* wiesen etwa doppelt so viele Artikel mit Lokalbezug auf wie die Kaufzeitungen BZ, *Kurier* und *Bild* (vgl. ebd.: 241). Insofern ist es nachvollziehbar, dass die Interviewten zwar häufig zwischen *Morgenpost* und *Tagesspiegel* wechselten, nicht aber zunächst den *Tagesspiegel* lasen, um sich dann für die BZ zu entscheiden.

Die Abgrenzung von Boulevardzeitungen zu vermeintlicher Qualitätspresse spielte in der Tat eine mindestens ebenso gewichtige Rolle bei der Zeitungswahl wie die Kategorien Ost und West. Das liegt daran, dass Menschen ihr Mediennutzungsverhalten, neben anderen Faktoren, in Abhängigkeit zu ihrer subjektiven Schichteinstufung gestalten. Komme ich aus einem bildungsbürgerlichen Elternhaus, habe einen Universitätsab-

151 Interview 41: Verhaltenstherapeutin, *1968, Westberlin.

schluss und zähle zu den Top-Verdienern, werde ich eher zum *Tagesspiegel* greifen als zur BZ. Hier spielen Images der Zeitungen ebenso eine Rolle wie das in Elternhaus, Schule und in sonstigen Sozialisationsinstanzen erworbene Medienwissen. Bis heute scheint sich das Image des *Tagesspiegels* stabil gehalten zu haben. Bereits in der Leseranalyse 1976 wurde ermittelt, dass das Blatt im Vergleich zu anderen Berliner Zeitungen als »qualitativ am hochwertigsten«, »am glaubwürdigsten und zuverlässigsten« und »politisch am unparteiischsten« galt (STORLL 1988: 134) – Zuschreibungen, die so oder so ähnlich auch gegenwärtig von den Lesern und Leserinnen des *Tagesspiegels* getätigt werden. Den Zusammenhang von Auswahl und empfundener Schichtzugehörigkeit illustriert etwa die Aussage einer Interviewteilnehmerin, Jahrgang 1965, die in den 1980er-Jahren in einem besetzten Haus lebte und im KaDeWe jobbte: »Der Tagesspiegel ist so ein bisschen intellektueller, das bin ich nicht«.[152] Für ihre damalige Mitbewohnerin sei das Blatt aber durchaus das richtige gewesen: »Psychologin mit eigener Praxis. Nachher dann. Also bei der war das schon zu sehen, die verdient Geld und dann passte der *Tagesspiegel*«.

Nicht nur Herkunft und Schicht beeinflussten, zu welcher Zeitung die Westberliner und Westberlinerinnen griffen und greifen. Alternative Bezugspunkte der Identitätsarbeit wie Geschlecht und Alter demonstrieren an dieser Stelle ebenfalls ihre intervenierende Wirkung wie die politische Identität. Dies ist mitnichten ein Spezifikum Westberliner Zeitungsnutzung – diese Beobachtung lässt sich analog auch in Ostberlin anstellen. Wenngleich dort der Aspekt der Herkunft (also eine Ost-Identität) in der Breite doch deutlich relevanter zu sein scheint, als sich dies für eine West(-berlin)-Identität behaupten lässt.

Dass sowohl Herkunft als auch politische Ausrichtung der Zeitung den Lesern und Leserinnen durchaus bewusst sind und dementsprechend im Prozess der Medienauswahl und Rezeption aktiv sind, beweist die Einschätzung eines Beamten, Jahrgang 1968:

> »Also *Berliner Zeitung*, deshalb habe ich sie auch erst später gelesen, war sehr stark vom Osten geprägt. Also das war die Zeitung der Ostberliner und die liest man nicht in Westberlin. Die *Morgenpost* ist der klassische CDU-Wähler damals gewesen und *Tagesspiegel* eigentlich der SPD-Wähler. Und irgendwo hat sich das im Laufe der Jahre später mal, habe ich den Eindruck, gedreht. Die Springer-Presse ist klar, die waren

152 Interview 43: Drogistin, *1956, Westberlin

schon immer so eher konservativ eingestellt. [...] Und BZ und *Bild* – da brauchen wir nicht drüber reden. Und *Berliner Kurier* – weiß ich nicht. Gibt es einen Westberliner, der *Berliner Kurier* liest? Oder *Neues Deutschland* oder *Junge Welt*?«[153]

Dass der Befragte die verfügbaren Zeitungen nach politischen Gesichtspunkten beurteilte, hängt sicher auch mit seiner Erwerbstätigkeit zusammen. Anfang 1991 ging er nach Bonn, um dort in einer Bundesbehörde zu arbeiten. Zwei Jahre später begann er seine Tätigkeit für die Verwaltung eines ostdeutschen Bundeslandes. Politik war in seinem Leben ein sehr präsentes Thema.

Obenstehendes Zitat illustriert, dass es für Westberliner und Westberlinerinnen in der Regel nicht infrage kam, langfristig eine Zeitung zu lesen, die noch zu sehr ›Ost-Zeitung‹ war. Dass die Westberliner Leser und Leserinnen gänzlich uninteressiert gewesen wären am neuen Angebot auf dem Pressemarkt, lässt sich allerdings auch nicht behaupten. Zumindest die *Berliner Zeitung* schaffte es, im Westen der Stadt Abos abzusetzen (vgl. HACHMEISTER/KRAMP/WEICHERT 2017: 709). Das mag auch daran gelegen haben, dass das Ost-Blatt im Sommer 1992 eine Außenstelle mit fünf Redakteuren und Redakteurinnen in Spandau eröffnete und die *Spandauer Rundschau* als Sonderbeilage publizierte (vgl. NOWAK 1992: 34). Einige der Befragten konnten sich daran erinnern, durchaus mal einen Blick in die *Berliner Zeitung* geworfen zu haben. Man sei neugierig gewesen. In den seltensten Fällen jedoch war das eine Entscheidung von Dauer. Das Interesse am Osten war meist nur begrenzt oder gar nicht vorhanden, Wissen über den anderen Stadtteil hatte selten praktische Handlungsrelevanz. Der durchschnittliche Westberliner und die durchschnittliche Westberlinerin hatten keinen Grund, sich tiefergehend mit dem Osten zu beschäftigen – wobei auch hier Ausnahmen vorhanden sind.

Dass zu einer Zeitung gegriffen wurde, die eine Innenperspektive auf die ostdeutsche Gesellschaft und deren Belange versprach, kam vor allem dann vor, wenn berufliche oder persönliche Schnittstellen vorhanden waren. Etwa, wenn Menschen ihren Arbeits- oder Wohnort nach Ostberlin oder Brandenburg verlagerten, es der Job erforderte, sich entsprechendes Wissen anzueignen oder eine Partnerschaft mit jemandem aus den ›neuen Bundesländern‹ eingegangen wurde. Da gab es den Lokalpolitiker, Jahrgang 1952, der wissen musste, was gerade im Osten der Stadt auf der (politi-

153 Interview 12: Beamter, *1968, Westberlin.

schen) Agenda stand.[154] Er engagierte dafür einen persönlichen Referenten mit DDR-Wurzeln, nutzte zusätzlich aber die Ostberliner Tageszeitungen, um über aktuelle Entwicklungen informiert zu sein. Zu diesen Personen zählt auch ein 1994 nach Pankow gezogener Befragter, Jahrgang 1961.[155] Der Mann hat neben Politik und Geschichte auch Film und Fernsehen studiert und nach der Wende zeitweise als Redakteur bei einem Berliner Radiosender gearbeitet. Aufgrund des Studiums und seines Jobs war ihm bewusst, dass jede Zeitung mit ihrer eigenen Weltanschauung daherkommt. Er entschloss sich bewusst für ein Abo der *Berliner Zeitung*. Er wollte explizit eine Ost-Sicht auf die Dinge, eine andere Perspektive als die des *Tagesspiegels*, den er bis dato gelesen hatte. Für die *Berliner* entschied er sich auch, weil er Informationen wollte, die mit seinem »eigenen Lebensbereich« zu tun hatten, wie er sagt. Die *Berliner Zeitung* war einfach näher dran an Pankow und wird aller Wahrscheinlichkeit nach auch dabei geholfen haben, sich an den Gesprächen in seinem Bekannten- und Kollegenkreis – in dem sich zusehends Ostler befanden – beteiligen zu können.

Das Beispiel des Wahl-Pankowers zeigt zugleich, dass im Mittelpunkt des Umgangs mit Tageszeitungen die Lokalberichterstattung stand – dieser Befund zieht sich durch die Befragten in Ost wie West. Dem Berliner geht es um sein direktes Umfeld, er interessiert sich anscheinend wenig dafür, was außerhalb seiner Stadt passiert. In der Tat hatte es die überregionale Presse »in Berlin schon immer schwer« (HACHMEISTER/KRAMP/WEICHERT 2017: 720). Die Ablehnung der überregionalen Presse in Ostberlin lässt sich, wie geschildert, mit Verweis auf die in München, Hamburg und Frankfurt am Main gelegenen Produktionsorte und die entsprechende Übermacht westdeutscher Perspektiven erklären. Warum aber zeigten sich auch die Westberliner und Westberlinerinnen etwas zurückhaltender im Umgang mit überregionalen Tages- und Wochenzeitungen als die restlichen Länder der alten Bundesrepublik? Die Ursache dafür ließe sich in einem stigmatisierenden Westberlin-Diskurs der bundesrepublikanischen Presse vermuten. Westberlin wurde in der bundesdeutschen Berichterstattung vor 1989 zuweilen als »Subventionssumpf, Chaoten-Metropole und Rentnerreservat« (»Neue Gesichter« 1983: 33) belächelt. Die Stadt sei ein »moderner Moloch« gewesen (»Berlin ist kein Moloch« 1986), deren

154 Interview 53: Kommunalpolitiker, *1952, Westberlin.
155 Interview 20: wechselnde Jobs, TV/Radio-Redakteur, *1961, Westberlin.

politische Klasse »aus dem Ruch von Filz und Provinzialität« (NAWROCKI 1986) heraustreten müsse. Zumindest einer der Befragten kritisiert eine massenmediale Abwertung Westberlins.[156] Den Bewohnern und Bewohnerinnen der Insel sei eine »Subventionsmentalität unterstellt« worden, sagt er. Über das »bundesdeutsch[e] Berlin-Bashing« habe er sich immer ärgern müssen. Dem gebürtigen Wilmersdorfer war es vermutlich auch deshalb wichtig, dass seine Tageszeitung eine »starke Bindung zu Berlin« aufwies. *Stern* und *Spiegel* las er nicht. Auch zur überregional erscheinenden *Taz* fand er nie einen Zugang, obwohl er sich als links verstand, lässt er wissen.

Unter dem Gesichtspunkt kollektiver beziehungsweise sozialer Identität ist davon auszugehen, dass sich eine negative (West-)Berlinberichterstattung auch im Mediennutzungsverhalten der Westberliner und Westberlinerinnen niedergeschlagen hat – ähnlich, wie das in Ostberlin hinsichtlich des DDR- respektive Ost-Diskurses der Fall war. Dabei sind die Berichterstattungsmuster und ihre mögliche Wirkung auf Identität und Mediennutzung sicher nur begrenzt vergleichbar. Denn (West-)Berlins Image war gerade in den 1990er-Jahren nicht unbedingt negativ. Die Reichstagsverhüllung durch Christo und Jeanne-Claude 1995, die explodierende Kunst- und Kulturszene und die Loveparade verhalfen der Stadt zu einem »Neu-Berliner Selbstbewusstsein« (BISKY 2019: 862), dem die – öffentlich durchaus präsente – missliche Finanzlage Berlins nur wenig anhaben konnte. »Arm, aber sexy«, mit diesen Worten brachte der damalige Regierende Bürgermeister Klaus Wowereit das Selbstverständnis der Stadt auf den Punkt (vgl. ebd.: 864).

Rekapituliert man die in Kapitel 5.2.1 geschilderten Muster der Zeitungsnutzung in Ostberlin, kann festgestellt werden, dass einige Gemeinsamkeiten zwischen Ost und West bestehen. So muss die Zeitung etwa ausreichend nah an der eigenen geografischen und kulturellen Lebenswelt sein. Auch die Vertrautheit spielt eine Rolle. Generell ist die Zeitungsnutzung von einer hohen Kontinuität geprägt. Unterschiede zeigen sich im Segment der Presse in ähnlicher Weise wie im Bereich der Rundfunkmedien. Die Zeitungsnutzung der Westberliner und Westberlinerinnen ist in der Breite doch weniger identitär geprägt als die der Personen aus Ostberlin. Zwar spielten Ost und West bei der Auswahl der Zeitung eine nicht zu vernachlässigende Rolle, ursächlich dafür waren aber weniger Fragen der

156 Interview 11: Physiotherapeut, *1961, Westberlin.

kollektiven Identität. In Westberlin wurde nicht so explizit nach West-Perspektiven gesucht, wie es im Osten der Stadt der Fall war. Das lässt sich auf die unterschiedliche Positionierung innerhalb des Geflechts aus Regeln und Ressourcen in der Nachwendezeit zurückführen. Einerseits erfuhr Westberlin keine mediale kollektive Abwertung – zum anderen lässt sich auch auf der Ebene der Individuen nicht von so einschneidenden Identitätsbedrohungen sprechen, wie sie die Ostberliner im Nachgang der Wende erlebten. Die spezifische Positionierung der Westberliner im Gefüge der Legitimations-, Herrschafts- und Signifikationsstrukturen (vgl. GIDDENS 1992: 84ff.), bedingte hier den weniger stark identitätsbezogenen Zugang zu Pressemedien.

Medienkritik West

Ein nicht unwesentlicher Anteil der Medienkritik, die Befragte aus Ostberlin äußern, lässt sich auf die Wahrnehmung einer undifferenzierten Berichterstattung über die DDR und einen stigmatisierenden bis abwertenden Ost-Diskurs zurückführen (siehe Kapitel 5.2.1). Wie ist es angesichts dieser Feststellung um die Medienkritik aus westlicher Richtung bestellt? Ist die Wahrnehmung von medialen Schieflagen hier dennoch vorhanden? Die Antwort sei vorweggenommen: ja. Dennoch lassen sich dahingehend einige Unterschiede zwischen Ost und West feststellen.

Kritik an den Medien – speziell am Journalismus – ist mitnichten ein exklusiv ostdeutsches Phänomen. Auch wenn Menschen im Osten der Republik die Informationskompetenz der Medien generell sowie die Leistungen der öffentlich-rechtlichen Angebote kritischer beurteilen als Westdeutsche (vgl. INFRATEST DIMAP 2020). Einen Höhepunkt westdeutscher, speziell Westberliner, Medienkritik stellte sicherlich das Jahr 1968 dar. Mit der Kampagne ›Enteignet Springer‹, rief die Studentenbewegung im Nachgang des Todes von Benno Ohnesorg und des Attentats auf Rudi Dutschke zum Boykott des Verlags von Axel Springer auf (vgl. EINEMANN 2014: 110). Prominente Unterstützung erfuhren die 68er durch die Großverleger Gerd Bucerius (*Die Zeit*) und Rudolf Augstein (*Der Spiegel*), die so versuchten, die publizistische Konkurrenz zu schwächen (vgl. SEITENBECHER 2008: 24). Augstein forderte bereits 1966 öffentlich eine »Lex Springer«, eine gesetzliche Begrenzung der Marktanteile des Verlags. Der *Spiegel*-Gründer verglich den Springer-Verlag mit einem »gefräßige[n] Tumor« und betonte dessen Gefahr für die Demokratie des Landes (AUGSTEIN 1966: 10).

Nicht nur Magazine wie *Stern*, *Spiegel* und *Konkret* problematisierten seit 1962 regelmäßig die Marktmacht Springers, auch ein Beitrag der Nachrichtensendung *Panorama* ließ Kritiker und Kritikerinnen der Springer-Blätter öffentlichkeitswirksam zu Wort kommen (vgl. SEITENBECHER 2008: 3f.).

Der Springer-Verlag hat bis heute ein negatives Image. Gefragt, welche Zeitungen einem nicht ins Haus kommen, antworteten die Interviewten in breiter Masse mit: Springer-Presse. Dabei musste man Springer nicht unbedingt als »Sprachrohr des westdeutschen Establishments« (ULRICH 2008: 121) betrachten, um zugehörige Produkte abzulehnen. So meint etwa eine Religionslehrerin, Jahrgang 1961, für sie sei es »ideologisch nicht vertretbar gewesen«, die Springer-Presse zu lesen.[157] Sie mied die Publikationen des Verlagshauses »wahrscheinlich aus politischen Gründen«. »Man machte das nicht in unseren Kreisen«, gibt die Frau, in deren Leben Politik stets eine nachgeordnete Rolle spielte, kurz angebunden zu verstehen. »*Bild* und BZ hat man nicht gelesen« erklärt auch eine andere Befragte, Jahrgang 1968, die seit Ende der 1990er-Jahre in der Presse- und Öffentlichkeitsarbeit tätig ist.[158] Sie begründet ihre Entscheidung knapp damit, dass dort »keine seriöse Berichterstattung« zu finden gewesen sei.

Die kategorische Ablehnung Springers wird oft reflexartig geäußert und bleibt in der Regel verhältnismäßig vage. Bei einem der Befragten, Jahrgang 1945, lässt sich dagegen gut nachvollziehen, woher seine Abneigung gegenüber der Springer-Presse zu stammen scheint.[159] Er hat Rudi Dutschke noch live erlebt, erzählt er. Als er den Wortführer der Studentenbewegung sprechen hörte, habe er Gänsehaut bekommen, der sei »eine tolle Persönlichkeit« gewesen. Für den späteren Bauingenieur kam es lange Zeit nicht infrage, irgendetwas aus dem Hause Springer zu lesen. Dass die westdeutsche Studentenbewegung dem Springer-Verlag die Mitschuld am Attentat auf Dutschke gab, mit dem der junge Mann offenbar sympathisierte, war sicher ein Faktor, der zur negativen Bewertung des Medienhauses beitrug. Es lässt sich allerdings beobachten, dass nicht nur Zeitgenossen und Zeitgenossinnen der 68er-Bewegung eine kritische Haltung gegenüber Springer verinnerlicht haben. Daraus ließe sich schlussfolgern, dass die Anti-Springer-Kampagne der Studentenbewegung »fest im

157 Interview 7: Religionslehrerin, *1961, Westberlin.
158 Interview 57: Angestellte Öffentlichkeitsarbeit, *1968, Westberlin.
159 Interview 42: Bauingenieur, *1945, Westberlin.

deutschen Gedächtnis« (vgl. STAADT/VOIGT/WOLLE 2009: 13) verankert ist. Das negative Image Springers und seines publizistischen Flaggschiffs, der *Bild*, schreibt sich kontinuierlich fort. So jedenfalls kann erklärt werden, warum auch jüngere Generationen Springer pauschal ablehnen.

Folgt man den Aussagen der Westberliner Interviewten hat sich seit den 1970er-Jahren an den Images von *Tagesspiegel* und *Bild* nur wenig geändert. Ersterer gilt den Befragten damals wie heute als qualitativ hochwertiger, seriöser und glaubwürdiger. Die *Bild* als reißerisch und weniger objektiv (vgl. BENTELE/JARREN/KRATZSCH 1990: 457). Während die Leser und Leserinnen bei *Welt* und *Morgenpost* auch mal darüber hinwegsahen, es zum Teil gar nicht bewusst war, dass diese Publikationen ebenfalls aus dem Hause Springer kamen, wurden hinsichtlich der *Bild*-Zeitung keine Ausnahmen gemacht. In der *Bild* seien nur »Lügen« und »Behauptungen« zu lesen gewesen, erinnert sich eine Justiziarin, Jahrgang 1964.[160] Zum schlechten Image der *Bild* haben sicher auch Heinrich Bölls Roman *Die verlorene Ehre der Katharina Blum* (1974) und Günther Wallraffs Enthüllungsgeschichte (1977) über die Arbeitsmethoden der Zeitung beigetragen.

Die Kritik an Springer ist beileibe kein rein Westberliner Phänomen. Das liegt wohl unter anderem daran, dass die Debatten rund um den Verlag mittels Fernsehen und Radio über die Mauer hinweg reichten. Aus Sicht der DDR-Politik galt der Springer-Verlag ohnehin als »Inkarnation des Klassenfeinds« (SEITENBECHER 2008: 4).[161] Diese Botschaft wurde schließlich auch über die DDR-Medien kommuniziert. Zwischen 1968 und 1970 wurde im DFF ein fünfteiliger Spielfilm gesendet, der die Biografie Axel Springers kritisch beleuchtete (vgl. STAADT/VOIGT/WOLLE 2009: 151ff.).[162]

Springer wurde mitnichten nur aus ›ideologischen Gründen‹ abgelehnt. Ebenso wichtig – wenn nicht gar entscheidend – war, dass die Springer-Presse für einen vereinfachenden und reißerischen Boulevardjournalismus stand. Die Befragten – in besonderem Maße formal höher Gebildete – stellen häufig eine abwertende Haltung gegenüber der Boulevardpresse zur Schau. Dort werde Meinungsmache betrieben. Es werde schlecht recherchiert und es »gehe immer nur um Mord und Totschlag und

160 Interview 65: Justiziarin, *1964, Westberlin.

161 Die Veröffentlichungen Franz Knippings (1963, 1967) etwa belegen auch eine wissenschaftliche Auseinandersetzung mit dem Medienkonzern.

162 Bei der DEFA-Produktion mit dem Titel *Ich – Axel Cäsar Springer* führten Helmut Krätzig, Ingrid Sander und Achim Hübner Regie. Das Buch stammte von Karl Georg Egel und Hans Heinrich.

nicht um Hintergründe«.[163] Die Boulevardpresse zeichnet sich in der Tat durch »einen plakativen Stil« und »reißerisch[e] Schlagzeilen« aus. Die Beiträge bestehen aus Skandalen, sowie »leicht konsumierbaren Sex-and-Crime-Stories« und appellieren an die Emotionen der Leser und Leserinnen (vgl. RAABE 2013: 33). Zahlreiche inhaltsanalytische Studien haben der Berichterstattung der *Bild*, als der wohl prominentesten Boulevardzeitung Deutschlands, ein mittelmäßiges Zeugnis ausgestellt (vgl. JÄGER/JÄGER 2007; WAGNER 2007; REINEMANN 2008; IRRGANG 2011; ARNOLD 2013). Die Befragten greifen in ihrer Bewertung von Boulevardmedien also zwar auf Images zurück, diese scheinen aber im Falle der *Bild* ihre Entsprechung in der Realität zu finden.

Die Unterscheidung zwischen Boulevard- und Qualitätsjournalismus, von ›seriösen‹ und ›nicht-seriösen‹ Medien ist zentrales Charakteristikum der Westberliner Medienbewertung. Diese Abgrenzung findet in Alltag wie in Forschung gleichermaßen statt (BECK et al. 2012: 18). Sie wird über verschiedene Sozialisationsinstanzen vermittelt und – letztlich durch das Abgrenzungsbedürfnis der Menschen – fortgeschrieben. Der Großhandelskaufmann beispielsweise, Jahrgang 1964, dessen Handwerker-Vater immer die BZ in der Tasche hatte, leugnet nicht, gelegentlich zur *Bild* zu greifen.[164] Der studierte Mathematiker aus intellektuellem Elternhaus, Jahrgang 1955, der eine leitende Position bei einem großen Berliner Elektrokonzern innehatte, gibt wiederum zu verstehen, dass er die *Bild*-Zeitung nie anrühren würde, weil sie nicht seinem Niveau entspreche.[165]

Wird im Segment der Zeitungen zwischen Boulevard- und Qualitätsjournalismus unterschieden, scheinen beim Fernsehen ähnliche Mechanismen zu existieren. Sieht sich das Privatfernsehen mit Abwertung konfrontiert und Kritik ausgesetzt, genießt das Öffentlich-Rechtliche dagegen einen Legitimitätsvorsprung. Abermals sind es überwiegend Studierte, die sich gegenüber den privaten Kanälen kritisch äußern. Ein Befragter, Jahrgang 1961, der Geistes- und Sozialwissenschaften studiert hatte und später selbst in der Medienbranche tätig war etwa, zieht eine ernüchternde Bilanz des Privatfernsehens.[166] Das habe über die Jahre »immer mehr Leute blöde gemacht«. Seine Einschätzung mag einerseits persönlichen Erfahrungen

163 Interview 22: Krankenschwester, *1966, Westberlin.
164 Interview 74: Großhandelskaufmann, *1964, Westberlin.
165 Interview 3: Mathematiker, *1955, Westberlin.
166 Interview 20: wechselnde Jobs, TV/Radio-Redakteur, *1961, Westberlin.

und seinem studienbedingten Wissen um Auftrag und Funktionsweise der Medien geschuldet sein, ist andererseits aber wohl durch gesellschaftliche Diskurse geprägt. Denn, wie er selbst sagt, habe er die »Diskussion um die Privaten von Anfang an mitbekommen«.

Seit den späten 1970er-Jahren wurde die Einführung des Privatfernsehens in der Bundesrepublik kontrovers diskutiert. Die Sozialdemokraten beispielsweise befürchteten, der private Rundfunk könnte einen »Bildungsverfall und eine Fragmentierung der Gesellschaft« (BÖSCH 2012: 191) begünstigen. Es entspann sich eine normativ besetzte öffentliche Debatte um die Gefahren und Vorzüge des Privatfernsehens, die das Image des werbefinanzierten Rundfunks nachhaltig prägte. Auch nach seiner Einführung war das Privatfernsehen immer wieder Gegenstand öffentlicher Kritik. So wurde ab 2005 in den Feuilletons von *Stern*, *Spiegel*, *Süddeutscher* und *Frankfurter Allgemeine* eine Diskussion um das ›Unterschichten-Fernsehen‹ geführt, die mit »wertgeladenen Begriffen und moralischen Verdikten daher kam« (KLAUS/RÖSER 2008: 263). Innerhalb dieser Debatte wurde »pauschal ›gutes‹ öffentlich-rechtliches Bildungsfernsehen gegen ›schlechtes‹ privates Unterhaltungsfernsehen gesetzt« (vgl. ebd.: 273). Das scheint die Bewertung und Kritik der Interviewten geprägt zu haben. Eine Befragte, während der 1990er-Jahre Studentin der Ethnologie, nimmt auf diese Debatte indirekt Bezug, wenn sie sagt, dass sie RTL wirklich nur eingeschaltet hätte, »wenn da mal ein richtig guter Film kam oder eine wirklich gute Reportage«.[167] Das Programm des Kölner Senders sei in ihren Augen nämlich überwiegend »immer schon so Unterschichten«-Fernsehen gewesen.

Die Defizite des Privatfernsehens wurden dabei auch mit seinem Finanzierungsmodell in Verbindung gebracht. Nicht nur Interviewte, auch direkt Involvierte sahen das Geschäftsmodell der kommerziellen Anbieter kritisch. So etwa Gerhard Naeher, Mitbegründer des Privatfernsehens und Chef des ersten privaten Nachrichtensenders in Deutschland. Er stellte den privaten TV-Anbietern zu Beginn der 1990er-Jahre ein wenig schmeichelhaftes Zeugnis aus:

> »Sie betreiben das Werbegeschäft mit Programmen, die sich erschöpfen in zweit- und drittklassiger Filmware, schwachsinniger Unterhaltung, Schmuddelsex, Werbe-Gewinn-Shows, ›Reality TV‹- Sendungen voller Gewaltszenen, Extremsituationen und Verletzten, bruchstückhaften Nachrichten und Infotainment, das heißt Infor-

167 Interview 43: Drogistin, *1956, Westberlin.

mation, die auf Sensationen, Effekte und Unterhaltung verkürzt ist. Das Privatfernsehen ist zum Milliardengeschäft mit Einheitsware ohne publizistischen Anspruch verkommen, wobei der Kampf um Einschaltquoten zu immer flacheren, schrilleren und dümmeren Sendungen führt« (NAEHER 1993: 8f.).

Eine studierte Politikwissenschaftlerin, Jahrgang 1964, sah das Problem der werbebasierten Finanzierung des Privatfernsehens hingegen nicht in einer Abflachung des Programms, vielmehr sah sie deren Unabhängigkeit nicht gewährleistet. Gerade bei Ratgebersendungen und Verbrauchershows war sie skeptisch, denn da sei ja klar gewesen: »Die sind alle privat finanziert, die wollen mich alle über den Tisch ziehen«.[168] Diese Form der ökonomischen Medienkritik findet sich immer wieder in den Interviews. Etwa wenn ein Mediengestalter, Jahrgang 1968, einige Jahre für eine Fernsehproduktionsgesellschaft tätig, befindet, dass ein »ernst zu nehmende[r] Journalismus« dort nicht stattfinden könne, wo das hauptsächliche Ziel darin bestehe, Geld zu verdienen.[169] Oder wenn eine Grafikdesignerin, Jahrgang 1965, das Gefühl hat, dass es gerade im Online-Journalismus nur noch darum ginge »Klicks zu generieren« und mit »reißerische[n] Überschriften« Leser und Leserinnen anzulocken.[170]

Die privatwirtschaftliche Organisationsweise der Medien wird vereinzelt auch mit der Entstehung eines ›Mainstreams‹ in Verbindung gebracht. So hatte eine Befragte den Eindruck, dass die Berichterstattung nach der Privatisierungswelle zu Beginn der 1990er-Jahre »doch mehr von einer Leitlinie geprägt wurde und oberflächlicher« war.[171] Ähnliches bemerkt ein passionierter Radiohörer, Jahrgang 1962.[172] Er meint sich zu erinnern, dass mit voranschreitender Privatisierung der Radiolandschaft die »Vielfalt der Musik« abnahm und auch die Qualität des Wortprogramms sank. »[D]ie Berichte wurden flacher«, resümiert er.

Damit kritisieren die Zitierten das, was die SPD bereits im Vorfeld der Zulassung privater Anbieter befürchtete: eine Programmverflachung. Dass zwar viele Programme geschaffen, dort aber keine Vielfalt, sondern nur Ähnliches gesendet werden würde (vgl. BÖSCH 2012: 200). Diese Befürchtung scheint sich doch zumindest teilweise bewahrheitet zu haben. So hat

168 Interview 56: Projektmanagerin im Kulturbereich, *1964, Westberlin.
169 Interview 72: Mediengestalter, *1968, Westberlin.
170 Interview 75: Graphikdesignerin, *1965, Westberlin.
171 Interview 33: wechselnde Jobs, *1967, Westberlin.
172 Interview 19: Diplomingenieur Medizinbranche, *1962, Westberlin.

in den 1990er-Jahren tatsächlich eine Standardisierung der Fernsehangebote stattgefunden. Nicht auf »Widerspruch, Subversion und Eigensinn« (HICKETHIER/HOFF 1998: 527) zielte das Programm mehr ab, stattdessen zählte es, dass die Sendungen ein bestimmtes Publikum erreichten und so zum Gewinn der Medienunternehmen beitrugen. Darunter litt die Angebotsvielfalt, da erfolgreiche Formate oftmals kopiert oder neu aufgelegt wurden. Die Orientierung an den Einschaltquoten als zentrales Kriterium der Programmgestaltung begann zwar schon in den 1980er-Jahren mit der Verbreitung des Privatfernsehens, intensivierte sich aber in den 1990er-Jahren (ebd.: 527).

Vergleicht man Medienkritik Ost und Medienkritik West, so lassen sich einige Gemeinsamkeiten ebenso wie Unterschiede feststellen. Ähnlich wie Ostberliner findet auch Westberliner Medienkritik eher auf systemischer Ebene denn auf personaler oder Medieninhaltsebene statt (vgl. WIRTH 1999: 55f.). Sowohl in Ost wie West wird ein niedriges Anspruchsniveau des Privat-TVs beklagt. Die Ablehnung des Privatfernsehens lässt sich insbesondere – wenn auch nicht ausschließlich – bei Menschen mit formal höherer Bildung beobachten. Dieser Umstand liegt darin begründet, dass die Be- und Abwertung von Medienangeboten einen Akt der Identitätsarbeit darstellt, der mit Prozessen der Inklusion und Exklusion verbunden ist. Akademiker und Akademikerinnen etwa verorten sich so – bewusst oder unbewusst – auf einer höheren Stufe in der gesellschaftlichen Hierarchie (vgl. MEYEN 2007; KLAUS/RÖSER 2008). Eine weitere Gemeinsamkeit besteht darin, dass Medienkritik in Ost wie West zu großen Teilen Journalismuskritik bedeutet. Grundsätzlich werden dieselben Dinge kritisiert: Mainstream, Meinungsjournalismus, Ökonomisierung. Ost und West tun dies jedoch in unterschiedlicher Intensität.

Unter den Westberliner Befragten waren es nahezu ausschließlich Menschen, die ein Studium absolvierten (oder zumindest begonnen hatten) oder aber, die beruflich mit Medien in Kontakt kamen, die ein Bewusstsein für Fehlentwicklungen der publizistischen Massenmedien aufwiesen. Unter den Ostberliner Befragten lässt sich dieses Bewusstsein dagegen quer durch alle gesellschaftlichen Milieus finden. Die Westberliner Befragten beschränken ihre Kritik häufig auf die Boulevardpresse und das Privatfernsehen, während die Ostberliner Interviewten Defizite der Berichterstattung gerade auch in der sogenannten Qualitätspresse und den öffentlich-rechtlichen Medien ausmachen. In Ost und West wird gleichermaßen eine mangelnde Unabhängigkeit der journalistischen Medien beklagt. Von Westberliner

Seite aus werden dabei überwiegend ökonomische Abhängigkeitsverhältnisse problematisiert. Im Osten wird dagegen zusätzlich die wahrgenommene Verflechtung von Journalismus und Politik thematisiert. Anders als die Westberliner Befragten können die Ostberliner und Ostberlinerinnen konkrete Beispiele und Anlässe nennen, an denen sich ihre Kritik einst entzündete. Erstere verbleiben dagegen auf einer eher allgemeinen Ebene, sprechen etwa recht unspezifisch von einer Abnahme ›journalistischer Qualität‹. In Ost wie West sind vermutete Medienwirkungen auf die Gesellschaft Auslöser von Kritik. Das zeigt sich etwa dann, wenn abschätzig von ›Meinungsmache‹ oder ›Stimmungsmache‹ gesprochen wird. Unter den Ostlern sind vermeintliche Wirkungen als Ursache für kritische Einstellungen gegenüber massenmedialen Angeboten jedoch weiter verbreitet – schließlich bekommen sie die Konsequenzen spezifischer Berichterstattungsmuster direkt zu spüren, etwa über nach wie vor schlechtere Karriereaussichten (vgl. KOLLMORGEN 2015a, 2020; BLUHM/JACOBS 2016).

Medienkritik West – kann resümiert werden – hat ihre Ursache nicht in einer vermeintlichen West-Identität der Befragten. Sofern sie existiert, ist sie das Produkt aus vergangenen Medienerfahrungen und erworbenem Medienwissen, gesellschaftlichen Diskursen sowie internalisierten Rollenerwartungen und Identitätskonzepten, die nur über Umwege auf kollektive West-Identität zurückgeführt werden können. Dagegen hat die Analyse der medienkritischen Äußerungen der Ostberliner Interviewten gezeigt, dass dort immer wieder Bezüge zu kollektiver Ost-Identität vorhanden sind.

Der DDR- und Einheitsdiskurs aus Westberliner Sicht

Das mediale DDR-Bild und die Darstellung der Vereinigungsgeschichte provozierten einigen Unmut seitens der Ostberliner Befragten. Es wurde über Leerstellen geklagt, über Einseitigkeit und über einen westlichen Blick. Zusammengefasst: Die eigene Geschichte wurde und werde verzerrt dargestellt.

Die deutsche Teilung, der Mauerfall, die Wiedervereinigung, all diese Ereignisse sind allerdings nicht nur Teil ostdeutscher oder Ostberliner Vergangenheit. Sie sind gesamtdeutsche Historie. Gerade Berliner und Berlinerinnen dürften diese Auffassung vertreten, war die Stadt doch zentraler Schauplatz all jener Vorgänge. Wie also nehmen Westberliner und Westberlinerinnen die mediale Aushandlung ihrer Geschichte wahr? Machen sie hier ähnlich problematische Tendenzen aus, die letztlich kritische Haltungen gegenüber ›den Medien‹ begünstigen, wie in Ostberlin zu beobachten ist?

Grundsätzlich kann unterstellt werden, dass Menschen sich unabhängig von ihrer Herkunft für ihre eigene Geschichte interessieren. Denn um zu wissen, wer man selbst ist, muss man wissen, wo man herkommt. Die Auseinandersetzung mit der ganz persönlichen Biografie, aber auch der Historie der Kollektive, derer man sich zugehörig fühlt, stellt insofern einen Akt der Selbstvergewisserung dar (vgl. ANGEHRN 2018: 7). Die befragten Westberliner und Westberlinerinnen interessieren sich in der Tat für ihre Geschichte. Davon zeugt etwa die Begeisterung für die TV-Chronik *Berlin – Schicksalsjahre einer Stadt*.[173] Was DDR-Geschichte betrifft, zeigt man sich da schon zurückhaltender. So geben einige der Befragten ganz offen zu, sich nicht für die DDR zu interessieren. Ebenso wenig für den »Medien-Hype« rund um den 3. Oktober.[174] Ein Physiotherapeut, Jahrgang 1961, gab zu Protokoll, dass er »richtig genervt« gewesen sei, als er zum letzten Jubiläum des Mauerfalls seine *Morgenpost* aus dem Briefkasten holte und feststellte, dass »praktisch überhaupt keine tagesaktuellen Themen drin waren«.[175] Das Ganze habe für ihn schlicht »keine Relevanz«. Der Mann, der sagt, er habe sich bei den sporadischen Besuchen bei seiner Tante in Oranienburg »nie wohlgefühlt«, sah sich durch den Wegfall der Berlin-Zulage hart getroffen. »[F]ür mich als Familienvater [...] das war viel Geld«, erzählt er. Auch in diesen Negativerfahrungen mag sein Desinteresse an der DDR und entsprechender Berichterstattung begründet liegen. Eine weitere Befragte, Jahrgang 1969, sagt, sie habe sich nach all den Jahren mittlerweile »sattgehört« am Thema.[176] Vermutlich auch, weil die Frau seit Ende der 1990er-Jahre mit einem ehemaligen DDR-Bürger verheiratet ist. Die Mauer sei bei ihr schon lange aus dem Kopf raus und Ost und West kein Thema mehr. Genauso gibt es aber auch Fürsprecher der alljährlichen Jubiläumsberichterstattung. Ein Teilnehmer, Jahrgang 1955, hält es für wichtig, Jahr

173 Die Dokumentationsreihe wurde vom RBB produziert. Fünf Staffeln wurden zwischen 2018 und 2020 ausgestrahlt. Jede von ihnen widmet sich einem Jahrzehnt, beginnend mit dem Mauerbau 1961. Das historische Format war ein Publikumserfolg. Die Quoten lagen, selbst bei Wiederholungen, weit über dem Senderschnitt (vgl. WAHL 2022).

174 Interview 59: Gewerkschafter, *1963, Westberlin.

175 Interview 11: Physiotherapeut, *1961, Westberlin.

176 Interview 71: Kauffrau für Bürokommunikation, *1969, Westberlin.

für Jahr dem Mauerfall zu gedenken. Um »den Leuten mal wieder in Erinnerung zu rufen«, was für ein Erfolgserlebnis das gewesen sei.[177]

Dass zuweilen nur verhaltenes Interesse am Thema zu beobachten ist, mag daran liegen, dass die Geschichte Ostdeutschlands zwischen 1949 und 1989 und darüber hinaus häufig nicht als Teil der eigenen Historie wahrgenommen wird. So war etwa eine Befragte, Jahrgang 1964, von sich selbst überrascht, dass sie sich tatsächlich für diese historische Phase interessiere. »Komischerweise«, »interessanterweise« würde sie die Talkshows und Dokus rund um Mauerfall und Wiedervereinigung einschalten.[178] Außerdem fällt auf, dass die Beschäftigung mit der DDR, sofern sie denn stattfindet, oft weniger der Reflexion der eigenen Geschichte dient – wie in Ostberlin zu beobachten ist – sondern vielmehr der Bestätigung des vorhandenen Weltbildes. Das illustriert etwa die Aussage eines Befragten, Jahrgang 1942, der von der Überlegenheit des westdeutschen Systems mehr als überzeugt war.[179] Er sagt, er interessiere sich vor allem für die Schicksale von DDR-Geflüchteten und Fluchthelfern und Fluchthelferinnen – und zwar gerade für solche, die nicht »zum guten Ende« gebracht wurden. Eine solche opferzentrierte Darstellungsweise ist eingängig und verspricht »aufmerksamkeitsheischende Empathie« (SÄLTER 2021: 299). Sie stößt beim Publikum auf Zuspruch – vermutlich auch, weil sie dem offiziellen staatlichen Aufarbeitungsdiskurs entspricht. Ähnliches lässt sich bei einer Verwaltungsangestellten feststellen, Jahrgang 1956, die kein Verständnis dafür hat, dass das »Regime verharmlost wird, was den Menschen die Freiheit genommen hat«.[180] Für sie bedeutete DDR in erster Linie Unfreiheit. Sie erzählt, schon als Kind davon geträumt zu haben, mit »Herrn Ulbricht oder Herrn Honecker mal zu reden« und ihnen klarzumachen, dass die Mauer abgeschafft gehöre. Dieser Wunsch resultierte bei ihr wohl eher aus dem Erleben der für sie störenden und einschüchternden Grenzkontrollen als aus dem Bedürfnis nach politischer und zwischenmenschlicher Einheit. *Das Leben der Anderen* als Film, der illustriert, wie persönliche Freiheit im Überwachungsstaat DDR jederzeit ausgehebelt werden kann, fand sie »ganz, ganz toll«. Zu sehen, wie Menschen bespitzelt wurden »und, dass man keinem trauen konnte«, bestätigt die Frau in ihrem Bild der DDR und

177 Interview 3: Mathematiker, *1955, Westberlin.
178 Interview 65: Justiziarin, *1964, Westberlin.
179 Interview 42: Bauingenieur, *1945, Westberlin.
180 Interview 76: Verwaltungsangestellte, *1956, Westberlin.

ihrer Identität als Bürgerin eines Staates, in der die Freiheit des Einzelnen verfassungsrechtlich verankert ist.

Das Leben der Anderen bietet eine »nachträgliche, den heutigen Vorstellungen entsprechende Perspektive« (LÜDEKER 2012: 264) auf die DDR. Der Film avancierte zum Erinnerungsmedium (vgl. ERLL/WODIANKA 2008) und bildet einen wichtigen Referenzpunkt der DDR-Erinnerung – vor allem für Westdeutsche. Geht man davon aus, dass Menschen auf der Suche nach Selbstbestätigung sind und danach streben, die eigene Gruppe aufzuwerten, ergibt es durchaus Sinn, dass Westsozialisierte sich vor allem dann für DDR-Geschichte begeistern können, wenn sie anschlussfähig an akzeptierte (meist die DDR delegitmierende Deutungen) ist. Die Beschäftigung mit der DDR und der Phase des Umbruchs findet zwar bei einer Reihe der Befragten statt, sie verharrt in der Regel allerdings auf einem oberflächlichen Niveau und bleibt oft selektiv, sie ist nur in Ausnahmefällen von der Suche nach alternativen Deutungsarten gekennzeichnet.

An der Art und Weise wie über die DDR und die deutsche Einheit berichtet wird und wurde – und das stellt einen zentralen Unterschied zwischen den Befragten aus Ost und West dar – haben die wenigsten der Westberliner und Westberlinerinnen etwas auszusetzen. Während die Ostler Einseitigkeit bemängeln und vor allem den Fokus auf die Staatsicherheit problematisieren, lässt sich ähnliches in Westberlin nur äußerst selten feststellen. Leise Kritik äußert ein Befragter, Jahrgang 1955.[181] Er findet es durchaus wichtig, immer wieder an das in der DDR geschehene Unrecht zu erinnern und so den Menschen klarzumachen, »dass sowas nie wieder passieren darf«. Mit der Stasi sei es ihm jetzt aber »ein bisschen zu viel«, weniger hätte es auch getan. Er vermutet ökonomische Interessen hinter dieser Entwicklung: »[W]enn ich das dann wieder auf die Spitze treibe mit der Stasi, dann wollen das vielleicht ein paar mehr Leute lesen, als wenn ich sage, es gab auch noch anderes.« Eine nicht ungerechtfertigte Annahme des Interviewten. Der Stasi-Skandal ist nach wie vor ein Garant für Aufmerksamkeit – davon zeugt unter anderem das breite Medienecho im Nachgang des Bekanntwerdens von Holger Friedrichs IM-Tätigkeit (seit 2019 Verleger der *Berliner Zeitung*). Zu behaupten, »die Zeit der spektakulären Stasi-Enthüllungen geht vorbei« (HÄHNIG 2021), wäre wohl etwas voreilig.

181 Interview 3: Mathematiker, *1955, Westberlin.

Auch eine Grafikdesignerin, Jahrgang 1964, findet sich unter denjenigen, die Schieflagen in den herrschenden Diskursweisen über den Prozess der deutschen Vereinigung ausmacht.[182] Sie hat das Gefühl, dass die Berichterstattung zur Wendezeit und über die Wiedervereinigung immer aus »westliche[r] Sicht« stattfand und damit »recht einseitig« gewesen sei. Sie ist auch die einzige der Westberliner Interviewten, die äußert, sich an der noch heute geläufigen Formulierung ›neue Bundesländer‹ zu stören. Die Frau stellt eine Ausnahme dar. Sie verfügt in diesem Punkt über ein ausgeprägtes diskursives Bewusstsein (vgl. GIDDENS 1992: 57). Sie ist sich über das Vorhandensein einer West-Perspektive im damaligen Journalismus im Klaren und kann diese auch so benennen und mit Beispielen belegen. Das mag daran liegen, dass sie ihren Lebensmittelpunkt schon zu Beginn der 1990er-Jahre nach Ostberlin verlagerte: »Im Osten studiert, im Osten gewohnt, hab ganz viele Ostberliner kennengelernt.« Seit 1998 ist sie mit ihrem heutigen Ehemann, einem gebürtigen Mecklenburger zusammen. In ihrem Umfeld sei schon damals kritisch über das Tempo der Wiedervereinigung und die »Arroganz«, mit welcher der Westen den Osten vereinnahmte, diskutiert worden, erzählt sie.

Eine weitere Befragte, Jahrgang 1968, setzt mit ihrer Kritik auf der Ebene der Medienwirkungen an und meint, es habe sie »schon genervt damals«, dass die Presse Ressentiments zwischen Ost und West geschürt und so zu einer Spaltung beigetragen hätte.[183] Retrospektiv reflektiert die Frau, was diese Art der Berichterstattung in ihr auslöste. Auch in ihr hätte sich eine Vorstellung vom Osten als rückständig und marode manifestiert, so dass sie dessen Umgestaltung nach westdeutschem Vorbild – letztlich eine Wiedervereinigung – als unvermeidbar empfand. Zumindest aus heutiger Sicht stört sie sich daran, dass Alternativen zu einer kapitalistischen Organisationsweise der DDR medial von vornherein exkludiert wurden und kritisiert die damalige Berichterstattung als zu »eindimensional«. Die Idee eines ›Dritten Wegs‹ zu einem demokratischen Sozialismus verschwand in der Tat schnell und nachhaltig von der politischen Agenda. Forciert wurde diese Entwicklung wesentlich durch die westdeutsche Presse. *Spiegel* und *Bild* etwa propagierten bereits im Herbst 1989 einen

182 Interview 16: Graphikdesignerin, *1964, Westberlin.

183 Interview 41: Verhaltenstherapeutin, *1968, Westberlin.

»Vereinigungsdiskurs« (WONN 2020: 51ff.; vgl. DAHN 2020).[184] Das DDR-Bild der zur Wende Anfang Zwanzigjährigen ist im Laufe der Jahre differenzierter geworden. Die DDR war für sie stets grau, die Leute provinziell und das Regime unterdrückerisch. Dieser Wandel mag darin begründet liegen, dass sie 1995 ihren späteren Ehemann, einen gebürtigen Thüringer, kennenlernte. Durch Gespräche mit ihm und seiner Familie, erzählt sie, habe sie einen Eindruck davon bekommen, wie Ostler die Wendezeit erlebten. Sie lebt mittlerweile seit über 25 Jahren in Pankow. Sicher hat auch das die Wahrnehmung diskursiver Schieflagen in der Ost-West-Berichterstattung begünstigt. Ebenso wie die Tatsache, dass sie Anfang der 1990er-Jahre in einem Zeitungskiosk jobbte und dort häufiger die Gelegenheit ergriff, in die *Berliner Zeitung* und die *Junge Welt* reinzulesen. Ihr Bedürfnis nach Perspektiven, die »neben dem Mainstream« schwimmen, rührt wohl auch daher, dass ihr Vater aus Indien stammt. Die Frau wurde bereits als Kind rassistisch angefeindet und hat Ausgrenzungserfahrungen machen müssen. Auch sie ist Teil einer sozialen Gruppe, die regelmäßig zum Gegenstand von »Devianzkonstruktionen« (FOROUTAN/HENSEL 2020: 53) wird. Als migrantisch gelesene Person ist sie nicht Teil der weißen Dominanzgesellschaft ebenso, wie Ostdeutsche nicht Teil der westdeutschen Mehrheitsgesellschaft sind. Das heißt freilich nicht, dass man sich zwangsläufig für die Erfahrungen und Geschichte Ostdeutscher interessiert. Geht man aber davon aus, dass Menschen sich im Prozess der Identitätsbildung mit anderen identifizieren, kann vermutet werden, dass dieser Umstand die Rezeption der Medieninhalte durchaus beeinflusst hat.[185] An dieser Stelle beweist Giddens' Konzept der Dualität von Struktur (vgl. GIDDENS 1992: 77) abermals seine praktische Relevanz. Die Positionierung der Frau in einem Geflecht aus spezifischen Ressourcen und Regeln (Struktur) hat letztlich die Bewertung der DDR-Berichterstattung nachhaltig beeinflusst.

Die beiden Frauen unterscheidet von der Mehrheit der Westberliner Befragten, dass sie den damaligen DDR- und Einheitsdiskurs hinsichtlich ihrer

184 Der Historiker Martin Sabrow (2010) macht in einem Essay vor allem die unterschiedlichen Zielvorstellungen von Bürgerbewegung und Mehrheitsbevölkerung sowie die inhaltliche Unbestimmtheit eines ›Dritten Wegs‹ für dessen rasches Verschwinden verantwortlich. Die Rolle von Massenmedien bleibt diesbezüglich unberücksichtigt.

185 Über Parallelen und Unterschiede der Erfahrungen von Ostdeutschen sowie Migranten und Migrantinnen in der deutschen Gesellschaft seit der Wiedervereinigung diskutieren die Sozialwissenschaftlerin Naika Foroutan und die Journalistin Jana Hensel ausführlich in *Die Gesellschaft der Anderen* (2020).

gesellschaftlichen Wirkung bewerten. Die Forschung weiß um die potenziell (des-)integrierenden Wirkungen der Massenmedien (vgl. SCHATZ/HOLTZ-BACHA/NIELAND 2000; IMHOF/JARREN/BLUM 2002; BONFADELLI/MOSER 2007). Die Westberliner Mediennutzenden scheinen sich dieser Bedeutung gerade in Bezug auf das Ost-West-Verhältnis in der Breite nicht bewusst, jedenfalls reflektieren sie die Wirkung der Massenmedien hinsichtlich der kollektiven Identitätsbildung in Ost und West lediglich am Rande.

Es wundert dann auch wenig, dass die Existenz der *SuperIllu* nicht problematisiert wird. Dem Blatt wird von Forscherseite aus zugeschrieben, ein »ostdeutsches Sonderbewusstsein« (BÖSCH 2020b: 338) zu stabilisieren. Die befragten Westberliner und Westberlinerinnen sehen das offenbar anders. Vermutlich auch, weil man das Magazin selbst für eine Nischenerscheinung hält, für zu unwichtig, um solch ein Wirkungspotenzial zu entfalten. In Westberlin las man die *SuperIllu* nicht. Sie richtet sich ja schließlich an Ostdeutsche, so viel ist den Befragten immerhin bekannt. Und für ›ostalgisch‹ hält man sie. Das aber hat »seine Berechtigung«, meint etwa eine Befragte, Jahrgang 1956, die nach der Wende eine Beziehung mit einem Potsdamer einging und oft bei dessen »Mutti« zu Besuch war.[186] »Das ist einfach deren Kulturgut« sagt sie und räumt ein, dass sie selbst die ganzen Schauspieler und Schauspielerinnen, Sänger und Sängerinnen aus dem Osten ja gar nicht kennen würde. Sie gibt so indirekt zu verstehen, dass sie sich, auf der Ebene eines praktischen Bewusstseins, einer ›kulturellen Hegemonie‹ der Westdeutschen bewusst ist.[187] Es sei doch nur legitim, wenn es für die Ostdeutschen einen Ort gäbe, an dem sie »den Lebensweg ihrer Stars« nachvollziehen könnten. Ähnlich argumentiert eine Befragte, Jahrgang 1961.[188] »[D]ie Menschen aus der DDR haben ja schon genug Brüche mitmachen müssen.« Da könne man nicht auch noch von ihnen verlangen, dass sie sich einfach so ihrer Vergangenheit entledigten.

Es kann resümiert werden, dass die Westberliner und Westberlinerinnen, im Gegensatz zu den Menschen aus Ostberlin, weitestgehend keine Probleme im herrschenden DDR- und Einheitsnarrativ sehen – vor allem

186 Interview 43: Drogistin, *1956, Westberlin.

187 In einem Interview mit der *Berliner Zeitung* hatte etwa der Präsident der Bundeszentrale für politische Bildung, Thomas Krüger, in Anlehnung an die Überlegungen des italienischen Philosophen Antonio Gramsci eine kulturelle Hegemonie der Westdeutschen beklagt (vgl. DECKER 2017).

188 Interview 31: Juristin, Frühpension, *1961, Westberlin.

dann nicht, wenn keinerlei Kontakte – ob beruflicher oder privater Natur – zu Menschen aus dem Osten bestehen oder bestanden. Dort folgte und identifizierte man sich mehrheitlich mit der medial verbreiteten (westdeutschen) Meistererzählung, in der das Ende der DDR unvermeidlich war und die westliche liberale Demokratie als Sieger erschien. Das bestätigt die Einschätzung des Historikers Sabrow (2015), welcher entsprechend der Weg zur deutschen Einheit zu einer unangreifbaren »Großerzählung des 20. Jahrhunderts« geworden ist und »heute zum Kernbestand westlicher Identität« zählt (ebd.: 13). Sie ließ sich gut mit dem eigenen Selbstbild vereinbaren und provozierte dahingehend auch keine Kritik an der massenmedialen Darstellung der Geschichte vor und nach 1989.

5.3 Identitätsbezogene Nutzungsmotive und Kriterien der Medienbewertung

Am Beginn dieser Arbeit stand die Frage nach der Entwicklung von Mediennutzung und Medienbewertungen in Abhängigkeit von Ost- beziehungsweise West-Identität. Zur Bearbeitung dieser Problemstellung, wurde sich des Motivbegriffs der Uses-and-Gratifications-Forschung bedient (vgl. KATZ/BLUMLER/GUREVITCH 1974). Über Motive und Bewertungskriterien konnte das Medienhandeln der Berliner und Berlinerinnen hinsichtlich seiner Bezüge zu kollektiver Identität analysiert werden.

Wie die Schilderungen im vorangegangenen Kapitel zeigen, bestehen in Ost und West sowohl Unterschiede als auch Parallelen, was den Umgang mit Medien als auch die Wahrnehmung der Nachwendezeit betrifft. Dabei sind Ost und West heterogene Bevölkerungsgruppen, deren Mediennutzungs- und Bewertungsmuster auch innerhalb dieser Kollektive variieren. Die Analyse des Interviewmaterials zeigt, dass Rezeption und Medienbewertung in den Alltag der Menschen eingebettet ist und – wie vorab theoretisch hergeleitet – in der Tat auf Identitätsbedürfnisse zurückgeführt werden kann, die sich in Abhängigkeit einer spezifischen Positionierung in Raum und Zeit entwickeln (vgl. GIDDENS 1992: 137ff.).

Es lässt sich eine Systematik der Motive und Bewertungskriterien entwerfen, in welche eben jene Identitätsbedürfnisse übersetzt werden können, mit denen sich die Menschen aus Ost- und Westberlin an Medien wandten. Dabei sei an dieser Stelle darauf hingewiesen, dass eine Medienhandlung durch mehrere Motive gleichzeitig beeinflusst sein kann und dass den

Mediennutzern und Mediennutzerinnen ihre Motive keineswegs immer selbst bewusst sein müssen. Auch entwickelte beileibe nicht jeder Mensch im Zuge der Wende das Bedürfnis, sich mit seiner Herkunft und Zugehörigkeit, also einer sozialen Ost-/West-Identität, zu befassen. Und schon gar nicht wurde dieses Bedürfnis zwangsläufig über Medien bearbeitet.

5.3.1 *Motive: Zwischen Rückbettung und Selbstaktualisierung*

Identifikation und Abgrenzung

Die Suche nach Gemeinschaft kann als Charakteristikum menschlichen Seins betrachtet werden. Gemeinschaft oder Zugehörigkeit zu einem Kollektiv wird durch die Identifikation mit und die Abgrenzung von »bestimmten Erfahrungen, Erwartungen, Werten, Regeln und Orientierungen« (STRAUB 1998: 102) hergestellt. Die Identifikation mit »größere[n] sozialen Gruppen« ist »zentral für die ontologische Sicherheit des einzelnen«, sagt auch Giddens (2014: 150). Im Mediennutzungsverhalten der befragten Berliner und Berlinerinnen haben sich Tendenzen zur Identifikation und Abgrenzung in unterschiedlicher Intensität nachvollziehen lassen. Die Identifikations- und Abgrenzungsprozesse beziehen sich dabei etwa auf die politische Orientierung oder den sozialen Status, aber eben auch auf die Herkunft (Ost/West). Identifikations- und Abgrenzungsmotive offenbaren sich etwa dann, wenn die *Berliner Zeitung* als Identifikationsplattform benutzt wird. Das Blatt mit DDR-Historie wird dann zu einer Zeitung erklärt, die »für uns« steht und die »für uns Ossis«[189] einsteht. Oder, wenn etwa der *Tagesspiegel* als »zu westlich«[190] abgetan wird und man meint, dass das keine Zeitung sei, die man als Ostberliner lesen würde. Ob es sich dabei lediglich um eine Zuschreibung handelt, um eine routinisierte Handlung also, die auf der Ebene eines praktischen Bewusstseins verortet ist (vgl. GIDDENS 1992: 36f.) oder um das Ergebnis eines aktiven Aushandlungsprozesses, macht letztlich keinen Unterschied – das dahinterstehende Motiv bleibt das der Identifikation und Abgrenzung.

189 Interview 14: Zahnärztin, *1964, Ostberlin.
190 Interview 46: Betriebstechnikerin DDR-Fernsehen, *1940, Ostberlin.

Die Befragten aus Ostberlin verbanden ihre Mediennutzung in der Breite doch häufiger mit der Identifikation mit einem Ost-Kollektiv als das analog in Westberlin der Fall war. Dass dieses Bedürfnis zur Herstellung von Gemeinschaft über Medienhandeln unterschiedlich stark ausgeprägt ist, lässt sich mit der hier gewählten theoretischen Perspektive gut begründen. Die starke Identifikation mit einem ostdeutschen Kollektiv bei gleichzeitiger Abgrenzung von einem westdeutschen Kollektiv kann einerseits als Reaktion auf den soziostrukturellen Wandel im Nachgang der Wiedervereinigung betrachtet werden, andererseits als Resultat der massenmedialen Diskurse. Der Beitritt der DDR zur BRD stellte nicht nur einen Umbruch des politischen Systems dar. Wie geschildert, kam es mitunter auch zum Zusammenbruch eines großen Teils der sozialen Netzwerke. Institutionen, die den Alltag in der DDR organisierten, wurden abgeschafft oder reorganisiert. Gemeinsam geteilte Regeln, Werte und Orientierungen verloren ihre Gültigkeit. Gewohnte Routinen wurden durchbrochen und Menschen mit DDR-Herkunft bekamen eine neue »soziale Position« (vgl. ebd.: 137) zugewiesen. Es kam zu einer Auflösung von Gemeinschaften, die so charakteristisch ist für (post-) moderne Gesellschaften (vgl. GIDDENS 1996; MÜNCH 1998).

Folgt man der Argumentation Zygmunt Baumans (2018), so ist die Hinwendung zur Vergangenheit eine mögliche Reaktion auf diese Entwicklungen (ebd.: 74ff.). In einer Welt, in der Vertrauensverhältnisse problematisch geworden sind (vgl. GIDDENS 2014: 165), vermittelt das Berufen auf die bekannte Gemeinschaft – in diesem Fall ein ostdeutsches Wir – Orientierung und Halt. So verwundert es nicht, dass mediale Identifikations- und Abgrenzungsbestrebungen insbesondere dort beobachtbar waren, wo die Wende eine erhebliche Störung der Alltagsroutinen bedeutete, die Neuorganisation des Lebens als Belastung empfunden und man aus gewohnten sozialen Kontexten gerissen wurde. Dort, wo das Gefühl, nicht Teil des neuen wiedervereinigten Deutschlands zu sein, durch die direkte Interaktion mit Mitgliedern der westlichen Mehrheitsgesellschaft noch verstärkt wurde, dort besann man sich auf die eigene Ost-Herkunft, was sich auch im Medienhandeln bemerkbar machte.

Aber auch das Gegenteil konnte der Fall sein. Eine kleine Gruppe der Ost-Befragten suchte sich von ihrer Herkunft loszusagen und tauchte, um dies zu bewerkstelligen, komplett in die westdeutsche Medienwelt ein. Eine Ost-Identität hatten sie ohnehin nie für sich beansprucht, die DDR hätten sie verlassen, wenn sie gekonnt hätten. *Süddeutsche Zeitung* und *Zeit* erlaubten dann etwa die Identifikation mit einer bundesrepublikanischen Bildungselite.

Die Abgrenzung vom Osten spielte allerdings auch in Westberlin eine Rolle. Im Westen war man sich bewusst darüber, dass es einiges kosten würde, den Osten auf ein westliches Wohlstandsniveau zu heben (vgl. THER 2019: 75f.). Der Kampf um Ressourcen – auch wenn er sich im persönlichen Leben nicht zwangsläufig unmittelbar bemerkbar machte – war medial doch in jedem Fall präsent. Man fürchtete angesichts der ›Konkurrenz‹ aus dem Osten, etwas von seinem hart erarbeiteten Wohlstand abgeben zu müssen. Die Angst vor Statusverlust und sozialem Abstieg, wie sie etwa in der Warnung vor einer drohenden ›Verostung‹ der Bundesrepublik (Arnulf Baring) zum Ausdruck kam, war zumindest latent vorhanden. Die Soziologen Elias und Scotson (1993) haben beschrieben, dass sich machtstärkere Gruppen bestimmter Mechanismen von Ein- und Ausschluss bedienen, um die eigene Stellung zu sichern. Diese Distinktionsbemühungen machten sich auch in der Nutzung und vor allem Bewertung von Medien bemerkbar. Man strebte an, über Medien die eigene hegemoniale Position zu legitimieren. Medienangebote, von denen man erwartete, dass sie die asymmetrische Ressourcenverteilung hinterfragten – etwa Zeitungen aus der Ex-DDR, von denen zu vermuten war, dass sie kritisch auf den Vereinigungsprozess und die Rolle des Westens blicken würden – wurden gemieden und delegitimiert. Dazu führte man etwa das Argument ins Feld, dass die Ost-Zeitungen vor 1989 alle unter dem Scheffel der Partei standen und somit auch nach der Wende ohnehin nicht ernst zu nehmen gewesen seien. So findet eine Abwertung der Journalisten und Journalistinnen mit DDR-Herkunft statt, in dem ihnen ihr handwerkliches Können und die Fähigkeit zum Wandel abgesprochen wird.

In Westberlin fand Abgrenzung allerdings nicht primär unter der Ost-West-Kategorie statt, sondern vor allem auch mit Bezug auf die Position in der gesellschaftlichen Hierarchie – diese Motivation war unter den Ostberliner Befragten insgesamt weniger stark ausgeprägt. In Westberlin distanzierte man sich beispielsweise durch die vollständige Ablehnung banaler Unterhaltungsangebote oder eines Boulevardjournalismus von ›unten‹. Man las etwa die *Zeit*, um sich als Teil einer kosmopolitischen Bildungselite zu positionieren, während man die Berliner Blätter pauschal als zu »provinziell« disqualifizierte.[191] Dieser Befund könnte allerdings auch darauf zurückgeführt werden, dass Befragte aus Westberlin die Pres-

191 Interview 57: Angestellte Öffentlichkeitsarbeit, *1968, Westberlin.

tigewerte bestimmter Medien stärker verinnerlicht haben und sie in der Befragungssituation darum bemüht waren, ein sozial anerkanntes Bild von sich zu zeichnen.

Es kann einerseits davon ausgegangen werden, dass ein Abgrenzungs- und Identifikationsmotiv, wie es im Westteil Berlins gefunden wurde, unter den Westdeutschen, die nicht aus Westberlin stammen oder dort lebten, weniger stark ausgeprägt war. In der restlichen Bundesrepublik füllten sich die Straßen nicht von heute auf morgen mit Trabis. Die Einsparmaßnahmen im Zuge der Einheit waren nicht unmittelbar spürbar und auch die Situation auf dem Arbeitsmarkt war weniger angespannt. Auf der anderen Seite lässt sich vermuten, dass in Westdeutschland ähnliche Identifikations- und Abgrenzungsbestrebungen vorzufinden sind wie in Westberlin, denn schließlich wurde Ostdeutschland auch in den bundesweit zirkulierenden Medien als schwach und hilfebedürftig beschrieben, als »nachteilig oder hemmend für die Entwicklung in West- und Gesamtdeutschland« (KOLLMORGEN/HANS 2011: 129).

Anerkennung

Eng verwandt mit dem Motiv der Abgrenzung und Identifikation ist das der Anerkennung. Anerkennung avancierte unlängst zu einem Schlüsselbegriff der Sozialtheorie (vgl. SOBOTTKA/SAAVEDRA 2009: 193). Das Bedürfnis nach sozialer Anerkennung stellt ebenso ein menschliches Grundbedürfnis dar, wie das der Gemeinschaft (über Identifikation und Abgrenzung). Ohne Anerkennung ist keine gelungene Identitätsbildung möglich (vgl. TAYLOR 1995: 54f.). Axel Honneth (1994) hat im Anschluss an Hegel die reziproke Anerkennung der Subjekte zur Grundvoraussetzung der menschlichen Identitätsbildung erklärt (vgl. ebd.: 148).

Mit Blick auf die zeitgenössischen Diskurse rund um DDR und Ostdeutschland ließe sich für die Nachwendezeit vielmehr von einer kollektiven Missachtung als einer kollektiven Anerkennung der ehemaligen Bürger und Bürgerinnen der DDR sprechen. Milev (2020a) etwa konstatiert eine »kollektiven Herabsetzung« derjenigen Ostdeutschen, »die ihre Biografien bis 1990 nicht umgeschrieben hatten oder gar revidieren wollten« (ebd.: 35). Ostdeutsche Akteure kritisierten »rechtlich[e], politisch-partizipativ[e] und ökonomisch[e] bis hin zu sozialstrukturelle[n] und soziokulturelle[n] Missachtungen« (vgl. KOLLMORGEN 2008: 3). Zusätzlich zu einer materiellen fand eine diskursive Missachtung statt, die eine »symbolischen

Schlechterstellung« (AHBE 2001: 146) und »Subalternisierung ostdeutscher Soziokulturen« (KOLLMORGEN 2011: 325) zur Folge hatte. Der Historiker Ralph Jessen (2020) befand, dass die Ostdeutschen nach 1989 zwar als Deutsche anerkannt, deren Biografien jedoch negiert wurden. Die Anerkennung »des ›gelebten Lebens‹ in der DDR, der eigenen Leistungen und der eigenen Würde, auch der Unterschiede, des Andersseins und der anderen Erfahrungen unter Lebensbedingungen, von denen die Westdeutschen keine Ahnung hatten«, sei verwehrt worden (ebd.: 31). Als Ausdruck dieses empfundenen Anerkennungsdefizits lässt sich auch die oft benutzte Formel vom Ostdeutschen als ›Bürger zweiter Klasse‹ fassen.[192] Die Notwendigkeit der Anerkennung, der Wertschätzung der eigenen Geschichte respektive der Geschichte des Kollektivs, dem man sich zugehörig fühlt, ist laut Giddens (1991) nötig, um Biografie- und damit Identitätsarbeit zu bewerkstelligen. Durch die Verwehrung von Anerkennung geriet die »story« (ebd.: 54), die Menschen mit Ost-Herkunft über sich selbst stricken, ins Stocken. Folglich entstand das Bedürfnis der Anerkennung, das nur bedingt über Medienangebote erfüllt werden konnte. Denn nur bestimmte Medien konnten herangezogen werden, um sich der Legitimität der eigenen Wertvorstellungen und Orientierungen, aber auch der eigenen Geschichte zu versichern. Exemplarisch genannt sein, soll hier die *SuperIllu*, die mit ihrem Fokus auf ehemalige DDR-Stars und ostdeutsche Kultur das mediale Anerkennungsdefizit zu überwinden sucht. Unter Anerkennung fallen denn auch nostalgische Motive. Dass Ostdeutsche kontinuierlich nach einer Repräsentation und damit Anerkennung ihrer Vergangenheit ebenso wie Gegenwart suchen, lässt sich auch am Erfolg der RBB-Serie *Warten auf'n Bus* ablesen, in der ostdeutsche Erfahrungen rund um die Wendezeit aus dezidiert ostdeutscher Perspektive zum Thema gemacht werden (E. POLLACK 2020). Das Motiv der Anerkennung resultiert nicht nur in der Nutzung bestimmter Inhalte, sondern auch in der Ablehnung von Medienangeboten, von denen keine Bedürfniserfüllung zu erwarten ist. Das Anerkennungsmotiv ist je nach DDR- und Nachwendeerfahrung

192 Die Zustimmung zur Frage, ob Ostdeutsche Bürger zweiter Klasse seien, sinkt zwar seit den frühen Neunzigern, ist aber noch immer vorhanden. Laut einer Studie der Bertelsmann-Stiftung von 2020 sind knapp 60 Prozent der befragten Ostdeutschen der Meinung, die Mitglieder der eigenen Gruppe würden als Bürger und Bürgerinnen zweiter Klasse behandelt (vgl. FAUS/HARTL/UNZICKER 2020: 7). Dabei ist zu beachten, dass die Forschung selbst zum Erhalt dieser Kategorie beiträgt, da sie vor allem in quantitativen Studien immer wieder abgefragt und so reproduziert wird.

ganz unterschiedlich stark ausgeprägt. Anerkennung wurde besonders dort gesucht, wo das Anerkennungsdefizit im Alltag nicht überwunden werden konnte.

Nun wäre es allerdings fehlgeleitet anzunehmen, dass Menschen, die westlich der Mauer aufgewachsen sind, nicht nach Anerkennung und Repräsentation ihrer Vergangenheit und Gegenwart streben würden. Dieses Bedürfnis ist universell und lässt sich auch bei Westberliner Befragten feststellen. Das Motiv der Anerkennung äußert sich dort beispielsweise in der Begeisterung für Westberlin-Serien wie *Liebling Kreuzberg* (1986 - 1998) oder *Praxis Bülowbogen* (1987 - 1996). In diesen Serien wurden explizit Westberliner Milieus gezeigt, das Publikum kannte die Schauspieler und Schauspielerinnen sowie die Drehorte. Sie erfreuten sich wohl vor allem deshalb großer Beliebtheit, weil sie einen starken Bezug zum »realen sozialen Alltag der Kiezbewohner« (HICKETHIER 2014: 346) aufwiesen.

Mit dem Motiv der Anerkennung verhält es sich ähnlich wie mit dem der Identifikation und Abgrenzung. Den Westsozialisierten wurde eine Anerkennung ihrer Historie nicht verweigert, weswegen das Anerkennungsmotiv in dieser Hinsicht die Mediennutzung in Westberlin weniger prägte, als es in Ostberlin der Fall war. Als Indiz eines dennoch vorhandenen Bedürfnisses nach Anerkennung Westberliner Lebenslagen lässt sich der Fokus auf lokale und regionale Presse interpretieren. In der Zeit des Umbruchs, so die Historikerin Stefanie Eisenhuth (2012), nahm die bundesdeutsche Regierung eine »sehr zögerliche Haltung gegenüber den Wünschen und Sorgen Westberlins« ein (ebd.: 82). Ein Umstand, der sich in der überregionalen Presse niedergeschlagen haben dürfte. Eine Westberlin-spezifische Interessenvertretung, die Anerkennung der dortigen Ängste und Sorgen, vermutete man wahrscheinlich am ehesten in den Westberliner Blättern.

Kontinuität und Stabilität

Auch Kontinuität und Stabilität stellen universelle Bedürfnisse dar. Während die zuvor genannten Motive eine eher aktive Auseinandersetzung mit der eigenen Identität unterstellen, meint dieses jedoch eine weniger direkte Form der Identitätsarbeit. In der Theorie Giddens (1992) ist Kontinuität ein zentrales Erfordernis und Seinsmerkmal menschlicher Existenz. Nicht ohne Grund knüpft er die Aufrechterhaltung von Seinsgewissheit an die »Immergleichheit der Routine« (ebd.: 101). Die Wende als »kritische Situation«, als »radikale[r], nicht vorhersehbare[r] Bruch« (ebd.: 112) mit den Routinen des Alltagslebens, hat demnach potenziell – zumindest bei denjenigen, die den Systemwechsel als tiefgreifende Veränderung empfanden – ein erhöhtes Bedürfnis nach Kontinuität und Stabilität ausgelöst. Wenn etwa Routinen in der Arbeitswelt zerstört wurden, gewannen sie vermutlich im Medienbereich an Bedeutung. Die gewohnte Zeitung gab dann Halt und war ein Stück Vertrautheit in einer Zeit gesellschaftlichen Wandels. Sie half, die Ungewissheit der neuen Situation zu kompensieren. Vertraute, aus der DDR bekannte Titel sowie Journalisten und Journalistinnen oder Moderatoren und Moderatorinnen vermochten ein Gefühl der Sicherheit und Beständigkeit zu vermitteln.

Indiz für die Existenz eines solchen Bedürfnisses nach Kontinuität und Stabilität ist die Beobachtung, dass vor allem ältere Jahrgänge unter den Ostberliner Befragten noch lange an der *Berliner Zeitung* festhielten. Und das, obwohl sich gerade im Bereich der Tages- und Wochenzeitungen ein neues Angebot auftat. Immer wieder, so erzählten einige der Befragten, überlegte man das Abo der *Berliner* zu kündigen und hielt ihr doch die Treue, ohne dafür konkrete Gründe nennen zu können.

Dass sich auch in Westberlin eine hohe Kontinuität in der Zeitungsnutzung zeigte, hat weniger mit dem Umbruch von 1989/1990 zu tun. Die stabilen Nutzungstendenzen können hier darauf zurückgeführt werden, dass gewohnte Alltagsroutinen größtenteils erhalten blieben. Für die Westberliner und Westberlinerinnen gab es schlicht keine äußeren Anlässe, die bedingt hätten, das eigene Medienhandeln zu hinterfragen, weswegen sich dort eine stark habitualisierte Mediennutzung wie Medienbewertung beobachten lässt.

Verhaltens- und Rollenmodelle

Medien dienen potenziell dem Zweck, die in einer Gesellschaft anerkannten Verhaltensweisen und Rollenanforderungen in Erfahrung zu bringen (vgl. MCQUAIL 1983: 82f.). Dieses Motiv – das dürfte wenig überraschen – zeigt sich besonders deutlich bei den Befragten aus Ostberlin. Die Anpassungsleistungen, die den Ostdeutschen nach der Wende abverlangt wurden, haben zu einer stärkeren Differenzierung der Lebensverläufe geführt. Die ehemaligen Bürger und Bürgerinnen der DDR sahen sich einem hohen »Individualisierungsdruck« (SOPP 1997: 125) ausgesetzt. Westliche Medien wurden dann konsultiert, um all die Optionen der Lebensführung auszuloten, die die bundesrepublikanische Gesellschaft bot.

Das soll nicht heißen, dass die DDR-Bevölkerung vor 1989 keine Kenntnis von den Alltagspraktiken der Bundesbürger und Bundesbürgerinnen besaß. Neben Besuchsreisen in die BRD waren es vor allem Radio und Fernsehen, die dort, wo der Empfang möglich war, Einblicke in westdeutsche Lebensrealitäten erlaubten (vgl. MEYEN 2002: 203f.).[193] Vor 1989 aber war der so gewonnene Überblick von geringerer alltagspraktischer Relevanz. Schließlich lebte man in der DDR und dort galten zwar nicht gänzlich, aber doch partiell andere Handlungsregeln. Mit dem Systemwechsel änderte sich das. Nach der Wende setzte ein Individualisierungsprozess im Osten ein. Der Soziologe Ulrich Beck (1994) sprach dabei von einer »Zusammenbruchs-Individualisierung« (ebd.: 28). Die Bürger und Bürgerinnen der ehemaligen DDR wären nach dem Wegfall elementarer Sicherheiten in der neuen Gesellschaft »wie auf einem Geisterbahnhof« herumgeirrt (ebd.). Medien, das lässt sich aus den Interviews ableiten, halfen bei der Bewältigung des Zwangs, das eigene Leben zu gestalten, nachdem alte Bindungen und Netzwerke verloren gegangen waren und Routinen der Alltagsführung gestört wurden. Medien wurden dann also aktiv genutzt, um herauszufinden, welche Möglichkeiten der Lebensführung bestanden und gesellschaftlich akzeptiert waren, wer man sein wollte und wie man sich entsprechend zu verhalten hatte. Wie hatte ich mich als junge Frau zu kleiden, wie mein Kind zu erziehen? Da alte Leit- und Vorbilder zerstört wurden, mussten neue Verhaltens- und Rollenmodelle gefunden werden. Die suchte man, so legte es der zeitgenössische hegemoniale Diskurs nahe, aufseiten des Westens. Denn wo 1989 noch von einer »Pattsituation zwischen zwei feindlichen Systemen im Kalten Krieg« auszugehen war, wandelte sich dieses Verhältnis mit dem Fall der Mauer »zu einer Beziehung zwischen Vorbildern und Nachahmern« (KRASTEV/HOLMES 2019: 15).

Unter das Motiv des Kennenlernens von Verhaltens- und Rollenmodellen fällt auch das Kennenlernen westdeutscher Konsummuster. Zwar erlaubten die elektronischen Westmedien schon zu DDR-Zeiten Erfahrungen mit dem bundesrepublikanischen Konsum zu machen und sich die dortige Produktkultur anzueignen (vgl. VILLINGER 2019: 51). Nun aber waren die

193 Westliche Hör- und Rundfunkprogramme waren für lediglich circa 15 Prozent der DDR-Bevölkerung nicht empfangbar. In den Regionen um Greifswald im Norden und um Dresden im Süden war der Empfang von Westprogrammen technisch schwierig oder gar unmöglich. Dort lebte man im sogenannten »Tal der Ahnungslosen« (vgl. STIEHLER 2001: 14).

Produkte tatsächlich auch problemlos zu erwerben – sofern man über das nötige Kleingeld verfügte. Medien wurden also gerade auch dann zu Rate gezogen, wenn es um Einrichtungsfragen und Kaufentscheidungen ging. In einer Großstadt wie Berlin dürfte diese Orientierungsfunktion der Medien noch mehr ins Gewicht gefallen sein als auf dem Land – findet die »Jagd nach Individualität« doch gerade im städtischen Kontext statt (vgl. BLASIUS/ DANGSCHAT 1994: 13).

Auch Westberliner und Westberlinerinnen waren und sind stetig auf der Suche nach der für sie vermeintlich ›richtigen‹ Art der Lebensführung. Dieses Motiv gewann aber angesichts des Mauerfalls nicht an zusätzlicher Relevanz, weshalb an dieser Stelle nicht näher auf sie eingegangen werden muss.

Wissens- und Kompetenzerwerb

Das Akquirieren von Wissen und Kompetenzen lässt sich ebenfalls unter identitätsbezogene Motive fassen. Auch dieses Motiv ist in seinem Bezug auf die Nachwendezeit zunächst charakteristisch für Ostberliner Mediennutzung. Denn die Ostsozialisierten waren es, die in dem für sie neuen System grundlegende Aspekte der praktischen Lebensführung neu erlernen mussten. Wie eröffne ich ein Konto? Welche Versicherungen sollte ich abschließen? Welche Waschmaschine bietet das beste Preis-Leistungs-Verhältnis? Das eigene Umfeld wusste oft nur selten besser Bescheid. Hatte man keine Westkontakte, die in solchen Fragen beratend zur Seite standen, war man auf Medien angewiesen, die einen mit den wichtigsten Informationen versorgten. Man recherchierte dann etwa im Ratgebermagazin *Guter Rat*, das schon aus der DDR bekannt war. Auch die *SuperIllu* ist aufgrund ihres Serviceangebots einem Teil der Befragten in Erinnerung geblieben.

In Ost und West bestand ein unterschiedlicher Informationsbedarf (vgl. HELD/SIMEON 1994: 268). Wenn Westberliner und Westberlinerinnen sich im Nachgang der Wende Medien unter dem Motiv des Wissens- und Kompetenzerwerbs zuwandten, dann geschah dies in der Regel nicht aus einer Zwangssituation heraus. Medien dienten aber durchaus der Erkundung des Ostens. Berufliche wie private Gründe veranlassten auch vereinzelt Personen mit West-Herkunft, sich medial Informationen über den anderen Stadtteil anzueignen. Man wandte sich Medien etwa dann zu, um zu wissen, wo im Osten neue Clubs aufmachten oder wie man im anderen Stadtteil am besten von A nach B gelangte.

Retrospektion

Einen unmittelbaren Bezug zu Ost/West-Identitäten, weist das Motiv der Retrospektion auf. Es sei hier im Sinne einer nachträglichen Selbstbeobachtung verstanden, meint also die Auseinandersetzung mit Vergangenheit. Mit Blick auf den Post-Wende-Diskurs dürfte es wenig überraschen, dass dieses Motiv abermals vor allem und fast ausschließlich unter den Ostberliner Befragten evident war.

Die historische Identität der Bürger und Bürgerinnen der ehemaligen DDR wurde (massenmedial) umgedeutet und politisch überformt. Die DDR wurde als ›zweite deutsche Diktatur‹ gebrandmarkt. Die westdeutsche Mehrheitsgesellschaft forderte auf, sich zu positionieren und die eigene Rolle im ›System‹ offenzulegen (War man Täter oder Mitläufer? Oder stand man eigentlich doch schon immer auf der ›richtigen‹ Seite?). Medien wurden in diesem Sinne genutzt, um sich mit der Vergangenheit auseinanderzusetzen und das persönliche wie auch das kollektive Handeln zu reflektieren, sich selbst zu überprüfen und zugleich in der neuen Gesellschaft zu positionieren.

Westberliner Befragte waren freilich in einer anderen Situation. Nicht angezweifelt wurde die bundesdeutsche Vergangenheit nach 1945, vielmehr glorifiziert. Die liberale Demokratie hatte gesiegt. Die Idee des Westens hatte triumphiert, das »Ende der Geschichte« (vgl. FUKUYAMA 1989) war erreicht. Nichtsdestotrotz, auch hier suchte man die Auseinandersetzung mit der Vergangenheit über Medien – die Historie ist schließlich ein wesentlicher Baustein von Identität. Nicht kritische Prüfung und gegebenenfalls Neujustierung waren jedoch der Modus, in welchem Retrospektion stattfand, vielmehr trug diese auf Westberliner Seite affirmative Züge.

Gesprächsgrundlage

Dass Menschen Medien nutzen, um mit anderen ins Gespräch zu kommen, ist ebenfalls ein aus der Nutzungsforschung längst bekanntes Motiv. Es sei an dieser Stelle angeführt, weil sich auch hierbei ein direkter Bezug zur Ost-/West-Identitätsarbeit herstellen lässt. Nutzte man Medien, von denen man ausging, dass relevante Bezugsgruppen sie ebenfalls gesehen haben, erleichterte das die Interaktion. Wusste man, dass montags der *Tatort* im Kollegenkreis ausgewertet wird, so tat man gut daran, ihn ebenfalls gesehen zu haben, wollte man dazugehören. Das galt sowohl für die Menschen aus Ost- als auch aus Westberlin, die danach strebten, als Teil der bis dato ›anderen‹ Gruppe verstanden zu werden. Medieninhalte boten Anknüpfungspunkte für ein Gespräch mit der Nachbarin im Pankower Altbau, für den man seine Wohnung in Neukölln aufgegeben hatte. Und sie halfen der Westberlinerin zu verstehen, wovon der neue Partner aus Potsdam eigentlich sprach, wenn er sich am Abendbrottisch über die Politik aufregte.

Identitätsmotive: Zwischen Rückbettung und Selbstaktualisierung

Berliner und Berlinerinnen aus Ost und West verbinden keine grundsätzlich anderen Beweggründe mit ihrer Mediennutzung. Wenden sie sich Medien zu, so erwarten sie prinzipiell Ähnliches – wie es auch schon vor 1989 der Fall war (vgl. MEYEN 2003: 73).

Gleichwohl waren Personen aus Westberlin gegenüber ihren Nachbarn und Nachbarinnen aus dem Osten nach der Wende sowohl diskursiv als auch materiell bessergestellt. Sie waren es, die über ausreichend Handlungsmacht verfügten, um die bestehenden (Legitimations-, Herrschafts-, und Signifikations-)Strukturen zu verändern oder aufrechtzuerhalten. Unter anderem hierin lassen sich die Ursachen für die beobachteten Unterschiede in der Medienzuwendung ausmachen.

Will man die vorgestellten Motive systematisieren, so bewegt sich die Mediennutzung der Berliner und Berlinerinnen zwischen den Polen ›Identitätsbestätigung‹ und ›Identitätssuche‹. Mit Giddens lässt sich hierbei auch von ›Rückbettung‹ und ›Selbstaktualisierung‹ sprechen. Die bereits erläuterten Motive lassen sich jeweils einer dieser beiden Motivgruppen zuordnen.

TABELLE 3
Motivgruppen mit Bezug zu Ost-/West-Identitäten

Motive der Rückbettung	Motive der Selbstaktualisierung
Identifikation und Abgrenzung	Verhaltens- und Rollenmodelle
Anerkennung	Wissens-/Kompetenzerwerb
Kontinuität und Stabilität	Retrospektion
	Gesprächsgrundlage

Rückbettung knüpft dabei an den Vorgang der »Entbettung« (disembedding) an (vgl. GIDDENS 1996: 33ff.) an. Unter Entbettung versteht Giddens die Restrukturierung und das Herauslösen sozialer Beziehungen aus lokalen Handlungszusammenhängen. Dass mit der Wende eine solche

Entbettung stattgefunden hat, die vorwiegend die Menschen mit DDR-Herkunft traf, sollte mit Schilderung der Nachwendeerfahrungen (Kapitel 5.1) deutlich geworden sein. Für die Bevölkerung der DDR bedeuteten Mauerfall und Wiedervereinigung nicht nur eine Herauslösung aus gewohnten Lebenswelten, sondern auch eine Entwertung ebenjener. Was aus der DDR kam, war von heute auf morgen nichts mehr wert, so jedenfalls beschreiben Befragte das damalige Klima. Die wahrgenommene »kollektiv-biographische Abwertung« (HAAG 2020: 52) gründet sich einerseits auf den öffentlichen, insbesondere den massenmedialen Diskurs, andererseits auf eine »Ungleichverteilung von Gestaltungsmöglichkeiten des gesellschaftlichen Umbruchs« (ENGLER/HENSEL 2018: 102).

Rückbettung wird als ein der Entbettung und Entwertung entgegengesetzter Prozess verstanden. Bei Giddens meint Rückbettung eine »Rückaneignung oder Umformung entbetteter sozialer Beziehungen« (GIDDENS 1996: 102). Hier bezeichnet der Begriff vielmehr eine Kompensation der identitätsbeschädigenden Effekte, die der Strukturwandel potenziell mit sich brachte. Er bezieht sich auf das Bewahren und Wiederherstellen einer Identität, deren Bezugspunkte unvermittelt ins Wanken geraten sind. Motive der Rückbettung sind mit dem Wiederherstellen von Identität und damit einem Zurückerlangen eines Gefühls ontologischer Sicherheit oder Seinsgewissheit (vgl. GIDDENS 1992: 101) über den Rückbezug auf Vergangenes und die Wiedereinbettung in ein Kollektiv verknüpft.

Motive der Selbstaktualisierung hingegen haben einen stärkeren Gegenwarts- und Zukunftsbezug. Sie sind Ausdruck des von Giddens (1996) beschriebenen Zwangs zur reflexiven Lebensführung (vgl. ebd.: 54). Reflexivität und damit die ständige Arbeit am Selbst ist, wie im Theorieteil dieser Arbeit (siehe Kapitel 3) geschildert, zwar generelles Charakteristikum moderner Gesellschaften, Menschen mit Ost-Biografie aber sahen sich einem erhöhten Zwang zur Reflexion ausgesetzt. Der sich rasch vollziehende Systemwechsel verlangte es den Bürgern und Bürgerinnen der ehemaligen DDR ab, ihr Handeln innerhalb kürzester Zeit zu ›aktualisieren‹. Die bis dato gültigen Routinen der Lebensführung und Traditionen wurden obsolet. Neues Wissen musste angeeignet und neue Handlungsmuster mussten erprobt werden, um unter gewandelten Bedingungen handlungsfähig zu bleiben. Ein »reskilling«, ein Prozess der »reacquisition of knowledge and skills« (GIDDENS 1991: 7) wurde notwendig. Die sozialen Wandlungsprozesse, die sich in der ehemaligen DDR auf verschiedenen Gesellschaftsbereichen in hohem Tempo vollzogen, haben also eine verstärkte Auseinandersetzung mit und eine Aktualisierung biografischer Wissensstrukturen bedingt. Medien galten bei diesem Vorgang als Hilfsmittel.

Die Ausbildung von Motiven der Selbstaktualisierung kann also ebenfalls als Reaktion auf brüchig gewordene Lebenswelten im Zuge der deutschen Einheit verstanden werden. Sie können aber ebenso als Resultat des hegemonialen DDR- und Ostdeutschlanddiskurses aufgefasst werden. Ebendarum sind Motive der Selbstaktualisierung im Osten in der Breite stärker ausgeprägt als im Westen.

Dass die obigen Darstellungen sich größtenteils auf Ostberlin beziehen, lässt sich damit begründen, dass der Identitätsaspekt bei Menschen mit DDR-Herkunft, die disruptive Erfahrungen durchlebten, eine größere Rolle im Prozess der Medienzuwendung spielte als im Westen, wo trotz stellenweiser Unwägbarkeiten doch in Bezug auf die praktische Lebensführung relative Stabilität behauptet werden kann. Dennoch wurden in Ost und West grundsätzlich ähnliche Motive ermittelt, die lediglich in ihrer Intensität und Ausformung variieren. Dieser Umstand leuchtet ein, handelte es sich bei der Westberliner Nachwendegesellschaft doch ebenso um eine, deren Mitglieder mit den Herausforderungen einer radikalisierten Moderne konfrontiert waren (vgl. GIDDENS 1996: 72ff.) – lediglich die zur Verfügung stehenden Ressourcen zur Bewältigung dieser Aufgaben waren in Ost und West verschieden.

5.3.2 *Bewertungskriterien: Verschiedenheit im Gleichen*

Analog zu den oben eingeführten identitätsbezogenen Nutzungsmotiven haben sich auch in der Medienbewertung Verbindungslinien zu Ost- respektive Westidentitäten herstellen lassen. Dabei ist die Medienbewertung der befragten Berliner und Berlinerinnen ebenso wenig zwangsläufig mit der Zugehörigkeit zu entsprechenden Ost-/West-Kollektiven verknüpft wie deren Auswahl. So existiert eine Vielzahl von Bewertungskriterien, die nicht mit Ost-/West-Identitäten verknüpft sind (etwa der Preis, das Format oder der Umfang einer Zeitung ebenso wie der Tagesablauf).

Die ermittelten identitätsbezogenen Bewertungskriterien rekurrieren auf verschiedene Bewertungsobjekte (vgl. WIRTH 1999: 55f.; SCHWEIGER 2007: 249) – auf die Ebenen des Mediensystems und der Mediengattungen sowie auf die Ebene einzelner Medienprodukte und konkreter Medieninhalte (wobei hier noch einmal zwischen Themenauswahl und Themendarstellung unterschieden werden kann). Die Kriterien lassen sich wie folgt systematisieren:

TABELLE 4
Identitätsbezogene Bewertungskriterien

Bewertungsobjekte	Bewertungskriterien
Mediensystem	Politische Unabhängigkeit, wirtschaftliche Unabhängigkeit
Medienprodukte	Vertrautheit, Herkunft (Ost/West)
Medieninhalte	*Themenauswahl:* Nähe, Relevanz, Aktualität, Vielfalt *Themendarstellung:* Differenziertheit, Richtigkeit/Authentizität, Sachlichkeit/Neutralität, politische Ausrichtung, wirtschaftliche Ausrichtung

Diese Studie hat keine neuartigen, bisher unbekannten (identitätsbezogenen) Bewertungskriterien zutage gefördert. Die angeführten Kriterien wurden so oder so ähnlich in der Forschung bereits behandelt (vgl. MATTHES/KOHRING 2004; URBAN/SCHWEIGER 2014). Dennoch, lassen sich weitere Erkenntnisse über Beschaffenheit und Ursprung der Bewertungskriterien ableiten, was ein tiefergehendes Verständnis für Ost-West-Unterschiede in der Medienbewertung ermöglicht.

Die Bewertungskriterien beziehen sich auf die Organisationsweise von Medien, allgemeinere Eigenschaften einzelner Medienprodukte sowie die inhaltliche Darstellungs- oder Repräsentationsweise von Themen und Gruppen. Sie sind dabei mit der Erfüllung von Motiven verbunden. So lässt sich das Kriterium der Aktualität auf die Motive des Kennenlernens von Verhaltens- und Rollenmodellen oder Konsummustern, aber auch auf das Bedürfnis nach einer Gesprächsgrundlage zurückführen. Das Kriterium der politischen und wirtschaftlichen Ausrichtung wiederum steht in Verbindung mit dem Motiv der Identifikation und Abgrenzung. Aus eben jenem Motiv heraus sowie aus dem der Anerkennung lassen sich auch Kriterien wie Vielfalt, Richtigkeit, Differenziertheit und Sachlichkeit herleiten.

Medienangebote werden allerdings nicht ausschließlich hinsichtlich der Erfüllung gesuchter Gratifikationen bewertet. Die Interviews haben gezeigt, dass hierbei auch auf vermutete Medienwirkungen auf die Gesellschaft rekurriert wird. Die Verengung des DDR-Diskurses auf Diktatur und Stasi wird etwa nicht nur kritisiert, weil die meisten der ehemaligen DDR-Bürger und DDR-Bürgerinnen dort keine Anschlusspunkte zur Biografiearbeit finden konnten (weil kein Identifikationspotenzial bestand), sondern auch, weil Westsozialisierte so ein verzerrtes Bild der Ostdeutschen und ihrer Vergangenheit bekämen.

Die Befragten aus Ost und West legen keine fundamental unterschiedlichen Kriterien zur Bewertung massenmedialer Angebote an. Ursachen für die anhaltenden Unterschiede in der Medienbewertung sind also weniger in den angelegten Kriterien als in der konkreten Beurteilung von Medieninhalten oder -strukturen und -unternehmen anhand dieser Kriterien zu finden.

Gemeinsam ist Ost und West auch, dass je verschiedene Kriterien an unterhaltende und Nachrichtenformate angelegt werden. Die Bewertungskriterien sind also medienspezifisch und variieren je nach Format und Genre. Während Richtigkeit/Authentizität beispielsweise bei Dokumentarfilmen von hoher Bedeutung sind, werden sie bei Spielfilmen zugunsten des Unterhaltungswerts vernachlässigt.

Bis auf die Herkunft weisen die identifizierten Kriterien keinen unmittelbar ersichtlichen Ost-/West-Bezug auf. Allerdings ist dieser durchaus vorhanden – wobei die Relation jener Kriterien zu Fragen (kollektiver) Identität unter den Ostberliner Befragten deutlich stärker ausgeprägt ist. Hierin besteht ein wesentlicher Unterschied zwischen Ost und West. Bei Menschen mit DDR-Herkunft lässt sich häufig ein direkter Zusammenhang zwischen den Bewertungskriterien und einer Ost-Identität herstellen. Das hat verschiedene Gründe. Hier spielt etwa der Umstand eine Rolle, dass die Mediennutzung der Ostsozialisierten in höherem Ausmaß mit Identitätsmotiven verknüpft war, die sich aus ihrer spezifischen materiellen und diskursiven Position ergeben hat. Diese Motive wurden in Kriterien übersetzt, anhand derer die Bewertung von Medienangeboten vorgenommen wurde.

Wie der Aspekt einer West-Identität schon bei Nutzungsmotiven der Menschen aus Westberlin eine (im Vergleich zum Osten) eher untergeordnete Rolle spielte, so auch bei der Bewertung von Medien. Was nicht heißen soll, dass Identität hier völlig irrelevant war. Menschen aus Ost- wie Westberlin beurteilten Medien etwa anhand der Nähe zur eigenen Lebenswelt und zu eigenen (kulturellen) Normen und Werten, mit dem Ziel der Identifikation (und Abgrenzung). Jedoch scheinen die Bewertungskriterien bei Westberlinern und Westberlinerinnen zu einem großen Teil erlernt worden zu sein. Dort haben weniger konkrete Erfahrungen mit Medien zur Ausbildung von und Reflexion über bestimmte Bewertungskriterien geführt – sie gründen sich vielmehr auf das im Sozialisationsprozess erworbene (Medien-)Wissen.

Immer wieder wird darauf verwiesen, dass man in der Schule beigebracht bekommen habe, was etwa ›guten‹ Journalismus von ›schlechtem‹ Journalismus unterscheidet. Während die Ostberliner Befragten Medien explizit anhand ihrer Differenziertheit, Sachlichkeit und Richtigkeit wie auch anhand der politischen Unabhängigkeit bewerten, weil die vorgefundene Berichterstattung in diesen Punkten vermeintlich Defizite aufwies. Diese Beobachtung löste einen Reflexionsprozess aus, die den Prozess der Medienbewertungen vom praktischen ins diskursive Bewusstsein holte.

Mit Giddens (1992) muss davon ausgegangen werden, dass nicht nur die Ausbildung von Motiven, sondern auch der Rezeptionsprozess sowie jegliches Handeln von Akteuren, in Abhängigkeit vorhandener Regeln und Ressourcen stattfindet (vgl. ebd.: 77ff.). Dass Ost und West sich in strukturell anderen Bedingungen wiederfanden, erklärt dann auch, dass Medienangebote anhand derselben Kriterien unterschiedlich bewertet wurden. Denn bei der Wahrnehmung von Diskursen und der daraus resultierenden Medienbewertung mittels bestimmter Kriterien ist die gesellschaftliche Stellung eines Kollektivs und das subjektive Zugehörigkeitsgefühl zu eben jenem offenbar von Bedeutung. So legen etwa sowohl Ost- als auch Westsozialisierte die Kriterien Differenziertheit und Neutralität zur Bewertung öffentlich-rechtlicher Nachrichtenangebote an. Erstere jedoch finden, dass diesen weniger entsprochen wird, während Letztere bis auf wenige Ausnahmen diesbezüglich keinerlei Kritik verlauten lassen. Dabei bestehen nicht nur Unterschiede zwischen Ost und West, sondern auch innerhalb dieser beiden Gruppen. Denn auch unter den Mitgliedern der jeweiligen Kollektive existieren voneinander abweichende Identitätslagen.

In Ost und West besteht außerdem eine unterschiedliche Rangfolge der Kriterien. Während ehemalige Bürger und Bürgerinnen der DDR etwa die Unabhängigkeit der Berichterstattung und allgemein der Medien von Staat und Politik als zentrale Forderung formulieren, steht im Blickfeld der Westberliner und Westberlinerinnen vielmehr die wirtschaftliche Unabhängigkeit. Abweichungen dieser Art in der Gewichtung von Kriterien lassen sich nicht nur über eine identitätsbedingt spezifische Wahrnehmung herrschender Berichterstattungsmuster erklären, sondern auch über Sozialisationserfahrungen. So kann geschlussfolgert werden, dass das Leben im staatlich kontrollierten Mediensystem der DDR die Möglichkeit der politischen Einflussnahme auf Medien viel stärker ins Bewusstsein rückte. Diesbezüglich lässt sich behaupten, dass einzelne in der DDR ausgebildete Routinen der Medienbewertung bis heute erhalten geblieben sind.

Die Medienbewertungen der Westberliner und Westberlinerinnen laufen generell habitualisierter oder routinisierter ab. Es findet keine permanente, bewusste Überprüfung der Medieninhalte oder -organisationen auf die Erfüllung bestimmter Kriterien hin statt. Das ist etwa daran erkennbar, dass sie ihre Bewertungen in der Regel nicht an konkreten Ereignissen festmachen und nur recht allgemeine Aussagen tätigen, die häufig auf zirkulierende Medienimages zurückgeführt werden können. Dass also hinsichtlich der Bewertungsobjekte weniger häufig konkrete Sendungen oder Beiträge genannt werden, mittels derer die subjektiven Bewertungen begründet werden. Medienbewertungen finden dort offenbar eher auf der Ebene eines praktischen Bewusstseins statt (vgl. GIDDENS 1992: 91ff.), da es keine Situationen gab, die dazu geführt hätten, gewohnte Routinen der Medienbewertung zu hinterfragen. Während im Gegensatz dazu die nicht vorhandene Presse- und Medienfreiheit in der DDR wie auch die hegemonialen (westdeutschen) Deutungsmuster (Signifikationsstrukturen) und eine spezifische Wahrnehmung dieser nach 1989 bei Ostdeutschen die Entstehung eines Bewusstseins für die gesellschaftliche Relevanz und Funktionsweise von Medien begünstigt hat. Die Konfrontation mit den massenmedial verbreiteten normierenden Selbst- und Weltverständnissen, die häufig im Widerspruch zu den tatsächlich geteilten kollektiven Identitäten der gebürtigen DDRler standen, resultierte in einem Reflexionsprozess über Medien an sich. Der Widerspruch zwischen medienvermittelter und subjektiv wahrgenommener Realität, hat also zu einer Auseinandersetzung mit Medien auf der Ebene eines diskursiven Bewusstseins geführt (vgl. GIDDENS 1992: 91ff.; OHME-REINICKE/WEINGARTEN 2012: 92f.). Hierin liegt auch begründet, dass die Ostberliner Befragten in der Breite ihre Anforderungen, aber auch Kritik an Massenmedien prononcierter artikulieren unabhängig von formaler Bildung oder Alter.

Letztlich können die genannten Unterschiede bezüglich der Medienbewertung(-skriterien) auf den geringen Einfluss Ostdeutscher auf die Strukturprinzipien zurückgeführt werden. Im Nachgang der Wende waren sie nur begrenzt in der Lage, über ihr Handeln Einfluss auf die strukturellen Bedingungen des Mediensektors und damit schließlich auch auf Medieninhalte zu nehmen (GIDDENS 1992: 81ff.).

Dass auch unter den Westberliner Befragten ein ›reflektierter‹ Umgang mit Medien beobachtbar ist und dass auch dort eine bewusste Beurteilung der Leistung von Medien anhand relevant erachteter Kriterien stattfindet, belegt die Existenz weiterer intervenierende Faktoren, die die Medienrezeption beeinflussen. Auf diese wird im nächsten Kapitel eingegangen.

6. TYPOLOGIE BERLINER MEDIENNUTZUNG

Die im Rahmen dieser Arbeit Interviewten lassen sich freilich nicht überschneidungsfrei anhand zweier Merkmale separaten Gruppen zuordnen. Die Lebensgeschichten der Berliner und Berlinerinnen sind vielfältig und komplex – ebenso wie ihr Umgang mit und ihre Einstellung gegenüber Medien. Dennoch haben sich Muster feststellen lassen, sowohl hinsichtlich ihrer Biografien als auch ihrer Mediennutzung, die es erlauben, nachzuvollziehen, wie strukturelle Faktoren sich im Medienhandeln einzelner manifestieren.

Im Fokus dieser Arbeit stehen Identitätsbezüge in der Mediennutzung und -bewertung, die unter anderem auf Problematiken der ›Seinsgewissheit‹ zurückgeführt werden (vgl. GIDDENS 1992: 101). Auch interessiert die Frage, inwiefern bestehende (Medien-)Strukturen und daraus resultierende Nutzungspraktiken auf in Ost- und Westberlin zirkulierende Identitäten rückgewirkt haben. Aus diesen Fragestellungen ergeben sich Kriterien, anhand derer die Mediennutzer und Mediennutzerinnen gruppiert werden können. Diese finden sich so auch im Kategoriensystem wieder. Es handelt sich dabei um:

- *Identität.* Hierbei geht es um die Identifikation mit einem Ost- respektive West-Kollektiv. Wie die Befragten anhand ihrer Aussagen diesbezüglich kategorisiert werden, liegt letztlich im Ermessen der Forscherin. Bei der Interpretation helfen explizit verbalisierte subjektive Zugehörigkeitsbekundungen ebenso wie die Bewertung des Mauerfalls und biografische Erfahrungen vor und nach 1989 sowie die Wahrnehmung von Ost-/West-Diskursen.
- *Identitätsarbeit über Medien.* Zu welchem Grad hat eine Ost-/West-Identität die Mediennutzung und -bewertung beeinflusst? Dieses Kriterium stützt sich auf die identitätsbezogenen Motive und Bewertungskriterien, die sich aus dem Material ableiten lassen. Unter-

schieden wird hier auch nach Art der Identitätsmotive (Rückbettung/ Selbstaktualisierung). Um eine Einordnung vorzunehmen, werden die Nutzungsroutinen und Bewertungsmuster im Kontext von Biografie und Lebensumständen der Befragten interpretiert.

Anhand dieser Kriterien werden zwei Typologien mit fünf (Ostberlin) beziehungsweise drei (Westberlin) Typen entwickelt. Dass die Ostberliner Mediennutzer und Mediennutzerinnen stärker ausdifferenziert sind, lässt sich damit begründen, dass die Konsequenzen der Wende im Osten von höherer Tragweite für Alltag und Identität waren als in Westberlin. So ist letztlich auch der Umgang mit Medien diesbezüglich breiter ausdifferenziert. Der Systemwechsel und die massenmedialen Diskurse seit 1989/1990 resultierten dort in der Entstehung verschiedenster Spielarten sowohl von Identität als auch von Mediennutzung und -bewertung.

Zwischen den Ost- und Westberliner Typen – so viel sei vorweggenommen – lassen sich durchaus Parallelen ziehen. Zudem sei angemerkt, dass die Grenzen zwischen den einzelnen Typen keineswegs starr, sondern fließend sind. Fallbeispiele sorgen für Nuancierung und erlauben, die jeweiligen Zusammenhänge zwischen Biografie und Mediennutzung/ Medienbewertung besser nachzuvollziehen. Es lassen sich zunächst verschiedene Faktoren ausmachen, die Identitäten und damit schließlich Mediennutzung und Medienbewertung beeinflusst haben.

Einflussfaktoren

Die verschieden gelagerten Regel-Ressourcen-Komplexe (vgl. GIDDENS 1992: 69ff.) und die so produzierten differenten Identitätslagen nach der Wende, haben sich im Medienhandeln der Berliner und Berlinerinnen bemerkbar gemacht – im Osten wie auch im Westen. Die Auswertung der Interviews mittels Typenbildung erlaubt es, einzelne Faktoren (spezifische Regeln und Ressourcen) zu identifizieren, die die Mediennutzung und Medienbewertung der Individuen beeinflussten. Bei diesen identitätsbezogenen Einflussfaktoren handelt es sich um:

- Generation
- Sozialisationsinstanzen
- Wirtschaftlicher und sozialer Status (des Akteurs)
- Gesellschaftliche Stellung (des Kollektivs)
- Persönliche Bekanntschaften (Ost/West)
- Wohnort nach 1989

All jene Faktoren stehen in Zusammenhang mit Ost-/West-Identitäten. Das heißt, sie beeinflussten das individuelle Zugehörigkeitsgefühl beziehungsweise die Identifikation mit einem Ost-/West-Kollektiv und haben dadurch letztlich die Deutung von Medieninhalten und den Umgang mit massenmedialen Angeboten geprägt. Dabei sind die obenstehenden Faktoren in Ost und West von teilweise unterschiedlicher Relevanz.

So ist die Generation, also das Alter der Befragten, in Ostberlin von deutlich höherer Bedeutung als in Westberlin. Das hängt vor allem mit generationsspezifischen (Kollektiv-)Erfahrungen der Ostberliner und Ostberlinerinnen vor und nach der Wende zusammen, die für die Identitätsbildung offenbar ausschlaggebend waren. Obwohl auch in Westberlin biografische Erfahrungen, wie etwa das Aufwachsen im Nachkriegsdeutschland, die Identitätsbildung langfristig beeinflussten.

Das taten ebenso verschiedene Sozialisationsinstanzen. Wie im Elternhaus über die DDR beziehungsweise die Bundesrepublik gesprochen wurde, prägte die Einstellung zum anderen sowie zum eigenen Staat und seiner Bevölkerung ganz maßgeblich. Nicht nur das Elternhaus, auch die Schule, als Ort der politischen Meinungsbildung oder die Kirche sind an dieser Stelle relevant.

Nicht unterschätzt werden darf auch der Einfluss der wirtschaftlichen Lage und eng damit verbunden des sozialen Status auf Identitäten und Mediennutzung. Die Relevanz dieser Faktoren lässt sich insbesondere mit Blick auf die Ostberliner Befragten nachvollziehen. Drohende Arbeitslosigkeit oder gar ein Jobverlust im Nachgang der Wende wirkten sich ganz maßgeblich auf die Bewertung von DDR und vereinigter Bundesrepublik aus. Ähnliche Zusammenhänge lassen sich für Westberlin beobachten, wo der Wegfall der Berlin-Zulage und die größere Konkurrenz auf dem Arbeitsmarkt im Zuge der deutschen Einheit, die Persistenz einer West-Kategorie begünstigte. Ausschlaggebend ist hier vor allem die subjektive Einschätzung und Verortung, die teilweise stark von den tatsächlichen (materiellen) Gegebenheiten abweichen kann.

Wesentlicher Einflussfaktor ist zudem die wahrgenommene Position in der gesellschaftlichen Hierarchie, die man als Mitglied eines Ost- beziehungsweise West-Kollektivs zugewiesen bekommt. So resultierte die (diskursive) Verortung als »Subalterne« (vgl. KOLLMORGEN 2011) und die ›Veranderung‹ der Ostdeutschen (vgl. PATES/SCHOCHOW 2013) etwa in der Nichtnutzung und kritischen Bewertung bestimmter Medienangebote wie auch in der Herausbildung spezifischer Identitätslagen. Die Wahrnehmung der gesellschaftlich zugeschriebenen Position konnte einerseits in einer verstärkten Identifikation mit dem entsprechenden Kollektiv resultieren, andererseits in einer dezidierten Abgrenzung von jenem.

Weiterhin haben sich persönliche Bekanntschaften – also Beziehungen zu Personen aus dem jeweils anderen Stadtteil beziehungsweise Land – als essenzieller Einflussfaktor herausgestellt. Insbesondere bei Westberlinern und Westberlinerinnen differieren Identitäten und Abgrenzungsbestrebungen, aber auch der Umgang mit Medien in Abhängigkeit bestehender Kontakte in den Osten und deren jeweiliger Intensität.

Eng damit verbunden ist auch der Wohnort nach 1989. Diesbezüglich bestehen keinerlei Unterschiede zwischen Ost und West. Es zeigte sich, dass beispielsweise die Mediennutzung derjenigen, die nach der Wende in den jeweils anderen Stadtteil zogen, stärker von Identitätsmotiven der Selbstaktualisierung geprägt war als die derjenigen, die ihre bisherigen Alltagsroutinen beibehielten.

Überdies existieren weitere Faktoren, die nicht unmittelbar mit Ost-/West-Identitäten in Verbindung stehen, sich aber gleichwohl auf die Mediennutzung und -bewertung der befragten Berliner und Berlinerinnen auswirkten. Dazu zählen etwa der Bildungshintergrund, die familiäre Situation oder der Beruf. Der Bildungshintergrund ist hier von Relevanz, weil er sich im vorhandenen Medienwissen bemerkbar macht, was wiederum den Umgang mit Massenmedien beeinflusst hat. Dabei hat sich dieser Faktor in Westberlin offenbar deutlich stärker auf das Medienhandeln ausgewirkt als das im Osten der Fall war. Auch der Beruf muss als intervenierende Kenngröße gelten. Menschen, die mediennahe Berufe ausüben, verfügen über ›Expertenwissen‹. Sie erhielten Einblicke in die Funktionsweise massenmedialer Angebote. Dieses Wissen wurde in die Bewertung eingebracht. Der Beruf ist auch deshalb Einflussfaktor, da manche Tätigkeiten es erforderten, sich genauer mit dem anderen Stadtteil auseinandersetzen, was auch die Beschäftigung mit den dort ansässigen Medien einschloss.

Ganz wesentlich haben auch die Medienerfahrungen vor 1989 die heutigen Routinen der Mediennutzung und -bewertung geprägt. Dabei hat die Sozialisation im DDR-Mediensystem etwa bedingt, dass bestimmte Bewertungskriterien im Osten von größerer Relevanz sind als im Westen. Vereinzelt hat die Existenz der DDR-Medien auch unter Westberlinern und Westberlinerinnen auf die Bewertung bundesrepublikanischer Medien gewirkt. Diesbezüglich sei auf das Beispiel von *Schwarzer Kanal* und *ZDF-Magazin* verwiesen, das in den Interviews immer wieder angesprochen wurde. Die – wenn auch nur sporadische – Nutzung beider Sendungen, ließ Parallelen zwischen den Angeboten erkennen, was teilweise in einer kritischeren Bewertung oder zumindest einem Nachdenken über bundesrepublikanische Angebote resultierte.

Keine Rolle spielt dagegen der Geburtsort. Ob man aus anderen Regionen nach Berlin zugezogen war, machte sich zwar teilweise in der Identitätsentwicklung bemerkbar, änderte aber nichts an der Nutzung und Bewertung von Medien. Obwohl ein Teil der Westberliner Befragten sich mitunter stark von ›den Wessis‹ im Bundesgebiet abgrenzt und vereinzelt geäußert wird, man würde sich den Ostberlinern und Ostberlinerinnen vergleichsweise näher fühlen, beeinflusste das die Ausbildung von identitätsbezogenen Nutzungsmotiven und Bewertungskriterien nicht maßgeblich. Auch der Wohnort innerhalb der Stadt stellt einen zu vernachlässigenden Einflussfaktor dar. So hat sich nicht feststellen lassen, dass Bewohner und Bewohnerinnen stark stigmatisierter Bezirke wie Marzahn einen grundlegend anderen Umgang mit Medien pflegen als Personen, die etwa im Trendbezirk Friedrichshain leben. Ebenso spielt das Geschlecht, das allgemein sehr wohl einen Einfluss darauf hat, wie Medien genutzt werden, hinsichtlich der hier verfolgten Fragestellung eine eher untergeordnete Rolle.

6.1 Mediennutzungstypen in Ostberlin

ABBILDUNG 2
Ostberliner Mediennutzungstypen

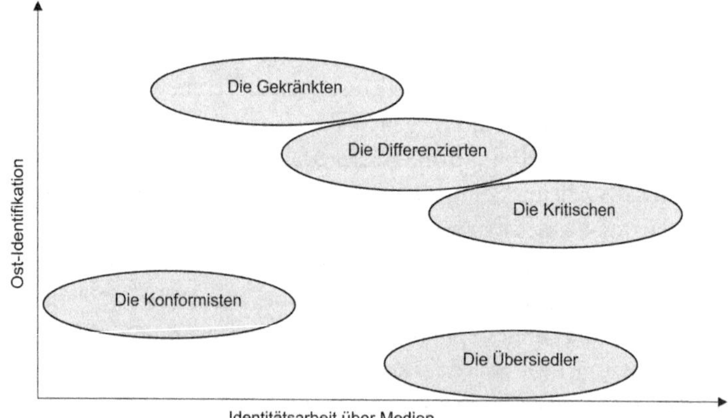

Typ 1: Die Gekränkten

Etwa jeder fünfte der Ostberliner Befragten hat sich diesem Typ zuordnen lassen. Die Gekränkten wurden in den 1940er- und frühen 1950er-Jahren geboren. Etwas älter ist lediglich eine in der Uckermark aufgewachsene Frau, Jahrgang 1933.[194] Nach Ahbe und Gries (2006) gehören die Gekränkten damit mehrheitlich der »funktionierenden Generation« an (vgl. ebd.: 96ff.). Die Befragten dieses Typs stammen in der Regel aus einem Arbeiter- oder Bauernhaushalt, legten aber fast ausnahmslos das Abitur ab und studierten etwa Werbeökonomie, Finanzökonomie oder Zahnmedizin. In der DDR bot sich ihnen die Möglichkeit des sozialen Aufstiegs. Diese ergriffen sie und machten Karriere, teilweise in staatsnahen Einrichtungen. Aus ihrem Beruf zogen sie Selbstwert und Anerkennung.

Die Gekränkten fühlten sich wohl in dem Land, in dem sie lebten. Mit keiner Silbe wurde darüber nachgedacht, seiner Heimat den Rücken zu kehren. Sie waren in der FDJ oder in der DSF. Sie waren »voll integriert«[195], wie es eine der Befragten ausdrückt. Die Gekränkten waren in der Regel »politisch gebildete, aber nicht politisierte« (AHBE/GRIES 2006: 97) Menschen. Die DDR wurde und wird daher auch nicht unter vorrangig politischen Gesichtspunkten bewertet. Solange die eigene Familie finanziell abgesichert war, gab es keinen Grund, Bestehendes zu hinterfragen. Man identifizierte sich mit der DDR als Lebens- und Arbeitsort, weniger mit dem politischen System.

Die Erwerbstätigkeit nahm einen zentralen Stellenwert im Leben dieser Menschen ein. Wohl auch, weil die entbehrungsreichen Kriegs- und Nachkriegsjahre und die Erfahrung von Flucht doch mindestens über Erzählungen der Eltern noch präsent waren. Die materielle Absicherung über den Beruf war essenziell. Kontakte ins nichtsozialistische Ausland pflegten die Gekränkten meist nicht. Hatten sie doch Verwandtschaft ›drüben‹ oder in Westberlin, beschränkte sich die Beziehung auf ein paar wenige Anrufe oder Besuche. Mitunter ließ es die eigene berufliche Position auch gar nicht zu, dass persönliche Beziehungen in den Westen unterhalten wurden. Die Bundesrepublik war kein Bezugspunkt für die Gekränkten. Die BRD, so

194 Altersbedingt ist die Frau die Einzige im Sample, die in den 1930er-Jahren geboren wurde. Es ist zu vermuten, dass ihre Altersgenossen aufgrund der für diesen Typen gegebenen Relevanz generationsspezifischer Erfahrungen mehrheitlich ebenfalls hier einzugruppieren wären.

195 Interview 67: Zahnärztin, *1943, Ostberlin.

eine Befragte, »war ein Land neben uns«.[196] Ein Land, das vielleicht als Reiseziel interessant war, nicht aber als dauerhafter Lebensmittelpunkt.

Auf die Entwicklungen nach 1989 reagierten die Gekränkten mit verhaltener Freude. Es wurde zunächst zurückhaltend beobachtet, nicht jubiliert. Denn sie ahnten, dass der politische Umbruch nicht folgenlos für das eigene Leben bleiben würde. Damit sollten sie Recht behalten, denn auf die Wende folgte oft ein beruflicher Bruch. Die Befragten dieses Typs befanden sich 1989/1990 bereits in der zweiten Hälfte ihres Erwerbslebens. Noch einmal umzulernen und von vorn anzufangen, erschien ihnen wenig attraktiv. Wo die Option bestand, entschieden sie sich häufig für eine Frühverrentnerung. Einst mühsam aufgebaute Karrieren wurden so unvermittelt und fremdbestimmt beendet. Jüngere unter den Gekränkten waren dagegen gezwungen, sich auf dem angespannten Berliner Arbeitsmarkt der 1990er-Jahre zu behaupten. Dort wurde ihnen oft mit Vorurteilen begegnet. Gegenstand ihrer Erzählungen sind mitunter äußerst detaillierte Schilderungen von Abwertungserfahrungen, die sie im Kontakt mit Westberliner oder westdeutschen Arbeitskollegen und Arbeitskolleginnen sowie Vorgesetzten erleben mussten. Die Gekränkten sahen sich mit dem Klischee vom ›faulen Ossi‹ konfrontiert, ihnen wurde Wissen und Kompetenzen abgesprochen. Wo solche Erfahrungen nicht persönlich gemacht wurden – etwa weil man sich in den Ruhestand verabschiedet hatte – war der Partner oder die Partnerin betroffen. Nachdem sie in der DDR beruflich abgesichert waren, mussten sie sich nach der Wende erneut beweisen. Das gelang einigen besser als anderen.

Die Befragten dieses Typs agierten sowohl in der DDR als auch nach dem Systemwechsel »radikal pragmatisch« (AHBE/GRIES 2006: 97) und stellten eigene Bedürfnisse zunächst hinten an. Insgesamt war die Wende- und Nachwendezeit für sie geprägt von finanzieller Unsicherheit, einer Entwurzelung aus bisher gewohnten Arbeitskontexten, einem Autonomieverlust und Deklassierungserfahrungen. Diese grundlegenden Störungen der Routinen des Alltagslebens bedeuteten letztlich eine Gefährdung der Seinsgewissheit (vgl. GIDDENS 1992: 111ff.). Hier ließe sich ohne Frage von einer Identitätskrise sprechen, die durch den postsozialistischen Strukturwandel ausgelöst wurde. Berücksichtigt man, dass Frauen als erste entlassen wurden, wenn Betriebe aus Kostengründen Personal abbauten

196 Interview 63: Verwaltungsangestellte, *1967, Ostberlin.

oder sich neu aufstellten, erscheint es nachvollziehbar, dass sich oft weibliche Personen unter den Gekränkten wiederfinden. Sie waren es, die mit beruflichen Unwägbarkeiten konfrontiert waren und zusätzlich häufig noch die Hauptlast der Kinderversorgung zu tragen hatten. Der Umbruch traf sie besonders hart.

In Anbetracht der Tatsache, dass sich für die Gekränkten die Routinen der Alltagsführung drastisch wandelten – ebenso wie die ihnen zur Verfügung stehenden Ressourcen (vgl. ebd.: 314ff.) – ließe sich annehmen, dass sich auch Mediennutzungsroutinen veränderten und Identitätsmotive an Bedeutung gewannen. Jedoch provozierte die Wende zunächst keine Änderungen im Mediennutzungsverhalten der Gekränkten. Zu DDR-Zeiten wurde eine Tageszeitung abonniert oder am Kiosk erworben, etwa die *Berliner Zeitung* oder der *Berliner Kurier*. Die Westberliner *Abendschau* stand ebenso auf dem Programm wie die *Tagesschau*. Man wechselte unbefangen zwischen den DDR-Sendern und dem Westfernsehen hin und her. An all dem änderte sich nach der Wende nicht viel. Eine der nun zugänglichen Westberliner Zeitungen zu lesen, war für die Gekränkten allerdings keine Option. Eine Befragte, Jahrgang 1951, erklärte, dass sie einfach beim Alten geblieben wäre, weil sie sich von der Fülle des neuen Angebots regelrecht erschlagen fühlte.[197] Beim weiblichen Teil der Gekränkten standen jedoch die bundesrepublikanischen Illustrierten hoch im Kurs. Frauen- und Modezeitschriften wie die *Brigitte* wurden gekauft, um zu wissen, wie sich die westdeutsche Frau kleidet und schminkt. Auch die *SuperIllu* stieß unter den Gekränkten auf Zuspruch. In einer Zeit, in der das Gefühl vorherrschte, alles, was aus der DDR kam, sei »erstmal weggemetzelt«[198] worden, fanden sich hier ein Stück Vergangenheit und Geborgenheit sowie ganz praktische Tipps zur Alltagsbewältigung.

Hatte Politik vor 1989 eine eher untergeordnete Rolle gespielt, so wurde diese Haltung mit der Wende noch intensiviert. Politische Nachrichtenmagazine wie *Stern*, *Spiegel* und *Focus* standen dementsprechend auch nicht auf der Leseliste. Die Gekränkten konzentrierten sich stattdessen auf die Gestaltung des Privat- und Nahbereichs und nutzten primär lokale Informationsangebote. Eine Befragte, Jahrgang 1933, berichtet etwa von einer

197 Interview 24: Arbeits- und Industriesoziologin, *1951, Ostberlin.
198 Interview 1: Werbeökonomin, *1954, Ostberlin.

»gewissen Lethargie«[199], die sie und ihren Mann nach der Wende eingefangen hätte. Sie moniert außerdem, dass es immer so dargestellt worden sei, als ob im Osten alles schlecht war. Das Informationsverhalten der Frau lässt sich einerseits damit erklären, dass sie aus dem Beruf ausschied und in die Rentenphase eintrat, also ihre Kommunikationsbedürfnisse sich wandelten. Andererseits aber kann diese Zurückgezogenheit und Resignation als Reaktion auf die persönlichen und kollektiven Abwertungen nach der Wende interpretiert werden und ist so schließlich auch als Diskurseffekt zu verstehen. Tatsächlich nahmen die Gekränkten die Berichterstattung über die DDR und den Osten ausnahmslos als verzerrend und undifferenziert wahr. Vermutlich ebendarum lehnten sie es typischerweise ab, sich medial näher mit der eigenen Rolle als Ostdeutscher in der bundesrepublikanischen Gesellschaft auseinanderzusetzen. Sie distanzierten sich von westdeutschen Medien und ihren Inhalten, die sich mit der DDR befassten.

Über Medien allgemein und über Medienpolitik im Speziellen machten sich die Gekränkten keine großen Gedanken – sie waren mit sich selbst beschäftigt. Trotzdem beobachteten sie Fehlentwicklungen im Journalismus. Da wird etwa eine sachliche Berichterstattung vermisst – es sei doch alles irgendwie tendenziös. Nicht anders als in der DDR werde auch heutzutage stets aus einer bestimmten Perspektive heraus berichtet, »das ist bloß 'ne andere Farbe«, meint etwa eine Befragte, die sich heute fast ausschließlich unterhaltenden Medienangeboten widmet.[200] Eine weitere Frau, Jahrgang 1943, die begrüßt, dass mittlerweile auch Raum für andere Perspektiven im Wiedervereinigungsdiskurs besteht, geht über konkrete Inhalte hinaus und wünscht sich, dass Medien ebenso wie Kunst und Kultur »nicht so überrannt« werden durch Westdeutsche.[201] Äußerungen wie diese können als Beleg dafür gedeutet werden, dass der (wahrgenommene) Mediendiskurs einen Reflexionsprozess über Medien an sich ausgelöst hat. So beziehen sich Medienbewertungen letztlich nicht nur auf die Ebene der Medieninhalte, sondern auch auf strukturelle Fragen des Mediensystems.

Die Gekränkten grenzen sich verhältnismäßig stark vom Westen ab. Die Identitätskonstruktion findet hier in Reaktion auf persönliche Erlebnisse sowie insbesondere auf den massenmedialen Diskurs statt. Dem negati-

199 Interview 6: Zahnärztin, *1933, Ostberlin.
200 Interview 24: Arbeits- und Industriesoziologin, *1951, Ostberlin.
201 Interview 67: Zahnärztin, *1943, Ostberlin.

ven Medienbild wird mit der Betonung einer positiven Andersartigkeit begegnet – im Gegensatz zu anderen der Ostberliner Befragten, die dazu neigen, Ost-West-Unterschiede zu nivellieren. Diese Abgrenzungsbestrebung spiegelt sich auch in ihrem Umgang mit Medien wider. Ihre Medienauswahl funktioniert auch heute noch nach einem Ost/West-Schema. Das kommt etwa dann zum Ausdruck, wenn die Ablehnung der *Morgenpost* nicht inhaltlich begründet wird, sondern eingeräumt wird, dass es sich dabei »vielleicht nur [um] ein Vorurteil« handelt.[202] Die Herkunft der Medien ist für die Gekränkten von hoher Bedeutung. Insgesamt gründet sich die Mediennutzung dieses Typs vorrangig auf Motive der Rückbettung, Motive der Selbstaktualisierung spielen dagegen eine untergeordnete Rolle.

Fallbeispiel 1: Klaus, Jahrgang 1942, Polizist[203]

Klaus wurde drei Jahre vor Kriegsende im heutigen Polen geboren. Seine Mutter flüchtete mit ihm und seinen zwei Geschwistern Anfang 1945 vor der Roten Armee. Sie landeten schließlich in einem Dorf in Mecklenburg. Der Mann erzählt, dass sie dort wie Aussätzige behandelt worden seien. »Die Einheimischen haben die Kartoffeln gegessen und wir die Schalen.« Seine Mutter war Hausfrau, sein Stiefvater arbeitete als Taxifahrer. Geplant war, dass er das Abitur ablegt. Er entschied sich allerdings dazu, nach der zehnten Klasse abzugehen und etwas Praktisches zu lernen. Nach einer Ausbildung zum Buchdrucker absolvierte er einen dreijährigen Wehrdienst bei der NVA. Mit Stolz berichtet er, dass sie damals »zweimal bis hinter die Wolga gefahren« sind, um dort Raketen zu testen. Noch während der Armeezeit lernte Klaus seine spätere Frau kennen. Mitte der 1960er-Jahre zog er nach Berlin und war dort zunächst in einem Verpackungsmittelwerk tätig. Aufgrund gesundheitlicher Beschwerden wechselte er den Job und bewarb sich bei der Volkspolizei. Er wurde eingestellt und beschloss, sich zum Abschnittsbevollmächtigten weiterbilden zu lassen.

Anfang der 1970er-Jahre bezog Klaus eine großzügige Wohnung im Prenzlauer Berg: 85 Quadratmeter, drei Zimmer, Bad und zwei Balkone. Zu dieser Zeit war er bereits Vater zweier Töchter. Kontakt zu Tante und Cousins im Westen durfte er offiziell nicht halten, das Verhältnis war dem-

202 Interview 6: Zahnärztin, *1933, Ostberlin.
203 Interview 47: Polizist, *1942, Ostberlin.

entsprechend abgekühlt, erzählt er. In den Westpaketen, die er von dort bekam, sagt er heute, sei »manchmal wirklich Schnulli drin« gewesen.

Für Klaus bildete der Beruf das Fundament seines Lebens. Aus seinem Job zog er eine Menge Anerkennung und Selbstvertrauen. Als ABV habe er stets ein gutes Verhältnis zu allen Anwohnern und Anwohnerinnen gehabt, auch mal ein Auge zugedrückt und sei allseits respektiert gewesen. Klaus war Funktionsträger, er identifizierte sich mit dem Staat und verspürte eine Dankbarkeit gegenüber dem System. Schließlich hatte die DDR ihr Aufstiegsversprechen ihm gegenüber gehalten. Vermutlich auch deswegen sympathisierte er mit den politischen Maximen des Arbeiter- und Bauernstaates und war Mitglied der SED. Als Polizist genoss er einige Privilegien, hatte immer einen Ferienplatz sicher und musste auch nicht lange auf seinen Trabi warten.

Klaus las das *Neue Deutschland,* weil er einen Überblick über die wichtigsten Vorgänge im Land haben musste. Seine Informationen holte er sich allerdings direkt aus dem Kiez, lässt er wissen. Medien spielten da nur eine untergeordnete Rolle. Ganz ähnlich wie im Rest Ostberlins, lief auch im Wohnzimmer von Klaus um 20 Uhr die *Tagesschau.* »Durften wir zwar nicht, aber hat sich doch keiner dran gehalten.« Sie dienten ihm als Ergänzung zu den landeseigenen Nachrichten.

Die Wende bedeutete für Klaus einen Bruch, zuvorderst in beruflicher Hinsicht. Er büßte an Autorität ein. »Man wusste gar nicht mehr, kannst du den nun noch bestrafen, mit 'ner Ordnungswidrigkeit, oder nicht?« Mit Datum vom 1. Oktober 1990, als die Polizeihoheit Gesamtberlins an Westberlin fiel, wurde Klaus in eine Westberliner Wache versetzt. Dort, sagt er, haben sich die »Wessis dann immer amüsiert, wie doof denn die Ossis sind«. Man habe sich über ihn lustig gemacht, weil er nicht gewusst hätte, wie man einen Computer bedient. Seine bisherige Qualifikation schien nichts wert: »Die haben das ja nicht anerkannt, dass wir ja auch Polizisten waren.« Der West-Kollege, mit dem er Streife fuhr, habe ihm gar erzählen wollen, wie es im Osten wirklich gewesen sei. Wiederholt unterschätzte man ihn im Kollegenkreis aufgrund seiner Herkunft, erzählt er.

> »Da saß auch eine, die machte ein großes Kreuzworträtsel. Ist fertig, legt zur Seite. Sag ich: ›Kann ich noch ein bisschen nachrätseln?‹. ›Das wirst du ja wohl nicht schaffen!‹ So, da hab ich einen Rotstift genommen und alles, was ich noch wusste. Ich hab ja auch ein gutes Allgemeinwissen.«

Mitte der 1990er-Jahre dann wurde Klaus überraschend entlassen. Als Grenz-ABV hatte er eine Verpflichtungserklärung unterschrieben und sich zur Zusammenarbeit mit der Staatssicherheit bereit erklärt – das sei »völlig normal« gewesen für jemanden in seiner Position, betont er. Das sei ihm dann auf die Füße gefallen. »Mit einem Mal war ich informeller Mitarbeiter. Das Wort war nie gefallen! IM.« Es folgte der Gang zum Arbeitsamt, eine Umschulung zur Fachkraft für Büroorganisation, wenige Monate bei einem Sicherheitsdienst als Hausmeister. Schließlich ging er mit Abzügen in Frührente, als er keinen Job mehr fand. Er konzentrierte sich fortan auf seinen Garten und beschloss wieder in einen Chor einzutreten, nachdem auch sein langjähriges Bandprojekt mit der Wende sein Ende gefunden hatte. Klaus bewertet die Wiedervereinigung rückblickend dennoch positiv. Er betont, dass er viel gereist sei und, dass es ihm heute finanziell gut ginge.

Klaus fokussierte sich nach dem Systembruch zusehends auf den Privatbereich. Das zeigte sich auch in seinem Mediennutzungsverhalten. Eine Tageszeitung hatten er und seine Frau fortan nicht mehr abonniert. Sowieso hätten sie Abstand genommen, von »verschiedenen Zeitungen hier oder Zeitschriften, die so sehr gegen die DDR gehetzt haben«. Er nahm zunächst keinen Anteil an der gesellschaftspolitischen Entwicklung des vereinigten Deutschlands mehr. Denn nach der Wende konnte er seine ganze politische Überzeugung »einmotten«, wie er sagt. Politisch gerührt habe er sich dann nicht mehr, denn er befürchtete, dadurch könnten ihm Nachteile entstehen. Als er dann in Rente war, sah er wohl auch keine Notwendigkeit und kein Gestaltungspotenzial mehr. Klaus distanzierte sich vom politischen Diskurs. Allerdings nicht, weil er nicht gewusst hätte, wie mit dem vermeintlich pluralistischen Medienangebot der Bundesrepublik umzugehen sei, sondern, weil er zusehen musste, wie seine politische Haltung und sein Gesellschaftsbild delegitimiert wurden. Das illustrieren Aussagen wie diese: »Wir haben uns nachher dann auch gar nicht mehr so interessiert für Politik. Bloß nachher kam es dann wieder – wo sich das alles wieder so ein bisschen gesetzt hatte – da hatte man wieder mehr Interesse.« Heute laufen schon mal die Polit-Talks der Öffentlich-Rechtlichen im TV. Hauptsächlich wegen seiner Frau, wie er sagt, »da hat sie wieder einen Grund sich aufzuregen.« Er sei da »phlegmatischer«. Seine Printmediennutzung beschränkt sich gegenwärtig auf das wöchentliche Anzeigenblatt des Bezirks und die *Apotheken Umschau*.

Der Bekanntenkreis von Klaus besteht auch heute noch ausschließlich aus Ostdeutschen, erzählt er. Mit denen komme er besser klar, »der hat dieselbe Vergangenheit wie wir, der hat dasselbe erlebt«. Auch bewegt er sich ausschließlich im Ostteil der Stadt. Er hat in Westberlin ein »komisches Gefühl«, ist da »nicht zuhause«.

Ähnlich erging es ihm hinsichtlich der damaligen DDR-Berichterstattung. Viel »Unsinn« sei da erzählt worden. Er spricht von »Hetzer[n]«, die alles aus dem Osten schlechtgeredet hätten. Dahinter vermutete er auch politische Interessen. »Die ganzen Scharfmacher, die waren ja noch alle an der Macht, in der Presse und Rundfunk.« Klaus isoliert sich aus der Angst heraus, missverstanden zu werden und, um weiteren Herabsetzungen zu entgehen. Nicht nur physisch, er meidet auch medial weitgehend Inhalte, die ihn in seiner Identität als Ostdeutscher angreifen könnten. Kinofilme wie *Das Leben der Anderen* (2006) schaue er sich gar nicht erst an. Er ärgert sich darüber, dass Sachen übertrieben betont werden, »die gar nicht so das Leben beeinflusst haben«. Er habe außerdem beobachtet, dass bei Preisverleihungen immer der Film ausgezeichnet werde, der sich auf irgendeine Art mit dem Thema DDR befasse. »Politiklastig« seien die Filme gewesen, die die Preise abräumten. Die Westler würden ohnehin alle denken, dass die DDR nur aus Stasi-Spitzeln bestand. Die Medien sollten daher doch lieber die normalen Bürger und Bürgerinnen in den Vordergrund stellen. Die wenigen differenzierten Sendungen zum Thema, merkt Klaus an, stammen dann »meistens auch von Verfassern, die in der DDR aufgewachsen sind«.

Klaus verfügt nicht über beruflich bedingtes Expertenwissen zur Funktionsweise von Massenmedien. Seine Äußerungen illustrieren jedoch, dass er sich aufgrund der wahrgenommenen Berichterstattungsmuster mit der Funktions- und Organisationsweise von Medien auseinandergesetzt hat – sein Wissen ist auf der Ebene eines diskursiven Bewusstseins angesiedelt (vgl. GIDDENS 1992: 91ff.). Der Mediendiskurs, das lässt sich bei Klaus gut nachvollziehen, war Anlass, die Ebene der Medienproduzenten mit den Medieninhalten zu verknüpfen. So gründet sich die von Klaus vorgenommene Kritik an der strukturellen Beschaffenheit des Mediensystems letztlich auf den Mediendiskurs selbst.

Typ 2: Die Differenzierten

Die Befragten, die diesem Typ zugeordnet wurden, sind mehrheitlich in den 1950er-Jahren zur Welt gekommen, einige wenige in den 1960er-Jahren. Sie sind damit größtenteils der »integrierten Generation« zuzurechnen (vgl. LINDNER 2003: 205ff.; AHBE/GRIES 2006: 98ff.). Die Differenzierten stammen meist aus einem bildungsnahen Elternhaus und wuchsen in gesicherten finanziellen Verhältnissen auf. Sie studierten und waren als Lehrer, als Wissenschaftlerin oder im Außenhandel tätig. Die Differenzierten weisen biografische Parallelen zu den Gekränkten auf. Sie unterscheiden sich vom Typ 1 im Wesentlichen durch den Grad ihrer Politisierung, ihre Nachwendeerfahrungen sowie ihre Mediennutzung.

Die Differenzierten sahen die Deutsche Demokratische Republik als ihre Heimat. Sie schätzten die Sicherheit, die der Staat gewährleistete und konnten sich mit dem Wertehorizont der DDR identifizieren. So wiesen sie insgesamt eine relativ stabile Bindung an die DDR auf. Wie auch bei den Gekränkten finden sich in den Schilderungen der Differenzierten Tendenzen der retrospektiven Aufwertung der DDR. Oft wird dabei auf zwischenmenschliche Qualitäten verwiesen. So seien die Menschen im Osten bescheidener und warmherziger gewesen, es hätte ein größerer Zusammenhalt geherrscht. Da sei es eine Selbstverständlichkeit gewesen, dass der Nachbar mal einen Blick auf die Kinder warf, wenn man zur Arbeit musste.

Die Mehrheit der Differenzierten berichtet, dass sie schon vor 1989 viel gereist seien und, dass sie alles hatten, was sie zum Leben brauchten. Sie beziehen damit unaufgefordert Stellung zum hegemonialen DDR-Diskurs (allgegenwärtiges Misstrauen, DDR als Gefängnis, Mangelwirtschaft). Auch die Differenzierten grenzen sich zum Teil stark vom Westen ab und bedienen sich dabei nicht selten gängiger Klischees vom oberflächlichen, materialistischen ›Besserwessi‹.

Anders als die Gekränkten betrachteten die Differenzierten ihr Heimatland jedoch auch kritisch, vor allem unter politischen Gesichtspunkten. Der Staat hatte Schwierigkeiten, dessen waren sie sich bewusst. Widersprüche wurden durchaus wahrgenommen. Konsequenz war allerdings nicht ein grundsätzliches In-Frage-Stellen des Systems oder gar die Forderung nach der Abschaffung des Sozialismus. Man strebte Veränderung an und glaubte an eine Reformierbarkeit der DDR. Die Bundesrepublik war ein »widersprüchliches Land«, das seine eigenen Probleme zu bewältigen hatte.[204] Ein Land, »wo Kapitalismus herrschte« und »wo Obdachlosigkeit existierte«.[205] Auch gegenwärtig nehmen die Differenzierten gesellschaftliche Missstände wahr, die sie etwa mit der herrschenden Wirtschaftsweise in Verbindung bringen.

204 Interview 54: Lehrer, *1959, Ostberlin.
205 Interview 14: Zahnärztin, *1964, Ostberlin.

Die Maueröffnung wurde von den Differenzierten aber nichtsdestotrotz gefeiert, wenngleich man ihr etwas ungläubig gegenüberstand. Die Wiedervereinigung wird rückblickend allerdings ambivalent gesehen. Eine Befragte, Jahrgang 1954, die den antifaschistischen Gründungsmythos der DDR verinnerlicht hatte und daran glaubte, ein »besseres Land« aufzubauen, empfand die Vereinigung einerseits als »persönliche[s] Scheitern«, zugleich aber auch als »große Chance und als Befreiung«.[206]

Die Wende hinterließ Spuren im Berufsalltag der Differenzierten. Im besten Falle bekam man lediglich ein paar Kollegen und Kolleginnen aus dem Westen dazu und musste ein paar Dinge umlernen, im schlimmsten Fall wurde man entlassen. Die Differenzierten hatten sich den neuen Gegebenheiten anzupassen. Damit gehören sie zu den »typischen Figuren der Transformation« (vgl. AHBE/GRIES 2006: 100). Sie fanden sich in unsteten Arbeitsverhältnissen wieder. Angesichts drohender Arbeitslosigkeit nahmen sie an Umschulungen teil, absolvierten Weiterbildungen oder nahmen gar in Kauf, wochenweise in westdeutsche Städte zu pendeln. Die Zeit nach dem Mauerfall wird rückblickend zwar als eine anstrengende, aber auch als eine aufregende Zeit beschrieben. Das Durchbrechen vorhandener Routinen wurde nämlich nicht ausschließlich als Belastung empfunden. Eine befragte Wissenschaftlerin beispielsweise, Jahrgang 1954, war in der ersten Zeit nach der Maueröffnung über alle Maßen glücklich.[207] Denn sie habe nach der Wende in einem internationalen Team, zusammen mit amerikanischen und russischen Forschern und Forscherinnen, arbeiten können, was sie sich bis dato habe nie träumen lassen.

Über Kontakte nach Westberlin oder in die Bundesrepublik verfügten die Differenzierten vor 1989 meist nicht. Erst nach der Wende traf man aufeinander, oft im beruflichen Umfeld. Die Erfahrungen waren hier aber – im Vergleich zu denen der Gekränkten – überwiegend positiv. Zwar stellte man fest, dass man im Westen viel weniger über den Osten wusste als andersherum, meinte aber alles in allem gut aufgenommen worden zu sein. Da unternahm man im Kollegenkreis auch schon mal was miteinander. Situationen, in denen den Differenzierten seitens des Westens mit offener Ablehnung begegnet wurde, waren rar. Eine Entwertung des Ostens aber

206 Interview 78: Wissenschaftlerin, *1954, Ostberlin.
207 Interview 78: Wissenschaftlerin, *1954, Ostberlin.

spürten auch sie – ob über Medien vermittelt – oder anhand von Erzählungen aus dem Bekanntenkreis.

Ihre Ost-Sozialisation prägt die Differenzierten bis heute, darin sind sie sich einig. Sie verleugnen ihre Herkunft nicht, gehen damit aber auch nicht hausieren. Sie lehnen Pauschalisierungen ab, haben aber durchaus Verständnis dafür, wenn Menschen aus der ehemaligen DDR sich als ›Bürger zweiter Klasse‹ fühlen. Früher haben sie sich zum Teil selbst so gefühlt, erzählen sie. Ein Lehrer, Jahrgang 1954, begründet das damit, dass er weniger verdient habe.[208] Außerdem sei er ständig unter Generalverdacht gestellt worden. »Kein Nazischwein in Westdeutschland wird jemals danach gefragt, wie er politisch denkt«, beschwert er sich. Er dagegen sei dauernd danach gefragt worden, wie er zum »SED-Unrechtsregime« gestanden habe. Heute lehnen die Differenzierten es jedoch ab, sich als Mensch zweiter Klasse zu kategorisieren. Unterschiede zwischen Ost und West seien aber vorhanden und würden vorrangig durch die Politik forciert. Der Rolle der Medien wird in diesem Zusammenhang keine Rechnung getragen. Gesellschaftliche Gräben, meinen die Differenzierten auch, verliefen nicht primär zwischen Ost und West, sondern zwischen Stadt und Land, zwischen Arm und Reich.

Auch bei den Differenzierten lassen sich einige Ost-Bezüge in der Mediennutzung feststellen. Anders als die Gekränkten jedoch griffen sie nach der Wende sehr wohl auch zu Tageszeitungen aus dem Westteil. Die Rundfunklandschaft des Westens war ihnen ohnehin vertraut. So richtig warm werden wollte man mit *Tagesspiegel*, *Morgenpost* und Co. allerdings nicht. Da kam einem etwa der *Tagesspiegel* »etwas arrogant vor für Ost-Gefühle«.[209] Eine andere Befragte, Jahrgang, 1958, die zunächst ein Probeabo der Westberliner *Morgenpost* abgeschlossen hatte, fand, dass dort zu wenig über Ostberlin berichtet wurde und kehrte wieder zur *Berliner Zeitung* zurück.[210] Die Differenzierten berichten oft von einer (emotionalen) Verbundenheit zu ihrer Zeitung – man lese sie aus Tradition heraus. Die Differenzierten bekamen auch mit, was sich im Zuge der Transformation in der Medienlandschaft tat. Sie beobachteten etwa die Privatisierung des Berliner Verlags und verfolgten die Proteste rund um DT64. Die Einstellung

208 Interview 54: Lehrer, *1959, Ostberlin.
209 Interview 78: Wissenschaftlerin, *1954, Ostberlin.
210 Interview 49: Ökonomin, *1958, Ostberlin.

des Jugendprogramms bewerten sie heute noch kritisch. Die Abschaltung wurde als Demütigung aller Ostdeutschen empfunden.

Anders als die Gekränkten verfolgten die Differenzierten die tagesaktuelle politische Berichterstattung verhältnismäßig intensiv. Im Unterschied zu Typ 1 reflektierten die Differenzierten ihre eigene Rolle im politischen Umbruch ebenso wie zu DDR-Zeiten und griffen dafür auch auf Medien zurück. Darauf deutet unter anderem ein hohes Interesse an allen Formaten hin, die sich mit DDR, Mauerfall und Vereinigung beschäftigen: von den Investigativ-Recherchen des Teams von ELF 99, über Kinofilme wie *Sonnenallee* bis hin zu Dokumentationen über die Treuhand. Über Inhalte dieser Art verortete man sich als Mensch mit DDR-Herkunft in der neuen Gesellschaft. Man wollte ja wissen, »wie die Anderen einen sehen«, erklärt ein Befragter.[211] Mittlerweile jedoch sind diesbezüglich gewisse Ermüdungserscheinungen eingetreten, insbesondere hinsichtlich der Jubiläumsberichterstattung wird Monotonie beklagt.

Dem hegemonialen DDR-Diskurs standen die Differenzierten ausnahmslos kritisch gegenüber. Sie beschweren sich etwa über eine ›Veranderung‹ der Ostdeutschen, Stereotype, Ignoranz und eine Verkürzung auf das politische System, die dem Alltag in der DDR nicht gerecht werde. Über die letzten 30 Jahre habe man hier jedoch eine Verbesserung wahrgenommen. Der Identifikation mit Ostdeutschland und der Wahrnehmung eines entsprechend negativen Diskurses ist es wohl geschuldet, dass die Differenzierten doch (zumindest, was ihre Tageszeitung angeht) Wert auf eine Berichterstattung aus Ost-Perspektive legten. Sie tun es teils noch heute. Das zeigt sich etwa daran, dass man es begrüßt, dass die *Berliner Zeitung* seit 2019 wieder einen Herausgeber mit DDR-Herkunft hat und, dass dort die »DDR nicht mehr mit West-Brille angeguckt wird«.[212] Die Differenzierten nutzten Medien weniger, um in die westliche Gesellschaft hineinzufinden. Sie blieben oft bei dem, was bekannt war (gerade im Segment der Presse). Das taten sie nicht nur aus einer Routine heraus. Die Differenzierten entschieden sich – genau wie die Gekränkten – ganz bewusst für Ost- und gegen Westzeitungen. Anders als die Befragten des zuerst vorgestellten Typs war die Mediennutzung der Differenzierten jedoch vermehrt auch durch Motive der Selbstaktualisierung geprägt und etwas weniger durch

211 Interview 54: Lehrer, *1959, Ostberlin.
212 Interview 78: Wissenschaftlerin, *1954, Ostberlin.

solche der Rückbettung. Charakteristisch für diesen Typ ist das Motiv der Retrospektion und Selbstbeobachtung, sich also über Medien der eigenen Rolle und Position in der vergangenen und gegenwärtigen Gesellschaft gewahr zu werden.

Fallbeispiel 2: Marlies, Jahrgang 1955, Pressesprecherin[213]

Marlies wurde in einem Dorf nahe Berlin geboren. Ihre Mutter war Redakteurin beim DEUTSCHLANDSENDER, ihr Vater war Ingenieur und hatte eine leitende Position in einer Baufirma inne. Die junge Frau absolvierte ein Pädagogik-Studium und ließ sich zur Lehrerin für Russisch und Deutsch ausbilden. Zur Wende arbeitete sie als Pressesprecherin einer Ostberliner Freizeiteinrichtung, war verheiratet und Mutter zweier Kinder.

Marlies hat in der DDR nichts vermisst, sagt sie. Sie und ihre Familie lebten in einer Vierzimmerwohnung in einem Neubau in Marzahn, sie konnten sich einmal im Jahr einen Urlaub leisten und vor der Haustür stand ein Trabi – alles ging so »seinen sozialistischen Gang«, meint sie. Marlies erzählt, dass sie aus einem »kommunistisch geprägten Haushalt« stamme. Ihr Großvater sei Widerstandskämpfer gewesen und 1945 hingerichtet worden. Eine »glühende DDR-Bürgerin« sei sie zwar nie gewesen – ihr war bewusst, dass man noch so einiges hinbekommen müsse im Land – grundsätzlich infrage gestellt habe sie das System, gerade vor dem Hintergrund ihrer Familiengeschichte, allerdings nicht. Über Beziehungen in den Westen verfügte Marlies nicht. Die BRD war »ein anderes Land«, das ihr nichts bedeutete. Erst nach dem Mauerfall sei sie beruflich öfter in Westberlin unterwegs gewesen.

Marlies erinnert sich gern an die erste Zeit nach der Grenzöffnung, berichtet von »paradiesischen Zustände[n]« für ihre Arbeit und von einem fruchtbaren Austausch mit Kollegen und Kolleginnen aus dem Westen. Auch ihr Mann, der damals für einen Radiosender arbeitete, genoss die Freiheiten, die sich dort nun boten. Mit der Wiedervereinigung aber stand auch ihr Job auf dem Spiel. Die Freizeiteinrichtung, bei der sie angestellt war, sollte geschlossen werden. Zum Jahresende 1990 verlor Marlies dann ihren Job. Sie nahm an einer Umschulung teil, schrieb Bewerbungen. Auch ihr Mann war arbeitslos geworden. Er bewarb sich bundesweit, bekam ein

213 Interview 64: Pressesprecherin, *1955, Ostberlin.

Angebot in einer sächsischen Großstadt und pendelte. Die Ehe zerbrach nach einem Jahr Wochenendbeziehung.

Für Marlies war die Wendezeit geprägt von Höhen und Tiefen, sagt sie. »[W]enn einem das beruflich wegkracht, familiär das wegkracht und man hat das Gefühl, das Land kracht weg, dann kommt man sich auch selber vor wie der letzte Husten.« Marlies klagte sich mit Hilfe einer Gewerkschaft schließlich wieder in ihren alten Betrieb, denn ihre Kündigung war unrechtmäßig gewesen. Den Systemwechsel bewertet Marlies trotz aller Widrigkeiten heute positiv. Vor allem beruflich habe sie viel Neues gelernt. Die geschiedene Frau lernte nach der Wende einen Westberliner kennen, mit dem sie eine Beziehung einging. In seinem Freundeskreis wurde sie »eingewessit«, wie sie sagt. Das Zusammenwachsen zwischen Ost und West sei für sie dann auch schnell kein Thema mehr gewesen.

Marlies war schon immer politisch interessiert und möchte ihr politisches Weltbild auch in ihrer Zeitung wiederfinden. Eine linke Perspektive ist ihr wichtig. Das Abo der *Jungen Welt* hat sie nach der Wende einfach weiterlaufen lassen, erzählt sie. Das *Neue Deutschland* liest sie noch heute. Aus Tradition, wie sie sagt, und »ein bisschen aus Solidarität«, denn »die brauchen jeden Abonnenten«. Marlies identifiziert sich offenbar mit der Zeitung und möchte ihr Überleben sicherstellen. Nach der Wende habe sie vermehrt auch die Polit-Magazine im Fernsehen verfolgt, *Monitor* (WDR) und *Kontraste* (SFB) etwa. Auch im ORB wären gerade in der ersten Zeit viele gute Polit-Sendungen gelaufen, erinnert sie sich. Marlies interessierte sich für die Talkrunden – egal ob Ost oder West – vor allem dann, wenn »relativ normale Leute« dabei waren. Sie mochte es nicht, wenn jemand »madig gemacht« wurde. Dass »immer gleich bewertet und verurteilt wird«, stört Marlies besonders, wenn es um die Historie der beiden deutschen Staaten geht. Marlies interessiert sich dennoch ausgesprochen für Inhalte mit DDR-Bezug. *Das Leben der Anderen* habe sie mehrfach gesehen. Auch die ARD-Dramaserie *Weissensee* gefiel ihr. Sie erinnert sich an Daniela Dahn, die damals »unglaublich interessante Sachen« über die DDR geschrieben habe.

Weil Marlies das Thema DDR in der Berichterstattung aufmerksam verfolgte, sei ihr aufgefallen, dass an den Jahrestagen immer die gleichen Stimmen zu hören sind. Seit 30 Jahren würden immer dieselben Personen zum Interview gebeten, meint sie. Sie möchte nicht immer diese »historische Beweihräucherung« und würde sich freuen, wenn stattdessen einmal klargestellt werde, dass es sich um einen Beitritt, nicht um eine Wiedervereinigung gehandelt habe. Die DDR ist medial also noch immer Thema bei Marlies. Die *SuperIllu* allerdings findet sie »sowas von schlimm«, betont sie. Vermutlich, weil diese Form der ›Klatschpresse‹ zu lesen, nicht ihrem Selbstbild entspricht. Gekauft hat sie das Blatt nämlich trotzdem gelegentlich, etwa wenn sie auf Reisen war oder die DVD eines DEFA-Films beilag. Das *Magazin* und den *Eulenspiegel* bekommt sie regelmäßig von ihrer Schwester, die beides noch abonniert hat. Marlies sucht offenbar medial Anschluss an ihre Vergangenheit. Laut eigener Aussage sei es ihr zwar nie wichtig gewesen, dass eine Zeitung »die Ossis vertreten muss«, dennoch lehnte sie *Süddeutsche Zeitung* und *Frankfurter Allgemeine* ebenso ab wie *Morgenpost* und *Tagesspiegel*, weil ihr die im Vergleich zur *Berliner Zeitung* zu wenig aus dem Osten brachten. Es ist zu vermuten, dass sich dahinter sehr wohl das Bedürfnis nach einer Identifikation und einer Anerkennung der eigenen Lebensrealität und Vergangenheit verbirgt.

Wie bei den restlichen Differenzierten lassen sich bei Marlies sowohl Motive der Rückbettung als auch Motive der Selbstaktualisierung beobachten. Sie nutzt Medien etwa, um Vergangenes zu rekapitulieren. Auch grenzt sie sich vom kapitalistischen Westen ab, indem sie eine sozialistische Tageszeitung liest. Regionale und überregionale Zeitungen mit West-Herkunft lehnt sie ab. Ihre Einstellungen zu westlichen Zeitungen sind dabei – zumindest partiell – Ergebnis der von ihr wahrgenommenen DDR-Berichterstattungsmuster und einer medialen Nichtbeachtung von Themen, die für sie als Mensch mit Ostherkunft von Relevanz sind. Das Handeln von Marlies illustriert die Rückwirkung der Medienstrukturen auf die Mediennutzungsentscheidungen, wie sie im Theorieteil dieser Arbeit mit Bezug auf Giddens (1992) erörtert wurden. Die Signifkationsstrukturen – also der herrschende DDR- und Ostdeutschlanddiskurs – wirkt einerseits auf den Umgang mit Medien, andererseits auf Identität. So lässt das Beispiel von Marlies erkennen, dass herrschende Diskurse die mediale Spaltung fortschreiben.

Typ 3: Die Kritischen

Etwa ein Viertel der Befragten wurde dem Typ der Kritischen zugeordnet. Wie bei den zuvor behandelten Typen ist ein Generationszusammenhang erkennbar. Die hier eingruppierten Befragten, kamen mehrheitlich in den 1960er-Jahren zur Welt, einige wenige sind etwas älter. In diesem Typ sind also insbesondere die jüngsten der Interviewteilnehmenden vereint. Sie können als Kinder der Gekränkten gefasst werden. In der Literatur wurden die Jahrgänge zwischen 1960 und den frühen 1970er-Jahren als »entgrenzte Generation« (vgl. AHBE/GRIES 2006: 100f.) oder als »distanzierte Generation« beschrieben, da sie dem Staat »kritisch distanziert bis ablehnend« gegenüberstanden (vgl. LINDNER 2003: 209ff.).

Die Kritischen absolvierten meist eine Ausbildung und arbeiteten danach als Mechaniker, Bauarbeiter oder Krankenschwester. Sie identifizierten sich nicht mit dem Staat. Sie gingen allerdings auch nicht in die direkte Opposition, sondern ignorierten das System, soweit es möglich war. Ein Befragter, Jahrgang 1964, der sofort nach Schulende aus FDJ und DSF ausgetreten war, erzählt, dass er sich aus Politik und Gesellschaft »eigentlich komplett rausgehalten« hat.[214] Die Kritischen bewegten sich teilweise in alternativen Milieus. Sie waren in der Blues- und Punkrockszene unterwegs, fühlten sich der Umwelt- oder Friedensbewegung nahe oder waren Angehörige der Kirche. Oft erlebten die Kritischen (in)direkt Repression oder machten negative Erfahrungen, die sie mit dem Staat in Verbindung brachten. Ein Befragter, Jahrgang 1967, vermutet etwa, dass er – trotz guter Noten – nicht zum Studium zugelassen wurde, weil er den Dienst an der Waffe verweigert hatte. Ein anderer Befragter, Jahrgang 1957, beschreibt die anderthalb Jahre bei der Armee als prägend – im negativen Sinne. Er sei den physischen Anforderungen (aufgrund einer damals noch nicht diagnostizierten Krankheit) nicht gewachsen gewesen und habe die »Idiotie der Offiziere« nur schwer ausgehalten.[215]

Zur Bundesrepublik hatten die Kritischen ein ambivalentes Verhältnis. Die BRD war ein »verheißungsvolles Land«[216], nach dem man sich einerseits gesehnt hatte, andererseits wurden auch dort Probleme gesehen. Aus der DDR zu flüchten oder einen Ausreiseantrag zu stellen, kam nicht infrage, identifizierten sich die Kritischen doch stark mit ihrem sozialen Umfeld.

Zu DDR-Zeiten wiesen die Kritischen medial eine starke Westorientierung auf. Aus dem Radio drangen ausschließlich Westberliner Sender. Das DDR-Fernsehen spielte ebenfalls eine untergeordnete Rolle. Über Westmedien partizipierten sie an der dortigen Kultur und Konsumwelt. Die Kritischen strebten nach Selbstverwirklichung und Individualität. Wenig erstaunlich also, dass der Mauerfall Glücksgefühle auslöste. Als

214 Interview 48: Drucker, *1964, Ostberlin.
215 Interview 70: Architekt, *1957, Ostberlin.
216 Interview 48: Drucker, *1964, Ostberlin.

»Befreiung«[217] und »Erleichterung«[218] empfanden die Kritischen die Systemöffnung. Für sie ergaben sich nun Karrierechancen, die ihnen zuvor verwehrt worden waren. Sie sahen die Möglichkeit einer selbstbestimmten Lebensführung. Sie erkundeten den anderen Stadtteil, ihre Bekanntenkreise erweiterten sich. Die Kritischen berichten von einem gegenseitigen Interesse zwischen den Menschen Ost- und Westberlins. Fremd fühlten sie sich im Westen nicht. Eine nötig gewordene berufliche Neuorientierung empfanden sie auch nicht als Belastung, denn sie koinzidierte mit ihren eigenen Wünschen.

Die Kritischen erzählen, dass sie zu DDR-Zeiten nicht sonderlich politische Menschen waren, sie hatten sich von der offiziellen Politik distanziert. Nach der Wende erfuhr das Interesse an der gesellschaftlichen Entwicklung dann einen Schub. Man fing etwa an, Polit-Sendungen im TV zu verfolgen.

Die Kritischen befanden sich in einer Lebensphase, in der sie Anschluss finden mussten an die neue Gesellschaft – ein Umstand, der sich in ihrem Mediennutzungsverhalten niederschlug. Dieses zeichnet sich durch eine hohe Dynamik aus. Nach der Wende machten die Kritischen in großem Stil Gebrauch von den neuen Angeboten des vereinigten Medienmarktes. Sie probierten sich durch die privaten Radio- und Fernsehprogramme, abonnierten Musikzeitschriften und lasen Computermagazine. Sie bedienten sich aus vollen Zügen am zielgruppenorientierten Zeitschriftenangebot. Auf diese Weise tauchten sie vollends in die westliche Konsumwelt ein. Die Kritischen lasen zusätzlich zu einer Lokalzeitung auch überregionale Publikationen, denn wichtiger noch als die regionale Information war der Blick aufs große Ganze. Über Medien beobachteten die Kritischen ihre Umwelt und versuchten ihre Position in der Gesellschaft auszuhandeln. Inhalte mit historischem Bezug begriffen sie als Reflexionsmöglichkeit. Über ihre (mediale) Umweltbeobachtung registrierten sie allerdings – genauso wie die Gekränkten und die Differenzierten – eine Ungleichbehandlung und Abwertung des Ostens, die dazu führte, dass die DDR-Herkunft sich zu einem relevanten Bezugspunkt für das eigene Selbstverständnis entwickelte. Am Beispiel der Kritischen lässt sich nachvollziehen, wie der Mediendiskurs eine Ost-Identität nicht nur fortschreibt, sondern überhaupt erst produziert. Ein gesteigertes Bekenntnis zu einem ostdeutschen Wir,

217 Interview 4: IT-Mitarbeiter, *1967, Ostberlin.
218 Interview 66: Bauarbeiter, *1954, Ostberlin.

muss in diesem Sinne zumindest teilweise als Reaktion auf vorhandene Medienstrukturen verstanden werden.

Heute verfügen die Kritischen in der Regel über ein breit gefächertes Medienrepertoire. Sie beziehen ihre Informationen aus verschiedenen Quellen, auch solchen, die sich als Alternativen zu den etablierten Angeboten verstehen. Die Kritischen sind auch diejenigen unter den Ostberliner Befragten, die – wie ihr Name schon sagt – sich prüfend mit sich selbst, der Gesellschaft und auch den Massenmedien auseinandersetzen. Sie sind dann auch diejenigen, die konkrete Kritikpunkte vorbringen, wenn sie nach ihrer Meinung zum Journalismus befragt werden. Sie formulieren Ansprüche und Erwartungen, die sie an journalistische Medien stellen und sind – besser noch als die anderen Typen – in der Lage, differenzierte Begründungen etwa für ablehnende Haltungen gegenüber bestimmten Medienangeboten zu liefern. Eine der Ursachen für kritische Medienbewertungen ist auch bei diesem Typ der beobachtete DDR- und Ost-Diskurs der als westdeutsch wahrgenommenen Medienangebote. Sie beklagen ein weitreichendes Desinteresse an ›Ost-Themen‹, unterstellen Oberflächlichkeit und Monotonie in der Themensetzung.

Fallbeispiel 3: Uwe, Jahrgang 1961, Hörfunkredakteur[219]

Uwe stammt gebürtig aus Sachsen. Mit Mitte 20 zog es ihn der Liebe wegen nach Berlin. Der zweifache Vater sagt über sich, er sei »ein bisschen so anti-DDR-mäßig groß geworden«. Sein Vater hatte einen Baustoffhandel, bis er nach dem Amtsantritt Honeckers 1972 enteignet wurde. Uwe war nicht in der staatlichen Jugendorganisation FDJ. Er trug kaputte Hosen und hatte lange Haare. Sein »Aussehen war nicht so DDR-konform«, weswegen er oft »einkassiert« worden sei. Uwe absolvierte auf Wunsch seiner Eltern zunächst eine handwerkliche Ausbildung als Schlosser. Sein eigentlicher Traum war es jedoch immer, Musiker zu werden. Seine Bewerbung an der Hochschule für Musik in Berlin scheiterte allerdings – aufgrund der großen Konkurrenz, wie er erzählt. Uwe hatte nach der Ausbildung verschiedene Jobs. Im Frühjahr 1989 wurde er dann als Programmgestalter bei einem Radiosender angestellt. Dort habe er selbst erlebt, wie »die

219 Interview 51: Hörfunkredakteur, *1961, Ostberlin.

Schere« angesetzt wurde, wie also DDR-kritische Anteile seiner Sendung gestrichen wurden, erinnert er sich.

Uwe erzählt, in der DDR habe er eine »Grundunzufriedenheit« besessen. »Ich wollte da nicht sein. Im Nachhinein jetzt, sag ich das anders. Aber damals, weiß ich, bin ich ziemlich frustriert gewesen.« Das lag auch daran, dass ein Großteil seiner Verwandtschaft, zu der er eine enge Bindung hatte, in Westdeutschland lebte. Uwe hatte immer Sehnsucht nach dem Westen, wollte »auch diese Jeans anziehen«, die seine Cousins trugen. Die hohe Westorientierung, die sich bei Uwe beobachten lässt, unterscheidet ihn von den restlichen Kritischen. Zur DDR fühlte er sich nicht richtig zugehörig. Auch mit den DDR-Medien wollte er nichts zu tun haben. Selbst mit vergleichsweise progressiven Formaten wie DT64 und ELF 99 konnte er nichts anfangen. Das Jugendfernsehen sei ihm zu »offensichtlich Propaganda« gewesen. Das *Neue Deutschland* las er lediglich sporadisch »aus Kenntnisgründen«.

Der Mauerfall war für Uwe, der bereits mehrere Ausreiseanträge gestellt hatte (eine Ausnahme unter den Kritischen), eine Erlösung. Endlich konnte er die Bands live sehen, die er vorher nur im Radio gehört hatte. Er genoss auch beruflich eine neue Freiheit, »auf einmal konnte man alles machen.« Die Ernüchterung folgte auf dem Fuß. Mit der beschlossenen Abwicklung des Rundfunks zum Ende des Jahres 1991 erhielt Uwe die Kündigung – auch für ihn zunächst ein Schock. Noch vor Ablauf des Jahres aber bekam er ein Jobangebot. Ab 1992 arbeitete Uwe für einen regionalen Hörfunksender.

Uwe beobachtete sein Umfeld sehr genau. Er wollte sich so viel Wissen wie möglich aneignen und die Gesellschaft, in der er sich nun wiederfand, genaustens kennenlernen. Sein Medienrepertoire war dementsprechend breit gefächert. Er las den *Spiegel* und die *Süddeutsche Zeitung*. Die *Tagesschau* und *Tagesthemen* waren »Pflichtprogramm«. Die *Berliner Abendschau* spielte dagegen keine Rolle. Er kaufte Wirtschaftsmagazine, um zu verstehen, wie die Börse funktioniert, bevor er selbst investierte. Er sah (politische) Talkshows wie *Sabine Christiansen* und *3nach9*, um sich mit den westdeutschen Persönlichkeiten des öffentlichen Lebens vertraut zu machen, »[d]ie man kennen sollte, wenn man hier lebt«. Für ihn waren Medien ein Weg, um sich den Menschen aus dem Westen anzunähern, mit denen er fortan schließlich auch zusammenarbeiten musste. Uwe erzählt auch, dass er Medien zur »Verortung« genutzt habe. Die Normen der DDR galten nicht mehr, politische und wirtschaftliche Maximen wurden ausgetauscht. Uwe wollte herausfinden, wie man die Dinge nun zu sehen hatte als Bürger eines vereinigten Deutschlands. »Was ist gut, was ist böse?« Unter anderem darum hat er wohl alle »Westmedien, die es so gab, eigentlich mit aufgesaugt«. Uwes Mediennutzung stand ganz im Zeichen der Selbstaktualisierung.

Wohl auch, weil Uwe die Wiedervereinigung am Fernseher aufmerksam verfolgte, fielen ihm Machtasymmetrien zwischen Ost und West auf. Der Westen sei den Vertretern und Vertreterinnen der DDR im Zuge der Beitrittsverhandlungen nicht auf Augenhöhe begegnet, findet er. »[W]ir sind nicht ernst genommen worden«, sagt er. Diese Erfahrung musste er auch im Job machen. Die neuen Chefs kamen alle aus dem Westen und traten großspurig auf, erzählt er. Uwe ist sich der Vermögens- und Einkommensunterschiede zwischen Ost und West bewusst, weiß auch, dass verschiedene Berufsabschlüsse nach der Wende nicht anerkannt wurden und Ostdeutsche in gesellschaftlichen Eliten unterrepräsentiert sind. Er ärgerte sich schon damals über den Abriss des Palasts der Republik und des Lenin-Denkmals.

Uwe beobachtete den Vereinigungsprozess über Medien offenbar sehr genau. Dabei registrierte er auch, wie über den Osten und die DDR gesprochen wurde. Gerade in den 1990er-Jahren habe die Berichterstattung Klischees bedient, findet er. Es sei nur um die Stasi gegangen, sonst nichts. Auch heute noch gäbe es »Ressentiments«, vieles werde aber auch »differenzierter« gesehen. Seine persönlichen Erfahrungen, aber auch die wahrgenommene Berichterstattung haben bedingt, dass Uwe sich heute stärker mit dem Osten identifiziert als noch zu DDR-Zeiten. »Ich hatte mit dem Osten echt nichts am Hut und wollte ihn auch nie verteidigen. Aber manchmal – also jetzt noch mehr als früher – kommt man schon in so eine Rechtfertigungssituation.« Am Beispiel Uwes lässt sich eindrucksvoll nachvollziehen, wie Signifikationsstrukturen und die damit verbundenen Herrschafts- und Legitimationsstrukturen (vgl. GIDDENS 1992: 84ff.) letztlich auf Identitäten wirken können.

Uwe verfügt nicht zuletzt aufgrund seines Jobs beim Radio über ein umfangreiches Medienwissen und nimmt differenzierte Medienbewertungen vor. Er hat genaue Vorstellungen davon, wie ein »gute[r] Journalismus« auszusehen hat. Journalismus soll die Mächtigen kontrollieren, findet er. Diesen Auftrag sieht er derzeit nicht erfüllt. Uwe verlangt Meinungsvielfalt und will, dass die Bürger und Bürgerinnen durch Journalismus zur Meinungsbildung befähigt werden. Er will keinen Haltungsjournalismus, in dem Meinungen vorgegeben werden, sagt er. Uwe hält mit Kritik am gegenwärtigen Journalismus nicht hinterm Berg. Er nehme einen Mainstream und politische Einseitigkeit wahr. Bestimmte Meinungen seien im Fernsehen einfach nicht vertreten. Solche Tendenzen kenne er noch aus der DDR. Wahrscheinlich auch deswegen bleibt der Fernseher heute meist aus bei ihm. Dennoch, medial ist er »breit aufgestellt«, lässt er wissen. Er informiert sich online beim *Spiegel*, der *Süddeutschen Zeitung* und der *Welt*. Auch die *Berliner Zeitung*, die er nach der Wende einige Jahre abonniert und zwischenzeitlich abbestellt hatte, liest er wieder, seitdem sie von den »zwei Ossi-Millionären« gekauft wurde. Diese Aussage lässt sich ebenfalls als Ausdruck einer an Relevanz gestiegenen Ost-Identität begreifen und damit wiederum als Resultat herrschender Diskurse.

Typ 4: Die Konformisten

Bei den Konformisten lässt sich nicht zwingend ein Generationszusammenhang ausmachen. Der Älteste unter ihnen wurde 1951 geboren, die Jüngste 1967. Unterschiede bestehen auch, was Elternhaus und Ausbildung betrifft. Zu den Konformisten zählt der studierte Nachrichtentechniker, dessen Eltern für die DDR-Botschaft in Peking tätig waren, ebenso wie die gelernte Stenotypistin, die aus einer Handwerkerfamilie stammt. Gemeinsames Merkmal der Konformisten ist, dass sie keine hohe Bindung an die DDR aufwiesen. Was nicht heißt, dass sie unzufrieden gewesen wären, in dem Land, in dem sie lebten. Sie wussten, wie man sich zu verhalten hatte, um relativ unbehelligt ihr Leben führen zu können. Sie hatten sich eingerichtet und ihre Nischen gesucht. Die Konformisten waren keine sonderlich politischen Menschen. Konfrontationen mit dem Staat gingen sie so weit wie möglich aus dem Weg, einschneidende Negativerfahrungen haben sie, im Gegensatz zu den Kritischen, keine gemacht. Gestört fühlten sie sich nur, wenn es dieses oder jenes wieder nicht zu kaufen gab oder sie sich der Möglichkeit zum Reisen beraubt sahen.

Sie waren genügsame Menschen, die die Verhältnisse nicht grundsätzlich hinterfragten. »Wir hatten alles, was wir brauchten, und den Rest kannten wir nicht«, beschreibt ein Mann sein Leben in der DDR, der angesichts des Mauerfalls dennoch eine große Freude verspürte.[220] Wenn er seine Familie hätte mitnehmen können, sagt er, hätte er »bestimmt auch

220 Interview 34: Hausmeister, *1951, Ostberlin.

die Seiten gewechselt«. Attraktiv erschien der Westen allerdings eher aufgrund der dortigen Warenwelt, nicht weil man auf der anderen Seite ein überlegeneres System vorzufinden glaubte. Über die prinzipielle Gesellschaftsordnung hier wie dort machte man sich generell wenig Gedanken.

Der Mauerfall wird als positives Ereignis rekapituliert. Anders als die anderen Typen betonen die Konformisten, dass sich ihr Alltag mit der Wende kaum verändert hat. Tatsächlich gab es hier keine so massiven Einschnitte, wie sie etwa die Gekränkten oder die Differenzierten erlebten. Beruflich blieb bei den meisten alles beim Alten. Ihre Prioritäten änderten sich nicht, sie gingen weiterhin ihren Hobbys nach oder bespaßten die Kinder.

Die Ost-Herkunft spielt keine gesonderte Rolle im Selbstverständnis der Konformisten ebenso wenig in ihrer Mediennutzung. Es macht den Eindruck, dass Medien ohnehin nie von ausgesprochener Bedeutung waren. Der Wegfall des DDR-Fernsehens ist ihnen nicht negativ im Gedächtnis geblieben. Sie sahen die Nachrichten und lasen gelegentlich die Zeitung – vor ebenso wie nach der Wende. Der Systemwechsel führte hier nicht zur Ausbildung gänzlich anderer Mediennutzungsmuster. Die Konformisten blieben bei dem, was sie kannten, und sahen keine Notwendigkeit, Neues auszuprobieren.

Er sei nicht so ein »Hüpfer« gewesen, lässt etwa ein Befragter, Jahrgang 1965, wissen, der sowohl vor als auch nach der Wende die *Berliner Zeitung* las.[221] Dabei interessierte er sich hauptsächlich für den Sportteil, wie er sagt. Der Mann ging in seiner Freizeit selbst verschiedenen sportlichen Aktivitäten nach. Die Privatisierung des BERLINER VERLAGS und die häufigen Eigentümerwechsel registrierte er laut eigener Aussage nicht, obwohl er sie doch auch während dieser Phase las. Ihm seien auch keine gravierenden redaktionellen Änderungen aufgefallen: »Ist bunter geworden, sicherlich. Die Aufmacher sahen anders aus.« Ein solch geringes Medienwissen ist typisch für die Konformisten. Medien gehörten nicht zu den Lebensbereichen, über die man nachdachte. Da der Alltag gefüllt war mit verschiedenen Hobbys oder dem Job und der Familie, nahmen Medien keinen großen Raum ein. Erst abends setzte man sich vor den Fernseher, und zwar, um zu entspannen. Die Befragten dieses Typs schalteten auch gern die Privaten ein, sahen eine Menge Serien – darunter etliche US-amerikanische.

221 Interview 17: Bauplaner, *1965, Ostberlin.

Generell lässt sich die Mediennutzung der Konformisten als vorwiegend unterhaltungsorientiert beschreiben.

Mit dem Thema DDR haben sich die Konformisten medial nicht auseinandergesetzt. Sie geben sich dann auch zum großen Teil unkritisch, was die diesbezügliche Berichterstattung betrifft. Allerdings habe man in der Zeit kurz nach der Wende durchaus wahrgenommen, dass die Ostdeutschen von den Westdeutschen »verbal angegriffen« wurden.[222] Einer der Konformisten erzählt, dass er sich darüber geärgert habe, wie in den »westdeutschen Medien über die ›Ossis‹« geschrieben wurde. Er fand, dass »Ostdeutsche schlecht weggekommen sind und immer so ein bisschen als Dummies dargestellt« worden seien.[223] Was die Konformisten vielmehr störte als ein einseitiger West-Blick auf die DDR, war, »dass das mit Ost und West jeden Tag in der Presse gesagt wurde«.[224] Dass Ost und West »ja schon noch weiter so benannt« wurden, fiel ihnen negativ auf.[225] Der kursorische Blick durch die Zeitung reichte offensichtlich aus, um sich einer vonstattengehenden Veranderung der Bevölkerung der ehemaligen DDR Gewahr zu werden, die ihrem Selbstverständnis zuwiderlief. Denn die Konformisten sahen sich selbst als Bürger und Bürgerinnen eines vereinigten Deutschlands, als Bewohner und Bewohnerinnen *einer* großen Stadt. Die DDR war nie maßgeblicher Bezugspunkt ihrer Identität (ob über Identifikation oder Abgrenzung). Sie verstanden nicht, warum ihre Herkunft nun plötzlich eine so große Rolle spielen sollte.

Als Bürger und Bürgerinnen zweiter Klasse sehen sich die Konformisten nicht, auch wenn sie sich über strukturelle Benachteiligungen, wie eine ungleiche Lohnzahlung in Ost und West im Klaren sind. Die ›Mauer in den Köpfen‹ verwächst sich mit den Generationen und ist über die letzten 30 Jahre fast verschwunden, finden sie. Was in dieser Gesellschaft zähle, sei lediglich Kompetenz. Die Mauer zwischen Ost und West werde »künstlich eben ganz gerne herbeigeredet«, meint einer der Befragten, Jahrgang 1967.[226] Wenn man sich heute als Ostdeutscher noch abgehängt fühlt, dann fehlt da auch immer »ein bisschen Eigeninitiative«, sagt er weiter.

222 Interview 63: Verwaltungsangestellte, *1967, Ostberlin.
223 Interview 32: Maschinenbauer, *1965, Ostberlin.
224 Interview 28: Elektromonteur, *1958, Ostberlin.
225 Interview 34: Hausmeister, *1951, Ostberlin.
226 Interview 27: Nachrichtentechniker, *1967, Ostberlin.

Diese Menschen wollen als gleichwertig anerkannt werden, Ost und West sollten keine Rolle mehr spielen. Sie bewerten die Kategorie ›ostdeutsch‹ daher als wenig relevant im Rahmen ihrer Selbstkonstruktion. Die vehemente Ablehnung des Ostdeutschen kann aber ebenso als Diskurseffekt gelten, insofern man vermeidet, sich mit dem medial als negativ Markierten zu identifizieren. In der Folge lässt sich ein Verhalten beobachten, das sich mit Kubiak (2018) als »Einheitsfiktion« beschreiben lässt und das sich so auch bei Westberliner Befragten findet.

Die Konformisten folgen in ihrem Bedürfnis nach Gleichrangigkeit den individualistischen Werten der westlichen Demokratie und haben die entsprechenden bundesrepublikanischen Narrative von Chancengleichheit und Eigenverantwortung übernommen (vgl. ROLLER 1999). Wenn man von Verflechtungen zwischen Medien- und Gesellschaftskritik ausgeht (vgl. MEYEN 2021a: 52), erklärt das auch die generell unkritische Haltung der Konformisten gegenüber journalistischen Medien. Sie können nur wenige, pauschale Aussagen zu Funktionsweise und Erwartungen an Journalismus formulieren, was angesichts der geringen Bedeutung, die sie Medien im Alltag zuschreiben, nachvollziehbar ist.

Fallbeispiel 4: Günther, Jahrgang 1958, Elektromonteur[227]

Günther wuchs in einer Kleinstadt in der Nähe von Leipzig auf. Sein Vater war Polizist, seine Mutter arbeitete in der örtlichen Keksfabrik. Mit 14 Jahren schon wurde Günther aufgrund seiner sportlichen Talente nach Berlin delegiert. Von 1972 bis 1985 war er als Profisportler auch im »kapitalistischen Ausland« unterwegs. Nach Abschluss der POS absolvierte er eine Lehre zum Elektromonteur. Bis zur Wende war er in diesem Beruf tätig. Günther hat es in der DDR an nichts gefehlt, sagt er, dennoch habe ihn die »bunte Welt« des Westens immer gereizt. Auch wenn es ihm noch besser ging als dem Rest der DDR-Bevölkerung, wie er betont. Im Westen

> »konntest du Sachen kaufen, die man sonst nicht bekam. Aber mir ging es da als Leistungssportler gut. Als normaler Bürger hatte man dann keine Fliesen oder andere Sachen. Es fing ja schon bei Lebensmitteln an. Zu Weihnachten musste man sich anstellen nach Obst.«

227 Interview 28: Elektromonteur, *1958, Ostberlin.

Zu DDR-Zeiten war Günther ganz auf seinen Sport fixiert. Er habe »den ganzen Tag trainiert«. Von der Politik hat er sich ferngehalten. Vor Wettkämpfen habe es immer eine Zeitungsschau gegeben, die ihn »angekotzt« habe. Die Wende war in Günthers Augen bitter nötig. In der DDR ging ja »alles den Bach runter«. Diese Aussage führt er nicht weiter aus. Möglicherweise hat er hier westdeutsche Deutungen von DDR-Geschichte internalisiert.

In Günthers Alltag stellten sich mit dem Systemwechsel keine maßgeblichen Änderungen ein. Er arbeitete weiterhin als Elektromonteur, seinem Beruf, den er nach Ende seiner Sportlerkarriere ausübte und war am Wochenende oft in der Natur. »Also meine Freizeit bestand sehr viel aus Angeln, und Sport hab ich gemacht. Fußball hab ich noch gespielt, professionell. [...] Ach ja und nebenbei hab ich noch viel Discjockey gemacht.« Neben all dem musste er noch Zeit für die Familie finden.

Für Günther war die einstige Teilung der Stadt schnell vergessen.

> »Da waren wir ja auch viel in Westberlin. Wir haben zwar gesagt, wir haben in Westberlin ein Spiel, aber es war für mich Berlin. Das waren für mich genau solche Menschen, wie ich jetzt. Ich hab da keine Unterschiede gemerkt. [...] Es hat es aber auch gegeben, dass es hieß ›Jetzt kommen die scheiß Ossis‹. Das war ein bisschen blöd dann, aber das hat mich dann auch nicht so gestört. Aber schön ist es nicht. Denn wenn ne Mauer fällt, dann muss das eine Gemeinschaft sein.«

Günther ist also selbst Zeuge von Abwertung geworden. Er spielt diese Erfahrungen jedoch herunter und lehnt es vermutlich auch aus genau diesem Grund ab, sich als Ostdeutscher zu identifizieren. »Ich bin völlig der Meinung, wir sind Menschen, Deutsche. Und das sollte auch so sein, dass wir nicht über Ost und West sprechen. Das ist meine Meinung dazu.« Günther ist sich allerdings auch über Einkommensunterschiede in Ost- und Westdeutschland bewusst, die heute, seiner Meinung nach, nicht mehr gerechtfertigt sind. Hier kollidieren Selbst- und Fremdwahrnehmung in Form der materiellen Verhältnisse. Das kann Günther aber weitgehend ignorieren, denn seine persönliche finanzielle Situation sei gut, mit seiner derzeitigen Lebenssituation sei er »sehr zufrieden«.

Günther war nie ein großer Zeitungsleser. Er und seine Frau lasen den *Berliner Kurier*, auch mal die *Berliner Zeitung*. Dort verschaffte er sich in der Regel einen Überblick über Lokales, übersprang den Politikteil, und widmete sich dann ausführlich dem Sport. Er zeigte wenig Interesse an Politik und Gesellschaft, las deswegen auch keine politischen Magazine wie *Stern* oder *Spiegel*. In der DDR schon hatte er das *Sportecho* und den *Boxring* gelesen.

Auch nach der Wende stellten die Sportzeitschriften eine Konstante dar, denn da, so sagt er, konnte nichts verdreht werden – anders als bei politischen Themen. Die staatlich gelenkte Berichterstattung in der DDR, ließe sich schlussfolgern, hat sein Mediennutzungsverhalten bis heute geprägt und zu einer langfristigen Abkehr von politischen Inhalten geführt. Günther wusste zwar um die Existenz der Polit-Shows im Fernsehen (*Kontraste, Panorama, Prisma*), gesehen hat er sie aber »fast nie«. Seine TV-Nutzung bewegte sich zwischen *Sportschau* und *Tatort*. Günther nutzte Medien, um sich zu entspannen und um unterhalten zu werden. Nicht, dass sein Umgang mit Medien keine Identitätsbezüge offenbart, diese stehen lediglich nicht in unmittelbarem Bezug zu einer Ost-Identität.

Auf die Frage, ob er denn festgestellt hätte, dass sich nach der Privatisierung vieler ehemaliger DDR-Medien etwas an deren Berichterstattung geändert hätte, antwortete er: »Da hab ich nicht viel mitbekommen. Für mich war das immer noch das Gleiche.« Er äußert an anderer Stelle dann aber doch, dass »anders geschrieben« worden sei, wenn es um Politik ging. Die Antworten Günthers diesbezüglich bewegen sich auf einem oberflächlichen Niveau. Er hat sich mit dem Schicksal einzelner Medienhäuser und auch der gesellschaftlichen Bedeutung von Journalismus nie näher auseinandersetzen wollen und es auch nicht müssen, etwa weil man es im Job von ihm verlangt hätte. Medienbewertungen finden bei ihm überwiegend auf der Ebene eines praktischen Bewusstseins statt (vgl. GIDDENS 1992: 91ff.). Das lag auch daran, dass der Mann nicht mit ›Ost-Identitätsmotiven‹ an seine Mediennutzung heranging und er sich durch den herrschenden Diskurs nicht in seiner Identität bedroht sah. »[D]er Unterschied zwischen Ost und West«, sei »nicht so schlimm dargestellt« worden, meint er sich zu erinnern. Diese Wahrnehmung mag einerseits darin begründet liegen, dass er sich generell wenigen Inhalten ausgesetzt hat, von denen zu vermuten ist, dass die dortige Ost-West-Darstellung stark normativ aufgeladen war (etwa politische Diskussionsrunden im Fernsehen). Andererseits daran, dass er sich selbst von seinem eigenen Ostdeutsch-Sein abgekoppelt hatte und die Berichterstattung nicht mit sich in Verbindung brachte, weil er sie im Sinne eines Mechanismus des Selbstwertschutzes nicht mit sich in Verbindung bringen wollte. Er verspürte nicht das Bedürfnis, sich über Medien zu verorten. Dementsprechend bewertete er auch den Ostdeutschland- und DDR-Diskurs nicht aus einer ostdeutschen Perspektive heraus und stand ihm weitgehend unkritisch gegenüber.

Typ 5: Die Übersiedler

Die Übersiedler bilden zahlenmäßig die kleinste Gruppe unter den Befragten. Lediglich vier der 35 Ostberliner Befragten wurden diesem Typ zugeordnet. Die Übersiedler stammen aus Arbeiterfamilien und legten (auf dem ersten oder zweiten Bildungsweg) das Abitur ab. Bis auf eine Ausnahme verfügten die Befragten dieses Typs über Verbindungen zur Kirche, qua Elternhaus oder weil man sich dort aus freien Stücken engagierte.

In der DDR fühlten sich die Übersiedler »eingesperrt wie im Gefängnis«[228] – sowohl geistig als auch physisch. Ein Autor, Jahrgang 1956, der christlich erzogen wurde, erinnert sich, dass er zwar günstig nach Moskau reisen konnte, er das aber nicht zu schätzen gewusst habe, denn eigentlich wäre er damals gern »nach Spanien gereist, oder nach Südfrankreich.«[229] Er bringt seine Einstellung zur DDR wie folgt auf den Punkt: »Wir haben uns nicht mit der DDR identifiziert. Wir mussten da halt leben.« Den in der DDR gesellschaftlich propagierten Wertorientierungen kann er auch im Nachhinein nichts abgewinnen, gibt er zu verstehen.

Die Übersiedler sahen sich in der DDR teilweise stark in ihrer beruflichen Selbstverwirklichung eingeschränkt. Dem eben zitierten Autor etwa wurde das Abitur auf dem ersten Bildungsweg verwehrt. Wegen seiner kirchlichen Einbindung und weil er nicht in der FDJ war, ist er sich sicher. Ihm wurde auch die Zulassung für ein Literatur-Studium in Leipzig wieder entzogen, weil »die Staatssicherheit nicht damit einverstanden war, dass ich mich für Yoga interessiere, dass ich pazifistisch eingestellt bin«.[230]

Die Übersiedler befanden sich in Opposition zum System. Diese äußerte sich entweder in konkreten Flucht- und Ausreiseplänen oder aber in der Beteiligung an Demonstrationen und dem Versuch des Aufbaus politischer Alternativen. Eine der Befragten, Jahrgang 1953, erzählt, sie und ihr Mann dachten zwar über eine Ausreise nach, entschieden sich aber bewusst dagegen, getreu der Parole: »Bleibe im Lande und wehre dich täglich«.[231] Zentrales Motiv bei allen Übersiedlern ist die ›Freiheit‹, derer sie sich im Arbeiter- und Bauernstaat beraubt sahen. Sie ist das bedeutsame Gut, von dem sie glaubten, dass es ihnen mit der Vereinigung endlich zuteil würde.

228 Interview 73: Physiotherapeutin, *1967, Ostberlin.
229 Interview 83: Autor, *1956, Ostberlin.
230 Interview 83: Autor, *1956, Ostberlin.
231 Interview 80: Diplomingenieurin, *1953, Ostberlin.

Die BRD war von hoher Bedeutung für die Übersiedler, der Westen war kontinuierlicher Bezugspunkt. Teile der Verwandtschaft etwa lebten in Westdeutschland oder Westberlin, Freundschaften wurden über die Mauer hinweg gepflegt. Es waren dann auch die Westmedien, allen voran die Sender von ARD und ZDF ebenso wie die Hörfunkprogramme des RIAS und des SFB, die zentrale Anlaufpunkte für die Übersiedler darstellten. Dort fühlten sie sich auch zu Wendezeiten am besten versorgt. Die einheimischen Medien lehnten sie dagegen rigoros ab. Das DDR-Fernsehen sei »Volksverdummung« gewesen.[232] Dort seien nur »mittelprächtige Märchenfilme« gelaufen, »der Rest war Agitation und Propaganda«, ließ der erwähnte Autor wissen.[233] Die Übersiedler haben sich dann konsequenterweise auch nicht für das Schicksal der DDR-Medien nach 1989 interessiert. Die Proteste um die Abschaltung von DT64 mögen sie mitbekommen haben, emotional berührt wurden sie davon nicht. Die Ablehnung von allem, was (medial) aus dem Osten kam, war konstitutiv für die eigene Identität.

Nach der Wende erkundeten die Übersiedler mit großem Interesse den Westteil Berlins. Sie waren beruflich bedingt dort unterwegs oder verlagerten gleich ihren Wohnort in einen der westlichen Bezirke. Auch wenn die Freude über den Mauerfall riesig war – der Alltag in den 1990er-Jahren war in der Regel geprägt von einer hohen Arbeitsbelastung und dem Anspruch, es im Westen zu schaffen.

Hatte man sich zu DDR-Zeiten auf die Rundfunkangebote des Westens beschränken müssen, machte man nach 1989 auch vom westlichen Zeitungs- und Zeitschriftenangebot redlich Gebrauch. Man begann eine der Westberliner Tageszeitungen zu lesen, interessierte sich außerdem für überregionale Blätter wie die FAZ oder die *Süddeutsche Zeitung*. Auch der *Spiegel* war kurz nach der Wende eine wichtige Instanz, dessen Bedeutung im Laufe der Jahre allerdings schwand. Man entschied sich für die *Titanic* anstelle des *Eulenspiegels*. Regionalsender hatten keinen hohen Stellenwert. Ähnlich wie bei den Kritischen war die Mediennutzung der Übersiedler vorrangig durch Motive der Selbstaktualisierung geprägt. Das Bedürfnis nach Rückbettung in ein verloren geglaubtes Kollektiv bestand nicht.

Die Übersiedler ziehen Verbindungslinien von ehemaligen DDR-Medien zu heutigen Medienangeboten und begründen so ihre Ablehnung entspre-

232 Interview 73: Physiotherapeutin, *1967, Ostberlin.
233 Interview 83: Autor, *1956, Ostberlin.

chender Inhalte. Da gilt der MDR etwa als »ein fortgesetztes DDR-Fernsehen«, das nichts anderes mache als »DDR-Ostalgie« zu verbreiten und die »DDR-Kulturschaffenden weiter zu finanzieren«.[234] Die nahezu ausschließliche Nutzung Westberliner und westdeutscher Medien, das bewusste Meiden ostdeutscher Perspektiven also, kann als Bekenntnis zur und Identifikation mit der bundesrepublikanischen Gesellschaft verstanden werden.

Da die Übersiedler über die DDR nur wenig Positives zu berichten wissen, überrascht es wenig, dass sie auch am herrschenden DDR- und Ostdeutschland-Diskurs nahezu nichts auszusetzen haben. Und das, obwohl sie sich stark für das Thema DDR und vor allem deren Aufarbeitung interessieren. Eine Befragte hielt es für besonders spannend, wenn es um »Regierungskriminalität in der DDR« oder die Enttarnung Inoffizieller Mitarbeiter ging. Dann also, wenn ihr vorhandenes Bild eines korrupten Stasi-Staates bestätigt wurde. Eine Tendenz, die sich auch unter Westberliner Befragten beobachten lässt. Eine Frau, die bereits im Laufe des Jahres 1989 nach Westberlin geflüchtet war, jedoch nicht alle Kontakte in den Osten abbrach, stört sich rückblickend lediglich daran, dass »unglaublich wenig« über diejenigen Gruppierungen berichtet wurde, »die versucht haben, dann doch noch politisch ein anderes System zu schaffen.«[235] Kritischer gibt sich da nur ein Mann, der selbst journalistisch tätig ist und das auch schon in der DDR gelegentlich war. Er habe festgestellt, dass bezüglich der deutschen Einheit »Vieles schöngefärbt« wird. Dass die Dinge eben nicht so reibungslos gelaufen sind, »wie man das jetzt im Nachhinein darstellt. [...] Das war teilweise sehr verkürzt und eben auch sehr beschönigend.«[236] Er ist auch der Einzige unter den Übersiedlern, der sich kritisch bezüglich gegenwärtiger Entwicklungen im Journalismus zeigt und klare Erwartungen an Medien formuliert – vermutlich Resultat seiner beruflichen Nähe zum Journalismus.

Für die Übersiedler persönlich spielen Ost und West heute keine Rolle mehr, sagen sie. Wolfgang Engler und Jana Hensel (2018) haben eben jenes Verleugnen der eigenen Herkunft als eine »Spielart der ostdeutschen Identität« (ebd.: 76) ausgemacht – als eine Anpassungsstrategie, um in der westdeutschen Mehrheitsgesellschaft akzeptiert zu werden. Gesamt-

234 Interview 83: Autor, *1956, Ostberlin.
235 Interview 73: Physiotherapeutin, *1967, Ostberlin.
236 Interview 83: Autor, *1956, Ostberlin.

gesellschaftlich und in ihrem Umfeld nehmen die Übersiedler allerdings durchaus wahr, dass hier und da doch noch zwischen Ost und West unterschieden wird. Die Frau, die seit 1989 im Westen der Stadt lebt, erzählt etwa, dass es noch alte Westberliner und Westberlinerinnen gebe, die mit dem Osten nichts zu tun haben wollen.[237]

Auch wenn die Befragten dieses Typs die Bedeutung ihrer Herkunft für ihr jetziges Leben größtenteils negieren, grenzen sie sich doch heute noch ebenso sehr vom Osten ab, wie sie es einst von der DDR taten. Das illustriert etwa einer der Befragten, wenn er etwas abschätzig erklärt, dass ein Ostdeutscher für ihn jemand sei, »der in der Gegenwart nicht angekommen ist« und, der »die DDR vermisst«.[238] In diesem Sinne sind Ost und West auch heute noch identitätsrelevante Kategorien für die Übersiedler.

Fallbeispiel 5: Helga, Jahrgang 1953, Russischlehrerin[239]

Helga wuchs in einer brandenburgischen Kleinstadt auf. Ihre Mutter arbeitete als Sekretärin, ihr Vater war in der Produktion eines Chemiewerks tätig. Helgas »bildungshungrige[r] Mutter« war jedoch daran gelegen, dass ihre Kinder eine akademische Laufbahn einschlagen. Helga besuchte ein Internat, in dem schwerpunktmäßig Russisch unterrichtet wurde. Sie legte ihr Abitur ab und nahm ein Studium der Slawistik und Anglistik in Potsdam auf. Zwei Semester davon verbrachte sie in Russland. Noch während ihres Studiums bekam sie einen Sohn. Bis zur Wende war sie als Russischlehrerin in der Erwachsenenbildung tätig.

In der DDR war Helga, trotz ihrer Bildungsmöglichkeiten, alles andere als zufrieden. Wäre es nach ihr gegangen, wäre sie mit ihrer Familie ausgereist. »Aber mein Ex-Mann wollte damals kein Risiko auf sich nehmen. Denn damals kam es vor, dass Eltern, die die DDR verlassen wollten, zur Strafe die Kinder weggenommen wurden«, erzählt sie. Sie blieben also letztlich, weil sie befürchteten, ihren Sohn zu verlieren. Die BRD war ihr vertraut. Sie habe über das Westfernsehen »viel gesehen, erfahren und gewusst«, sagt sie. Schließlich hatte Helga auch Verwandtschaft im Westen. Dort, hatte sie das Gefühl, lebten die Menschen in größerem Wohlstand.

237 Interview 73: Physiotherapeutin, *1967, Ostberlin.
238 Interview 83: Autor, *1956, Ostberlin.
239 Interview 18: Russischlehrerin, *1953, Ostberlin.

In der Nacht des Mauerfalls saßen Helga und ihr Sohn bereits auf gepackten Koffern in einer leeren Wohnung, denn ihre Ausreise nach Westberlin stand kurz bevor. Als Helga von der Maueröffnung (im Westfernsehen) hörte, weckte sie ihren schlafenden Sohn, woraufhin die beiden die Nacht in Westberlin verbrachten. An den Plänen, ihren Lebensmittelpunkt nach Westen zu verlagern, änderte der Mauerfall nichts. Helga zog mit ihrem Sohn in eine Hinterhof-Zweizimmerwohnung im Westberliner Norden, wo sie die gesamten 1990er-Jahre verbrachte. Im Frühjahr 1990 begann sie an einer Westberliner Hochschule Russisch zu unterrichten, was sie bis zur Rente tat. Ihr beruflicher Alltag hat sich vor und nach der Wende nicht verändert, meint sie, lediglich der Arbeitsort war ein anderer. Es macht den Eindruck als würden ihr die damaligen Veränderungen im Rückblick viel weniger tiefgreifend erscheinen, als sie es wohl tatsächlich waren.

Helga erzählt, dass sie nach der Ausreise sehr viel mit sich selbst beschäftigt war. Sie habe daher nicht wirklich verfolgt, was sich wirtschaftlich und politisch im Berlin der Nachwendezeit getan habe. Sie verbrachte ihre Zeit damit, Westberlin zu erkunden.

> »Ich wollte also den Westteil erobern, sprich: neue Freunde kennenlernen, neue interessante Orte entdecken und so weiter. Nach Ostberlin bin ich überhaupt nicht mehr gefahren, weil ich keinen Bezug mehr zu dieser Gegend hatte und auch die Vergangenheit hinter mir lassen wollte.«

Warum Helga ein so starkes Bedürfnis hatte, sich von ihrer Vergangenheit loszusagen, wird aus dem Interview nicht vollständig ersichtlich. Vielleicht spielen dabei auch Vorkommnisse familiärer Natur eine Rolle, die nicht unmittelbar mit dem Staat zu tun hatten.

Die physische und psychische Abkehr vom Osten ist auch charakteristisch für Helgas Mediennutzung. Sie ›eroberte‹ nicht nur Westberlin, sondern auch das westliche Medienangebot. »Ich hatte mich sofort am zweiten oder dritten Tag nach der Wende in Westberlin in der dortigen Bibliothek eintragen lassen. Dort hatte ich dann viel in Zeitschriften geblättert, die ich vorher nicht kannte.« Helga begann den Westberliner *Tagesspiegel* und die Hamburger *Zeit* zu lesen, sie hörte das *Deutschlandradio*. Helga interessierte sich für Kunst und Musik und lehnte jegliche Form der Trivialkultur ab. Serien sah sie damals kaum, dann schon eher einen Spielfilm, sagt sie. Helga selbst beschreibt ihren Umgang mit Medien nach 1989 so:

> »Nach dem Mauerfall hatte ich ausschließlich Neues ausprobiert – also nur westliche Medienangebote – weil mich die Zeitungen und Radiosender aus dem Osten

nicht mehr interessiert hatten. Von ostdeutschen Medien hatte ich mich komplett distanziert. Nach der Wende las ich alle möglichen westdeutschen Zeitungen.«

Für Helga war die Unterscheidung zwischen Ost- und Westmedien ganz offensichtlich zentral. »Diese Ostsachen hatte ich nach der Wende erst recht nicht mehr geguckt«, lässt sie wissen. Helga empfand sich als Westberlinerin und drückte dies auch über ihren Umgang mit Medien aus. Als sie ihren Lebensmittelpunkt in den Westen verlagerte, ließ sie auch die Ost-Medien zurück.

Das erklärt auch, warum Helga den MDR »grauenhaft« findet. Der Sender habe ihrer Meinung nach, das Profil des damaligen DDR-Fernsehens übernommen. »[D]er MDR ist für mich der ostdeutscheste Sender überhaupt. Ich finde ihn furchtbar«, erzählt sie. Helga sieht sich als gebildete Großstädterin, die im Hier und Jetzt lebt. Ganz im Gegensatz zum Publikum des MDR. Das nämlich bestehe aus »ungebildente[n] Leute[n]«, die »ländlich, kleinbürgerlich, provinziell« seien. Die *Berliner Zeitung* lehnt sie ab, weil ihr die politische Berichterstattung »zu einseitig« vorkomme. Jedenfalls habe sie Freundinnen, die das Blatt abonniert hätten und mit denen sie mittlerweile nicht mehr über Politik sprechen möchte. Sie habe das Gefühl, dass das sehr viel mit der Zeitung zu tun habe, die zu »putinfreundlich« und zu »russlandfreundlich« berichten würde. Wie sie zu dieser Einschätzung kommt, obwohl sie die *Berliner* nicht als eine der Zeitungen anführt, die sie lese oder in der Vergangenheit gelesen habe, bleibt offen. Es kann vermutet werden, dass es sich dabei um eine Zuschreibung, ein Vorurteil gegenüber Medien mit DDR-Wurzeln handelt. Um eben ein solches Vorurteil, wie sie sich gehäuft auch bei den Westberliner Befragten finden lassen.

Helga hat sich im Westen »unheimlich durchgeboxt«, erzählt sie nicht ohne Stolz. Auch sie habe erst lernen müssen, wie man sich dort zu verhalten habe. Wahrscheinlich deswegen hat sie kein Verständnis für Menschen mit Ost-Herkunft, die sich ihrem Schicksal ergeben. Sich nur »hinzustellen und zu jammern« sei keine Option. Sie betont, dass jeder selbst die Verantwortung für sein Leben trage. Sie habe das Beste aus dem Ihrigen gemacht, das unterscheide sie von denjenigen, die noch heute der DDR nachtrauern.

»Ich kann entscheiden, wie ich mich kleide und wofür ich mich interessiere. Wo ich hinfahre, was ich aus meinem Leben mache am Ende. Ich kann ein Ehrenamt suchen und kann aktiv sein. Und ich kann in meinem Rübenfeld bleiben und jammern und sagen ›Ach, ist die Welt schlecht geworden‹ oder ›Früher war's besser‹. Früher war's nicht besser. Es ist einfach ein Unvermögen, sich umzustellen. Ich denke, Leute, die aktiv sind, die bedauern das nicht.«

Durch Aussagen wie diese grenzt sie sich vom (medial vermittelten) Bild des ›ostalgischen‹ Ossis ab. Sie negiert die Zugehörigkeit zu einem ostdeutschen Kollektiv und folgt dem Muster westdeutscher(/-berliner) Identitätskonstruktion, indem sie den Ostdeutschen negative Eigenschaften zuschreibt.

Helga meint dann auch nicht, dass die ›Mauer zwischen den Köpfen‹ der Vergangenheit angehöre. Es überrascht sie immer wieder, dass es auch über 30 Jahre nach dem Mauerfall noch so »starke[e] Mentalitätsunterschiede« zwischen Ost und West gebe. Strukturelle Ungleichheiten macht sie dafür allerdings nicht als Ursache aus. Auch hier solle jeder selbst zusehen, dass er sich dem anderen gegenüber öffne. Helga hat den Individualismus als zentralen Grundwert der kapitalistischen Industrie- und Dienstleistungsgesellschaft stark verinnerlicht. Von ihrer ostdeutschen Herkunft hat sie sich psychisch, physisch und medial distanziert. Diese Distanzierung wurzelt zwar in der Zeit vor 1989 und die mediale Darstellung der Ostdeutschen – wie Helga sie wahrnahm – stand in starkem Widerspruch zu ihrem Selbstbild und bestätigte ihr negatives Bild vom Osten. In diesem Sinne kann unterstellt werden, dass der Mediendiskurs Helgas Bedürfnis nach Abgrenzung noch intensiviert hat.

6.2 Mediennutzungstypen in Westberlin

ABBILDUNG 3
Westberliner Mediennutzungstypen

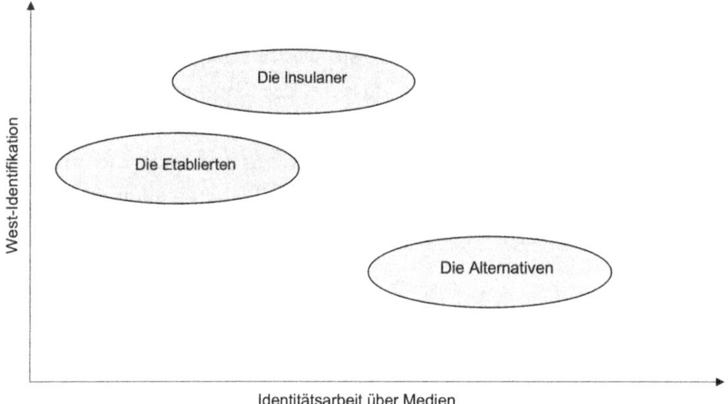

Typ 1: Die Insulaner

In diesem Typ sind Personen verschiedener Jahrgänge vereint. Trotz variierender generationsspezifischer Erfahrungen weisen die Insulaner Gemeinsamkeiten hinsichtlich ihrer Mediennutzung wie auch ihrer Identitätslagen auf. Auch sonst lassen sich Parallelen feststellen: Die Insulaner stammen in der Regel aus einem Arbeiter-Elternhaus. Nach ihrem Real- oder Hauptschulabschluss ließen sie sich in einem Lehrberuf ausbilden und waren dann etwa als Dachdecker, Bürokauffrau, Verwaltungsangestellte oder Programmierer tätig.

Lediglich bei einem Teil der Insulaner bestanden familiäre Verbindungen in den Osten (Onkel, Tanten oder Großeltern), die man sporadisch mit den Eltern besuchte. Besonders innig waren diese Verbindungen nicht. Der Rest der Insulaner verfügte nicht über Berührungspunkte mit dem anderen Deutschland.

In diesem nicht vorhandenen oder eher oberflächlichen Kontakt mag die Ursache für das stereotype DDR-Bild der Insulaner liegen. Der Osten war grau und hat gestunken, in den Läden gab es nichts zu kaufen, die Leute waren schrullig und sahen ärmlich aus, so lässt sich die Meinung dieser Menschen auf den Punkt bringen. Die Insulaner folgen den herrschenden Narrativen über die DDR – auch dem des repressiven Überwachungsstaates. »Mehr Polizisten als Einwohner«, ließ etwa einer der Befragten, Jahrgang 1953, verlauten, dessen Eltern noch kurz vor dem Mauerbau den Osten verlassen hatten.[240] Seine Wahrnehmung des sozialistischen Staates war mit hoher Wahrscheinlichkeit durch die offensichtlich negative DDR-Einstellung im Elternhaus geprägt. Eine andere Befragte, Jahrgang 1969, die die DDR nur von vereinzelten Besuchen auf dem Weihnachtsmarkt am Alexanderplatz kannte, erzählt, dass sie als Kind beigebracht bekommen habe: »Das sind die Bösen und ja, dass das der Feind ist« und »man darf mit denen nicht reden und man darf die nicht angucken«.[241] Die DDR war eine »Diktatur« in der die Leute nicht frei waren und in der sie inhaftiert wurden, »nur weil sie einen anderen Lebensstil leben wollen. Sei es, dass

240 Interview 38: Dachdecker, *1953, Westberlin.
241 Interview 71: Kauffrau für Bürokommunikation, *1969, Westberlin.

sie gläubig sind [...] oder Punk sind und eine andere Musik hören«, sagt eine Verwaltungsangestellte, Jahrgang 1962.[242]

So wenig differenziert der Blick der Insulaner auf das »Honecker-Regime«[243] war, so war auch ihre Bewertung der Bundesrepublik. Denn die war in den Augen der Insulaner ein Hort der Freiheit, in dem grundsätzlich alle Wege offenstanden. Das Gesellschaftssystem der BRD wurde nicht infrage gestellt. Die Insulaner waren in hohem Maße unpolitisch – sie beschäftigten sich lieber mit sich selbst als mit dem großen Ganzen.

An ihrem Leben in der eingemauerten Halbstadt hatten die Insulaner nichts auszusetzen. Die Grenzkontrollen bei Ausreise mit dem Auto waren zwar lästig und werden mitunter als bedrohlich und schikanös erinnert, eingesperrt fühlte man sich in Westberlin jedoch nie. Die Befragten dieses Typs lassen Tendenzen einer Romantisierung des alten Westberlins erkennen. »Da war es schön, da war es überschaubar. Das war fast wie ein geschützter Raum«, lässt die bereits zitierte Verwaltungsangestellte wissen.[244] Die 1980er-Jahre waren eine unbeschwerte Zeit für die junge Frau, die schon kurz nach Abschluss ihrer Ausbildung »ziemlich viel Geld bekommen«, viel gefeiert und »Westberlin genossen« habe – wenig verwunderlich, dass sie diese Zeit positiv erinnert.

Den Mauerfall verfolgten die Insulaner mit Zurückhaltung. Von Euphorie keine Spur, auch wenn man sich durchaus für ›die da drüben‹ freute, »weil wir gesehen haben, wie frei die Leute plötzlich waren«.[245] Die Skepsis aber überwog. So erinnert sich einer der Befragten, dass er vor dem Fernseher gesessen und angesichts der Bilder an den Grenzübergängen regelrecht Angst bekommen hätte: »[D]er erste Gedanke, den ich dann hatte, war eigentlich ›Oh Gott! – Jetzt wirst du von 3,5 Millionen Ossis umringt‹.«[246] »Das wird teuer«, befürchtete auch ein gelernter Dachdecker, der behauptet, sein Alltag nach der Wende sei »weitergegangen wie gehabt«.[247]

Dass dem Mauerfall trotz dieser Bedenken aus heutiger Sicht keine Relevanz für den weiteren Verlauf des eigenen Lebens zugeschrieben wird, ist typisch für die Insulaner. Die Wiedervereinigung sei kein großes Thema

242 Interview 52: Verwaltungsangestellte, *1962, Westberlin.
243 Interview 38: Dachdecker, *1953, Westberlin.
244 Interview 52: Verwaltungsangestellte, *1962, Westberlin.
245 Interview 29: Bürokauffrau, * 1972, Westberlin.
246 Interview 69: IT-Mitarbeiter, *1962, Westberlin.
247 Interview 38: Dachdecker, *1953, Westberlin.

gewesen und lief eher nebenher, erzählen sie. Dennoch ist ihre Erinnerung an die Nachwendezeit überwiegend negativ konnotiert. Sie schildern diesbezüglich vor allem eine Verschlechterung ihrer finanziellen Lage. Immer wieder wird der Wegfall der Berlin-Zulage beklagt. Auch sei nach der Wende die Kriminalität in die Stadt geströmt, geben einige zu bedenken. Ein gelernter Spritzlackierer, geboren und aufgewachsen im Wedding, gibt zu, dass er sich manchmal wünsche, dass die Mauer nicht gefallen wäre.[248] »Nicht nur die Zulage, die weggefallen ist. Dann kamen die Solidaritätszulagen, die wir zahlen mussten. [...] Also da ist schon finanziell echt schon 'ne Einbuße entstanden. Wirklich schon eine große Einbuße«, erinnert er sich. Nicht nur das, er sieht in der Maueröffnung auch den Grund dafür, dass seine Frau, die beim selben Arbeitgeber angestellt war wie er, entlassen wurde. Um Arbeitsplätze für Menschen aus dem Osten zu schaffen, weiß er, habe das Unternehmen im Zuge von Umstrukturierungen die Regelung eingeführt, Ehepartner nicht mehr gemeinsam in der Firma zu beschäftigen. Es sei zwar gut gewesen, dass mit der Wende »die Familien auch wieder zusammenkamen«, aber insgesamt habe »sich ja auch vieles verschlechtert«, resümiert er. Der Mann denkt dabei nicht nur an seine ganz persönliche Situation, sondern auch an die seiner Stadt. Im Osten Berlins »wurde ja so viel Geld reingeschustert mit den Straßen und den Häusern, dem Bauen, was der Russe jahrzehntelang versäumt hat.« Im Westen habe man dann dafür zahlen müssen. Mit diesem Gedanken steht er nicht allein. Die Insulaner beschweren sich kollektiv über eine Vernachlässigung Westberlins, während im Osten der Stadt alles neu gemacht worden sei.

Wende- und Nachwendezeit waren für die Insulaner einerseits von diffusen, andererseits ganz konkreten Existenz- und Abstiegsängsten geprägt. Sie hatten den Eindruck, im Kampf um die knapper gewordenen Ressourcen den Kürzeren zu ziehen – sie sahen ihre hegemoniale Position bedroht.

Bis heute denken die Insulaner stark in den Kategorien ›Ost‹ und ›West‹. Das lässt sich auch an deren Mediennutzungsverhalten nachvollziehen. Dabei führten der Mauerfall und die anschließende Neuordnung der Berliner Medienlandschaft nicht zu gravierenden Änderungen im Umgang mit Medien. Die Insulaner zeichnen sich durch eine stark habitualisierte Mediennutzung aus. Sie hielten sich an das, was sie kannten. Charakteristisch ist weiterhin, dass den Medien nie ein großer Stellenwert im Leben

248 Interview 30: Spritzlackierer, *1945, Westberlin.

zugeschrieben wurde. Dementsprechend verfügen sie auch nur über ein geringes Medienwissen. Eine Tageszeitung lasen sie wegen des Lokalteils und nicht aufgrund der politischen Analysen. Und es macht den Eindruck, dass dies auch mehr aus Pflichtbewusstsein als aus einem intrinsischen Interesse heraus geschah. Mal mehr, mal weniger regelmäßig kauften sie sich die BZ oder die *Morgenpost*. Überregionale Tageszeitungen oder politische Magazine lasen sie nicht. Die Insulaner suchten in den Medien vielmehr nach Unterhaltung als nach Information. Bei den Frauen etwa standen Illustrierte hoch im Kurs. Die jüngeren Männer begeisterten sich dagegen für das Angebot an Spielfilmen und US-amerikanischen Serien, das die Privatsender offerierten.

Die Insulaner waren Kiezmenschen. Das äußert sich nicht nur in ihrem Desinteresse an überregionalen Titeln und ihrem Fokus auf die Nahwelt, sondern auch in der Popularität der Westberlin-Serien wie *Praxis Bülowbogen*, *Drei Damen vom Grill* oder *Liebling Kreuzberg*. Diese Serien hatten ein hohes Identifikationspotenzial, denn sie spielten »an Orten, die man kannte«.[249]

Mit Medien, die aus dem Osten stammten, konnten sie nur wenig anfangen. Der ORB erschien da etwa als »viel zu ostlastig«.[250] Eine Verwaltungsangestellte, Jahrgang 1952, lehnte beispielsweise die *Berliner Zeitung* explizit ab, weil sie aus dem Osten kam, sie ihr deswegen »fremd« war.[251] Sie erklärte darüber hinaus, dass es für sie auch nach der Wende keinesfalls infrage gekommen wäre, der *Aktuellen Kamera* oder deren Nachfolgesendung eine Chance zu geben, denn das wäre »auch so ein Verrat gewesen, an all den Opfern, die die DDR zu verantworten hatte«. Die Entscheidung für oder gegen ein Medium, zeigt sich hier, wird auch durch (politisch-)moralische Wertvorstellungen beeinflusst.

Vermutlich kommen hier außerdem die Erfahrungen zum Tragen, die vor 1989 mit den DDR-Medien gemacht wurden. Es ist davon auszugehen, dass diese nachwirkten und sich auf die reformierten Ost-Angebote übertrugen. Denn auch – wenn die Insulaner die Märchenfilme im DDR-Fernsehen gern mal einschalteten und die Sendungen des Kinderprogramms zu schätzen wussten – trauten sie den journalistischen Angeboten nicht. Die Insulaner erwähnen oft den *Schwarzen Kanal* als prominentes Beispiel, das illus-

249 Interview 52: Verwaltungsangestellte, *1962, Westberlin.
250 Interview 62: Wirtschaftskorrespondentin, *1969, Westberlin.
251 Interview 52: Verwaltungsangestellte, *1962, Westberlin.

trieren soll, dass das DDR-TV in dieser Hinsicht nicht ernst zu nehmen war. Die politische Magazinsendung mit Chefkommentator Karl-Eduard von Schnitzler war ein »Schauspiel«[252], das man sich durchaus hin und wieder ansah, allerdings lediglich, um sich darüber zu amüsieren. Dass das DDR-Fernsehen indoktriniert war, wusste man selbst dann, wenn man es strikt ablehnte, das Programm in der ›Zone‹ überhaupt einmal einzuschalten.

Gerade in den Nachwendejahren – lässt sich feststellen – hielten die Insulaner die Mauer über ihre Mediennutzung (und Medienbewertung) aufrecht. Das tun sie teilweise bis heute. Bei einigen hat sich diesbezüglich bis in die Gegenwart hinein ein hartnäckiges Schwarz-Weiß-Denken gehalten. Bei anderen wiederum hat sich der (Medien-)Horizont Richtung Osten mittlerweile geöffnet – wenn auch nur einen Spaltbreit, etwa weil man den BERLINER RUNDFUNK hört.

Nicht nur auf Medienangebote aus dem Osten reagierten die Insulaner reserviert. In den Interviews grenzen sie sich deutlich von Menschen mit Ost-Herkunft ab. Dabei verweisen sie auf eigene Erlebnisse und schreiben gängige Klischees fort. Da wird etwa erzählt, dass die neuen Kollegen und Kolleginnen aus dem Osten eine »andere Arbeitskultur« gehabt hätten und »unterwürfiger« gewesen seien.[253]

Die Ursache für die ›Mauer in den Köpfen‹ wird nahezu ausschließlich auf Seiten der Ostberliner und Ostberlinerinnen vermutet. »Die Ossis« haben einfach »'ne andere Mentalität«, sagt der Mann, der nach wie vor »lieber nach Bayern als nach Brandenburg in den Urlaub« fährt.[254] 40 Jahre »Gehirnwäsche« kriege man eben nicht so leicht raus aus den Köpfen.[255] Das Problem verwachse sich erst mit den nachfolgenden Generationen, so die landläufige Meinung. Über noch vorhandene strukturelle Ungleichheiten, etwa niedrigere Löhne bei längeren Arbeitszeiten, wissen die Insulaner nichts, zumindest gehen sie darauf nicht ein.

Viele Ostler würden auch heute noch der DDR hinterhertrauern, behaupten die Insulaner und ignorieren dabei, dass sie selbst dazu neigen, die eigene Vergangenheit zu verklären. Anders gesagt: Sie belächeln Ostalgie, während sie selbst Westalgie praktizieren. Dafür, dass Ostdeutsche sich teilweise noch heute als ›Bürger zweiter Klasse‹ empfinden, haben die Insulaner nur in

252 Interview 36: Bürokauffrau, *1962, Westberlin.
253 Interview 62: Wirtschaftskorrespondentin, *1969, Westberlin.
254 Interview 39: Informatiker, *1960, Westberlin.
255 Interview 38: Dachdecker, *1953, Westberlin.

Ausnahmefällen Verständnis. Da werden Vergleiche angestellt zwischen der eigenen Position und der der Ostler wobei bilanziert wird, dass es Letzteren doch teilweise viel besser gehe als den Westdeutschen. »Also wir wollen ja auch mal festhalten, dass die meisten im Ostteil – die hatten ja auch noch ein Häuschen. [...] Die meisten Westdeutschen hatten kein Häuschen«, sagt ein Dachdecker, Jahrgang 1953.[256] Er habe auch immer wieder das Gefühl gehabt, »dass die noch gar nicht richtig registriert haben, dass die finanziell teilweise echt richtig gut abgegriffen haben«. Dieser Eindruck besteht häufig bei den Befragten dieses Typs. Die Insulaner waren der Meinung, dass ›da drüben‹ alles durchsaniert worden sei, während in Westberlin die Zeit stehen blieb. »[W]ir Westberliner, also Westberlin wurde vom Osten geschluckt. Das war meine Wahrnehmung«, bringt es eine Frau auf den Punkt.[257] Diese Aussagen illustrieren, dass die Bedeutung der eigenen Herkunft, die West-Identität, angesichts der Konkurrenz um begrenzte Ressourcen (Wohnraum, Arbeitsplätze, öffentliche Gelder etc.) gestiegen ist.

An der Ost-West-Berichterstattung störte die Insulaner wenig. Zum einen, weil sie sich für die Themen DDR und Vereinigung schlicht nicht interessierten. Zum anderen, weil die eigene Wahrnehmung den herrschenden Narrativen entsprach. Einer der Befragten, Jahrgang 1962, hat wenig Verständnis dafür, dass Ostdeutsche den Umgang mit der DDR-Vergangenheit kritisch sehen: »Also für mich sind die alle nicht so unschuldig, wie sie tun.« Die Ostler müssten ihre Geschichte besser ›aufarbeiten‹, fordert er. »Ich meine, wenn in einem Staat jeder Dritte spioniert, dann kann das nicht totgeschwiegen werden und gesagt werden ›Wir waren das nicht‹.«[258]

Aussagen wie diese deuten darauf hin, dass die Insulaner die herrschenden DDR-Diskurse unhinterfragt übernommen haben. Sie reproduzieren Hybris-Konstrukte, die die Existenz einer nach westdeutschem Modell gestalteten wiedervereinigten BRD legitimieren sollen (vgl. MILEV 2020a: 46ff.). Dazu zählen etwa die Gleichsetzung der DDR mit dem Dritten Reich, die Einteilung der ehemaligen DDR-Bürger und DDR-Bürgerinnen in Opfer, Täter und Mitläufer sowie das Narrativ von der DDR als Unrechtsstaat (ebd.). Zusätzlich übernehmen die Insulaner den in den Massenmedien präsenten »Topos der Belastung« (KOLLMORGEN/HANS 2011: 129). Ostdeutschland

256 Interview 38: Dachdecker, *1953, Westberlin.
257 Interview 52: Verwaltungsangestellte, *1962, Westberlin.
258 Interview 69: IT-Mitarbeiter, *1962, Westberlin.

wird folglich vor allem als wirtschaftliche Belastung angesehen und wirke sich nachteilig auf die Entwicklung Westberlins aus.

Die Insulaner weisen in ihrer Identitätsentwicklung wie auch in ihrer Mediennutzung Parallelen zum Ostberliner Typ der Gekränkten auf. Die Befragten beider Typen lassen einen Fokus auf regionale Informationen erkennen und weisen ein begrenztes Interesse an politischen Themen auf. Die Abgrenzung gen Osten (auch von Medien, die mit dem Osten assoziiert werden) ist für die Insulaner ebenso typisches Charakteristikum wie es die Abgrenzung in Richtung Westen für die Gekränkten ist. Die Wende hat ein verstärktes subjektives Zugehörigkeitsgefühl zum ›alten‹ Kollektiv hervorgerufen. Die Ostberliner Befragten allerdings schildern symbolische und materielle Abwertungen, von denen sie nicht nur allgemein als Kollektiv, sondern auch individuell konkret betroffen waren. Die Westberliner und Westberlinerinnen berichten dagegen oft von einer gefühlten Abwertung auf kollektiver Ebene. Die Mediennutzung der Insulaner wie auch der Gekränkten ist vielmehr durch Motive der Rückbettung als der Selbstaktualisierung gekennzeichnet. Beide Typen haben in der Regel nur ein mäßiges Interesse an der medialen Aufbereitung der DDR-Vergangenheit und der Eventberichterstattung rund um Mauerfall und deutsche Einheit – wenn auch aus unterschiedlichen Gründen. Unterschiede bestehen vor allem hinsichtlich der Medienbewertungen. Während die Ostberliner Gekränkten sich deutlich kritisch gegenüber bestimmten massenmedialen Angeboten äußern und hier teils ganz konkrete Kritikpunkte nennen können, geben die Insulaner sich doch zumeist unkritisch – allenfalls diagnostizieren sie einen pauschalen Qualitätsverlust, der nicht näher ausgeführt oder begründet wird.

Fallbeispiel 1: Alice, Jahrgang 1941, Kaufhausangestellte[259]

Alice wurde noch vor Kriegsende in einem Westberliner Bezirk als Tochter eines Kostümberaters und einer Bürokauffrau geboren. Sie schloss die Schule ohne Abitur ab und ließ sich zur Korsettiere ausbilden. Alice heiratete und bekam zwei Kinder. Erst als die Kinder größer waren, stieg Alice wieder ins Berufsleben ein und wurde als Verkäuferin in einer Warenhauskette angestellt.

259 Interview 55: Kaufhausangestellte, *1941, Westberlin.

In Westberlin hat es ihr nie an etwas gefehlt, sagt Alice. Das einzig Störende waren die Fahrten durch die DDR, die sie auf sich nehmen musste, wenn sie mit ihrer Familie in den Urlaub nach Westdeutschland fuhr. Die Eltern von Alice hatten Freunde in Ostberlin, die sie »nicht oft, aber ab und zu mal« besuchten. Sie erinnert sich: »Die Besuche dort waren irgendwie immer ein bisschen bedrückend. Aus dem Grunde, weil man sich irgendwie immer beobachtet fühlte und nicht laut sprechen durfte, denn die Freunde von meinen Eltern, die waren eigentlich gegen die DDR.« Es ist nur konsequent, dass Alice nicht gut auf die DDR zu sprechen war, wurde sie doch als Kind schon – wenn auch indirekt – mit den negativen Facetten des politischen Apparats konfrontiert. In ihren Augen war die DDR ein »Terror-Staat, also der die Leute unterdrückt hat und alles vorgeschrieben hat und eigentlich eine Fortsetzung von Hitler«.

Diese »Gleichsetzung von ›brauner‹ und ›roter‹ Diktatur« (SÄLTER 2021: 292) ist typisch für die Insulaner. Sie geht auf die im Kalten Krieg etablierte Totalitarismustheorie zurück, die nach 1989 eine Renaissance erfuhr. Sie bestimmte gerade in den 1990er-Jahren die staatliche Geschichtspolitik wie auch die wissenschaftliche und mediale Auseinandersetzung mit dem sozialistischen Staat (vgl. JESSEN 1995; WIPPERMANN 2009; SÄLTER 2021). Die Bundesrepublik dagegen bedeutete für Alice »Freiheit. Durchatmen«. Hegemoniale Deutungen stellte sie nie infrage. Das mag sicher auch daran gelegen haben, dass die Frau mit ihrem Leben stets zufrieden war, jedenfalls behauptet sie das. Von finanziellen oder familiären Problemen berichtet sie nicht.

Der Alltag von Alice ging nach der Wende so weiter, wie sie es gewohnt war. Drei Tage die Woche arbeitete sie im Kaufhaus, die restliche Zeit kümmerte sie sich um die Kinder und den Haushalt. In ihrer Freizeit traf sie sich mit Kollegen und Kolleginnen, ging gerne mal ins Theater und unternahm Ausflüge mit der Familie. Der größte Pluspunkt der Vereinigung bestand für sie im Wegfall der Grenzkontrollen. Sonst habe sich für sie »ja kaum was geändert«. Sie freute sich auch, nun »ohne ein beklemmendes Gefühl« nach Ostberlin und Brandenburg fahren zu können. Abgesehen davon war das Zusammengehen der beiden deutschen Staaten für Alice kein Thema. »Wir haben es so genommen, wie es kam«, sagt sie lapidar.

Sie erinnert sich allerdings noch, dass sie vom Verhalten der Ostberliner und Ostberlinerinnen nach Maueröffnung irritiert war. Die langen Schlangen an den Banken und die vielen Menschen auf dem Wochenmarkt, die aus dem Staunen nicht herauskamen, fand sie »merkwürdig«. Alice hat aber persönlich keine negativen Erfahrungen mit Ostlern gemacht, sagt sie. Mit den neuen Kolleginnen aus Potsdam sei sie »sehr gut zurechtgekommen«. Nichtsdestotrotz sind ihre Erzählungen durchzogen von Stereotypen – vermutlich auch deswegen, weil Alice eher oberflächliche Beziehungen zu Personen mit DDR-Biografie unterhielt. Der typische Ostberliner, meint sie, neige dazu, in seinem Kiez zu bleiben und sei weniger offen als der Westberliner. Negativ aufgefallen sei ihr auch die »Raffsucht der Ostler«. Sie habe mitbekommen, dass die sich »mindestens zwei oder drei Mal bei den Sparkassen oder Banken angestellt haben«, um die 100 D-Mark Begrüßungsgeld zu erhalten. »[W]as wir nicht in Ordnung fanden, denn wir haben natürlich die ganze Zeit gearbeitet und plötzlich wurde unser gutes Westgeld so ausgegeben.« Es erschien ihr ungerecht, dass den Leuten aus dem Osten ein Stück des Wohlstands geschenkt wurde, den sich die westdeutsche Gesellschaft doch so hart habe erarbeiten müssen. »Das war ja auch nicht 40 Jahre gleich alles da bei uns. Wir hatten nicht das Paradies auf Erden sofort, nach dem Krieg.«

An dieser Stelle macht sich bemerkbar, dass Alice Angehörige der Nachkriegsgeneration ist, ihre Kindheit also von Kriegszerstörung und materieller Unsicherheit bestimmt war (vgl. SCHMIDT/KNIPPERTS 2013: 876). Der Krieg und die auch für Alice und ihre Eltern entbehrungsreichen Nachkriegsjahre waren prägende Lebensereignisse. Ihre ablehnende Haltung gegenüber den Neuankömmlingen aus dem Osten lässt sich letztlich auch auf diese Kindheitserfahrung zurückführen und resultiert aus der Befürchtung, selbst an erreichtem Wohlstand einzubüßen. Alice' ablehnende Haltung gegenüber Personen aus dem Osten, lässt sich damit als Reaktion auf ein (massenmedial verstärktes) Gefühl der Unterprivilegierung des Westens zurückführen. Hier kann also die Ausbildung einer (Westberliner) Abgrenzungsidentität nachvollzogen werden, wie sie sonst nur den Ostdeutschen attestiert wurde (vgl. POLLACK 1998).

Alice ist blind für strukturelle Ungleichheiten in Ost- und Westdeutschland. Sie hat das meritokratische Prinzip der westlichen Leistungsgesellschaft verinnerlicht, nach dem jeder Mensch, unabhängig von seiner (sozialen) Herkunft, die gleichen Aufstiegsmöglichkeiten hat.[260] Sie

260 Das theoretische Konzept der Meritokratie wurde in der Forschung zum »Mythos« abqualifiziert, der lediglich der Begründung und Legitimation ungleicher Bildungs-, Erwerbs- und Einkommenschancen in marktwirtschaftlich organisierten Gesellschaften dient (vgl. HADJAR 2008).

folgt dem bürgerlichen Gleichheitsideal und kann es deshalb auch nicht verstehen, wenn Ostdeutsche sich als ›Bürger zweiter Klasse‹ empfinden. »Denen geht's genauso gut«, sagt sie, bevor sie eine vermeintlich mangelnde Bildung der Ex-DDRler für eventuelle Benachteiligungen jener verantwortlich macht.

»Man kann nicht sagen, dass es ihnen schlechter geht, aber gut, das liegt vielleicht auch ein bisschen an der Bildung. Da denke ich auch, dass es so ist, dass viele auch gar nicht die Möglichkeit hatten, richtig Bildung zu kriegen. Die wurden als kleine Kinder schon gleich in den Kindergarten geschickt und da wurden die ja gleich schon so angeleitet, alles nur für ihren Staat zu tun und alles. Und nicht die Möglichkeiten hatten, die wir hatten. Die Mütter haben sich weniger um ihre Kinder gekümmert, sondern die haben auch oftmals nur die Kinder gekriegt, damit sie eine Wohnung hatten. War ja leider so. Und darum ist oftmals die Bindung nicht so gewesen, wie hier bei uns, wo man die Kinder vielleicht mehr behütet hatte.«

Die Argumentationsweise von Alice erinnert an die ›Töpfchen-These‹ des Kriminologen Christian Pfeiffer, der die »autoritäre Erziehung« in den Krippen und Kindergärten der DDR für eine »ausgeprägte Ausländerfeindlichkeit« verantwortlich machte (PFEIFFER 1999: 60f.). Ein Indiz dafür, dass sie in ihrem Bild von der DDR und deren Bürgern und Bürgerinnen stark durch mediale Debatten geprägt ist. Die zitierte Passage illustriert darüber hinaus, wie Alice sich von den Ostfrauen abgrenzt. Sie wertet in der Regel arbeitstätige, ostdeutsche Mütter ab, indem sie unterstellt, dass diese ihre Kinder emotional vernachlässigt hätten und in Einrichtungen gaben, die schon Kleinkinder indoktriniert hätten. Hierdurch nimmt sie zugleich eine Aufwertung des westdeutschen Familienmodells vor, das sie selbst lebte.

Alice ist keine, die sich für die großen gesellschaftlichen Zusammenhänge interessierte. Ihr war es wichtiger, einen Überblick über das zu bekommen, was sie und ihr näheres Umfeld direkt betraf. Damals informierte sie sich in der BZ, die sie nur las, weil ihr Ehemann das Springer-Blatt bevorzugte. Nach seinem Tod schloss Alice ein Abonnement der *Morgenpost* ab. Ergänzend schaltete sie abends die *Berliner Abendschau* und die *Tagesschau* ein, danach widmete Alice sich gern unterhaltenden Angeboten. »Das erste waren immer die Nachrichten. Und danach ein Spielfilm oder mal eine Quiz-Sendung, Unterhaltungssendung.« Alice hatte keine Vorbehalte gegenüber den privaten Kanälen, auch wenn sie dort die »Reklame« störte. Besonders gern hat sie die Berlin-Serien gesehen: *Liebling Kreuzberg* und die *Drei Damen vom Grill*. Denn, die »war[en] eben aus Berlin, ja. Aus dem Leben«. Ihre Rolle als (Haus-)Frau und Mutter bestimmte auch die Mediennutzung von Alice. So sagt sie etwa, dass sie immer eine Frauenzeitschrift im Abo gehabt hätte, die *Freundin* oder die *Brigitte*. Gern las sie auch Zeitschriften, in denen »schöne Rezepte drin waren oder Strickmuster«.

Alice gehört zu denen, die behaupten, dass sie vor 1989 kein DDR-Fernsehen geschaut hätten. Sie kann dementsprechend auch nichts zur Neugestaltung der Medienlandschaft Ost im Zuge der Vereinigung sagen: »[W]ar mir eigentlich egal. Hat mich nicht interessiert. War so weit weg«, gibt sie diesbezüglich zu verstehen. Eine tiefergehende Auseinandersetzung mit Ostberlin oder Ostdeutschland über Medien lässt Alice ebenso wenig erkennen. Da die Wende sie in ihrem Alltag nicht tangierte, weiß sie auch nicht, warum sie sich mit der Jubiläumsberichterstattung zu Mauerfall und Wiedervereinigung beschäftigen sollte. »Was soll mich da interessieren extra?«, fragt sie sich dahingehend. Dokumentationen zum Thema liefen höchstens »nebenbei vielleicht mal«.

Angesichts der ausschließlich negativen und stereotypen Vorstellungen, die Alice von der DDR hat, ist es wenig erstaunlich, dass sie Medien mit DDR-Wurzeln kategorisch ablehnt. Die Ost-West-Trennung, die hinsichtlich ihrer Identität besteht, hat sich auf Medien übertragen. »Der Westberliner, der kauft die BZ«, lässt sie verlauten. Für den Ostberliner dagegen sei die *Berliner Zeitung* immer typisch gewesen.

Da Alice mit den massenmedialen hegemonialen Deutungsmustern konform ging, gab es bei ihr auch keinen Anlass, publizistischen Leistungen von Medien infrage zu stellen. Trotz ihres hohen Alters erinnert sie sich vergleichsweise gut an die Zeitungen und Zeitschriften, die sie las, an den Radiosender, der eingestellt war – ihre fehlende Kritik an journalistischen Angeboten, kann daher nicht einfach als Alterseffekt abgetan werden. Ihre ›unreflektierte‹ Haltung, deutet darauf hin, dass Alice nie Erfahrungen mit Massenmedien machte, die ihrem Welt- oder Selbstbild widersprachen.

Typ 2: Die Etablierten

Den Etablierten lassen sich Befragte jeder Altersgruppe zuordnen, ein generations- oder geschlechtsspezifischer Zusammenhang ist hier ebenso wenig erkennbar wie bei den Insulanern. Unter den Etablierten finden sich gleichermaßen Studierte und Personen, die einen Ausbildungsberuf ergriffen hatten. Sie waren Ingenieure, schlugen eine Beamtenlaufbahn ein oder gingen einem Handwerk nach. Gemeinsames Merkmal der Etablierten ist, dass sie in ihrem Leben nie das Gefühl existenzieller Unsicherheit verspürten.

Die Etablierten genossen ihr Leben in Westberlin. Trotz Mauer fühlten sie sich nie eingesperrt. Der Osten war für sie allerdings kein blinder Fleck. Sie machten etwa vom günstigen Kulturangebot Ostberlins Gebrauch, besuchten dort das Theater und die Oper oder Restaurants. Häufig hatten die Etablierten Verwandtschaft in der DDR, die sie gelegentlich besuchten. Die Erinnerungen an diese Besuche gehen weit auseinander. Die Wochen, die er während der Sommerferien als Schüler bei Verwandten in der DDR verbrachte, waren »super« und »ein Erlebnis«, erinnert sich etwa einer der Interviewten, Jahrgang 1966.[261] Ein anderer Befragter, Jahrgang 1961, verbindet weniger positive Gedanken mit den Pflichtbesuchen bei seiner Tante in Oranienburg. Die DDR war ihm fremd, er habe sich dort nie wohlgefühlt. Es war »grau« und »trist«, die Grenzkontrollen immer »auch so ein bisschen bedrohlich«, erzählt er.[262] Gemeinsam ist den Etablierten, dass sie das Gefühl hatten, mit dem Verlassen Westberlins eine andere Welt betreten zu haben.

Das DDR-Bild der Befragten dieses Typs ist eine Spur differenzierter als das der Insulaner. Dafür mag der persönliche Kontakt mit Menschen aus der DDR ausschlaggebend gewesen sein. Ein Diplomingenieur, Jahrgang 1962, erzählt, dass bei der Ost-Verwandtschaft »immer gut aufgetischt wurde«.[263] Er hatte den Eindruck, »dass es den Leuten auch gut ging und die zufrieden waren«. Nichtsdestotrotz war die DDR in seinen Augen ein Staat, der seine Bürger einsperrt und im Zweifel auch »einen Schießbefehl erteilt«. Eine Justiziarin, Jahrgang 1964, meint, dass die DDR unter politischen Gesichtspunkten ein »Unrechtsstaat« gewesen sei, in dem es »keine Meinungsfreiheit« gab. Andererseits räumt sie ein, auch »mit Neid rübergeguckt [zu haben], was das kulturelle Leben betrifft oder die Architektur«.[264]

Die negative Bewertung der DDR seitens der Etablierten bezieht sich zuvorderst auf das politische System und überträgt sich nicht auf das gesamte Land und seine Bürger und Bürgerinnen. Die Trennung zwischen Staat und Bevölkerung ist charakteristisch für die Etablierten ebenso wie

261 Interview 77: Feuerwehrmann, *1966, Westberlin.
262 Interview 11: Physiotherapeut, *1961, Westberlin.
263 Interview 19: Diplomingenieur Medizinbranche, *1962, Westberlin.
264 Interview 65: Justiziarin, *1964, Westberlin.

die Gewissheit, dass man im Westen auf der ›richtigen‹ Seite aufgewachsen ist. Auf der »westlichen Seite« groß geworden zu sein, hat »ja auch unsägliche Vorteile gehabt [...] uns hat es ja hier auch an nichts gemangelt«, sagt ein gelernter Bankkaufmann, Jahrgang 1964.[265] In diesem Sinne bemitleidete man die Bürger und Bürgerinnen der DDR häufig. Am politischen System der Bundesrepublik hatte man dagegen nichts auszusetzen. Vielleicht auch, weil es sich bei den Etablierten nicht um Menschen handelt, die ein in besonderem Maße ausgeprägtes politisches Bewusstseins zeigten, das über die Zeitungslektüre und das gelegentliche Einschalten von Polit-Magazinen hinausreichte.

Mit dem Mauerfall verbinden die Etablierten eher Positives als Negatives. Eine Wilmersdorferin, Jahrgang 1961, die nicht das Gefühl hatte, dass die DDR irgendetwas mit ihr zu tun hatte, wird trotz dessen noch heute ganz emotional, wenn sie sich an diese Zeit erinnert.[266] Sie sei mit einem Freund am 10. November 1989 zum Rathaus Schöneberg gefahren und habe sich die Reden von Willy Brandt, Helmut Kohl und Walter Momper angehört. Später seien sie zur Glienicker Brücke gelaufen und hätten »Trabis beklatscht«. Die Frau war vermutlich auch deshalb so ergriffen, weil sie und ihr Ehemann Verwandte in der DDR hatten. Selbst wenn man weniger emotional Anteil an der Grenzöffnung nahm, so überwog die Freude – und wenn auch nur für die ›Leute da drüben‹, die nun nicht »mehr eingesperrt« waren.[267]

Die Wende, so sagen die Etablierten, machte sich im Alltag nur wenig bemerkbar. Alles in allem stellte sie keine Zäsur dar. Man freute sich, dass man nicht mehr an der Grenze anstehen musste, um in den Urlaub zu fahren. Vor allem Jüngere begeisterten sich für die im Osten entstehende Clublandschaft. Es sei zwar damals alles »sehr, sehr teuer« gewesen in der Nachwendezeit, »aber Sorgen hatten wir nicht«, erzählt eine Grafikdesignerin, Jahrgang 1965.[268]

Die auch im Westteil der Stadt grassierende Arbeitslosigkeit sorgte unter den Etablierten nicht für Beunruhigung. Ein Zollbeamter, Jahrgang 1968, etwa weiß noch, dass er in seiner beruflichen Position nichts zu befürchten hatte. Auch sein Umfeld war nicht betroffen: »Das Thema Arbeitslosigkeit,

265 Interview 10: Bankkaufmann, *1964, Westberlin.
266 Interview 31: Juristin, Frühpension, *1961, Westberlin.
267 Interview 22: Krankenschwester, *1966, Westberlin.
268 Interview 75: Graphikdesignerin, *1965, Westberlin.

in meinem Freundeskreis spielte das eigentlich keine Rolle. [...] Sie waren in allen Bereichen im öffentlichen Dienst und da wurde das eh nicht so zum Thema.«[269] Die 1990er-Jahre werden zwar von einigen auch als eine herausfordernde Lebensphase erinnert – etwa, weil man gerade ein Kind bekommen hatte oder beruflich stark belastet war – die Anstrengungen werden allerdings nicht direkt mit der Wende in Verbindung gebracht.

Anders als die Insulaner trauern die Etablierten dem alten Westberlin nicht hinterher. Ein Befragter, Jahrgang 1958, der behauptet, »so glücklich« zu sein, »dass alles jetzt wieder eins ist«, lässt wissen, dass er nichts aus der Zeit vor der Maueröffnung vermisse und fragt sich: »Was soll da besser gewesen sein? Keine Ahnung.«[270]

Die Etablierten verstehen sich in erster Linie als Berliner und Berlinerinnen. Im Unterschied zu den Insulanern grenzen sie sich stärker von Westdeutschland ab als von Ostberlin. ›Wessis‹ waren für die Westberliner und Westberlinerinnen diejenigen, »die damals nicht in Westberlin gelebt haben und zur Bundesrepublik Deutschland aber gehört haben.«[271] Das erzählt eine Justiziarin, Jahrgang 1964, und ergänzt, sie sei »Ostberlinern zum Teil manchmal viel näher als irgendsoeinem Wessi, der da aus Bonn kommt und meint, dadurch, dass die Regierung umgezogen ist, hat er jetzt hier das Sagen«. Das habe sie alles schon erlebt, lässt sie wissen.

Dennoch, die Etablierten sind sich weitgehend einig darin, dass zwischen Ost und West nach wie vor eine Mauer steht und dass es auf beiden Seiten Klischees gibt. Diese Einschätzung teilen die Etablierten, selbst, wenn sie finden, dass das »eigentlich gar kein Thema mehr sein«[272] dürfe und man sich in Berlin bewege, »als wäre die Stadt nie geteilt gewesen«.[273] Die Frau, die sich am Tag nach dem Mauerfall vor dem Schöneberger Rathaus einfand, differenziert hier allerdings zwischen Berlin und dem restlichen Deutschland. Sie glaube nicht, »dass man zwischen Ost- und Westberlinern unterscheiden kann«, im restlichen Deutschland dagegen schon. Sie erklärt sich die vermeintlich größere Nähe zwischen Ost- und Westberlin auch über Medien:

269 Interview 12: Beamter, *1968, Westberlin.
270 Interview 68: Porzellanmaler, *1958, Westberlin.
271 Interview 65: Justiziarin, *1964, Westberlin.
272 Interview 81: Pharmareferent, *1954, Westberlin.
273 Interview 23: Industrieelektroniker, *1970, Westberlin.

»Die Ostberliner hatten ja immer schon Medienzugang und den haben ja viele auch genutzt und genossen. Die waren auf jeden Fall schon informierter und von der Versorgung her ist Ostberlin auch besser versorgt worden als die übrigen Teile der DDR. Also insofern habe ich immer gesagt, ich merke, dass jemand ein Ossi ist, aber ob derjenige aus Ost- oder Westberlin kommt, das kann ich nicht unbedingt sagen«.[274]

Die Etablierten stehen Menschen aus dem Osten prinzipiell offener gegenüber als es von den Insulanern behauptet werden kann. Zwar unterscheiden auch die Etablierten zwischen Ost und West – diese Trennung ist dabei allerdings weniger normativ besetzt. Sie zeigen jedenfalls keine so offene Abneigung und ihre Erzählungen sind weniger von Vorurteilen durchzogen. Was daran liegen mag, dass die Etablierten entweder schon vor 1989 in Kontakt mit Menschen aus der DDR standen, oder aber nach der Wende positive Begegnungen mit Ostlern machten und sich ihr Blick im Zuge dessen öffnete. So sagt die Mitarbeiterin einer Landesbehörde, Jahrgang 1956, die dann auch mit Kollegen und Kolleginnen aus Ostberlin zusammenarbeitete: »Ich habe echt nette Leute kennengelernt da und denke, dass sich mein Horizont dadurch auch erweitert hat. Wenn ich von denen so erfahren habe, wie es da war so.«[275] Sie räumt auch ein, dass es in der DDR »bestimmte Dinge [gab], die da besser gelaufen sind«. Dabei denkt sie besonders an die in der DDR staatlich gewährleistete Vereinbarkeit von Kindererziehung und Erwerbstätigkeit, mit der sie selbst als berufstätige Frau und vierfache Mutter zuweilen haderte.

Das Bild der Etablierten von der DDR und deren Bürgern und Bürgerinnen – lässt sich schlussfolgern – ist nicht ausschließlich medienvermittelt, sondern basiert zusätzlich vor allem auf direkten Begegnungen und persönlichem Austausch mit Menschen aus dem Arbeiter- und Bauernstaat. Das mag erklären, warum hier etwas weniger stereotype Ansichten vorherrschen als es bei den Insulanern der Fall ist. Die allermeisten der Etablierten zeigen sich dann auch überwiegend verständnisvoll, wenn sich Ostdeutsche als Bürger und Bürgerinnen zweiter Klasse empfinden. Das sei mit Blick auf deren wirtschaftliche Benachteiligung wie etwa Unterschiede in der Lohn- und Gehaltszahlung nachvollziehbar. So sagt eine Hausfrau und Mutter, Jahrgang 1937, sie halte es für »unmöglich, dass die immer noch

274 Interview 31: Juristin, Frühpension, *1961, Westberlin.
275 Interview 76: Verwaltungsangestellte, *1956, Westberlin.

weniger verdienen als wir«.[276] Das sei schlicht »eine Frechheit nach all den Jahren«. Auf die Rolle der Massenmedien geht in diesem Zusammenhang allerdings keiner der Befragten dieses Typs ein. Das Bewusstsein über eine (nicht nur wirtschaftliche, sondern auch symbolische) Entwertung der Ostdeutschen im Nachgang der Wende scheint in den Interviews immer wieder durch, wird aber von den Etablierten nicht konkret verbalisiert.

Kein Verständnis haben die Etablierten hingegen für Personen mit DDR-Herkunft, denen sie unterstellen, die Vergangenheit zu verklären. Denn daran, dass es den Leuten doch heute sehr viel besser ginge als noch zu DDR-Zeiten, besteht für die Etablierten kein Zweifel. Unverständnis äußern die Befragten dieses Typs immer wieder auch mit Blick auf die politischen Verhältnisse im Osten der Republik. Der Aufstieg der AfD wird als Problem des Ostens charakterisiert und externalisiert, wodurch wiederum eine Aufwertung der westdeutschen Gesellschaft stattfindet – unabhängig davon, ob diese nun intendiert ist oder nicht. An diesem Punkt zeigt sich, dass herrschende Mediendiskurse sich auch in die Deutungen der Etablierten einschreiben.

Wie die Etablierten mit Medien umgehen und über welches Medienwissen sie verfügen, ist hochgradig abhängig von ihrer sozialen und insbesondere ihrer beruflichen Stellung. Zwei Beispiele sollen diesen Sachverhalt illustrieren: Der Charlottenburger Feuerwehrmann, Jahrgang 1966, der aus einer Arbeiterfamilie stammt, erzählt, dass er sich »ab und zu mal irgendwie eine *Morgenpost*« oder eine BZ gekauft habe – aber »alles so sporadisch«.[277] Um die US-amerikanischen Fernsehserien zu sehen, sei er dagegen »quasi nach Hause gerannt«. Die gleichaltrige Grafikdesignerin mit Abschluss an einer Berliner Kunsthochschule hatte dagegen ein Wochenend-Abo des *Tagesspiegels* und auch die *Zeit* abonniert – hauptsächlich, weil sie dort das Feuilleton schätzte. Der *Stern* erschien ihr dagegen »so trivial«, der *Spiegel* war ihr »zu politisch«, denn als Künstlerin hatte man sich nicht für die große Politik zu interessieren, sagt sie. Aufgrund ihres Berufes kann sie sich noch sehr gut daran erinnern, dass der *Tagesspiegel* im Zuge redaktioneller Umstrukturierungen auch seine »Gestaltung komplett geändert« hat.[278]

276 Interview 21: Hausfrau, *1937, Westberlin.
277 Interview 77: Feuerwehrmann, *1966, Westberlin.
278 Interview 75: Graphikdesignerin, *1965, Westberlin.

Auch Umfang und Art der Medienbewertungen variieren hinsichtlich von Alltagsanforderungen und Sozialisation. Personen, die eine Nähe zur Medienbranche hatten oder die in der Politik tätig waren, können hier konkrete Erwartungen an Medien und auch Kritik an ihnen formulieren – anders als etwa Menschen, dessen Alltag dieses Wissen nicht erforderte.

Für die Etablierten lässt sich ebenso wie für die Insulaner eine relative Kontinuität der Mediennutzung konstatieren. Die Motivation, seiner alten Zeitung den Rücken zu kehren oder statt der *Titanic* plötzlich den *Eulenspiegel* zu lesen, war gering. Man blieb beim Altbewährten.

Auch bei den Etablierten wirkt die Zeit der Teilung nach. Ob ein Medium aus dem Osten oder dem Westen kommt, hat die Nutzungsentscheidung noch lange nach der Wende geprägt. Die Medien aus dem Westen genossen dabei einen Legitimitätsvorsprung. Dass man etwa den Zeitungen und Zeitschriften mit DDR-Wurzeln zurückhaltend begegnete, lag nicht nur an der ihnen zugeschriebenen Ost-Identität, sondern auch an den Erfahrungen, die man vor 1989 mit den journalistischen Medien der DDR gemacht hatte. Eine Befragte meinte, dass man es den Sendungen im DDR-Fernsehen angemerkt habe, dass »die halt dieses Recht nicht auf freie Meinungsäußerung« hatten.[279] Konsequenterweise wird die Entscheidung zur Auflösung der Rundfunkeinrichtungen der DDR mit der Einheit auch heute noch als adäquat gewertet. Und das, obwohl die Etablierten das Angebot des DDR-Fernsehens im Unterhaltungsbereich mehrheitlich durchaus zu schätzen wussten. Man erinnert sich an die Märchenfilme, den *Polizeiruf* und auch an die »guten französischen Filme«[280], die im westdeutschen TV nicht gelaufen seien. Immerhin können die Etablierten nachvollziehen, dass die Abwicklung des DDR-Rundfunks in der dortigen Bevölkerung kritisch gesehen wurde.

Letztlich ist hier trotz gewisser Vorbehalte eine grundsätzliche höhere Aufgeschlossenheit gegenüber Angeboten mit Ost-Herkunft beobachtbar als bei den Insulanern. Der eine oder die andere hat beispielsweise die *Berliner Zeitung* zu Beginn der 1990er-Jahre doch immerhin mal ausprobiert, auch wenn nach kurzer Dauer schon festgestellt wurde, dass einem die Zeitung aus dem Westteil doch irgendwie näher war. Die Ost-West-Teilung hat sich über die Jahre abgebaut, zumindest bei einigen der Etablierten. Ein Zollbeamter, Jahrgang 1968, der immer zwischen *Morgenpost* und *Tages-*

279 Interview 65: Justiziarin, *1964, Westberlin.
280 Interview 12: Beamter, *1968, Westberlin.

spiegel hin und her wechselte, hatte ab Mitte der 2000er-Jahre stattdessen ein Abo der *Berliner Zeitung*.[281] Er fand das Blatt »spannend«, weil er dort Meinungen vertreten sah, die er selbst nicht teilte.

Diese generelle Offenheit ist ein Indiz dafür, dass eine kollektive oder soziale West-Identität das Medienhandeln der Etablierten wohl etwas weniger beeinflusst hat als das der Insulaner. Das liegt zum einen daran, dass die Zugehörigkeit zum Westen für die Etablierten von geringerer Bedeutung für das eigene Selbstbild war – auch wenn sie sich durchaus als Westberliner oder Westberlinerin identifizierten. Zum anderen stellten die individuellen Kontakte zu Ostberlinern und Ostberlinerinnen nach der Wende funktionale Alternativen zu den Massenmedien dar (vgl. RUBIN 2000: 139). Man erkundete Ostberlin oft auf eigene Faust, blieb eben nicht nur in seinem Bezirk. Medien wurden nicht primär zur Identitätsarbeit genutzt (etwa zur Abgrenzung und Identifikation, Kompetenzerwerb oder Selbstbeobachtung), sie fand mehrheitlich in der direkten Auseinandersetzung mit Ostberlin und seinen Bewohnern und Bewohnerinnen statt. Das bedeutet allerdings nicht, dass die Etablierten nicht dem offiziellen Einheitsdiskurs und Aufarbeitungsnarrativ folgen würden. Nur in Einzelfällen wird eingeräumt, dass etwa die Treuhandpolitik nicht optimal verlaufen ist und dass »wirklich viel, wirklich platt gemacht worden«[282] ist. Die Wiedervereinigung an sich wird ebenso wenig infrage gestellt wie die diesbezüglich herrschenden Diskurse. Der Diskurs sorgt auch hier für eine Aufrechterhaltung der Ost-West-Spaltung. Das allerdings lediglich auf einer systemischen, weniger auf einer zwischenmenschlichen Ebene. Denn dort hat der persönliche Austausch als Alternative zu Medien in gewisser Weise einen Abbau dieser Spaltung begünstigt.

Fallbeispiel 2: Peter, Jahrgang 1955, Mathematiker[283]

Peter wuchs in einer niedersächsischen Kleinstadt auf, die im »Zonenrandgebiet« liegt. Sein Vater war Betriebsleiter eines örtlichen Stahlwerks, die Mutter ging den größten Teil seiner Kindheit und Jugend keiner geregelten Berufstätigkeit nach. Nach dem Abitur nahm er ein Mathematik-Studium

281 Interview 12: Beamter, *1968, Westberlin.

282 Interview 81: Pharmareferent, *1954, Westberlin.

283 Interview 3: Mathematiker, *1955, Westberlin.

in einer nahegelegenen Großstadt auf. Seine damalige Partnerin lebte in Westberlin, weshalb er sich nach Abschluss des Studiums dort bewarb und bei einem Elektrokonzern angestellt wurde. Peter zieht viel Stolz aus seinem Beruf, erzählt, dass er leitende Positionen in der Forschungsabteilung innehatte und für Dependancen in ganz Deutschland wie auch international verantwortlich war. Seit circa zehn Jahren nun ist der Mann in Rente.

Für Peter war das Leben in Westberlin »fantastisch«, ihm gefiel die Großstadt. Die Gegend, in der er geboren wurde und aufgewachsen ist, habe er »nie wirklich gemocht«. Westberlin war seine Wahlheimat, mit der er sich identifizierte. Er bezeichnet sich selbst als einen typischen Westberliner.

Über Verwandtschaft in Ostberlin oder der restlichen DDR verfügte der Mann nicht. Allerdings, so sagt er, habe er sich »natürlich von Anfang an für die DDR interessiert. Am Zonenrandgebiet, da bleibt das gar nicht aus.« Als er dann in Westberlin lebte, machte er rege von seinem westdeutschen Reisepass Gebrauch, mit dem man auch spontan nach Ostberlin einreisen konnte. Er ging dort in Museen, in die Oper und ins Restaurant. Dennoch, der Staat DDR war für ihn ein »Feindbild«. Er erzählt von der Schikane, die er ertragen musste, wenn er die Transit-Strecke fuhr, um seine Eltern zu besuchen. Er habe auch Kontakt zu DDR-Bürgern und DDR-Bürgerinnen gehabt und was diese ihm so erzählt hätten, »das konnte man sich gar nicht vorstellen«. Der Unmut Peters richtete sich ausschließlich »gegen die Regierung«. Mit den Bürgern und Bürgerinnen, betont er, sei er »super klargekommen«. Sein Verhältnis zur Bevölkerung der DDR war eines, das von Mitleid geprägt war: »Ich hab nur gesehen wie viele von denen, es waren ja nicht alle, wie viele von denen dann letztlich unter dem Regime auch gelitten haben.« An der bundesdeutschen Regierung dagegen hatte Peter nichts auszusetzen. Die BRD war für ihn zweifelsohne das richtige System. Schließlich war Peter auch »nicht so der ganz große politisch interessierte Mensch«, wie er selbst sagt.

Peter war mit seinem Leben in Westberlin mehr als zufrieden, allerdings habe die Frontstadt »ja doch irgendwie immer ein bisschen im eigenen Sumpf gelebt«. Die Maueröffnung kam ihm daher mehr als gelegen. Immer wieder spricht er diesbezüglich von einer »Bereicherung«. Die Zeit des Mauerfalls beschreibt Peter mit den Worten »absolute Euphorie.« Er sei jeden Tag an der Mauer gewesen und habe fleißig fotografiert. Am Wochenende seien sie dann auf den Ku'damm gefahren, fremden DDRlern in die Arme gefallen und mit ihnen in die Kneipe gegangen. Es sei eine »ganz tolle Stimmung auf beiden Seiten« gewesen. In Peters Alltag hat sich mit der Wende nichts verändert. Seinen Job hatte er seit den 1980er-Jahren sicher, er verdiente gut. Zu Beginn der 1990er-Jahre kaufte er eine Wohnung in Wilmersdorf, die er mit seiner neuen Partnerin bezog. Der Wegfall der Berlin-Zulage war für ihn dann auch kein Problem. Es fehlte zwar plötzlich einiges an Geld, aber »ich war so gut unterwegs, dass mich das nicht wirklich gejuckt hat«, lässt er wissen. Für Peter bedeutete die Wende lediglich ein Mehr an Möglichkeiten. Er hat sich nach der Maueröffnung noch viel öfter in Ostberlin herumgetrieben, hat kulturelle Veranstaltungen besucht und ist oft nach Potsdam oder in den Spreewald gefahren, erzählt er.

Peter hatte nach 1989 auch beruflich öfter mit Menschen aus der ehemaligen DDR zu tun. Die kamen aus Ostberlin oder Leipzig. »Das war schon eine Bereicherung«, resümiert er, und ergänzt: »[D]a haben wir auch profitiert davon, da haben wir richtig gute Leute aus der ehemaligen DDR bekommen«. Das Klischee vom ›faulen Ossi‹ hat sich seiner Erfahrung nach nicht bewahrheitet, dahingehend habe er nur positive Erfahrungen gemacht. Er erinnert sich aber daran, dass stellenweise politische Differenzen bestanden. »Da war ein Leipziger, der hat einfach nicht verstanden, warum das neue System besser ist«, erzählt er. Diese Aussage ist eine von vielen, die illustrieren, dass Peter sich stark mit den politischen Grundgedanken der liberalen Demokratie westlicher Ausprägung identifiziert – schließlich gab es für ihn nie Anlass, die herrschende Gesellschaftsordnung zu hinterfragen.

So stabil Peters Lebensverhältnisse waren, so beständig war auch sein Umgang mit Medien. Seitdem der Mann in Westberlin lebt, liest er den *Tagesspiegel*. »[D]er *Tagesspiegel* lag so auf meiner Welle«, sagt er. Die Springer-Presse sei für ihn dagegen schon immer ein »Rotes Tuch« gewesen. Eine Ausnahme machte er für die *Welt*, die er gelegentlich zusätzlich las. Er sah die *Tagesschau* und – wenn es die Zeit zuließ – auch die lokale *Abendschau*. Die Öffentlich-Rechtlichen hielt er immer für »etwas glaubwürdiger und etwas fairer«. Die abendlichen Nachrichten auf einem privaten Sender zu sehen, sei keine Option gewesen: »zu reißerisch« und »auch die Meinung, die da unterschwellig transportiert wurde, war nicht wirklich meine«. Mittlerweile ist Peter dahingehend allerdings skeptischer, denn auch die Öffentlich-Rechtlichen »müssen ihre Nachrichten verkaufen«. Da werde, um »irgendwie mithalten« zu können oft nur »rumspekuliert und rumgelabert«. Mit den Jahren hat sich Peters Einstellung zu öffentlich-rechtlichen Angeboten offensichtlich verändert, er ist kritischer geworden. Vielleicht, weil er seit einigen Jahren in Rente ist und nun mehr Zeit hat, sich intensiver mit Medien zu beschäftigen.

Politische Magazinsendungen wie *Monitor* waren nicht Peters Ding. »Da hab ich auch zu oft erlebt, dass da sehr einseitig eine Meinung vertreten wird«, sagt er. Sein (politisches) Weltbild habe er sich vielmehr aus verschiedenen Erfahrungen, die er im Laufe der Zeit sammelte, »zusammengezimmert«. Eine Bindung an die Westberliner Medien war zwar da, so sagt er etwa, er habe sich »mit dem SFB identifiziert und mit dem RIAS«. Das Gefühl, dass mit dem Wegfall beziehungsweise der Umstrukturierung der beiden Anstalten etwas verloren gegangen sei, hatte er allerdings nicht.

Peter hat schon als Kind »relativ viel DDR-Fernsehen geguckt«, denn die beiden Programme waren an seinem Wohnort, der in Grenznähe lag, gut empfangbar. Er sah dort gern Spielfilme und konnte vor allem der Sportberichterstattung viel abgewinnen, die »war professionell und die Leute wussten, wovon sie reden«. Dennoch war Peter für die Abschaltung des DDR-Fernsehens. Zwei separate Anstalten, meint er, wären der Wiedervereinigung von Ost und West nicht förderlich gewesen. Schließlich erinnert er sich auch noch an die negativen Facetten des DDR-Fernsehens. Er habe mitbekommen, dass dort »auch die Unwahrheit gesagt wird«. Er führt den *Schwarzen Kanal* an, der in seinen Augen »offensichtlich Meinungsmache« betrieben und »verdrehte Tatsachen« präsentiert hat. Die »Gegensendung« im West-Fernsehen, das *ZDF-Magazin* mit Gerhard Löwenthal habe er aber ebenso wenig gemocht, denn »da wurde auch polemisiert«. In diesem Sinne haben die Existenz und die Rezeption des DDR-Fernsehens bei Peter durchaus eine Art Reflexionsprozess ausgelöst. Dass Peter langfristig eine Neubewertung der öffentlich-rechtlichen Medienangebote vorgenommen hat, könnte schließlich auch darauf zurückzuführen sein.

Wenn Peter vor der Wende in Ostberlin unterwegs war, kaufte er sich auch mal das *Neue Deutschland* – »aus Interesse«, wie er sagt. Die Zeitung habe er allerdings wie ein »Satiremagazin« gelesen: »War immer ganz interessant, wie viele Fotos von Erich Honecker dann in so einer Ausgabe drin waren.« Dieser Akt kann zwar als Bestätigung des eigenen Weltbildes verstanden werden (weder Mensch noch Medien waren ›frei‹ in der DDR), zeugt aber zugleich von einer grundsätzlichen Neugier an den Deutungen des anderen deutschen Staates. Er habe auch hin und wieder mal DT64 gehört, weil er wissen wollte, »was so für Musik in der DDR eine Rolle spielt«. Auch in die *Berliner Zeitung* habe er nach der Wende »ab und zu mal reingeguckt«, weil ein Freund von ihm die fortan gelesen habe. Mit der *Berliner* lag man ja jetzt auch nicht »so daneben«, findet er. Er sah allerdings keinen Grund, dem *Tagesspiegel* den Rücken zu kehren. Peter wertet Medien mit DDR-Herkunft nicht ab, sondern empfindet sie als legitime Alternative, auch wenn er selbst bei seinen gewohnten Inhalten blieb. Schließlich zieht er zuweilen gar Parallelen zwischen Medien(-angeboten) von DDR und BRD, wie seine Bewertung von *Schwarzer Kanal* und *ZDF-Magazin* belegt. Insgesamt war Peters Mediennutzung nur wenig identitär geprägt – jedenfalls hinsichtlich einer West-Identität. Schließlich war er sich seiner Position in der Gesellschaft sicher, die Vereinigung war für ihn nur ein weiterer Beleg für die Überlegenheit der westdeutschen Gesellschaftsordnung. Peter hat großes Interesse an der Berichterstattung rund um die Jahrestage zu Mauerfall und Wiedervereinigung:

> »Ich find, da kann man nicht oft genug schreiben. Das ist schon ein einschlägiges Erlebnis gewesen und das war für Deutschland ein ganz bedeutendes Ereignis. Da kann man nicht oft genug dran erinnern. Und dann auch mit einer positiven Verbindung.«

Diese Aussage illustriert, dass Peter Mauerfall und Einheit nicht als Vorgänge begreift, die exklusiv den Osten betreffen. Er versteht sie als Teil seiner eigenen Geschichte, anders als etwa die Insulaner. Daneben wird an dieser Stelle deutlich, dass die persönliche Bewertung der Wiedervereinigung mit der medial verbreiteten übereinstimmt. Peter folgt, trotz seiner vermeintlichen Offenheit gegenüber dem Osten, dem herrschenden Diskurs von der deutschen Einheit als Erfolgsgeschichte.

Problembewusster zeigt er sich, was die Fokussierung auf das Thema Stasi betrifft. Man solle zwar immer wieder an das in der DDR geschehene Unrecht erinnern, damit es nie wieder passiere. »Aber ist ja auch die Frage, in welchem Umfang ich das tue und in welcher Form. Und da wird mir das jetzt ein bisschen zu viel. Immer dieses Stasi-Sturm-Jubiläum. [...] Ein bisschen weniger hätte auch gereicht.« Filme über die DDR kann er nur »in Maßen« genießen, spricht diesbezüglich von »Abziehbilder[n]«. Und das, obwohl er mit deren grundsätzlicher Botschaft, oft im diktaturzentrierten Erinnerungsmodus, durchaus übereinstimmt. Die Persistenz des Themas Stasi erklärt Peter sich nicht über politische Machterhaltungsstrategien, sondern über die Gewinnorientierung der Medien. Publizistische Medien müssen ihre Nachrichten verkaufen, sagt er. »Und wenn ich das dann wieder auf die Spitze treibe, mit der Stasi, dann wollen das vielleicht ein paar Leute mehr lesen«. An anderer Stelle erzählt er jedoch, dass ihm auch aufgefallen sei, dass in westdeutschen Medien »irgendwelche Sachen über die DDR behauptet wurden, um Stimmung zu machen«. Auch wenn er diese Aussage nicht näher ausführt, lässt sie erkennen, dass er sehr wohl auch (politische) Interessen verschiedener Akteure hinter der Berichterstattung vermutete.

Längst nicht jeder und jede der Etablierten stellt ähnliche Beobachtungen hinsichtlich der DDR-Berichterstattung an. Peter vermag seine Wahrnehmung diskursiv zu äußern. Das liegt wohl unter anderem daran, dass er nicht nur die Medienberichterstattung zumindest aufmerksamer verfolgt hat als manch anderer, sondern auch daran, dass er bereits vor 1989 in Ostberlin unterwegs war und dort auch mit DDR-Bürgern und DDR-Bürgerinnen ins Gespräch kam und so auch andere Seiten des Lebens im Realsozialismus kennenlernte.

Peters Ansichten zur DDR und ihrer Bevölkerung sind wesentlich nuancierter als etwa die von Alice, auch was die mediale Verhandlung von DDR-Geschichte angeht. Über eine hegemoniale Position, die er als Westdeutscher beziehungsweise Westberliner einnimmt und gesellschaftliche (Macht-)Asymmetrien zwischen Ost und West, scheint er sich allerdings nicht bewusst zu sein. So ist Peter der Meinung, dass es in Ost und West gleichermaßen Menschen gebe, die sich als Bürger zweiter Klasse verstehen. Gründe für solch »ein persönliches Empfinden« bestünden schließlich hier wie dort. Peter bemerkt dann auch, dass es sowohl in Ost als auch in West Leute gibt, »die so ihre Vorurteile pflegen«. Verlierer gebe es auf beiden Seiten und, »die trauern natürlich auch schon mal der Vergangenheit nach«. Peter nimmt hier indirekt Bezug auf die häufig gebrauchte Dichotomisierung von ›Wendegewinner‹ und ›Wendeverlierer‹. Er selbst sieht sich und Westberlin dabei als Gewinner der Einheit:

> »Also, dass wir da jetzt was verloren haben als Westberliner, das hab ich nicht so empfunden. Im Gegenteil, auf der anderen Seite, vermute ich mal, dass manche Leute ein gewisses Maß an Sicherheit verloren haben, das sie in der DDR hatten. So diese Ellenbogen-Gesellschaft, was Jobs angeht.«

Aussagen wie diese verdeutlichen: Dem Mann war durchaus bewusst, dass die Wende für die DDRler auch mit negativen Entwicklungen einherging. Dennoch leugnet er die im Zuge der Wende manifestierten, strukturellen Unterschiede zwischen Ost und West weitgehend. Wohl, weil diese sich nicht recht mit seiner Vorstellung von einer sozial gerechten Leistungsgesellschaft vereinbaren lassen, wie sie die Bundesrepublik doch zumindest anstrebt zu sein.

Typ 3: Die Alternativen

Die Alternativen bilden zahlenmäßig den kleinsten Typ der Westberliner Befragten. Sie sind in den 1950er- und 1960er-Jahren zur Welt gekommen, wobei der Großteil in den 1960er-Jahren geboren wurde. Unter den Alternativen finden sich also vor allem die jüngeren Jahrgänge, die sich größtenteils der »Wohlstandsgeneration« respektive der Generation der »Babyboomer« zurechnen lassen (vgl. SCHMIDT/KNIPPERS 2013: 875f.). Das heißt, einer Generation, die vom Ausbau des Bildungssystems und des Wohlfahrtsstaates profitierte und der sich Aufstiegschancen boten. Die hier eingruppierten Befragten stammen in der Regel aus finanziell gut situierten und oft bildungsnahen Elternhäusern. Gemeinsam ist den Alternativen ein sozial- oder geisteswissenschaftliches Studium, auch wenn dieses nicht immer abgeschlossen wurde. Unter den Alternativen finden sich Menschen, die in der Musikindustrie oder in der Medienbranche tätig waren, ein Jurist ebenso wie eine Verhaltenstherapeutin.

Die Alternativen sind grundsätzlich als politisierte Menschen zu bezeichnen. Sie alle verfügen über ein politisches Bewusstsein, das seinen Ursprung im Elternhaus, der Schule, Universität oder im Freundeskreis hat. Ein Lokalpolitiker, Jahrgang 1952, beispielsweise berichtet, dass durch sein konservatives und katholisches Elternhaus sein »Widerspruchsgeist« geweckt wurde.[284] Er engagierte sich später beim Allgemeinen Studierendenausschuss und dem Sozialistischen Hochschulbund.

Ein tiefergehendes politisches Interesse mag dazu beigetragen haben, dass sich bei den Alternativen im Gegensatz zu den Insulanern und den Etablierten häufiger eine in Ansätzen regierungs- beziehungsweise systemkritische Haltung entwickelt hat. So äußert etwa die Älteste der Alternativen, eine Krankenschwester, Jahrgang 1941, Kritik an der Wiederbewaffnung der Bundesrepublik nach dem Zweiten Weltkrieg.[285] Sie habe sich auch daran gestört, »wie man mit Andersdenkenden« umging und, »wie man die NS-Zeit aufgearbeitet hat oder nicht aufgearbeitet hat«.

Die Westbindung der Alternativen war wesentlich geringer als die der anderen Westberliner und Westberlinerinnen, was nicht bedeuten soll, dass sie nicht vorhanden war. Die regierungskritische Haltung der Alternativen hat allerdings nicht zu Sympathien für die DDR geführt. Die Gesellschaftsordnung des Arbeiter- und Bauernstaats galt nicht als legitime Alternative zur liberalen Demokratie der Bundesrepublik – auch wenn einige mit den

284 Interview 53: Kommunalpolitiker, *1952, Westberlin.
285 Interview 44: Krankenschwester, *1941, Westberlin.

Grundgedanken des Sozialismus sympathisierten. Alles in allem stellte die DDR auch für die Alternativen ein unterdrückerisches Regime dar.

Das Bild, das die Alternativen von der DDR hatten, beruhte häufig auf eigenen Erfahrungen oder den Erzählungen der Verwandtschaft, die in Ostberlin oder in der restlichen DDR lebte. Eine gebürtige Kasselerin, die zum Studium der Politikwissenschaft nach Westberlin zog, hatte zwar keine Verwandten im Osten, pflegte allerdings eine Brieffreundschaft mit einem Dresdener, der »eher unzufrieden mit seiner DDR war«, wie sie sagt.[286] Ein Teil der Alternativen allerdings hatte vor 1989 nur wenige Berührungspunkte mit dem anderen Deutschland. Das Interesse war schlicht nicht vorhanden. Die fehlenden DDR-Kontakte zur Zeit der Teilung spielen allerdings nur eine untergeordnete Rolle, denn wie die Alternativen heute über den Osten sprechen, hängt vorrangig von deren Erfahrungen und Begegnungen seit der Wende ab.

Was die Alternativen von den Insulanern und den Etablierten unterscheidet, ist der Umstand, dass sie Maueröffnung und Wiedervereinigung eine hohe Relevanz für den Fortgang des eigenen Lebens zuschreiben. Sie sind sich darin einig, dass der Mauerfall die persönliche Biografie beeinflusst hat – mal mehr, mal weniger nachhaltig. Mit der Wendezeit verbinden die Alternativen positive Erinnerungen. Es war eine Zeit des Aufbruchs, in der anfangs auch die Chance gesehen wurde, die Bundesrepublik politisch zu reformieren. Es sei »echt schon halbe Anarchie« gewesen, erinnert sich eine der Befragten wehmütig.[287] Ein anderer Befragter, Jahrgang 1961, heute in der Medienbranche tätig, berichtet von einer »euphorischen Stimmung« in der Stadt.[288] Den damaligen Zeitgeist beschreibt er so: »Friedliche Revolution – super Erfindung. Prima. Alles wird besser jetzt. Alle haben sich lieb. Love Parade.« Dass die Alternativen diese Zeit so positiv erlebten, mag auch an der Lebensphase liegen, in der sie sich befanden. Zur Wende waren sie mehrheitlich zwischen 20 und 30 Jahre alt. Im Gegensatz zu älteren Jahrgängen machten sie ausgiebig von der im Osten neu entstehenden Club- und Kneipenlandschaft Gebrauch. Auch waren sie beruflich flexibler. In der Tat zeichnen sich die Berufsbiografien

286 Interview 56: Projektmanagerin im Kulturbereich, *1964, Westberlin.
287 Interview 16: Graphikdesignerin, *1964, Westberlin.
288 Interview 20: wechselnde Jobs, TV/Radio-Redakteur, *1961, Westberlin.

der Alternativen durch häufige, jedoch selbstgewählte, berufliche Wechsel aus. Von Existenzängsten keine Spur.

Nach dem Mauerfall erweiterten die Alternativen typischerweise ihren Aktionsradius gen Osten. So verlagerten einige ihren Lebensmittelpunkt komplett in den Ostteil. Eine gebürtige Wilmersdorferin etwa, Jahrgang 1964, zog 1994 nach Pankow.[289] Sie erzählt, dass sie und ihr damaliger Partner »ganz bewusst« nach einer Wohnung in den Ost-Bezirken gesucht hätten, weil sie es dort »total spannend« fanden (dass dort bezahlbarer Wohnraum verfügbar war, mag sicher auch eine Rolle gespielt haben). Die Frau studierte schließlich an einer Ostberliner Kunsthochschule, wo sie nicht nur die mutterfreundlichen Vorlesungszeiten zu schätzen wusste. In ihrer Freizeit erkundete sie die Ostberliner Stadtteile und kam mit den Menschen vor Ort in Kontakt. Innerhalb kürzester Zeit fühlte sich die junge Frau im Osten heimisch.

> »Hab so einen Zeichenkurs gemacht in Ostberlin, in Mitte, und hab da auch wieder Ostberliner kennengelernt. Also das fand ich total toll, diese anderen, diese Leute kennenzulernen und wirklich die Stadt zu erkunden. Eben die Ost-Teile. [...] Hab mich auch da sehr wohlgefühlt, mit den Menschen, also mit dieser Mentalität auch von den Menschen.«

Ihr heutiger Ehemann, den sie Ende der 1990er-Jahre über Freunde in Weißensee kennenlernte, stammt ebenfalls aus dem Osten. Längst nicht jede und jeder der Alternativen tauchte derart tief in die Ostberliner Lebenswelt ein. Dennoch ist den Befragten dieses Typs gemeinsam, dass der Osten ein Thema war – ob aus privaten oder beruflichen Gründen. Durch den vergleichsweise intensiven Kontakt mit ehemaligen DDRlern konnten Vorurteile gegenüber dem Osten, ausgeräumt werden. Diese Erfahrung jedenfalls schildert eine Frau, Jahrgang 1968, die zugibt, die Leute im Osten alle für »ein bisschen provinziell« gehalten zu haben.[290] Als sie 1995 in den Ostteil der Stadt zog, wo sie auch ihren späteren Ehemann und dessen Bekanntenkreis kennenlernte, änderte sich ihre Einstellung sukzessive, erzählt sie.

Die Alternativen hatten bereits vor 1989, spätestens aber seit den frühen 1990ern regelmäßigen Kontakt zu Menschen, die in der DDR geboren wurden und aufgewachsen sind. Sowohl dieser Umstand als auch ihr ge-

289 Interview 16: Graphikdesignerin, *1964, Westberlin.
290 Interview 41: Verhaltenstherapeutin, *1968, Westberlin.

nerelles politisches Interesse und ihre latent vorhandene regierungskritische Einstellung führten wohl dazu, dass sie den Vereinigungsprozess verfolgten. Zumindest aus heutiger Sicht problematisieren sie dann auch verschiedene Aspekte. Die Alternativen meinen etwa, dass »der DDR eben dieses System einfach übergestülpt wurde« und dass der Westen den Osten mit einer »ziemlichen Arroganz« vereinnahmt habe.[291] Man hätte nicht geschaut, ob die DDR denn auch etwas einbringen könne in ein vereinigtes Deutschland. Dass man in Ostberlin noch heute schlechter bezahlt wird, ist in den Augen der Alternativen »wahnsinnig schwachsinnig«.[292] Es sei durchaus nachvollziehbar, wenn die Leute sich zurückgesetzt fühlten und frustriert seien.

Die Alternativen interessierten sich für Politik. Ein Umstand, der sich in ihrem Mediennutzungsverhalten äußerte, der es aber keineswegs dominierte. Diese Menschen begeisterten sich ebenso für die politische Kabarettsendung *Scheibenwischer* und die Polit-Talks und Magazinsendungen der Öffentlich-Rechtlichen wie auch für den *Tatort*, die Anwaltsserie *Liebling Kreuzberg* oder US-amerikanische TV-Serien. Sie interessierten sich für Lokales genauso wie für überregionale Themen. Neben einer Berliner Tageszeitung lasen sie oft noch den *Spiegel* oder den *Stern*. Kultur war nicht weniger relevant als Politik und Wirtschaft. Da die Alternativen gerade in den 1990er-Jahren viel unterwegs waren, griffen sie regelmäßig zu den Stadtmagazinen *Zitty* oder *Tip*.

Die Alternativen sind verhältnismäßig breit aufgestellt, was ihre Mediennutzung betrifft. Denn die Befragten dieses Typs waren – wie ihr Name schon sagt – ständig auf der Suche nach Alternativen. Nicht nur nach politischen Alternativen, sondern auch nach alternativen Perspektiven in den Medien. Deswegen nutzten sie diverse Angebote. Sie geben an, kritische, hinterfragende und investigative Formate zu würdigen. Sie schätzen Angebote, in denen Themen behandelt werden, die sonst unter den Tisch fallengelassen werden. Sie sind in der Lage, konkrete Anforderungen an Medien zu formulieren. So fordern sie etwa eine pluralistische Berichterstattung und ein Ende von »Hetzkampagnen«[293] und

291 Interview 16: Graphikdesignerin, *1964, Westberlin.
292 Interview 56: Projektmanagerin im Kulturbereich, *1964, Westberlin.
293 Interview 16: Graphikdesignerin, *1964, Westberlin.

»Konfrontationstalkshows«[294] und mögen es, wenn »das Etablierte auf die Schippe genommen«[295] wird.

Stärker als die beiden anderen Westberliner Mediennutzungstypen machen die Alternativen vermutete gesellschaftliche Medienwirkungen zur Grundlage ihrer Medienbewertungen. Hierin weisen sie Parallelen zu den Ostberliner Mediennutzenden auf. So beschwert sich etwa eine der Befragten über einen wahrgenommenen »Mainstream«.[296] Unter anderem deswegen sah sie auch die Abwicklung der DDR-Medien – insbesondere von DT64 – kritisch. Die Frau verfolgte die Reorganisation der Medienlandschaft und befürchtete negative Konsequenzen für die Meinungsbildung: »Was soll eigentlich werden aus dieser Welt? Sollen alle immer dasselbe denken?« Sie beklagte sich auch über die »Stimmungsmache« der Medien im Prozess der Wiedervereinigung. Diese hätten vielmehr zu einer »Polarisierung« zwischen Ost und West beigetragen als zu einer Annäherung. Insgesamt denken die Alternativen viel häufiger über Medienwirkungen nach als die restlichen der Westberliner Befragten.

Die Alternativen unterscheidet weiterhin, dass sie den Osten nicht nur persönlich im direkten Kontakt, sondern zusätzlich auch über Medien kennenlernten. Sie griffen ganz bewusst zu Medien mit DDR-Herkunft. So erzählt einer der Befragten, Jahrgang 1961, heute verheiratet mit einer gebürtigen Magdeburgerin, dass sich seine Mediennutzung dahingehend verändert habe, dass »noch so gewisse Ost-Medien dazukamen«.[297] Die *Berliner Zeitung* etwa nutzte er explizit, weil die »damals eben auch noch mit so einer gewissen ostdeutschen Perspektive verknüpft war«. Auch die politischen Kommentare gefielen dem Mann – der unter anderem Geschichte studiert hatte und in den frühen 1990er-Jahren nach Pankow zog – in der *Berliner* besser als im *Tagesspiegel*, den er ebenfalls las. Denn im *Tagesspiegel* seien »damals eher so ein paar konservativere Kräfte« am Wirken gewesen. Er las die *Berliner Zeitung* nicht nur, weil sie half, sich in seiner neuen Umgebung zu orientieren, sondern auch, weil sie offensichtlich in höherem Maße seinen politischen Überzeugungen entsprach.

Dass einige der Alternativen auch gelegentlich etwa zu *Neues Deutschland* und *Junge Welt* griffen, mag auch daran liegen, dass diese Menschen sich als

294 Interview 20: wechselnde Jobs, TV/Radio-Redakteur, *1961, Westberlin.
295 Interview 53: Kommunalpolitiker, *1952, Westberlin.
296 Interview 41: Verhaltenstherapeutin, *1968, Westberlin.
297 Interview 20: wechselnde Jobs, TV/Radio-Redakteur, *1961, Westberlin.

politisch links verorten. Die Kommentierung dieser sich selbst als links positionierenden ›Ost-Zeitungen‹ ließ sich vermutlich besser mit dem eigenen Selbstbild und der eigenen Weltanschauung vereinbaren als die Berichterstattung der als bürgerlich empfundenen Presse wie *Tagesspiegel* und *Morgenpost*. Das Bekenntnis zu linken gesellschaftspolitischen Positionen ist dabei jedoch keinesfalls mit einem Bekenntnis zur DDR oder zum Osten gleichzusetzen.

Die Alternativen wussten sehr genau, welche Medienangebote eine DDR-Vergangenheit hatten und dass man solche als Westberliner oder Westberlinerin eigentlich nicht zu lesen, zu hören und zu sehen hatte. Auch sie unterschieden also zwischen ›Ost-Medien‹ und ›West-Medien‹. Diese Unterscheidung ging allerdings nicht mit einer Abwertung der Ost-Medien einher. Sie galten den Alternativen – ganz anders als den Insulanern etwa – nicht als (ideologisch) vorbelastet oder als handwerklich ungenügend. Und sie stellten nach Maueröffnung und einer wahrgenommenen Demokratisierung ebenso legitime Angebote dar wie die heimischen Medien. Die Differenzierung zwischen Ost und West war also nicht das entscheidende Kriterium der Medienauswahl. Wichtiger noch war etwa die politische Ausrichtung einer Zeitung oder auch die Organisationsweise und die Eigentümerverhältnisse von Medienangeboten (privat vs. öffentlich-rechtlich).

Die Alternativen befanden sich in regem Austausch mit ihrem persönlichen Umfeld. Sie diskutierten über die politischen Entwicklungen und das Zusammengehen von Ost und West. Um hier mitreden zu können, beschäftigten sie sich auch medial mit den aktuellen Entwicklungen. Auch gegenwärtig noch widmet sich der Großteil der Alternativen der Berichterstattung rund um Mauerfall und Deutsche Einheit. Sie setzen hier jedoch andere Schwerpunkte als die Etablierten, die sich zwar ebenfalls mit der Thematik beschäftigen und die aber mit den lange gängigen Darstellungsmustern und herrschenden Deutungen zum Wiedervereinigungsprozess größtenteils konform gehen. Die bereits zu Wort gekommene Wilmersdorferin, die 1994 nach Pankow zog, findet vor allem heutige Perspektiven auf die Geschichte spannend, weil »man doch jetzt nochmal klarer sieht, wie schief das alles lief«.[298] Die Frau, die 1995 ebenfalls in den Ostteil zog und seitdem mit einem Mann aus Thüringen eine Beziehung führt, sagt, sie

298 Interview 16: Graphikdesignerin, *1964, Westberlin.

kümmere sich weniger um die alljährliche Eventberichterstattung. Sie würden vor allem Spielfilme interessieren, in denen das Leben und der Alltag in der DDR »einfach so dargestellt« werden.[299] So fand sie etwa *Gundermann* (2018) von Regisseur Andreas Dresen einen »super Film«, weil der »völlig unspektakulär« aus dem damaligen Leben im anderen deutschen Staat erzählt habe. Sie kritisiert die damalige DDR-Berichterstattung als »sehr plakativ« und »schwarz-weiß«, heute gebe es da schon »viel bessere Analysen«, in denen sich die ehemaligen DDR-Bürger und DDR-Bürgerinnen eher wiederfinden könnten. Diese Frau ist es auch, die der Meinung ist, dass die Medien nach dem Mauerfall kollektiv in Richtung Vereinigung gedrängt hätten. Das sei »sehr eindimensional« gewesen, sagt sie. Ob es sich hierbei nicht vielmehr um eine nachträgliche Zuschreibung handelt, die auf dem erworbenen Wissen der letzten 30 Jahre beruht, als um eine tatsächliche damalige Wahrnehmung, muss an dieser Stelle offenbleiben.

Insgesamt, kann festgehalten werden, blicken die Alternativen deutlich kritischer auf den DDR- und Vereinigungsdiskurs als der Rest der Westberliner Interviewteilnehmenden. Einige der Alternativen unterstellen dabei eine westliche Dominanz. So sagt die zitierte Wahl-Pankowerin, dass »oft aus westlicher Sicht berichtet« wurde und wird. Allein die Formulierung ›Neue Bundesländer‹ sei »völlige[r] Wahnsinn«.[300] Der interviewte Kommunalpolitiker spricht gar von einer »kulturelle[n] Hegemonie des Westens« und offenbart so ein Bewusstsein über eine ungleiche Ressourcenverteilung zwischen Ost und West sowie eine Dominanz im Bereich der Signifikations- ebenso wie Herrschafts- und Legitimationsstrukturen (vgl. GIDDENS 1992: 81ff.).[301] Ein Bewusstsein, welches vermutlich auch daher rührt, dass er als Teil der politischen Elite selbst Zeuge der Hegemonie der Westdeutschen im Vereinigungsprozess war.

Was Motive der Mediennutzung und Bewertungskriterien betrifft, weisen die Alternativen eindeutige Parallelen zu den Ostberliner Mediennutzungstypen der Kritischen und der Übersiedler auf. Charakteristisch für die genannten Typen ist eine (mediale) Öffnung gegenüber der ›anderen Seite‹ und damit verbunden eine Mediennutzung, die durch Motive der Selbstaktualisierung gekennzeichnet ist. Sie unterscheiden sich jedoch,

299 Interview 41: Verhaltenstherapeutin, *1968, Westberlin.
300 Interview 16: Graphikdesignerin, *1964, Westberlin.
301 Interview 53: Kommunalpolitiker, *1952, Westberlin.

was die Intensität der Selbstaktualisierungmotive betrifft – bei den Ostberliner Typen sind jene wesentlich stärker ausgeprägt, was angesichts des dortigen Zwangs zur Identitätsrekonstruktion nur nachvollziehbar ist.

Fallbeispiel 3: Thomas, Jahrgang 1968, Mediengestalter[302]

Thomas verbrachte den Großteil seiner Kindheit in Zehlendorf. Er stammt aus einem »Haushalt mit Bildungshintergrund«, in dem viel gelesen wurde, erzählt er. Sein Vater war als Jurist für den Westberliner Senat tätig. Mit der Volljährigkeit verließ er das Elternhaus in Richtung eines Innenstadtbezirks. Nach dem Abitur nahm Thomas ein Studium der Politikwissenschaft auf, allerdings »sehr halbherzig«, wie er sagt. Geprägt hat ihn die Zeit dennoch, denn an der Uni wurde er politisiert, lässt er wissen. Er erinnert sich noch gut an die Streikwelle, die seine Universität 1988/1989 erfasste.

Thomas' Herz schlug immer schon für die Musik. Er war Mitglied einer Punkband, mit der er nach der Wende auch einige Jahre »rumgetourt« ist. Als sich die Band zerschlug, begann er eine Ausbildung zum Mediengestalter und war anschließend für verschiedene Rundfunkformate tätig.

Thomas wusste, dass er in einem kapitalistischen Land lebte und welche Eigendynamiken diese Wirtschafts- und Gesellschaftsordnung entfalten kann. Er reflektierte die Rolle der westlichen Welt durchaus kritisch, sagt er. In der diktatorischen DDR hätte er allerdings auch nicht leben wollen. Er erzählt, dass er heilfroh ist, dass er »freigeistig« aufwachsen konnte, die Wahl hatte, was er studieren wollte, und in der Lage war, seine Meinung frei zu äußern. Eine prinzipielle Westbindung und Dankbarkeit gegenüber dem bundesrepublikanischen Staat lässt sich also auch bei Thomas beobachten. Auch bei ihm ist die DDR in erster Linie mit Unfreiheit und Diktatur verknüpft.

Für Thomas persönlich war der Mauerfall 1989 ein durchweg positives Ereignis. Abgesehen von der Geburt seines Sohnes, erzählt er, sei der Mauerfall mit »das intensivste Erlebnis« in seinem Leben gewesen. Er habe zwar geglaubt, dass sich unter Gorbatschow politisch etwas tun werde, dass aber die Mauer fallen würde, kam auch für ihn überraschend. Das Einzige, was ihn gestört habe, sei der in den folgenden Tagen »aufkommende Nationalismus« gewesen. Als Linker wie politisch interessierter

302 Interview 72: Mediengestalter, *1968, Westberlin.

und engagierter Mensch habe er die vielen Deutschlandfahnen mit Skepsis zur Kenntnis genommen.

Thomas ist direkt nach dem Mauerfall in den Prenzlauer Berg gezogen. Der Grund dafür ist in seiner Familiengeschichte zu finden. Denn die Großeltern des Mannes stammen ursprünglich aus Ostdeutschland, landeten aufgrund des Krieges aber schließlich im Westen. Da sein Vater Geheimnisträger war, durfte Thomas offiziell nicht in die DDR einreisen und konnte die Stadt nur per Flugzeug verlassen. Westberlin habe er deshalb immer als »goldenen Käfig« empfunden. Umso größer war sein Interesse am Osten, als die Grenzen offen waren. In Prenzlauer Berg lebte Thomas in einem besetzten Haus, in dem Ost- und Westsozialisierte aufeinandertrafen. Es war »ein richtig gemischtes Projekt«, lässt er wissen. Es habe »natürlich Vorbehalte« von beiden Seiten gegeben. Er erinnert sich, dass viel diskutiert wurde. Die regelmäßigen Plena hätten dabei viel zum gegenseitigen Verständnis beigetragen. Thomas genoss das »Anarchisch[e]« der Zeit und feierte in den vielen illegalen Kneipen und Clubs Ostberlins. Seit der Wende ist er mehrmals umgezogen, hat Ostberlin aber nicht mehr verlassen. Er bezeichnet sich scherzhaft als »Wahl-Ossi«.

Vor der Wende hörte Thomas viel Radio. Sein Lieblingssender war RADIO 100. Das erste Privatradio Westberlins, das 1987 auf Sendung ging und linksalternativ ausgerichtet war, »eine Art ›*Taz*‹ im Radio« (SINIAWSKI 2017). Er mochte den Sender, denn dort wurden »politisch Sachen beleuchtet, die man jetzt in den Öffentlich-Rechtlichen so natürlich nicht gehört hat. Also Sachen wie, warum werden Häuser besetzt, welche Leute stecken dahinter, was wollen die«. Ferngesehen hat Thomas lange Zeit nur wenig. Ein Relikt seiner Kindheit, denn seine Eltern hätten immer gemahnt, dass das Fernsehen intellektuell wenig bereichernd wäre. Mit den privaten Sendern konnte er wenig anfangen, am liebsten schaute er 3SAT und ARTE. Thomas informierte sich breit, las auch mal den *Tagesspiegel* und die *Morgenpost*, obwohl er die Springer-Presse ganz klar ablehnte. Denn die hätte immer nur versucht Angst, zu verbreiten, um Geld zu machen. Der Mann erzählt, dass er sich vielseitig informieren wollte, »eher linksliberal«, deswegen habe er die *Taz* und die *Süddeutsche Zeitung* gelesen, ab und an auch den *Spiegel*. Insbesondere die *Taz* und die *Zitty* wusste er zu schätzen, weil diese sich auch kritisch mit der Stadtentwicklung auseinandergesetzt hätten. Um sich eine Meinung zu bilden, meint Thomas, gehöre es dazu, verschiedene Perspektiven zu kennen. Deswegen las er sowohl Zeitungen, die sich als links verstanden, als auch solche, die sich als »unabhängig oder überparteilich« bezeichneten.

Obwohl die publizistischen Medien der DDR für ihn klar »Staatsfunk« waren, schaltete Thomas zuweilen den *Schwarzen Kanal* oder die *Aktuelle Kamera* ein. Weniger zur Belustigung, wie es die meisten der Westberliner und Westberlinerinnen taten. Der junge Mann hatte andere Gründe:

> »Das war für uns von Interesse, weil die natürlich jetzt auch mal Bilder ganz anders gezeigt haben. Also wenn es zum Beispiel Auseinandersetzungen mit Autonomen gab in Westberlin, dann wurde berichtet von so ja, naja, wie hießen die damals? Die hießen Chaoten oder Störer. Also im Duktus der Westmedien hießen [die] Autonomen damals Störer, Chaoten oder Krawallmacher und die wurden natürlich ganz anders dargestellt im DDR-Fernsehen. Da waren es dann linke Aktivisten, die Gnadenlos vom Polizeistaat im Westen niedergeknüppelt werden. Und die haben auch echt harte Bilder gezeigt, also die sind da auch mal rangegangen und das war auch mal interessant das aus einer ganz anderen Perspektive zu sehen.«

Thomas war offensichtlich auf der Suche nach alternativen Sichtweisen und empfand die DDR-Medien bereits vor 1989 in bestimmten Bereichen als ernstzunehmende Ergänzung zum heimischen Angebot – eine Beobachtung, die sich unter den Westberliner Befragten nur selten anstellen lässt. Thomas' Bedürfnis nach alternativen Perspektiven zeigt sich außerdem darin, dass er nach der Wende auch immer wieder das *Neue Deutschland* und die *Junge Welt* las – »die war damals sehr erfrischend«, erinnert er sich. Es ist davon auszugehen, dass Thomas diese Zeitungen nicht nur las, weil er eine linke Sicht auf die Dinge wollte, sondern auch, weil er explizit nach Ost-Perspektiven gesucht hat. Immerhin lebte er schon kurz nach der Wende im Osten. Es war ihm wohl wichtig, die Sicht der Menschen zu kennen, mit denen er interagierte. Dass Westmedien vermutlich nicht ausreichen würden, um ein ganzheitliches Bild auf die gesellschaftlichen Vorgänge der Zeit zu bekommen, wusste Thomas. Schließlich gehörte er als Mensch, der in der linken Szene aktiv war und als Hausbesetzer selbst zu einer Gruppe, die er medial nicht adäquat repräsentiert sah.

Die Ost-Zeitungen waren für Thomas allerdings nicht die alleinige Informationsquelle, sondern nur ergänzendes Hilfsmittel. In seinen Erzählungen kommt immer wieder zum Ausdruck, dass es vor allem der persönliche Austausch mit Menschen aus der ehemaligen DDR war, die ihn für deren Schicksal und Belange sensibilisiert hat. Das zeigt sich in Aussagen wie dieser:

> »Und das Schlimme, was eigentlich passiert ist nach dem Mauerfall, das weiß ich von meinen Freunden, ist, dass ihnen plötzlich gesagt wurde, dein ganzes Leben, alles war falsch. Und das wird jetzt alles zunichtegemacht. Also da gibt's so, die Geschichte

> wird sozusagen ausgelöscht. Der Palast der Republik wird abgerissen, das Denkmal wird abgerissen, Lenin wird abgerissen, alles verschwindet. Die Straßen heißen jetzt anders und so und es wird immer gesagt, dein Leben, das war alles unrecht, Unrechtsstaat.«

Thomas weiß offensichtlich sehr genau um die Signifikationsstrukturen der Nachwendezeit, um einen DDR-Diskurs also, der das bisherige Leben der Ostdeutschen illegitim erscheinen ließ. Ihm ist nicht nur die symbolische Abwertung bewusst – er hat auch Kenntnis von den Einkommensverhältnissen und sozialen Lebensbedingungen im Osten. Er meint, es gebe zwar »überall tolle Straßen, tolle Autos, tolle Häuser, aber viele Menschen sind auf der Strecke geblieben«. Und weiter: »Also die gewonnene Reisefreiheit und Meinungsfreiheit, die nützen einem ja nichts, wenn man keinen Job mehr hat und wenn man keine Kohle zum Verreisen hat oder sich keine schöne Wohnung leisten kann.« Thomas kann deshalb gut verstehen, wenn viele Menschen mit DDR-Biografie verbittert seien und keine Perspektive mehr sehen würden. Die Wurzel für heutige Probleme ostdeutscher Regionen – etwa die Abwanderung junger Menschen aus ländlichen Gebieten – vermutet er im Einigungsprozess. Dort seien Oppositionelle und Linke aus der DDR mit ihren Ideen zur Gestaltung eines gemeinsamen Deutschlands nicht ausreichend berücksichtigt worden. Sowohl »im Rundfunk, im Fernsehen, aber auch durchaus in der Politik«, sagt Thomas, seien diese Akteure unterrepräsentiert gewesen. Ob ihn dieser Umstand tatsächlich störte, weil Ostdeutsche übergangen wurden oder nicht doch eher weil er damit auch die Hoffnung auf eine Reform der Bundesrepublik begraben musste, bleibt an dieser Stelle ungeklärt.

Die Mediennutzung und -bewertung von Thomas fand durchaus unter Identitätsmotiven statt. Während das Medienhandeln der Insulanerin Alice primär von Motiven der Rückbettung begleitet war, sind bei Thomas vor allem Motive der Selbstaktualisierung zu beobachten. Er suchte über massenmediale Angebote ostdeutscher Herkunft in die Ostberliner Gesellschaft hineinzufinden – ein Verhalten, das analog typisch war für Gleichaltrige aus Ostberlin, die versuchten, sich der westdeutschen Gesellschaft anzunähern.

7. Fazit: Diskursive Fortschreibung der (medialen) Ost-West-Spaltung

Die Beobachtung einer in Ost und West getrennten Medienwelt Deutschlands bildete den Ausgangspunkt der vorliegenden Studie. Trotz einer gesellschaftlichen Ost-West-Debatte ist die kommunikationswissenschaftliche Auseinandersetzung mit diesem Phänomen weitgehend ein Forschungsdesiderat geblieben. Die Befunde zur Konstruktion der DDR und Ostdeutschlands in den Diskursen der publizistischen Medien sowie das Wissen um eine Hegemonie westdeutscher Akteure innerhalb der Neugestaltung der ostdeutschen Rundfunklandschaft nach 1989 gaben Anlass, sich diesem Thema unter der Erkenntnisperspektive der kollektiven Identität zu nähern. Dabei wurde eine vergleichende Perspektive eingenommen. Mit der Strukturations- und Identitätstheorie Giddens' (1991; 1992) wurde ein theoretischer Rahmen gewählt, der gewinnbringend mit den Annahmen der Uses-and-Gratifications-Forschung (vgl. KATZ/BLUMLER/GUREVITCH 1974) verknüpft werden konnte. ›Kollektive‹ beziehungsweise ›soziale Identität‹ hat sich dabei als fruchtbarer Ansatz erwiesen, um Ost-West-Unterschiede in der Mediennutzung und Medienbewertung zu analysieren. Über 80 biografische Leitfadeninterviews mit Menschen aus Ost- und Westberlin erlaubten es, Veränderungen und Kontinuitäten im Umgang mit Medien sowie im Prozess der kollektiven Identitätsbildung seit der Wende nachzuvollziehen. Motive und Bewertungskriterien halfen dabei, die Bezüge zu Ost-/West-Identitäten innerhalb der Mediennutzungsroutinen der Berliner und Berlinerinnen offenzulegen.

Wie haben sich Mediennutzung und Medienbewertungen in Abhängigkeit von Ost-/West-Identität im Berlin der Nachwendezeit also entwickelt? Zur Beantwortung der eingangs aufgeworfenen Forschungsfrage kann zunächst festgehalten werden, dass Ost- und West-Identitäten nach wie vor relevante Kategorien innerhalb der Nutzung und Bewertung von Medienangeboten darstellen. Bei grundsätzlichen Parallelen, die hinsichtlich der Motive und Bewertungskriterien in Ost- und Westberlin bestehen, hat die Studie jedoch gezeigt, dass der Umgang mit Medien seitens der Personen mit DDR-Herkunft deutlich stärker identitär geprägt ist. Dieser Umstand lässt sich auf die teilweise doch gravierend unterschiedlichen (Medien-)Erfahrungen vor und nach 1989 zurückführen ebenso wie auf differente Ressourcenverteilungen (vgl. GIDDENS 1992: 315ff.) und daraus resultierende Identitätslagen seit der Nachwendezeit.

So lässt sich in Westberlin eine hohe Kontinuität der Nutzungsroutinen beobachten. Mediennutzung findet dort stark habitualisiert statt, da die Wende und der Mediendiskurs – anders als im Ostteil der Stadt – jedenfalls in der Breite nicht die Entstehung neuer Mediennutzungsmotive und -muster bedingte. Dabei existieren auch in Ostberlin Bevölkerungsteile, die einen Großteil ihrer Mediennutzungsroutinen nach 1989 – soweit möglich – beibehielten. Alles in allem ist hier jedoch eine höhere Dynamik zu konstatieren. Das liegt einerseits daran, dass die Medienlandschaft Westberlins keinem so fundamentalen Wandel ausgesetzt war wie im Osten, andererseits an der fehlenden Notwendigkeit zur Identitätsrekonstruktion – denn die dominanten Diskurse entsprachen dem kollektiven Selbstbild des Westens.

Kontinuität kann nicht nur für Nutzungsroutinen, sondern auch für Bewertungspraktiken der Westberliner und Westberlinerinnen festgestellt werden. Medienbewertungen von Westberlinern und Westberlinerinnen gründen sich zuvorderst auf erworbenes Medienwissen hinsichtlich normativer Funktionen von Massenmedien und auf zirkulierende Medienimages. Aus Westberlin stammende Personen hatten in der Regel keinen Anlass, gewohnte Routinen der Medienbewertung zu hinterfragen, da Realitätswahrnehmung und Mediendarstellung (zumindest in ausschlaggebenden Aspekten) miteinander konform gingen. So hat sich etwa die Nichtnutzung und teilweise starke Ablehnung von Medienangeboten mit DDR- beziehungsweise ostdeutscher Herkunft als Medienroutine herausgestellt, die sich seit der Zeit der Teilung bis heute relativ stabil gehalten hat.

Die Medienbewertungen der Ostberliner sind dagegen häufiger durch Reflexionsprozesse gekennzeichnet, die auf Problematiken kollektiver (Ost-)Identität zurückzuführen sind. Eine kritische Reflexion bezog sich dabei vorwiegend auf Medien, denen ein westdeutscher Fremdblick zugeschrieben wurde, nicht auf ›eigene‹ Medienangebote. Solche also, die als genuin ostdeutsch wahrgenommen wurden. Indiz für vermehrte Reflexion seitens der Ostberliner Befragten ist die alles in allem stärkere Ausprägung des diskursiven Bewusstseins (vgl. GIDDENS 1992: 91ff.). Sie begannen nicht erst in der konkreten Interviewsituation über die Gründe für ihre Einstellungen gegenüber bestimmten Medien nachzudenken und waren in der Lage, ihre Haltungen argumentativ zu begründen. Das soll nicht heißen, dass Menschen westdeutscher Herkunft sich Medien gänzlich unreflektiert zuwandten. Auch im Westen wurden gewohnte Medienroutinen überprüft, wenn äußere Anlässe es erforderten, alternative Sichtweisen kennenzulernen oder neues Wissen zu erwerben, beispielsweise aufgrund eines Umzugs in die andere Stadthälfte oder wegen beruflicher Notwendigkeiten. Fragen einer West-Identität spielten dabei insgesamt allerdings eine untergeordnete Rolle.

Die Ostdeutschen als Kollektiv büßten im Zuge der Einheit an Handlungsmacht ein, gültiges Wissen wurde obsolet. In der gesamtdeutschen Gesellschaft verfügten sie über geringere Ressourcen und neue Regeln und adäquate Verhaltensweisen mussten erst erlernt werden. Es ist daher nachvollziehbar, dass der Zwang (oder der Wunsch) zur ›Selbstaktualisierung‹ ebenso wie das Bedürfnis zur ›Rückbettung‹ unter den Befragten Ostberlins stärker ausgeprägt war. Sie waren es, die neue Alltagsroutinen ausbilden mussten, um in der hochgradig individualisierten, westdeutschen Gesellschaft handlungsfähig zu bleiben. Nicht nur, dass die Biografien der Ostberliner und Ostberlinerinnen in der Regel durch Diskontinuitäten gekennzeichnet sind, sie sahen sich zusätzlich einem Mediendiskurs ausgesetzt, den sie als stigmatisierend empfanden und der darauf abzielte, die DDR-Vergangenheit zu delegitimieren, um so den gesellschaftlichen Status quo westdeutscher Hegemonie aufrechtzuerhalten. Diese Gegebenheiten haben zumindest bei einem Teil der Ostberliner Befragten die Identifikation mit einem ostdeutschen Kollektiv befördert. Diese wiederum äußerte sich in einer Zuwendung zu Medienangeboten, die sich selbst als Orte des Gegendiskurses positionierten oder die vom Publikum als solche identifiziert wurden, wie etwa der *SuperIllu*, der *Berliner Zeitung* oder dem MDR. Die Identifikation mit einem ostdeutschen Kollektiv hat sich stellenweise auch in der Abkehr von und der kritischen Bewertung ausgewählter Medienangebote westdeutscher Herkunft geäußert – genauer der öffentlich-rechtlichen Hauptprogramme von ARD und ZDF sowie der überregionalen Leitmedien.

Die Beobachtung eines verzerrten DDR- und Ost-Diskurses resultierte allerdings nicht zwangsläufig in der Hinwendung zu einem Ost-Kollektiv.

Konträr dazu kann auch die entschiedene Abgrenzung vom Osten (und seinen Medien) sowie die Überidentifikation mit der westdeutschen Mehrheitsgesellschaft als Reaktion auf herrschende Diskurse beobachtet werden. Die Relevanz des Kriteriums Herkunft (Ost/West) scheint dabei vorrangig für Nachrichten und öffentlich-rechtliche Formate gegeben zu sein, bei unterhaltenden Inhalten und Angeboten privater Sender liegt die Herkunft offenbar oft unter der Wahrnehmungsschwelle oder wird bewusst vernachlässigt.

Die Bedeutung kollektiver Identität offenbart sich auch in der retrospektiven Bewertung der Neuordnung der ostdeutschen Rundfunklandschaft nach 1989. So lässt sich von einer eindeutigen identitätspolitischen Aufladung der Medienangebote mit DDR-Historie sprechen. Zwar fühlten sich auch die Westberliner und Westberlinerinnen den heimischen Medienangeboten verbunden. Allerdings wurde die Einstellung der traditionsreichen Radio- und TV-Programme von SFB und RIAS rückblickend nicht derart problematisiert oder gar als Angriff auf eine West-Identität gedeutet, wie es einige analog im Osten tun.

Die Studie hat gezeigt, dass sich der kritische Blick auf ARD, ZDF und die überregionale ›Qualitätspresse‹ erst im Zeitverlauf herausbildete. Gegenwärtige Tendenzen der Medienbewertung in Ostberlin (und Ostdeutschland) sind damit zum wesentlichen Teil als das Resultat der Restrukturierung der ostdeutschen Medienlandschaft im Zuge der Herstellung der deutschen Einheit zu begreifen. Denn die Übertragung der bundesrepublikanischen Medienstrukturen auf das Gebiet der ehemaligen DDR zementierte langfristig eine westdeutsche Hegemonie über die gesamtdeutschen Signifikationsstrukturen – das lässt sich etwa an der Unterrepräsentation Ostdeutscher in den medialen Eliten und den Diskursmustern ablesen (vgl. AHBE/GRIES 2009; BLUHM/JACOBS 2016; KOLLMORGEN 2011, 2020).

Auch wenn etwa die besondere Sensibilität für politische Abhängigkeiten von Mediendarstellungen auf die Sozialisation in einer gelenkten Medienumgebung zurückgeführt werden kann, so scheinen die Wurzeln einer vergleichsweise kritischeren Bewertung der Leistungen der öffentlich-rechtlichen Hauptprogramme und der Abstinenz von Publikationen wie *Spiegel*, FAZ und *Süddeutsche Zeitung* doch eher in der Nachwendezeit zu liegen. Insofern ist die Vermutung des Historikers Peter Ulrich Weiß (2021), dass die »vergleichsweise hoh[e], stetig[e] Infragestellung der Leitmedien-Kompetenz« durch die Ostdeutschen eine »gewisse Hinterlassenschaft aus DDR-Zeiten« (ebd.: 262) darstelle, nur die halbe Wahrheit. Es handelt sich bei den heutigen Nutzungs- und Bewertungsmustern also nur teilweise um ein ›mediales Erbe‹ der DDR. Medienbewertungen werden sehr wohl vor dem Hintergrund der Erfahrungen mit dem DDR-Mediensystem vorgenommen, prägend aber war vor allem die Beschaffenheit des Medienangebots nach der Wende. Insofern kann diesbezüglich viel eher von einem Vermächtnis der Wiedervereinigung gesprochen werden.

Die hegemoniale Position des Westens wurde von den befragten Ostberlinern und Ostberlinerinnen registriert, was nicht nur in der Ausbildung spezifischer Nutzungs- und Bewertungsroutinen resultierte, sondern auch langfristige Folgen für die kollektive Identitätsbildung hatte. Auch wenn die Befragten eine generalisierende Unterscheidung zwischen Ost und West nicht für sich in Anspruch nehmen wollen, so lassen sich doch auf beiden Seiten Tendenzen der Abgrenzung vom jeweils anderen (und seinen Medien) nachvollziehen, die als Reaktion auf mediale Identitätskonstruktionen zu betrachten sind. Der dominante Mediendiskurs der Nachwendezeit wirkte letztlich stabilisierend auf vorhandene Identitäten. Bereits zu Zeiten des Kalten Kriegs etablierte Deutungen wurden so perpetuiert.

Damit lässt sich auch die zweite der zu Beginn formulierten Forschungsfragen über die Rolle der Medien im Prozess der kollektiven Identitätsbildung in Deutschland seit 1989 beantworten. Aus den Interviews lässt sich ableiten, dass die publizistischen Medien vielmehr zu einer Fortschreibung denn zu einer Überwindung der Ost-West-Spaltung beigetragen haben. Der Systemwechsel von 1989/1990 und der Vollzug der deutschen Einheit ließ zumindest bei einem Teil der Ostberliner Befragten (Identitäts-)Bedürfnisse entstehen, die durch das bundesdeutsche Medienangebot nicht oder nur bedingt befriedigt werden konnten. Zusätzlich haben die spezifischen Ost- und DDR-Diskurse der westdeutschen Leitmedien seit der Wende teilweise schließlich gar dazu geführt, dass eine kollektive Ost-Identität generell, nicht nur innerhalb der Mediennutzung und -bewertung, an Relevanz gewann. Die Diskursstrukturen haben sich allerdings nicht ausschließlich in Ostberliner Selbst- und Weltverständnisse eingeschrieben – Spuren des Diskurses finden sich auch auf Westberliner Seite. So wurden vor allem dort herrschende Deutungen und Stereotype aus den Medien übernommen und zur Abgrenzung in Stellung gebracht, wo eine Auseinandersetzung mit dem Osten über andere Kanäle als Medien (etwa persönliche Kontakte) nicht stattfand. Gegenwärtige Tendenzen in der kollektiven Identitätsentwicklung wie auch im Umgang mit Medien in Ost und West sind somit zumindest partiell das Produkt wechselseitiger

Bezugnahme. War man schon zu Zeiten der Teilung durch Konkurrenz und Abgrenzung aufeinander bezogen, scheint dies stellenweise noch immer der Fall zu sein, so dass die These einer »asymmetrisch verflochtene[n] Beziehungsgeschichte« (KLESSMANN 1999: 12), trotz offizieller staatlicher Einheit, in gewissem Sinne noch heute Gültigkeit beanspruchen kann.

Das Verdienst dieser Arbeit besteht darin, den Zusammenhang von (Medien-)Strukturen, individuellen Nutzungsroutinen und Bewertungsmustern sowie Prozessen der kollektiven Identitätsbildung im vereinigten Deutschland offengelegt zu haben. Jene Zusammenhänge also, die im vorab entwickelten theoretischen Modell (Kapitel 3.5) abstrakt angelegt waren. Diese Studie zeichnet die Wirkung herrschender Diskurse auf den individuellen Umgang mit Medien und Prozesse der Identitätskonstruktion im zeitlichen Verlauf von über 30 Jahren nach. Zudem erlaubt sie die Identifikation verschiedener Typen von Mediennutzung und Identitätsbildung in Ost- und Westberlin. Damit bietet sie einen Grad an Differenzierung, die Nutzungsstudien, die kurz nach der Wende entstanden, oft vermissen ließen.

Ausgehend von diesen Befunden, können weitere Untersuchungen durchgeführt werden, die schließlich auch Aussagen über die Verteilung dieser Typen in der Gesellschaft zulassen. Theoretische Sättigung wurde zwar angestrebt, dennoch bestehen Lücken. Zu den Menschen, die nicht rekrutiert werden konnten, zählen etwa Personen, die Teil der politischen Führung der DDR waren oder solche, die direkt Opfer des Staates geworden sind, indem sie inhaftiert wurden oder Ähnliches. Diese Gruppen blicken vermutlich noch einmal anders auf die herrschenden Diskurse und positionieren sich unterschiedlich zu ihrer DDR-Herkunft.

Die Arbeit illustriert nicht nur den Mehrwert und die Notwendigkeit einer biografischen Herangehensweise, sondern auch den Nutzen theoriegeleiteter Forschung. Die theoretische Perspektive hilft zu erkennen, von welchen Faktoren der individuelle Umgang mit Medien beeinflusst wurde – einerseits von den verfügbaren Ressourcen und gültigen Regeln, andererseits von den Signifikationsstrukturen, also bestimmten Diskursweisen, die sich stets im Wechselspiel mit Strukturen der Legitimation und Herrschaft herausbilden (vgl. GIDDENS 1992: 84ff.). Motive und Medienbewertungen sind in diesem Sinne immer auch das Ergebnis von (medien-)strukturellen Gegebenheiten und dürfen nicht losgelöst von diesen betrachtet werden.

Die vorliegende Arbeit knüpfte an die zahlreichen vorhandenen inhaltsanalytischen Studien zur massenmedialen Darstellung der DDR und

Ostdeutschlands an und hat diese entscheidend um die Mediennutzerperspektive erweitert. Eigene inhaltsanalytische Erhebungen hätten sicher zu einer noch detaillierteren Kontextualisierung der Befunde beitragen können. Eine Analyse der konkreten Medientexte, beispielsweise der Presseberichterstattung in Ost- und Westberliner Zeitungen, die den Zeitraum von 1989 bis heute abdeckt, war im Rahmen dieser Arbeit jedoch nicht zu bewerkstelligen und bildete schließlich auch nicht das zentrale Erkenntnisinteresse.

Wenn sich die Untersuchung auch auf die einstige Mauerstadt Berlin beschränkt, so ist davon auszugehen, dass die Ergebnisse zumindest in einigen Aspekten auf das übrige Gebiet Deutschlands übertragbar sind. Berlin wies zwar kommunikationsräumliche Spezifika auf – wie etwa, dass Medienangebote aus Ost und West hier aufeinandertrafen – die grundlegende Organisationsweise der Medienlandschaft unterschied sich allerdings nicht von der im Bundesgebiet (duales Rundfunksystem, Privatwirtschaftlichkeit der Presse, westdeutsche Eigentümerschaft). Der Alltag in der Großstadt Berlin mag anders ausgesehen haben als im Rest der Republik, was sich schließlich auch im Umgang mit Medien bemerkbar machte. Vor allem der für Berlin spezifische wechselseitige Kontakt zwischen Ost und West hat Identitätsbildung wie Mediennutzung, zumindest in einigen Fällen, beeinflusst. So hat die geografische Nähe zum Osten und das Vorhandensein alternativer ostdeutscher Deutungen – etwa in Tageszeitungen – die Identitätsbildung (eines begrenzten Personenkreises) in Westberlin im Sinne einer Annäherung beeinflusst, die so für das restliche Westdeutschland zunächst nicht unterstellt werden kann. Es ist insbesondere der Befund, dass herrschende Diskurse sich grundsätzlich in das Mediennutzungsverhalten und Identitäten in Ost ebenso wie West eingeschrieben haben, der wohl über Berlin hinaus Gültigkeit beanspruchen kann. Denn mit jenen Mediendiskursen sah man sich sowohl im bayerischen Illertissen wie auch im sächsischen Taucha konfrontiert – wenn auch in unterschiedlicher Intensität.

Die Studie wollte primär vergangene Nutzungs- und Bewertungsmuster erheben und war so mit den Schwierigkeiten historischer Forschung im Allgemeinen und historischer Mediennutzungsforschung im Besonderen konfrontiert (vgl. BEHMER 2008; DHOEST 2015; STIEHLER 2020). Es handelt sich bei den Aussagen der Befragten um selektive Schilderungen aus der Gegenwart. Mit Sicherheit wurde in den Interviews nicht jedes Medium erfasst, dass in den letzten drei Jahrzehnten in irgendeiner Art von Bedeutung war. Grundsätzliche Tendenzen der Mediennutzung und Medienbewertung aber ließen sich problemlos erheben, wobei sich der Zugang über Biografie und Alltag als förderlich erwiesen hat. Die Befragten rekapitulierten vergangene Ereignisse zwar aus dem Heute (vor ihrer jetzigen Lebenssituation und mit dem Wissen um herrschende Diskurse), waren dabei aber durchaus in der Lage, die eigene Entwicklung und Perspektive zu reflektieren. Was einmal mehr beweist, dass der Rückgriff auf Zeitzeugen und Zeitzeuginnen einen adäquaten methodischen Zugang im Rahmen historischer Mediennutzungs- und Medienwirkungsforschung darstellt.

Was lässt sich aus der Studie für die kommunikationswissenschaftliche Nutzungsforschung ableiten? Sie legt nahe, Mediennutzung noch stärker als bisher als routinisiertes Handeln zu verstehen, das so lange beibehalten wird, bis etwa gewandelte Lebensumstände oder die Wahrnehmung von Widersprüchen zwischen Realität und Mediendarstellung, diese Routinen aktiv stören. Als fruchtbar hat sich außerdem die Giddensche (1992) Unterscheidung der Bewusstseins- beziehungsweise Wissensebenen von ›praktisch‹ und ›diskursiv‹ erwiesen (vgl. ebd.: 91ff.). So haben sich gerade Medienbewertungen differenziert analysieren lassen. Die Untersuchung ließ darüber hinaus erkennen, dass kollektive oder soziale Identität zwingend als Einflussfaktor auf Mediennutzung und -bewertung zu berücksichtigen ist. Nicht nur in Form einer Selbstidentifikation, sondern vor allem auch im Sinne einer Fremdzuschreibung. Denn offensichtlich beeinflusst der gesellschaftlich zugeschriebene Status desjenigen Kollektivs, dem man sich zugehörig fühlt (oder dem man durch andere zugeordnet wird) letztlich den Umgang mit und das Verhältnis zu Medien.

Im Anschluss an diese Arbeit bietet sich die Gelegenheit zu weiterer Forschung. So hat sich die Studie auf die klassischen Massenmedien Presse, TV und Radio fokussiert und nicht danach gefragt, wie die Angebote digitaler Plattformen (etwa Facebook, Instagram, X) genutzt wurden. Auch in diesen Räumen, in denen niedrigere Zugangsschwellen potenziell alternative Deutungen erlauben, wird kollektive (Ost-)Identität konstruiert (vgl. THEINERT 2020; KÖTZING 2023). Es wäre sicher lohnend zu untersuchen, wie die Entstehung dieser »digitalen Erinnerungsräume« (vgl. MENKE 2019) den Umgang mit und die Bewertung von klassischen Medien beeinflusst hat – gerade hinsichtlich der Aushandlung kollektiver Identität.

Da die vorliegende Arbeit lediglich einen begrenzten Personenkreis berücksichtigt, wäre zu überlegen, die Untersuchung auf das restliche Bundesgebiet auszudehnen. Zudem wurden nur Menschen befragt, die vor dem

Mauerfall geboren und aufgewachsen sind. Die Aufgabe weiterführender Forschung besteht daher in einer Erweiterung des Samples um jüngere Generationen. Ist der Blick von nach 1990 geborenen Ostdeutschen auf den DDR- und Ostdeutschlanddiskurs ebenso kritisch oder werden mediale Ost-West-Darstellungen dort nicht hinterfragt, weil die Diskurse sich seit den 1990er-Jahren eingeschrieben haben? Berücksichtigt man, dass eine Ost-Identität auch in der Nachwendegeneration von Relevanz ist, wie die jüngere Forschung zeigt (vgl. KUBIAK 2020; HEIDE/LUX/MAU 2023) und den Befund dieser Arbeit, dass der Mediendiskurs die Identifikation mit einem Ost-Kollektiv potenziell verstärkt, wäre dieser These zunächst zu widersprechen. Diesbezüglich kann nur weitere Forschung für Aufklärung sorgen.

Was ist hinsichtlich der zukünftigen Entwicklung des Umgangs mit und der Einstellungen gegenüber Medien in Ost und West zu erwarten? Werden gewohnte Nutzungsmuster beibehalten? Wird die Medienwelt Ost auch weiterhin eine – zumindest in gewissen Aspekten – andere sein als die Medienwelt West? Für diesbezügliche Veränderung spricht, dass immerhin ein Problembewusstsein über die fehlende Repräsentanz ostdeutscher Akteure in den gesellschaftlichen Eliten vorhanden zu sein scheint. Die Problematik rückt zusehends in den Fokus öffentlicher, auch politischer Aufmerksamkeit – davon zeugt etwa das jüngst vorgelegte Konzept des ›Ost-Beauftragten‹ Carsten Schneider zur Verbesserung der Repräsentation von Ostdeutschen in Führungspositionen der Bundesverwaltung (vgl. BEAUFTRAGTER FÜR OSTDEUTSCHLAND 2023). Zudem werden Stimmen lauter – auch aus der Wende- und Nachwendegeneration – die die herrschende Diskurslogik vom Osten als defizitär und rückständig unterlaufen (vgl. LETTRARI/NESTLER/TROI-BOECK 2015; ENGLER/HENSEL 2018; SCHÖNIAN 2020). Dass diese Entwicklungen langfristig Einfluss auf gewohnte Nutzungsroutinen und bestehende Ost-/West-Identitätskonstruktionen haben, ist allerdings eher unwahrscheinlich. Denn einzelne ostdeutsche Stimmen vermögen nicht, die strukturellen Gegebenheiten zu verändern. Damit diese Perspektiven dauerhaft Einzug in die westdeutsch geprägten Leitmedien finden, müssten schließlich auch Fragen nach Eigentümerschaft und Organisationsweise von Medien gestellt werden – dahingehend sind derzeit schließlich keine grundlegenden Reformen zu erwarten.

LITERATUR UND QUELLEN

»Berlin ist kein Moloch«. Ein ZEIT-Interview mit dem Regierenden Bürgermeister von Berlin. (1968, 9. Mai). In: *Die Zeit*. https://www.zeit.de/1986/20/berlin-ist-kein-moloch [19.08.2022].

»Dann gibt es Krieg«. Der Regisseur und Intendant Frank Castorf über die Berliner Theater-Krise. (1993). In: *Der Spiegel*, 26, S. 208-210.

»Es brennt überall« (1997). In: *Der Spiegel*, 14, S. 45-52.

»Neue Gesichter – alte Filzokratie« (1983). In: *Der Spiegel*, 25, 33-40.

»Provokationen ohne RIAS-Hetze undenkbar« (1953, 22. Juli). In: *Neues Deutschland*, S. 2.

98 PROZENT GEGEN DIE FUNKTIONÄRE (1989, 17. Dezember). In: *Der Spiegel*, 51, S. 86-89.

ABRAMS, J. R.; GILES, H. (2007): Ethnic Identity Gratifications Selection and Avoidance by African Americans. A Group Vitality and Social Identity Gratifications Perspective. In: *Media Psychology*, 9, S. 115-134. https://doi.org/10.1080/15213260709336805

AHBE, T. (1997): Ostalgie als Selbstermächtigung. Zur produktiven Stabilisierung ostdeutscher Identität. In: *Deutschland Archiv*, 4, S. 614-619.

AHBE, T. (2000): Zehn Jahre danach. Neue Befunde der empirischen Sozialwissenschaft zu unterschiedlichen Werten und Einstellungen der Ostdeutschen und Westdeutschen. In: *COMPARATIV*, 10(5/6), S. 182-193.

AHBE, T. (2001): Ostalgie und die Lücke in der gesellschaftlichen Produktion von Erinnerungen. In: *Hochschule Ost. Leipziger Beiträge zu Hochschule und Wissenschaft*, 1, S. 143-156.

AHBE, T. (2004): Die Konstruktion der Ostdeutschen. Diskursive Spannungen, Stereotype und Identitäten seit 1989. In: *APuZ*, 41/42, S. 12-22.

AHBE, T. (2008): Ost-Diskurse. Das Bild von den Ostdeutschen in den Diskursen von vier überregional erscheinenden Presseorganen 1989/90 und 1995. In: K. S. ROTH; M. WIENEN (Hrsg.): *Diskursmauern. Aktuelle Aspekte der sprachlichen Verhältnisse zwischen Ost und West* (S. 21-53). Bremen: Hempen.

AHBE, T. (2009a): Die Ost-Diskurse als Strukturen der Nobilitierung und Marginalisierung von Wissen. In: T. AHBE; R. GRIES; W. SCHMALE (Hrsg.): *Die Ostdeutschen in den Medien. Das Bild von den Anderen nach 1990* (S. 59-112). Leipzig: Universitätsverlag.

AHBE, T. (2009b): Ostdeutsche und westdeutsche Identität. Über Gründe und Sinn einer Differenz. In: *Vorgänge*, 187(20), S. 85-93.

AHBE, T. (2013): Die ostdeutsche Erinnerung als Eisberg. Soziologische und diskursanalytische Befunde nach 20 Jahren staatlicher Einheit. In: E. GOUDIN-STEINMANN; C. HÄHNEL-MESNARD (Hrsg.): *Ostdeutsche Erinnerungsdiskurse nach 1989. Narrative kultureller Identität* (S. 27-58). Berlin: Frank & Timme.

AHBE, T. (2016): *Ostalgie. Zu ostdeutschen Erfahrungen und Reaktionen nach dem Umbruch.* Thüringen: Landeszentrale für politische Bildung.

AHBE, T. (2020): Das Ende vom Lied. Ostdeutschland und die Ostdeutschen als Erzählung. In: M. HOFMANN (Hrsg.): *Umbruchserfahrungen. Geschichten des deutschen Wandels von 1990 bis 2020* (S. 183-215). Münster: Westfälisches Dampfboot.

AHBE, T.; GRIES, R. (2006): Die Generationen der DDR und Ostdeutschlands. In: *Berliner Debatte Initial*, 17(4), S. 90-109.

AHBE, T.; GRIES, R.; SCHMALE, W. (2009): *Die Ostdeutschen in den Medien. Das Bild von den Anderen nach 1990.* Leipzig: Universitätsverlag.

AHRENS, R. (2015): Teure Gewohnheiten. Berlinförderung und Bundeshilfe für West-Berlin seit dem Mauerbau. In: *Vierteljahrschrift für Sozial- und Wirtschaftsgeschichte*, 102(3), S. 283-299. https://doi.org/10.25162/vswg-2015-0010

AKU (1992, 15. April): Streik bei der ›Berliner Zeitung‹. In: *Taz*, S. 21.

ALLE FÜR EINE (2005, 20. Mai): *Berliner Zeitung*. https://www.berliner-zeitung.de/alle-fuer-eine-li.8333?pid=true [02.11.2023].

ALTMEPPEN, K. D. (2007): *Journalismus und Medien als Organisationen: Leistungen, Strukturen und Management.* Wiesbaden: VS Verlag für Sozialwissenschaften.

ANDERE DENKE (1991, 10. März): *Der Spiegel.* https://www.spiegel.de/politik/andere-denke-a-30460843-0002-0001-0000-000013488259 [02.11.2023].

ANDERSON, B. (1983): *Imagined communities. Reflections on the origins and spread of nationalism.* London: Verso.

ANGEBER-WESSI MIT BIERFLASCHE ERSCHLAGEN. (1991, 3. Mai). In: *Super!*, S. 1.

ANGEHRN, E. (2018): Der Mensch in der Geschichte – Konstellationen historischer Identität. In: E. ANGEHRN; G. JÜTTEMANN (Hrsg.): *Identität und Geschichte* (S. 7-52). Göttingen: Vandenhoeck & Ruprecht.

ANTWEILER, C. (2017): Kollektive Identität. In: L. KÜHNHARDT; T. MAYER (Hrsg.): *Bonner Enzyklopädie der Globalität* (S. 443-453). Wiesbaden: Springer VS.

ARD WERBUNG SALES & SERVICE GMBH (Hrsg.) (2019): *MA 2019 Audio II Update. Tagesreichweiten.* Eigene Auswertung. https://www.reichweiten.de [28.09.2019].

ARNOLD, K. (2013): Die Qualität der BILD-Zeitung. Journalistische Leistungskriterien und die Boulevardpresse. In: *Zeitschrift für Kommunikationsökologie und Medienethik*, 13(1), S. 43-48.

ARP, A.; GOUDIN-STEINMANN, É. (2022): *Die DDR nach der DDR.* Gießen: Psychosozial.

ARZHEIMER, K. (2006): Von »Westalgie« und »Zonenkindern«. Die Rolle der jungen Generation im Prozess der Vereinigung. In: J.W. FALTER; O.W. GABRIEL; H. RATTINGER; H. SCHOEN (Hrsg.): *Sind wir ein Volk? Ost- und Westdeutschland im Vergleich* (S. 212-233). München: Beck.

ASSMANN, A.; ASSMANN, J. (1994): Das Gestern im Heute. Medien und soziales Gedächtnis. In: K. MERTEN; K. S. J. SCHMIDT; S. WEISCHENBERG (Hrsg.): *Die Wirklichkeit der Medien* (S. 114-140). Opladen: Westdeutscher Verlag.

ASSMANN, J. (1992): *Das kulturelle Gedächtnis: Schrift, Erinnerung und politische Identität in frühen Hochkulturen.* München: Beck.

AUGSTEIN, R. (1966): Lex Springer. In: *Der Spiegel*, 32, S. 10-12.

AVERBECK-LIETZ, S. (2014): Epoche. In: C. WÜNSCH, H. SCHRAMM; V. GEHRAU; H. BILANDŽIC (Hrsg.): *Handbuch Medienrezeption* (S. 411-423). Baden-Baden: Nomos.

BAACKE, D.; SANDER, U.; VOLLBRECHT, R. (1990): *Medienwelten Jugendlicher. Bd. 1: Lebenswelten sind Medienwelten. Opladen:* Leske + Budrich.

BANDURA, A. (1977): *Social learning theory.* Englewood Cliffs: Prentice Hall.

BARTHELMES, J.; SANDER, E. (2001): *Erst die Freunde, dann die Medien. Medien als Begleiter in Pubertät und Adoleszenz.* München: DJI-Verlag.

BAUGUT, P.; GRUNDLER, M.-T. (2009): *Politische (Nicht-)Öffentlichkeit in der Mediendemokratie. Eine Analyse der Beziehungen zwischen Politikern und Journalisten in Berlin.* Baden-Baden: Nomos.

BAUMAN, Z. (1999): *Flüchtige Moderne.* Frankfurt/M.: Suhrkamp.

BAUMAN, Z. (2018): *Retrotopia.* Berlin: Suhrkamp.

BAUMANN, H.; THIESEN, S. (2021): *ALLBUS-Kumulation 1980-2018. Variable Report. GESIS-Variable Reports Nr. 2021 03.* Mannheim: GESIS -Leibniz Institut für Sozialwissenschaften.

BAYER, A.; DONATH, D. (2019): Abgehängt trotz des Booms. In: RBB. https://www.rbb24.de/politik/beitrag/2019/06/armut/armut-berlin-ddr-biografien-arbeitsmarkt.html [21.04.2020].

BEAUFTRAGTER DER BUNDESREGIERUNG FÜR OSTDEUTSCHLAND (2023): *Ostdeutsche in Führungspositionen. Bundeskonzept zur Steigerung des Anteils von Ostdeutschen in Führungspositionen der Bundesverwaltung.* www.ostbeauftragter.de/bundeskonzept [02.11.2023].

BECK, K.; BERGHOFER, S.; DOGRUEL, L.; GREYER, J. (2012): Boulevardpresse in Deutschland. In: K. BECK; S. BERGHOFER; L. DROGUEL; J. GREYER (Hrsg.): *Wirtschaftsberichterstattung in der Boulevardpresse* (S. 17-54). Wiesbaden: VS Verlag für Sozialwissenschaften.

BECK, U. (1994): Bindungsverlust und Zukunftsangst. Leben in der Risikogesellschaft. In: H.-H. HARTWICH (Hrsg.): *Bindungsverlust und Zukunftsangst. Leben in der Risikogesellschaft. Eine Disputation.* Martin-Luther-Universität Halle-Wittenberg (S. 25-35). Opladen: Leske & Budrich.

BECK, U. (2017): *Die Metamorphose der Welt.* Berlin: Suhrkamp.

BECK, U.; GIDDENS, A.; LASH, S. (2014): Vorwort. In: U. BECK; A. GIDDENS; S. LASH (Hrsg.): *Reflexive Modernisierung. Eine Kontroverse* (S. 7-12). Berlin: Suhrkamp.

BECKER, T. (2018): Eine kleine Geschichte der Nostalgie. In: *Merkur,* 72(835), S. 66-73.

BEHMER, M. (2008): Quellen selbst erstellen. Grundzüge, Anwendungsfelder und Probleme von Oral History in der medien- und kommunikationsgeschichtlichen Forschung. In: K. ARNOLD; M. BEHMER; B. SEMRAD (Hrsg.): *Kommunikationsgeschichte. Positionen und Werkzeuge. Ein diskursives Hand- und Lehrbuch* (S. 343-359). Berlin: Lit.

BELKE, J. (2009): Das Bild der Ostdeutschen im öffentlich-rechtlichen Fernsehen. Eine Diskursanalyse des ARD-Politmagazins Kontraste in der Zeit von 1987-2005. In: T. AHBE; R. GRIES; W. SCHMALE (Hrsg.): *Die Ostdeutschen in den Medien. Das Bild von den Anderen nach 1990* (S. 135-179). Leipzig: Universitätsverlag.

BENNETT, L. W. (1990): Toward a Theory of Press-State Relations in the United States. In: *Journal of Communication*, 40(2), S. 103-125. https://doi.org/10.1111/j.1460-2466.1990.tb02265.x

BENTELE, G.; STORLL, D. (1986): *Berlin in Presse und Fernsehen. Eine Inhaltsanalyse zur Berlin-Berichterstattung Berliner Tageszeitungen und der Berliner Abendschau.* Berlin: Vistas.

BENTELE, G.; JARREN, O.; KRATZSCH, U. (1990): *Medienlandschaft im Umbruch. Medien- und Kommunikationsatlas Berlin.* Berlin: Vistas.

BERG, K.; KIEFER M. L. (Hrsg.) (1992): *Massenkommunikation IV: Eine Langzeitstudie zur Mediennutzung und Medienbewertung 1964-1990.* Baden-Baden: Nomos.

BERGEM, W. (2005): *Identitätsformationen in Deutschland.* Wiesbaden: VS Verlag für Sozialwissenschaften.

BERGER, P. A. (1996): *Individualisierung. Statusunsicherheit und Erfahrungsvielfalt.* Wiesbaden: VS Verlag für Sozialwissenschaften.

BERGER, P. L.; LUCKMANN, T. (1989): *Die gesellschaftliche Konstruktion der Wirklichkeit. Eine Theorie der Wissenssoziologie.* Frankfurt/M.: Fischer.

BERGER, R. (1996): Hauptstadt Berlin. Innovative Neustrukturierung der Wirtschaft in Berlin. In: W. SÜSS (Hrsg.): *Hauptstadt Berlin. Band 3: Metropole im Umbruch* (S. 63-75). Berlin: Berlin.

BERNHARD, U.; SCHARF, W. (2008): »Infotainment« in der Presse. Eine Längsschnittuntersuchung 1980-2007 dreier regionaler Tageszeitungen. In: *Publizistik*, 53, S. 231-250. https://doi.org/10.1007/s11616-008-0077-7

BEYME, K. V. (2019): *Hauptstadt Berlin. Von der Hauptstadtsuche zur Hauptstadtfindung.* Wiesbaden: Springer VS.

BINDER, E.; IDE, R. (2020, 26. September): »Man fühlte sich mitten drin in einer großen Geschichte«. In: *Der Tagesspiegel.* https://www.tagesspiegel.de/berlin/man-fuhlte-sich-mitten-drin-in-einer-grossen-geschichte-5081911.html [08.09.2022].

BIRTHLER, M.; I.-S. KOWALCZUK (2019): *Aktenlage. Die Überlieferung von Unterlagen des Ministeriums für Staatssicherheit (MfS) zu Holger Friedrich (geb. 22. September 1966 in Berlin).* https://www.havemann-gesellschaft.

de/fileadmin/robert-havemann-gesellschaft/aktuelles/Beitraege/Expertise_Friedrich/Aktenlage_HF.pdf [13.12.2022].

BISKY, J. (2004): Zonensucht. In: *Merkur*, 58 (658), S. 117-127.

BISKY, J. (2019): *Berlin. Biographie einer großen Stadt*. Berlin: Rowohlt.

BLANKENNAGEL, J. (2015): Rias-Sendemast in Berlin gesprengt: Ein Knall, ein Fall – das Ende einer Radio-Legende. In: *Berliner Zeitung*. https://www.berliner-zeitung.de/mensch-metropole/rias-sendemast-in-berlin-gesprengt-ein-knall-ein-fall-das-ende-einer-radio-legende-li.73409 [19.04.2020].

BLASIUS, J.; J. S. DANGSCHAT (1994): Lebensstile in Städten – zwischen Individualisierung und neuen Klassenkonflikten. In: J. S. DANGSCHAT; J. BLASIUS (Hrsg.): *Lebensstile in den Städten. Konzepte und Methoden* (S. 13-24). Wiesbaden: VS Verlag für Sozialwissenschaften.

BLÖBAUM, B. (2020): Medienvertrauen und Medienskepsis. Theoretische Grundlagen und empirische Evidenzen. In: A. BLOME; T. EBERWEIN; S. AVERBECK-LIETZ (Hrsg.): *Medienvertrauen. Historische und aktuelle Perspektiven* (S. 77-94). Berlin: De Gruyter.

BLUHM, M.; JACOBS, O. (2016): *Wer beherrscht den Osten? Ostdeutsche Eliten ein Vierteljahrhundert nach der deutschen Wiedervereinigung*. Universität Leipzig. Institut für Kommunikations- und Medienwissenschaft. https://www.mdr.de/heute-im-osten/wer-beherrscht-den-osten-studie-100-downloadFile.pdf [02.11.2023].

BLUMLER, J. G.; E. KATZ (Hrsg.) (1974): *The uses of mass communications: Current perspectives on gratifications research*. Beverly Hills: Sage.

BOHN, R.; MÜLLER, E. (Hrsg.) (1992): *Mauer-Show. Das Ende der DDR, die deutsche Einheit und die Medien*. Berlin: Edition Sigma.

BÖICK, M.; LORKE, C. (2022): *Zwischen Aufschwung und Anpassung. Eine kleine Geschichte des »Aufbau Ost«*. Bonn: Bundeszentrale für politische Bildung.

BÖICK, M.; GOSCHLER, C.; JESSEN, R. (2020): Die deutsche Einheit als Geschichte der Gegenwart. In: M. BÖICK; C. GOSCHLER; R. JESSEN (Hrsg.): *Jahrbuch Deutsche Einheit 2020* (S. 9-23). Berlin: Ch. Links.

BÖLL, H. (1974): *Die verlorene Ehre der Katharina Blum oder: Wie Gewalt entstehen und wohin sie führen kann*. Köln: Kiepenheuer & Witsch.

BONFADELLI, H.; BUCHER, P. (2008): Teil I. Quantitative Perspektiven. In: H. BONFADELLI; P. BUCHER; C. HANETSEDER; T. HERMANN; M. IDELI; H. MOSER (Hrsg.): *Jugend, Medien und Migration. Empirische Ergebnisse und Perspektiven* (S. 15-154). Wiesbaden: VS Verlag für Sozialwissenschaften.

BONFADELLI, H.; MOSER, H. (Hrsg.) (2007): *Medien und Migration. Europa als multikultureller Raum.* Wiesbaden: VS Verlag für Sozialwissenschaften.

BÖSCH, F. (2012): Politische Macht und gesellschaftliche Gestaltung. Wege zur Einführung des privaten Rundfunks in den 1970/80er Jahren. In: *Archiv für Sozialgeschichte*, 52, S. 191-210.

BÖSCH, F. (2020a): Im Bann der Jahrestage. *APuZ*, 70(33-34), S. 29-33.

BÖSCH, F. (2020b): Ostdeutsche Medien im gesellschaftlichen Wandel. Presse, Musikkultur und regionale Identität nach 1990. In: M. BÖICK; C. GOSCHLER; R. JESSEN (Hsrg.): *Jahrbuch Deutsche Einheit 2020* (S. 333-349). Berlin: Ch. Links.

BÖSCH, F.; C. CLASSEN (2015a): Bridge over troubled Water? Deutsch-deutsche Massenmedien. In: F. BÖSCH (Hrsg.): *Geteilte Geschichte. Ost- und Westdeutschland 1970-2000* (S. 449-488). Göttingen: Vandenhoeck & Ruprecht.

BÖSCH, F.; CLASSEN, C. (2015b): Fremde Nähe. Die ostdeutschen Medien in den 1990er Jahren. In: M. SABROW; A. KOCH (Hrsg.): *Experiment Einheit. Zeithistorische Essays* (S. 107-121). Göttingen: Wallstein.

BÖSCH, F.; BOURDON, J.; MEYEN, M.; SPIGEL, L.; HODENBERG, C. V. (2012): Roundtable. Writing (Media) History in the Age of Audio-Visual and Digital Media. In: *Journal of Modern European History*, 10(1), S. 98-116. https://doi.org/10.17104/1611-8944_2012_1_98

BÖSENBERG, J.-A. (2008): *Die Aktuelle Kamera (1952-1990). Lenkungsmechanismen im Fernsehen der DDR.* Potsdam: Vbb.

BOSETZKY, H. (2006): *West-Berlin. Erinnerungen eines Insel-Kindes.* Berlin: Jaron.

BOURDIEU, P. (1982): *Die feinen Unterschiede: Kritik der gesellschaftlichen Urteilskraft.* Frankfurt/M.: Suhrkamp.

BOURDIEU, P. (1989): Social Space and Symbolic Power. In: *Sociological Theory*, 7(1), S. 14-25. https://doi.org/10.2307/202060

BOURDON, J. (2011): Media Remembering: The Contributions of Life-Story Methodology to Memory/Media Research. In: M. NEIGER; O. MEYERS; E. ZANDBERG (Hrsg.): *On Media Memory. Collective Memory in a New Media Age* (S. 62-73). Basingstoke: Palgrave Macmillan.

BOURDON, J. (2015): Detextualizing: How to write a history of audiences. In: *European Journal of Communication*, 30 (1), S. 7-21. https://doi.org/10.1177/0267323114555823

BOYER, D. (2001): Media Markets, Mediating Labors, and the Branding of East German Culture at Super Illu. In: *Social Text*, 68, 19(3), S. 9-33. https://doi.org/10.1215/01642472-19-3_68-9

BOYER, D. (2006): Ostalgie and the Politics of the Future in Eastern Germany. In: *Public Culture*, 18(2), S. 361-381. https://doi.org/10.1215/08992363-2006-008

BRACHERT, M. (2021, 8. Februar): *Selbständigkeit nach der Wiedervereinigung. Bundeszentrale für politische Bildung*. https://www.bpb.de/themen/deutsche-einheit/lange-wege-der-deutschen-einheit/47380/selbstaendigkeit-nach-der-wiedervereinigung/#footnote-target-2 [02.11.2023].

BRACKER, I. (2017): *Verantwortung von Medienunternehmen. Selbstbild und Fremdwahrnehmung in der öffentlichen Kommunikation*. Baden-Baden: Nomos.

BRAUMANN, C. (1990): Zuschauerforschung im Deutschen Fernsehfunk. In: H. BUERSCHAPER; I. PIETRZYNSKI; R. SCHEIDER (Hrsg.): *Erster medienwissenschaftlicher Tag der DDR: Berlin, 24. März 1990*. Dokumentation (S. 60-65). Potsdam: Hochschule für Film und Fernsehen der DDR.

BRAUMANN, C. (1994): Fernsehforschung zwischen Parteilichkeit und Objektivität. Zur Zuschauerforschung in der ehemaligen DDR. In: *Rundfunk und Fernsehen*, 42(4), S. 524-541.

BRAUNS, N. (2022, 9. Februar): Die Wessis kommen. In: *Beilage der Tageszeitung Junge Welt*, 33, S. 8.

BREUNIG, C.; HOLTMANNSPÖTTER, E. (2019): ARD/ZDF-Massenkommunikation Trends 2019: Fernseh- und Radioprogramme im Systemvergleich. Repräsentativbefragung zur Bewertung öffentlich-rechtlicher und privater Angebote. In: *Media Perspektiven*, 7-8, S. 334-349.

BREUNIG, C.; VAN EIMEREN, B. (2015): 50 Jahre »Massenkommunikation«: Trends in der Nutzung und Bewertung der Medien. In: *Media Perspektiven*, 11, S. 505-525.

BROCKMANN, S. (2020): Sonnenallee (1999) und die Geburt der filmischen Ostalgie. In: D. ORTH; H.-P. PREUSSER (Hrsg.): *Mauerschau – Die DDR als Film. Beiträge zur Historisierung eines verschwundenen Staates* (S. 191-211). Berlin: De Gruyter. https://doi.org/10.1515/9783110629408-011

BROCKSCHMIDT, R. (2020, 26. September): »Ost-Berlin in der Ostpresse«: Wie der Tagesspiegel über den Alltag in der DDR berichtete.

In: *Der Tagesspiegel.* https://www.tagesspiegel.de/berlin/wie-der-tagesspiegel-uber-den-alltag-in-der-ddr-berichtete-5730157.html [09.09.2022].

BROSIUS, H.-B.; HAAS, A.; KOSCHEL, F. (2012): *Methoden der empirischen Kommunikationsforschung. Eine Einführung.* Wiesbaden: Springer VS.

BRUBAKER, R.; COOPER, F. (2000). Beyond »identity«. *Theory and Society*, 29(1), S. 1-47. https://doi.org/10.1023/A:1007068714468

BRÜCKWEH, K. (2020, 8. September): Die lange Geschichte der »Wende« – Lebenswelt und Systemwechsel in Ostdeutschland vor, während und nach 1989. In: *Deutschland Archiv.* www.bpb.de/314982 [02.11.2023].

BRUNST, K. (1993, 26. Juni): Augenreiben im goldenen Westen. *Taz*, S. 18.

BUDE, H. (1998): Die Erinnerung der Generationen. In: H. KÖNIG, M. KOHLSTRUCK; A. WÖLL (Hrsg.): *Vergangenheitsbewältigung am Ende des zwanzigsten Jahrhunderts* (S. 69-85). Wiesbaden: VS Verlag für Sozialwissenschaften.

BUTTERWEGGE, C. (2001): *Wohlfahrtsstaat im Wandel. Probleme und Perspektiven der Sozialpolitik.* Opladen: Leske + Budrich.

BUTTERWEGGE, C. (2009): Globalisierung als Spaltpilz und sozialer Sprengsatz Weltmarktdynamik und »Zuwanderungsdramatik« im postmodernen Wohlfahrtsstaat. In: C. BUTTERWEGGE; G. HENTGES (Hrsg.): *Zuwanderung im Zeichen der Globalisierung* (S. 55-102). Wiesbaden: VS Verlag für Sozialwissenschaften.

CHANGBAO, J.; LEUTNER, M.; MINXING, X. (2021): *Die China-Berichterstattung in deutschen Medien im Kontext der Corona-Krise.* Berlin: Rosa-Luxemburg-Stiftung. https://www.rosalux.de/fileadmin/rls_uploads/pdfs/sonst_publikationen/Studien_12-21_China-Berichterstattung_web.pdf [02.11.2023].

CHRIST, P.; NEUBAUER, R. (1993): *Kolonie im eigenen Land. Die Treuhand, Bonn und die Wirtschaftskatastrophe der fünf neuen Länder.* Berlin: Rowohlt.

CLASSEN, C. (2013): Jamming the RIAS. Technical Measures Against Western Broadcasting in East Germany (GDR) 1945-1988. In: A. BADENOCH; A. FICKERS; C. HEINRICH-FRANKE (Hrsg.): *Airy Curtains in the European Ether* (S. 321-346). Baden-Baden: Nomos.

COOKE, P. (2005): *Representing East Germany since Unification: From Colonization to Nostalgia.* London: Bloomsbury Academic.

DAHN, D. (2020): Volkslektüre. Eine Presseschau. In: D. DAHN; R. MAUSFELD (Hrsg.): *Tamtam und Tabu. Die Einheit: Drei Jahrzehnte ohne Bewährung* (S. 13-88). Frankfurt/M.: Westend.

DAME, T.; SCHNEIDER, M. (2014): Funkhaus Nalepastraße. In: BERLINER ZENTRUM FÜR INDUSTRIEKULTUR (Hrsg.): *Industriekultur in Berlin. Starke Vergangenheit – starke Zukunft.* https://industriekultur.berlin/wp-content/uploads/Faltmappe-Industriekultur-Teil1_2_2014.pdf [02.11.2023].

DARSCHIN, W.; ZUBAYR, C. (2000): Warum sehen die Ostdeutschen anders fern als die Westdeutschen? Demoskopische Erklärungsversuche aus den Ergebnissen des ARD/ZDF-Trends und der GfK Fernsehforschung. In: *Media Perspektiven*, 6, S. 249-257.

DDR – Strohfeuer der West-Presse? (1990, 5. März). In: *Taz*, S. 6.

DECILLIA, R.; REISIGL M.; WODAK, R. (1999): The Discursive Construction of National Identities. In: *Discourse & Society*, 10(2), S. 149-173. https://doi.org/10.1177/0957926599010002002

DECKER, M. (2017, 1. November): »Das wird als kultureller Kolonialismus erlebt«. Interview mit Thomas Krüger. In: *Berliner Zeitung*, S. 2.

DEMBSKI, M.; DRENCKHAN, M.; HOLZHAUER, M.; MARX, M.; MELLMANN, A.-K.; PETERS, R.; STORM, S. (2000): Schwerpunkte und Phasen der Entwicklung. In: G. V. LOJEWSKI; A. ZERDICK (Hrsg.): *Rundfunkwende. Der Umbruch des deutschen Rundfunksystems nach 1989 aus der Sicht der Akteure* (S. 15-131). Berlin: Vistas.

DENK, F.; THÜLEN, S. V. (2014): *Der Klang der Familie. Berlin, Techno und die Wende.* Berlin: Suhrkamp.

DER ÄTHER BLEIBT GETEILT (1994, 28. August). In: *Taz*, S. 26.

DER TAGESSPIEGEL (2013): *Präsentation zur Leseranalyse Berlin 2013.* https://docplayer.org/12929892-Leseranalyse-berlin-2013-die-aktuellste-und-umfangreichste-studie-zum-medien-konsum-und-freizeitverhalten-der-berliner-und-potsdamer.html [27.09.2019].

DEUTSCH, K. W. (1953): *Nationalism and Social Communication. An Inquiry into the Foundations of Nationality.* Cambridge: MIT Press.

DEUTSCH, P. (2020): *Identitäten im Umbruch. Das Deutschlandradio als ›Nationaler Hörfunk‹, 1989-1994.* Bielefeld: Transcript. https://doi.org/10.1515/9783839450284

DHOEST, A. (2009): Establishing a Multi-ethnic Imagined Community? Ethnic Minority Audiences Watching Flemish Soap.

In: *European Journal of Communication*, 24 (3), S. 305-323. https://doi.org/10.1177/0267323109336760

DHOEST, A. (2015): Audience retrospection as a source of historiography: Oral history interviews on early television experiences. In: *European Journal of Communication*, 30 (1), S. 64-78. https://doi.org/10.1177/0267323114555827

DIECKMANN, C. (1998): *Das wahre Leben im falschen. Geschichten von ostdeutscher Identität.* Berlin: Ch. Links.

DIETL, S. (2022): *Transformation und Neustrukturierung des DDR-Rundfunks im Prozess der Wiedervereinigung Deutschlands. Akteure, Interessen, Prozesse.* München: Utzverlag.

DILLER, A. (1999): Der nationale Hörfunk. In: D. SCHWARZKOPF (Hrsg.): *Rundfunkpolitik in Deutschland. Band 2* (S. 978-1007). München: dtv.

DÖBLER, T. (2012): Strukturelle Ungleichheit zwischen West- und Ostdeutschland – Eine Erklärung für Mediennutzungsunterschiede? In: C. STEGBAUER (Hrsg.): *Ungleichheit* (S. 73-100). Wiesbaden: Springer VS.

DOLFF, A.; SCHÄFFNER, R.; MAURER, D.; BREINKER, C. (2000): *Deutschland – Einig Fernsehland?* Köln: IP Deutschland.

DORER, J. (2002): Diskurs, Medien und Identität. Neue Perspektiven in der feministischen Kommunikations- und Medienwissenschaft. In: J. DORER; B. GEIGER (Hrsg.): *Feministische Kommunikations- und Medienwissenschaft* (S. 53-78). Opladen: Westdeutscher Verlag.

DÖRNER, A. (2000): Politische Identität in Unterhaltungsöffentlichkeiten. Zur Transformation des Politischen in der medialen Erlebnisgesellschaft. In: R. HETTLAGE; L. VOGT (Hrsg.): *Identitäten in der modernen Welt* (S. 155-180). Wiesbaden: VS Verlag für Sozialwissenschaften.

DÖRNER, A. (2001): *Politainment: Politik in der medialen Erlebnisgesellschaft.* Frankfurt/M.: Suhrkamp.

DOUGLAS, S. J. (1999): *Listening in: Radio and the American Imagination from Amos 'n' Andy and Edward R. Murrow to Wolfman Jack and Howard Stern.* New York: Random House.

DRÄBING, T. (2019, 31. August): Tarife in West- und Ostdeutschland: Bei der Arbeitszeit ist Berlin immer noch eine geteilte Stadt. *Berliner Zeitung*. https://www.berliner-zeitung.de/wirtschaft-verantwortung/tarife-in-west-und-ostdeutschland-bei-der-arbeitszeit-ist-berlin-immer-noch-eine-geteilte-stadt-li.49373 [02.11.2023].

DRENCKHAN, M. (2000): Zeitzeugen im Interview. Thomas Rothkegel. In: G. V. LOJEWSKI; A. ZERDICK (Hrsg.): *Rundfunkwende. Der Umbruch des deutschen Rundfunksystems nach 1989 aus der Sicht der Akteure* (S. 303-314). Berlin: Vistas.

DUBILSKI, P. (1989, 20. April): CSU-Bauchredner wird SFB-Intendant. In: *Taz*, S. 3.

DÜMCKE, W. (1993): Politische Bildung und Identitätskrisen. In: A. H. NOLL; L. R. REUTER (Hrsg.): *Politische Bildung im vereinten Deutschland. Geschichte, Konzeptionen und Perspektiven* (S. 36-51). Opladen: Leske + Budrich.

DUWE, P. P. F. (1990, 22. Februar): Blätter aus dem Ostteil der Stadt wollen sich auch im Westen behaupten. In: *Nürnberger Nachrichten*. https://www.wiso-net.de/document/NN__ba9a991d0f8180523c73f67a3d6d518b9ed5335a [02.11.2023].

ECKWERTE FÜR DIE MEDIENORDNUNG IN EINEM VEREINIGTEN DEUTSCHLAND. KOMMISSIONSENTWURF (1990): *Medienspiegel Dokumentation*, 14(22). https://deutsche-einheit-1990.de/wp-content/uploads/BArch_DC-9_1034.pdf [02.11.2023].

EDWARDS, L. (2001): Black like me: Value commitment and television viewing preferences of US Black teenage girls. In: K. ROSS; P. PLAYDON (Hrsg.): *Black marks: Minority ethnic audiences and media* (S. 49-66). Farnham: Ashgate.

EICKELPASCH, A.; SCHAPERJAHN, F. (1992): Wirtschaftsförderung im Raum Berlin. In: H. MOSER (Hrsg.): *Berlin-Report* (S. 150-173). Wiesbaden: Gabler.

EILDERS, C.; LÜTERS, A. (2002): Gab es eine Gegenöffentlichkeit während des Kosovo-Krieges? Eine vergleichende Analyse der Deutungsrahmen im deutschen Mediendiskurs. In: A. ULRICH; J. BECKER (Hrsg.): *Medien zwischen Krieg und Frieden* (S. 103-122). Baden-Baden: Nomos.

EIN PAAR WORTE IN EIGENER SACHE (1990, 22. Januar). In: *Berliner Zeitung*, S. 2.

EINE CHRONIK VON DEN ANFÄNGEN BIS HEUTE (2003). In: SFB (Hrsg.): *Mehr als ein halbes Leben. 50 Jahre Sender Freies Berlin* (S. 11-99). Berlin: Sender Freies Berlin.

EINEMANN, E. (2014): Medienkritik und neuer Strukturwandel der Öffentlichkeit. In: *Perspektivends*, 31(2), S. 110-117.

EISENHUTH, S. (2012): *West-Berlin und der Umbruch in der DDR. Grenzübergreifende Wahrnehmungen und Verhandlungen ab 1989*. Berlin: Bebra Wissenschaft.

EISENSTEIN, E. L. (1979): *The Printing Press as an Agent of Change*. Cambridge: University Press.

ELIAS, N.; SCOTSON, J. (1993): *Etablierte und Außenseiter*. Frankfurt/M.: Suhrkamp.

ELITZ, E. (2004): Der nationale Hörfunk als Produkt der Einheit. In: K. ARNOLD; C. CLASSEN (Hrsg.): *Zwischen Pop und Propaganda. Radio in der DDR* (S. 183-208). Berlin: Ch. Links.

ENGELHARDT, D. (o.D.): *Mein Ort: Reise in die Radio-Vergangenheit: Das Funkhaus in der Nalepastraße*. https://alltag-ost.de/place/mein-ort-reise-in-die-radio-vergangenheit-das-funkhaus-in-der-nalepastrasse/ [02.11.2023].

ENGLER, W. (1995): *Die ungewollte Moderne. Ost- West-Passagen*. Frankfurt/M.: Suhrkamp.

ENGLER, W.; HENSEL, J. (2018): *Wer wir sind. Die Erfahrung, ostdeutsch zu sein*. Berlin: Aufbau.

ENGLISCH, E. (1991, 27. August): Die Hauptstadt muß wegen riesiger Löcher im Etat einen radikalen Sparkurs einschlagen. In: *Nürnberger Nachrichten*. https://www.wiso-net.de/document/NN__435e4a969f4e569e6b19fbca4ad8f374ee89a976 [02.11.2023].

ENIGK, A.; STEINMETZ, R. (1994): Deutschland, einig Fernsehland? Erste qualitative Untersuchungen der Akzeptanz von Fernsehprogrammen bei Ostdeutschen und Westdeutschen am Beispiel der politischen Magazine »Fakt« und »Report Baden-Baden«. In: *Rundfunk und Fernsehen*, 4, S. 510-523.

ERIKSON, E. H. (1973): *Identität und Lebenszyklus*. Frankfurt/M.: Suhrkamp.

ERLL, A. (2008): Erinnerungskultur und Medien. In: A. DREWS (Hrsg.): *Zeitgeschichte als TV-Event. Erinnerungsarbeit und Geschichtsvermittlung im deutschen Fernsehen* (S. 9-27). Evangelische Akademie Rehburg-Loccum, Protokollstelle.

ERLL, A. (2017): *Kollektives Gedächtnis und Erinnerungskulturen: Eine Einführung*. Stuttgart: J.B. Metzler.

ERLL, A.; WODIANKA, S. (2008): Einleitung: Phänomenologie und Methodologie des ›Erinnerungsfilms‹. In: A. ERLL; S. WODIANKA (Hrsg.): *Film und kulturelle Erinnerung. Plurimediale Konstellationen* (S. 1-20). Berlin: De Gruyter.

FALKHEIMER, J. (2018): On Giddens. Interpreting Public Relations through Antony Giddens' Structuration and Late Modernity Theories. In: Ø. IHLEN; M. FREDRIKSSON (Hrsg.): *Public Relations and Social Theory: Key Figures, Concepts and Developments* (S. 177-192). New York: Routledge.

FAUS, J.; HARTL, M.; UNZICKER, K. (2020): *30 Jahre deutsche Einheit. Gesellschaftlicher Zusammenhalt im vereinten Deutschland.* Gütersloh: Bertelsmann Stiftung.

FAUS, R.; STORKS, S. (2019): *Im vereinten Deutschland geboren – in den Einstellungen gespalten? OBS-Studie zur ersten Nachwendegeneration.* OBS-Arbeitsheft 96. https://www.otto-brenner-stiftung.de/fileadmin/user_data/stiftung/02_Wissenschaftsportal/03_Publikationen/AH96_Nachwendegeneration.pdf [02.11.2023].

FAWZI, N. (2020): Objektive Informationsquelle, Watchdog und Sprachrohr der Bürger? Die Bewertung der gesellschaftlichen Leistungen von Medien durch die Bevölkerung. In: *Publizistik*, 65, S. 187-207. https://doi.org/10.1007/s11616-020-00572-w

FAWZI, N.; MOTHES, C. (2020): Perceptions of Media Performance: Expectation – Evaluation Discrepancies and Their Relationship with Media-Related and Populist Attitudes. In: *Media and Communication*, 8(3), S. 335-347. https://doi.org/10.17645/mac.v8i3.3142

FESTINGER, L. (1954): A theory of social comparison process. In: *Human Relations*, 7 (1), S. 117-140. https://doi.org/10.1177/001872675400700202

FISCHER, G. (1993): Marktwirtschaft: Das Beispiel DDR-Presse. In: *Utopie kreativ*, 29/30, S. 66-78.

FISCHER, W. (1978): Struktur und Funktion erzählter Lebensgeschichten. In: M. KOHLI (Hrsg.): *Soziologie des Lebenslaufs* (S. 311-336). Darmstadt: Luchterhand.

FLACK, J. (2016): Zwischen Anrufung und Subjektivierung: Diskursive und narrative Praxen ostdeutscher Identitätskonstruktionen nach 1989 am Beispiel der Wendegeneration. In: A. LETTRARI; C. NESTLER; N. TROI-BOECK (Hrsg.): *Die Generation der Wendekinder: Elaboration eines Forschungsfeldes* (S. 55-69). Wiesbaden: Springer VS.

FOROUTAN, N.; HENSEL, J. (2020): *Die Gesellschaft der Anderen*. Berlin: Aufbau.

FOROUTAN, N.; KALTER, F.; CANAN, C.; SIMON, M. (2019): *Ost-Migrantische Analogien I. Konkurrenz um Anerkennung.* Berlin: Deutsches Zentrum für Integrations- und Migrationsforschung.

FOROUTAN, N.; SIMON, M.; ZAJAK, S. (2023): *Wer ist hier eigentlich ostdeutsch, und wenn ja, wie viele? Zur Konstruktion, Wirkungsmacht und Implikation von Ostidentitäten.* DeZIM Research Notes 15. Berlin: Deutsches Zentrum für Integrations- und Migrationsforschung.

FOUCAULT, M. (1973): *Wahnsinn und Gesellschaft.* Frankfurt/M.: Suhrkamp.

FREY-VOR, G.; MOHR, I. (2016): Nutzung von Onlinemedien in den alten und neuen Bundesländern. Ergebnisse der ARD/ZDF-Studie Massenkommunikation. *Media Perspektiven*, 7-8, S. 401-411.

FREY-VOR, G. (2020): Mediennutzung und -rezeption in Ostdeutschland während der Transformationszeit nach der deutschen Wiedervereinigung: Skizze einer kommunikations- und medienhistorischen Analyse. In: T. BIRKNER; P. MERZIGER; C. SCHWARZENEGGER (Hrsg.): *Historische Medienwirkungsforschung. Ansätze, Methoden und Quellen* (S. 248-272). Köln: Herbert von Halem.

FREY-VOR, G.; MOHR, I. (2015): 25 Jahre Deutsche Einheit – Fernsehnutzung in Ost und West. In: *Media Perspektiven*, 10, S. 453-469.

FREY-VOR, G.; GERHARD, H.; MENDE, A. (2002): Daten der Mediennutzung in Ost- und Westdeutschland. Ergebnisse von 1992 bis 2001 im Vergleich. In: *Media Perspektiven*, 2, S. 54-69.

FREY-VOR, G.; KESSLER, B.; MOHR, I. (2021): Mediennutzung im Ost/West-Vergleich – 30 Jahre deutsche Einheit. *Media Perspektiven*, 1, S. 45-70.

FRIEDRICH, H. (2020, 31. Dezember): 30 Jahre später und schon wieder alles anders? In: *Berliner Zeitung*, S. 16.

FRIEDRICH, S.; FRIEDRICH, H. (2019, 8. November): Was wir wollen. Editorial der Verleger. In: *Berliner Zeitung*. https://www.berliner-zeitung.de/kultur-vergnuegen/langeweile-li.258?pid=true [02.11.2023].

FROMM, A. (2016, 2. Juli): Ein neuer Ton. Rechtsruck beim Magazin »Cicero«. In: *Taz*. https://taz.de/Rechtsruck-beim-Magazin-Cicero/!5315142/ [02.11.2023].

FRÜH, W.; STIEHLER, H.-J. (2002): *Fernsehen in Ostdeutschland. Eine Untersuchung zum Zusammenhang zwischen Programmangebot und Rezeption*. Berlin: Vistas.

FRÜH, W.; HASEBRINK, U.; KROTZ, F.; KUHLMANN, C.; STIEHLER, H.-J. (1999): *Ostdeutschland im Fernsehen.* München: KoPäd.

FRÜH, W.; STIEHLER, H.-J.; FRÜH, H.; BÖTTCHER, C. (2011): *Mediale Vereinigungsbilanzen. Ost- und Westdeutschland im Fernsehen: Event- und Alltagsberichterstattung.* Berlin: Vistas.

FUCHS-HEINRITZ, W. (2009): *Biographische Forschung. Eine Einführung in Praxis und Methode.* Wiesbaden: VS Verlag für Sozialwissenschaften.

FUJIOKA, Y. (2005): Black images as a perceived threat to African American ethnic identity: Coping responses, perceived public perception, and attitudes towards affirmative action. In: *Journal of Broadcasting and Electronic Media*, 49(4), S. 450-467. https://doi.org/10.1207/s15506878jobem4904_6

FUKUYAMA, F. (1989): The End of History? *The National Interest*, 16, S. 3-18.

FUNCK, G. (2003): Im Auge des Sturms. Wird ein Autor entdeckt: Bernd Lichtenbergs »Good bye, Lenin!«. In: FAZ, 39, S. 40.

GAEVERT, T. (2020): *Sendeschluss oder Neustart? Vom Ende der DDR und der Neuordnung des Rundfunks. SWR2 Feature.* Manuskript. https://www.swr.de/swr2/doku-und-feature/sendeschluss-oder-neustart-swr2-feature-2020-11-11-102.pdf [02.11.2023].

GALLINAT, A.; KITTEL, S. (2009): Zum Umgang mit der DDR-Vergangenheit heute. Ostdeutsche Erfahrungen, Erinnerungen und Identität. In: T. GROSSBÖLTING (Hrsg.): *Friedensstaat, Leseland, Sportnation* (S. 304-328). Berlin: Ch. Links.

GANZENMÜLLER, J. (2020): Ostdeutsche Identitäten. Selbst- und Fremdbilder zwischen Transformationserfahrung und DDR-Vergangenheit. In: *Deutschland Archiv*, 24, S. 7-18.

GANZENMÜLLER, J. (2021): ›Freiheit‹ und ›Nation‹. Zwei Meistererzählungen von ›1989/91‹ in europäisch vergleichender Perspektive. In: J. GANZENMÜLLER (Hrsg.): *Die revolutionären Umbrüche in Europa 1989/91* (S. 9-30). Köln: Böhlau. https://doi.org/10.7788/9783412522728.9

GANZENMÜLLER, J.; JOHN, A.; KULLER, C. (2020): Die Ostdeutsche Erfahrung. Auswege aus einem polarisierenden Deutungskampf über unsere Geschichte vor und nach 1989. In: M. BÖICK, C. GOSCHLER; R. JESSEN (Hrsg.): *Jahrbuch Deutsche Einheit 2020* (S. 95-119). Berlin: Ch. Links.

GAREIS, S. (2008): Grundlagen deutscher Außenpolitik. In: D. OSE (Hrsg.): *Sicherheitspolitische Kommunikation im Wandel* (S. 36-50). Baden-Baden: Nomos. https://doi.org/10.5771/9783845209142-36

GAUNTLETT D.; HILL, A. (1999): TV *Living: Television, Culture and Everyday Life*. London: Routledge.
GAUNTLETT, D. (2008): *Media, Gender and Identity. An Introduction*. London: Routledge. https://doi.org/10.4324/9780203360798
GEHRAU, V. (2002): Eine Skizze der Rezeptionsforschung in Deutschland. In: P. RÖSSLER; S. KUBISCH; V. GEHRAU (Hrsg.): *Empirische Perspektiven der Rezeptionsforschung* (S. 9-48). Frankfurt/M.: Fischer.
GEHRS, O. (1999): »Wohin mit dem Papier?«. *Der Spiegel*, 36, S. 84.
GEISSLER, R. (1993): Fortschreibung bestehender Strukturen – Die Folgen der deutschen Vereinigung für das Mediensystem. In: *Medium*, 1, S. 21-26.
GEISSLER, R.; PÖTTKER, H. (2015): *Integration durch Massenmedien: Medien und Migration im internationalen Vergleich.* Bielefeld: Transcript.
GENSICKE, T. (1998): *Die neuen Bundesbürger. Eine Transformation ohne Integration*. Opladen: Westdeutscher Verlag.
GEPPERT, K. (1993): Strukturelle Anpassungsprozesse in der Region Berlin-Brandenburg. In: *DIW-Wochenbericht*, 60 (32), S. 434-443. https://doi.org/10.3790/978-3-428-47816-3
GERBNER, G.; GROSS, L. (1976): Living with television: The violence profile. In: *Journal of Communication*, 26(2), S. 172-199. https://doi.org/10.1111/j.1460-2466.1976.tb01397.x
GERSTENBERGER, H. (1988): Handeln und Wandeln. Anmerkungen zu Anthony Giddens' theoretischer Konstitution der Gesellschaft. In: *Prokla*, 71, S. 144-164. https://doi.org/10.32387/prokla.v18i71.1299
GIDDENS, A. (1979): *Central Problems in Social Theory*. London: Macmillan. https://doi.org/10.1007/978-1-349-16161-4
GIDDENS, A. (1991): *Modernity and Self-Identity. Self and Society in the Late Modern Age*. Cambridge: Polity Press.
GIDDENS, A. (1992): *Die Konstitution der Gesellschaft. Grundzüge einer Theorie der Strukturierung.* Frankfurt/M.: Campus.
GIDDENS, A. (1996): *Konsequenzen der Moderne*. Frankfurt/M.: Suhrkamp.
GIDDENS, A. (2014): Leben in einer posttraditionalen Gesellschaft. In: U. BECK; A. GIDDENS; S. LASH (Hrsg.): *Reflexive Modernisierung. Eine Kontroverse* (S. 113-194). Berlin: Suhrkamp.
GIESEKE, J. (2008): Stasi Goes to Hollywood: Donnersmarcks »The Lives of Others« und die Grenzen der Authentizität. *German Studies Review*, 31(3), S. 580-588.

GIESEN, B. (1999): Identität und Versachlichung: unterschiedliche Theorieperspektiven auf kollektive Identität. In: H. WILLEM; A. HAHN (Hrsg.): *Identität und Moderne* (S. 389-402). Frankfurt/M.: Suhrkamp.

GILBERT, C.; STARK, H. (2023, 13. April): »Aber das ist dennoch die einzige Chance, um den endgültigen Niedergang des Landes zu vermeiden«. In: *Die Zeit*, 16, S. 2-3.

GIWERZEW, N. (15.03.2022): »Putin ist kein Kommunist, er ist ein lupenreiner Imperialist«. Interview mit Jan Claas Behrends. In: *Cicero*. https://www.cicero.de/aussenpolitik/ukraine-krieg-putin-interview-behrends-stalin-imperialismus [06.05.2024]

GLEISS, M. (1993): Letter to my Innenminister. This is radio DT64. In: A. ULRICH; J. WAGNER (Hrsg.): *DT64: das Buch zum Jugendradio 1964-1993*. Leipzig: Thom.

GLOCK, B.; HÄUSSERMANN, H.; KELLER, C. (2001): Die sozialen Konsequenzen der Restitution von Grundeigentum in Deutschland und Polen. In: *Berliner Journal für Soziologie*, 11, S. 533-550. https://doi.org/10.1007/BF03204036

GLÜCK, A. (2021): Kalter Krieg oder innere Einheit? Der Wandel des Mediendiskurses über Ostdeutschland durch ostdeutsche Journalist*innen in Die Zeit. In: N. BORCHERS; S. GÜNEY; U. KRÜGER; K. SCHAMBERGER (Hrsg.): *Transformation der Medien – Medien der Transformation. Verhandlungen des Netzwerks Kritische Kommunikationswissenschaft* (S. 77-100). Frankfurt/M.: Westend.

GMEL, G.; DEIMLING, S.; BORTZ, J. (1994): Die Nutzung des Mediums Fernsehen in der DDR vor und nach der Wende. In: *Rundfunk und Fernsehen*, 42, S. 540-554.

GOMBERT, U. (2006). *Tradition contra Show. Inhaltsanalyse der Politikberichterstattung in öffentlich-rechtlichen und privaten Nachrichtensendungen am Beispiel von Tagesschau und RTL aktuell*. Berlin: Logos.

Gong-Gruppe verkauft Anteile an »Super Illu« (1993). In: *Horizont*, 40, S. 49.

GORDEEVA, D. (2017): *Russlandbild in den deutschen Medien – Deutschlandbild in den russischen Medien. Konstruktion der außenpolitischen Realität in den TV-Hauptnachrichtensendungen*. Münchener Schriften zur Kommunikationswissenschaft, Nr. 8.

GÖRKE, A. (1993): Den Medien vertrauen? Glaubwürdigkeitskonzepte in der Krise. In: M. LÖFFELHOLZ (Hrsg.): *Krieg als Medienereignis: Grundlagen und Perspektiven der Krisenkommunikation* (S. 127-144). Opladen: Westdeutscher Verlag.

GUNTHER, R.; MUGHAN, A. (Hrsg.) (2000): *Democracy and the Media. A Comparative Perspective*. Cambridge: University Press. https://doi.org/10.1017/CBO9781139175289

HAAG, H. (2020): Biographische Entwertung – wertvolle Biographien. Ostdeutsche Narrative symbolischer und sozialer Abwertung nach 1989. In: *BIOS*, 33 (1), S. 46-69. https://doi.org/10.3224/bios.v33i1.03

HAARKÖTTER, H. (2020): »Diese klecksfingrigen, halb verrückten, aber schweineverschmitzten, verschlagenen Journalisten«: Journalismuskritik als Medienkritik. Versuch einer Typologie und Systematik journalismuskritischer Diskurse. In: H.-J. BUCHER (Hrsg.): *Medienkritik zwischen ideologischer Instrumentalisierung und kritischer Aufklärung* (S. 86-106). Köln: Herbert von Halem.

HACHMEISTER, L.; KRAMP, L.; WEICHERT, S. (2017): Von der Zeitungsstadt zur Digitalwirtschaft. In: P. D. MENDELSSOHN; L. HACHMEISTER; L. KRAMP; S. WEICHERT (Hrsg.): *Zeitungsstadt Berlin: Menschen und Mächte in der Geschichte der deutschen Presse* (S. 689-748). Berlin: Ullstein.

HACKL, C. (2001): *Fernsehen im Lebenslauf. Eine medienbiographische Studie*. Konstanz: UVK.

HADJAR, A. (2008): *Meritokratie als Legitimationsmythos*. Wiesbaden: VS Verlag für Sozialwissenschaften.

HAEMING, A. (2019): Die Mauer in den Medien. Die Nachwendegeneration im Journalismus meldet Gesprächsbedarf an: und fordert mehr Ost/West-Diversität in den Redaktionen. In: *Medium-magazin*, 4, S. 18-23.

HAHN, A. (1988): Biographie und Lebenslauf. In: H.-G. BROSE; B. HILDENBRAND (Hrsg.): *Vom Ende des Individuums zur Individualität ohne Ende* (S. 91-105). Opladen: Leske + Budrich.

HÄHNIG, A. (2021, 21. Juni): Die Akten zu den Akten geben. In: *Die Zeit*. https://www.zeit.de/2021/25/stasi-unterlagenbehoerde-schliessung-roland-jahn-ddr-ueberwachung-bundesarchiv

HALBWACHS, M. (1991): *Das kollektive Gedächtnis*. Frankfurt/M.: Fischer.

HALL, S. (1996): Introduction – Who Needs »Identity«? In: S. HALL; P. DU GAY (Hrsg.): *Questions of Cultural Identity* (S. 1-17). London: Sage.

HALL, S. (2004): Wer braucht ›Identität‹? In: J. KOIVISTO; A. MERKENS (Hrsg.): *Stuart Hall. Ideologie, Identität, Repräsentation. Ausgewählte Schriften 4* (S. 167-187). Hamburg: Argument.

HALLER, M. (2017): *Die »Flüchtlingskrise« in den Medien. Tagesaktueller Journalismus zwischen Meinung und Information.* Frankfurt/M.: Otto Brenner Stiftung.

HALLER, M.; MÜKKE, L. (Hrsg.) (2010): *Wie die Medien zur Freiheit kamen. Zum Wandel der ostdeutschen Medienlandschaft seit dem Untergang der DDR.* Köln: Herbert von Halem.

HALLER, M.; PUDER, K.; SCHLEVOIGT, J. (Hrsg.) (1995): *Presse Ost – Presse West. Journalismus im vereinten Deutschland.* Berlin: Vistas.

HALLIWELL, E.; DITTMAR, H. (2005): The role of self-improvement and self-evaluation motives in social comparisons with idealised female bodies in the media. In: *Body Image*, 2, S. 249-261. https://doi.org/10.1016/j.bodyim.2005.05.001

HAMPP, C.; MEYEN, M. (2005): Medien im Kloster. Eine qualitative Studie zu den Nutzungsmotiven von Ordensleuten. In: *Communicatio Socialis*, 38 (2), S. 159-173. https://doi.org/10.5771/0010-3497-2005-2-159

HANITZSCH, T.; VAN DALEN, A.; STEINDL, N. (2018): Caught in the Nexus: A Comparative and Longitudinal Analysis of Public Trust in the Press. In: *The International Journal of Press/Politics*, 23(1), 3-23. https://doi.org/10.1177/1940161217740695

HARINDRANATH, R. (2005): Ethnicity and Cultural Difference: Some thematic and political issues on global audience research. In: *Particip@tions*, 2(2).

HARTMANN, G.; LEISTNER, A. (2019): Umkämpftes Erbe. Zur Aktualität von »1989« als Widerstandserzählung. In: *APuZ*, 69(35-37), S. 18-24.

HARWOOD, J. (1997): Viewing age: Lifespan identity and television viewing choices. In: *Journal of Broadcasting & Electronic Media*, 41, S. 203-213. https://doi.org/10.1080/08838159709364401

HARWOOD, J. (1999): Age identification, social identity gratifications, and television viewing. In: *Journal of Broadcasting and Electronic Media*, 43 (1), S. 123-136. https://doi.org/10.1080/08838159909364479

HASEBRINK, U.; HÖLIG, S. (2020): Audience-Based Indicators for News Media Performance: A Conceptual Framework and Findings from Germany. In: *Media and Communication*, 8(3), S. 293-303. https://doi.org/10.17645/mac.v8i3.3191

HATZIUS, M. (2014, 8. Mai): »Icke bin Icke«. In: *Neues Deutschland.* https://www.nd-aktuell.de/artikel/932301.icke-bin-icke.html [06.11.2023].

HÄUSSERMANN, H. (1996): Von der Stadt im Sozialismus zur Stadt im Kapitalismus. In: H. HÄUSSERMANN; R. NEEF (Hrsg.):

Stadtentwicklung in Ostdeutschland (S. 5-47). Wiesbaden: vs Verlag für Sozialwissenschaften.

HÄUSSERMANN, H.; KAPPHAN, A. (2002): *Berlin: Von der geteilten zur gespaltenen Stadt? Sozialräumlicher Wandel seit 1990.* Wiesbaden: Springer vs.

HEFT, K. (2020): *Kindsmord in den Medien – Eine Diskursanalyse ost-westdeutscher Dominanzverhältnisse.* Leverkusen: Budrich Academic Press.

HEIDE, J.; LUX, T.; MAU, S. (2023): *Ost-West-Unterschiede in den Köpfen. Alterität, Konflikt, Anerkennung und Förderung.* Preprint. https://osf.io/preprints/socarxiv/483fb/ [12.11.2023].

HELD, B. (1997, 14. September): Zehn Zeitungen, 25 Radioprogramme, 31 Fernsehsender. In Berlin ballen sich die Medien wie kaum sonstwo. Von einer »Medienmafia«, die von der Politik gefürchtet wird, ist aber weit und breit keine Spur. In: *Der Tagesspiegel*, S. 15.

HELD, B.; SIMEON, T. (1994): *Die zweite Stunde Null: Berliner Tageszeitungen nach der Wende (1989-1994).* Berlin: Spiess.

HELFFERICH, C. (2014): Leitfaden- und Experteninterviews. In: N. BAUR; J. BLASIUS (Hrsg.): *Handbuch Methoden der empirischen Sozialforschung* (S. 559-574). Wiesbaden: Springer vs.

HENRICH, D. (1993): Deutsche Identitäten nach der Teilung. In: V. GERHART; H. OTTMANN; M.P. THOMPSON (Hrsg.): *Politisches Denken Jahrbuch 1991* (S. 1-34). Stuttgart: J.B. Metzler.

HENSEL, J. (2019, 12. Dezember): Ostdeutscher Albtraum. In: *Die Zeit*, 52, S. 30-31.

HEPPERLE, S. (1998): Durchsetzung des westdeutschen Ordnungsmodells: Rundfunk und Fernsehen. In: R. CZADA; G. LEHMBRUCH (Hrsg.): *Transformationspfade in Ostdeutschland: Beiträge zur sektoralen Vereinigungspolitik* (S. 191-238). Frankfurt/M.: Campus.

HERDEN, L. (2000): Landnahme in der Luft. Erinnerungen an die Abwicklung des »Ostfernsehens« vor zehn Jahren. In: *Utopie kreativ*, Sonderheft, S. 21-31.

HERRMANN, A.; WIAFE, J. (2020): »Das war für mich der Wendepunkt.« Medienskepsis und Schlüsselerfahrungen. In: B. BLÖBAUM; T. HANITZSCH; L. BADURA (Hrsg.): *Medienskepsis in Deutschland. Ursachen, Ausprägungen und Konsequenzen* (S. 133-157). Wiesbaden: Springer vs.

HERRMANN, G. (1988): Der SFB in der sich wandelnden Medienlandschaft. In: G. BENTELE; O. JARREN (Hrsg.): *Medienstadt Berlin* (S. 256-264). Berlin: Vistas.

HESS, P. (2016): Gleichförmig statt vielfältig: Die DDR im öffentlichen Erinnern. In: S. MATTHÄUS; D. KUBIAK (Hrsg.): *Der Osten. Neue sozialwissenschaftliche Perspektiven auf einen komplexen Gegenstand jenseits von Verurteilung und Verklärung* (S. 99-123). Wiesbaden: Springer VS.

HICKETHIER, K. (1992): Das Zerschlagen der Einrichtung. Der Weg vom Staatsfernsehen der DDR zum Rundfunkföderalismus in den neuen Bundesländern. In: R. BOHN; E. MÜLLER (Hrsg.): *Mauer-Show. Das Ende der DDR, die deutsche Einheit und die Medien* (S. 71-93). Berlin: Edition Sigma.

HICKETHIER, K. (1994): *Geschichte der Fernsehkritik in Deutschland.* Berlin: Edition Sigma.

HICKETHIER, K. (1997): Radio und Hörspiel im Zeitalter der Bilder. In: *Augen-Blick. Marburger Hefte zur Medienwissenschaft*, 26, S. 6-20.

HICKETHIER, K. (2010): Die Fernsehkultur der 1990er Jahre. In: W. FAULSTICH (Hrsg.): *Die Kultur der 90er Jahre* (S. 253-263). München: Fink.

HICKETHIER, K. (2014): Die gemütliche Durchhalte-Gemeinschaft. West-Berlin in Serien des deutschen Fernsehens. In: *Zeithistorische Forschungen/Studies in Contemporary History*, 11(2), S. 337-348. https://doi.org/10.14765/zzf.dok-1476

HICKETHIER, K.; HOFF, P. (1998): *Geschichte des deutschen Fernsehens.* Stuttgart: J.B. Metzler.

HILKER, H. (2020): *Jugendradio DT64 und die DT64-Freundeskreise. Die Jugendbewegung zum Erhalt des DDR-Jugendradios DT64 im Blick.* Leipzig: Rosa-Luxemburg-Stiftung Sachsen.

HISTORIE: Spandauer Volksblatt (o.D.): *Verlagsservice Lezinsky.* https://verlagsservice-lezinsky.de/wir-ueber-uns/historie/spandauer-volksblatt/ [08.09.2022].

HITZLER, R. (1998): Reflexive Kompetenz – Zur Genese und Bedeutung von Expertenwissen jenseits des Professionalismus. In: W. K. SCHULZ (Hrsg.): *Expertenwissen* (S. 33-47). Wiesbaden: VS Verlag für Sozialwissenschaften.

HITZLER, R.; HONER, A. (1994): Bastelexistenz. Über subjektive Konsequenzen der Individualisierung. In: U. BECK; E. BECK-GERNSHEIM (Hrsg.): *Riskante Freiheiten* (S. 307-315). Frankfurt/M.: Suhrkamp.

HODENBERG, C. V. (2012): Expeditionen in den Methodendschungel. Herausforderungen der Zeitgeschichtsforschung im

Fernsehzeitalter. In: *Journal of Modern European History*, 10(1), S. 24-48. https://doi.org/10.17104/1611-8944_2012_1_24

HOFF, P.; STIEHLER, H.-J. (1991): Jugendfernsehen in der DDR. Die immerwährende Suche nach dem Zuschauer. In: B. SCHORB; H.-J. STIEHLER (Hrsg.): *Neue Lebenswelt – neue Medienwelt? Jugendliche aus der Ex- und Post-DDR im Transfer zu einer vereinten Medienkultur* (S. 77-90). Opladen: Leske + Budrich.

HOFFEN AUF EIN WUNDER (1991). In: *Der Spiegel*, 47, S. 318-319

HOLLERSEN, W. (2022, 23. März): Berlin-Pankow: CDU will Thälmann-Denkmal abreißen. In: *Berliner Zeitung*. https://www.berliner-zeitung.de/mensch-metropole/warum-die-cdu-in-pankow-wieder-den-abriss-des-thaelmann-denkmals-fordert-li.218401 [12.11.2023].

HOLM, A. (2006): *Die Restrukturierung des Raumes. Stadterneuerung der 90er Jahre in Ostberlin: Interessen und Machtverhältnisse.* Bielefeld: Transcript.

HOLZSCHUH, A. (1990): Die Medien proben die Pressefreiheit. Rundfunk und Fernsehen der DDR im Herbst 1989. In: *Deutschland Archiv*, 23(2), S. 231-236.

HOLZWEISSIG, G. (1997): *Zensur ohne Zensor. Die SED-Informationsdiktatur.* Bonn: Bouvier.

HOLZWEISSIG, G. (2002): *Die schärfste Waffe der Partei. Eine Mediengeschichte der DDR*. Köln: Böhlau.

HONNETH, A. (1994): *Kampf um Anerkennung. Zur moralischen Grammatik sozialer Konflikte*. Frankfurt/M.: Suhrkamp.

HOOVER, S. M.; COATS, C. D. (2011): The Media and Male Identities: Audience Research in Media, Religion, and Masculinities. In: *Journal of Communication*, 61, S. 877-895. https://doi.org/10.1111/j.1460-2466.2011.01583.x

HÖRSCHELMANN, K. (2007): Defining the subject of speech – Constructions of authorship in post-unification German media discourse. In: *Geoforum*, 38, 456-468. https://doi.org/10.1016/j.geoforum.2006.11.001

HORTON, D.; WOHL, R. (1956): Mass communication and para-social interaction: Observations on intimacy at a distance. In: *Psychiatry*, 19, 215-229. https://doi.org/10.1080/00332747.1956.11023049

HOSKINS, A. (2001): New Memory: mediating history. In: *Historical Journal of Film, Radio and Television*, 21 (4), S. 333-346. https://doi.org/10.1080/01439680120075473

HÖWLER, E. (2013). Erinnern und vergessen. In: *ProCare*, 18(10), S. 36-38. https://doi.org/10.1007/s00735-013-0219-7

HUBER, N. (2006): Den Motiven auf der Spur. Chancen und Grenzen von qualitativen Studien zur Mediennutzung. Eine Einführung. In: N. HUBER; M. MEYEN (Hrsg.): *Medien im Alltag. Qualitative Studien zu Nutzungsmotiven und zur Bedeutung von Medienangeboten* (S. 13-42). Berlin: Lit.

HUBER, N.; MEYEN, M. (Hrsg.) (2006): *Medien im Alltag. Qualitative Studien zu Nutzungsmotiven und zur Bedeutung von Medienangeboten.* Berlin: Lit.

HUSCHKA, D. (2002): *Entwicklungen der deutschen Lebensqualität: Die Bundesländer im Vergleich.* Berlin: Wissenschaftszentrum Berlin für Sozialforschung.

IMHOF, K.; JARREN, O.; BLUM, R. (Hrsg.) (2002): *Integration und Medien.* Wiesbaden: VS Verlag für Sozialwissenschaften. https://doi.org/10.1007/978-3-322-97101-2

INFRATEST DIMAP (2020): *Glaubwürdigkeit der Medien 2020. Eine Studie im Auftrag des Westdeutschen Rundfunks.* https://www.ard.de/ard/die-ard/Glaubwuerdigkeit-der-Medien-WDR-Studie-100.pdf [15.09.2022]

INSTITUT FÜR DEMOSKOPIE ALLENSBACH (IfD) (Hrsg.) (1991): *Deutschland-Ost: Märkte und Medien in den neuen Bundesländern.* Allensbach: Institit für Demoskopie.

IRRGANG, U. (2011): Beyond Sarrazin? Zur Darstellung von Migration in deutschen Medien am Beispiel der Berichterstattung in SPIEGEL und BILD. In: *Global Media Journal – German Edition*, 1(2). https://www.globalmediajournal.de/index.php/gmj/article/view/127

JÄGER, M.; JÄGER, S. (2007): Die Bild-Zeitung als Großregulator. Die Berichterstattung über Einwanderung und Flucht und die Fahndung nach der RAF im Frühjahr 1993 und ihre normalisierenden Effekte. In: M. JÄGER; S. JÄGER (Hrsg.): *Deutungskämpfe. Theorie und Praxis kritischer Diskursanalyse* (S. 73-94). Wiesbaden: VS Verlag für Sozialwissenschaften.

JANDURA, O.; MEYEN, M. (2010): Warum sieht der Osten anders fern? Eine repräsentative Studie zum Zusammenhang zwischen sozialer Position und Mediennutzung. In: *M&K*, 58(2), S. 208-226. https://doi.org/10.5771/1615-634x-2010-2-208

JARREN, O. (1997, 2. Oktober): Getrennte Wahrnehmungswelten. Die Medienstrukturen in Deutschland West und Ost sind noch kein gesamtdeutsches Forum. In: *Der Tagesspiegel*, S. 45.

JEFFRES, L. W.; ATKIN, D. J.; LEE, J.-W.; NEUENDORF, K. (2011): Media Influences on Public Perceptions of Ethnic Groups, Generations, and Individuals. In: *The Howard Journal of Communications*, 22, S. 101-121. https://doi.org/10.1080/10646175.2011.546748

JESSEN, R. (1995): DDR-Geschichte und Totalitarismustheorie. In: *Berliner Debatte Initial*, 6(4/5), S. 17-24

JESSEN, R. (2020): Revolution und Transformation. Anerkennungskämpfe in der Vereinigungsgesellschaft. In: M. BÖICK; C. GOSCHLER; R. JESSEN (Hrsg.): *Jahrbuch Deutsche Einheit 2020* (S. 24-45). Berlin: Ch. Links.

JESSEN, R. (2021): ›Revolution‹ und ›Wende‹, ›Anschluss‹ und ›Volk‹. Begriffsgeschichtliche Annäherungen an 1989/90. In: J. GANZENMÜLLER (Hrsg.): *Die revolutionären Umbrüche in Europa 1989/91* (S. 31-55). Köln: Böhlau.

JEWKES, Y. (2002): The Use of Media in Constructing Identities in the Masculine Environment of Men's Prisons. In: *European Journal of Communication*, 17, S. 125-225. https://doi.org/10.1177/0267323102017002693

JGO (1992, 12. Februar): »Axt im Wald« schlägt in Polikliniken zu. In: *Taz*, S. 22.

JOHST, D. (2016): *Demokratischer Denkmalsturz? Über den Umgang mit politischen Denkmälern der DDR nach 1989*. Bonn: Bundeszentrale für politische Bildung. https://www.bpb.de/themen/deutschlandarchiv/231079/demokratischer-denkmalsturz/ [23.11.2023].

KAASE, M.; BAUER-KAASE, M. (1998): Deutsche Vereinigung und innere Einheit 1990-1997. In: H. MEULEMANN (Hrsg.): *Werte und nationale Identität im vereinten Deutschland. Erklärungsansätze der Umfrageforschung* (S. 251-268). Opladen: Leske + Budrich.

KAELBLE, H. (2012): Geschichte des Wohlfahrtsstaates in Europa seit 1945. In: *Sozialer Fortschritt*, 61(5), S. 79-85. https://doi.org/10.3790/sfo.61.5.79

KAPITZA, A. (1997a): *Transformation der ostdeutschen Presse: »Berliner Zeitung«, »Junge Welt«, und »Sonntag/Freitag« im Prozess der deutschen Vereinigung*. Opladen: Westdeutscher Verlag.

KAPITZA, A. (1997b): Transformation der ostdeutschen Medien und ihre Auswirkung auf die journalistische Kultur in Ostdeutschland.

In: M. MACHILL (Hrsg.): *Journalistische Kultur. Rahmenbedingungen im internationalen Vergleich* (S. 53-70). Opladen: Westdeutscher Verlag.

KAPITZA, A. (1998): Verlegerische Konzentration und »redaktionelle Ostalgie«: Die Printmedien. In: R. CZADA; G. LEHMBRUCH (Hrsg.): *Transformationspfade in Ostdeutschland. Beiträge zur sektoralen Vereinigungspolitik* (S. 241-265). Frankfurt/M.: Campus.

KAPPHAN, A. (2002): *Das arme Berlin. Sozialräumliche Polarisierung, Armutskonzentration und Ausgrenzung in den 1990er Jahren*. Wiesbaden: VS Verlag für Sozialwissenschaften.

KARWELAT, J. (1994, 18. Februar): Im Westen überhaupt nichts Neues. In: *Taz*, S. 23.

KATZ, E.; BLUMLER, J. G.; GUREVITCH, M. (1974): Utilization of mass communication by the individual. In: J. G. BLUMLER; E. KATZ (Hrsg.): *The uses of mass communications: Current perspectives on gratifications research* (S. 19-32). Beverly Hills: Sage.

KELLNER, D. (1995): *Media culture. Cultural studies, identity and politics between the modern and the postmodern*. London: Routledge.

KEPPLER, A. (1996): Interaktion ohne reales Gegenüber. Zur Wahrnehmung medialer Akteure im Fernsehen. In: P. VORDERER (Hrsg.): *Fernsehen als »Beziehungskiste«. Parasoziale Beziehungen und Interaktionen mit TV-Personen* (S. 11-24). Opladen: Westdeutscher Verlag.

KEPPLINGER, H. M.; MAURER, M. (2008): Das fragmentierte Selbst. Rollenkonflikte im Journalismus das Beispiel der Berliner Korrespondenten. In: B. PÖRKSEN; W. LOOSEN; A. SCHOLL (Hrsg.): *Paradoxien des Journalismus* (S. 165-182). Wiesbaden: VS Verlag für Sozialwissenschaften.

KEUNECKE, S. (2005): Qualitatives Interview. In: L. MIKOS; C. WEGENER (Hrsg.): *Qualitative Medienforschung. Ein Handbuch* (S. 254-267). Konstanz: UVK.

KEUPP, H.; AHBE, T.; GMÜR, W.; HÖFER, R.; MITZSCHERLICH, B.; KRAUS, W.; STRAUS, F. (Hrsg.) (1999): *Identitätskonstruktionen. Das Patchwork der Identitäten in der Spätmoderne*. Reinbek b. Hamburg: Rowohlt.

KIEFER, M.-L. (2005): *Medienökonomik. Einführung in eine ökonomische Theorie der Medien*. München: Oldenbourg.

KLAGES, H.; GENSICKE, T. (1993): Geteilte Werte? Ein deutscher Ost-West Vergleich. In: W. WEIDENFELD (Hrsg.): *Deutschland. Eine Nation – doppelte Geschichte. Materialien zum deutschen Selbstverständnis* (S. 47-59). Köln: Verlag Wissenschaft und Politik.

KLAUS, E.; RÖSER, J. (2008): »Unterschichtenfernsehen«: Beobachtungen zum Zusammenhang von Medienklassifikationen und sozialer Ungleichheit. In: U. WISCHERMANN; T. THOMAS (Hrsg.): *Medien – Diversität – Ungleichheit* (S.263-279). Wiesbaden: VS Verlag für Sozialwissenschaften.

KLEINE SENDERATTEN (1990). In: *Der Spiegel*, 38, S. 130-131.

KLESSMANN, C. (1993): Verflechtung und Abgrenzung. Aspekte der geteilten und zusammengehörigen deutschen Nachkriegsgeschichte. In: *APuZ*, 43(29/30), S. 30-41.

KLESSMANN, C. (1999): Vorwort. In: C. KLESSMANN (Hrsg.): *Deutsche Vergangenheiten – eine gemeinsame Herausforderung. Der schwierige Umgang mit der doppelten Nachkriegsgeschichte* (S. 9-13). Berlin: Ch. Links.

KLESSMANN, C. (2005): Spaltung und Verflechtung – Ein Konzept zur integrierten Nachkriegsgeschichte 1945 bis 1990. In: C. KLESSMANN; P. LAUTZAS (Hrsg.): *Teilung und Integration. Die doppelte deutsche Nachkriegsgeschichte* (S. 20-37). Bonn: Bundeszentrale für politische Bildung.

KLÖCKNER, M. (2019): *Sabotierte Wirklichkeit. Oder: Wenn Journalismus zur Glaubenslehre wird.* Frankfurt/M.: Westend.

KLÖCKNER, M. (2021): *Zombie-Journalismus. Was kommt nach dem Tod der Meinungsfreiheit?* München: Rubikon.

KNIPPING, F. (1963): *Jeder vierte zahlt an Axel Cäsar: Das Abenteuer des Hauses Springer*. Berlin: Rütten & Loening.

KNIPPING, F. (1967, 13. Mai): Enteignet Axel Cäsar Springer! In: *Berliner Extrablatt*, S. 1.

KNOBLOCH-WESTERWICK, S.; MENG, J. (2011): Reinforcement of the political self through selective exposure to political messages. In: *Journal of Communication*, 61(2), S. 349-368. https://doi.org/10.1111/j.1460-2466.2011.01543.x

KNOCHE, M. (2001): Kapitalisierung der Medienindustrie aus politökonomischer Perspektive. In: *M&K*, 49(2), S. 177-194. https://doi.org/10.5771/1615-634x-2001-2-177

KNUTH, H. (2021, 18. November): Ihr Erlöser. Oder ihr Untergang. In: *Die Zeit*, 47, S. 24.

KOCH, F.-A. (2014): *Hörfunk und Fernsehen der DDR im Transformationsprozess – alternativloser Neubeginn oder verpasste Chance?* Taunusstein: Driesen.

KOCH, T. (1998). Ost-Identität. Anker – Anspruch – Anschlußmöglichkeiten. In: *Utopie kreativ*, 97/98, S. 18-34.

KÖCHER, R. (2004): *15 Jahre nach dem Fall der Mauer. Die Entwicklung der Zeitschriftennutzung in den neuen Ländern.* Berlin: Verband Deutscher Zeitschriftenverleger.

KOHLI, M. (1981): Wie es zur »biographischen Methode« kam und was daraus geworden ist. In: *Zeitschrift für Soziologie*, 10(3), S. 273-293. https://doi.org/10.1515/zfsoz-1981-0304

KOHRING, M. (2019): Public Trust in News Media. In: T. P. VOS; F. HANUSCH; D. DIMITRAKOPOULOU; M. GEERTSEMA-SLIGH; A. SEHL (Hrsg.): *The International Encyclopedia of Journalism Studies* (S. 1-6). Hoboken: Wiley-Blackwell.

KOHRING, M.; MATTHES, J. (2004): Revision und Validierung einer Skala zur Erfassung von Vertrauen in Journalismus. In: *M&K*, 52(3), S. 377-385.

KOLLMORGEN, R. (2003): Das Ende Ostdeutschlands? Zeiten und Perspektiven eines Forschungsgegenstandes. In: *Berliner Debatte Initial*, 14(2), S. 1-15.

KOLLMORGEN, R. (2005): *Ostdeutschland. Beobachtungen einer Übergangs- und Teilgesellschaft.* Wiesbaden: VS Verlag für Sozialwissenschaften.

KOLLMORGEN, R. (2008): *Missachtung und Diskurs. Zur diskursiven Konstruktion von Anerkennung und Missachtung der Ostdeutschen nach der Vereinigung. Arbeitsbericht Nr. 51.* Magdeburg: Otto-von-Guericke-Universität.

KOLLMORGEN, R. (2010): Diskurse der deutschen Einheit. In: *APuZ*, 30-31, S. 6-13.

KOLLMORGEN, R. (2011): Subalternisierung. Formen und Mechanismen der Missachtung Ostdeutscher nach der Vereinigung. In: R. KOLLMORGEN; F. T. KOCH; H.-L. DIENEL (Hrsg.): *Diskurse der deutschen Einheit. Kritik und Alternativen* (S. 301-359). Wiesbaden: VS Verlag für Sozialwissenschaften.

KOLLMORGEN, R. (2015a): Aus dem Osten an die Spitze? Ostdeutsche in den bundesdeutschen Eliten nach fünfundzwanzig Jahren Vereinigungsprozess. In: *Berliner Debatte Initial*, 26(2), S. 17-33.

KOLLMORGEN, R. (2015b): Moderisierungstheoretische Ansätze. In: R. KOLLMORGEN; W. MERKEL; H.-J. WAGENER (Hrsg.): *Handbuch Transformationsforschung* (S. 77-88). Wiesbaden: Springer VS.

KOLLMORGEN, R. (2020): Eliten in Ostdeutschland. Repräsentationsdefizit und Entfremdung der Ostdeutschen? In: S.

BECKER; M. NAUMANN (Hrsg.): *Regionalentwicklung in Ostdeutschland. Dynamiken, Perspektiven und der Beitrag der Humangeographie* (S. 31-42). Wiesbaden: Springer VS.

KOLLMORGEN, R. (2022, 22. März): *Ostdeutsche Identität(en)?* Bonn: Bundeszentrale für politische Bildung. https://www.bpb.de/themen/deutsche-einheit/lange-wege-der-deutschen-einheit/506139/ostdeutsche-identitaet-en/#node-content-title-1 [01.02.2023].

KOLLMORGEN, R.; HANS, T. (2011): Der verlorene Osten. Massenmediale Diskurse über Ostdeutschland und die deutsche Einheit. In: R. KOLLMORGEN; F. T. KOCH; H.-L. DIENEL (Hrsg.): *Diskurse der deutschen Einheit. Kritik und Alternativen* (S. 107-165). Wiesbaden: VS Verlag für Sozialwissenschaften.

KOLMER, C. (2009): Nachrichten aus einer Krisenregion. Das Bild Ostdeutschlands und der DDR in den Medien 1994-2007. In: T. AHBE; R. GRIES; H. SCHMALE (Hrsg.): *Die Ostdeutschen in den Medien. Das Bild von den Anderen nach 1990* (S. 181-214). Leipzig: Universitätsverlag.

KOTTE, H.-H. (1992, 27. November): Widerstand gegen den Ober-»Fritz«. In: *Taz*, S. 24.

KÖTZING, A. (2023): Gedächtnis im Wandel? Partizipative Formen der DDR-Erinnerung in den Sozialen Medien. In: *Deutschland Archiv*. www.bpb.de/508375 [14.11.2023].

KOWALCZUK, I.-S. (2013): *Stasi konkret: Überwachung und Repression in der DDR*. München: Beck.

KOWALKE, H.; KALLIS, P. (1995): Sachsen zwischen Wirtschaftstransformation und globalem Strukturwandel. Eine Region Ostdeutschlands fünf Jahre nach der deutschen Einheit. In: *Zeitschrift für Wirtschaftsgeographie*, 39 (3-4), S. 240-249.

KRASTEV, I.; HOLMES, S. (2019): *Das Licht, das erlosch. Eine Abrechnung.* Berlin: Ullstein.

KRÄTKE, S. (1991): Berlins Umbau zur neuen Metropole. In: *Leviathan*, 19 (3), S. 327-352.

KRAUS, W. (2000): *Das erzählte Selbst. Die narrative Konstruktion von Identität in der Spätmoderne*. Herbolzheim: Centaurus Verlag & Media.

KRAUSE, S. H. (2022): *Vorposten der Freiheit. Remigranten an der Macht im geteilten Berlin (1940-1972)*. Frankfurt/M.: Campus.

KROTZ, F. (2003): Medien als Ressource der Konstitution von Identität. Eine konzeptionelle Klärung auf der Basis des Symbolischen Interaktionismus. In: A. HEPP; T. THOMAS; C. WINTER (Hrsg.):

Medienidentitäten. Identität im Kontext von Globalisierung und Medienkultur (S. 27-48). Köln: Herbert von Halem.

KRÜGER, U. (2016): *Mainstream. Warum wir den Medien nicht mehr trauen.* München: Beck.

KRÜGER, U. M. (1998): Modernisierung bei stabilen Programmstrukturen. In: *Media Perspektiven*, 7, 314-330.

KRÜGER, U.; MUNDT, A. (2020): Wie objektiv war die Ukraine-Berichterstattung? Eine Sourcing-Analyse zum Euromaidan 2013/14 im deutschen Fernsehen. In: H.-J. BUCHER (Hrsg.): *Medienkritik zwischen ideologischer Instrumentalisierung und kritischer Aufklärung* (S. 315-333). Köln: Herbert von Halem.

KUBIAK, D. (2018): Der Fall »Ostdeutschland«. »Einheitsfiktion« als Herausforderung für die Integration am Fallbeispiel der Ost-West-Differenz. In: *Zeitschrift für vergleichende Politikwissenschaft*, 12, S. 25-42.

KUBIAK, D. (2020): Deutsch-deutsche Identitäten in der Nachwendegeneration. In: *APuZ*, 70 (28-29), S. 35-39.

KÜBLER, H. D. (2010): Ver-Einheit-lichung, Diversifikation und Digitalisierung: Die deutsche Presse in den 90er Jahren. In: W. FAULSTICH (Hrsg.): *Die Kultur der 90er Jahre* (S. 77-102). München: Fink.

KÜBLER, H.-D. (1987): Medienbiographien – ein neuer Ansatz der Rezeptionsforschung. In: M. BOBROWSKY; W. DUCHKOWITSCH; H. HAAS (Hrsg.): *Medien- und Kommunikationsgeschichte. Ein Textbuch zur Einführung* (S. 53-65). Wien: Wilhelm Braumüller.

KUHNKE, R. (1993): Befindlichkeiten und Lebensorientierungen. In: H.-J. STIEHLER; U. KARIG (Hrsg.): *Angekommen?! Freizeit- und Medienwelten von Jugendlichen in den neuen Bundesländern* (S. 55-71). Berlin: Vistas.

KULPOK, A. (2019): *SFB mon amour. Die Geschichte des Senders Freies Berlin 1954-2003*. Berlin: Vergangenheitsverlag.

KUNDLER, H. (1994): *RIAS Berlin. Eine Radio-Station in einer geteilten Stadt.* Berlin: Dietrich Reimer.

LAING, R. D. (1971): *The divided self. An existential study in sanity and madness.* Harmondsworth: Penguin Books.

LANZ, C. (2002): Die neue junge Welle: rias 2. In: M. REXIN (Hrsg.): *Radio-Reminiszenzen. Erinnerungen an RIAS Berlin* (S. 345-356). Berlin: Vistas.

LASSLOP, C. (2010): Das Bild Ostdeutschlands in den westdeutschen Leitmedien. Eine Untersuchung der Berichte über Ostdeutschland des Nachrichtenmagazins Spiegel und der Wochenzeitung Zeit. In: M. HALLER; L. MÜKKE (Hrsg.): *Wie die Medien zur Freiheit kamen. Zum*

Wandel der ostdeutschen Medienlandschaft seit dem Untergang der DDR (S. 194-207). Köln: Herbert von Halem.

LAUERER, C.; STEINDL, N.; HANITZSCH, T.; DINGERKUS, F.; WYSS, V.; LOHMANN, M.-I.; SEETHALER, J. (2016): Alarmierende Verhältnisse oder viel Lärm um Nichts? Ökonomischer Druck auf Journalisten in Medienunternehmen in Deutschland, Österreich und der Schweiz. In: I. STAPF; M. PRINZING; A. FILIPOVIC (Hrsg.): *Gesellschaft ohne Diskurs? Digitaler Wandel und Journalismus aus medienethischer Perspektive* (S. 201-218). Baden-Baden: Nomos.

LEINEMANN, J. (1997): »Das ist das Labor«. In: *Der Spiegel*, 38, S. 96-110.

LEINEMANN, J.; SCHNIBBEN, C. (1995): »Cool bleiben, nicht kalt«. Der Fernsehmoderator Hanns Joachim Friedrichs über sein Journalistenleben. In: *Der Spiegel*, 13, S. 112-119.

LEISTNER, A. (2021): Bis hierher und wie weiter? Zur Vergangenheit und Zukunft der asymmetrisch verflochtenen Transformation (Ost-)Deutschlands. In: A. LEISTNER; M. WOHLRAB-SAHR (Hrsg.): *Das umstrittene Erbe von 1989. Zur Gegenwart eines Gesellschaftszusammenbruchs* (S. 11-61). Köln: Böhlau.

LEPSIUS, M. R. (1995): Das Legat zweier Diktaturen für die demokratische Kultur im vereinigten Deutschland. In: E. HOLTMANN; H. SAHNER (Hrsg.): *Aufhebung der Bipolarität: Veränderungen im Osten, Rückwirkungen im Westen* (S. 25-39). Opladen: Leske + Budrich.

LETTRARI, A.; NESTLER, C.; TROI-BOECK, N. (2015): *Die Generation der Wendekinder. Elaboration eines Forschungsfeldes*. Wiesbaden: Springer VS.

LIEBOLD, R. (1990, 6. April): Frauen und Behinderte werden zuerst gefeuert. In: *Berliner Zeitung*, S. 16.

LIESKE, S. (2008): *Das Image von Journalisten. Eine qualitative Untersuchung*. Wiesbaden: VS Verlag für Sozialwissenschaften.

LINDENBERGER, T. (2008): Stasiploitation: Why Not? The Scriptwriter's Historical Creativity in »The Lives of Others«. In: *German Studies Review*, 31(3), S. 557-566.

LINDNER, B. (2003): »Bau auf, Freie Deutsche Jugend« – und was dann? Kriterien für ein Modell der Jugendgenerationen der DDR. In: J. REULECKE (Hrsg.): *Generationalität und Lebensgeschichte im 20. Jahrhundert* (S. 187-215). München: Oldenbourg.

LINKS, C. (2009): *Das Schicksal der DDR-Verlage. Die Privatisierung und ihre Konsequenzen*. Berlin: Ch. Links.

LIPINSKI, G. (2020, 26. September): Verkaufen Sie, Herr Friedrich! *Meedia*. https://www.meedia.de/medien/leitartikel-verkaufen-sie-herr-friedrich-d967075ae074403cab74b4b857b1943f [14.11.2023].

LÖBLICH, M. (2008): Ein Weg zur Kommunikationsgeschichte. Kategoriengeleitetes Vorgehen am Beispiel Fachgeschichte. In: K. ARNOLD; M. BEHMER; B. SEMRAD (Hrsg.): *Kommunikationsgeschichte. Positionen und Werkzeuge. Ein diskursives Hand- und Lehrbuch* (S. 433-454). Berlin: Lit.

LÖBLICH, M. (2016): Theoriegeleitete Forschung in der Kommunikationswissenschaft. In: S. AVERBECK-LIETZ; M. MEYEN (Hrsg.): *Handbuch nicht standardisierte Methoden in der Kommunikationswissenschaft* (S. 67-79). Wiesbaden: Springer VS.

LÖBLICH, M. (2017): Legitimität in der Medienpolitik. Eine strukturationstheoretische und neo-institutionalistische Perspektive. In: *Publizistik*, 62, S. 425-443.

LÖBLICH, M. (2020): Routinen der Mediennutzung in West-Berlin. Eine Annäherung über biografische Interviews. In: T. BIRKNER; P. MERZIGER; C. SCHWARZENEGGER (Hrsg.): *Historische Medienwirkungsforschung. Ansätze, Methoden und Quellen* (S. 202-224). Köln: Herbert von Halem.

LÖBLICH, M.; POLLACK, E. (2022, 27.-28. April): *Kollektive Identität und Fachgeschichte. Die Konstruktion Ostdeutschlands in der akademischen Kommunikationsforschung der Nachwendezeit*. [Konferenzbeitrag]. Gemeinsame Fachtagung des Instituts für Zeitungsforschung in Kooperation mit der FG Kommunikationsgeschichte der DGPuK und dem Verein zur Förderung der Zeitungsforschung in Dortmund e.V., Dortmund.

LÖBLICH, M.; VENEMA, N. (2018): Kommunikationsgeschichte in der Kommunikationswissenschaft. In: *Jahrbuch für Kommunikationsgeschichte*, 20, S. 22-26.

LÖFFLER, D. (1993): Kulturelle Infrastruktur im Wandel. In: H.-J. STIEHLER; U. KARIG (Hrsg.): *Angekommen?! Freizeit- und Medienwelten von Jugendlichen in den neuen Bundesländern* (S. 25-34). Vistas.

LOJEWSKI, G. V. (2000): *Einigkeit und Recht und Freiheit... »Report« eines deutschen Lebens*. München: Herbig.

LOJEWSKI, G. V.; ZERDICK, A. (Hrsg.) (2000): *Rundfunkwende. Der Umbruch des deutschen Rundfunksystems nach 1989 aus der Sicht der Akteure*. Berlin: Vistas.

LÖW, E. (2019): Deutschland einig Medialand? In: *W&V*, 10, S. 90-98.

LÜDEKER, G. (2012): *Kollektive Erinnerung und nationale Identität. Nationalsozialismus, DDR und Wiedervereinigung im deutschen Spielfilm nach 1989*. München: Edition text+kritik.

LÜDERS, K. (1991): Kommunale Sozialpolitik in der Stadt als sozialer Gemeinschaft. In: P. MARCUSE; F. STAUFENBIEL (Hrsg.): *Wohnen und Stadtpolitik im Umbruch* (S. 201-210). Berlin: Akademie Verlag.

LÜHMANN, M. (2021): Identitäten und Anerkennungen im Vereinigungsprozess. In: J. C. ENDERS; R. KOLLMORGEN; I.-S. KOWALCZUK (Hrsg.): *Deutschland ist eins: vieles. Bilanz und Perspektiven von Transformation und Vereinigung* (S. 253-361). Frankfurt/M.: Campus.

LÜNENBORG, M. (2012): Boulevardisierung im Journalismus. In: K. MEIER; C. NEUBERGER (Hrsg.): *Journalismusforschung* (S. 207-221). Baden-Baden: Nomos.

LÜNENBORG, M.; FRITSCHE, K.; BACH, A. (2011): *Migrantinnen in den Medien. Darstellungen in der Presse und ihre Rezeption*. Bielefeld: Transcript.

LÜTZ, S. (2000): Vom koordinierten zum marktorientierten Kapitalismus? Der deutsche Finanzsektor im Umbruch. In: R. CZADA; H. WOLLMANN (Hrsg.): *Von der Bonner zur Berliner Republik. 10 Jahre Deutsche Einheit* (S. 651-670). Opladen: Westdeutscher Verlag.

MAALOUF, A. (2000): *Mörderische Identitäten*. Frankfurt/M.: Suhrkamp.

MAASS, M. (1988): RIAS-Berlin. Eine Stimme der freien Welt. In: G. BENTELE; O. JARREN (Hrsg.): *Medienstadt Berlin* (S. 265-276). Berlin: Vistas.

MACHILL, M.; BEILER, M.; GERSTNER, J. (2014): *Systemwechsel – Die Transformation des DDR-Fernsehens 1989*. Bonn: Bundeszentrale für politische Bildung. https://www.bpb.de/themen/medien-journalismus/medienpolitik/172174/systemwechsel-die-transformation-des-ddr-fernsehens-1989/ [23.11.2023].

MÄDING, H. (2002): Die Finanzen des Landes Berlin. In: M. RÖBER; E. SCHRÖTER; H. WOLLMANN (Hrsg.): *Moderne Verwaltung für moderne Metropolen. Berlin und London im Vergleich* (S. 78-105). Wiesbaden: VS Verlag für Sozialwissenschaften.

MAGIN, M.; OGGOLDER, C. (2016): Quellen historischer Forschung in der Kommunikationswissenschaft. In: S. AVERBECK-LIETZ; M. MEYEN (Hrsg.): *Handbuch nicht standardisierte Methoden in der Kommunikationswissenschaft* (S. 319-334). Wiesbaden: Springer VS.

MAGIN, M.; STARK, B. (2020) (Hrsg.): Media Performance in Times of Media Change. In: *Media and Communication*, 8(3). https://doi.org/10.17645/mac.v8i3.3536

MANNHEIM, K. (1952): *Ideologie und Utopie.* Frankfurt/M.: Schulte-Bulmke.

MARES, M.-L.; CANTOR, J. (1992): Elderly viewers' responses to televised portrayals of old age. Empathy and mood management versus social comparison. In: *Communication Research*, 19 (4), S. 459-478.

MARR, M.; BONFADELLI, H. (2010): Mediennutzungsforschung. In: H. BONFADELLI; O. JARREN; G. SIEGERT (Hrsg.): *Einführung in die Publizistikwissenschaft* (S. 545-574). Bern: Haupt.

MAST, C.; HAASIS, K.; WEIGERT, M. (1994): Medien und Journalismus im Umbruch. Konzepte und Erfahrungen von Medienunternehmen, Verbänden und Redakteuren in den neuen Bundesländern. In: F. BÖCKELMANN; C. MAST; B. SCHNEIDER (Hrsg.): *Journalismus in den neuen Ländern: Ein Berufsstand zwischen Aufbruch und Anpassung* (S. 231- 450). Konstanz: Universitätsverlag.

MASTRO, D. E. (2003): A social identity approach to understanding the impact of television messages. In: *Communication Monographs*, 70 (2), S. 98-113. https://doi.org/10.1080/0363775032000133764

MAU, S. (2019): *Lütten Klein: Leben in der ostdeutschen Transformationsgesellschaft.* Berlin: Suhrkamp.

MAURER, T.; VOGELGESANG, J.; WEISS, M.; WEISS, H.-J. (2008): Aktive oder passive Berichterstatter? Die Rolle der Massenmedien während des Kosovo-, Afghanistan- und Irakkriegs. In: B. PFETSCH; S. ADAM (Hrsg.): *Massenmedien als politische Akteure* (S. 144-167). Wiesbaden: VS Verlag für Sozialwissenschaften.

MCKEE, A. (2000): Images of gay men in the media and the development of self esteem. In: *Australian Journal of Communication*, 27, S. 81-98.

MCQUAIL, D. (1983): *Mass Communication Theory. An Introduction.* London: Sage.

MDR (Hrsg.) (2023): *Drei Viertel finden, der Westen prägt den Blick auf den Osten.* https://www.mdr.de/nachrichten/deutschland/gesellschaft/umfrage-meinung-ost-west-oschmann-100.html [24.11.2023].

MEDE, N. G.; BRUCKLACHNER A.; HEIM, M. (2020): Versagen des Journalismus? Medienskepsis und Journalismuswahrnehmung. In: B. BLÖBAUM; T. HANITZSCH; L. BADURA (Hrsg.): *Medienskepsis in Deutschland. Ursachen, Ausprägungen und Konsequenzen* (S. 87-112). Wiesbaden: Springer VS.

MEDIA PIONEER (Hrsg.) (o.D.): *The Pioneer Briefing*. https://www.thepioneer.de/originals/thepioneer-briefing-economy-edition?origin=thepioneer-briefing-btn [24.11.2023].

MEDIA TENOR (Hrsg.) (2014): *25 Jahre Deutsche Einheit: Übergang zur Tagesordnung und viel Negativität. Das Medienbild seit 2001*. http://de.mediatenor.com/de/bibliothek/newsletter/download/416_5009227003e93820a9483107d22f6c4a [08.05.2024].

MEDIA TENOR (Hrsg.) (2016): *Ernüchterung zum Tag der Einheit 2016. Die Deutsche Einheit in den Medien, 2001-2006*. http://media-intelligence.org/de/bibliothek/newsletter/download/675_bec3b9722199620351ede7d6ae8b1045 [09.01.2024].

MEDIENTAGE MITTELDEUTSCHLAND (2020, 1. Oktober): *MTM Extra – live aus Leipzig: Einheit und Freiheit? 30 Jahre geeintes Medienland*. https://www.youtube.com/watch?v=5lQ5PUw1Xr4 [24.11.2023].

MEHNKE, B. (1993): DT64 – Formatierte Integration. Das Programm im Sommer 1991. In: A. ULRICH; J. WAGNER (Hrsg.): *DT64 – Das Buch zum Jugendradio 1964-1993* (S. 148-157). Wallmerod: Thom.

MEIER, C. (1994): Am Ende der alten Bundesrepublik. In: *Merkur*, 48 (544), S. 561-572.

MEISNER, L. (2023): *Medienkritik ist links. Warum wir eine medienkritische Linke brauchen*. Berlin: Das neue Berlin.

MENKE, M. (2019): *Mediennostalgie in digitalen Öffentlichkeiten. Zum kollektiven Umgang mit Medien- und Gesellschaftswandel*. Köln: Herbert von Halem.

MERTEN, K. (1984): Vom Nutzen des »Uses-and-Gratifications-Approach«. Anmerkungen zu Palmgreen. In: *Rundfunk und Fernsehen*, 32(1), S. 66-72.

MEYEN, M. (2000): Die Quelle Meinungsforschung: Historische Datenanalyse als Weg zu einer Geschichte der Mediennutzung. In: *ZA-Information / Zentralarchiv für Empirische Sozialforschung*, 46, S. 39-57. https://nbn-resolving.org/urn:nbn:de:0168-ssoar-199326 [24.11.2023].

MEYEN, M. (1999): »Geistige Grenzgänger«: Medien und die deutsche Teilung. Ein Beitrag zur Rezeptionsgeschichte in den ersten beiden Nachkriegsjahrzehnten. In: *Jahrbuch für Kommunikationsgeschichte*, 1, S. 192-231.

MEYEN, M. (2001): *Hauptsache Unterhaltung. Mediennutzung und Medienbewertung in Deutschland in den 50er Jahren*. Münster: Lit.

MEYEN, M. (2002): Kollektive Ausreise. Zur Reichweite ost- und westdeutscher Fernsehprogramme in der DDR. In: *Publizistik*, 47(2), S. 200-220. https://doi.org/10.1007/s11616-002-0037-6

MEYEN, M. (2003): *Denver Clan und Neues Deutschland: Mediennutzung in der DDR*. Berlin: Ch. Links.

MEYEN, M. (2004a): Das unwichtige Medium. Radiohören in der DDR. In: K. ARNOLD; C. CLASSEN (Hrsg.): *Zwischen Pop und Propaganda. Radio in der DDR* (S. 341-356). Berlin: Ch. Links.

MEYEN, M. (2004b): *Mediennutzung*. Konstanz: UVK.

MEYEN, M. (2007): Medienwissen und Medienmenüs als kulturelles Kapital und als Distinktionsmerkmale. Eine Typologie der Mediennutzer in Deutschland. In: *M&K*, 55(3), S. 333-354. https://doi.org/10.5771/1615-634x-2007-3-333

MEYEN, M. (2008): Methoden historischer Mediennutzungsforschung. In: K. ARNOLD; M. BEHMER; B. SEMRAD (Hrsg.): *Kommunikationsgeschichte. Positionen und Werkzeuge. Ein diskursives Hand- und Lehrbuch* (S. 381-399). Münster: Lit.

MEYEN, M. (2013): *»Wir haben freier gelebt«: Die DDR im kollektiven Gedächtnis der Deutschen*. Bielefeld: Transcript. https://doi.org/10.14361/transcript.9783839423707

MEYEN, M. (2014): Rundfunknutzung. Überblick: Probleme und Chancen historischer Forschung zur Nutzung und Wirkung von Hörfunk und Fernsehen. In: M. BEHMER; B. BERNARD; B. HASSELBRING (Hrsg.): *Das Gedächtnis des Rundfunks* (S. 231-236). Wiesbaden: Springer VS.

MEYEN, M. (2016): Biografie und Generation in der Kommunikationswissenschaft. In: S. AVERBECK-LIETZ; M. MEYEN (Hrsg.): *Handbuch nicht standardisierte Methoden in der Kommunikationswissenschaft* (S. 385-398). Wiesbaden: Springer VS.

MEYEN, M. (2020). Die Erfindung der Glaubwürdigkeit. Umfragen zur Medienbewertung in Deutschland seit 1945. In: A. BLOME; T. EBERWEIN; S. AVERBECK-LIETZ (Hrsg.): *Medienvertrauen. Historische und aktuelle Perspektiven* (S. 59-75). Berlin: De Gruyter.

MEYEN, M. (2021a): Der Hoffnungsträger. Was der öffentlich-rechtliche Rundfunk braucht, um seinen Auftrag zu erfüllen. In: A. V. MIRBACH; M. MEYEN (Hrsg.): *Das Elend der Medien. Schlechte Nachrichten für den Journalismus* (S. 51-85). Köln: Herbert von Halem.

MEYEN, M. (2021b): Vom Desinformations- zum Demokratie-Frame. Anstelle einer Zusammenfassung. In: A. V. MIRBACH; M. MEYEN (Hrsg.): *Das Elend der Medien. Schlechte Nachrichten für den Journalismus* (S. 347-356). Köln: Herbert von Halem.

MEYEN, M. (2021c): *Die Propaganda-Matrix. Der Kampf für freie Medien entscheidet über unsere Zukunft.* München: Rubikon.

MEYEN, M.; JANDURA, O. (2009): Die doppelte Öffentlichkeit. Ursachen der Ost-West-Unterschiede bei der Mediennutzung. In: *Vorgänge*, 187(3), S. 76-94.

MEYEN, M.; LÖBLICH, M. (2003): Mediennutzer-Typen in der DDR. Biografische Interviews zur zweiten Hälfte der 1980er-Jahre. In: *Großbothener Vorträge zur Kommunikationswissenschaft IV* (S. 33-60). Bremen: Edition Lumière.

MEYEN, M.; NAWRATIL, U. (2004): The Viewers: television and everyday life in East Germany. In: *Historical Journal of Film, Radio and Television*, 24(3), S. 355-364. https://doi.org/10.1080/0143968042000277557

MEYEN, M.; PFAFF-RÜDIGER, S. (Hrsg.) (2009): *Internet im Alltag: qualitative Studien zum praktischen Sinn von Onlineangeboten*. Münster: Lit.

MEYEN, M.; RIESMEYER, C. (2009): *Diktatur des Publikums. Journalisten in Deutschland*. Konstanz: UVK.

MEYEN, M.; SCHEU, A. (2011): The role of external broadcasting in a closed political system: A case study of the German post-war states. In: *Global Media and Communication*, 7(2), S. 115-128.

MEYEN, M.; SCHWER, K. (2007): Credibility of media offerings in centrally controlled media systems: A qualitative study based on the example of East Germany. In: *Media, Culture & Society*, 29(2), S. 284-303. https://doi.org/10.1177/0163443707074260

MEYEN, M.; LÖBLICH, M.; PFAFF-RÜDIGER, S.; RIESMEYER, C. (2019): *Qualitative Forschung in der Kommunikationswissenschaft. Eine praxisorientierte Einführung.* Wiesbaden: Springer VS.

MICHEL, B. (2018): *Privatisierung, Kommerzialisierung, Festivalisierung. Diagnosen zur Ökonomisierung des öffentlichen Raums*. https://www.bpb.de/themen/stadt-land/stadt-und-gesellschaft/216875/privatisierung-kommerzialisierung-festivalisierung/ [27.11.2023].

MICHEL, S.; GRIMM, D. (2020): *Die anderen Leben. Generationengespräche Ost.* Berlin: Bebra.

MIHELJ, S. (2011): *Media Nations. Communicating Belonging and Exclusion in the Modern World*. Houndmills: Palgrave Macmillan.

MIHELJ, S. (2014): The Persistence of the Past: Memory, Generational Cohorts and the ›Iron Curtain‹. In: *Contemporary European History*, 23(3), S. 447-468. https://doi.org/10.1017/S0960777314000228

MIHELJ, S. (2017): Memory, post-socialism and the media: Nostalgia and beyond. In: *European Journal of Cultural Studies*, 20(3), S. 235-251.

MIHELJ, S.; HUXTABLE, S. (2018): *From Media Systems to Media Cultures*. Cambridge: University Press.

MIKOS, L. (1992a): Fernsehen im Kontext von Alltag, Lebenswelt und Kultur. Versuch zur Klärung von Begriffen zum Zwecke der theoretischen Annäherung (1). In: *Rundfunk und Fernsehen*, 40, S. 528-543.

MIKOS, L. (1992b): Ist das Fernsehen eine Black Box? Über Skinner, Schrödingers Katze und das Verhalten von Fernsehforschern. In: K. HICKETHIER; I. SCHNEIDER (Hrsg.): *Fernsehtheorien* (S.109-124). Berlin: Edition Sigma.

MIKOS, L. (1994): *Fernsehen im Erleben der Zuschauer. Vom lustvollen Umgang mit einem populären Medium*. Berlin: Quintessenz.

MIKOS, L. (2006): Mediensozialisation und Identitätsmarkt Fernsehen. In: K. S. REHBERG (Hrsg.): *Soziale Ungleichheit, kulturelle Unterschiede: Verhandlungen des 32. Kongresses der Deutschen Gesellschaft für Soziologie in München. Teilband 1 und 2* (S. 3356-3369). Frankfurt/M.: Campus.

MIKOS, L. (2007): Distinktionsgewinne - Diskurse mit und über Medien. In: J. FROMME; B. SCHÄFFER (Hrsg.): *Medien – Macht – Gesellschaft* (S. 45-60). Wiesbaden: VS Verlag für Sozialwissenschaften.

MIKOS, L. (2009): Serial Identity: Television Serials as Resources for Reflexive Identities. In: E. CASTELLÓ; A. DHOEST; H. O'DONNELL (Hrsg.): *The Nation on Screen: Discourses of the National on Global Television* (S. 97-116). Cambridge: Scholars Publishing.

MIKOS, L. (2013): Qualitative Verfahren. In: W. SCHWEIGER; A. FAHR (Hrsg.): *Handbuch Medienwirkungsforschung* (S. 627-641). Wiesbaden: Springer VS.

MIKOS, L.; PROMMER, E. (2003): *»Publikumserwartungen und Programmqualität« Studie zur Fusion von ORB und SFB*. Hochschule für Film und Fernsehen »Konrad Wolf«. Unveröffentlichter Forschungsbericht.

MILEV, Y. (2019): *Entkoppelte Gesellschaft – Ostdeutschland seit 1989/90. Band 1: Anschluss*. Frankfurt/M.: Peter Lang.

MILEV, Y. (2020a): *Das Treuhand-Trauma. Die Spätfolgen der Übernahme*. Berlin: Das neue Berlin.

MILEV, Y. (2020b): »Diktaturaufarbeitung« und »Demokratieerziehung« Das Doppelaxiom der demokratischen Assimilationspolitik im Beitrittsgebiet. In: *Z. Zeitschrift marxistische Erneuerung*, 123, S. 149-158.

MIRBACH, A. V. (2021): Wir sind das Volk. Vier Stimmen aus dem Osten, 30 Jahre danach. In: A. V. MIRBACH; M. MEYEN (Hrsg.): *Das Elend der Medien. Schlechte Nachrichten für den Journalismus* (S. 286-311). Herbert von Halem.

MIRBACH, A. V.; MEYEN, M. (2021): *Das Elend der Medien. Schlechte Nachrichten für den Journalismus*. Köln: Herbert von Halem.

MOHL, A. (2011): *Personelle und institutionelle Übergänge im Bereich der brandenburgischen Medienlandschaft. Gutachten für die Enquete-Kommission 5/1 des Brandenburger Landtags*. Potsdam. https://gruene-fraktion-brandenburg.de/uploads/documents/Website_Content/110620_Gutachten_Mohl_Medienlandschaft.pdf [23.11.2023].

MOHR, I.; FREY-VOR, G. (2016): Radio- und Zeitungsnutzung im Ost-West-Vergleich. Ergebnisse der ARD/ZDF-Studie Massenkommunikation 2015. In: *Media Perspektiven*, 8, S. 392-400.

MÖLLER-RIESTER, M. (1993): Kein Platz für Vielfalt. Tageszeitungen in den neuen Bundesländern und Berlin. In: *Medium*, 23(1), S. 53-58.

MORLEY, D.; ROBINS, K. (1995): *Spaces of Identity. Global Media, Electronic Landscapes and Cultural Boundaries.* London: Routledge.

MOSER, H. (1994): Die Berliner Wirtschaft im Zeichen der Vereinigung. In: W. SÜSS (Hrsg.): *Hauptstadt Berlin, Band. 1: Nationale Hauptstadt-Europäische Metropole*. Berlin: Berlin.

MÜHL-BENNINGHAUS, W. (1990): Ab morgen heißen wir ›Aktuell‹. Ein Nachwort zum Ende der DDR-Nachrichtensendung ›Aktuelle Kamera‹. In: *Funk-Korrespondenz*, 38(51/52), S. 1-3.

MÜHL-BENNINGHAUS, W. (1995): Reformversuche von oben. Zur Rolle von DT64 und Elf99 am Ende der DDR. In: *Rundfunk und Geschichte*, 21, S. 253-257.

MÜHLBERG, L. (1993): Hörerforschung des DDR-Rundfunks. In: H. RIEDEL (Hrsg.): *Mit uns zieht die neue Zeit … 40 Jahre DDR-Medien* (S. 173-181). Berlin: Vistas.

MÜHLE, H. (2006, 23. März): Von den ganz anderen. In: *Junge Welt*, S. 12.

MÜKKE, L. (2010). »Eine eigenartige Wendung.« Warum die überregionale Presse in Ostdeutschland scheiterte. Gespräch mit Hans-Jörg-Stiehler. In: M. HALLER; L. MÜKKE (Hrsg.): *Wie die Medien zur Freiheit kamen. Zum Wandel der ostdeutschen Medienlandschaft seit dem Untergang der* DDR (S. 248-260). Köln: Herbert von Halem.

MÜKKE, L. (2021): *30 Jahre staatliche Einheit – 30 Jahre mediale Spaltung. Schreiben Medien die Teilung Deutschlands fest?* OBS*-Arbeitspapier 45.* Frankfurt/M.: Otto Brenner Stiftung.

MÜLLER, U.; MEIER, C. (2019, 17. November): Verleger mit Vergangenheit. Die Akte »Bernstein«. In: *Welt am Sonntag*, S. 36.

MÜNCH, R. (1998): *Globale Dynamik, lokale Lebenswelten: Der schwierige Weg in die Weltgesellschaft*. Frankfurt/M.: Suhrkamp.

MÜNKLER, H.; HACKE, J. (2009): Einleitung. In: H. MÜNKLER; J. HACKE (Hrsg.): *Wege in die neue Bundesrepublik. Politische Mythen und kollektive Selbstbilder nach 1989* (S. 7-13). Frankfurt/M.: Campus.

NAEHER, G. (1993): *Mega schrill und super-flach. Der unaufhaltsame Aufstieg des Fernsehens in Deutschland*. Frankfurt/M.: Campus.

NAWROCKI, J. (1986): Zauberformeln für Berlin. In: *Die Zeit*, 51, S. 4.

NEHRLICH, H. (2019): Berliner, wie haste dir verändert. *Menschen Machen Medien*, 68(2), S. 16-19.

NELLER, K. (2006a): DDR*-Nostalgie. Dimensionen der Orientierungen der Ostdeutschen gegenüber der ehemaligen* DDR*, ihre Ursachen und politischen Konnotationen*. Wiesbaden: VS Verlag für Sozialwissenschaften.

NELLER, K. (2006b): Getrennt vereint? Ost-West-Identitäten, Stereotypen und Fremdheitsgefühle nach 15 Jahren deutscher Einheit. In: J. W. FALTER; O. W. GABRIEL; H. RATTINGER; H. SCHOEN (Hrsg.): *Sind wir ein Volk? Ost- und Westdeutschland im Vergleich* (S. 13-36). München: Beck.

NEUBERGER, C. (2014): The Journalistic Quality of Internet Formats and Services. In: *Digital Journalism*, 2(3), S. 419-433. https://doi.org/10.1080/21670811.2014.892742

NEUMANN-BRAUN, K.; SCHNEIDER, S. (1993): Biographische Dimensionen der Medienaneignung. In: W. HOLLY; W. PÜSCHEL (Hrsg.): *Medienrezeption als Aneignung* (S. 193-210). Opladen: Westdeutscher Verlag.

NICHELMANN, J. (2019): *Nachwendekinder. Die* DDR*, unsere Eltern und das große Schweigen*. Berlin: Ullstein.

NIETHAMMER, L. (2000): *Kollektive Identität: heimliche Quellen einer unheimlichen Konjunktur*. Reinbek b. Hamburg: Rowohlt.

NIETHAMMER, L. (2002): *Ego-Histoire? und andere Erinnerungs-Versuche*. Böhlau.

NOELLE-NEUMANN, E.; SCHULZ, W.; WILKE, J. (Hrsg.) (2009): *Fischer Lexikon Publizistik Massenkommunikation.* Frankfurt/M.: Fischer.

NOLTE, B. (2020, 29. April): »Ich trank in besetzten Häusern Bier«. Interview mit Rik De Lisle. In: *Der Tagesspiegel.* https://www.tagesspiegel.de/gesellschaft/medien/interview-mit-rik-de-lisle-ich-trank-in-besetzten-haeusern-bier/25788774.html [27.11.2023].

NOWAK, A. (1992): Hauptstadt-Presse: Exitus im Sommerloch. Die Fortsetzung einer unendlichen Geschichte. In: *Publizistik und Kunst*, 9, S. 33-34.

ODERMANN, H. (1989, 11./12. November): Verschiedene Medien für den Dialog verschiedener Meinungen und Gruppen. In: *Neues Deutschland*, S. 13.

OHME-REINICKE, A.; WEINGARTEN, M. (2012): Krise und Bewusstsein. Zur Aktualität sozialpsychologischer Grundlagen des Krisenbegriffs der Kritischen Theorie. In: M. HAWEL; M. BLANKE (Hrsg.): *Kritische Theorie der Krise. Rosa-Luxemburg-Stiftung. Texte 72* (S. 92-116). Berlin: Karl Dietz.

OLDEN, C. (1992): Berlin: »Gemütlich wie im Haifischbecken«. In: *Horizont*, 40, S. 111.

OSANG, A. (2020): Systemsprenger. In: *Der Spiegel*, 41, S. 56-63.

OSCHMANN, D. (2023): *Der Osten: eine westdeutsche Erfindung*. Berlin: Ullstein.

PAJEVIC, A. (1998, 16. März): Erstmals seit 1990 weniger Straftaten. In: *Der Tagesspiegel*. https://www.tagesspiegel.de/berlin/erstmals-seit-1990-weniger-straftaten/33550.html [18.08.2022].

PALAST DER REPUBLIK E.V. (o.D.): *Fordern*. https://palast.jetzt/#fuenf-punkte [27.11.2023].

PAPPERT, S.; SCHRÖTER, M. (2008): Der Vereinigungsdiskurs als Spaltungsdiskurs in der Spiegel-Berichterstattung 1990-2000. In: K. S. ROTH; M. WIENEN (Hrsg.): *Diskursmauern. Aktuelle Aspekte der sprachlichen Verhältnisse zwischen Ost und West* (S. 157-177). Bremen: Hempen.

PATES, R.; SCHOCHOW, M. (2013): *»Der Ossi«. Mikropolitische Studien über einen symbolischen Ausländer.* Wiesbaden: Springer VS.

PAUS-HASEBRINK, I. (2010): Lebens-Herausforderungen: Medienumgang und Lebensaufgaben. Was muss kommunikationswissenschaftliche Forschung leisten? In: M. HARTMANN; A. HEPP (Hrsg.): *Die*

Mediatisierung der Alltagswelt (S. 195-210). Wiesbaden: VS Verlag für Sozialwissenschaften.

PENCE, K.; BETTS, P. (2008): Introduction. In: K. PENCE; P. BETTS (Hrsg.): *Socialist Modern: East German Everyday Culture and Politics. Social History, Popular Culture, and Politics in Germany.* Michigan: University of Michigan Press.

PETER, C. (2016): *Fernsehen als Zerrspiegel: Relevanz und Bedingungen sozialer Vergleichsprozesse im Rahmen der Fernsehnutzung*. Wiesbaden: Springer VS.

PETHE, H. (2004): Gewinner und Verlierer. Der Wandel der Wirtschaftsstruktur in Ost- und West-Berlin. In: *Praxis Geographie*, 34(9), S. 29-30.

PFEIFFER, C. (1999): Anleitung zum Haß. Der Kriminologe Christian Pfeiffer über das Erziehungssystem der DDR und die Folgen. In: *Der Spiegel*, 12, S. 60-66.

POLIERT, S. (1998): Wo Licht ist, fällt auch Schatten. Das zeitkritische Magazin »Prisma« im Kontext der DDR-Fernsehgeschichte. In: H. HEINZE; A. KREUTZ (Hrsg.): *Zwischen Service und Propaganda. Zur Geschichte und Ästhetik von Magazinsendungen im Fernsehen der DDR 1952-1991* (S. 13-70). Berlin: Vistas.

POLLACK, D. (1998): Ostdeutsche Identität - ein multidimensionales Phänomen. In: H. MEULEMANN (Hrsg.): *Werte und nationale Identität im vereinten Deutschland. Erklärungsansätze der Umfrageforschung* (S. 301-318). Opladen: Leske + Budrich.

POLLACK, D. (2000): Das geteilte Bewusstsein. Einstellungen zur sozialen Ungleichheit und zur Demokratie in Ost- und Westdeutschland 1990-1998. In: R. CZADA; H. WOLLMANN (Hrsg.): *Von der Bonner zur Berliner Republik. 10 Jahre Deutsche Einheit* (S. 281-307). Opladen: Westdeutscher Verlag.

POLLACK, D. (2001): *Wie modern war die DDR? Arbeitsberichte des Frankfurter Institut für Transformationsstudien – Discussion Paper 4/01*. Frankfurt/O.: Institut für Transformationsstudien.

POLLACK, D. (2020): *Das unzufriedene Volk. Protest und Ressentiment in Ostdeutschland von der friedlichen Revolution bis heute*. Bielefeld: Transcript.

POLLACK, D.; PICKEL, G. (1998): Die ostdeutsche Identität – Erbe des DDR-Sozialismus oder Produkt der Wiedervereinigung? Die

Einstellung der Ostdeutschen zu sozialer Ungleichheit und Demokratie. In: *APuZ*, 41-42, S. 9-23.

POLLACK, E. (2020): Bilanz der Deutschen Einheit beim »Warten auf'n Bus«. In: M. MEYEN (Hrsg.): *Das mediale Erbe der DDR*. http://medienerbe.hypotheses.org/2127 [18.10.2022].

POPA, D. (1993): Der Radiomarkt Ost kommt nicht zur Ruhe. In: *W&V*, 16, S. 161-165.

PÖTTKER, H. (1995): Fortschreibung alter Identitäten. Selbst- und Fremdbilder in der Presse des vereinten Deutschlands. In: M. HALLER, K. PUDER; J. SCHLEVOIGT (Hrsg.): *Presse Ost – Presse West. Journalismus im vereinten Deutschland* (S. 235-244). Berlin: Vistas.

PROMMER, E. (1999): *Kinobesuch im Lebenslauf. Eine historische und medienbiographische Studie*. Konstanz: UVK.

PÜRER, H. (2015): *Medien in Deutschland. Presse – Rundfunk – Online*. Konstanz: UVK.

PÜRER, H.; RAABE, J. (2007): *Presse in Deutschland*. Konstanz: UVK.

QUANDT, T. (2002): Virtueller Journalismus im Netz? Eine strukturationstheoretische Annäherung an das Handeln in Online-Redaktionen. In: A. BAUM, A.; S. J. SCHMIDT (Hrsg.): *Fakten und Fiktionen. Über den Umgang mit Medienwirklichkeiten* (S. 233-253). Konstanz: UVK.

QUENT, M. (2015): Sonderfall Ost - Normalfall West? In: W. FRINDTE; D. GESCHKE; N. HAUSSECKER; F. SCHMIDTKE (Hrsg.): *Rechtsextremismus und »Nationalsozialistischer Untergrund«: Interdisziplinäre Debatten, Befunde und Bilanzen* (S. 99-117). Wiesbaden: Springer VS.

RAABE, J. (2013): Boulevardpresse. In: G. BENTELE; H.-B. BROSIUS; O. JARREN (Hrsg.): *Lexikon Kommunikations- und Medienwissenchaft* (S. 33-34). Wiesbaden: Springer VS.

RECKE, M. (1995): *»Wir haben erstaunlich viel geschafft«. Ein epd-Interview mit Christoph Singelnstein*. http://userpage.fu-berlin.de/mr94/epd/singelns.htm [10.11.2022].

REICHELT, J. [@jreichelt]. (2019, 19. November). *Dreißig Jahre nach dem Mauerfall ist die @berlinerzeitung wieder in Stasihand* [Tweet]. Twitter. https://twitter.com/jreichelt/status/1195334762677841928 [23.11.2022].

REICHHARDT, H. J. (1974): Rede auf der Protestkundgebung vor dem Reichstagsgebäude am 9. September 1948 gegen die Vertreibung der Stadtverordnetenversammlung aus dem Ostsektor. In: H. J. REICHHARDT (Hrsg.): *Ernst Reuter. Dritter Band. Artikel – Briefe – Reden 1946 bis 1949* (S. 477-479). Berlin: Propyläen.

REIMANN, B. (2000): *Städtische Wohnquartiere. Der Einfluss der Eigentümerstruktur. Eine Fallstudie aus Berlin Prenzlauer Berg*. Opladen: Leske + Budrich.

REIMANN, M. (2018, 22. August): Mehr Ossis in die Medien bitte! In: *Ze.tt*. https://www.zeit.de/zett/politik/2018-08/mehr-ossis-in-die-medien-bitte-ostdeutsche-westdeutsche-journalismus?utm_referrer=https%3A%2F%2Fwww.google.com%2F [23.11.2023].

REINEMANN, C. (2008): »Guter Boulevard ist immer auch außerparlamentarische Opposition« – Das Handeln von Bild am Beispiel der Berichterstattung über Hartz IV. In: B. PFETSCH; S. ADAM (Hrsg.): *Massenmedien als politische Akteure* (S. 196-224). Wiesbaden: VS Verlag für Sozialwissenschaften.

REITZE, H.; RIDDER, C.-M. (Hrsg.) (2011): *Massenkommunikation VIII. Eine Langzeitstudie zur Mediennutzung und Medienbewertung 1964-2010*. Baden-Baden: Nomos.

REXIN, M. (2002): Eine historische Skizze. In: M. REXIN (Hrsg.): *Radio-Reminiszenzen. Erinnerungen an RIAS Berlin* (S. 13-42). Berlin: Vistas.

RIBBE, W. (2002): *Berlin 1945-2000. Grundzüge der Stadtgeschichte*. Berlin: Berliner Wissenschafts-Verlag.

RICHTER C.; GEBAUER, S. (2010): *Die China-Berichterstattung in den deutschen Medien*. Köln: Heinrich-Böll-Stiftung.

RIEDMÜLLER, B. (1996): Sozialstruktur und Arbeitsmarktentwicklung. In: W. SÜSS (Hrsg.): *Hauptstadt Berlin. Band 3: Metropole im Umbruch* (S. 539-545). Berlin: Berlin.

RIPPL, S.; BUNTFUSS, N.; MALKE, N.; RÖDEL, N.; SCHUBERT, L. (2019): Ostdeutsche Identität: Zwischen medialen Narrativen und eigenem Erleben. In: BUNDESZENTRALE FÜR POLITISCHE BILDUNG (Hrsg.): *Deutschland Archiv 2018* (S. 43-54). Bonn: Bundeszentrale für politische Bildung.

RÖBENBACK, S. (2020): *Der lange Weg zur Einheit – Die Entwicklung der Arbeitslosigkeit in Ost- und Westdeutschland*. https://www.bpb.de/themen/deutsche-einheit/lange-wege-der-deutschen-einheit/47242/der-lange-weg-zur-einheit-die-entwicklung-der-arbeitslosigkeit-in-ost-und-westdeutschland/ [27.11.2023].

ROLLER, E. (1999): Staatsbezug und Individualismus: Dimensionen des sozialkulturellen Wertewandels. In: T. ELLWEIN; E. HOLTMANN (Hrsg.): *50 Jahre Bundesrepublik Deutschland. Rahmenbedingungen – Entwicklungen – Perspektiven* (S. 229-246). Wiesbaden: VS Verlag für Sozialwissenschaften.

ROSENBAUER, H. (2017): »Ich wollte im gesellschaftspolitischen Sinne auch etwas verändern«. Rundfunkhistorisches Gespräch mit Hansjürgen Rosenbauer (Auszüge). In: *Rundfunk und Geschichte*, 43 (1-2), S. 41-52.

ROSENGREN, K. E. (1996): Inhaltliche Theorien und formale Modelle in der Forschung über individuelle Mediennutzung. In: U. HASEBRINK; F. KROTZ (Hrsg.): *Die Zuschauer als Fernsehregisseure? Zum Verständnis individueller Nutzungs- und Rezeptionsmuster* (S. 13-36). Baden-Baden: Nomos.

ROSENSTEIN, D. (1995): »Elf 99« – aus der Sicht des Redakteurs Ein Gespräch mit Karsten Roeder. In: D. ROSENSTEIN (Hrsg.): *Unterhaltende Fernsehmagazine* (S. 243-255). Wiesbaden: VS Verlag für Sozialwissenschaften.

ROTH, K. S. (2008): Der Westen als ›Normal-Null‹. Zur Diskurssemantik von ›ostdeutsch‹ und ›westdeutsch‹. In: K. S. ROTH; M. WIENEN (Hrsg.): *Diskursmauern. Aktuelle Aspekte der sprachlichen Verhältnisse zwischen Ost und West* (S. 69-89). Bremen: Hempen.

ROTT, W. (2009, 30. August): Das dritte Deutschland. In: *Der Tagesspiegel*, S. 8.

RUBIN, A. M. (2000): Die Uses-And-Gratifications-Perspektive der Medienwirkung. In: A. SCHORR (Hrsg.): *Publikums- und Wirkungsforschung* (S. 137-152). Opladen: Westdeutscher Verlag.

RUBIN, A. M. (2002): The Uses-and-Gratifications Perspective of Media Effects. In: J. BRYANT; M.B. OLIVER (Hrsg.): *Media effects: advances in theory and research* (S. 525-548). London: Routledge.

RUDOLPH, H. (1990): Beschäftigungsstrukturen in der DDR vor der Wende. Eine Typisierung von Kreisen und Arbeitsämtern. In: *Mitteilungen aus der Arbeitsmarkt- und Berufsforschung*, 23(4), S. 474-503.

RUDOLPH, H. (2014): *Berlin - Wiedergeburt einer Stadt: Mauerfall, Ringen um die Hauptstadt, Aufstieg zur Metropole*. Köln: Bastei Lübbe.

RUDOLPH, H. (2015): Die Einheit in Berlin – Eine Fallstudie. In: M. SABROW; A. KOCH (Hrsg.): *Experiment Einheit. Zeithistorische Essays* (S. 123-134). Göttingen: Wallstein.

RUGE, M. (2018): *Große Freiheit Mitte. Mein wilder Trip durchs Berliner Nachtleben*. München: Knaur.

RUSS-MOHL, S. (2017): *Die informierte Gesellschaft und ihre Feinde. Warum die Digitalisierung unsere Demokratie gefährdet*. Köln: Herbert von Halem.

SABROW, M. (2009): Die DDR erinnern. In: M. SABROW (Hrsg.): *Erinnerungsorte der DDR* (S. 11-27). München: Beck.

SABROW, M. (2010): Der vergessene »Dritte Weg«. In: *APuZ*, 11, S. 6-13.

SABROW, M. (2015): Mythos Einheit? Die deutsche Wiedervereinigung als zeitgeschichtliche Herausforderung. In: M. SABROW; A. KOCH (Hrsg.): *Experiment Einheit. Zeithistorische Essays* (S. 9-25). Göttingen: Wallstein.

SABROW, M. (2016): Die historische Herausforderung der Einheit. In: M. SABROW (Hrsg.): *Die schwierige Einheit* (S. 9-23). Leipzig: Akademische Verlagsanstalt.

SABROW, M. (2019): »1989« als Erzählung. *APuZ*, 69(35-37), S. 25-33.

SÄLTER, G. (2021): Aufarbeitung und Antikommunismus. Die Produktion des öffentlichen Bildes der DDR nach ihrem Ende. In: M. SABROW; T. SIEBENEICHNER; P. U. WEISS (Hrsg.): *1989 – Eine Epochenzäsur?* (S. 287-302). Göttingen: Wallstein.

SANDER, E.; LANGE, A. (2017): Der medienbiographische Ansatz. In: L. MIKOS; C. WEGENER (Hrsg.): *Qualitative Medienforschung. Ein Handbuch* (S. 183.198). Konstanz: UVK.

SANDMÄNNCHEN (1990, 5. Dezember). In: *Taz*, S. 28.

SANDOVAL, M. (2011): Warum es an der Zeit ist, den Begriff der Alternativmedien neu zu definieren. In: B. HÜTTNER; C. LEIDINGER; G. OY (Hrsg.): *Handbuch Alternativmedien 2011/2012* (S. 24-36). Neu-Ulm: AG SPAK Bücher.

SAXER, U. (1998): Was heißt Kommerzialisierung? In: *Zoom K&M*, 11, S. 10-17.

SCHACHT, J. (2013, 24. September): DIE ZEIT jetzt mit eigener Ost-Ausgabe. Pressemitteilung der ZEIT Verlagsgruppe. In: *Die Zeit*. https://www.zeit-verlagsgruppe.de/pressemitteilung/die-zeit-jetzt-mit-eigener-ost-ausgabe/ [27.11.2023].

SCHATZ, H.; HOLTZ-BACHA C.; NIELAND, J.-U. (Hrsg.) (2000): *Migranten und Medien. Neue Herausforderungen an die Integrationsfunktion von Presse und Rundfunk*. Wiesbaden: VS Verlag für Sozialwissenschaften.

SCHERER, H. (2013): Mediennutzung und soziale Distinktion. In: T. WIEDEMANN; M. MEYEN (Hrsg.): *Pierre Bourdieu und die Kommunikationswissenschaft. Internationale Perspektiven* (S. 100-122). Köln: Herbert von Halem.

SCHERER, H.; SCHMID, H.; LENZ, M.; FISCHER, R. (2009): Reine Geschmackssache? Der Kinobesuch als Mittel zur sozialen Abgrenzung. In: *M&K*, 57, S. 484-499. https://doi.org/10.5771/1615-634x-2009-4-484

SCHEU, A.; HEYL, A. (2007): »Sprachrohr der Ossis«. Nutzungsmotive von Lesern des Neuen Deutschland. In: S. PFAFF-RÜDIGER; M. MEYEN (Hrsg.): *Alltag, Lebenswelt und Medien. Qualitative Studien zum subjektiven Sinn von Medienangeboten* (S. 257-273). Münster: Lit.

SCHICKETANZ, S. (2004, 20. Februar): Gefühltes Sehempfinden. In: *Potsdamer Neueste Nachrichten*. https://www.pnn.de/brandenburg/gefuehltes-sehempfinden/22331366.html [30.08.2022].

SCHIFFER, S. (2022): Von Solidaritätsmythen und Kriegslogiken. Medien im Fokus politischer Medienstrategien. In: *Journalistik*, 5(2), S. 198-205.

SCHILDBERG, C. (2010): *Politische Identität und Soziales Europa. Parteikonzeptionen und Bürgereinstellungen in Deutschland, Großbritannien und Polen*. Wiesbaden: VS Verlag für Sozialwissenschaften.

SCHILLER, D. (2003): Vom NWDR zum SFB. In: SFB (Hrsg.): *Mehr als ein halbes Leben. 50 Jahre Sender Freies Berlin* (S. 9). Berlin: SFB.

SCHIWY, P. (2002): Neue Wege: RIAS 2 und RIAS-TV. In: M. REXIN (Hrsg.): *Radio-Reminiszenzen. Erinnerungen an RIAS Berlin* (S. 339-343). Berlin: Vistas.

SCHLOSSER, N. J. (2015): *Cold War on the Airwaves. The Radio Propaganda War Against East Germany*. Urbana: University of Illinois Press.

SCHMALE, W. (2008): *Geschichte und Zukunft der europäischen Identität*. Stuttgart: Kohlhammer.

SCHMIDT, C.; KNIPPERTS, J. (2013): Politische Generationen, demographischer Wandel und Wahlverhalten in der Bundesrepublik Deutschland: Schicksalsjahre des deutschen Parteiensystems? In: *Zeitschrift für Parlamentsfragen*, 44(4), S. 872-891. https://doi.org/10.5771/0340-1758-2013-4-872

SCHMIDT, D. (2022): *Russland im Spiegel der Medien. Eine Diskursanalyse der deutschen Presse 1999 bis 2016*. Berlin: Frank & Timme.

SCHMIEDING, B. (2018, 31. Dezember): Die Wiedervereinigung im Kleinen. In: *Deutschlandfunk*. https://www.deutschlandfunk.de/vor-25-jahren-gruendung-von-deutschlandradio-die-102.html [27.11.2023].

SCHNEIDER, B. (1992): *Strukturen, Anpassungsprobleme und Entwicklungschancen der Presse auf dem Gebiet der neuen Bundesländer (einschließlich des Gebiets des früheren Berlin-Ost). Ein Forschungsbericht für den Bundesminister des Innern. Band II.* Hannover.

SCHNEIDER, B. (2004): Nach der Medienwende in der DDR. Folgen einer Entwicklung zwischen Wandel und Beharrung. In: *Die politische Meinung*, 411, S. 17-22.

SCHNEIDER, B.; MÖHRING, W.; STÜRZEBECHER, D. (1997): Lokalzeitungen in Ostdeutschland – Strukturen, publizistische Leistung und Leserschaft. Ergebnisse eines Forschungsberichts für das Bundesministerium des Innern. In: *Media Perspektiven*, 7, S. 378-390.

SCHNEIDER, B.; SCHÖNBACH, K.; STÜRZEBECHER, D. (1993): Journalisten im vereinigten Deutschland. Strukturen, Arbeitsweisen und Einstellungen im Ost-West-Vergleich. In: *Publizistik*, 38(1), S. 353-382.

SCHOLL, A. (1993): *Die Befragung als Kommunikationssituation. Zur Reaktivität im Forschungsinterview.* Opladen: Westdeutscher Verlag.

SCHOLL, A. (2016): Die Logik qualitativer Methoden in der Kommunikationswissenschaft. In: S. AVERBECK-LIETZ; M. MEYEN (Hrsg.): *Handbuch nicht standardisierte Methoden in der Kommunikationswissenschaft* (S. 17-32). Wiesbaden: Springer VS.

SCHÖLZEL, A. (2022, 26. September): Unversöhnliche Maßstäbe. In: *Junge Welt*, S. 5.

SCHÖNBACH, M. (2010): »Wir berichten für Ostdeutsche, nicht über sie.« Die Zeitschrift SUPERillu 1990-2002 – das Wechselspiel von Publikum, Medienbotschaft und Redaktion. In: M. HALLER; L. MÜKKE (Hrsg.): *Wie die Medien zur Freiheit kamen. Zum Wandel der ostdeutschen Medienlandschaft seit dem Untergang der DDR* (S. 77-98). Köln: Herbert von Halem.

SCHÖNBACH, U. (2010): Das Werteklima in den neuen Bundesländern. Werte und Einstellungsmuster in den Kommentaren ostdeutscher Tageszeitungen 1991-2000. In: M. HALLER; L. MÜKKE (Hrsg.): *Wie die Medien zur Freiheit kamen. Zum Wandel der ostdeutschen Medienlandschaft seit dem Untergang der DDR* (S. 40-59). Köln: Herbert von Halem.

SCHÖNHERR, M.; ANTUSCH, J.; JACOBS, O. (2022): *Der lange Weg nach oben. Wie es Ostdeutsche in die Eliten schaffen. Repräsentation und Karrierewege. Entwicklungen nach drei Jahrzehnten deutscher Einheit.* Leipzig: Hoferichter und Jacobs. https://ostdeutscheswirtschaftsforum.de/

wp-content/uploads/2022/06/20220608_Der-lange-Weg-nach-oben_Ostdeutsche-Eliten.pdf [23.11.2023].

SCHÖNIAN, V. (2020): *Ostbewusstsein. Warum Nachwendekinder für den Osten streiten und was das für die Deutsche Einheit* bedeutet. München: Piper.

SCHORB, B. (2006): Identitätsbildung in der konvergenten Medienwelt. In: U. WAGNER; H. THEUNERT (Hrsg.): *Neue Wege durch die konvergente Medienwelt* (S. 149-160). Frankfurt/M.: Fischer.

SCHORB, B. (2009): Mediale Identitätsarbeit: Zwischen Realität, Experiment und Provokation. In: H. THEUNERT (Hrsg.): *Jugend – Medien – Identität: Identitätsarbeit Jugendlicher mit und in Medien* (S. 81-94). München: Kopaed.

SCHORB, B.; STIEHLER, H.-J. (Hrsg.) (1991): *Neue Lebenswelt - neue Medienwelt? Jugendliche aus der Ex- und Post-DDR im Transfer zu einer vereinten Medienkultur.* Opladen: Leske + Budrich.

SCHRAMM, C. (2000a): Zeitzeugen im Interview. Helmut Drück. In: G. V. LOJEWSKI; A. ZERDICK (Hrsg.): *Rundfunkwende. Der Umbruch des deutschen Rundfunksystems nach 1989 aus der Sicht der Akteure* (S. 373-386). Berlin: Vistas.

SCHRAMM, C. (2000b): Zeitzeugen im Interview. Monika Künzel. In: G. V. LOJEWSKI; A. ZERDICK (Hrsg.): *Rundfunkwende. Der Umbruch des deutschen Rundfunksystems nach 1989 aus der Sicht der Akteure* (S. 389-395). Berlin: Vistas.

SCHRAMM, H.; HARTMANN, T. (2010): Identität durch Mediennutzung? Die Rolle von parasozialen Interaktionen und Beziehungen mit Medienfiguren. In: D. HOFFMANN; L. MIKOS (Hrsg.): *Mediensozialisationstheorien* (S. 201-219). Wiesbaden: VS Verlag für Sozialwissenschaften.

SCHRAMM, M. (2014): Die »Wende« von 1989/90 als Konsumrevolution. In: *BIOS – Zeitschrift für Biographieforschung, Oral History und Lebensverlaufsanalysen*, 27(1-2), S. 95-108. https://doi.org/10.3224/bios.v27i1-2.22120

SCHRANZ, M.; SCHNEIDER, J.; EISENEGGER, M. (2018): Media Trust and Media Use. In: K. OTTO; A. KÖHLER (Hrsg.): *Trust in Media and Journalism* (S. 73-91). Wiesbaden: Springer VS.

SCHULLER, K. (1999, 12. Oktober): Wärmestube West, Wärmestube Ost. In: FAZ, S. 1.

SCHULTHEIS, F.; SCHULZ, K. (2019): Gesellschaft mit begrenzter Haftung. Zumutungen und Ausschluss in Ostdeutschland. In: Y. MILEV;

F. SCHULTHEIS (Hrsg.): *Entkoppelte Gesellschaft – Ostdeutschland seit 1989/90. Band 4: Tatbestände* (S. 181-250). Frankfurt/M.: Peter Lang.

SCHULTZ, T. (2020): In der Aufmerksamkeitsfalle. Über den medialen Umgang mit Rechtspopulisten und Rechtsextremen. In: S. RUSS-MOHL (Hrsg.): *Streitlust und Streitkunst. Diskurs als Essenz der Demokratie* (S. 250-277). Köln: Herbert von Halem.

SCHÜRER, U.; FRANKE, K.; KEUNE, D.; MÜCKLISCH, R. (2013): Vom DDR-Subjekt zum Ostdeutschen. Die Geschichte einer diskursiven Sichtbarmachung. In: R. PATES; M. SCHOCHOW (Hrsg.): *Der »Ossi«. Mikropolitische Studien über einen symbolischen Ausländer* (S. 221-238). Wiesbaden: Wiesbaden: Springer VS.

SCHUSTER, M.; TÜGEL, A. (1990): Die Vereinbarkeit von Beruf, Familie und Kindererziehung: Ein Vergleich von Leitbildern und Regelungen in der DDR und in der BRD. In: *Arbeit und Sozialpolitik*, 44 (8/9), S. 318-325.

SCHÜTZ, W. J. (1992): Deutsche Tagespresse 1991. In: *Media Perspektiven*, 2, S. 74-99.

SCHÜTZ, W. J. (2001): Deutsche Tagespresse 2001. In: *Media Perspektiven*, 12, S. 602-632. https://doi.org/10.1026//0933-6885.12.3.120

SCHWEIGER, W. (1999): Medienglaubwürdigkeit – Nutzungserfahrung oder Medienimage? Eine Befragung zur Glaubwürdigkeit des World Wide Web im Vergleich mit anderen Medien. In: P. RÖSSLER; W. WIRTH (Hrsg.): *Glaubwürdigkeit im Internet. Fragestellungen, Modelle, empirische Befunde* (S. 89-110). München: Fischer.

SCHWEIGER, W. (2007): *Theorien der Mediennutzung: Eine Einführung.* Wiesbaden: VS Verlag für Sozialwissenschaften.

SEEGERS, L. (2008): Das Leben der Anderen oder die ›richtige‹ Erinnerung an die DDR. In: A. ERLL; S. WODIANKA (Hrsg.): *Film und kulturelle Erinnerung. Plurimediale Konstellationen* (S. 21-52). Berlin: De Gruyter.

SEITENBECHER, M. (2008): *Mythos Anti-Springer-Kampagne.* https://refubium.fu-berlin.de/bitstream/handle/fub188/16885/Seitenbecher%2c_Mythos_Anti-Springer-Kampagne.pdf?sequence=1&isAllowed=y [19.09.2022].

SELBST TELE 5 RANGIERT VOR ARD UND ZDF (1992). In: *F.F.*, 11, S. 70-71.

SFB (Hrsg.) (1986): *Der Sender Freies Berlin in der Berliner Medienlandschaft. Eine Bestandsaufnahme.* SFB-Werkstatthefte 17. Berlin: Sender Freies Berlin.

SFB (Hrsg.) (2003): *Der Weg zum Rundfunk Berlin-Brandenburg (RBB): Eine Dokumentation. Die Fusion von ORB und SFB.* Berlin: Sender Freies Berlin.

SILVERSTONE, R. (1993): Television, Ontological Security and the Transitional Object. In: *Media, Culture & Society*, 15(4), S. 573-98. https://doi.org/10.1177/016344393015004004

SILVERSTONE, R. (1994): *Television and Everyday Life.* London: Routledge.

SIMEON, T. (1991, 6. Juli): Messbares Fernsehglück im Osten. In: *Taz*, S. 26.

SINIAWSKI, A. (2017, 2. März): Revival von Radio 100. »Was wir uns alles getraut haben!«. In: *Deutschlandfunk.* https://www.deutschlandfunk.de/revival-von-radio-100-was-wir-uns-alles-getraut-haben-100.html [27.11.2023].

SMITH, P.; PHILLIPS, T. (2006): Collective belonging and mass media consumption. Unravelling how technological medium and cultural genre shape the national imaginings of Australians. In: *The Sociological Review*, 43(4), S. 818-846. https://doi.org/10.1111/j.1467-954X.2006.00673.x

SOBOTTKA E. A.; SAAVEDRA, G. A. (2009): Die Debatte um den Begriff der Anerkennung. In: *Soziale Passagen*, 1, S. 193-207.

SOPP, P. (1997): Dynamische Differenzierung. Der Umbruch in Ostdeutschland als Differenzierungsprozess. In: U. BECK; P. SOPP (Hrsg.): *Individualisierung und Integration. Neue Konfliktlinien und neuer Integrationsmodus?* (S. 125-142). Wiesbaden: VS Verlag für Sozialwissenschaften.

SOZIALWISSENSCHAFTLICHES FORSCHUNGSZENTRUM (SFZ) (Hrsg.) (1994): *Sozialreport III/93. Neue Bundesländer.* Berlin: Sozialwissenschaftliches Forschungszentrum Berlin Brandenburg.

SPIELHAGEN, E. (1991): Medial aufgeschlossen, real ausgeschlossen. DDR, Medien und kulturelle Identität. In: *Epd/Kirche und Rundfunk*, 45, S. 7-10.

SPIELHAGEN, E. (1995): Ergebnisse der Ost-Studie der ARD/ZDF-Medienkommission. Zuschauererwartungen und -reaktionen auf die Programmangebote von ARD und ZDF in den neuen Bundesländern. In: *Media Perspektiven*, 8, S. 362-392.

SPIVAK, G. C. (1988): Subaltern Studies. Deconstructing Historiography. In: R. GUHA; G. C. SPIVAK (Hrsg.): *Selected Subaltern studies* (S. 3-23). Oxford: University Press.

STAADT, J.; VOIGT, T.; WOLLE, S. (2009): *Feind-Bild Springer. Ein Verlag und seine Gegner.* Göttingen: Vandenhoeck & Ruprecht.

STAHL, H. (2013): Willkommen 1990er. Der Sound des Jugendradio DT64 in der Transformationsphase. In: U. BREITENBORN; G. FREY-VOR; C. SCHURIG (Hrsg.): *Medienumbrüche im Rundfunk seit 1950. Jahrbuch Medien und Geschichte 2013* (S. 169-182). Köln: Herbert von Halem.

STAMM, K.-H. (1992, 11. Dezember). Die mediale Mauer steht. Über die Integrationsfunktion von ARD und ZDF. In: *Taz*, S. 18.

STANGE, K.-H. (1994): Verpaßte Reform der ambulanten Versorgung? Die Transformation des Gesundheitssystems in den neuen Bundesländern. In: B. BLANKE (Hrsg.): *Krankheit und Gemeinwohl. Gesundheitspolitik zwischen Staat, Sozialversicherung und Medizin* (S. 291-325). Opladen: Leske + Budrich.

STAPF, D. (2020): *Der Schmerz des Westens. Deutschlands systemisches Erbe.* Berlin: Okapi.

STARK, B.; KIST, E. L. (2020): Mediennutzung. In: J. KRONE; PELLEGRINI, T. (Hrsg.): *Handbuch Medienökonomie* (S. 1137-1163). Wiesbaden: Springer VS.

STATISTISCHES BUNDESAMT (Destatis) (2022): *Verbraucherpreisindizes für Deutschland. Lange Reihen ab 1948.* https://www.destatis.de/DE/Themen/Wirtschaft/Preise/Verbraucherpreisindex/Publikationen/Downloads-Verbraucherpreise/verbraucherpreisindex-lange-reihen-pdf-5611103.pdf;jsessionid=0BDEF99EDB33E7943E796547AD666A90.live722?__blob=publicationFile [16.08.2022].

STAWOWY, P. (2020, 1. Oktober): Ostdeutschland in der Presse. MDR. https://www.mdr.de/medien360g/medienkultur/datenanalyse-ostdeutschland-berichterstattung-100.html [27.11.2023].

STEIN, R. (1999): *Vom Fernsehen und Radio der DDR zur ARD. Die Entwicklung und Neuordnung des Rundfunkwesens in den neuen Bundesländern.* Marburg: Tectum.

STEINMETZ, R.; VIEHOFF, R. (2008): *Deutsches Fernsehen Ost. Eine Programmgeschichte des DDR-Fernsehens*. Berlin: Vbb Verlag für Berlin und Brandenburg.

STIEHLER, H.-J. (1990): Medienwelt im Umbruch. Ansätze und Ergebnisse empirischer Medienforschung in der DDR. In: *Media Perspektiven*, 2, S. 91-103.

STIEHLER, H.-J. (2001): *Leben ohne Westfernsehen: Studien zur Medienwirkung und Mediennutzung in der Region Dresden in den 80er Jahren*. Leipzig: Universitätsverlag.

STIEHLER, H.-J. (2002): »Der Osten tickt anders!?« Befunde zur Mediennutzung in den neuen Bundesländern. In: W. HÖMBERG (Hrsg.): *Deutschland – einig Medienland? Erfahrungen und Analysen* (S. 73-98). Münster: Lit.

STIEHLER, H.-J. (2009): Tickt der Osten anders? Erklärungsversuche zur Mediennutzung. In: *Psychosozial*, 32(3), S. 69-79.

STIEHLER, H.-J. (2012): Mediennutzung 1995 bis 2005 in West- und Ostdeutschland – ein Test der These von der Populationsheterogenität von Fernsehen und Tageszeitungen. In: J. HAGENAH; H. MEULEMANN (Hrsg.): *Mediatisierung der Gesellschaft* (S. 119-137). Münster: Lit.

STIEHLER, H.-J. (2020): Möglichkeiten einer Rezeptionsforschung in historischer Perspektive. In: T. BIRKNER; P. MERZIGER; C. SCHWARZENEGGER (Hrsg.): *Historische Medienwirkungsforschung. Ansätze, Methoden und Quellen* (S. 80-110). Köln: Herbert von Halem

STIEHLER, H.-J.; FELBER, H. (1988): *Ausgewählte Ergebnisse zum Hören des erweiterten Programms von Jugendradio »DT 64« bei Leipziger Schülern: Schnellinformation.* Leipzig: Zentralinstitut für Jugendforschung (ZIJ).

STIFTUNG BERLINER MAUER (o.D.): *Der Abriss der Mauer und die heutigen Reste.* https://www.stiftung-berliner-mauer.de/de/themen/die-berliner-mauer#der-fall-der-berliner-mauer-1989 [16.08.2022].

STIFTUNG INDUSTRIE UND ALLTAGSKULTUR (o.D.): *Historie, Struktur und Gegenwart der Sammlung Industrielle Gestaltung.* https://www.stiftung-industrie-alltagskultur.de/sammlung-industrielle-gestaltung/historie/ [27.11.2023].

STÖBER, R. (2014): Kommunikationsgeschichte. In: M. KARMASIN; M. RATH; B. THOMASS (Hrsg.): *Kommunikationswissenschaft als Integrationsdisziplin* (S. 41-58). Wiesbaden: Springer VS.

STOLTE, D. (2014, 21. März): Ein Glücksfall und Beispiel zugleich. 20 Jahre Deutschlandradio: Erinnerungen und Beobachtungen eines Zeitzeugen. In: *Medienkorrespondenz.* https://www.medienkorrespondenz.de/leitartikel/artikel/ein-gluecksfall-und-beispielnbspzugleich.html [23.11.2023].

STOLTE, D.; ROSENBAUER, H. (1995): Die doppelte Öffentlichkeit. Zur Ost-Studie der ARD/ZDF-Medienkommission. In: *Media Perspektiven*, 8, S. 358-361.

STORLL, D. (1988): Tageszeitungen in Berlin: Nutzung und Bedeutung für den Leser. In: G. BENTELE; O. JARREN (Hrsg.): *Medienstadt Berlin* (S. 123-137). Berlin: Vistas.

STRAUB, J. (1998): Personale und kollektive Identität. Zur Analyse eines theoretischen Begriffs. In: A. ASSMANN; H. FRIESE (Hrsg.): *Identitäten. Erinnerung, Geschichte, Identität 3* (S. 73-104). Frankfurt/M.: Suhrkamp.

STRAUB, J. (2011): Identität. In: F. JAEGER; R. JÜSEN (Hrsg.): *Handbuch der Kulturwissenschaften. Band 3: Themen und Tendenzen* (S. 277-303). Stuttgart: J.B. Metzler.

STRAUB, J.; AMLINGER, C.; SCHERR, A.; HÄUSSLING, R.; GREVE, J.; SCHÜTZEICHEL, R. (2016): I. In: J. KOPP; A. STEINBACH, A. (Hrsg.): *Grundbegriffe der Soziologie* (S. 126-149). Wiesbaden: VS Verlag für Sozialwissenschaften.

STRAUBHAAR, J. D. (1991): Beyond media imperialism: Asymmetrical interdepence and cultural proximity. In: *Critical Studies in Mass Communication*, 8, S. 39-59. https://doi.org/10.1080/15295039109366779

STREIT UM STASI-FRAGEBÖGEN (1991, 22. März). In: *Taz*, S. 20.

STROBEL, B.; SCHOLZ-PAULUS, S.; VEDDER, S.; VEIT, S. (2021): *Die Politisch-Administrative Elite der BRD von 1949 bis 2017. Randauszählungen zu Elitestudien des Fachgebiets Public Management der Universität Kassel, Band 15*. Kassel. https://kobra.uni-kassel.de/bitstream/handle/123456789/13268/RandauszaehlungBRD1949_1990Band15.pdf?sequence=3&isAllowed=y [27.11.2023].

STRÜBING, J. (2018): *Qualitative Sozialforschung. Eine komprimierte Einführung*. Berlin: De Gruyter.

STÜRZEBECHER, D. (2005): Deutschland – uneinig Medienland? Die Tagespresse im Prozess der gesellschaftlichen Integration. In: W. HÖMBERG (Hrsg.): *Deutschland – einig Medienland? Erfahrungen und Analysen* (S. 39-63). Münster: Lit.

SUCHSLAND, R. (2006, 23. März): Mundgerecht konsumierbare Vergangenheit. In: *Telepolis*. https://www.heise.de/tp/features/Mundgerecht-konsumierbare-Vergangenheit-3405566.html [27.11.2023].

SUPERILLU (o.D.): Über uns. https://www.superillu.de/ansprechpartner [27.11.2023].

SÜSS, D. (2004): *Mediensozialisation von Heranwachsenden. Dimensionen – Konstanten – Wandel*. Wiesbaden: VS Verlag für Sozialwissenschaften.

TAJFEL, H.; TURNER, J. (1979): An integrative theory of intergroup conflict. In: W. G. AUSTIN; S. WORCHEL (Hrsg.): *The psychology of intergroup relations* (S. 33-47). Pacific Grove: Brooks/Cole.

TAN, A. S.; FUJIOKA, Y.; TAN, G. (2000): Television use, stereotypes, TV portrayals, and personal opinions on affirmative action: An affective model of policy reasoning. In: *Communication Monographs*, 67, S. 362-371. https://doi.org/10.1080/03637750009376517

TAYLOR, C. (1995): *Das Unbehagen an der Moderne*. Frankfurt/M.: Suhrkamp.

THEINERT, N. (2020): »Wir waren gut behütet«. Die DDR in Sozialen Medien. In: *Zeitgeschichte-online*. https://zeitgeschichte-online.de/themen/wir-waren-gut-behuetet [24.03.2023].

THER, P. (2014): *Die neue Ordnung auf dem alten Kontinent. Eine Geschichte des neoliberalen Europa*. Berlin: Suhrkamp.

THER, P. (2019): *Das andere Ende der Geschichte. Über die Große Transformation*. Berlin: Suhrkamp.

THIAM, B. (2021, 27. Dezember): Marion Brasch zum Ende von DT64 »Es war ein sukzessives Verhungern lassen«. In: *Deutschlandfunk*. https://download.deutschlandfunk.de/file/dradio/2021/12/27/kompressor_64_was_von_dt64_und_dem_kampf_ums_jugendradio_drk_20211227_1451_41611730.mp3 [02.08.2022].

THIESSEN, A. (2011): *Organisationskommunikation in Krisen*. Wiesbaden: VS Verlag für Sozialwissenschaften.

THOMAS, M. (1992): Vernachlässigte Dimensionen soziologischer Analyse. In: M. THOMAS (Hrsg.): *Abbruch und Aufbruch. Sozialwissenschaft im Transformationsprozess* (S. 60-75). Berlin: Akademie-Verlag.

THOMASS, B.; TZANKOFF, M. (Hrsg.) (2001): *Medien und Transformation in Osteuropa*. Opladen: Westdeutscher Verlag.

THON, U. (1990, 3. April): Medienkontrollrat – ein Wolf ohne Zähne. In: *Taz*, S. 5.

TICHY, R. (2000): Der Staatsrundfunk der DDR als Machtinstrument der Diktatur oder: Wie der gute Radiomensch unter den ›Mühlfenzl‹ fiel. In: R. TICHY; S. DIETL (Hrsg.): *Deutschland einig Rundfunkland?* (S. 31-54). München: Fischer.

TKALEC, M. (2017, 13. März): Die Sache mit der Washington Post. Korrektur einer Legende: Wie die Redaktion der Berliner Zeitung Erich Böhme mit einer Anregung begrüßte. In: *Berliner Zeitung*, 61, S. 16.

TONASSI, T.; WITTLIF, A.; SCHEMER, C. (2020): Mediennutzung und Medienvertrauen von Migranten. In: *Media Perspektiven*, 12, S. 626-635.

TONNEMACHER, J. (1991): Thesen zu einer gesamtdeutschen Rundfunkperspektive. In: *Rundfunk und Fernsehen*, 39, S. 97-103.

TÖRNE, L. V. (1996): Mühlfenzl oder Eine westdeutsche Medienpolitik nach Gutsherrenart. In: W. DÜMCKE; F. VILMAR (Hrsg.): *Kolonialisierung der DDR. Kritische Analysen und Alternativen des Einigungsprozesses* (S. 299-317). Münster: Agenda.

TREBBE, J. (2009): *Ethnische Minderheiten, Massenmedien und Integration. Eine Untersuchung zu massenmedialer Repräsentation und Medienwirkungen*. Wiesbaden: VS Verlag für Sozialwissenschaften.

TREPTE, S. (2004): Soziale Identität und Medienwahl. Eine binationale Studie zum Einfluss von Gender-Identität und nationaler Identität auf die Selektion unterhaltender Medieninhalte. In: *M&K*, 52(2), S. 230-249.

TREPTE, S.; KRÄMER, N. (2007): *Expanding social identity theory for research in media effects: Two international studies and a theoretical model. Hamburger Forschungsberichte zur Sozialpsychologie* (HaFoS) 78. Universität Hamburg.

TRÖGER, M. (2019): *Pressefrühling und Profit: Wie westdeutsche Verlage 1989/1990 den Osten eroberten*. Köln: Herbert von Halem.

TRÖGER, M. (2021): Die vergessenen Medienreformen des letzten Jahres der DDR. In: N. S. BORCHERS; S. GÜNEY; U. KRÜGER; K. SCHAMBERGER (Hrsg.): *Transformation der Medien – Medien der Transformation. Verhandlungen des Netzwerks Kritische Kommunikationswissenschaft* (S. 27-44). Frankfurt/M.: Westend.

TRÖGER, M. (2022): Was ist »Alternative Medienkritik«? Eine Streitschrift für ein fundiertes Kritikverständnis. In: *Journalistik*, 5(1), S. 64-72.

TSFATI, Y. (2003): Media Scepticism and Climate of Opinion Perception. In: *International Journal of Public Opinion Research*, 15(1), 56-82. https://doi.org/10.1093/ijpor/15.1.65

TSFATI, Y.; ARIELY, G. (2014): Individual and Contextual Correlates of Trust in Media Across 44 Countries. In: *Communication Research*, 41(6), S. 760-782. https://doi.org/10.1177/0093650213485972

ÜBER UNS (o.D.): *Neues Deutschland*. https://www.nd-aktuell.de/kontakt/9 [27.11.2023].

ULRICH, K. (2008): Tagungsbericht. Das Establishment schlägt zurück. The ›Establishment‹ Responds – The Institutional and Social Impact of Protest Movements During and After the Cold War am Heidelberg Center for American Studies. Universität Heidelberg, 22. bis 24. November 2007. In: *Forschungsjournal Soziale Bewegungen*, 21(1), S. 117-122. https://doi.org/10.1515/fjsb-2008-0126

URBAN, J.; SCHWEIGER, W. (2014): News Quality from the Recipients' Perspective. In: *Journalism Studies*, 15(6), 821-840. https://doi.org/10.1080/1461670X.2013.856670

VALERIUS, G. (1994): Zu sozialen und regionalen Besonderheiten der neuen Selbstständigen in Ostberlin und im Land Brandenburg. In: J. SCHMUDE (Hrsg.): *Neue Unternehmen: interdisziplinäre Beiträge zur Gründungsforschung* (S. 206-217). Heidelberg: Physica-Verlag.

VAN DER WURFF, R.; SCHOENBACH, K. (2014): Civic and Citizen Demands of News Media and Journalists: What Does the Audience Expect from Good Journalism? In: *Journalism & Mass Communication Quarterly*, 91(3), S. 433-451. https://doi.org/10.1177/1077699014538974

VILLINGER, C. (2019): Von Erfahrungen und Erwartungen. Konsum und der Systemwechsel von 1989/90. In: *Indes*, 8(1), 46-54. https://doi.org/10.13109/9783666800276.46

VOLTMER, K. (2000): Massenmedien und demokratische Transformation in Osteuropa – Strukturen und Dynamik öffentlicher Kommunikation im Prozess des Regimewechsels. In: H.-D. KLINGEMANN; F. NEIDHARDT (Hrsg.): *Zur Zukunft der Demokratie. Herausforderungen im Zeitalter der Globalisierung* (S. 123-150). Berlin: Edition Sigma.

VOR 75 JAHREN GING RIAS AUF SENDUNG (2021, 4. Februar). In: *Berliner Zeitung*, S. 11.

VORBRINGER, A. (2022, 15. Juni): Jürgen Kuttner: »Wer sich Berlin noch leisten kann, soll wegbleiben«. In: *Berliner Zeitung*. https://www.berliner-zeitung.de/mensch-metropole/juergen-kuttner-cooler-als-berlin-ist-nur-ost-berlin-li.232433 [27.11.2023].

VORDERER, P. (1998): Unterhaltung durch Fernsehen: Welche Rolle spielen parasoziale Beziehungen zwischen Zuschauern und Fernsehakteuren? In: W. KLINGLER; G. ROTERS; O. ZÖLLNER (Hrsg.): *Fernsehforschung in Deutschland. Themen – Akteure – Methoden* (S. 689-707). Baden-Baden: Nomos.

VORDERER, P. (1996): Rezeptionsmotivation: Warum nutzen Rezipienten mediale Unterhaltungsangebote? In: *Publizistik*, 41(3), S. 310-326.

VORKÖTTER, U. (2019, 17. November): Die falschen Verleger. *Horizont*. https://www.horizont.net/medien/kommentare/berliner-zeitung-die-falschen-verleger-179071?crefresh=1 [27.11.2023].

WAGNER, B. (2007): »Bild – unabhängig · überparteilich«? Die Wahlberichterstattung der erfolgreichsten Boulevardzeitung Deutschlands. In: F. BRETTSCHNEIDER; O. NIEDERMAYER; B. WESSELS (Hrsg.): *Die Bundestagswahl 2005* (S. 147-170). Wiesbaden: VS Verlag für Sozialwissenschaften.

WAHL, T. (2022, 27. August): »Berlin – Schicksalsjahre einer Stadt«: 75 Jahre Berlin in vier Tagen nonstop. In: *Berliner Zeitung*. https://www.berliner-zeitung.de/kultur-vergnuegen/tv-medien/fernsehen-tv-chronik-geschichte-osten-westen-ddr-rbb-berlin-schicksalsjahre-einer-stadt-75-jahre-berlin-in-vier-tagen-nonstop-li.259906 [07.10.2022].

WALLRAFF, G. (1977): *Der Aufmacher. Der Mann, der bei Bild Hans Esser war*. Köln: Kiepenheuer & Witsch.

WEDER, F. (2008): Produktion und Reproduktion von Öffentlichkeit: Über die Möglichkeiten, die Strukturationstheorie von Anthony Giddens für die Kommunikationswissenschaft nutzbar zu machen. In: C. WINTER; A. HEPP; F. KROTZ (Hrsg.): *Theorien der Kommunikations- und Medienwissenschaft. Grundlegende Diskussionen, Forschungsfelder und Theorieentwicklungen* (S. 345-361). Wiesbaden: VS Verlag für Sozialwissenschaften.

WEFING, H. (2009): Der Palast der Republik. In: M. SABROW (Hrsg.): *Erinnerungsorte der DDR* (S. 180-187). München: Beck.

WEGENER, C. (2008): *Medien, Aneignung und Identität. »Stars« im Alltag jugendlicher Fans*. Wiesbaden: VS Verlag für Sozialwissenschaften.

WEIBULL, L. (1985). Structural factors in gratifications research. In: P. PALMGREEN; L. WENNER; K. ROSENGREN (Hrsg.): *Media gratifications research: Current perspectives* (S. 123-147). London: Sage.

WEISCHENBERG, S. (2018): *Medienkrise und Medienkrieg. Brauchen wir überhaupt noch Journalismus?* Wiesbaden: Springer VS.

WEISCHENBERG, S. (2021): Wie groß ist das ›Elend der Medien‹? In: *Journalistik*, 4(3), 199-218.

WEISS, P. U. (2021): Medienerbe Ost. Der Umbruch im ostdeutschen Fernsehen und seine Folgen. In: M. SABROW; T. SIEBENEICHNER; P.

U. WEISS (Hrsg.): *1989 – Eine Epochenzäsur?* (S. 249-271). Göttingen: Wallstein.

WERNICKE, J. (2017): *Lügen die Medien? Propaganda, Rudeljournalismus und der Kampf um die öffentliche Meinung (Das Medienkritik-Kompendium).* Frankfurt/M.: Westend.

WESTLE, B. (1997): Einstellungen zur Nation und zu den Mitbürgern. In: O.W. GABRIEL (Hrsg.): *Politische Orientierungen und Verhaltensweisen im vereinigten Deutschland. Beiträge zu den Berichten zum sozialen und politischen Wandel in Ostdeutschland* (S. 61-80). Wiesbaden: VS Verlag für Sozialwissenschaften

WESTLE, B. (1999): *Kollektive Identität im vereinten Deutschland.* Opladen: Leske + Budrich.

WIEDEMANN, J. (1995): *Mitgefangen, mitverkauft. Zur Situation ostdeutscher Frauenzeitschriften nach der Wende.* Münster: Waxmann.

WILHELM-FISCHER, H. (2008): *Warum lesen Menschen Publikumszeitschriften? Eine qualitative Studie.* Münster: Lit.

WILKE, J. (1989): Geschichte als Kommunikationsereignis. Der Beitrag der Massenkommunikation beim Zustandekommen historischer Ereignisse. In: M. KAASE; W. SCHULZ (Hrsg.): *Massenkommunikation. Theorien, Methoden, Befunde* (S. 57-71). Opladen: Westdeutscher Verlag.

WILKE, J. (2020): Von der Entfesselung der Presse zur »Lügenpresse«. 1848 bis zum Ersten Weltkrieg. In: A. BLOME; T. EBERWEIN; S. AVERBECK-LIETZ (Hrsg.): *Medienvertrauen. Historische und aktuelle Perspektiven* (S. 33-57). Berlin: De Gruyter.

WINDAHL, S. (1981): Uses and gratifications at the crossroads. In: G. C. WILHOIT; H. D. BLOCK (Hrsg.): *Mass Communication Review Yearbook* (S. 2174-2185). London: Sage.

WINTER, C.; THOMAS, T.; HEPP, A. (2003): *Medienidentitäten. Identität im Kontext von Globalisierung und Medienkultur.* Köln: Herbert von Halem.

WIPPERMANN, W. (2009): *Dämonisierung durch Vergleich: DDR und Drittes Reich.* Berlin: Rotbuch.

WIRTH, W. (1999): Methodologische und konzeptionelle Aspekte der Glaubwürdigkeitsforschung. In: P. RÖSSLER; W. WIRTH (Hrsg.): *Glaubwürdigkeit im Internet. Fragestellungen, Modelle, empirische Befunde* (S. 47-66). München: Fischer.

WITMER, D. F. (2006): Overcoming System and Culture Boundaries: Public Relations from a Structuration Perspective. In: C. H. BOTAN;

V. HAZLETON (Hrsg.): *Public relations Theory II* (S. 361-374). Mahwah: Lawrence Erlbaum.

WODERICH, R. (1999): Ost-Identität – Residuum der Vereinigung oder Phänomen der »langen Dauer«? In: *Utopie kreativ*, 105, S. 51-60.

WOLF, T. (2014): Nostalgie und die Funktionen des autobiografischen Gedächtnisses. In: *Zeitschrift für Gerontologie und Geriatrie*, 7, S. 557-562. https://doi.org/10.1007/s00391-014-0801-z

WOLFF, J. (2020, 30. September): 30 Jahre Einheit, 30 Jahre SUPERillu: Rückblick und Zusammenfassung. In: *SuperIllu*. https://www.superillu.de/magazin/heimat/ddr/deutsche-einheit/wie-sich-die-ostdeutschen-30-jahren-veraendert-haben-1232 [12.10.2022].

WOLFF-POWĘSKA, A. (1998): Identität in der Wendezeit. In: *WeltTrends*, 18, S. 159-171.

WOLFRAM, K. (2020): Was war und zu welchem Ende kam die politische Energie der Ostdeutschen? In: *Abwärts!*, 35, S. 3-6.

WOLFRUM, E. (2020): Zum Ende der »alten« Bundesrepublik. In: *APuZ*, 28-29, S. 18-21.

WOLLE, S. (2006): Stasi mit menschlichem Antlitz. In: *Deutschland Archiv*, 3, S. 497-499.

WONN, G. (2020). *»Vor ihnen ein Garten Eden. Hinter ihnen Stasiland.« Eine Diskursanalyse über die Rolle der Westmedien im Wandlungsprozess der Wende*. Masterarbeit. LMU München. https://medienblog.hypotheses.org/files/2020/12/Masterarbeit-Gabriel-Wonn.pdf [27.11.2023].

ZEITENWENDE (o.D.). In: *Berliner Zeitung*. https://www.berliner-zeitung.de/zeitenwende

ZELT, O.; WEYRAUCH, J. (2003): Mißtrauen und Euphorie. Anfänge eines Ost-West-Radios. In: R. GALENZA; K. TOPP; P. MEINOLD (Hrsg.): *An, laut, stark. Fritz – Das Buch zum Radio* (S. 23-28). Berlin: Schwarzkopf & Schwarzkopf.

ZEPTER, N. (2022): *Wer lacht noch über Zonengaby? Ein Vorschlag zur Versöhnung*. Berlin: Tropen Sachbuch.

ZIEGENGEIST, J. (2011): DDR-(N)Ostalgie in deutschen Nachwende-Spielfilmen von 1990 bis 2006. Zwischen Kritik und Kult. In: *Jahrbuch für Kommunikationsgeschichte*, 13, 119-153.

ZIEGERT, D. (1995): ›Infotainment‹ im Jugendprogramm Zur Entwicklungsgeschichte des Magazins »Elf 99«. In: D. ROSENSTEIN (Hrsg.): *Unterhaltende Fernsehmagazine. Studien zur*

Kommunikationswissenschaft (S. 221-241). Wiesbaden: vs Verlag für Sozialwissenschaften.

ZILLMANN, D.; AUST, C. F.; HOFFMAN, K. D; LOVE, C.; ORDMAN, V. L.; POPE, J. T.; SEIGLER, P. D.; GIBSON, R. (1995): Radical Rap: Does it further ethnic division? In: *Basic and Applied Social Psychology*, 16 (1/2), S. 1-25. https://doi.org/10.1080/01973533.1995.9646098

ZOCH, A. (2009): *Mediennutzung von Senioren. Eine qualitative Untersuchung zu Medienfunktionen, Nutzungsmustern und Nutzungsmotiven*. Münster: Lit.

ZUBAYR, C.; GEESE, S. (2009): Die Informationsqualität der Fernsehnachrichten aus Zuschauersicht. In: *Media Perspektiven*, 4, S. 158-173.

ANHANG

Chronik der Berliner Medienlandschaft seit 1990

1990	
5. Februar	Beschluss der Volkskammer über die Gewährleistung der Meinungs-, Informations-, und Medienfreiheit
13. Februar	Gründung des Medienkontrollrates
1. April	Wegfall der DDR-Pressesubventionen
30. April	Start von SFB Radio 4 U
Juni	Verkauf der *Neue Zeit* an den Verlag der *FAZ*
Juli	Einstellung der ein halbes Jahr zuvor gegründeten Ost-Ausgabe der *Taz*
23. August	Erstausgabe der *SuperIllu* (Burda + Sebaldus-Verlag)
13. September	Verabschiedung des Rundfunküberleitungsgesetzes
Oktober	Übernahme des Berliner Verlags durch den britischen Verleger Robert Maxwell und G + J
3. Oktober	Beitritt der DDR zum Geltungsbereich der BRD; Artikel 36 des Einigungsvertrags sieht eine Auflösung des Rundfunks bis 31.12.1991 oder dessen Überführung in Anstalten des öffentlichen Rechts vor
15. Oktober	Ernennung Rudolph Mühlfenzls zum Rundfunkbeauftragten
9. November	Erstausgabe der Ost-West-Wochenzeitung *Freitag*
3. Dezember	Einstellung der *Berliner Zeitung am Abend*, Neustart als *Berliner Kurier*
15. Dezember	Start der DFF-Länderkette als Gemeinschaftsprogramm von DFF 1 und DFF 2
1991	
April	Einstellung des *Sportecho*

2. Mai	Verkauf der *Jungen Welt* an die Mediengruppe Schmidt und Partner
23. August	Erstausgabe der Kaufzeitung *Super!*
31. August	Staatsvertrag über den Rundfunk im vereinten Deutschland
Herbst	*Tagesspiegel* und *Morgenpost* erhöhen ihre Erscheinungsweise auf sieben Tage, um mit der *Berliner Zeitung* Schritt halten zu können
31. Dezember	Einstellung der DFF-Länderkette
1992	
1. Januar	Sendestart von ORB und MDR SFB wird die alleinige Landesrundfunkanstalt für Gesamt-Berlin Privatisierung des *Berliner Rundfunk* Umbenennung von *SFB 1* in *Berlin 88,8*
April	Umwandlung der *Taz* in eine Genossenschaft
6. Mai	Sendestart von Antenne Brandenburg
7. Mai	Staatsvertrag über die Zusammenarbeit zwischen Berlin und Brandenburg im Bereich des Rundfunks
1. Juni	Privatisierung von RIAS 2 zu rs2
31. Juli	Einstellung des *Bauern-Echo*
Oktober	Verlag Georg von Holtzbrinck erwirbt den Mehrheitsbesitz am *Tagesspiegel* Sendestart von B1 (Lokalprogramm des SFB)
1993	
22. Februar	Start von Radio B Zwei als Kooperation von SFB und ORB
1. März	Start von Radio Fritz als Kooperation von Rockradio B und SFB Radio 4U
Mai	*Die Welt* verlegt ihren Sitz von Bonn nach Berlin
1. Mai	Abschaltung von DT64, Umbenennung in MDR Sputnik
1994	
1. Januar	Start von Deutschlandradio Berlin als Kooperation von DS Kultur und RIAS unter dem Dach des Deutschlandradio
Juni 1994	Einstellung des *Volksblatt*
5. Juli 1994	Einstellung der *Neue Zeit* (*FAZ*-Verlag)
1995	
21. April	Gründung der Verlag 8. Mai GmbH
28. August	Start von Inforadio als Kooperation von ORB und *SFB*
7. Oktober	Gründung der Linke Presse Verlags-, Förderungs- und Beteiligungsgenossenschaft junge Welt eG (LPG)
1996	
23. Dezember	Einstellung der *Wochenpost* (G + J)

1997	
27. August	Start von Radio Eins als Kooperation von Radio B Zwei und Radio Brandenburg
1999	
1. September	Einführung der Berliner Lokalausgabe der *Frankfurter Allgemeine Zeitung* mit ihren Berliner Seiten
2002	
1. Juli	Holtzbrinck erwirbt den Berliner Verlag
Juni/Juli	*FAZ* und *Süddeutsche* stellen ihre Berliner Seiten ein
12. Dezember	Bundeskartellamt untersagt den Verkauf des Berliner Verlages an Holtzbrinck
2003	
1. Mai	Fusion von ORB und SFB zum RBB
September	Holtzbrinck verkauft den *Tagesspiegel* an Verlagsmanager Pierre Gerckens
2005	
25. Oktober	Britische Mecom-Gruppe und der amerikanische Investor Veronis Suhler Stevenson erwerben den Berliner Verlag
2008	
März	Umzug der *Bild*-Redaktion von Hamburg nach Berlin
2009	
Januar	M.DuMont Schauberg erwirbt die Mehrheitsanteile am Berliner Verlag
2016	
November	Auflösung der Redaktionen von *Berliner Kurier* und Berliner Verlag, Aufbau der Berliner Newsroom GmbH durch DuMont
2019	
September	Verkauf des Berliner Verlags an die Unternehmer Silke und Holger Friedrich
2021	
August	Auflösung der Neues Deutschland Druckerei und Verlag GmbH, Gründung der nd-Genossenschaft

ABBILDUNG A1

Auflagenentwicklung in West-Berlin erscheinender Tageszeitungen

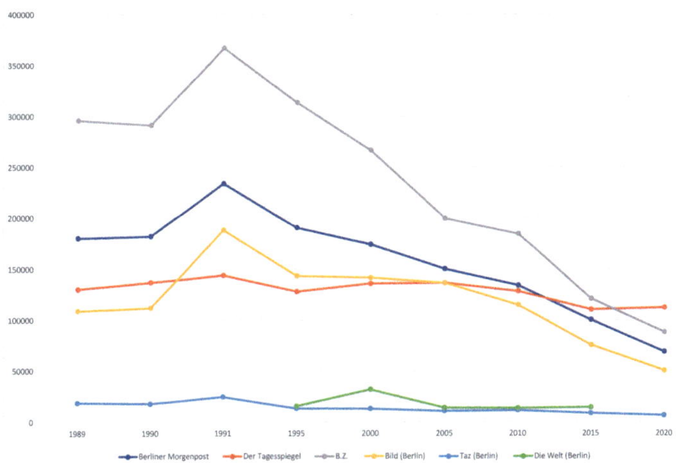

Verkaufte Auflage laut IVW, jeweils 1. Quartal.
Angaben beziehen sich auf folgende Erscheinungsweisen: *Berliner Morgenpost* Di-So, ab Herbst 1991 Mo-So, seit 2000 Mo-Sa/So; *Tagesspiegel* Di-So, seit Herbst 1991 Mo-So; *Bild Berlin-Brandenburg* Mo-Sa; *B.Z.* Mo-Sa, außer 2005 und 2010 Mo-Fr; *Taz Berlin* Mo-Sa; *Welt Berlin* Mo-Sa, Einstellung der Berliner Lokalausgabe im November 2015.

ABBILDUNG A2

Auflagenentwicklung in Ost-Berlin erscheinender Tageszeitungen

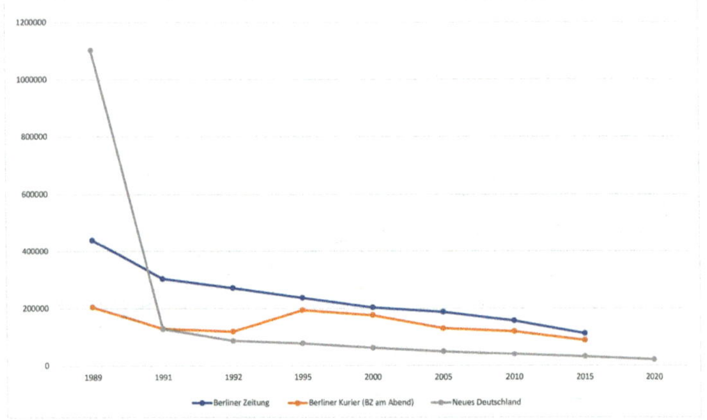

Daten für 1989 und 1992 (2. Quartal): Schütz, W. J. (1992): Zur Entwicklung des Tageszeitungsmarkts in den neuen Ländern 1989-1992. In: BDZV (Hrsg.): Zeitungen '92. BDZV-Jahrbuch; Daten für 1991: Röper, H. (1991): Die Entwicklung des Tageszeitungsmarktes in Deutschland nach der Wende in der ehemaligen DDR. In: *Media Perspektiven*, 7, 421-430; Daten ab 1995: Verkaufte Auflage laut IVW, jeweils erstes Quartal.
Angaben beziehen sich auf folgende Erscheinungsweisen: *Berliner Kurier* Mo-Sa/So; *Berliner Zeitung* Mo-Sa; *Neues Deutschland* Gesamt Mo-Sa. 2020 meldete der Berliner Verlag (*Berliner Zeitung, Berliner Kurier*) seine Auflagenzahlen nicht der IVW. Die *Junge Welt* meldet ihre Auflagenzahlen nicht der IVW.

Kommunikationswissenschaft

ALEXIS VON MIRBACH

**Medienträume.
Ein Bürgerbuch zur Zukunft des Journalismus**

2023, 272 S., 18 Abb., 4 Tab., Broschur,
213 x 142 mm, dt.
ISBN (Print) 978-3-86962-635-2
ISBN (PDF) 978-3-86962-636-9

Warum stehen Menschen den ›Mainstream-Medien‹ kritisch gegenüber? Weshalb entfalten ›Alternativmedien‹ Wirkung? Was ist guter Journalismus – und wozu braucht es ihn in einer polarisierten Gesellschaft? Für dieses Bürgerbuch haben 33 Medienkritiker aus der Zivilgesellschaft im transdisziplinären Dialog mit Wissenschaft und Praxis zum idealen Journalismus der Zukunft geforscht. Die ›Realen Utopien‹ wurden in Zwickau, München, Leipzig, Tegernsee sowie deutschlandweit (online) auf einer Bürgerkonferenz entwickelt, zu folgenden Themen: Leitbild, öffentlich-rechtlicher Rundfunk, Zugang, Kontrolle, Finanzierung, Digitalisierung sowie Inspirativer Journalismus. Zusammen ergeben die ›Medienträume‹ eine Handlungsempfehlung an medienpolitische Entscheider in der Demokratiekrise.

HERBERT VON HALEM VERLAG

Boisseréestr. 9-11 · 50674 Köln
http://www.halem-verlag.de
info@halem-verlag.de

Kommunikationswissenschaft

BIANCA KELLNER-ZOTZ / MICHAEL MEYEN

Wir sind die anderen. Ostdeutsche Medienmenschen und das Erbe der DDR

2023, 552 S., Broschur, 213 x 142 mm, dt.

ISBN (Print) 978-3-86962-656-7
ISBN (PDF) 978-3-86962-657-4

Gibt es ihn, den Ost-Blick? Erinnern, beschreiben und interpretieren Medienschaffende mit Ost-Biografie DDR, Wendezeit und gesamtdeutsche Transformation anders als ihre Kollegen im Westen? Schlagen sich diese Unterschiede im Werk von Journalisten, Künstlern und Filmemachern nieder und reflektieren die ›Medienmenschen‹ ihren ganz eigenen Zugang zum Thema? Können sie etwas leisten, was insbesondere der Politik nicht gelingt?

Im Rahmen eines Forschungsprojekts zum medialen Erbe der DDR haben Bianca Kellner-Zotz und Michael Meyen 20 Interviews mit Journalisten, Schauspielern, Regisseuren, Musikern, Moderatoren und Publizisten in diesem Buch dokumentiert und zahlreiche Werke weiterer Medienmenschen einer Analyse unterzogen. Ihr Fazit: Der Osten hat uns allen etwas zu sagen.

HERBERT VON HALEM VERLAG

Boisseréestr. 9-11 · 50674 Köln
http://www.halem-verlag.de
info@halem-verlag.de

Kommunikationswissenschaft

MICHAEL MEYEN

**Das Erbe sind Wir.
Warum die DDR-Journalistik zu früh beerdigt wurde. Meine Geschichte**

2020, 372 S., 16 Abb., Broschur,
213 x 142 mm, dt.

ISBN (Print) 978-3-86962-570-8
ISBN (PDF) 978-3-86962-571-3

Michael Meyen erzählt in diesem Buch drei Geschichten: die Geschichte der Journalistenausbildung in der DDR, die Geschichte der Kommunikationswissenschaft in der westlichen Welt und seine eigene Geschichte, die eng mit den ersten beiden Geschichten zusammenhängt. Der Autor ist 1988 nach Leipzig gekommen, um Parteijournalist zu werden, und hat erlebt, wie erst der Staat verschwand, in dem er aufgewachsen ist, dann die Sektion Journalistik und schließlich auch jede Erinnerung an die Menschen, die dort gelehrt haben. Damit ist zugleich ein Paradigma entsorgt worden, das Forschung und Berufspraxis verbunden hat und deshalb eine Antwort auf die Medienkrise der Gegenwart liefern könnte.

HERBERT VON HALEM VERLAG

Boisseréestr. 9-11 · 50674 Köln
http://www.halem-verlag.de
info@halem-verlag.de